中国特色社会主义政治经济学探索

（第1辑）

丁堡骏　主编

On the Political
Economy of Socialism with
Chinese Characteristics

中国社会科学出版社

图书在版编目（CIP）数据

中国特色社会主义政治经济学探索. 第1辑 / 丁堡骏主编. —北京：中国社会科学出版社，2019.9
ISBN 978-7-5203-5681-7

Ⅰ.①中⋯　Ⅱ.①丁⋯　Ⅲ.①中国特色社会主义—社会主义政治经济学—研究　Ⅳ.①F120.2

中国版本图书馆CIP数据核字（2019）第252183号

出 版 人	赵剑英
责任编辑	彭莎莉
责任校对	邓晓春
责任印制	张雪娇
出　　版	中国社会科学出版社
社　　址	北京鼓楼西大街甲158号
邮　　编	100720
网　　址	http://www.csspw.cn
发 行 部	010-84083685
门 市 部	010-84029450
经　　销	新华书店及其他书店
印刷装订	北京市十月印刷有限公司
版　　次	2019年9月第1版
印　　次	2019年9月第1次印刷
开　　本	710×1000　1/16
印　　张	41
插　　页	2
字　　数	631千字
定　　价	256.00元

凡购买中国社会科学出版社图书，如有质量问题请与本社营销中心联系调换
电话：010-84083683
版权所有　侵权必究

主编简介

丁堡骏，吉林财经大学原副校长，现任吉林财经大学全国中国特色社会主义政治经济学研究中心主任，吉林财经大学理论经济学一级学科带头人，吉林省省管高专家，吉林拔尖创新人才，经济学二级教授，享受国务院政府特殊津贴，浙江大学马克思主义学院教授，博士生导师。学术兼职有：中国《资本论》研究会副会长，中国《资本论》研究会会刊《当代经济研究》常务副主编，全国马克思主义经济学说史学会副会长，全国财经院校《资本论》研究会副会长，中国经济发展研究会副会长，中华外国经济学说研究会常务理事，西南马克思主义经济学论坛荣誉顾问，国防科技大学特聘教授，重庆工商大学等多所高校兼职教授。

丁堡骏同志长期从事马克思主义经济学和现代西方经济学教学和研究工作，在劳动价值论和转形问题研究上取得突破性研究成果。自 20 世纪 90 年代开始，丁堡骏教授先后在《中国社会科学》《马克思主义研究》《经济学动态》《当代经济研究》等权威刊物上发表了关于转形问题的系列研究成果，丁堡骏教授的研究成果受到国内外马克思主义经济学家陈岱孙、宋涛、胡代光、高鸿业、吴易风、张维达、程恩富等的关注和好评。胡代光教授曾经评论道："在国内外学者为解决转形问题所建立的各种模型中，只有丁堡骏教授真正第一次成功地解决了马克思之后的转形问题，……丰富和发展了马克思劳动价值论的转形分析。"在上述研究的基础上，2005 年丁堡骏教授在经济科学出版社出版了他的专著《马克思劳动价值理论和当代现实》。这部著作成为许多青年学习马克思主义经济学必读的参考书，受到学术界的一致好评。

丁堡骏教授始终坚持以马克思主义为基本理论指导研究和阐释中国

社会主义经济理论。在20世纪90年代，针对学术界有人提出的"国有企业非国有化"，丁堡骏教授发表了《国有制和国有企业改革——评非国有化论》，指出"国有企业非国有化，必然动摇公有制主体地位，为私有化敞开方便之门"。党的十八大以来，响应习近平总书记关于发展当代中国的马克思主义政治经济学和构建中国特色社会主义政治经济学的号召，丁堡骏教授致力于中国特色社会主义政治经济学理论构建研究。先后撰写了《论〈资本论〉俄国化与中国化——兼议中国特色社会主义新时代的本质》《马克思恩格斯对〈共产党宣言〉与时俱进的发展及其当代启示——纪念马克思诞辰200周年和〈宣言〉发表170周年》《两个马克思及其对当代中国特色社会主义的现实意义》《关于中国特色社会主义政治经济学的几个问题》《国有企业如何实现浴火重生》等有广泛影响的系列文章，创造性地阐释了中国特色社会主义是跨越资本主义卡夫丁峡谷建设社会主义。由于跨越资本主义卡夫丁峡谷的跨越性质，中国特色社会主义必须要坚持科学社会主义的基本原则。同样是由于跨越性质，中国特色社会主义还必须体现利用商品生产和价值规律发展和壮大社会主义经济。丁堡骏教授的这一研究为新时代中国特色社会主义必须要坚定地坚持科学社会主义基本原则和坚持以改革开放激发市场活力相结合的道路作出了全新理论阐释。

在经济学教育领域，丁堡骏教授旗帜鲜明地坚持马克思主义，一直反对用西方资产阶级经济学的课程体系占领我们的教育阵地。2005年8月，丁堡骏教授未曾与刘国光同志沟通，几乎同时向经济学界和中央呼吁：要出台政策纠正马克思主义经济学边缘化和西方资产阶级经济学占领我国经济学教育阵地的错误倾向。刘国光教授的《对经济学教学和研究中一些问题的看法》一文写于2005年7月，原发表在《高校理论战线》2005年第9期，后来在《经济研究》2005年第10期再次刊发。丁堡骏教授在2005年7月的全国高等财经院校《资本论》研究会年会上做了关于"马克思主义建设工程应该注意加强马克思主义对西方经济学教学、学科建设和课程建设的指导"的讲话，并在《当代经济研究》2006年第1期刊发（发表时论文题目调整为《必须加强马克思主义对西方经济学教学工作的指导》）。丁堡骏教授接受《中国社会科学报》约稿，在该报2015年1月26日发表了《以马克思主义引领高校经济学教育》一文。党的十八大以后，丁堡骏教授又先后发表了一系列的坚持马克思主义经济学、反对西方经济学占领我高校经济学教育阵地的文章。此外，丁堡骏教授还在他的国家社会科学基金的项目研究中指导课题组中的青年教师撰写文章批判国内高等学校经济学院照搬欧美西方经济学教育模式种种错误，在中国经济学教育和研究领域形成了吉林财经大学的学术风范。2016年，在中国社会科学出版社出版了代表性著作《论坚持和发展马克思主义政治经济学》等。并先后发表了《必须加强马克思主义对西方经济学教学工作的指导》《以马克思主义引领高校经济学教育》等学术论文。丁堡骏教授主编的《现代政治经济学教程》，继承和发展了马克思的政治经济学批判范式，对现代西方经济学的相关理论进行了批判，形成了吉林财经大学马克思主义政治经济学批判的学术特色，其学术影响正在国内马克思主义经济学界进一步得到彰显。

丁堡骏教授多次受国家社科基金和吉林省社科基金项目资助进行研究，并以优秀的研究成果结项。丁堡骏教授的著作和论文，多次获得国家税务总局、吉林省人民政府社会科学优秀成果奖和长春市政府社会科学优秀成果奖等高级别奖励。

前　　言

《中国特色社会主义政治经济学探索（第1辑）》是吉林财经大学全国中国特色社会主义政治经济学研究中心研究人员的阶段性研究成果。吉林财经大学全国中国特色社会主义政治经济学研究中心是中宣部于2017年3月批准立项建设的全国首批七所重点支持建设的中国特色社会主义政治经济学研究中心之一。吉林财经大学经济学院多年来一直以雄厚的《资本论》教学和研究力量享誉中国经济学界。2017年3月获准立项建设以来，中心旨在以马克思主义政治经济学为指导，通过深入分析中国经济和世界经济面临的新情况、新问题，总结各社会主义国家建设的经验教训，研究我国经济建设中遇到的重大理论和现实问题，开展马克思主义政治经济学和中国特色社会主义政治经济学基本原理和应用研究，并对西方经济学主流和非主流经济学进行批判和借鉴研究。

为响应中宣部关于加强中国特色社会主义政治经济学研究的号召，中心于2017年3月批准立项建设以来一直致力于中国特色社会主义政治经济学构建研究。本论文集主要收录了中心成员2017—2018年的研究成果，主要分为四个部分。

第一部分是《资本论》与中国特色社会主义，主要探讨中国特色社会主义的客观物质存在形式和其理论渊源。通过研究《共产党宣言》《资本论》等马克思主义经典著作及其应用，通过马克思主义俄国化与中国化的路径，阐明中国特色社会主义作为一种社会生产方式的客观物质存在状态。揭示出中国特色社会主义的本质和特点，即跨越资本主义卡夫丁峡谷建设社会主义。按照跨越资本主义卡夫丁峡谷建设社会主义的总体要求，对于中国特色社会主义的认识我们必须把握两个方面：一方面要体现跨越的性质，要坚持科学社会主义基本原则。不能因为我们的社会生产力水平还没有超过欧美资本主义国家，我们就心甘情愿地、亦步亦趋地爬行西方资本主义道路。按照庸俗生产力决定论，从苏联和东欧国家到朝鲜、越南和中国，哪个国家的社会生产力发展水平没有超过欧美资本主义国家，那么这些国家的社会主义就都不是真正意义上的社会主义。中国特色社会主义和欧美特色的资本主义相比究竟有没有制度优势呢？如果认为两种制度趋同，欧美资本主义制度是未来发展趋势，那么中国特色社会主义就没有制度优势。如果认为两种制度未来发展趋势趋同，社会主义是两种制度的未来走势，那么我们就必须要说清楚中国为什么要先于欧美走社会主义道路，而且还要说清楚我们为什么能够走通社会主义道路。换言之，我们要论证中国特色社会主义何以可能成为社会主义。这里关键的问题就是如何从马克思主义的唯物史观说明俄国和中国这样的东方大国为什么可以跨越资本主义发展阶段进入到欧美资本主义社会发展所趋向的未来社会。《论〈资本论〉俄国化与中国化》等文章从马克思《资本论》的理论和方法运用于指导俄国和中国社会革命和社会建设的角度论证了20世纪俄国革命和中国革命是跨越资本主义卡夫丁峡谷建设社会主义的道路。跨越资本主义卡夫丁峡谷建设社会主义，就是要在社会生产力水平低于欧美的中国，按照社会主义的基本原则建设社会主义。另一方面要体现中国不发达的生产力发展现状。这样建设的社会主义，必定要具有浓重的社会历史和民族历史的特殊性质；中国特色社会主义还必须体现利用商品生产和价值规律发展和壮大社会主义经济。这样的中国特色社会主义社会生产方式，是我们构建中国特色社会主义政治经济学所依据的基本物质生产方式。

第二部分是中国特色社会主义政治经济学理论构建。有人把中国特色社会主义说成是脱离人类社会发展规律的社会，认为中国特色社会主义政治经济学构建必须要彻底抛弃以往的任何政治经济学学说和理论。事实上，中国特色社会主义是马克思主义科学社会主义学说的继承和发展。马克思主义的科学社会主义理论是中国特色社会主义的重要基本理论。因此，我们必须要对马克思恩格斯科学社会主义基本原理进行探讨。《论中国特色社会主义及其基本经济原则》《正确理解"重新建立个人所有制"的含义及其现实意义》《中国特色社会主义政治经济学发展和创新需要厘清的几个问题》《也论"开拓当代中国马克思主义政治经济学新境界"》等就是从科学社会主义的基本原则和政治经济学的研究对象、研究范畴、研究方法、理论框架和意义等方面，探讨中国特色社会主义政治经济学的理论建构问题。

第三部分是中国特色社会主义建设现阶段面临的经济理论问题探讨。这一部分对中国目前正在进行的重大理论和实践问题进行马克思主义政治经济学视角的思考和解读，例如，《唯物史观视阈下"供给侧结构性改革"的理论逻辑》《东北老工业基地振兴的政治经济学思考》《坚持和完善农村土地集体所有制这个制度优势》等就是围绕着社会主义下阶段的供给侧结构性改革问题、市场与政府关系问题、农业集体化道路问题、国有企业改革与东北振兴问题等进行马克思主义政治经济学的分析，并给出了相应的政策建议。

第四部分是西方经济学批判与借鉴。改革开放和社会主义市场经济建设，作为前无古人的伟大事业，是在马克思主义基本理论指导下进行的。同时，作为崭新的经济制度形态和开放的发展模式，也必然要求大胆借鉴吸收包括西方经济学在内的人类社会所创造的一切文明成果。本中心着力探讨构建中国特色社会主义政治经济学的国外思想来源问题。我们认为，构建中国特色社会主义政治经济学要借鉴人类一切文明成果，包括西方经济学，但对西方经济学等非马克思主义经济学理论必须有清醒的认识，科学借鉴其合理成分的同时要对其糟粕进行批判。尤其对于国内一些主张中国经济学教育全盘西化的错误观点和倾向，要立场坚定，要严厉批判。为此，我们组织了《现代西方资产阶级经济学方法论和理论体系批判》《如何正确反思西方经济学》《西方主流经济学全要素生产率理论的实践检视与方法论反思》《现代经济学的本质》等，就如何正确对待西方经济学与林毅夫、田国强和洪永淼等进行了理论商榷。通过商榷我们力图端正对西方经济学的认识，既科学借鉴，又分析批判，以达到洋为中用、兼容并蓄、合理吸收的目的。

目　录

（一）
《资本论》与中国特色社会主义

论《资本论》俄国化与中国化
　　——兼议中国特色社会主义新时代的本质 ………………… 丁堡骏（3）
马克思恩格斯对《共产党宣言》与时俱进的发展及其当代启示
　　——纪念马克思诞辰200周年和《宣言》
　　　发表170周年 ………………………………………… 丁堡骏（65）
两个马克思及其对当代中国特色社会主义的
　　现实意义 ………………………………………………… 丁堡骏（90）
马克思的政治经济学方法及其理论体系的逻辑起点 ……… 魏　旭（95）
马克思价值转形问题再研究
　　——历史过程与逻辑过程统一的视角 ………………… 魏　旭（111）
西方学者解构《资本论》的学术视角 …………… 胡岳岷　付文军（127）
英国何以能够成为《资本论》研究对象的典型 … 周璐瑶　王曼莹（140）
《资本论》中是劳动本体论吗？
　　——兼与谭苑苑博士商榷 ……………………………… 胡岳岷（156）
论剩余价值学说的理论潜能 ……………………… 胡岳岷　付文军（171）
彰显马克思主义经济学强大生命力 ………………………… 孙立冰（202）
基于双重价值转形理论论证劳动生产率与单位商品价的
　　反比关系 ………………………………………………… 徐东辉（207）

论市场价值及其与平均价值、市场价格的辩证关系 ……… 魏　旭（222）

（二）
中国特色社会主义政治经济学理论构建

关于中国特色社会主义政治经济学的几个问题 ………… 丁堡骏（239）
论中国特色社会主义及其基本经济原则 ………… 孙立冰　丁堡骏（257）
正确理解"重新建立个人所有制"的含义及其现实意义
　　——纪念《资本论》第一卷出版一百五十周年 ………… 高冠中（274）
中国特色社会主义政治经济学发展和创新需要厘清的
　　几个问题 ……………………………… 孙立冰　蒋岩桦（286）
也论"开拓当代中国马克思主义政治经济学新境界"
　　——与顾海良教授商榷 ………………………… 刘学梅（302）
新发展理念下应更加注重社会建设 …………… 刘建华　张　川（324）
公有制经济为主体多种所有制经济共同发展的客观性研究
　　——以马克思的生产关系要适合生产力性质规律
　　　　为视角 …………………………………… 周晓梅（336）

（三）
中国特色社会主义建设现阶段面临的
经济理论问题探讨

转型国家收入分配与经济增长关系的
　　实证研究 …………………… 孙亚南　董吉哲　吴　亮（353）
东北老工业基地振兴的政治经济学思考 …………… 宋冬林（363）
中国金融体制在经济增长中的作用
　　——生产性效率对资源配置效率
　　　　的替代 ……………… 黎贵才　卢　荻　刘爱文（373）

唯物史观视阈下"供给侧结构性改革"的理论逻辑……………魏　旭（397）
我国供给侧结构性改革的马克思主义政治经济学分析……韩艳红（412）
以新发展理念引领农业供给侧改革　…刘元胜　周　灿　杜　都（426）
供给侧结构性改革背景下如何处理政府与市场关系………刘学梅（428）
混合所有制企业股权激励制度建设的价值取向
　　——以经理人股权激励为例……………梁洪学　吴　施（431）
坚持和完善农村土地集体所有制这个
　　制度优势………………………………刘元胜　于千舒（447）
农民权益：农村土地增值收益分配的
　　根本问题………………………………刘元胜　胡岳岷（454）
改革开放四十年：中国城镇化与城市群的
　　道路选择………………………………宋冬林　姚常成（467）
二元经济转型的一般规律研究
　　——基于跨期国际比较分析的视角………孙亚南　张桂文（481）
马克思的产业多样化思想与当代中国的
　　结构转型………………………………魏　旭　梁　月（498）
马克思的产业升级思想及其对当代中国
　　结构转型的指导意义…………………………………魏　旭（514）

（四）
西方经济学批判与借鉴

现代西方资产阶级经济学方法论和理论体系批判…………丁堡骏（535）
资产阶级经济学研究对象学说的演进和评论
　　——基于马克思主义经济学研究对象学说…………王　辉（568）
如何正确反思西方经济学
　　——对"林毅夫反思"的反思………………………高冠中（583）
西方主流经济学全要素生产率理论的实践检视与方法论反思
　　——一个马克思主义政治经济学的分析框架………魏　旭（599）

现代经济学的本质
　　——与田国强教授商榷 ………………………………… 许　敏（615）
西方内生货币供给理论及其对我国货币政策的
　　解释意义 ………………………………… 郭殿生　吴丽杰（634）

(一)

《资本论》与中国特色社会主义

论《资本论》俄国化与中国化[*]

——兼议中国特色社会主义新时代的本质

丁堡骏[**]

摘　要：马克思、恩格斯关于经济文化落后国家可以"不通过资本主义制度的卡夫丁峡谷"直接过渡到社会主义的思想，在历史逻辑上表现为各国无产阶级政党把马克思主义的普遍原理与本国实际相结合，并对其进行创造性的运用和发展，其典型是《资本论》的俄国化与《资本论》的中国化。《资本论》俄国化和中国化，最重要的是运用《资本论》的辩证唯物主义和历史唯物主义的世界观和方法论，具体分析俄国和中国的具体的社会历史条件和环境，得出走跨越资本主义卡夫丁峡谷道路的结论。《资本论》俄国化和中国化取得巨大成就，就在于坚持走跨越资本主义卡夫丁峡谷的道路。《资本论》俄国化出现曲折和失败，在于没有很好地坚持走跨越资本主义卡夫丁峡谷的道路。因此，面对中国特色社会主义进入新时代的历史机遇，我们必须要继续坚持《资本论》中国化，坚持走跨越资本主义卡夫丁峡谷的道路。

关键词：《资本论》俄国化；《资本论》中国化；跨越卡夫丁峡谷；中国特色社会主义

---

[*] 基金项目：国家社会科学基金重点项目（17AJL004）。

[**] 作者简介：丁堡骏（1961—　），吉林财经大学马克思主义经济学研究中心教授，主要从事马克思主义经济学研究。

(一) 《资本论》与中国特色社会主义

150多年的《资本论》传播过程，是各国无产阶级政党把马克思主义的普遍原理与本国实际相结合，并对其进行创造性的运用和发展的过程。在《资本论》出版、传播以及《资本论》被创造性地运用于人类社会改造的过程中，特别是在100多年前，列宁创造性地将《资本论》运用于俄国并诞生第一个社会主义国家以来，国际共产主义运动既有东风压倒西风，社会主义事业蓬勃发展的繁荣昌盛的景象——社会主义作为一种全新的社会生产方式，在地球上占领土面积四分之一和占人口总数三分之一还多的国家里建立起来了并获得迅速发展；也有西风压倒东风，苏联解体、东欧剧变，一些社会主义国家改旗易帜，国际共产主义运动遭受严重挫折的悲鸣。中国特色社会主义作为马克思列宁主义中国化的科学社会主义，在世界局势惊涛骇浪的剧烈变化中仍然巍然屹立，并在改革开放的过程中取得了历史性的建设成就，这不能不说是马克思主义的胜利。不可否认，中国特色社会主义建设也存在着诸多的矛盾和困难。中国共产党领导中国人民沿着中国特色社会主义道路不忘初心、继续前进，还需要坚定中国特色社会主义的道路自信、理论自信、制度自信、文化自信；而敌对势力却用苏东国家的社会主义事业失败的反面典型，借题发挥出各种错误理论用于摧毁我们的自信。苏东国家的社会主义没能冲破"早产儿"必然夭折的魔咒，中国特色社会主义究竟能否最后冲破这个魔咒呢？换言之，中国特色社会主义如何才能真正走稳科学社会主义的道路呢？中国特色社会主义要战胜各种困难、继续前行并取得最终胜利，还必须要在理论上证明社会生产力处于较低水平的东方国家建设社会主义的必要性、可能性、现实性和正义性。本文试图从《资本论》俄国化和中国化的视角来证明列宁主义的社会主义是科学社会主义，从而证明中国特色社会主义是人类社会发展史上的科学社会主义新跃进。

一 《资本论》俄国化：马克思亲自指导俄国马克思主义者将《资本论》运用于俄国的社会改造和社会发展

19世纪60年代，俄国一部分文学家、历史学家、社会学家和经济学家围绕俄国农村公社的发展前途问题发表了不同的理论观点。据马克思的考证，俄国文学家赫尔岑是从德国历史学家奥·哈克斯特豪森的《对俄国的内部关系、人民生活特别是农村设施的考察》中了解到俄国农村公社的。赫尔岑认为，俄国可以在公社的基础上绕过资本主义发展阶段直接进入社会主义社会。而自由派经济学家则主张俄国只能走西欧资本原始积累的道路，即"首先摧毁农村公社以过渡到资本主义制度"。1872年，《资本论》俄文版在圣彼得堡出版，《资本论》提升了俄国理论界对俄国社会发展问题的认识水平，但是，同时也引起了俄国各派学者之间关于如何运用《资本论》的理论解决俄国农村公社未来发展道路的认识严重分歧。俄国思想理论界的争论引发了马克思对东方社会未来发展道路问题的理论思考和阐述。

（一）马克思1877年关于俄国公社跨越资本主义卡夫丁峡谷理论

1877年，俄国民粹主义思想家尼·康·米海洛夫斯基在《祖国纪事》杂志第10期上发表了《卡尔·马克思在尤·茹科夫斯基的法庭上》一文，针对茹科夫斯基等人的批评（即批评马克思把西欧资本主义发展的道路强制推广应用到俄国）为马克思辩护。但是，米海洛夫斯基的辩护在马克思看来却暴露了他对《资本论》的误读。为了纠正米海洛夫斯基对《资本论》有关内容的误读，特别是为了回应茹科夫斯基的批评意见，马克思于1877年11月写下了《给〈祖国纪事〉杂志编辑部的信》。

在这封信中，马克思将俄国农村公社的发展道路问题归结为："俄国应当向他的自由派经济学家们所希望的那样，首先摧毁农村公社以过渡到资本主义制度呢，还是与此相反，俄国可以在发展它所特有的历史条件的同时取得资本主义制度的全部成果，而又可以不经受资本主义制度的苦难。"[①] 马克思明确表示自己和许多俄国民粹派学者一样，赞成俄国选择后面的这条道路。与民粹派学者不一样，马克思的结论是基于自己的认真学习和研究工作而得出的结论。马克思说："我不喜欢留下'一些东西让人们去揣测'，我准备直截了当地说。为了能够对当代俄国的经济

---

① 《马克思恩格斯全集》第25卷，人民出版社2001年版，第143页。

发展做出准确的判断，我学习了俄文，后来又在许多年内研究了和这个问题有关的官方发表的和其他方面发表的资料。我得到这样一个结论：如果俄国继续走它在1861年所开始走的道路，那它将会失去当时历史所能提供给一个民族的最好的机会，而遭受资本主义制度所带来的一切极端不幸的灾难。"[1]

在这封信中，马克思还进一步耐心细致地向俄国读者解释了《资本论》中"原始积累"一章的本义。首先，马克思强调《资本论》"原始积累"一章所揭示的剥夺农民，然后走向资本主义的发展道路，仅限于解释西欧资本主义的产生，不适合用于解释俄国公社未来发展道路。其次，马克思又进一步强调：如果硬要把"原始积累"一章拿来解释俄国公社的未来发展，那么，它能够应用到俄国的东西是很有限的。这种有限的东西就是，"假如俄国想要遵照西欧各国的先例成为一个资本主义国家，……它不先把很大一部分农民变成无产者就达不到这个目的"[2]。换言之，马克思这里仅仅是说，如果俄国走资本主义道路，那么，俄国必须解体农业公社。但是马克思强调，俄国公社并非只有一条私有化进而资本主义化的道路。为了阐述这一道理，马克思分析了古罗马土地所有制解体而没有走上资本主义道路的例子。古代罗马平民起初拥有自己小块土地，后来他们被剥夺了，不仅被剥夺了生产资料，而且还被剥夺了生活资料。这一被剥夺的过程，不仅蕴含着大地产形成的过程，而且还蕴含着大货币资本形成的过程。这些被剥夺的人除了自己的劳动力以外什么也没有。而且为了利用这种劳动力，又出现了占有所创造出的全部财富的人。这一剥夺过程与西欧资本原始积累时期的剥夺过程很相似，但是，古罗马并没有走上资本主义道路。古罗马走上了奴隶制社会的道路。从这个例子中，马克思得出结论："极为相似的事情，但在不同的历史环境中出现就引起了完全不同的结果。"[3]

由此，马克思强烈反对俄国马克思主义者将《资本论》中"资本原

---

[1] 《马克思恩格斯全集》第25卷，人民出版社2001年版，第143页。
[2] 同上书，第145页。
[3] 《马克思恩格斯全集》第19卷，人民出版社1963年版，第131页。

始积累"理论公式化、教条化，并错误地运用到处于资本主义社会前期的俄国。马克思谴责他的批评家，将他"关于西欧资本主义起源的历史概述彻底变成一般发展道路的历史哲学理论，一切民族，不管他们所处的历史环境如何，都注定要走这条道路"。马克思尖锐地指出，这种一般发展道路的历史哲学理论"是超历史的"①，因而也是不科学的。由此，马克思强调要对俄国公社作具体的历史的分析，才能得出正确的结论。总的来说，马克思1877年《给〈祖国纪事〉杂志编辑部的信》的总基调，是积极支持俄国民粹派思想家为自己的祖国寻找一条不同于西欧资本原始积累道路的新的发展道路。

（二）马克思1881年关于俄国公社跨越资本主义卡夫丁峡谷理论

《给〈祖国纪事〉杂志编辑部的信》写完以后，马克思考虑到当时俄国局势不利于发表此文，并没有把它寄给《祖国纪事》杂志。马克思逝世以后，恩格斯在整理马克思遗物时发现了这封信，恩格斯又把它寄给了查苏利奇，一直到1885年才在圣彼得堡出版。因此，自1872年《资本论》俄文版出版，截止到1885年，俄国理论界并不知道马克思对于《资本论》，特别是对"原始积累"一章内容在俄国运用的这种否定态度。当然了，我们也无法断定：如果马克思的这封《给〈祖国纪事〉杂志编辑部的信》在当时的俄国能够及时面世，俄国还能不能有"马克思主义者"运用马克思的这一理论为瓦解俄国农业公社进行辩护？无论如何，在1872年以后的俄国，还有一部分"马克思主义者"，运用《资本论》中"原始积累"理论为瓦解俄国农业公社进行鼓动。出于对这部分"马克思主义者"的怀疑，查苏利奇于1881年2月16日给马克思写信，向马克思求教有关理论问题。她希望马克思能够就《资本论》在俄国的运用和俄国公社的未来发展前途问题，给出一个真正马克思主义的解答。为答复查苏利奇来信所提出的问题，马克思写了四个草稿和一份正式稿的复信。

在1881年3月8日《给维·伊·查苏利奇的复信》中，马克思开篇就重复了他1877年《给〈祖国纪事〉杂志编辑部的信》中的观点。他强

---

① 《马克思恩格斯全集》第19卷，人民出版社1963年版，第131页。

调《资本论》中的"原始积累"一章内容，仅限于解释西欧的资本主义起源，而不适合于解释俄国公社的解体。关于如何认识俄国公社的生命力和发展前途，马克思首先坚持认为，"在《资本论》中所作的分析，既不包括赞成俄国农村公社有生命力的论据，也不包括反对农村公社有生命力的论据"①；其次，马克思又郑重地声明："从我根据自己找到的原始材料所进行的专门研究中，我深信：这种农村公社是俄国社会新生的支点。"② 在这样一段简短的文字中，马克思不仅宣布了"这种农村公社是俄国社会新生的支点"，而且还进一步强调俄国应该怎么做。马克思说，要使俄国公社发挥这种积极的作用，"首先必须肃清从各方面向它袭来的破坏性影响，然后保证它具备自由发展所必需的正常条件"③。可见，在该信中，马克思仍然坚持了他在1877年《给〈祖国纪事〉杂志编辑部的信》中的观点。只不过，马克思1881年的态度与1877年相比更加明确了，对俄国公社走正确的发展道路又给出了更加具有可操作性的办法。

如上所述，在正式复信中马克思强调，"我根据自己找到的原始材料对比进行的专门研究使我深信：这种农村公社是俄国社会新生的支点"④。那么，马克思究竟进行了哪些专门研究呢？在复信的初稿、第二稿和第三稿中，马克思详细论证了俄国公社跨越资本主义卡夫丁峡谷的理论依据。马克思指出："正因为它和资本主义生产是同时代的东西，所以它能够不通过资本主义生产的一切可怕的波折而吸收它的一切肯定的成就。俄国不是脱离现代世界孤立生存的；同时，它也不像东印度那样，是外国征服者的猎获物。"⑤ 从这段引文我们可以看出：马克思这里特殊强调俄国公社和西欧资本主义生产是同时代的东西，特别强调俄国公社不是脱离现代世界而孤立生存的。那么，紧跟着的问题也就来了：为什么俄国公社和资本主义生产是同时代的东西，它就可以实现跨越资本主义发展阶段呢？

---

① 《马克思恩格斯全集》第19卷，人民出版社1963年版，第268页。
② 同上书，第268页。
③ 同上书，第268页。
④ 《马克思恩格斯全集》第25卷，人民出版社2001年版，第483页。
⑤ 《马克思恩格斯全集》第19卷，人民出版社1963年版，第431页。

回答这个问题，我们必须要用到马克思在1845年写成的《评弗里德里希·李斯特的著作〈政治经济学的国民体系〉》一书中所阐述的一个重要思想：一个民族为本民族所做的事情，也就是这个民族为全人类所做的事情。马克思说："正象主张每个民族都必须经历法国的政治发展或德国的哲学发展一样，是荒谬的观点。凡是民族作为民族所做的事情，都是他们为人类社会而做的事情，他们的全部价值仅仅在于：每个民族都为其他民族完成了人类从中经历了自己发展的一个主要的使命（主要的方面）。因此，在英国的工业，法国的政治和德国的哲学制定出来之后，它们就是为全世界制定的了，而它们的世界历史意义，也象这些民族的世界历史意义一样，便以此而告结束。"①

从这里我们可以看出：在马克思看来，在世界资本主义体系之中，在英法工业革命之后，俄国生产机器可以直接继承英法工业革命的成就，而没有必要使俄国再重新经历一次独立的俄国工业革命。在哲学领域，在德国古典哲学诞生之后，俄国的哲学也可以直接继承德国古典哲学的成就，而没有必要再重新孕育产生一个俄国的黑格尔和俄国的费尔巴哈。

按照马克思的这一思想，西欧资本主义发展的成就，是属于西欧资本主义国家的，但同时也属于那个时代全人类的，当然也可以是属于俄国的。由此我们可以断定，俄国公社与西欧资本主义是同时代的东西的意义就在于，西欧资本主义的时代性使俄国公社与古希腊或者古罗马的原始公社有了本质上的区别。在该复信的第二草稿中，马克思说："如果俄国是脱离世界而孤立存在的，如果它要靠自己的力量取得西欧通过长期的一系列进化（从原始公社到它的目前状态）才取得的那些经济成就，那末，公社注定会随着俄国社会的发展而灭亡这一点，至少在我看来，是毫无疑问的。可是，俄国公社的情况同西方原始公社的情况完全不同。俄国是在全国广大范围内把土地公社占有制保存下来的欧洲唯一的国家，同时，恰好又生存在现代的历史环境中，处在文化较高的时代，和资本主义生产所统治的世界市场联系在一起。俄国吸取这种生产方式的肯定成果，就有可能发展并改造它的农村公社的古代形式，而不必加以破坏

---

① 《马克思恩格斯全集》第42卷，人民出版社1979年版，第257页。

（我顺便指出，俄国的共产主义所有制形式是古代类型的最现代的形式，而后者又经历过系列的进化）。"① 在该复信的第三草稿中，马克思又进一步详细地比较了俄国农业公社与古代公社的区别与联系，强调俄国农业公社是与古代公社不同的"新型公社"②。正因为如此，马克思得出结论：俄国公社完全不必重走西欧资本原始积累以及在原始积累基础上发展资本主义的老路，俄国公社可以跨越资本主义发展阶段，径直走向社会主义和共产主义。

针对俄国自由派经济学家主张俄国必须沿着欧洲国家走过的道路，即先走发展资本主义道路，然后再进行社会主义革命的观点，马克思批评道："如果俄国的资本主义制度崇拜者否认这种结合的可能性（跨越资本主义发展阶段的可能性——引者注），那末，就请他们来证明：要在俄国使用机器，它必须先经过机器生产的孕育期。请他们给我说明：他们怎么能够可说是在几天之内就把西方需要几个世纪才建立起来的一整套交换机构（银行、信用公司等等）在俄国建立起来呢？"③ 从马克思的这一重要论述，我们可以看出：按照马克思的逻辑，主张俄国必须要先走完整的不折不扣的西欧式的资本主义道路，然后才能进行社会主义革命的观点是荒谬的，其荒谬程度就如同我们今天在俄国使用汽车，我们还必须要不折不扣地沿着当年英国和法国的蒸汽机发明、蒸汽机由外燃机到内燃机的每一个进化过程再爬行过来一样。同样，在马克思看来，主张俄国必须要先走完整的不折不扣的欧美式的资本主义道路然后才能进行社会主义革命的观点是荒谬的，其荒谬程度就如同我们今天各国的市场经济建设中，在俄国建立一个银行或者建立一个股份公司，还要像欧美国家那样要经历一二百年的时间再去重新摸索如何建立银行制度和股份公司制度一样。事实上，俄国今天生产机器，完全可以从现代科学技术出发进行生产，而不必去重复英国和法国漫长的机器发明和机器进化的探索过程。市场经济的银行制度和股份公司的建设也完全不必亦步亦

---

① 《马克思恩格斯全集》第19卷，人民出版社1963年版，第444页。
② 同上书，第448—449页。
③ 同上书，第444页。

趋地爬行一二百年才能建立。由此我们便可以知道，为什么马克思不能容忍俄国"马克思主义者"用《资本论》中的"原始积累"剥夺农民的逻辑，去论证如何用私有化、资本主义化的道路去解体俄国农业公社；为什么马克思积极支持俄国民粹派思想家探讨俄国社会如何走出一条不同于西欧资本主义发展道路的崭新道路了。

在该复信的草稿（包括初稿、第二稿和第三稿）中，马克思还较详细地论述了俄国公社所具有的二重性，即兼有公有制社会和私有制社会的二重特征。俄国农村公社的这种二重性，一方面可以使它具有强大生命力，跨越资本主义而走向共产主义；另一方面又可以促使它逐渐解体，逐步私有化而走向资本主义。究竟哪一方面能够成为主流，完全取决于当时具体的社会历史条件。

马克思特别强调要注意消除俄国社会使其瓦解的因素。马克思说："把一切多少带有理论性的问题撇开不谈，那也用不着向您说明，目前威胁着俄国公社生存的危险来自一致反对它的那些强有力的利害关系者。某种在国家帮助下靠牺牲农民哺育起来的资本主义是同公社对立的；它所关心的是公社的毁灭。并且为了地主的利益，创造出一个由比较富裕的农民组成的农村中等阶级，而把贫苦农民即农民大众变为普通的雇佣工人，也就是说，要保证自己获得廉价的劳动。公社受国家勒索的压制、商人的劫掠、地主的剥削和高利贷者从内部的破坏，那它怎么能够抵抗得住呢！威胁着俄国公社生命的不是历史的必然性，不是理论，而是国家的压迫，以及渗入公社内部的、也是由国家靠牺牲农民培养起来的资本家的剥削。"[①] 马克思在这里清晰地指出，从利益关系上来看，威胁俄国公社安全的是代表剥削阶级利益的国家压迫和新生资产阶级的剥削。

马克思不仅坚信俄国公社有可能跨越资本主义卡夫丁峡谷，而且还指出了跨越的方向。马克思说："在整个欧洲，只有它是一个巨大的帝国内农村生活中占统治地位的组织形式。土地公有制赋予它以集体占有的自然基础，而它的历史环境（资本主义生产和它同时存在）又给予它以实现大规模组织起来的合作劳动的现成物质条件。因此，它可以不通过

---

① 《马克思恩格斯全集》第19卷，人民出版社1963年版，第446页。

资本主义制度的卡夫丁峡谷,而吸取资本主义制度所取得的一切肯定成果。它可以借使用机器而逐步以联合耕种代替小土地耕种,而俄国土地的天然地势又非常适合于使用机器。如果它在现在的形式下事先被引导到正常状态,那它就能直接变成现代社会所趋向的那种经济体系的出发点,不必自杀就能获得新的生命。"[①] 马克思在这里说得很清楚:第一,俄国公社集体占有土地的自然基础;第二,俄国公社和资本主义生产同时存在的历史环境;第三,俄国土地天然地势。这三个方面的特点决定了俄国公社跨越资本主义卡夫丁峡谷的可能性。跨越资本主义卡夫丁峡谷总路径是,使用机器逐步以联合耕种代替小土地耕种;目前面临的任务是,首先必须肃清从各方面向它袭来的破坏性影响,然后保证它具备自由发展所必需的正常条件。

总结马克思《给维·伊·查苏利奇的复信》的四份草稿和一份正式稿,我们可以得出如下结论:第一,马克思充分肯定俄国公社存在一条跨越资本主义卡夫丁峡谷的道路;第二,马克思明确指出了俄国公社能够跨越的条件及其如何创造条件以实现跨越;第三,马克思指明了俄国公社跨越资本主义卡夫丁峡谷的具体方向是,使用机器逐步以联合耕种代替小土地耕种。

二 《资本论》俄国化:恩格斯的错误以及马克思对恩格斯的纠正

(一) 恩格斯关于俄国农村公社未来发展道路的理论

恩格斯于1874年5月至1875年4月为《人民国家报》写了一组文章,其总题目为"流亡者文献"。这组文章讨论了欧洲民主运动、工人运动和俄国问题。其中讨论俄国问题的第三篇文章在《人民国家报》发表以后,彼得·特卡乔夫写了一篇《致1874年度〈人民国家报〉第117和118号所载〈流亡者文献〉一文作者弗里德里希·恩格斯先生的公开信》,并发表于苏黎世的《哨兵报》。马克思看到这本小册子之后,在书

---

① 《马克思恩格斯全集》第19卷,人民出版社1963年版,第451页。

皮上写了一段话转给了恩格斯:"你写点东西出来,不过要用讥讽的笔调。这愚蠢透了,甚至连巴古宁也能插一手。彼得·特卡乔夫首先想向读者表明,你对待他就像对待自己的敌人一样,因此他臆造出各式各样不存在的争论点来。"① 在马克思的这一建议下,恩格斯写出了"流亡者文献"中的第四篇和第五篇文章。第五篇文章后来又以《论俄国的社会问题》为题出版了单行本。

从恩格斯"流亡者文献"中这两篇关于俄国问题的论文内容来看,在第四篇文章中,恩格斯似乎已经完成了马克思交给他的任务。在这篇文章中,恩格斯基本上澄清了特卡乔夫对自己所进行的人身攻击和污蔑,也否定了特卡乔夫为巴古宁主义者对待俄国态度的辩护。而在《论俄国的社会问题》一文中,恩格斯似乎要谈一些更带有根本性的问题。

特卡乔夫认为,俄国公社实现社会革命比欧洲更容易得多。他讲俄国没有强大的无产阶级,也没有强大的资产阶级。俄国工人阶级仅仅和俄国国家政权作斗争,由此他断定俄国工人阶级更容易夺得政权。针对特卡乔夫的观点,恩格斯强调:社会主义革命不仅要有革命者——无产阶级,而且还要有被革命的对象——现代资产阶级。在俄国农村原始共产主义公社之中,既没有现代工人阶级,也没有现代资产阶级。由此,在俄国农村原始共产主义公社中怎么可能发生社会主义革命呢?恩格斯讥讽特卡乔夫不懂科学社会主义的基本常识。

特卡乔夫否认俄国国家与封建地主阶级及新生资产阶级的内在联系。对此,恩格斯给了严厉的批评和否定。恩格斯承认俄国面临社会革命,但是恩格斯极力否认这种社会革命与社会主义革命的内在联系。恩格斯写道:"俄国农民在摆脱农奴地位以后的处境已经不堪忍受,不可能长久这样下去,而仅仅由于这个原因,俄国革命正在日益迫近,特卡乔夫先生是想说,这将是社会主义革命,它将在我们西方还没有实现以前,就在俄国实现西欧社会主义所追求的那种社会形式——而且是在无产阶级和资产阶级只是零星出现并且还处在低级发展阶段上的社会状态下来实

---

① 《马克思恩格斯全集》第 18 卷,人民出版社 1965 年版,第 825 页。

现！"① 恩格斯用讥讽的语调写道："这一点所以成为可能，是因为俄国人可以说是社会主义的选民，而且他们还有劳动组合和土地公社所有制。"② 这里恩格斯的意思是，在俄国不能有无产阶级推翻资产阶级统治的社会主义革命。

俄国人是"社会主义的选民"，恩格斯的贬义是不言自明的。对于特卡乔夫所谓的俄国人有劳动组合和土地公有制更有利于建设社会主义的观点，恩格斯又逐一进行了反驳。恩格斯强调，俄国公社的劳动组合与西方资本主义发展过程中消失了的和正在消失的原始共产主义劳动组合没有任何区别。对于俄国农业公社，恩格斯认为，它的命运只能是在不断地被瓦解的过程中先是走上私有化，然后再走上资本主义化的道路。恩格斯写道："俄国的公社所有制早已度过了它的繁荣时代，看样子正在趋于解体。但是也不可否认有可能使这一社会形式转变为高级形式，只要它能够保留到这样做的条件成熟的时候，只要它能够发展到农民已不再是个别而是集体从事耕作的程度；并且应该使俄国农民不经过资产阶级的小块土地所有制的中间阶段，而实现这种向高级形式的过渡。然而这种过渡只有在下述情况下才会发生，即西欧在这种公社所有制彻底解体以前就胜利地完成无产阶级革命，而这个革命会给俄国农民提供实现这种过渡的必要条件，其中也为他们提供在整个农业制度中实行必然与其相联系的变革所必需的物资。"③ 从这里我们可以看出：第一，恩格斯相信俄国公社的正常发展道路是"趋于解体"；第二，恩格斯为了严谨，才提到不排除俄国公社有一条跨越发展的道路，但是其条件是，西欧"胜利地完成无产阶级革命"；第三，西欧无产阶级革命"会给俄国农民提供实现这种过渡的必要条件"。这就是恩格斯研究俄国农村公社所有制未来发展前途所得出的基本结论。

在1894年撰写《〈论俄国的社会问题〉跋》时，恩格斯又重复了这一研究结论。恩格斯说："我不敢判断目前这种公社是否还保存得这样完

---

① 《马克思恩格斯文集》第3卷，人民出版社2009年版，第393页。
② 同上书，第393页。
③ 《马克思恩格斯全集》第18卷，人民出版社1965年版，第620页。

整，以致在需要的时刻，像马克思和我在1882年所希望的那样，它能够在同西欧的大转变相结合的情况下成为共产主义发展的起点。但是有一点是毋庸置疑的：要想从这种公社保全点什么东西下来，就必须首先推翻沙皇专制制度，必须在俄国进行革命。俄国的革命不仅会把民族的大部分即农民从构成他们的世界、他们的宇宙的农村的隔绝状态中解脱出来，不仅会把农民引到一个广阔的天地，使他认识外部世界，同时也认识自己，了解自己的处境和摆脱目前贫困的方法，——俄国的革命还会给西方的工人运动以新的推动，为它创造新的更好的斗争条件，从而加速现代工业无产阶级的胜利；没有这种胜利，目前的俄国无论是在公社的基础上还是在资本主义的基础上，都不可能达到对社会的社会主义改造。"① 在这里，恩格斯虽然也提到"俄国的革命不仅会把民族的大部分即农民从构成他们的世界、他们的宇宙的农村的隔绝状态中解脱出来，不仅会把农民引到一个广阔的天地，使他认识外部世界，同时也认识自己，了解自己的处境和摆脱目前贫困的方法"，但是，恩格斯更强调的是，"俄国的革命还会给西方的工人运动以新的推动，为它创造新的更好的斗争条件，从而加速现代工业无产阶级的胜利"。就是说，恩格斯更强调的是西欧的社会主义革命给俄国社会主义革命的支持与援助。

（二）恩格斯在"跨越资本主义卡夫丁峡谷"理论上的错误以及马克思对他的纠正

一般读者会疑惑：为什么你们非要将恩格斯与马克思的跨越理论进行对比？为什么你们非要这样残酷地在两位伟人的理论观点之间进行取舍和选择？其实，我们选择做这样的工作，绝不是我们个人一时的心血来潮。恩格斯的跨越条件理论，是与东方落后国家跨越资本主义卡夫丁峡谷的事实相矛盾的。这种理论矛盾，在苏东社会主义事业顺利向前发展的时候，人们也许还可以忽略它的存在。但是，当苏东国家社会主义事业失败以后，人们必须要清楚地回答苏东社会主义事业失败是必然，还是偶然？的确，中国特色社会主义建设取得了巨大成就，但是，不可否认

---

① 《马克思恩格斯全集》第22卷，人民出版社1965年版，第510页。

的是，中国社会主义一直受到国际垄断资本和国际反动势力的"颜色革命"的颠覆威胁。目前，许多反马克思主义的人都以苏联、中国等国家的生产力水平仍然低于欧美资本主义国家为借口否定这些国家建设社会主义的可能性。在今天中国的理论界，还有人认为马克思主义经典作家的社会主义理论有空想成分；还有人跟在第二国际理论界的身后，讲所谓十月社会主义革命和革命胜利后苏联社会主义是"早产儿"；还有人认为中国新民主主义革命搞早了，中国社会主义改造搞急了；甚至有人公开以恩格斯的西欧社会主义先胜的条件论未能满足，来否定苏联曾经建成了社会主义，否定中国特色社会主义建成社会主义的可能性。[①] 在这些学者看来，苏联东欧国家，也包括中国是在不具备社会主义革命条件的情况下共产党蛮干的结果。因此，这样建立起来的社会，不可能是社会主义社会。这种社会，或者是走社会主义道路而夭折，或者是尽快改弦更张，走变相的资本主义道路。这些人进行"理论论证"就是为了证明中国特色社会主义只能是中国特色资本主义。看来，建设中国特色社会主义，如何唤起人民群众的社会主义和共产主义信仰，如何建立中国特色社会主义道路自信、理论自信、制度自信和文化自信，不是没有困难的。这种困难就在于，中国现实的社会生产力水平仍然低于欧美资本主义国家。在这样的社会生产力条件下，共产党能领导人民建设社会主义吗？国内外一批又一批的专家学者、政界人士对这个问题做了否定回答。他们所依据的都是恩格斯的欧洲社会主义革命要事先胜利的条件论。可见，中国特色社会主义要继续向前发展，在理论上我们就必须对于恩格斯的西欧社会主义革命先行胜利的条件论做出取舍。理论的坚定性来源于理论的彻底性，"在科学的入口处，正像在地狱的入口处一样，必须提出这样的要求：这里必须根绝一切犹豫，这里任何怯懦都无济于事"[②]。

1. 马克思和恩格斯关于跨越资本主义卡夫丁峡谷理论的比较

将马克思和恩格斯关于俄国公社跨越资本主义卡夫丁峡谷的理论做

---

① 赵家祥：《关于"一国能否建成社会主义"的争论》，《贵州师范大学学报》2016年第1期。
② 《马克思恩格斯全集》第13卷，人民出版社1962年版，第11页。

一比较，我们发现两位经典作家在跨越理论上既有许多相同之处，也有许多不同之处。

我们先来谈两位经典作家在跨越理论上的相同之处。第一，恩格斯1875年出版的《论俄国的社会问题》，是在马克思的建议下完成的。因此，在《论俄国的社会问题》一文中阐述的许多观点，一定的意义上是体现了马克思对这个问题的看法。例如，澄清特卡乔夫对恩格斯的一些无端的指摘，批判特卡乔夫的巴古宁主义倾向，等等。第二，1882年马克思恩格斯共同署名出版了《〈共产党宣言〉俄文版序言》。这篇序言写道："但是在俄国，我们看见，除了狂热发展的资本主义制度和刚开始形成的资产阶级土地所有制外，大半土地仍归农民公共占有。那末试问：俄国公社，这一固然已经大遭破坏的原始土地公共所有制形式，是能直接过渡到高级的共产主义的土地所有制形式呢？或者，它还须先经历西方的历史发展所经历的那个解体过程呢？对于这个问题，目前唯一可能的答复是：假如俄国革命将成为西方无产阶级革命的信号而双方互相补充的话，那末现今的俄国公共所有制便能成为共产主义发展的起点。"① 由于这个序言是马克思恩格斯共同署名的，当然可以认为这里的观点是马克思所认同的。

从上述两个方面我们可以看出：马克思和恩格斯共同认为，俄国这个处于资本主义以前的社会形态的国家存在着一条不同于西欧资本主义原始积累道路的另外一条发展道路。现在我们再来看一下两位亲密战友在跨越理论上的不同之处。

其一，在跨越理论文献中，马克思形成于1875年恩格斯《论俄国的社会问题》一文之后的著作中，没有引证和肯定恩格斯这篇文章的观点。如前所述，当时是马克思向恩格斯建议："你写点东西出来，不过要用讥讽的笔调"，于是恩格斯写了《论俄国的社会问题》一文批判特卡乔夫。但是，值得注意的是，恩格斯于1875年完成《论俄国的社会问题》。马克思于1877年写作《给〈祖国纪事〉杂志编辑部的信》。马克思明确知道此前恩格斯《论俄国的社会问题》一文对有关俄国公社发展道路问题

---

① 《马克思恩格斯选集》第1卷，人民出版社1972年版，第231页。

有过研究。但是，在《给〈祖国纪事〉杂志编辑部的信》中，马克思并没有援引恩格斯的观点予以肯定。另外，1881年马克思在《给维·伊·查苏利奇的复信》及其各个草稿中，也仍然没有在很具体的理论层面上肯定恩格斯的上述成果。这绝不是马克思的疏忽！马克思对待科学的严肃认真态度，以及马克思与恩格斯之间的伟大友谊，没有哪一方面能够允许马克思埋没恩格斯的研究成果。上述这些事实就足以使我们提出这样的问题：马克思是不是不赞成恩格斯1875年完成的《论俄国的社会问题》一文主要观点？

其二，从跨越结论和实现跨越的条件方面来看，马克思和恩格斯有原则上差别。马克思明确表明了自己对俄国民粹派和俄国真正的马克思主义者的支持，即支持他们为俄国公社探索走一条不同于西欧资本主义原始积累的全新道路。这是一条跨越资本主义卡夫丁峡谷的全新的道路，即不经过资本主义发展阶段而又继承资本主义时代的一切成就、建设社会主义的道路。马克思坚信在19世纪70年代的俄国公社面前，存在着这样一条跨越资本主义卡夫丁峡谷的发展道路。马克思还具体分析了跨越资本主义卡夫丁峡谷的主要障碍：主要是新兴资本力量的影响。根据这些分析马克思给出了实现跨越的办法和路径：首先，肃清从各方面向它袭来的破坏性影响；其次，保证它具备自由发展所必需的正常条件；最后，公社将走向大规模采用机器进行生产的集体化道路。然而，从恩格斯《论俄国的社会问题》及其《序言》和《跋》来看，对于俄国公社的未来发展道路，恩格斯与马克思的判断有很大的不同。首先，恩格斯是相信俄国公社趋向解体；其次，虽然在理论上仍然还承认俄国公社存在着跨越卡夫丁峡谷的可能性，但是恩格斯却又从给出俄国公社跨越条件的角度排除了这种可能性。如上所述，恩格斯给出的条件是："西欧在这种公社所有制彻底解体以前就胜利地完成无产阶级革命，而这个革命会给俄国农民提供实现这种过渡的必要条件，其中也为他们提供在整个农业制度中实行必然与其相联系的变革所必需的物资。"[①] 要知道，西欧"胜利地完成无产阶级革命"这个条件是相当苛刻的。不仅在19世纪70

---

① 《马克思恩格斯全集》第18卷，人民出版社1965年版，第620页。

年代俄国不具备这个条件，就是20世纪俄国十月社会主义革命胜利、东欧国家社会主义胜利，特别是中国特色社会主义取得辉煌成就的今天，在上述国家也仍然不具备这个条件。

其三，从对跨越含义的理解来看，恩格斯与马克思也有较大的不同。关于跨越的含义，恩格斯对问题的表述："不仅可能而且无庸置疑的是，当西欧人民的无产阶级取得胜利和生产资料转归公有之后，那些刚刚踏上资本主义生产道路而仍然保全了氏族制度或氏族制度残余的国家，可以利用这些公社所有制的残余和与之相适应的人民风尚作为强大的手段，来大大缩短自己向社会主义社会发展的过程，并可以避免我们在西欧开辟道路时所不得不经历的大部分苦难和斗争。"① 在这里，恩格斯把俄国公社跨越发展的时间起点定位在"西欧人民的无产阶级取得胜利和生产资料转归公有之后"。这就是说，恩格斯只承认前资本主义国家可以有"大大缩短自己向社会主义社会发展的过程，并可以避免我们在西欧开辟道路时所不得不经历的大部分苦难和斗争"。跨越资本主义卡夫丁峡谷避免的灾难到底是什么？是开辟资本主义道路时所不得不经历的痛苦和斗争，还是西欧国家走资本主义道路正常情况下也要经历的痛苦与斗争？如上所述，马克思一直主张跨越整个资本主义发展阶段，俄国公社既不需要经受资本主义由于其发展经验的不足而走曲折道路所带来的苦难，也不需要经受资本主义正常发展而不可避免的痛苦。而恩格斯则只强调，俄国公社可以避免"西欧资本主义开辟道路时"所不得不经历的痛苦。因此，恩格斯对跨越资本主义卡夫丁峡谷的认识，限于减轻资本主义发展由于经验不足而带来的痛苦。恩格斯不是明确主张俄国公社跨越资本主义正常发展阶段。事实上，马克思是强调前资本主义国家直接走向作为西欧资本主义发展前途和趋势的那个社会主义："总之，在俄国公社面前，资本主义正经历着危机，这种危机只能随着资本主义的消灭、现代社会的回复到'古代'类型的公有制而告终，这种形式的所有制，或者像一位美国作家（这位作家是不可能有革命倾向的嫌疑的，他的研究工作曾得到华盛顿政府的支持）所说的，现代社会所趋向的'新制度'，将

---

① 《马克思恩格斯全集》第22卷，人民出版社1965年版，第502—503页。

是'古代类型社会在一种高级的形式下（in a superior form）的复活（a revival）'。"① 这里，马克思显然是主张处于前资本主义阶段的国家，径直走向资本主义所趋向的那种社会形态，也就是走向共产主义社会或者走向作为共产主义社会形态初级阶段的社会主义社会。

2. 恩格斯的理论错误以及马克思对恩格斯错误的纠正

由上述分析可见，马克思和恩格斯在跨越资本主义卡夫丁峡谷理论上的重大差别还是客观存在的。不仅如此，马克思在恩格斯的著作出版以后，还默默地试图对恩格斯理论错误进行纠正。这是一个应该引起马克思主义理论工作者重视，而事实上并没受到马克思主义理论工作者足够重视的问题。由于这个问题没有及时而有效地加以澄清，在国际共产主义运动中引起思想混乱以致造成灾难性后果，因此今天我们在这里必须要对其予以澄清。

首先，马克思纠正了恩格斯对于俄国公社性质的片面认识。恩格斯把俄国公社的孤立性和封闭性看得很重，把它看作是和古希腊古罗马原始共产主义公社没有区别的东西。正因为如此，恩格斯得出俄国农村公社不能产生科学社会主义的理论和科学社会主义的实践的结论。正是这种思想倾向，使恩格斯看不到俄国公社光明的前途。而马克思则对俄国公社的性质做了完全不同的分析。马克思承认："公社受到诅咒的是它的孤立性，公社与公社之间的生活缺乏联系，不正是这种与世隔绝的小天地使它至今不能有任何历史创举吗？"② 但是，如前所述，马克思更看重俄国公社是与西欧资本主义同时代的。这种时代性就足以使俄国公社能够获得新生。马克思在《给维·伊·查苏利奇的复信》的初稿、第二稿特别是在第三稿中，具体分析了俄国公社作为现代的农业公社与历史上的各种公社的本质区别：第一，马克思指出俄国"农业公社"是最早的没有血统关系的自由人的社会联合；第二，在俄国农业公社中房屋及房屋所附属的园地，是农民私有的；第三，耕地是公共财产，定期在农民中间重新轮流使用。马克思把俄国农业公社概括为二重性：兼有公有和

---

① 《马克思恩格斯全集》第25卷，人民出版社2001年版，第458—459页。
② 同上书，第479页。

私有的性质。① 马克思坚持俄国公社有两种前途：或者私有成分占了上风，走瓦解的道路；或者公有成分占了上风，走跨越资本主义卡夫丁峡谷的道路。而恩格斯是坚持认为俄国公社只有一种前途，即瓦解的前途。

其次，对俄国人习惯的劳动组合，恩格斯否定其对于跨越资本主义卡夫丁峡谷的积极作用，而马克思却给予积极的肯定。特卡乔夫用俄国农民习惯于劳动组合来论证俄国公社能够有新生。恩格斯对此予以彻底否定。恩格斯说："总之，劳动组合是一种自发产生的，因而还很不发达的合作社形式，并且也不是纯俄罗斯或纯斯拉夫的合作社形式。这种形式在俄国占有优势当然证明俄国人民有着强烈的联合愿望，但这还完全不能证明他们靠这种愿望就能够从劳动组合直接跳到社会主义的社会制度。要实现这种过渡，首先要劳动组合本身能够向前发展，抛弃本身那种自发的，如我们所看到的替资本家服务比替工人服务还要多的形式，并且它还必须至少提高到西欧合作社的水平。"② 在恩格斯的心目中，俄国劳动组合的发展水平永远也达不到西欧资本主义劳动组合的水平。总之，恩格斯否定俄国公社的劳动组合会有利于向共产主义过渡。而马克思在1881年《给维·伊·查苏利奇的复信》第三稿中说："俄国农民习惯于劳动组合，这特别便于他们从小土地劳动到合作劳动，并且他们在草地的割草，以及像排积水等公社的作业中，已经在某种程度上实行了合作劳动。这种直到今天还在俄国公社里实行的制度，毫无疑问是和农艺学的要求矛盾的。除其他种种不便外，这种制度也造成人力和时间的浪费。可是，这种制度虽然乍看起来似乎和集体耕种相矛盾，但它的确有助于向集体耕种的过渡。"③ 可见，马克思对于俄国公社的劳动组合有利于向共产主义集体生产过渡的观点是积极肯定的。

最后，对于土地公有制，马克思认为它已经经历了许多变革而顽强地保留下来了，它有利于俄国公社实现向共产主义跨越是显然的。从马克思对恩格斯的这些纠正和补充来看，恩格斯的主要错误在于，他在同

---

① 《马克思恩格斯全集》第19卷，人民出版社1963年版，第449—450页。
② 《马克思恩格斯全集》第18卷，人民出版社1965年版，第616页。
③ 《马克思恩格斯全集》第25卷，人民出版社2001年版，第479—480页。

特卡乔夫论战时，不知不觉地将俄国公社孤立化，使其脱离资本主义体系的总联系。这样俄国公社就成了没有任何升级和希望的过时了的东西。这样恩格斯也就看不到俄国革命的新高潮与新机遇。总之，马克思坚持辩证法，恩格斯却不知不觉地犯了形而上学的错误。

3. 马克思对恩格斯错误的纠正并没有引起理论界的重视，以至于恩格斯的错误影响到他对俄国革命形势的误判

马克思是恩格斯的亲密战友和合作伙伴，当然马克思不会像对待其他论敌那样通过公开论战来解决认识分歧，这是问题的一个方面；另一方面，从给查苏利奇的回信中我们能够看出马克思晚年的身体状况非常不好。马克思写道："最近十年来定期发作的神经痛妨碍了我，使我不能较早地答复您2月16日的来信。承蒙您向我提出问题，但很遗憾，我却不能给您一个适合于发表的简短说明。几个月前，我曾经答应给圣彼得堡委员会就同一题目写一篇文章。可是我希望寥寥几行就足以消除您因误解所谓我的理论而产生的一切疑问。"[①] 在这种身体状况下，马克思只能默默地，而不能采取更加积极和有效的方式纠正恩格斯的错误。而马克思对恩格斯的理论错误所进行的这些纠正，并未引起理论界的重视，以致在国际共产主义运动的重大事件中产生了不良的影响。

首先，这种理论错误必然会使恩格斯低估俄国的革命力量。他说："然而单是这样一个事实：与俄国农民公社并肩存在的西欧资本主义生产正濒于崩溃的时刻，而且在这一时刻它本身已显示出一种新的生产形式，在这种新的生产形式中将有计划地使用作为社会财产的生产资料，——单单这样一个事实，并不能赋予俄国公社一种能够使它把自己发展成这种新的社会形式的力量。在资本主义社会本身完成这一革命以前，公社如何能够把资本主义社会的巨大生产力作为社会财产和社会工具而掌握起来呢？当俄国公社已经不再在公有制的原则上耕种自己的土地时，它又怎么能向世界指明如何在公有制的原则上管理大工业呢？"[②] 恩格斯继续说："诚然，在俄国有不少人很了解西方资本主义社会及其所有的不可调

---

① 《马克思恩格斯全集》第25卷，人民出版社2001年版，第482页。
② 《马克思恩格斯全集》第22卷，人民出版社1965年版，第501页。

和的矛盾和冲突,并且清楚地知道这条似乎走不通的死胡同的出路何在。可是,首先,明白这一点的几千人并不生活在公社里,而大俄罗斯的仍然生活在公社土地所有制条件下的整整5000万人,却对这一切一无所知。"① 这里,恩格斯否定俄国革命力量的存在。

其次,恩格斯对俄国革命形势的误判:俄国不可能发生社会主义革命。在《论俄国的社会问题》一文中,恩格斯在批评特卡乔夫时说到:"至于俄国农民在摆脱农奴从属地位以后的处境已经不堪忍受,不可能长久这样继续下去,而仅仅由于这个原因,俄国革命正在日益迫近,——这都是显而易见的事情。问题只在于这个革命的结果可能怎样,将会怎样?特卡乔夫先生说,它将是社会革命。这纯粹是一种赘言。任何一个真正革命都是社会革命,因为它使新阶级占居统治地位并且让它有可能按照自己的面貌来改造社会。其实,特卡乔夫先生是想说,这将是社会主义革命,它将在我们在西方还没有实现以前,就在俄国实现西欧社会主义所追求的那个社会形态——而且是在不论无产阶级或资产阶级还不是到处都碰得见并且都还处在低级发展阶段上的这种社会状态下来实现!这一点所以成为可能,据说是因为俄国人具有劳动组合和公社土地所有制,可以说是天选的社会主义的人民!"② 从这里我们可以看出,恩格斯以极其高超的论战手法对待特卡乔夫。恩格斯首先抓住特卡乔夫把即将发生的俄国革命称为"社会革命",将其否定为"这纯粹是一种赘言"。其次恩格斯推断出特卡乔夫想说的是"社会主义革命"。怕被别人误会,恩格斯还特别界定为是"它将在我们在西方还没有实现以前,就在俄国实现西欧社会主义所追求的那个社会形态"。这里,恩格斯断然否定俄国发生这种社会主义革命的可能性。

1894年恩格斯在《〈论俄国的社会问题〉跋》中说:"我不敢判断目前这种公社是否还保存得这样完整,以致在需要的时刻,像马克思和我在1882年所希望的那样,它能够在同西欧的大转变相结合的情况下成为共产主义发展的起点。但是有一点是勿庸置疑的:要想从这种公社保全

---

① 《马克思恩格斯全集》第22卷,人民出版社1965年版,第501页。
② 《马克思恩格斯全集》第18卷,人民出版社1965年版,第614页。

点什么东西下来,就必须首先推翻沙皇专制制度,必须在俄国进行革命。俄国的革命不仅会把民族的大部分即农民从构成他们的世界、他们的宇宙的农村的隔绝状态中解脱出来,不仅会把农民引到一个广阔的天地,使他们认识外部世界,同时也认识自己,了解自己的处境和摆脱目前贫困的方法,——俄国的革命还会给西方的工人运动以新的推动,为它创造新的更好的斗争条件,从而加速现代工业无产阶级的胜利;没有这种胜利,目前的俄国无论是在公社的基础上还是在资本主义的基础上,都不可能达到对社会的社会主义改造。"[1] 首先,恩格斯并没有否定1882年自己和马克思的观点,即俄国有可能跨越资本主义卡夫丁峡谷。同时,恩格斯更加强调西欧社会主义革命胜利对俄国公社跨越的作用。恩格斯相信俄国也许会发生资产阶级革命,恩格斯甚至也相信俄国的资产阶级革命也能给欧洲社会主义革命以推动,但是恩格斯仍然坚信没有西欧社会主义革命的先行胜利,俄国是不会发生社会主义革命的。可见,恩格斯从根本上否定社会生产力发展水平落后的俄国可以先于西欧发达资本主义国家发生社会主义革命并取得胜利。那么,俄国社会历史发展的历史事实又如何呢?

三 《资本论》俄国化:列宁、斯大林对马克思主义的继承和发展

(一) 在1917年十月革命以及以后俄国社会究竟发生了什么?

如前所述,恩格斯断言:俄国这样一个经济落后的国家不可能先于西欧资本主义国家发生社会主义革命。具有讽刺意味的是,列宁所领导的十月社会主义革命恰恰发生在经济文化落后、生产力水平明显低于西欧资本主义社会的俄国,而且还获得了胜利!恩格斯曾经用"天选的社会主义的人民"否定俄国人民和俄国革命。现在问题已经不在于俄国人民是否是"天选的社会主义的人民",问题在于俄国十月社会主义革命恰恰用事实证明了俄国可以跨越资本主义卡夫丁峡谷并获得胜利。无可辩

---

[1] 《马克思恩格斯全集》第25卷,人民出版社2001年版,第510页。

驳的事实是，1917年的俄国接连发生了两次大的革命：首先，发生了二月革命。二月革命推翻了统治俄罗斯300多年的罗曼诺夫王朝，建立了资产阶级领导的临时政府。其次，紧接着又爆发了十月革命。刚刚建立起来的资产阶级临时政府还没来得及喘息一口气，就被列宁领导的十月社会主义革命所推翻。工业无产阶级联合农民阶级形成了全新的国家结构和社会结构。1917年的俄国革命的历史，无情地证伪了恩格斯的欧洲事先获得社会主义革命胜利并给俄国公社以物质支持的跨越条件理论。现在，俄国在既没有西欧无产阶级革命成功的世界背景，也没有西欧无产阶级在物质技术上给俄国以支持的前提条件下，却实现了社会主义革命的胜利。而且，二月资产阶级革命和十月社会主义革命，这两次革命先后爆发的时间间隔不超过8个月。这就是说，资产阶级取得政权进行资本主义建设时间不足8个月，就被列宁所领导的无产阶级专政的国家政权所取代了。资产阶级统治不仅时间异常短暂，而且就是在这短暂的时间里俄国资产阶级由于其软弱性，在许多根本性问题上也没有完成资产阶级革命的历史任务。也就是说，俄国社会经济既没有经历完整的资本主义发展阶段，也没有完成资产阶级进行统治所应完成的时代任务。因此，俄国就是在这样的背景下进行了十月社会主义革命并获得了胜利。

现在，我们再来看十月革命以及以后的俄国究竟发生了什么样的具体变化。列宁在纪念十月革命四周年的文章中说："不论无政府主义或小资产阶级民主派（孟什维克和社会革命党人，他们是国际上这一社会类型阶层的俄国代表）在资产阶级民主革命和社会主义革命（即无产阶级革命）关系的问题上，过去和现在都讲了不知多少糊涂话。四年来的事实已经完全证实，我们在这一点上对马克思主义的理解和对以往革命经验的估计是正确的。我们比谁都更加彻底地进行了资产阶级民主革命。我们完全自觉地、坚定地和一往直前地向着社会主义革命迈进，我们知道社会主义革命和资产阶级民主革命并没有隔着一道万里长城。"[①] 列宁分别列举了君主制、等级制、农奴制、宗教、妇女和民族等属于资产阶级民主革命的内容。列宁用事实说明了，在西方国家125年甚至250年以

[①] 《列宁选集》第4卷，人民出版社1960年版，第565页。

前资产阶级民主革命都没有很好地解决的问题，怎样在苏维埃政权中用短短几年时间就彻底地解决了。

列宁得出结论，俄国资产阶级民主革命的任务，是作为无产阶级社会主义革命的社会主义工作的副产品而顺便被完成的。列宁强调："所有考茨基、希法亭、马尔托夫、切尔诺夫、希尔奎特、龙格、麦克唐纳、屠拉梯之流以及'第二半'的马克思主义的其他英雄们，都不能了解资产阶级民主革命和无产阶级社会主义革命之间的这种相互关系。前一革命可以转变为后一革命。后一革命可以顺便解决前一革命的问题。后一革命可以巩固前一革命的事业。"[①] 列宁将苏维埃制度看作是由一种革命发展为另一种革命的证明。从1917年十月社会主义革命胜利，到1921年列宁撰文纪念十月社会主义革命胜利四周年，在这样短短的4年的时间内，苏联完成了作为副产品的民主革命任务，并开始了大规模的社会主义经济建设并取得了巨大的经济成就。因此，列宁领导的十月社会主义革命的胜利，苏联社会主义经济建设的成就，都证明了马克思跨越资本主义卡夫丁峡谷理论的真理性。苏联社会主义开辟了人类历史发展的新纪元。

（二）列宁的"四月提纲"和俄国社会主义革命的所谓"经济前提"

在1917年的"二月风暴"以后，俄国建立起了资产阶级临时政府。按理说，革命应该告一段落了。资产阶级临时政府应该寻求转变为长期的巩固的资产阶级政府，并作为资产阶级的利益代表领导俄国农民阶级、工人阶级和其他劳动阶级发展资本主义经济、政治和文化。可是，在瑞士过着流放生活的列宁，在闻听俄国资产阶级革命胜利的消息后，立即就得出自己的判断：俄国社会主义革命的时机已经成熟。几经周折，列宁取道经过德国和瑞典秘密于1917年4月3日夜里返回彼得格勒。第二天也就是4月4日，列宁出席全俄苏维埃代表会议的布尔什维克和孟什维克代表的联席会议。在会上，列宁作了题为《论无产阶级在这次革命中的任务》的报告，这个报告史称"四月提纲"。"四月提纲"的核心思想

[①] 《列宁选集》第4卷，人民出版社1960年版，第568页。

是，"目前俄国的特点是从革命的第一阶段过渡到革命的第二阶段，第一阶段由于无产阶级的觉悟性和组织性不够，政权落到了资产阶级手中，第二阶段则应当是政权转到无产阶级和贫苦农民阶级手中"①。列宁提出将刚刚获得胜利的资产阶级民主革命，立即转向社会主义革命。但是，"四月提纲"却遭到布尔什维克党和社会其他党派以及各界人士的普遍反对。孟什维克批评列宁背离了马克思主义的唯物主义历史观，不从俄国具体的社会历史条件出发，而是企图使俄国社会发展超越资本主义发展阶段。布尔什维克内部也有许多党员认为，这是列宁长期旅居国外，脱离俄国社会生活条件而提出的"乌托邦计划"。他们的一致判断是，当时的俄国不具备进行社会主义革命并取得胜利的物质条件。

他们对俄国革命形势的判断，和恩格斯当年对俄国革命形势的判断是完全一致的。如前所述，恩格斯对于俄国革命最大限度地承认俄国能够发生社会革命，这种社会革命只能是资产阶级民主革命，绝不承认俄国可能发生社会主义革命。在俄国二月革命以后，西欧资本主义发达国家没有发生社会主义革命，更谈不上欧洲社会主义革命胜利以及给俄国革命以支持，因此，按照恩格斯的逻辑，俄国二月革命胜利以后，绝对不具备进一步进行社会主义革命的条件。

十月革命前，孟什维克的代表人物普列汉诺夫就激烈地反对"四月提纲"，并斥之为"梦话"，十月革命胜利后，普列汉诺夫仍坚持说俄国工人阶级远远没有成熟到能够支撑一个强大国家政权的程度，如果谁要是在这种情况下过早地将政权强加给它，那只能意味着把它推上"最大的历史灾难的道路"。第二国际理论家考茨基则认为，列宁领导的十月革命以及革命后的社会主义是"早产儿"，并诅咒俄国社会主义不能成活。不幸的是，20世纪苏联东欧国家的社会主义事业的失败，还真的没有走出"考茨基魔咒"。

在十月革命胜利100年以后的今天，在我们沿着十月革命的道路取得新民主主义革命和社会主义革命胜利，并继续沿着建设中国特色社会主义道路前进的中国，还是有很多人强调俄国1917年不具备社会主义革命

---

① 《列宁选集》第3卷，人民出版社1960年版，第14页。

的条件。中国理论界许多人回避谈十月革命，不敢肯定十月革命的历史功绩与贡献。而在少数肯定十月革命的理论工作者中，许多人对十月革命的认识也还是存在问题的。理论界的这种状态，对于坚持中国特色社会主义道路自信、理论自信、制度自信和文化自信是极为不利的。现在我们来看一下，我们的理论家对于十月社会主义革命的认识究竟存在哪些错误。周尚文在《十月革命：是历史的误会还是历史的选择》一文中说："列宁长期流亡国外，俄国的实践也没有提供这方面的经验，因此他对俄国民主革命的任务、敌我友力量的配置以及革命的步骤、前途等问题缺乏深入的思考……今天看来，'四月提纲'所提出的转变革命方针的理论依据是欠缺的、确有空想主义和超越历史阶段的问题。"[①] "按照马克思主义的一般原理，只能得出当时俄国实现社会主义物质条件尚未成熟，因而发动社会革命还为时过早的结论。"[②] "列宁在病床前特地要手下找来著名的孟什维克尼·苏汉诺夫七卷本《革命札记》，翻阅该书后，他口授了《论我国革命》一文，坦率承认过当时还不具备实行社会主义的'客观经济前提'。"[③] 那么，"转变革命方针缺少理论依据"、革命转变"有空想和超历史阶段的问题"，这种革命为什么还能够获得胜利呢？"不具备实行社会主义的'客观经济前提'"为什么还能够实行社会主义呢？

从上面的论述我们看到，周尚文的回答分两个层次：第一，"任何一场革命，都不是在主客观条件完全具备并有百分之百能取胜的时候才能发动的"[④]；第二，周尚文以列宁的"先投入战斗，然后见分晓"，来说明俄国十月革命是实践的胜利。周尚文试图要证明十月革命不是历史的误会而是历史的选择。然而，按照周尚文这里的论证，十月革命是在不具备革命发生的条件下列宁的一次偶然冒险。因而，按照周尚文的逻辑，他恰恰应该得出的结论是，十月革命是历史的误会而不是历史的选择。俄国十月社会主义革命，如果真的不具备革命和革命胜利的条件，那么，

---

① 周尚文：《十月革命：是历史的误会还是历史的选择》，《毛泽东邓小平理论研究》2017年第1期。
② 同上。
③ 同上。
④ 同上。

这个革命是不会获得胜利的。如果在不具备条件的情况下获得了胜利，这才是偶然的历史事件。因为，不说明俄国社会主义革命及其胜利的物质条件是客观的，不能证明俄国十月革命发生时俄国是具备这个客观物质条件，那么，我们就无法证明俄国十月社会主义革命及其胜利是必然的。如上所述，周尚文用三段文字来证明十月革命及其胜利是不具备物质条件，我们认为他的论证是值得商榷的。

首先，我们要提出这样的问题："不具备社会主义革命的物质条件""转变革命方针缺少理论依据"，甚至还"有空想和超历史阶段的问题"，这种革命为什么能够获得胜利呢？按照唯物主义的观点，任何事件的发生都是有其客观条件的。具备一定的条件，一定的事件就会发生。反之，不具备一定的条件，一定的事件绝不会发生。我们通常说，没有条件创造条件也要上。这本身就意味着，任何事物的变化其条件都是客观的、不可动摇的。我们所能做的就是通过自己的努力，创造出事件必然发生所应具备的客观条件。因此，一定历史事件发生必须具备基本条件，这是客观规律，是不以任何人的主观愿望而改变的。俄国不具备社会主义革命爆发的基本条件，十月革命居然爆发了！俄国不具备社会主义革命胜利的基本条件，十月革命居然胜利了！这是什么逻辑？这是不要任何科学的逻辑。

其次，我们再回过头来看一看，列宁在《论我国革命》一文中是怎样"坦率地承认十月革命不具备客观经济前提"的。按照周尚文所说，列宁在《论我国革命》中"坦率承认俄国当时还不具备实行社会主义的'客观经济前提'"，那么，事实究竟是怎样的呢？《论我国革命》一文全文不超过3000字，贯穿全文的中心思想就是列宁驳斥孟什维克理论家苏汉诺夫和第二国际社会民主党人关于"十月革命不具备必要的经济前提"论调。在这样的论战性的文章里，列宁怎么会站到敌对立场上去坦率地接受论敌攻击自己的观点呢？

列宁对于十月革命不具备必要的经济前提论调是十分蔑视的。对于西欧社会民主党，列宁说："他们在西欧社会民主党发展时期背得烂熟的一条论据，亦称他们万古不变的金科玉律。这条论据就是：我们还没有成长到实现社会主义的地步，活像他们的各种'博学的'先生们所说的那样,我们还没有实现社会主义的客观经济前提。"① 很明显,在这里列宁用"背得烂熟""金科玉律""各种'博学的'先生们"等来描述第二国际社会党人的严重的教条主义倾向,用的是贬义。列宁在说明自己领导的十月社会主义革命克服了这种教条主义的束缚才取得了胜利。我们不知道周尚文先生怎么能够从这里领悟出列宁坦率地承认十月革命不具备客观经济前提的?如果列宁真的自己也认为十月革命不具备革命发生的经济前提,那么列宁岂不是自己也陷入了这种教条主义了吗?

对于第二国际社会民主党人以及受他们影响而产生的苏汉诺夫等,列宁说:"'俄国生产力还没有发展到足以实现社会主义的水平。'第二国际的一切英雄们,当然也包括苏汉诺夫在内,把这个论点真是当作口头禅。他们把这个无可争辩的论点,用千百种腔调一再重复,他们觉得这是对评价我国革命有决定意义的论点。"在这里"第二国际的英雄们""当作口头禅""千百种强调一再重复"等,这些措辞还不能说明列宁对这些人和他们所持有观点的鄙视吗?从列宁的这种态度我们还不能够看出列宁对自己所从事的事业必胜的坚定信念吗?怎么能说列宁"坦率承认俄国当时还不具备实行社会主义的'客观经济前提'"呢?我们不知道周尚文先生的结论从何而来!

现在我们再来看列宁是怎样回应他的论敌的。针对有人批评列宁过于激进,列宁反驳他的论敌时写道:"遇到第一次帝国主义战争时所造成的那种革命形势的人民,在毫无出路的处境影响下,难道不能挺身起来斗争吗?"②

针对反对派攻击"俄国生产力还没有发展到足以实现社会主义的水平",列宁回答道:"第一、既然特殊形势使俄国卷入了西欧各个多少有些势力的国家也被卷入的世界帝国主义战争,使俄国的发展……纳入可以实现'农民战争'同工人运动联合的环境中,而关于这种联合,像马克思这样的'马克思主义者'在1856年谈到普鲁士的时候,就认为是一

---

① 《列宁选集》第4卷,人民出版社1960年版,第690页。
② 同上书,第690、691页。

种可能的前途，——那又怎样呢？"① 列宁显然是用世界帝国主义战争这个资本主义世界体系的矛盾，来说明它加速和加强了工人阶级和农民阶级的联合，进而用这种联合的力量来说明俄国社会主义革命力量的组织和凝聚。怎么能说列宁领导十月革命不具备经济条件呢？

总的来说，列宁承认俄国生产力水平没有达到西欧资本主义国家的生产力水平，但是，列宁不承认俄国不具备进行社会主义革命的经济条件。列宁论证十月革命的条件，主要是从世界帝国主义战争所创造的特殊历史条件而进行论述的。列宁的论述没有提及他对马克思关于俄国公社跨越资本主义卡夫丁峡谷理论的评价问题，或许是列宁因为革命奔波没有读到马克思的这些文献。

（三）《资本论》俄国化的实践成果：十月革命社会主义革命胜利

在《论我国革命》一文中，列宁阐述了俄国十月革命的性质和意义。列宁引证马克思在《法兰西内战》和1817年给库格曼的信中所谈到的革命灵活性，引证1856年马克思给恩格斯的信中所希望德国的农民运动能够和工人运动相结合的观点。通过这些引证，列宁试图要说明，在马克思那里不是必然主张俄国要重新走发展资本主义的道路。列宁批评苏汉诺夫等资产阶级民主派不懂得马克思主义的革命的辩证法，批评他们崇尚西欧资本主义发展道路，批评他们跟在第二国际社会民主党的后面向资产阶级妥协。列宁批评小资产阶级民主派和第二国际全体英雄，根本不了解马克思主义的下述见解："直到现在为止，他们只看到过西欧资本主义和资产阶级民主发展的这条固定道路。因此，他们不能想象到，这条道路如果不作相应的改变……是不能当作模范的。"②

值得注意的是，在这里列宁批评小资产阶级民主派和第二国际的"英雄们"不懂马克思主义，列宁所阐述的这些理论观点正是与马克思在《给〈祖国纪事〉杂志编辑部的信》中批评俄国"马克思主义者"时所阐述的观点相一致的。马克思说，"他一定要把我关于西欧资本主义起源

---

① 《列宁选集》第4卷，人民出版社1960年版，第691页。
② 同上书，第690页。

的历史概述彻底变成一般发展道路的历史哲学理论,一切民族,不管他们所处的历史环境如何,都注定要走这条道路,——以便最后都达到在保证社会劳动生产力极高度发展的同时又保证每个生产者个人最全面的发展的这样一种经济状态。但是我要请他原谅(他这样做,会给我过多的荣誉,同时也会给我过多的侮辱)"①。列宁在马克思之后批评俄国的孟什维克和第二国际社会党人,把西欧资本主义起源和资本主义发展道路永恒化、教条化的。

学术界有人说列宁直到逝世的时候也没有读到马克思1877年写给《祖国纪事》杂志编辑部的信和1881年写给查苏利奇的复信②。如果是这样,那么我们便可以说,列宁在同孟什维克和第二国际社会民主党人的论战中独立阐述了和马克思关于东方社会跨越资本主义卡夫丁峡谷相一致的思想。当然,列宁对十月革命爆发的原因及胜利条件的分析,的确是偏重于从武装斗争和政治上层建筑方面展开分析的。列宁用革命的辩证法,说明无产阶级进行十月革命不必拘泥于机械的生产力发展水平标准。列宁并没有说明俄国社会生产力水平不高为什么不能从根本上制约十月革命胜利?这是列宁对十月革命及其胜利条件论证上的不足之处。如果列宁引证马克思《给〈祖国纪事〉杂志编辑部的信》中的论述,那么,列宁对十月革命及其胜利的条件的论证就会更有说服力。可是,列宁并没有这样做,为什么呢?我们推断也许列宁由于长期过着流亡生活,而没有读到马克思《给〈祖国纪事〉杂志编辑部的信》和《给维·伊·查苏利奇的复信》及其四个草稿。

现在我们再来看列宁是怎样论证十月革命必然胜利的。列宁强调两点:第一,这是和第一次世界帝国主义大战相联系的革命;第二,世界历史发展的一般规律,不仅丝毫不排斥个别发展阶段在发展形式或顺序上表现出来的特殊性,反而是以此为前提的。③ 分析列宁的这两方面分析,我们看到:第二点是一个结论性的命题,而前面一点才是基础。因

---

① 《马克思恩格斯全集》第25卷,人民出版社2001年版,第145页。
② 2017年9月笔者在厦门大学和吴茜同志交谈的时候,她还说起李崇富教授坚持认为列宁在领导十月革命和后来的苏联社会主义建设过程中一直都没有读到马克思这两封信的观点。
③ 《列宁选集》第1卷,人民出版社1972年版,第690页。

为俄国十月革命和帝国主义世界大战相联系，所以，这种革命不是纯粹的意义上的民主革命。一定的社会生产力发展，是一切社会革命的最根本的决定力量。然而，列宁并没有将俄国社会生产力水平低于西欧国家，作为对俄国十月革命的社会主义性质的绝对的制约因素。马克思强调俄国公社是与西欧资本主义同时代的东西，正因为是同时代的东西，所以它就可以继承西欧资本主义所取得的一切时代成就。就是说，俄国虽然从自身局部来看，显性的、俄国局部的社会生产力水平低于西欧国家，但是，为俄国十月革命奠定基础的社会生产力水平不仅限于从俄国一国的社会生产力的范围来看。因为当时俄国所暴露出来的社会问题和矛盾，不仅是俄国自己国内的生产力和生产关系的矛盾的反映，而且同时也是当时欧美国家的社会生产力和生产关系的矛盾的体现。这就印证了马克思将落后国家的资本主义以前的社会生产方式，是与西欧资本主义生产方式同时代的东西，它就可以跨越资本主义卡夫丁峡谷的结论。明确十月革命的性质是社会主义革命的意义重大，进一步明确十月革命以及以后所建立的国家是跨越资本主义卡夫丁峡谷的社会主义国家，意义更加重大。

长期以来，有一种流行的做法，为了证明十月革命性质是社会主义革命，为了证明苏联是社会主义国家，他们就千方百计地去证明十月革命时俄国的农村公社已经解体完毕。不仅如此，他们还要千方百计地去证明俄国资本主义社会的生产力水平已经发展到了足以使资本主义灭亡的高度。实际上，这是自相矛盾的。第一，俄国的经济事实根本不是这样，俄国公社并没有完全解体，俄国的资本主义社会的生产力水平也远没有发展到足以促使资本主义灭亡的高度；第二，英国老牌资本主义，美国后期的资本主义，从社会生产力发展水平来看，哪个国家不比俄国社会生产力水平高？为什么俄国革命胜利？为什么俄国可以建设社会主义？为什么老牌资本主义国家做不到的事情，俄国却做到了呢？对于这些问题，还是要从分析俄国当时特殊的社会历史发展阶段及其所处的世界资本主义经济政治关系才能得到正确答案。运用一劳永逸的"一般历史哲学"，是永远得不到正确答案的。可见，把俄国十月革命前的社会生产力发展水平人为地予以拔高，进而用庸俗的生产力决定论来说明俄国十月社会主义革命的必然性，是犯了方法论上的错误的。其实，按照上述的"流行的做法"论证科学社会主义，还是犯了俄国"马克思主义者"的同样错误。这就是将《资本论》中的"原始积累"理论以及资本主义生产方式的理论教条化为一种"一般历史哲学"。这种按照这种一般历史哲学的公式去写历史，主观臆断地去脑补历史事实和历史资料，是根本世界观和根本方法论上的错误。

可见，列宁对十月革命条件的政治经济学分析还有某些不够完善的地方。为了反驳十月社会主义革命是所谓"早产儿"之说，包括列宁在内的俄国理论家和史学家，便不惜一切代价试图证明十月革命爆发之时，俄国的社会生产力发展水平已经达到了足以解释俄国资本主义自行灭亡的程度。只有这样，才为俄国十月革命的社会主义性质提供了充分的理论论证。可是，这又和十月革命以后俄国布尔什维克党领导人民完成了民主革命任务的事实相矛盾。因此，我们认为，要恢复历史的本来面目，就必须要承认十月革命以及由此建立的苏联社会主义是跨越资本主义卡夫丁峡谷的社会主义。

现在很多人仍然以十月革命发生时俄国的农业公社已经基本解体为由来否认十月革命是跨越资本主义卡夫丁峡谷的社会主义革命。在这里我们要问：究竟什么是马克思关于俄国公社跨越资本主义卡夫丁峡谷的精神实质？我们认为，马克思跨越资本主义卡夫丁峡谷理论的精神实质在于，它回答了一个国家或一个民族如果处在资本主义以前的原始发展阶段，还要不要亦步亦趋地爬行西欧资本主义的发生、发展和灭亡的全过程的问题。马克思经过对俄国特殊社会历史条件的分析得出结论：俄国农村公社完全可以不经过爬行英国资本主义原始积累的道路，可以不走欧美资本主义发展的道路，径直走进欧美资本主义也必将要走入的共产主义社会。因此，俄国十月社会主义革命的可能性，是马克思第一个给出科学的理论论证的。至于后来列宁又具体考察了俄国资本主义发展和俄国工人阶级状况以及革命力量的发展程度等，都是在马克思的这个大前提下继续进行具体工作的。俄国资本主义发展到什么程度？俄国资本主义走多远？中国资本主义萌芽到何种程度？中国资本主义走多远？所有这些都不是说，这些国家的原始经济体走完了全部资本主义道路，进而才走向社会主义和共产主义的。所谓社会主义革命在帝国主义统治链条的薄弱环节一国取得胜利，强调的还是帝国主义统治链条的矛盾和斗争，强调落后经济体能够从资本主义世界学习到资本主义的时代成就。马克思特别强调俄国公社是与西欧资本主义同时代的，就因为俄国公社是与西欧资本主义同时代的，就可以得出俄国公社能够有新生的结论。这里问题的关键在于，我们是不是能够坚持历史发展的辩证法，反对庸俗的局部的生产力决定论。

列宁作为伟大的无产阶级革命家，在领导俄国十月革命过程中发挥了重要的作用，革命取得了胜利证明列宁的理论是正确的。总的来说，列宁领导的十月革命是沿着马克思的跨越资本主义卡夫丁峡谷的道路前进并取得胜利的，是世界人类社会文明史上的辉煌一页。列宁以帝国主义论和社会主义革命在帝国主义统治的薄弱环节的一国胜利的学说，丰富和发展了马克思主义。十月社会主义革命胜利，开辟了人类社会全新的社会历史形态建设的新纪元。

（四）《资本论》俄国化的政策调整：新经济政策的积极退步

现在许多人都试图把俄国的新经济政策看作是苏联社会主义建设的一个常态化的稳定的成熟的历史时期。据说是斯大林没有忠实地贯彻列宁的社会主义建设思想，过早地终结了新经济政策。然而，不可否认的事实是，新经济政策是俄国跨越资本主义卡夫丁峡谷道路的局部的和暂时的"退步"。

要想说清楚新经济政策的"退步"，必须要首先说清楚战时共产主义的"进步"。众所周知，十月社会主义革命胜利，只是解决了俄国国内的政权问题，但是世界帝国主义战争并没有因此而停止。面对俄国局势的巨变，国际资本主义列强纷纷准备对俄国进行武装干涉。战时共产主义，是十月革命胜利后新生的无产阶级政权为了应对世界帝国主义国家的武装干涉而不得不采取的非常时期的经济政策。因为十月革命是共产党领导的社会主义革命，所以在革命胜利以后，无产阶级政党必然要领导人民进行跨越资本主义卡夫丁峡谷的共产主义建设。因此，这个时期的经济政策以共产主义命名也是有根据的。不承认，或者从根本上否认十月革命胜利后的苏维埃政权采取了一系列的政策向共产主义过渡，是不实事求是的。但是，由于战争的威胁，苏维埃政权也没有真的以一种纯粹共产主义思想来进行经济建设，这也是事实。因此，战时共产主义既不能直接等同于马克思主义的科学共产主义，也不能说它是与马克思主义的科学共产主义毫无关系的别的什么事物。有人不理解这一点，说什么列宁在十月革命后按照马克思恩格斯的社会主义方案建设社会主义失败了，所以才实行新经济政策的。我们说，新经济政策是对战时共产主义的调整，但主要调整的不是战时共产主义中的共产主义，主要调整的是"战时"的非常规措施，调整超越向共产主义过渡的过渡阶段的急于求成的一些举措。

当然，我们也不可否认，十月革命胜利以后的初期，以列宁为首的布尔什维克领导苏联人民向社会主义过渡，由于经验不足也出现了个别的政策失误。由于这些原因，在苏联战时共产主义之后实行新经济政策，是对于战时共产主义政策进行调整，是布尔什维克为了巩固政权不得已而为之的政策选择。后来在新经济政策执行过程中，列宁也曾积极肯定新经济政策是从资本主义向社会主义过渡的有效过渡形式。然而，列宁始终坚持认为新经济政策不是俄国社会主义，它是为了实现社会主义目标而不得已的退步。列宁说："记得拿破仑这样写过：《On s'engage et puis… on voit》，意译出来就是：'首先要投入真正的战斗，然后再看分晓。'我们也首先在1917年10月投入了真正的战斗，然后就看到了布列斯特和约或新经济政策等等这样的发展中的细节（就世界历史来说，这当然是细节）。现在已经毫无疑问我们基本上是胜利了。"[①] 从这里我们可以看出：新经济政策和布列斯特和约（《布列斯特—立托夫斯克合约》），在列宁看来都只是世界历史通往共产主义大道上的细节。就是说，列宁将新经济政策看作是俄国社会主义建设的历史长河中的一个局部的策略调整。新经济政策是无产阶级为了更好地进步而不得不采取的一种退步。

对于新经济政策这种退步，我们必须要强调：这种退步不是可做可不做的，而是完全必要的。同时，这种退步也是具有积极意义的退步，

---

① 《列宁选集》第4卷，人民出版社1960年版，第692页。

这种退步取得了发展社会生产力巩固工农联盟的作用。但是，无论怎样高度评价列宁的新经济政策的贡献，不可否认的事实是，列宁始终强调新经济政策必须在坚持公有制经济的主体地位的前提下贯彻执行。列宁说："如果我们只把少数工厂租给承租人，而把大部分工厂保留到自己手中，那租让并不可怕；这是没有什么可怕的。当然，如果苏维埃政权把自己的大部分工厂拿去租让，那是十分荒唐的；那就不是租让，而是复辟资本主义。"[1] 新经济政策退步不是一味地为了退步而退步。不是以退步过程和退步所达到的结果为终极目标。退步是为了将来更好地进步，退步是为了缓冲力量打牢基础，为后来更大的进步做准备！何谓进步，进步的方向和目标在哪里？这就是马克思在《资本论》中所揭示的科学社会主义目标。

（五）《资本论》俄国化的成果：斯大林建成社会主义和经验总结

列宁逝世后，斯大林继承了列宁的遗志，继续执行了新经济政策。新经济政策从1921年开始实行到1925年年底结束。但是，当新经济政策的任务完成以后，特别是在新经济政策的消极后果开始显现以后，斯大林策略地终止了新经济政策。1926年4月13日，斯大林在《关于苏联的经济状况和党的政策》的报告中提出"我国在经济发展上已经进入新经济政策的新时期，进入直接工业化的时期"的论断[2]。事实上，新经济政策是经济建设进行战略"退步"为特征的经济政策。而"新经济政策的新时期"，按其本质来说就已经不是战略退步的新经济政策了，而是由战略退步转向战略进攻了。这种认识和实践的渐进式变化一直到1928年才变成积极的自觉行动。当时苏联城市工业已经国有化。从十月革命胜利开始，列宁就一方面在政治上建立无产阶级政权，另一方面在经济上以剥夺城市剥削阶级财产为基础建立城市公有制经济。当然，由于苏联特定的社会历史条件，农业却仍然停留在私有制的富农经济。这两种经济成分的矛盾最终以1928年爆发的粮食收购危机的形式爆发出来。在这种

---

[1] 《列宁全集》第41卷，人民出版社1986年版，第151页。
[2] 《斯大林选集》上卷，人民出版社1979年版，第459—460页。

背景下，斯大林才推出了苏联的集体农庄体制。工业国有化、农业集体化是斯大林计划经济体制的基础。

如果说列宁的贡献在于领导十月革命，在于建立苏维埃政权，在于实施了战时共产主义和新经济政策等向社会主义经济制度过渡的探索并取得初步的成功，那么，斯大林的理论贡献就在于，他依照马克思的科学社会主义理论建立起了公有制基础上的苏联社会主义计划经济。斯大林的计划经济体制是有效率的。这一点学术界有很多论证，我们不需要在这里花费更多的笔墨。作为中国人，我们能够记得，由于赫鲁晓夫逼债，我们经历了三年困难时期。但是，我们不能因为中苏矛盾激化，而忘记苏联对中国社会主义建设的物质支持。苏联对我国社会主义经济建设的156项援助是从哪里来的？不承认斯大林领导苏联建设社会主义及其计划经济体制的成就，怎么能够对苏联给我们的这些援助给出理论说明！第二次世界大战中，斯大林领导苏联人民以强大的工业实力战胜了德国法西斯的武装入侵。可见，斯大林在苏联建立起了非商品经济和非市场经济的全社会的计划经济。斯大林社会主义计划经济模式取得了巨大的成功，斯大林对国际共产主义运动作出了杰出贡献。

现在一部分人书写斯大林的经济成就时，都写他领导苏联人民实现了工业化，领导苏联人民实现了农业集体化，都写他领导苏联经济建设取得的经济增长速度，都写他在第二次世界大战中成功地粉碎了德国法西斯的武装入侵。这些当然是斯大林领导苏联社会主义建设的成就。但是，对斯大林领导苏联社会主义建设所取得成就，不上升到社会生产关系层次上进行总结，还是有很大局限性的。在斯大林领导下苏联建设取得巨大成就，证明了马克思列宁主义的社会主义是有效率的，斯大林对于苏联社会主义生产方式的设计是科学的。斯大林总结出了社会主义的计划经济体制和相应的计划经济理论，是对马克思主义的科学社会主义经济理论的丰富和发展。当然，他对苏联社会主义商品生产存在的原因和价值规律作用的分析，还是针对当时苏联的具体历史条件而进行的。他提出两种公有制形式是苏联存在商品生产的根本原因，这是有创见性的。实践证明，后来有人试图在理论上否定斯大林对价值规律的认识，都是不成功的。

长期以来，人们对斯大林的评价是有重大偏差的。主要是不能客观地评价斯大林的历史功绩与不足。国外帝国主义敌对势力要搞垮苏联，他们就制造出许多关于斯大林的谣言进行散布。苏联党没有能够有效地抵制这些谣言，特别是赫鲁晓夫还带头编造谣言。从赫鲁晓夫开始，苏联共产党跨越资本主义卡夫丁峡谷的意志就开始衰退。全党对科学社会主义认识就进入了误区，经过勃列日涅夫的长期徘徊，最后到戈尔巴乔夫彻底背叛，最终导致苏联社会主义事业灭亡。

现在国际共产主义运动面临的一个重大理论难题，就是如何客观公正地评价斯大林的问题。在国际共产主义运动经历了苏联共产党亡党亡国的历史悲剧以后，俄罗斯人民和俄罗斯有识之士又提出了如何评价斯大林的问题。要客观公正地评价斯大林对苏联国家和对马克思主义和科学社会主义的重大理论贡献，我们必须要有一个科学的社会历史观。社会主义社会生产方式是与资本主义社会生产方式根本不同的全新的社会生产方式。按照恩格斯的狭义政治经济学理论，两种不同的社会生产方式必然要有完全不同的政治经济学。恩格斯强调不能将火地岛的政治经济学与现代资产阶级政治经济学相混同，否则就必然会陷入最陈腐的老生常谈。由此，我们可以断言：以社会主义生产方式为研究对象的社会主义政治经济学，与以资本主义生产方式为研究对象的资本主义政治经济学是完全不同的。我们不能用以资本主义生产方式为研究对象的资本主义政治经济学代替社会主义政治经济学，我们更不能用资产阶级庸俗经济学代替社会主义政治经济学。

为了使大家能够更好地理解社会主义政治经济学与资本主义政治经济学的关系，我们不妨用欧几里得几何学和黎曼几何学的对比关系做一个类比。欧几里得几何学和黎曼几何学，两种几何学中有看上去全然是互相矛盾的规律。例如在欧几里得几何学中有平行线，而在黎曼几何学中却没有平行线；再如在欧几里得几何学中三角形内角和等于180°，而在黎曼几何学中三角形内角和不等于180°。斯大林领导苏联人民建设社会主义，没有被国际帝国主义的颠覆活动所摧毁，没有被国际帝国主义的围剿和封锁所俘获。斯大林坚持按照马克思主义的科学社会主义理论原则建设社会主义计划经济、建立公有制和按劳分配为主体的社会主义新型社会生产关系，充分发挥社会主义制度的优越性，充分调动广大人民群众的积极性，自力更生艰苦奋斗，建立起了强大的社会主义苏联。在20世纪国际风云变幻的历史环境中，走出了一条社会主义东风压倒资本主义西风的崭新道路，丰富发展了马克思主义和科学社会主义。斯大林的理论贡献，就好比黎曼阐述黎曼空间中任何直线都会相交的规律。而站在欧几里得空间观点来看，无论如何还是会有平行线的。如果我们站在欧几里得空间以平行线规律的观点来批评黎曼直线相交规律，以三角形内角和等于180°的观点来批评黎曼三角形内角和不等于180°的规律，那岂不是对黎曼的巨大冤枉吗？

事实上，这样的冤枉事就发生在了斯大林身上！还在斯大林活着的时候，国际敌对势力就编造各种诋毁苏联社会主义的谣言。在经济学领域里，社会主义的敌人以资产阶级经济学的固有观念，编造所谓的社会主义不能进行有效的经济核算的理论。他们断言社会主义计划经济没有市场、没有计算货币，因此无法衡量经济活动的效率，因而长期过程必然是无效率。苏联东欧社会主义国家没有有效地抵制这种小资产阶级世界观，搞所谓的模拟市场化，设计模拟市场的市场经济体制。这条道路是一条小资产阶级的社会主义道路，也是一套使科学社会主义毁灭的不归道路。现在我们对斯大林的评价，有许多不公平的地方，其主要世界观基础就是小资产阶级的社会主义观。

在天文学历史上，托勒密的地心学说被哥白尼的日心学说所取代。以托勒密的地心学说观点去看哥白尼的日心学说，当然会有许多解释不清的地方。同样，按照资产阶级或者按照小资产阶级的世界观，去看斯大林社会主义模式，当然在那里很难找到货币、资本和利润等范畴。由此，我们方能认识到后人给斯大林罗列的罪名有多么的不可思议。例如，斯大林的社会主义计划经济，是按照科学社会主义经济是非商品经济而建立的。按照资产阶级观念，当然从斯大林模式中找不到典型的货币、资本和利润等。可是受资产阶级狭隘观念所束缚的小资产阶级社会主义者，却以此为理论依据对斯大林说三道四。可见，关于斯大林评价问题，我们的"马克思主义者"至今仍然是坐井观天。更为不幸的是，我们有的人明明是坐井观天，可是自己却顽固地不承认自己是坐井观天！燕雀安知鸿鹄之志哉，站在小资产阶级立场上，怎么能够理解伟大的马克思主义者！

当然，我们也要承认斯大林同志曾经犯过错误，我们要历史地分析斯大林同志的错误。对于斯大林同志的错误，既不能夸大，也不能缩小甚至是人为地否认和抹杀。但是，我们还是应该牢记列宁的教导："让垂死的资产阶级和依附于它的小资产阶级民主派的猪狗们，用层出不穷的诅咒、谩骂、嘲笑来攻击我们在建设我们苏维埃制度中的失利和错误吧。我们一分钟也没有忘记，我们过去和现在确实有很多的失利和错误。在缔造前所未有的新型国家制度这种全世界历史上新的事业中，难道能没有失利和错误吗？！我们一定要百折不挠地纠正这些失利和错误，改进我们把苏维埃原则运用于实际的方法（我们的方法还远远不够完善）。但是，我们有权自豪，我们自豪的是，我们有幸能够开始建设苏维埃国家，从而揭开全世界历史的新时代。"[1]

（六）《资本论》俄国化的曲折：苏联共产党的蜕变和苏联社会主义的灭亡

苏联共产党在领导俄国的改革开放事业时，不坚持社会主义方向，离开马克思主义俄国化的正确轨道。在苏联意识形态上垮塌是从否定斯大林开始的。苏联共产党从否定斯大林的个人品格到否定斯大林的马克思主义理论，再到背叛斯大林的社会主义建设道路。全面否定马克思主义俄国化，否定列宁和斯大林的社会主义道路，跌入资产阶级民主人道的社会主义深渊，最后苏共和苏联社会主义事业走向灭亡。当然，苏联亡党亡国的道路也是一步一步地走过来的。在经济上，他们从否定斯大林模式的计划经济开始。具体地说，他们走过了商品化、市场化再到私有化。直至共产党执政的经济基础和阶级基础都没有了，苏联共产党分裂以致最后亡党亡国。

一部分新自由主义学说的鼓吹者，还有一部分马克思主义的变节者，他们为苏联市场化和私有化的"休克疗法"歌功颂德。他们不负责任地

---

[1] 《列宁选集》第4卷，人民出版社1960年版，第568页。

胡说，没有效率的社会主义计划经济经过"休克疗法"以后走向资本主义市场经济，此后苏联经济会迎来社会生产力水平和经济总量恢复和增长，最终会走向健康发展的市场经济。吴易风教授的研究表明：新自由主义给俄罗斯经济带来的第一个大灾难是20世纪90年代的大萧条；新自由主义给俄罗斯经济带来的第二个大灾难是私有化或者说人民公有的生产资料被剥夺；新自由主义给俄罗斯经济带来的第三个大灾难是经济殖民化或者说民族资本被剥夺。[①] 实践再一次证明：在伟大的列宁斯大林的正确领导下，苏共率领人民走上跨越卡夫丁峡谷建设社会主义的光辉道路，在短短几十年的时间里为苏联国家的繁荣昌盛，为苏联人民的幸福生活作出了历史性的贡献，也为世界反法西斯斗争和世界人民的解放事业作出了重大贡献。然而，苏共的后继者没有坚持和发展马克思列宁主义，没有坚持走跨越卡夫丁峡谷建设社会主义的坚强意志，在西方帝国主义的和平演变和冷战斗争中迷失了方向，最后跌回了资本主义卡夫丁峡谷。苏联解体以及苏联解体以后俄罗斯和其他独联体国家的痛苦挣扎，值得一切马克思主义者认真总结。我们认为，跨越卡夫丁峡谷建设社会主义，是东方落后国家在国际资本主义体系包围之中，走出独立自主的振兴发展道路的不可替代的人间正道。

四 《资本论》中国化：中国共产党领导人民践行从资本主义社会向社会主义社会过渡的伟大历史跨越

《资本论》是马克思主义最权威的经典著作，它以英国资本主义社会生产方式为研究对象，揭示资本主义的发生、发展和必然被共产主义社会所取代的客观规律。自《资本论》问世以来，人类社会的发展变化无时不在从不同方面和不同角度验证马克思理论结论的正确性。至于马克思关于人类社会从资本主义社会向共产主义社会过渡的历史结论，由于不同国家和不同民族具有不同的具体历史条件，则表现出了复杂的过

[①] 《吴易风文集》第9卷，中国人民大学出版社2015年版，第213—234页。

渡形式和过渡性质。从 1872 年《资本论》俄文版问世，俄国思想理论界对于运用马克思主义指导俄国社会改造和建设，不同学者阐发了截然不同的理论观点。我们已经分别从马克思对《资本论》在俄国运用的指导、从列宁和斯大林将《资本论》创造性地运用于俄国社会主义革命和社会主义建设所取得的成功，证明了马克思主义的真理性。十月革命一声炮响，给中国送来了马克思列宁主义，中国共产党人领导中国人民以俄为师取得了新民主主义革命的胜利，又成功地进行了社会主义改造和社会主义建设，并取得了改革开放的巨大成就。习近平总书记在党的十九大庄严宣告中国特色社会主义进入了新时代。我们将沿着马克思主义中国化的道路不忘初心继续前行，向着建设社会主义现代化强国的目标奋进。为了进一步深化对马克思主义中国化规律的认识，我们将对《资本论》俄国化成功的经验做一总结，并以此来说明《资本论》中国化及其发展趋势。

（一）从《资本论》俄国化到《资本论》中国化

为什么是《资本论》俄国化和中国化？为什么《资本论》俄国化和中国化，不意味着俄国和中国可以按照《资本论》中"原始积累"的逻辑走向资本主义化？为什么《资本论》俄国化和中国化，必然要跨越资本主义卡夫丁峡谷走向社会主义和共产主义？这归根结底就是马克思主义的根本世界观和根本方法论的问题：我们必须要根据马克思主义俄国化和中国化的实践来对其加以总结，以便更好地指导新的社会主义建设实践。

第一，《资本论》俄国化和中国化的客观必然性。《资本论》俄国化之所以有客观必然性，就在于《资本论》中所阐述的唯物史观和奠定在剩余价值学说基础上的科学社会主义理论，是人类社会发展的颠扑不破的普遍真理。马克思认为，《资本论》不仅对欧美发达资本主义国家有意义，而且对于俄国这样处于与欧美资本主义同时代，但生产力发展水平仍处于前资本主义阶段的国家，依然具有现实指导意义。1869 年《共产党宣言》由巴枯宁翻译成俄文出版，还被西方讥笑为是著作界的一件奇闻。然而，当 1872 年《资本论》俄文版在圣彼得堡出版的时候，情况就

(一) 《资本论》与中国特色社会主义

大不一样了。俄国各界知识分子从不同的角度探讨了《资本论》对俄国的意义。当然，我们也不否认有人激烈反对《资本论》的基本理论。针对俄国思想界的各种不同意见，马克思阐述了自己的研究结论，为处于半农奴制、半资本主义的俄国指出了一条超越庸俗生产力决定论的跨越资本主义卡夫丁峡谷的发展道路。1861年俄国农奴制改革以后，由于各种社会矛盾的困扰，俄国思想理论界异常活跃，但是也异常混乱。各派思想家都没有给俄国指出一条健康的社会发展道路。《资本论》传入俄国以后，马克思主义以它强大的理论力量吸引了俄国的先进知识分子。伟大的革命导师列宁以无产阶级理论家的勇气和气魄坚持和发展了马克思主义，开辟了俄国十月革命的道路。斯大林继承和发展了马克思和列宁的思想，领导俄国工人阶级和农民阶级走出了一条发展社会主义的光辉道路。

《资本论》中国化的直接表现就是，中国的先进知识分子受到十月革命的鼓舞，建立了以马克思列宁主义为根本指导思想的中国共产党。中国共产党团结和领导全国各族人民，在十月社会主义道路的引领下，走出了一条跨越资本主义卡夫丁峡谷的社会主义革命和建设的成功道路。在新民主主义革命时期，毛泽东同志具体分析中国当时所处的国际国内形势，得出中国不存在走一条发展独立自主的资本主义道路的结论，并坚定地领导中国人民进行新民主主义革命并取得了胜利。中华人民共和国成立后，以毛泽东同志为代表的中国共产党领导中国人民，按照社会主义新型社会生产关系的要求，通过一个短暂的过渡时期，建立起了社会主义基本经济制度。1978年以后，中国开启了实行改革开放建设中国特色社会主义道路的探索，中国特色社会主义取得了巨大成就。当然，在改革开放过程中，我们采用了多种手段发展社会生产力，包括我们引进和发展一部分资本主义经济因素发展社会生产力。而国内外的敌对势力便不断蛊惑中国要走资本主义道路。邓小平同志一直坚持"一个公有制占主体，一个共同富裕，这是我们所必须坚持的社会主义的根本原则。我们就是要坚决执行和实现这些社会主义的原则"[①]。习近平同志面对更加复杂的

---

① 《邓小平文选》第3卷，人民出版社2001年版，第111页。

国际国内形势，更进一步强调："中国特色社会主义，是社会主义而不是其他什么主义，科学社会主义基本原则不能丢，丢了就不是社会主义。"①

从国际关系和国际环境上来看，帝国主义列强亡我之心不死，他们不愿意看到一个强大的社会主义中国在东方崛起。他们利用一切机会和一切手段企图灭亡共产主义事业，消灭共产党。国外垄断资本利用我对外开放政策，企图控制我经济命脉。从国内形势来看，近年来随着社会阶层的分化，有个别先富人士，不服从中国共产党的领导，将自己依靠党的政策积累起来的资本转移海外投资，根本没有爱国爱社会主义的情怀。所有这些都足以证明：在当今时代的中国，仍然不存在一条纯粹的独立自主地发展民族资本主义的道路。因此，中国人民要实现中华民族伟大复兴的中国梦，必须要走跨越资本主义卡夫丁峡谷的道路，建设社会主义而不是走爬行资本主义道路。这就是我们在经历了20世纪苏东国家社会主义事业失败、中国特色社会主义面临西方敌对势力和平演变威胁的严峻条件下，在重新审视中国社会所处的国际资本主义体系矛盾和未来发展趋势后所得出的基本结论。

可见，《资本论》俄国化和中国化，不是哪个先哲的灵机一动，而是在人类社会历史发展中俄国和中国社会当时所处的特殊社会历史条件下，代表社会前进方向的社会进步力量的革命阶级的历史选择。这种选择为俄国和中国社会发展开辟了新的广阔的历史前景，为世界无产阶级的彻底解放和共产主义理想社会的实现奠定了基础。

第二，《资本论》俄国化和中国化的方法论。《资本论》的根本方法是唯物辩证法，因此《资本论》的俄国化和中国化的最根本的方法，也就是坚持正确运用唯物辩证法，反对唯心主义和形而上学世界观和方法论，力戒形式主义和教条主义。马克思亲自解释和运用《资本论》的唯物史观，分析俄国具体的社会历史条件，得出结论：俄国可以走出一条跨越资本主义卡夫丁峡谷建设社会主义的道路。列宁践行马克思的理论结论走出了十月社会主义革命的光辉道路。俄国没有经过资本主义社会

---

① 习近平：《坚持和发展中国特色社会主义　在实践中不断有所发现有所创造有所前进》，《人民日报》2013年1月6日。

生产力的充分发展，走跨越资本主义充分发展的历史阶段建设社会主义，在马克思那里是根据唯物史观得出的科学结论，而不是唯物史观的悖论。

现在全世界范围内理论界都有陷入思想混乱者。一种人，似乎是更马克思主义，他将马克思主义唯物史观概括为一个公式：原始社会、奴隶社会、封建社会、资本主义社会和社会主义社会。在这种人看来，既然俄国没有经历资本主义的充分发展，俄国就必然要补上这一课。俄国补不上这一课，俄国就不可能在新的社会形态上往前走。因此，他们把苏共亡党亡国看作是历史必然。这种人不承认苏共领导的苏联国家是社会主义国家。另一种人，也自称是马克思主义者，他承认苏共领导的苏联国家是社会主义国家。但是他认为苏联社会主义国家的存在是马克思主义的唯物史观的悖论，因此，这种人要去修改唯物史观。这两种"马克思主义者"都不是真马克思主义，而是教条主义者。

《资本论》俄国化，关键是将《资本论》中的辩证唯物主义和唯物主义的世界观俄国化，即将其运用于具体分析俄国的社会历史，得出俄国社会发展走跨越资本主义卡夫丁峡谷道路的结论。在这里，问题的关键在于，从马克思的分析来看，俄国的十月社会主义革命和革命胜利后的社会主义建设不是唯物史观的悖论，而是运用《资本论》方法论具体分析俄国特殊的社会历史条件而得出的自然结论。同样，《资本论》中国化，就是要将《资本论》中的辩证唯物主义和历史唯物主义的世界观和方法论中国化，即将其运用于分析与欧美资本主义同时代的中国的社会改革和社会发展问题，在具体分析中国社会发展的历史条件、国际和国内环境等各方面因素的基础上，得出半殖民地半封建的中国可以而且必须要走跨越资本主义卡夫丁峡谷道路的结论。

马克思在1859年出版的《政治经济学批判》序言中写道："我所得到的、并且一经得到就用于指导我的研究工作的总的结果，可以简要地表述如下：人们在自己生活的社会生产中发生一定的、必然的、不以他们的意志为转移的关系，即同他们的物质生产力的一定发展阶段相适合的生产关系。这些生产关系的总和构成社会的经济结构，即有法律的和政治的上层建筑建立其上并有一定的社会意识形式与之相适应的现实基础。物质生活的生产方式制约着整个社会生活、政治生活和精神生活的过程。不是人们的意识决定人们的存在，相反，是人们的社会存在决定人们的意识。社会的物质生产力发展到一定阶段，便同它们一直在其中活动的现存生产关系或财产关系（这只是生产关系的法律用语）发生矛盾。于是这些关系便由生产力的发展形式变成生产力的桎梏。那时社会革命的时代就到来了。随着经济基础的变更，全部庞大的上层建筑也或慢或快地发生变革。……无论哪一个社会形态，在它们所能容纳的全部生产力发挥出来以前，是决不会灭亡的；而新的更高的生产关系，在它存在的物质条件在旧社会的胎胞里成熟以前，是决不会出现的。"① 这是马克思最早对自己唯物史观所做的经典表述。

然而，这一经典表述受到了国内经济学者的质疑。例如，孟捷教授将马克思的唯物史观表述为："生产方式及生产关系的任何发展和变革，都被看作生产力发展的直接结果；而上层建筑和意识形态的变化又被看作生产关系或经济基础变化的结果。"孟捷教授把这样的唯物史观称作是生产力一元决定论或经济决定论，并认为"自恩格斯以来，尽管不同时代的马克思主义者一直在申辩，认为历史唯物主义既然承认生产关系对生产力、上层建筑对经济基础的反作用，就不同于生产力决定论或经济决定论，但这些申辩似乎并不足以让批评者信服"。② 为了摆脱生产力决定论或经济决定论的困境，孟捷教授踏上了重新塑造唯物史观的新征程。首先，孟捷教授提出生产关系二重作用论。孟捷教授认为，生产关系除了具有"适应或促进生产力发展的功能，生产关系还具有另一种功能，即帮助统治者榨取更多的剩余"③。在孟捷等人看来，唯物史观面临的理论难题就在于，如何解释生产力水平发展不高的社会为什么会发生社会生产关系的变革。孟捷教授认为，"生产关系的这两重功能并不总是协调一致的，这一点意味着，生产关系的变化并不总是服从于生产力发展的需要，某种来自生产力以外的因素，也会造成生产关系的改变"④。这样，孟捷教授就完成了对马克思唯物史观的改造，提出了社会形态变化的

---

① 《马克思恩格斯全集》第13卷，人民出版社1962年版，第8—9页。
② 孟捷：《唯物论与马克思主义经济学》，社会科学文献出版社2016年版，第2页。
③ 同上。
④ 同上书，第2—3页。

"有机生产方式的变迁"说。那么,什么是有机生产方式的变迁呢?孟捷教授说:"不管最初造成生产关系变化的原因是什么,只有当一个生产方式趋向于将剩余的榨取越来越多地建立在生产力发展的基础上,才会促成该生产方式在整体上不可逆转的变革,及本文所说的有机生产方式的变迁。"① 孟捷教授最后总结说:"有机生产方式的变迁包含着新的历史过程因果性的概念,根据这种概念,生产力作为历史发展的根本动因,不必一定在'事先'的意义上,也可以在'事后'的意义上体现出来。"②

现在我们来分析一下孟捷教授重塑唯物史观的历程和结果。首先,在总结有机生产方式变迁的理论成效时,孟捷教授虽然仍然强调生产力是历史发展的根本动力,但是他却给生产方式变迁的决定因素生产力加上了限定词"事先"和"事后"。我们知道,在马克思的唯物史观中,决定社会生产关系变革的是现有的社会生产力发展水平起决定作用。现在孟捷教授将"事后"的生产力发展水平也解释成了决定社会生产关系变革的决定因素,这就远离了马克思的唯物史观,至少是已经为远离马克思唯物史观打开了缺口。其次,孟捷教授重塑的唯物史观,最关键的环节是他对生产关系二重作用的发现。孟捷对于生产关系作用的界定,最新颖的就是"帮助统治者榨取更多的剩余"功能。那么,孟捷教授在这里究竟提出了什么新东西呢?在马克思唯物史观中,孟捷所说的"统治者"是属于上层建筑的组成部分。在阶级社会里,统治者或者直接就是资产者或者是资产者的代表;无论如何,统治者的财产或统治者的收入都是直接生产过程中被统治者——工人阶级创造的,是劳动者生产的剩余产品分配或再分配而获得的。因此,"帮助统治者榨取更多的剩余"这种生产关系的所谓功能,在马克思唯物史观中,在生产力决定生产关系、经济基础决定上层建筑的关系中也是包含的。其实,当孟捷教授将马克思的唯物史观概括为生产力一元决定论或经济决定论的时候,当他认为在马克思以后的社会历史发展中,社会经济形态的变化突破了生产力一元决定论或经济决定论的时候,孟捷教授就已经陷入了教条主义之中。

---

① 孟捷:《唯物论与马克思主义经济学》,社会科学文献出版社2016年版,第2—3页。
② 同上。

在唯物史观的创立者马克思那里，马克思是根据唯物史观具体分析俄国当时的社会历史条件，进而得出俄国可以走跨越资本主义卡夫丁峡谷的道路。而孟捷教授却走了相反的道路。在孟捷教授那里，因为有俄国社会生产力水平低而进入了社会主义，就要总结出一个公式。运用这个公式就可以不具体分析俄国历史而得出类似于俄国的国家能够走社会主义道路的结论。孟捷的这种思想方法正是马克思批判的俄国"马克思主义者"不分析俄国的历史，用"一般历史哲学"——任何国家任何民族不管出于什么样的社会历史条件，都要从原始积累开始齐步走向资本主义，再齐步走向社会主义——得出俄国社会发展道路的结论。可见，《资本论》俄国化和《资本论》中国化，坚持辩证唯物主义和历史唯物主义的方法论，必须反对唯心史观和形而上学，必须要彻底肃清形式主义和教条主义的影响。

第三，《资本论》俄国化和中国化，在具体内容上究竟应该怎样反对教条主义？具体说，《资本论》俄国化和中国化中，究竟应该鉴别哪些内容不能"化"？如前所述，《资本论》俄国化不能"化"《资本论》中的"原始积累"理论。既然"原始积累"理论不能俄国化，既然俄国社会没有走上资本主义道路，那么，当然就有《资本论》中资本的生产、分配、交换和消费过程的理论，也就不能俄国化。俄国"马克思主义者"对马克思主义一知半解，不顾《资本论》是以资本主义生产方式为研究对象，不顾俄国当时的社会历史条件是处于资本主义以前的社会形态的事实，不具体地历史地分析俄国农业公社的社会性质、不注意分析俄国公社所处的世界历史环境和条件，盲目地将《资本论》的"原始积累"理论套用到俄国，得出了俄国要爬行英国资本主义发展道路的荒谬结论。

同样，将《资本论》运用于指导中国的社会改革和社会发展，或曰《资本论》中国化，也不能将《资本论》中"原始积累"理论中国化。不能用《资本论》中"原始积累"的论述来证明，半殖民地半封建的旧中国必然要走爬行资本主义道路。进一步，在中国特色社会主义建设取得辉煌成就的今天，不能将"原始积累"理论运用于指导中国走瓦解个体经济、集体经济和国有经济，走爬行资本主义道路。不分析中国具体的社会经济条件、盲目地照抄照搬马克思主义的个别结论，这种所谓的马克思主义中国化不是没有教训的。曾几何时，在中国也有这样一批马克思主义理论家，例如苏绍智、严家琪等都主张中国要按部就班地先走向资本主义道路，待中国资本主义发展到欧美资本主义的水平以后，再由中国资本主义社会向社会主义社会和共产主义社会过渡。1989年春夏之交的政治风波中这批马克思主义理论家公开站出来支持"民运分子"颠覆社会主义制度，其思想基础就在这里。因此，我们必须要反对无条件地将《资本论》中的"原始积累"理论中国化。

既然《资本论》俄国化，不是爬行资本主义道路，因而也就不能将《资本论》中的概念范畴抄袭到俄国社会主义政治经济学。任何一种理论都有其特定的研究对象，这个特定的研究对象中就存在着使这个理论成立的基本条件。也就是说，任何一种理论都是相对真理，是特定研究对象和特定条件下的相对真理。有特定的研究对象和特定适用条件，就有一定的特定的理论。而离开特定的研究对象和特定的适用条件，这个特定的理论也就谈不上是科学的理论了。因此，一个特定的理论的运用，关键就在于要科学地把握这个特定理论的研究对象和适用条件。把马克思主义运用于俄国，更具体说，就是把《资本论》运用于俄国，最关键的还在于如何从马克思主义的世界观和方法论来分析《资本论》的研究对象和适用条件。只有这样，才能谈得上马克思主义在俄国创造性的运用和发展。教条主义在方法论上背离了马克思主义，因此，尽管它所搬弄的理论是马克思主义的科学理论，但是它本质上仍然是非马克思主义的或反马克思主义的。

列宁斯大林究竟是怎么运用《资本论》指导俄国社会发展的？在论证俄国资本主义发展程度，分析俄国资本主义因素和工人阶级队伍状况以及阶级矛盾和阶级斗争状况时，列宁还是运用了《资本论》的劳动价值论和剩余价值论的基本理论。但是，在论证社会主义生产方式建设时，列宁斯大林对于这些反映资本主义生产方式特性的东西就很谨慎地运用了。从列宁斯大林走跨越资本主义卡夫丁峡谷的道路，在俄国直接进行社会主义革命，到直接建设社会主义，可以看出，列宁斯大林对马克思主义的贡献绝不是机械地重复马克思《资本论》中的已有理论，而是创造性地概括和总结俄国社会主义经济发展规律。

同样道理，《资本论》中国化，也不是中国爬行资本主义道路。因此，中国同志也不能将《资本论》中的概念范畴移入中国特色社会主义经济学。在中国经济学理论界，肃清教条主义的任务仍然繁重而艰巨。中国经济学界有一批经济学家，一直试图以各种方式把《资本论》中的概念范畴生搬硬套到社会主义经济之中。有人坚持认为中国特色社会主义政治经济学必须坚持马克思的劳动价值论，甚至认为，劳动价值论、剩余价值论都适用于中国特色社会主义，等等，这都是《资本论》中国化中的教条主义。

还有一种教条主义需要我们加以注意，这就是有人通过改变《资本论》中经济范畴的称谓，或者简单地宣布一下《资本论》中的这些范畴在社会主义经济中又被赋予了新的意义，于是研究资本主义生产方式的《资本论》被改造为研究社会主义生产方式的"资金论"，剩余价值理论改造为"共余价值理论"，等等。他们的理由是，《资本论》中资本和剩余价值等范畴，如果抽掉其反映资本主义生产关系个性的因素，同样适用于社会主义社会。不错，资本和剩余价值等范畴，如果真的抽掉其反映资本主义生产关系个性因素，它们的确不再反映资本主义生产关系了。问题是，经过这样抽象以后的经济范畴，究竟还剩下了什么？

马克思曾经说过，"一切生产阶段所共有的、被思维当作一般规定而确定下来的规定，是存在的，但是所谓一切生产的一般条件，不过是这些抽象要素，用这些抽象要素不可能理解任何一个现实的历史的生产阶段"[1]。按照矛盾特殊性决定事物本质的原理，我们分析社会主义经济关系最关键的就是要揭示社会主义生产的特殊性。恩格斯说："人们在生产和交换时所处的条件，各个国家各不相同，而在每一个国家里，各个世代又各不相同。因此，政治经济学不可能对一切国家和一切历史时代都是一样的。从野蛮人的弓和箭、石刀和仅仅是例外地出现的交换往来，到千匹马力的蒸汽机，到纺织机、铁路和英格兰银行，有一段很大的距离。火地岛的居民没有达到进行大规模生产和世界贸易的程度，也没有达到出现票据投机或交易所破产的程度。谁要想把火地岛的政治经济学

---

[1] 《马克思恩格斯文集》第8卷，人民出版社2009年版，第12页。

和现代英国的政治经济学置于同一规律之下，那末，除了最陈腐的老生常谈以外，他显然不能揭示出任何东西。"① 在这里，恩格斯首先强调：人类社会不同的社会生产方式有不同的狭义政治经济学。火地岛时代和现代英国资本主义时代，是社会生产力发展水平具有本质差别的两个不同的时代。因此，这两个时代有完全不同的两种政治经济学。其次，恩格斯还特别强调，不能将火地岛时代的政治经济学和现代英国资本主义时代的政治经济学置于同一规律之下。由此决定，我们不能以任何形式用马克思《资本论》中关于资本主义生产方式的经济规律的分析，代替中国特色社会主义政治经济学对社会主义生产方式的分析。换言之，中国特色社会主义政治经济学不能用《资本论》的经济规律，代替中国特色社会主义经济规律，归根结底，就是不能将马克思主义教条化。

值得一提的是，《资本论》中国化不意味着我们要将《资本论》中反映资本主义生产方式的经济规律内容中国化。当然，我们更要反对盲目崇拜资产阶级庸俗经济学并教条化地加以运用。现代西方经济学离我们建设中国特色社会主义究竟有多远？回答这个问题，必须要厘清以下三个层次的关系：（1）从现代西方经济学所试图反映的社会生产方式的内容来看，它是资本主义生产方式的经济学；（2）从现代西方经济学的科学性来看，它是庸俗经济学；（3）从现代西方经济学所服务的阶级来看，它是服务于腐朽没落的垄断资产阶级的经济学，是最反动的阶级的经济学。因此，我们没有任何理由将现代西方资产阶级庸俗经济学视为没有阶级利益体现之中的普适的经济学。更不能用它去解释中国特色社会主义及其经济学，否则必然会带来灾难性后果。

第四，《资本论》俄国化和中国化，在具体内容上"化"什么？主要是"化"《资本论》中的科学社会主义理论。马克思恩格斯在《共产党宣言》中就已经揭示了共产党人必须要坚持无产阶级立场，要坚定不移地走推翻资本主义制度、建设社会主义和共产主义的道路。在《资本论》中马克思又深入地分析了资本主义制度的发生、发展和灭亡的规律。面对俄国东方社会特点又为俄国指出了走跨越资本主义卡夫丁峡谷的发展

---

① 《马克思恩格斯文集》第9卷，人民出版社2009年版，第153页。

道路。

既然俄国必然走跨越资本主义卡夫丁峡谷的道路,那么,在俄国跨越资本主义卡夫丁峡谷过程中和跨越资本主义卡夫丁峡谷以后所建立的新社会,就不是资本主义社会。按照马克思的说法,俄国直接走向"现代社会所趋向的'新制度'"[①]。《资本论》揭示了现代社会所趋向的新制度就是同属于共产主义制度。后来列宁根据革命胜利以后共产主义社会不同阶段社会生产力发展水平的高低将共产主义社会划分为社会主义社会和共产主义社会。在社会主义和共产主义社会中,《资本论》中以资本主义社会生产方式为研究对象的政治经济学理论及剩余价值学说显然是不再适用了。列宁和斯大林领导俄国革命和建设证明,俄国社会主义发展必须要同传统观念做最彻底决裂,要创造属于共产主义社会生产方式的科学社会主义的社会主义经济新理论。

同样,《资本论》中国化,或者将《资本论》运用于指导俄国的社会改造和社会建设,就是要跨越资本主义卡夫丁峡谷建设社会主义。中国工人阶级取得政权后,就必须要在无产阶级专政政权的保护下迅速完成民主革命的任务,向社会主义社会过渡。中国跨越资本主义卡夫丁峡谷理论建设社会主义,要注意发展《资本论》中的科学社会主义理论。从全国解放以前我党在解放区搞的土地改革运动,到中华人民共和国成立后的社会主义改造,都是以《资本论》中所揭示的未来社会的基本经济特征为依据的。马克思在《资本论》中以资本主义积累的历史趋势揭示了,未来社会是以土地和靠劳动积累起来的生产资料全社会共同占有的新型社会生产关系的社会。社会主义改造时期以"一化三改"为主要内容的过渡时期总路线,也是以《资本论》中的这些科学社会主义的原则而制定出来的。

后来,中国改革开放引入资本主义的经济成分来发展生产力,我们的"战略退却"没有被人们很好地认识,有人误以为我们会不坚持科学社会主义的基本原则。按照马克思主义俄国化的经验,在新经济政策贯彻到最后,一定是会出现危机,这种危机必将导致俄共终止新经济政策,

---

① 《马克思恩格斯全集》第 19 卷,人民出版社 1963 年版,第 432 页。

重新向社会主义和共产主义目标进行革命性进攻。如果说中国社会主义初级阶段经过几十年的改革开放进入了一个新阶段的话，那么这个新阶段，一定是以从"战略退却"向战略进攻转化为特点的。这就是说，从现在开始，我们将以更快的步伐建设社会主义公有制、进行全社会有调节的社会生产。现在我们的一些同志不懂得中国特色社会主义是跨越资本主义卡夫丁峡谷，或者他们没有能力跨越资本主义卡夫丁峡谷。他们的理论无能就表现在缺乏创造性，他们只会复制各种教条：要么复制马克思《资本论》中的关于资本主义生产方式理论的马教条，要么复制西方资产阶级经济学的洋教条。我们的结论是，《资本论》中国化，就是要将其分析资本主义生产方式得出的科学社会主义理论中国化。

第五，《资本论》俄国化和中国化，走跨越资本主义卡夫丁峡谷的道路，必须要有跨越资本主义卡夫丁峡谷的精神境界和勇气。这是具有许多新的历史特点的伟大斗争。所谓的跨越资本主义卡夫丁峡谷的跨越意识，就是排除爬行资本主义的爬行意识的干扰，以巨大的勇气和毅力克服各种困难和挑战，朝着社会主义和共产主义社会的目标前进。十月革命的酝酿和准备期，列宁特别注意从理论上科学地阐述俄国社会主义革命的意义，论证革命胜利的可能性和必然性以鼓舞全党和全国人民的士气。即使是在新经济政策"战略退却"时期，列宁也仍然坚定地以共产主义思想武装全党。列宁告诫全党，我们正处于社会主义建设的困难时期，我们必须要在经济建设中进行类似于战争年代的布列斯特合约的"退步"，我们进行这样的退步是为了更好地和更大地进步。斯大林在领导苏联大规模的社会主义经济建设时期和卫国战争时期，都高度重视以马克思列宁主义教育全党。斯大林强调，我们共产党人是具有特种性格的人，我们是由特殊材料制成的。因此，在斯大林的坚强领导下，苏联人民才能在短期内建成了社会主义。列宁斯大林对于俄国社会主义革命和社会主义建设道路的认识是跨越资本主义卡夫丁峡谷的思想路线，因此才获得巨大的成功。《资本论》俄国化或者俄国化的马克思主义，必须是俄国社会主义道路的理论概括。任何背离马克思主义的错误理论和错误实践，搞"明修栈道、暗度陈仓"的假马克思主义必定要失败。赫鲁晓夫主义和戈尔巴乔夫主义便是这种反面典型。形形色色的赫鲁晓夫主义、形形色色的戈尔巴乔夫主义，必然要以断送科学社会主义事业而告终。苏联社会主义事业，由于列宁斯大林坚持马克思主义的跨越资本主义卡夫丁峡谷的道路而取得胜利，由于赫鲁晓夫和戈尔巴乔夫背叛马克思主义，背叛跨越资本主义卡夫丁峡谷道路而失败。

同样地，《资本论》中国化，走跨越资本主义卡夫丁峡谷的道路，必须要有跨越资本主义卡夫丁峡谷的精神境界和勇气。过去在十月革命胜利后，中国共产党"以俄为师"，学习和借鉴俄国革命和建设的成功经验。现在俄罗斯经济学家克罗沃戈，又补充上一个"以俄为师"，这就是要求我们吸取俄国改革失败的教训。现在我们面临的问题是，在已经跨越了资本主义卡夫丁峡谷建设社会主义社会的时候，在我们前进遇到困难不得不进行"战略退却"的时候，我们是不是要以"战略退却"时的避难所作为我们的终极目标？苏联和东欧国家的社会主义，以改革为名进行"战略退却"，最后将"战略退却"变成了实际的社会主义退却，并不受控制地退回到了资本主义社会。

中国极"右"势力人士企图要把已经跨越过资本主义卡夫丁峡谷的中国社会主义再拉回到资本主义卡夫丁峡谷。当然，生产力发展水平落后的东方国家跨越资本主义卡夫丁峡谷建设社会主义，也不是没有条件的。这种条件就是，这些国家的共产党的建设要更加坚强有力。首先，共产党领导落后国家建设社会主义社会，必须要有更高的马克思主义的理论水平，要有更明确的跨越资本主义卡夫丁峡谷的跨越意识和坚强的跨越意志。共产党人就是要有远大的革命理想，就是要有为党和人民的利益顽强拼搏、不怕牺牲、视死如归的精神境界。共产党人就是要有"先天下之忧而忧、后天下之乐而乐"的高尚品质和情怀。即便是"战略退却"和调整时期，共产党的建设也不可以有丝毫的放松，共产党必须要用马克思主义，用科学社会主义理论作为自己的理论武装，以统一的意志和铁的纪律领导人民进行主动的、有组织有节制的"战略退却"。否则，就会造成灾难性的后果。

对于中国特色社会主义，我们要强调中国今天建设社会主义更需要有跨越资本主义卡夫丁峡谷的思想。单纯从生产力发展水平来看，中国并不比英国和美国的生产力水平高，因此中国并不比英国和美国更适合搞社会主义。但是，从中国的特定的社会历史条件出发，在旧中国，中国没有机会走一条独立自主的资本主义道路。因此我们没有别的道路选择，必须要走跨越资本主义卡夫丁峡谷的道路。跨越卡夫丁峡谷的道路是科学的、可行的、辉煌的道路。毛泽东同志领导中国共产党团结全国各族人民，以坚强的革命意志和巨大的牺牲夺取了新民主主义革命的胜利，并开辟了中国特色社会主义建设道路。毛泽东同志说清楚了，落后的身受"三座大山"压迫的旧中国为什么必须要走跨越资本主义卡夫丁峡谷的道路，为什么能够走通这条光辉的道路。现在我们必须要坚持马克思、列宁、斯大林和毛泽东的科学社会主义理论，并把它转变为全体中国人民的理想追求和坚强奋斗意志。这样，我们才能真正树立起中国特色社会主义的道路自信、理论自信、制度自信和文化自信。

（二）马克思主义中国化的三个历史阶段

《资本论》俄国化，俄国在社会生产力水平严重低于欧美资本主义社会生产方式的国度建设社会主义，形成了列宁主义和斯大林主义。《资本论》中国化，中国在社会生产力水平远远低于欧美资本主义国家的条件下建设社会主义，形成了毛泽东思想、邓小平理论和习近平新时代中国特色社会主义思想。这是马克思主义科学社会主义的理论逻辑与俄国和中国的社会历史逻辑辩证统一的俄国和中国的特色社会主义。除此之外，再没有什么其他的社会主义。中国特色社会主义是在中国社会生产力水平严重低于欧美国家的条件下建设社会主义，从这一客观事实的含义来看，中国特色社会主义的开创者是开国领袖毛泽东以及他所领导的中国共产党人和不屈不挠的中国人民。

1. 毛泽东时代的中国特色社会主义是马克思列宁主义中国化奠定新中国社会主义经济基础的社会主义时代

以毛泽东同志为核心的中国共产党领导中国人民以马克思主义为根本指导思想，沿着列宁主义武装夺取政权的十月革命道路进行革命，推翻了压在中国人民头上的帝国主义、封建主义和官僚资本主义三座大山，取得了新民主主义革命的胜利，建立了人民当家作主的中华人民共和国。关于俄国十月革命道路对中国革命的积极意义，毛泽东的经典表述如下：

"十月革命一声炮响,给中国送来了马克思列宁主义。十月革命帮助了全世界的也帮助了中国的先进分子,用无产阶级的宇宙观作为观察国家命运的工具,重新考虑自己的问题。走俄国人的道路——这就是结论。"[①]毛泽东同志的这一经典表述之所以能够家喻户晓,就在于它是中国共产党领导人民进行革命的道路的真实写照。中国共产党从1921年建党,到党领导人民进行反帝反封建伟大斗争并获得最后胜利,到建立起人民当家作主的人民共和国,所有这一切都是马克思列宁主义根本指导思想的胜利,是伟大的十月革命道路的胜利。

当然,中国共产党人对于十月革命道路和列宁斯大林的理论也不是没有分析批判的。事实上,在中国革命和建设过程的不同历史时期,也曾经出现过与俄国或其他国家不同的社会历史条件,中国共产党的个别领导人不注重研究和发挥中国的历史条件,照抄照搬苏联经验,而使中国革命和建设付出沉重代价的教训。例如红军时期的王明的教条主义错误。以毛泽东为代表的中国共产党在遵义会议上纠正了在革命斗争形式上的王明教条主义错误,并领导中国革命走上了胜利发展的道路。

在全国范围夺取政权之前,在解放区就实行了土地革命运动。剥夺了地主阶级的土地和其他生产资料分配给农民,极大地调动了广大农民的生产积极性。解放区发展生产支援前线,为解放战争的胜利作出了积极的贡献。中华人民共和国成立以后,毛泽东同志领导全国人民进行了短暂的国民经济恢复后,紧接着又进行了抗美援朝、土地改革和各项民主改革,在很短的时间内完成了新民主主义革命的任务。1953年,中国共产党按照马克思主义的科学社会主义原则,制定并执行了以"一化三改"为主要内容的过渡时期总路线。到1956年年底,我国基本完成了社会主义改造的任务。农民、手工业者和资本主义工商业者的小私有制,经过社会主义改造走上了集体所有制的道路。没收了官僚资本,对于资本主义私有制,经过社会主义改造基本转变为社会主义全民所有制。从此,我国国民经济中全民所有制和劳动群众集体所有制这两种社会主义公有制形式已占据了绝对优势。所谓社会主义改造,就是按照马克思

---

① 《毛泽东选集》第4卷,人民出版社1991年版,第1471页。

（一）《资本论》与中国特色社会主义

《资本论》中所揭示出来的未来社会主义社会生产资料公有制、全社会有计划地安排社会生产、个人消费资料实行"各尽所能、按劳分配"的基本原则来改造社会。这是以毛泽东同志为代表的中国共产党将马克思列宁主义运用于中国革命和建设的伟大成就。

在大规模进行社会主义经济建设时期，我们也曾经提出了不切实际的超英赶美的建设目标，经过实践检验，这种目标是不符合中国生产力发展实际的。中国共产党也及时纠正了这些错误。中国革命和建设的成功，最根本的经验就在于中国共产党将马克思列宁主义的普遍真理与中国革命和建设实践相结合，并且在结合中实现了创造性地运用和发展马克思列宁主义。

20世纪50年代斯大林的《苏联社会主义经济问题》和斯大林主持的由苏联社会科学院专家集体编写的《政治经济学教科书》出版发行，毛泽东同志亲自率领邓力群等同志组成的学习小组对上述著作进行学习和研讨，后来写出了《论十大关系》等重要著作。在《论十大关系》中，毛泽东同志提出了正确处理重工业和轻工业、农业的关系，沿海地区工业和内地工业的关系，经济建设和国防建设的关系，国家、生产单位和生产者个人的关系，中央和地方的关系，汉族和少数民族的关系，党和非党的关系，中国和外国的关系等十大关系的方法论原则，已经极大地丰富和发展了斯大林计划经济理论。

目前我们理论界的问题是，许多人对中国特色社会主义存在较大的认识误区。这里有两种情况：第一种情况，一部分人不承认前四十年的社会主义是科学社会主义。这一部分人把毛泽东时代的建设成就全盘否定；第二种情况，一部分人不承认中国改革开放后四十年的社会主义是科学社会主义，或者根本否定后四十年的社会主义是科学社会主义。这种人根本否定存在任何特色社会主义。他们将毛泽东时代的社会主义看成是标准的科学社会主义。持有截然对立的观点的同志，面临的一个共同的问题就是，究竟应该怎样界定中国特色社会主义？

不能准确地界定中国特色社会主义概念，就无从谈起哪一个时期是中国特色社会主义，哪一个时期不是中国特色社会主义；1978年十一届三中全会以后的中国社会主义，究竟有什么独特的规定性；有没有一标准，或者用一个一以贯之的规定性把它界定出来？说 1978 年十一届三中全会以后的中国社会主义，是在生产力水平低于当代资本主义的国家的条件下建设社会主义，说这是中国特色社会主义的特殊规定性，那么，中华人民共和国成立后改革开放以前的三十年社会主义建设，难道不是在生产力水平低于当代资本主义的国家的条件下建设社会主义？习近平同志为什么说"中国特色社会主义是社会主义，不是其他什么主义"，习近平同志为什么说两个三十年不能互相否定，关键就在于，在社会生产力水平低于欧美资本主义国家的条件下建设社会主义，是中国特色社会主义之本质。由此，两个三十年的社会主义建设，都是中国特色社会主义的建设。在这个大的原则下，两个三十年的中国特色社会主义建设又各自具有各自不同的特点罢了。

2. 邓小平时代的中国特色社会主义是实现马克思主义中国化"战略退却"和战略调整的社会主义时代

毛泽东主席逝世后，面对复杂多变的国际国内形势，特别是 20 世纪 90 年代以后，面对苏联解体、东欧剧变的国际共产主义运动形势，以邓小平同志为核心的中国共产党领导全国各族人民坚定地走改革开放建设中国特色社会主义道路。邓小平理论、三个代表重要思想和科学发展观，总结了中华人民共和国前三十年的建设经验，坚持、继承和发展列宁的新经济政策思想，指导中国在坚持国家主权和领土完整的前提下，以更加灵活的外交政策赢得了自己的发展时间、发展环境，并取得了举世瞩目的发展成就，避免了苏联亡党亡国的历史悲剧在中国的重演。这个时期，以邓小平同志为核心的中央领导集体坚持四项基本原则，在经济和社会领域进行了全面的调整和改革。第一步重大的改革，就是以家庭联产承包责任制改革了人民公社体制；第二步重大改革，就是对国有企业进行了战略改革；第三步重大改革，是用市场经济体制代替了计划经济体制。伴随这些重大改革的是，流通体制、价格体制、财政、税收和金融体制都进行了相应的改革。在改革中也有效地借鉴和利用了资本主义的发展方式发展和壮大国民经济。经过这些改革，国民经济的整体实力得到了提高，人民生活水平得到了改善。目前我国 GDP 总量已位列世界第二，为我们今后的经济发展奠定了基础。

(一) 《资本论》与中国特色社会主义

现在理论界有一种倾向：似乎是把这一代领导人的贡献归结为一个历史阶段的战略调整和"战略退却"，就等于对这一代领导人历史功绩的彻底否定。我们不能说领导苏联人民签订"布列斯特和约"的列宁，和领导苏联人民进行十月革命并取得政权的列宁有什么区别。我们也不能说领导中国革命走长征道路夺取政权的毛泽东，和中华人民共和国成立后领导社会主义建设、经历"文化大革命"曲折的毛泽东，哪一个更伟大。伟大的马克思主义者，不仅在他领导无产阶级革命高歌猛进取得革命胜利的时候伟大，而且在他领导人民在革命遇到挫折的紧急关头，为革命审时度势制定并实施"退却战略"，保存并发展了革命力量，其作用和意义也同样是伟大的。邓小平、江泽民和胡锦涛等党和国家领导人在苏联解体、东欧剧变，以及国际帝国主义和平演变世界社会主义的惊涛骇浪中，坚持和发展了中国特色社会主义，这不能不说是对 20 世纪社会主义事业的伟大历史性贡献。它将作为历史性的光辉篇章，永远载入人类社会奋斗和发展的历史，载入国际共产主义运动和世界社会主义的历史。

3. 习近平新时代中国特色社会主义，是在毛泽东时代和邓小平时代的中国特色社会主义建设成就的基础上，继续建设社会主义现代化强国的社会主义时代

习近平总书记坚持马克思主义中国化的发展道路。早在 2012 年 6 月 19 日，习近平同志视察中国人民大学《资本论》教学中心时就指出："马克思主义中国化形成了毛泽东思想和中国特色社会主义理论体系两大理论成果，追本溯源，这两大理论成果都是在马克思主义经典理论指导之下取得的。《资本论》作为最重要的马克思主义经典著作之一，经受了时间和实践的检验，始终闪耀着真理的光芒。加强《资本论》的教学与研究具有重要意义，要学以致用，切实发挥理论的现实指导作用，进一步深化、丰富和发展中国特色社会主义理论体系。"[①] 在这里我们看到：首先，习近平同志明确指出马克思主义中国化的两大理论成果，追本溯

---

① 张胜:《奋力开拓当代中国马克思主义政治经济学新境界》，新华网：http://www.xinhuanet.com/politics/2016-04/14/c_128894806.htm，2017 年 12 月 18 日。

源要归功于"马克思主义经典理论";其次,在马克思主义经典理论中,习近平同志特别强调《资本论》经受了时间和实践的检验,始终闪耀着真理的光芒;最后,习近平同志强调加强《资本论》教学和研究的意义。在这里习近平同志将"深化、丰富和发展中国特色社会主义理论体系"的任务和《资本论》学以致用、发挥理论的现实指导作用联系起来,足以说明习近平同志对马克思《资本论》的指导作用的高度重视。由此我们可以认为,中国特色社会主义理论体系的"进一步丰富和发展",其理论源头仍然是马克思的不朽著作《资本论》,最根本的路径是《资本论》中国化!

马克思主义中国化,首先要继承毛泽东的道路,不能以任何理由使中国走上爬行资本主义的道路。在党的十八大刚刚结束时,习近平总书记就鲜明地指出,中国特色社会主义是社会主义而不是其他什么主义,社会主义基本原则不能丢,丢了就不是社会主义。中国特色社会主义是科学社会主义理论逻辑和中国社会发展历史逻辑的辩证统一。这是习近平总书记对于中国特色社会主义社会性质和社会建设过程认识的根本性的理论概括。这个理论概括就将中国特色社会主义,与民主社会主义、市场社会主义、人道社会主义等错误的社会主义思潮区别开来。中国特色社会主义必须坚持科学社会主义,反对任何形式的非马克思主义和反马克思主义的社会主义。

习近平同志纠正了各种否定社会主义公有制、否定国家计划或调节经济、否定作为社会主义公有制背面的社会主义按劳分配的错误思潮和错误做法。习近平同志坚持科学社会主义原则,在中国社会主义初级阶段要充分考虑我们社会具体的历史特点和国情,不可以教条化。我们既要反对丢掉社会主义基本原则,搞新自由主义的私有化、市场化,同时,我们也要反对不顾中国社会主义初级阶段的具体的社会历史条件搞单一公有制、搞中央高度集中的计划经济,搞超越历史阶段的按需分配。习近平同志强调,中国特色社会主义是科学社会主义基本理论原则和中国社会历史逻辑的辩证统一,就是要以更加灵活多样的方式发展中国社会主义事业。

毋庸讳言,中国特色社会主义目前仍处于社会主义初级阶段。但是,

(一) 《资本论》与中国特色社会主义

我们目前的社会主义初级阶段,与改革开放前后一个历史时期的社会主义初级阶段相比,也发生了深刻的历史性的变化。2017年7月26日,习近平同志在省部级主要领导干部专题研讨班上指出:"党的十八大以来,在新中国成立特别是改革开放以来我国发展取得的重大成就基础上,党和国家事业发生历史性变革,我国发展站到了新的历史起点上,中国特色社会主义进入了新的发展阶段。"① 在党的十九大报告中,习近平同志进一步明确指出:"经过长期努力中国特色社会主义进入了新时代,这是我国发展新的历史方位。"②

究竟怎样认识中国特色社会主义进入了新时代?有人认为,我国已经进入社会主义初级阶段的"下半场"。问题不在于是"上半场",还是"下半场",问题在于我们要进行新的伟大斗争,并且我们要取得新的伟大斗争的最终胜利!我们现在还没有从根本上摆脱被国际帝国主义包围、瓦解和颠覆的危险境地。但是,国际帝国主义体系的危机和中国特色社会主义的进步和发展,已经向世界宣布了社会主义和共产主义的美好未来。只有社会主义才能救中国,只有社会主义才能发展中国,这是已经被社会主义革命和建设实践所检验了的科学真理。习近平同志说:"认识和把握我国社会发展的阶段性特征,要坚持辩证唯物主义和历史唯物主义的方法论,从历史和现实、理论和实践、国内和国际等的结合上进行思考,从我国社会发展的历史方位上来思考,从党和国家事业发展大局出发进行思考,得出正确结论。"③

按照马克思主义俄国化和马克思主义中国化的经验来认识中国特色社会主义,中国特色社会主义新时代,只能是以更大的步伐建设社会主义,以更坚定的信念和更坚定的步伐迈向跨越资本主义卡夫丁峡谷的理想彼岸。任何人企图以任何理由将中国社会主义航船拖回到资本主义卡夫丁峡谷的泥潭,都必然会遭到全体中国人民的坚决反对和坚决斗争。

---

① 习近平:《"学习习近平总书记重要讲话精神,迎接党的十九大"专题研讨班开班式上的讲话》,《人民日报》2017年7月28日。
② 习近平:《决胜全面建成小康社会 夺取新时代中国特色社会主义伟大胜利——在中国共产党第十九次全国代表大会上的报告》,《求是》2017年第21期。
③ 同上。

中国特色社会主义新时代，是不拘泥于旧有的战略调整和战略退步的旧时代，更是正在完成一项前无古人的人类历史的伟大跃进。习近平同志说："我国发展站到了新的历史起点上，中国特色社会主义进入了新的发展阶段。中国特色社会主义不断取得的重大成就，意味着近代以来久经磨难的中华民族实现了从站起来、富起来到强起来的历史性飞跃，意味着社会主义在中国焕发出强大生机活力并不断开辟发展新境界，意味着中国特色社会主义拓展了发展中国家走向现代化的途径，为解决人类问题贡献了中国智慧、提供了中国方案。"[①] 中国特色社会主义是实现中华民族伟大复兴的中国梦的坚实的制度保证。中华民族伟大复兴的中国道路，必将是世界文明未来的道路。

以上我们分别研究了《资本论》俄国化和《资本论》中国化。分析表明，这是一条反对教条主义和机会主义的马克思主义的思想路线。《资本论》俄国化和中国化的正确道路，不能将《资本论》中反映资本主义生产方式发生发展和必然灭亡的理论不加分析地随便套用于半农奴制、半封建的旧俄国，也不能将其不加分析地套用于半殖民地半封建的旧中国。《资本论》俄国化和中国化，首先最重要的是要运用《资本论》的辩证唯物主义和历史唯物主义的世界观和方法论，具体分析俄国和中国的具体的社会历史条件和环境，得出走跨越资本主义卡夫丁峡谷道路的结论。其次，在《资本论》俄国化和中国化，确定俄国和中国走跨越资本主义卡夫丁峡谷道路以后，那么很自然的结论就是，不能将《资本论》中资本主义发生发展的理论俄国化和中国化。

《资本论》俄国化和中国化大有作为的是《资本论》中的科学社会主义思想俄国化和中国化。与这个经济基础建设相适应的是，要加强上层建筑党的建设、军队建设和国家治理体系的建设，以适应和促进社会主义经济基础的建设需要。《资本论》第一卷德文版1867年出版至今已有151年的传播历史。在这151年的《资本论》传播和发展过程中，《资本论》俄国化和中国化之所以能取得巨大成就，就在于坚持走跨越资本主

---

① 习近平：《决胜全面建成小康社会　夺取新时代中国特色社会主义伟大胜利——在中国共产党第十九次全国代表大会上的报告》，《求是》2017年第21期。

义卡夫丁峡谷的道路。《资本论》俄国化出现曲折和失败,其原因也在于没有很好地坚持走跨越资本主义卡夫丁峡谷的道路。因此,面对中国特色社会主义进入新时代的历史机遇,我们必须要继续坚持《资本论》中国化,坚持走跨越资本主义卡夫丁峡谷建设社会主义的道路。

(原文发表于《当代经济研究》2018年第4、5、6期)

马克思恩格斯对《共产党宣言》与时俱进的发展及其当代启示

——纪念马克思诞辰 200 周年和《宣言》发表 170 周年

丁堡骏[*]

摘 要：一方面，《宣言》是马克思主义的奠基著作，第一次全面系统地阐述了科学社会主义的基本原理。当代马克思主义者必须始终坚持和不断完善发展这些基本理论和基本方法。另一方面，《宣言》又是面对 1848 年欧洲革命为世界第一个共产党组织——共产主义者同盟成立而撰写的一部纲领，因而它包含了一些具体政策措施，有较强的现实针对性。在纪念《宣言》发表 170 周年、纪念马克思诞辰 200 周年之际，马克思主义者首先要肯定《宣言》所阐述的全新无产阶级的世界观和科学社会主义的基本理论。但是，无论是作为马克思主义基本理论阐述，还是作为共产主义者同盟面对 1848 年革命而做出的政策阐述，《宣言》都必须与时俱进。作为政策阐述，要随着共产党组织的发展变化和其所处的社会历史条件的变化而产生新的宣言。作为马克思主义基本理论和基本方法阐述的宣言，也要不断地向前发展。习近平新时代中国特色社会主义思想，是当代中国发展着的马克思主义，是实现"两个一百年"的奋斗目标、实

---

[*] 作者简介：丁堡骏（1961— ），吉林财经大学马克思主义经济学研究中心教授，主要从事马克思主义经济学研究。

现中华民族伟大复兴的中国梦的根本思想保证。

关键词：《共产党宣言》；与时俱进；习近平新时代中国特色社会主义思想

2018年是伟大的无产阶级革命导师卡尔·马克思诞辰200周年，也是马克思恩格斯合作撰写的不朽著作《共产党宣言》（以下简称《宣言》）出版170周年。纪念马克思和《宣言》出版，最好的纪念就是沿着他创立和发展的无产阶级革命理论的线索和路径继续坚持和发展他的无产阶级革命理论，继续沿着他所指引的革命道路完成他所开创的伟大的无产阶级革命事业。《宣言》宣示了马克思主义全新的世界观，标志着人类思想史上最辉煌的革命——马克思主义的诞生。在《宣言》问世后的170年的时间里，人类社会的发展证明了《宣言》的真理性，科学社会主义已经由理论变成了现实。在纪念《宣言》出版170周年的时候，我们当然要充分肯定和继承《宣言》所宣示的崭新的历史唯物主义世界观和科学社会主义的基本理论。当然，《宣言》的理论也不是一劳永逸地解决了马克思主义的所有问题。马克思主义者必须要运用马克思主义的世界观和方法论不断地研究新情况解决新问题，丰富和发展马克思主义。事实上，在《宣言》出版至今的170年里，其所阐述的具体理论无论是在马克思恩格斯那里，还是在后续的马克思主义者那里，都经历了与时俱进的、不断向前发展的发展历程。本文将首先从《宣言》作为无产阶级政党的纲领和作为阐述马克思主义基本理论的著作，如何在马克思恩格斯后续研究和著述中与时俱进地向前发展入手，论证马克思主义的真理性及其发展的规律性；其次，在此基础上论证如何用发展着的马克思主义指导新时代中国特色社会主义建设。

一 马克思主义必须与时俱进地发展：从《宣言》再版序言谈起

众所周知，《共产党宣言》是1848年马克思恩格斯为共产主义者同盟这个国际组织的成立而撰写的纲领，其写作背景就是1848年的欧洲革命。马克思恩格斯以科学的理论和饱满的政治热情宣示了共产主义,号召工人阶级用暴力革命推翻资本主义统治,并预言无产阶级在这个革命中失去的只是锁链,得到的将是整个世界。然而,当时的欧洲革命失败了。《宣言》所阐述的基本思想和方案,并没有如马克思恩格斯所期待的那样,在当时的欧洲直接变为现实。在这样的情况下,作为《宣言》的作者,马克思恩格斯又该如何来评价《宣言》呢?

1872年《共产党宣言》出版新的德文版,马克思恩格斯为该书撰写了一个重要的序言。他们说:"不管最近25年来的情况发生了多大的变化,这个《宣言》中所阐述的一般原理整个说来直到现在还是完全正确的。某些地方本来可以做一些修改。这些原理的实际运用,正如《宣言》中所说的,随时随地都要以当时的历史条件为转移,所以第二章末尾提出的那些革命措施根本没有特别的意义。如果是在今天,这一段在许多方面都会有不同的写法了。由于最近25年来大工业有了巨大发展而工人阶级的政党组织也跟着发展起来,由于首先有了二月革命的实际经验而后来尤其是有了无产阶级第一次掌握政权达两月之久的巴黎公社的实际经验,所以这个纲领现在有些地方已经过时了。特别是公社已经证明:工人阶级不能简单地掌握现成的国家机器,并运用它来达到自己的目的。其次,很明显,对于社会主义文献所作的批判在今天看来是不完全的,因为这一批判只包括到1847年为止;同样也很明显,关于共产党人对待各种反对党派的态度的论述(第四章)虽然在原则上今天还是正确的,但是就其实际运用来说今天毕竟已经过时,因为政治形势已经完全改变,当时所列举的那些党派大部分已被历史的发展彻底扫除了。"[①] 从这里我们可以看出,马克思恩格斯对《宣言》的评价也是采取一分为二的辩证分析的立场的。对于《宣言》这部著作,马克思主义者究竟应该坚持什么,应该放弃什么,或者应该丰富和发展什么,马克思恩格斯在这里讲得一清二楚:首先,马克思恩格斯认为《宣言》的核心思想或基本原理是正确的,应该坚持和继续向前发展;其次,马克思恩格斯坚持认为要历史地看待《宣言》的许多具体论述,要坚持真理修正错误,要勇于承

---

① 《马克思恩格斯文集》第2卷,人民出版社2009年版,第5—6页。

认并及时否定那些囿于1848年革命的特殊历史条件而撰写的具有历史局限性的具体理论观点和具体革命操作方案。

（一）马克思恩格斯肯定《宣言》一般原理和核心思想

在1872年德文版序言中，马克思恩格斯强调，不管最近25年形势发生多大变化，《宣言》所阐述的一般原理或核心思想直到现在仍然是完全正确的。尽管在《宣言》再版的序言中，马克思恩格斯并没有对《宣言》所阐述的一般原理或基本思想进行归纳总结。但在马克思逝世以后，恩格斯曾经多次重复地讲《宣言》的基本思想，并且明确宣布《宣言》的基本思想是属于马克思一个人的。例如在1883年德文版序言中，恩格斯说："贯穿《宣言》的基本思想：每一历史时代的经济生产以及必然由此产生的社会结构，是该时代政治的和精神的历史的基础；因此（从原始土地公有制解体以来）全部历史都是阶级斗争的历史，即社会发展各个阶段上被剥削阶级和剥削阶级之间、被统治阶级和统治阶级之间斗争的历史；而这个斗争现在已经达到这样一个阶段，即被剥削被压迫的阶级（无产阶级），如果不同时使整个社会永远摆脱剥削、压迫和阶级斗争，就不再能使自己从剥削它压迫它的那个阶级（资产阶级）下解放出来。"[1] 由此我们可以说，1883年在马克思逝世以后恩格斯回头总结了《宣言》的基本思想并加以肯定。这些肯定的内容包括：(1) 对唯物史观和阶级斗争学说的基本阐述；(2) 对于资本主义即将被共产主义所代替的基本判断；(3) 对于工人阶级在这场变革中所肩负的神圣使命，即用暴力推翻资本主义制度的分析，以及对于全世界无产者联合起来完成自己的神圣使命的伟大号召。对于《宣言》的这些基本思想在人类社会历史上的划时代意义，马克思主义者和工人阶级都给予高度的赞扬。列宁认为："这部著作以天才的透彻鲜明的笔调叙述了新的世界观，即包括社会生活在内的彻底的唯物主义、最全面最深刻的发展学说辩证法以及关于阶级斗争、关于共产主义新社会的创造者无产阶级所负的世界历史革

---

[1] 《马克思恩格斯文集》第2卷，人民出版社2009年版，第9页。

命使命的理论。"① 在纪念《宣言》问世170周年之际，作为马克思主义者，我们必须要充分肯定《宣言》的这些基本思想。习近平同志提出在党内要开展"不忘初心，牢记使命"的教育，笔者认为，学习和贯彻《宣言》的这些基本思想，不仅是中国共产党人的初心，而且同时也是中国共产党人始终不渝的理想追求。中国共产党只有坚持这些基本思想，才能领导人民实现"两个一百年"的奋斗目标，实现中华民族伟大复兴的中国梦。任何怀疑、否定和动摇这些基本思想的想法和做法，都将不利于中国共产党的团结和中华民族"两个一百年"奋斗目标的早日实现。

（二）马克思恩格斯对《宣言》内容进行否定和修正的意见

对《宣言》内容中囿于1848年前后欧洲革命形势而撰写的个别理论观点和具体操作层面的论述，马克思恩格斯进行否定并提出了进行修订和完善的倾向性意见，主要包括以下几个方面。

第一，如上所述，在1872年德文版序言中，马克思恩格斯如实地承认，由于《宣言》一般"原理的实际运用"是根据1848年的特定社会历史条件所撰写的，因此，这些内容不一定适合于以后的革命形势的斗争实际。他们主张在以后的革命中，可根据革命的具体形势制定不同的具体做法和行动方案。特别是《宣言》第二章的"十条具体措施"，在马克思恩格斯看来，由于受当时的历史条件的影响，具有一定的历史局限性。对此，马克思恩格斯指出，"如果是在今天，这一段在许多方面都会有不同的写法了"②。

第二，马克思明确地指出《宣言》对无产阶级专政理论的阐述还有不足。《宣言》没有提出无产阶级必须要打碎旧的国家机器，建立无产阶级专政的新的国家机器，以保证向共产主义社会过渡。马克思明确地讲《宣言》在这个方面"已经过时了"③。

第三，马克思恩格斯指出，《宣言》对于各种社会主义理论文献的批

---

① 《列宁选集》第2卷，人民出版社1995年版，第416页。
② 《马克思恩格斯文集》第2卷，人民出版社2009年版，第5页。
③ 同上书，第6页。

判是不完整的。因为《宣言》创作于1847年12月至1848年1月,所以,《宣言》所批判的社会主义文献只到1847年为止。①

第四,马克思恩格斯认为《宣言》关于"共产党人对各种反对党派的态度"的论述有时代局限性:《宣言》的第四章"虽然在原则上今天还是正确的,但是就其实际运用来说今天毕竟已经过时"②。

从马克思恩格斯反思《宣言》所承认的第三和第四个方面的缺陷和不足,我们可以深刻地感受到革命导师严谨的科学态度和马克思主义者与时俱进的科学品质。这两个方面的缺陷与不足,不是马克思恩格斯能力水平不高或者是主观努力不够造成的。马克思恩格斯不是简单地将《宣言》的这两个方面的缺陷与不足以写作的时间为借口推卸掉或加以掩盖,而是如实地承认《宣言》有这方面的缺陷与不足。不仅如此,根据马克思恩格斯的意见,《宣言》的第三、第四方面的缺陷和不足也和第一、第二方面的缺陷和不足一样,要在今后的写作中加以完善和修改。不过马克思恩格斯只是为了保持《宣言》的历史文件的本来面目,不主张直接修改《宣言》本身,而是主张在《宣言》再版时撰写一个导言来对这些缺陷和不足予以修改和完善。对此,马克思恩格斯指出:"但是《宣言》是一个历史文件,我们已没有权利来加以修改。下次再版时也许能加上一篇论述1847年到现在这段时期的导言。"③

二 马克思恩格斯与时俱进发展 《宣言》的线索和路径

通过以上我们对《宣言》两个德文版序言的分析,我们看到马克思恩格斯对自己著作的评价是辩证的和批判的。既然《宣言》是1848年成立的共产主义者同盟的纲领,那么《宣言》必然具有两重性质:一方面,它要阐述马克思主义的科学社会主义的基本原理。这种阐述是马克思主

---

① 《马克思恩格斯文集》第2卷,人民出版社2009年版,第6页。
② 同上。
③ 同上。

义的普遍原理，包括马克思主义的基本世界观和方法论以及马克思主义关于资本主义生产方式和未来共产主义生产方式的基本理论。作为马克思主义者和马克思主义的继承人，我们必须要始终坚持、不断完善和发展这些基本理论和基本方法。共产党人要不忘初心、不忘根本、始终不渝地去为之奋斗。另一方面，它所阐述的一些具体政策措施又有较强的现实针对性。正因为如此，这些具体的政策措施，必然随着时间的推移、历史条件的变化，需要由新时代的马克思主义者不断地与时俱进地进行变更和发展，推陈出新。

对于《宣言》所具有的这种二重性，学术界存在两种典型的误读。一方面，有的学者不能把作为世界范围内第一个工人阶级政党的第一份纲领的《宣言》，特别是具体的政策措施，与作为马克思主义和科学社会主义理论阐述的《宣言》区别开来，从而教条化地对待《宣言》。不研究马克思恩格斯写作《宣言》的特定时间地点、条件和目标任务，而将《宣言》所阐述的内容都绝对化和永恒化，要求我们今天中国共产党人要不折不扣地贯彻落实《宣言》每一项具体措施。事实上，作为一个政党纲领的《宣言》，是以1848年共产主义者同盟所面临的国际国内条件和当时所要完成的具体任务为转移的。从这个意义上讲，《宣言》必须要与时俱进，必须要以工人阶级政党所面对的具体革命形势的变化而变化。另一方面，有的学者片面强调《宣言》作为党纲的性质而忽视了《宣言》同时也是共产主义理论著作的性质，否定《宣言》的普遍意义。否定《宣言》的普遍意义，就意味着放弃了马克思主义的根本世界观和方法论，就意味着已经背叛了马克思主义。当然，作为马克思主义科学社会主义理论阐述的《宣言》，按照事物辩证发展的规律也不是一劳永逸的，也要与时俱进地向前继续发展。

（一）作为一个共产党组织纲领的《宣言》的发展

首先，作为世界范围内第一个工人阶级政党组织的党纲，《宣言》是一份很珍贵的共产党的纲领方面的历史性文献。作为历史文献意义上的《宣言》必须要保持原样，后来的马克思主义者和任何人都不能随心所欲地进行更改。但是，正因为《宣言》是历史上处于特定历史条件下（面对1848年欧洲革命）的工人阶级政党——共产主义者同盟成立时所制定的纲领，所以，它就必然有和那个时代相伴随的成就和历史局限性。作为国际共产主义运动后续力量的新的工人阶级政党组织，就不能原封不动地沿用《宣言》的具体措施，而必须要以变化了的社会历史条件为根据制定自己新的宣言和行动纲领，事实上，随着1848年6月巴黎工人武装起义失败，随着1852年11月发生科隆共产党人案件（11名共产主义者同盟成员被反动政府以捏造的虚假事实为依据，以叛国罪予以判刑），共产主义者同盟就已经解体。此后欧洲工人阶级革命力量继续发展，1864年9月28日，国际工人协会（即第一国际）在伦敦成立。马克思参与了国际工人协会的创建并且是协会的实际领袖。在这里值得一提的是：马克思亲自为第一国际起草《国际工人协会成立宣言》和《国际工人协会共同章程》。这两个文件的基本立场和基本观点，与《共产党宣言》是完全一致的。但是，这两个文件起草的背景却和《宣言》的背景有很大的不同。协会面临"必须有一个不致把英国工联，法国、比利时、意大利和西班牙的蒲鲁东派拒之门外的纲领"①。马克思在起草上述两份文件时十分策略地淡化了各种尖锐的矛盾，暂时放弃了或者至少是没有那么尖锐地强调《宣言》中的那些原则和它的最终胜利。马克思把《宣言》中的那些原则和最终胜利，寄希望于协会的共同行动和工人阶级的觉悟。恩格斯高度评价马克思的这一策略选择。恩格斯说："马克思是正确的。1874年，当国际解散的时候，工人阶级已经全然不是1864年国际成立时的那个样子了。罗曼语各国的蒲鲁东主义和德国特有的拉萨尔主义已经奄奄一息，甚至当时极端保守的英国工联也渐有进步，以致1847年在斯旺，工联代表大会的主席能够用公联的名义声明说：'大陆社会主义对我们来说再不可怕了。'"②通过回顾1848年的《宣言》发展到1864年的《国际工人协会成立宣言》和《国际工人协会共同章程》，我们可以得出结论：《宣言》作为一个共产主义政党组织的纲领，它必然会随着共产主义政党组织的变化发展以及以后新的工人阶级政党组织的产生和发展而

---

① 《马克思恩格斯文集》第2卷，人民出版社2009年版，第20页。
② 同上书，第20—21页。

不断向前发展。不同时代、不同国家的共产主义政党组织的纲领，要因时、因地、因特殊历史条件而有所不同。同时，同一国家的同一个党组织，面对不同的具体的社会历史条件，其纲领也要体现不同的斗争策略。政策和策略是党的生命，共产党必须要克服教条主义经验主义等唯心主义和形而上学方法论的束缚。

（二）作为马克思主义基本理论阐述的《宣言》的发展

我们再来考察作为马克思主义和科学社会主义基本原理阐述的《宣言》，要不要继续向前发展的问题。如前所述，1883年马克思逝世后恩格斯总结了《宣言》的历史成就：恩格斯肯定了《宣言》对唯物史观和阶级斗争学说的阐述，肯定了《宣言》对资本主义已经走到了即将被共产主义所代替的阶段的基本判断。不可否认，《宣言》为我们提供了唯物史观、阶级斗争学说以及从这些理论出发所得出的资本主义必然灭亡的基本判断。从基本世界观和基本方法论的意义上说，《宣言》可以为一个马克思主义者提供基本的理论武装。但是，我们不得不严肃指出，《宣言》作为马克思主义的理论阐述还是初步的、不够完整和不够完善的。事实上，马克思恩格斯在1848年之后又进行了长期的艰苦卓绝的理论研究工作，出版了一系列的论文和著作，实现了一系列新的理论飞跃。

第一，在《法兰西内战》等著作中，马克思恩格斯对《宣言》中无产阶级专政思想做了进一步发展和完善。在《宣言》中，马克思恩格斯讲到了面对欧美资本主义矛盾的发展和激化，无产阶级面临用暴力推翻资产阶级的统治和资本主义制度的任务。当时马克思恩格斯只强调了"工人革命的第一步就是使无产阶级上升为统治阶级，争得民主"这一任务。《宣言》对于工人阶级夺取政权以后，必须要打碎旧的国家机器，建立新的为工人阶级服务的国家机器并没有明确的阐述。在经历了1848年革命以后，在《1848—1850年法兰西阶级斗争》一书中，马克思进一步发展了《宣言》的无产阶级专政思想。马克思写道："这种社会主义就是宣布不断革命，就是无产阶级的阶级专政，这种专政是达到消灭一切阶级差别，达到消灭这些差别所由产生的一切生产关系，达到消灭和这些生产关系相适应的一切社会关系，达到改变由这些社会关系产生出来的

(一)《资本论》与中国特色社会主义

一切观念的必然的过渡阶段。"① 在1852年出版的《路易·波拿巴的雾月十八日》一文中,马克思又深刻地阐述了无产阶级必须打碎资产阶级旧的国家机器的思想。恩格斯在1885年为《路易·波拿巴的雾月十八日》写的第三版序言中也谈道:"一切历史上的斗争,无论是在政治、宗教、哲学的领域中进行的,还是在其他意识形态领域中进行的,实际上只是或多或少明显地表现了各社会阶级的斗争,而这些阶级的存在以及它们之间的冲突,又为它们的经济状况的发展程度、它们的生产的性质和方式以及由生产所决定的交换的性质和方式所制约。"② 1871年3月18日,巴黎无产阶级英勇地举行了武装起义,宣布成立巴黎公社。可是巴黎公社无产阶级政权仅仅存在了72天,就被反动政府镇压下去了。总结公社的经验教训,马克思在《法兰西内战》一书中,进一步发展了关于无产阶级革命和无产阶级专政学说。马克思写道:"工人阶级不能简单地掌握现成的国家机器,并运用它来达到自己的目的。"③ 马克思强调,公社"实质上是工人阶级的政府,是生产者阶级同占有者阶级斗争的产物,是终于发现的可以使劳动在经济上获得解放的政治形式"④。

从上述的考察可以看出,相对于《宣言》,马克思对无产阶级专政学说作出了新的理论贡献:从公社的政治结构和活动中,马克思看到了在无产阶级革命中用什么来代替资产阶级的国家机器,看到了无产阶级国家机器是一种历史上新型的国家。

第二,在以《资本论》为代表的经典著作中,马克思恩格斯对《宣言》中马克思主义政治经济学思想阐述的缺失和不足进行了补充和发展。

在中外马克思主义者对《宣言》的评价中,普遍忌讳谈论其不足之处,特别是很少有人从政治经济学原理支撑不足方面来认识《宣言》理论阐述方面的缺陷。事实上,《宣言》的理论阐述,无论是作为马克思主义哲学的唯物史观,还是作为科学社会主义的基本原理的阐述,由于当时马克思还没有完成对剩余价值学说的系统论证,都是存在一些不足之

---

① 《马克思恩格斯文集》第2卷,人民出版社2009年版,第166页。
② 同上书,第496页。
③ 《马克思恩格斯文集》第3卷,人民出版社2009年版,第151页。
④ 同上书,第158页。

处的。众所周知，恩格斯在《反杜林论》中，将唯物史观和剩余价值学说的发现，作为社会主义从空想变成科学的根本标志[①]。那么，马克思恩格斯在《资本论》等后续著作的创作中，究竟丰富和发展了《宣言》的哪些思想呢？

其一，在《宣言》标题为"资产者和无产者"的第一章中，马克思恩格斯还没有从逻辑上充分论证：在资本主义社会，一部分人何以成为资产者，一部分人何以成为无产者。当时马克思恩格斯对资产阶级政治经济学的批判还处于酝酿过程，马克思只能以现象描述的形式对存在于资本主义社会中的资产者和无产者对立的事实进行说明。而且，在创作《宣言》的时候，马克思还正处于从劳动价值论的反对者向劳动价值论的坚定拥护者的转化过程中。在创作于1847年的《雇佣劳动和资本》一书中，马克思还没有创立劳动力商品学说，当时马克思还用劳动的价格来说明工资。因为马克思还没有以劳动力商品学说的科学发现摆脱李嘉图体系的第一个矛盾，还没有以平均利润和生产价格学说的发现摆脱李嘉图体系的第二个矛盾。所以马克思对于资本主义社会生产方式中的当事人——资产者和无产者——的分析还没有达到一个高度科学的程度。后来，马克思在写作《1857—1858年政治经济学批判》时才创立了劳动力商品学说。在《资本论》第一卷第四章中，马克思论证了资本家和雇佣工人之间交换的不是雇佣工人的劳动，而是雇佣工人的劳动能力。在资本主义生产方式中，雇佣工人的劳动能力成为商品，劳动力商品有使用价值和交换价值。只有这一理论发现，才使马克思摆脱了劳动本身具有价值同时劳动又创造价值的循环论证的矛盾。这样，马克思才在劳动价值论基础上说明了剩余价值的来源。由此，马克思才从经济根源上说清楚了如下事实：工人阶级是出卖劳动力商品以获得劳动力价值（工资是劳动力价值的转化形式）的人群；而资产阶级是依靠其拥有的资本占有雇佣工人所生产的剩余价值的人群。依据笔者的考察，马克思对平均利润和生产价格范畴，最早是在1861—1863年的手稿才加以考察和分析的。正是这一理论发现，使马克思破解了困扰李嘉图学派的李嘉图体系的第

[①] 《马克思恩格斯全集》第20卷，人民出版社1971年版，第30页。

二大矛盾，在劳动价值论的基础上说明了平均利润率的形成。马克思曾经骄傲地说："因此，我们在这里得到了一个像数学一样精确的证明：为什么资本家在他们的竞争中表现出彼此都是假兄弟，但面对整个工人阶级却结成真正的共济会团体。"① 由此，马克思揭示了在资产者和无产者之间的阶级对立。这两大阶级之间的根本对立和不可克服的矛盾，还需要马克思资本积累和社会再生产理论予以分析。在积累和再生产理论分析中，马克思揭示出："资本主义生产过程，在联系中加以考察，或作为再生产过程加以考察时，不仅生产商品，不仅生产剩余价值，而且还生产和再生产资本关系本身：一方面是资本家，另一方面是雇佣工人。"② 因此，在积累和扩大再生产过程中，资本家和雇佣工人阶级之间的鸿沟必然会不断加深。从阶级力量对比来看，资产者是少数人，而无产者是多数人。由此，马克思才真正证明了：推翻资本主义统治建设社会主义的革命是多数人对少数人的革命。至此，在1848年以后，通过政治经济学批判的三个手稿，直至1859年《政治经济学批判》第一册、1867年马克思亲自出版《资本论》第一卷以及1885年和1894年恩格斯整理出版《资本论》第二卷和第三卷，马克思恩格斯才对上述这些理论问题给予了科学的解答。由此可见，《宣言》中马克思恩格斯关于"资产者和无产者"对立及其发展趋势的结论，必须要由马克思恩格斯后来的政治经济学理论研究予以补充和完善。

其二，在《宣言》中马克思恩格斯还只能用商业危机来说明资本主义社会的历史过渡性。在那里马克思还没有科学的经济危机学说。马克思恩格斯还是用抽象的生产力和生产关系的矛盾运动来说明资本主义商业危机。就马克思主义理论总体来看，《宣言》的这个论证还是略显粗糙。因为生产力和生产关系的矛盾，是人类社会一切发展阶段上的社会基本矛盾，在资本主义社会当然是适用的。最终是要具体化的。在《资本论》第一卷中，马克思从再生产的角度，指出了劳动力的消费需求仅仅是由全部预付资本的可变部分决定的，因此随着资本积累的不断推进，

---

① 《马克思恩格斯全集》第46卷，人民出版社2003年版，第220页。
② 《马克思恩格斯全集》第44卷，人民出版社2001年版，第666—667页。

必然会导致相对人口过剩的经济危机。在《资本论》第二卷第三篇中，马克思从社会总资本再生产的实现问题的角度，指出危机的必然性和从固定资本更新周期角度，说明了资本主义经济危机的周期性特征。在《资本论》第三卷，马克思分析了利润率趋向下降规律，进一步说明了资本主义经济危机发生的机制和机理。在《反杜林论》中，恩格斯将生产力和生产关系的社会基本矛盾具体化为两个具体矛盾：一个是生产的社会性和生产资料资本主义私人占有之间的矛盾，另一个是生产无限扩大趋势和广大劳动人民有支付能力的需求相对狭小之间的矛盾。在这样将一切社会的基本矛盾转化为资本主义社会的具体矛盾以后，才能深刻地揭示出资本主义经济危机根源和本质。由此可见，《宣言》中关于资本主义生产方式的历史暂时性和历史过渡性论断的理论分析，在马克思恩格斯的后续研究中得到了进一步的发展和完善。

其三，《宣言》强调："共产党人可以把自己的理论用一句话表示出来：消灭私有制。"尽管在《宣言》中马克思恩格斯已经尽可能地说明了小生产的私有制已经被资本主义生产消灭了，形成了资本主义私有制。现在无产阶级的任务是消灭资本主义私有制。但是由于当时的理论发展程度还不能将什么是资本主义私有制完全说清楚，还不能把无产阶级剥夺资本主义私有制的理论根据说得很清楚，还必须用形象的说法加以描述："现在，消灭资本主义私有制是十分之九的人反对十分之一的人的斗争。"上述这些说法还是有些粗糙的。后来，在《资本论》第一卷第七篇"资本积累过程"的第 21 章"简单再生产"中，马克思雄辩地证明："撇开一切积累不说，生产过程的单纯连续或者说简单再生产，经过一个或长或短的时期以后，必然会使任何资本都转化为积累的资本或资本化的剩余价值。即使资本在进入生产过程的时候是资本使用者本人挣得的财产，它迟早也要成为不付等价物而被占有的价值，成为无酬的他人劳动在货币形式或其他形式上的化身。"① 在以"规模扩大的资本主义生产过程。商品生产所有权规律转变为资本主义占有规律"为标题的第 22 章中，马克思进一步证明："全部预付资本，不管它的来源如何，都转化为

---

① 《马克思恩格斯全集》第 44 卷，人民出版社 2001 年版，第 657—658 页。

积累的资本或资本化的剩余价值。但在生产的巨流中，全部原预付资本，与直接积累的资本即重新转化为资本（不论它是在积累者手中，还是在别人手中执行职能）的剩余价值或剩余产品比较起来，总是一个近于消失的量（数学意义上的无限小的量）。"① 可见，只有《资本论》中的剩余价值学说，才进一步说清楚了《宣言》中所谓的消灭私有制的理论依据。不仅如此，在《资本论》第一卷第24章第七节"资本积累历史趋势"中，马克思以辩证法否定之否定规律，厘清了人类社会发展规律。在人类社会历史上各种形式的小私有制被资本主义私有制所否定，这是否定之否定规律的第一个否定；资本主义私有制的充分发展，又必然会造成对自身的否定，即否定之否定规律的第二个否定。马克思说："从资本主义生产方式产生的资本主义占有方式，从而资本主义的私有制，是对个人的、以自己劳动为基础的私有制的第一个否定。但资本主义生产由于自然过程的必然性，造成了对自身的否定。这是否定的否定。这种否定不是重新建立私有制，而是在资本主义时代的成就的基础上，也就是说，在协作和对土地及靠劳动本身生产的生产资料的共同占有的基础上，重新建立个人所有制。"② 马克思还坚定地认为，第二个否定比起第一个否定来，是一个更加迅速得多的过程。可见，马克思在《资本论》中所做的这些研究，都是对《宣言》中"共产党人可以用一句话概括自己的理论：消灭私有制"思想的补充和发展。这个发展不仅不是对《宣言》理论的削弱和否定，而且是以更科学更严谨的逻辑完善和发展了《宣言》的理论论证。《资本论》通过对资本主义生产方式的研究得出"剥夺剥夺者"的共产主义方案及其对资本主义以私有制本质的揭示至今仍然具有重要的理论意义和实践意义。目前，对于我们坚持公有制为主体多种经济成分并存的基本经济制度，全党上下已经取得了共识。然而，对于怎样才能真正坚持以公有制经济为主体多种经济成分共同发展的基本经济制度，理论界的认识却是存在着严重分歧的。习近平同志多次强调，国有企业只能加强不能减弱，国有企业要在凤凰涅槃中浴火重生。

---

① 《马克思恩格斯全集》第44卷，人民出版社2001年版，第678页。
② 同上书，第874页。

并且总书记一再警告:"要吸取过去国企改革经验和教训,不能在一片改革声浪中把国有资产变成谋取暴利的机会。"① 然而,我们的理论界和实际工作部门的同志到现在也没有弄清楚:为什么会出现"在一片改革声浪中把国有资产变成谋取暴利的机会"的现象呢?这种大范围的国有资产流失,究竟是我们某一企业或某一行业的一批企业改革过程中的偶然失误?还是我们在国有企业的改革思路、改革目标和改革方向这样的重大问题上出现了偏差?这些问题的关键还在于,我们没有弄清楚社会主义公有制是全新的社会主义生产关系,不能用西方经济学陷入形而上学和法学幻想的"产权理论"去进行塑造。要想使我们的国有企业改革理论更加科学,我们必须要重新学习马克思的资本主义私有制理论以及马克思从批判资本主义私有制中所阐述出来的社会主义公有制思想。这是今天我们纪念马克思、继承老一辈无产阶级革命家给我们留下的中国特色社会主义事业,所必须要完成的理论创新任务。

第三,在谈到以《资本论》《反杜林论》等著作对《宣言》的发展时,我们不能不提到马克思恩格斯对各种社会主义学说和对资产阶级经济学的批判。如前所述,马克思恩格斯在反思《宣言》的不足时曾经明确提到"对于社会主义文献所作的批判在今天看来是不完全的,因为这一批判只包括到1847年为止"②。那么,马克思恩格斯在认识到《宣言》这一方面的不足后,他们做了怎样的进一步的补充和发展?在《资本论》及其手稿中,马克思系统地批判了资产阶级古典政治经济学和庸俗经济学,也批判了形形色色冒牌社会主义。在《反杜林论》中,恩格斯从哲学、政治经济学和科学社会主义等方面对欧根·杜林的错误观点进行了系统的批判,在工人运动中清除了欧根·杜林的冒牌社会主义。从马克思主义发展过程来看,马克思主义就是批判地继承了当时时代的各种优秀学术著作的一切科学成就。批判性是马克思主义的本质。然而,这一点在中国的马克思主义理论界却陆续退潮,这种退潮意味着马克思主义

---

① 参见《习近平:不能在一片改革声浪中把国有资产变成谋取暴利的机会》,《人民日报》2014年3月10日。

② 《马克思恩格斯文集》第2卷,人民出版社2009年版,第6页。

正在一定程度上丧失战斗力和影响力。中国马克思主义者发展马克思主义最重要的还是要发扬马克思的批判精神,将对资本主义的批判进行到底。

第四,马克思关于俄国东方社会跨越卡夫丁峡谷思想对从《宣言》到《资本论》所阐述的欧洲革命道路理论的发展。众所周知,《宣言》阐述19世纪40年代欧美资本主义发展及其未来发展趋势。即便是后来以《资本论》为代表的一系列理论发展,马克思恩格斯仍然着眼于欧美资本主义社会的未来发展趋势理论。就是说,即便是从《宣言》发展到《资本论》,马克思恩格斯所阐述的仍然是欧洲资本主义发展及未来革命道路问题。在当时,马克思恩格斯尚未有具体思考处于与欧美资本主义同时代的东方落后国家怎样进行革命的道路问题。后来,在1877年11月《给〈祖国纪事〉杂志编辑部的信》以及1881年3月8日《给维·伊·查苏利奇的复信》中,马克思阐述了俄国农业公社跨越资本主义卡夫丁峡谷和俄国社会革命道路问题。马克思的这一思想是对《资本论》,更是对《宣言》最重要的丰富和发展。在这里两封信中,马克思着重说明了《资本论》"所谓原始积累"一章内容只限于描述欧洲资本主义起源,并强烈反对将这一章内容照抄照搬用于说明俄国公社必然要走私有化和资本主义化道路。马克思明确表示,运用唯物史观具体分析俄国当时的历史条件可以得出结论:俄国公社存在这一条跨越资本主义发展阶段的全新的发展道路。众所周知,1917年列宁领导十月社会主义革命取得胜利,建立了第一个社会主义国家;第二次世界大战以后,东欧各国共产党先后取得革命胜利,形成了以苏联为核心的社会主义阵营;中国共产党领导中国人民经过28年的浴血奋战,终于在1949年成立了人民当家作主的中华人民共和国。中国社会主义建设事业经过改革开放前和改革开放后两个历史时期的努力,如今中国特色社会主义进入了新时代。20世纪和21世纪国际共产主义运动实践证明,马克思关于东方社会跨越资本主义卡夫丁峡谷建设社会主义的理论是正确的。马克思主义的这一重大理论发展,是苏联东欧国家进行社会主义革命建设并取得巨大建设成就的理论依据。由此我们可以说,马克思主义东方社会走跨越资本主义卡夫丁峡谷理论,是我们当代中国坚持走跨越卡夫丁峡谷道路建设社会主义的主要依据。因此，建设中国特色社会主义，我们必须要深入学习、高度重视马克思主义关于跨越卡夫丁峡谷理论。这一理论是马克思坚持和发展马克思主义的一个重要里程碑性质的重要成果。

总结在1848年欧洲革命失败以后，马克思恩格斯对于《宣言》进行与时俱进的发展，可以分别从作为世界共产党组织的纲领的角度和作为马克思主义基本理论阐述的角度来加以考察。如果我们可以用一般发展道路来概括这种发展，那么，对于第一个角度的发展我们可以将其概括为：从《宣言》到《国际工人协会成立宣言》的发展道路。这是后来的各国共产党组织从各国不同历史条件出发，制定自己的纲领和行动计划所走过的发展历程。发展《宣言》，这是一个很重要的继承和发展道路。正确认识这种发展道路，最关键的问题就是，作为后来的马克思主义政党必须要以自己当下所处的本国的具体的社会历史条件为转移，制定自己的宣言和行动纲领。

现在我们重点关注第二条发展道路。从作为马克思主义基本理论阐述角度发展《宣言》的发展道路可以概括为：从《宣言》到《资本论》，再从《资本论》到《资本论》在俄国的运用。

首先，我们来分析这个发展道路的第一段：从《宣言》到《资本论》。这里的"《资本论》"可以看作马克思恩格斯在《宣言》出版以后的一系列理论创作的总称，具体包括马克思恩格斯所创作的《1848—1850年法兰西阶级斗争》《法兰西内战》《反杜林论》《哥达纲领批判》和《资本论》及其手稿等。这些著作从不同的方面补充和发展了马克思恩格斯在《宣言》中对资本主义生产方式及其发展趋势进行分析的理论、政策和行动的论述。事实上，这是一种基于欧洲发达资本主义国家经济情况探讨资本主义发展规律和论证欧美资本主义发达国家的社会革命道路。我们看到，马克思恩格斯在《宣言》中所阐述的资本主义必然灭亡和共产主义必然胜利的理论，在这条发展道路上经过与时俱进的发展以后，不仅没有被否定，而且还得到了不断充实和完善。其次，我们再来看这条发展道路的第二段：从《资本论》到《资本论》在俄国的运用。这个第二段发展道路，是指马克思面对与欧洲资本主义同时代的社会生产力落后的俄国，阐述《资本论》及其方法论——唯物史观怎样正确运用和发展的问题。具体说，马克思将《资本论》及其方法论——唯物史观运用到俄国社会得出结论：俄国可以不经过资本主义的充分发展，就可以继承和借鉴欧美资本主义国家的发展成果，进行社会主义革命和社会主义建设。从《资本论》揭示欧洲资本主义生产方式及其发展趋势的理论，过渡到运用《资本论》指导处于资本主义社会生产方式以前阶段的（或资本主义没有充分发展的与欧洲资本主义同时代的）俄国，为俄国指出走跨越资本主义卡夫丁峡谷建设社会主义的光辉道路。这是马克思在完成《资本论》之后，对于人类社会历史研究又一个重大的理论贡献。这是对《资本论》已有研究成果的进一步的丰富和发展。实际上，列宁斯大林领导苏联人民以十月革命道路践行了马克思跨越资本主义卡夫丁峡谷理论。中国新民主主义革命和社会主义革命取得胜利，我们正在进行的中国特色社会主义建设和改革开放事业的胜利，归根到底是十月革命道路的胜利，是马克思跨越资本主义卡夫丁峡谷建设社会主义理论的胜利。

三 马克思恩格斯与时俱进地发展《宣言》的道路和精神，对新时代中国特色社会主义建设的意义

通过对于马克思恩格斯发展《宣言》所走过的道路的分析，我们可以得到如下几个方面的启示。

第一，和任何其他科学一样，马克思主义作为一个科学体系必然要随着社会实践发展而与时俱进地向前发展。马克思恩格斯发展《宣言》的事实证明，马克思主义是一个能够与时俱进、必须与时俱进，而且在马克思恩格斯那里已经实现了与时俱进地向前发展的理论体系。无论是作为党纲，还是作为马克思主义理论阐述，《宣言》都必须不断地与时俱进地向前发展。作为党的纲领的《宣言》要以一定的历史条件变化发展为依据不断地加以发展。如前所述，这种对《宣言》的发展，新的党组织、新的历史条件下的新党纲，是可以有政策、有策略、有妥协的一个以完成一定时期任务为目标的方案。这样以党纲形式对《宣言》的发展，是世界范围内各工人阶级政党都在自觉或不自觉加以运用的。中国共产

党的第一次代表大会决议和以后历次代表会议决议，都可以看作是对《宣言》在这种意义上的发展。

作为马克思主义基本理论阐述的《宣言》，同样必须要不断地根据社会历史条件的变化而不断地进行完善和发展。今天我们纪念《宣言》发表170周年，我们不仅要坚持《宣言》的基本立场、基本理论和基本方法，而且还要坚持马克思恩格斯不断发展《宣言》的与时俱进的创新精神。从马克思恩格斯对《宣言》进行理论发展所走过的道路来看，我们可以回答什么是马克思主义的与时俱进的发展问题。首先，对于马克思主义进行与时俱进的发展，是指对于马克思主义原有理论命题的原有的理论论证，不断地进行补充和完善，以便使这些理论命题得到更加充分的论证；其次，对马克思主义进行与时俱进的发展，是指在马克思主义原有的理论之外，运用马克思主义的世界观和方法论观察和研究新的研究对象，发现并论证新的理论原理和新的理论命题。

长期以来，在马克思主义理论界对于发展马克思主义一直存在着各种不正确的观点。有人认为，马克思主义已经是真理，马克思主义只存在具体运用的问题，而不存在发展的问题。在这种人看来，马克思的任何著作，无论是《宣言》，还是《资本论》，当然也包括《反杜林论》《哥达纲领批判》等著作，后人都不能进行任何发展。换言之，马克思的这些著作都一个字也不能否定和更改。否则，马克思主义就必然会被歪曲了。有人认为，马克思主义的发展就是后人否定前人，一代否定一代。在这种人看来，后来的马克思主义者如果不否定马克思的已有理论，就没有可能发展马克思主义。这种人就以发展马克思主义的名义，对所有马克思主义基本理论和基本方法逐一地加以否定。更有甚者，他们拿反马克思主义的世界观和方法论的资产阶级经济学发展马克思主义。事实上，这两种观点都是错误的。在"从《宣言》到《资本论》"的发展道路上，马克思恩格斯是在坚持《宣言》所阐述的唯物史观和科学社会主义的基本原理的前提下，对《宣言》在剩余价值学说、无产阶级专政学说等论述不充分、不完善的地方加以补充和完善，这是实实在在的发展。因此，在这条发展道路上，坚持是发展的前提，而发展又是为了更好地坚持。马克思主义为什么必须要与时俱进？因为时代和实践在发展，人

（一）《资本论》与中国特色社会主义

类的认识从根本上说是时代和实践发展的反映。因此，马克思主义必须要适应时代和实践的发展而向前发展。上面提到的两种错误观点，其共同的思想基础就在于，他们把与时俱进地发展马克思主义，片面地理解为第一种意义的发展，他们不懂得第二种意义的发展。而在科学史上，最重大的理论发展还是第二种意义上的发展。事实上，任何理论都是在一定历史条件下成立的理论。随着社会历史的向前发展，科学的理论也要随着社会历史条件的变化而变化。马克思主义理论顺利地向前发展，应该是不同时代的马克思主义者对不同时代不同社会历史条件进行研究而得出的成果。由此，我们就会看到，作为马克思主义者，后人发展前人的理论，并不是因为后人比前人有什么更高的智商，而是因为后人处在一个完全不同的历史条件之下。在新的历史条件之下，人类有了新的实践活动，而这种新的实践活动是前人不可能看到的，因此，对于这种新的实践活动的理论概括的理论创新任务，就历史地落在了后人的肩上。所以，正确的发展观点应该是，任何理论的发展都是后人在前人认识的基础上继续前进。中国当今正处于全世界从资本主义生产方式向社会主义和共产主义生产方式跃升的前沿阵地。这个特殊的社会历史条件使得中国必将成为全世界哲学社会科学理论创新的实践高地。这是时代给予中国哲学社会科学理论工作者的难得机遇。伟大的时代必将产生伟大的理论。这种伟大理论，不是靠贬低马克思主义前人理论，不是靠无视马克思主义前人理论，更不是自己对自己的理论认识进行自吹自擂，它必须是实实在在地对新的伟大实践进行理论概括和阐述，是在前人理论创新的基础上根据全新的社会历史条件所实现的新的理论创新和发展。

第二，必须要用鲜活的、发展着的马克思主义指导新时代中国特色社会主义建设。马克思主义是与时俱进的，特别是在《资本论》中马克思进一步论证了人类社会的共产主义理想的存在性和现实可行性。科学社会主义，只能从马克思恩格斯的《宣言》及其理论发展中得到论证和说明。作为马克思主义的科学社会主义的中国形式，中国特色社会主义仅仅用《宣言》解释是远远不够的，仅仅用"从《宣言》到《资本论》"的发展来解释也是远远不够的。中国特色社会主义的存在性，只能"从《宣言》到《资本论》，再从《资本论》到《资本论》在俄国的运用"，即只能从这个由两个发展阶段组成的完整发展道路来进行论证。马克思恩格斯沿着"从《宣言》到《资本论》"的发展道路,发展了《宣言》对于欧美资本主义生产方式的分析,通过剩余价值学说等理论更加科学地论证了资本主义必然灭亡、共产主义必然胜利的历史规律。但是,在现实人类社会发展进程中,人类究竟怎样摆脱资本主义走向共产主义呢?是从资本主义生产方式最发达的欧洲国家开始走向共产主义,还是从资本主义世界体系中社会生产力发展水平较低的东方社会,例如俄国,先走向共产主义呢?在这个革命道路问题上,马克思通过系统地研究俄国社会历史得出结论:半农奴制、半资本主义的俄国,存在一条跨越资本主义卡夫丁峡谷建设共产主义的科学道路。这是马克思运用唯物史观和剩余价值学说,所论证的世界资本主义体系向社会主义过渡的辩证发展道路。列宁领导俄国十月社会主义革命胜利,建立了俄国特色的社会主义制度。在列宁和斯大林的领导下,苏联特色社会主义建设取得了辉煌的成就。列宁和斯大林领导的苏联特色社会主义获得成功,丰富和发展了马克思的跨越资本主义卡夫丁峡谷的道路理论。"十月革命一声炮响,给中国送来了马克思列宁主义。"以毛泽东为核心的中国共产党人领导中国人民沿着十月革命道路夺取了新民主主义革命的胜利,并顺利地过渡到了中国特色社会主义。值得注意的是,俄国社会主义革命和社会主义建设之所以能够取得巨大成就,是与列宁和斯大林对马克思主义的与时俱进的发展分不开的。俄国的工农武装直接接受的是列宁和斯大林的具体领导。首先从理论阐述上来讲,马克思恩格斯的理论已经转化为列宁斯大林的理论,同时马克思恩格斯的《宣言》也已经发展为《四月提纲》等包含有与俄国特定的社会历史条件紧密相连的政策和策略的形式。中国新民主主义革命和社会主义革命的实践的胜利,也在于马克思主义的理论已经发展到毛泽东同志的《新民主主义论》以及新民主主义革命和社会主义革命的各种政策和策略的形式。我们说,马克思主义一定是要在其与时俱进以后,才能发展为指导革命和建设的可应用的理论形式。当然,马克思运用唯物史观和剩余价值学说具体分析 1861 年以后俄国社会历史条件,为俄国指出了一条走跨越资本主义卡夫丁峡谷建设社会主义的道路更具决定意义。通过以上分析,我们得出结论:马克思主义必须要与时俱进地进行发展,指导中国特色社会主义建设的马克思主义,必须是与时俱进的、发展着的马克思主义。当然,我们不能不指出的是,指导革命和建设成功的、发展着的马克思主义,必须是真马克思主义。事实上,苏联在伟大的马克思主义者斯大林逝世以后,赫鲁晓夫特别是戈尔巴乔夫、叶利钦等以修正主义冒充马克思主义的新发展,最后断送了苏联社会主义事业。因此,以习近平同志为代表的中国共产党人如何在中国新的历史条件下坚持和发展马克思主义,是新时代中国特色社会主义建设,实现"两个一百年"的奋斗目标、实现中华民族伟大复兴的中国梦的思想保证和组织保证。

第三,新时代中国特色社会主义最大的特点就是跨越资本主义卡夫丁峡谷建设社会主义。目前对于如何认识中国特色社会主义有各种不同的观点。有人否定或者认识不到中国社会主义的跨越资本主义卡夫丁峡谷的特殊性。他们或者直接从《宣言》出发解释中国社会主义;或者只是"从《宣言》到《资本论》"出发解释中国社会主义。由于这种解释路径忽视了中国社会主义的跨越资本主义卡夫丁峡谷的特殊性质,所以,在具体建设社会主义过程中,容易忽视中国的现实生产力状况和跨越的困难,容易出现盲目冒进的错误,结果是欲速则不达。当然,在中国理论界对于中国社会主义的认识还有一种相反的倾向,有相当一部分人极力扩大中国社会主义的特殊性,以至于将中国社会主义解释成不是社会主义。一部分右翼"马克思主义学者"声称,在马克思恩格斯那里,落后国家跨越资本主义卡夫丁峡谷建设社会主义是有先决条件的。这个条件就是西欧资本主义国家社会主义革命要首先取得胜利,并且能够在物质技术上对落后国家给予帮助。没有这样的先决条件,落后国家是不能建成社会主义的。由此出发,他们到处宣传所谓的"一国不能建成社会主义"。这样他们就从根本上否定了中国特色社会主义是社会主义。还有一部分人,他们以中国特色社会主义的中国特色为依据,以市场经济为基调,否定中国特色社会主义的社会主义本质规定性。他们绝口不提中国特色社会主义要坚持社会主义性质,他们只是片面地将中国特色社会主义解释为中国社会在特定历史条件下发展西方资本主义社会的社会生产力的一种替代方案或补课方案。中国社会主义是要补上资本主义社生产力发展这堂课的。但是,马克思跨越资本主义卡夫丁峡谷理论强调的是,通过共产主义的途径来补上这些国家社会生产力发展不足的课。针对俄国公社的跨越资本主义卡夫丁峡谷道路,马克思说:"'农村公社'的这种发展是符合我们时代历史发展的方向的,对这一点的最好证明,是资本主义生产在它最发达的欧美各国中所遭到的致命危机,而这种危机将随着资本主义的消灭、随着现代社会回复到古代类型的最高形式,回复到集体生产和集体占有而告终。"① 马克思预言:"如果革命在适当的时刻发生,如果它能把自己的一切力量集中起来以保证农村公社的自由发展,那么,农村公社就会很快地变为俄国社会新生的因素,变为优于其他还处在资本主义制度奴役下的国家的因素。"② 俄国农村公社如此,中国经历过人民公社社会主义改造的集体经济和国有经济为什么不能如此呢? 把中国特色社会主义解释成中国特色资本主义,是中国理论界的一个颠覆性错误。中国特色社会主义要取得最终胜利,我们在思想理论上要拨乱反正,就必须彻底批判和抛弃这种颠覆性的错误思想。

中国特色社会主义是社会主义,是跨越资本主义卡夫丁峡谷的社会主义。因此,一方面,它有科学社会主义的一切属性,另一方面,它是跨越资本主义卡夫丁峡谷的社会主义,又有它所脱胎出来的旧社会的严重的残余。任何人看不到这两个方面,或者只看到其中的一个方面而看不到另一个方面,都会陷入片面性之中。中国特色社会主义新时代,一定是科学社会主义发展道路上的新时代。跨越资本主义卡夫丁峡谷建设社会主义意味着什么? 意味着我们不断地向着社会主义和共产主义的目标迈进而不是退缩。当然我们不能排除"战略性退却",但我们不能接受无限度地为退缩而退缩,以至于不可挽回地失去社会主义事业。我们经过一个阶段的"战略性退却"之后要迎来战略进攻,要迎来大局的战略进攻。中国特色社会主义新时代必将逐步接近于成熟阶段的社会主义,必将是其民族国家特色和发展阶段特色越来越趋于褪色的时代。因此,中国特色社会主义新时代,必将为人类实现从资本主义社会形态向共产

---

① 《马克思恩格斯全集》第 25 卷,人民出版社 2001 年版,第 465—466 页。
② 同上书,第 465—496 页。

主义社会形态跃升提供中国方案。

第四，发展当代中国的马克思主义，必须批判包括现代西方资产阶级学说在内的西方哲学社会科学思潮。科学社会主义是在批判资本主义中得来的。因此我们对中国特色社会主义的论证，必须要批判包括西方经济学在内的一切资产阶级和非无产阶级的哲学社会科学思潮。坚持马克思主义世界观和方法论，最关键的就是要坚持唯物辩证法的革命性和批判性的本质。遵循马克思恩格斯的这一补充社会主义和共产主义文献的愿望，我们要进一步发展《宣言》，要像恩格斯批判杜林、马克思批判拉萨尔等对1847年以后的社会主义文献进行批判性的研究那样，批判西方资产阶级经济学和形形色色的非科学社会主义的思潮。正是由于苏联共产党没有有力地批判戈尔巴乔夫的民主的人道的社会主义，最后使苏联付出亡党亡国的代价。中国特色社会主义建设事业向前推进，当代中国的马克思主义理论也必须要不断地抵御各种错误的社会主义思潮的侵蚀。我们要继承马克思的哲学批判，要批判马克思恩格斯时代已有的文献，但更有意义的是对马克思恩格斯时代以后的现代西方哲学文献进行批判。我们要继承马克思的政治经济学批判，我们要继续批判马克思恩格斯时代已有的文献，更要批判马克思恩格斯时代以后的政治经济学新文献，特别是要批判现代西方资产阶级经济学。

由此我们可以得出结论：只有批判资产阶级经济学，才能创新和发展马克思主义的政治经济学。只有批判各种形形色色的错误的社会主义思潮，才能坚持和发展马克思主义的科学的社会主义。

纪念马克思诞辰200周年和《宣言》出版170周年，最好的纪念就是继承和发展他所创建的科学理论和实现他所追求的事业。马克思恩格斯未竟的事业就是从理论和实践上批判资产阶级和资本主义制度，在批判资本主义中推导出了社会主义和共产主义。马克思主义是一个不断向前发展的理论体系，在马克思恩格斯创立马克思主义理论以后，经过列宁、斯大林、毛泽东、邓小平的不断发展，使社会主义从理论变成了现实。党的十八大选举产生了以习近平同志为核心的新一届领导集体。以习近平同志为核心的党中央从理论和实践结合上，系统回答了新时代坚持和发展什么样的中国特色社会主义、怎样坚持和发展中国特色社会主义这个重大时代课题，形成了习近平新时代中国特色社会主义思想。这一思想是当代中国发展着的马克思主义。坚持这一思想，是我们党领导人民实现"两个一百年"奋斗目标、实现中华民族伟大复兴的中国梦的根本思想保证。

（原文发表于《马克思主义研究》2018 年第 12 期）

两个马克思及其对当代中国特色
社会主义的现实意义

丁堡骏[*]

今天我发言的题目是《两个马克思及其对当代中国特色社会主义的现实意义》。这两个马克思不是强调老年马克思和青年马克思的矛盾,而是强调马克思对《资本论》应用价值的两种角度、态度。

《资本论》的价值究竟在哪里?我们今天学《资本论》的价值是什么?这是我思考的问题。

一 第一个马克思是脚踏英国大地着眼于
欧美资本主义生产方式的马克思

大家都知道,《资本论》吸收、借鉴、发展了英国资产阶级古典政治经济学,《资本论》这部著作是与西方经济学家交流交锋批判继承基础上形成的思想理论体系,所以这个理论体系的意义就在于对资本主义生产方式具有解释性,对资本主义生产方式的发生发展的社会进步意义以及生产方式的走势和未来发展趋势都有不可抗拒的解释力。马克思在这里强调,我们要在本书研究的是资本主义生产方式以及和它相适应的生产关系和交换关系,到目前为止这个生产方式的典型地点是英国,但是如

---

[*] 作者简介:丁堡骏(1961—),吉林财经大学马克思主义经济学研究中心教授,主要从事马克思主义经济学研究。

果德国读者觉得德国工人状况不是那么坏而耸耸肩膀，那么我要说这就是阁下的事情。马克思根据英国资本主义所总结出来的资本主义生产方式的政治经济学对于欧洲的德国以及其他国家都是适用的。《资本论》解释了资本主义的未来走势，预见了社会主义生产方式。《资本论》不是为社会主义生产方式构造的政治经济学，而是从一个批判的角度讲了社会主义不应该是什么样、应该是什么样子。所以，我们很多经济学家都拿《资本论》的劳动价值论、剩余价值论、平均利润生产价格理论等应用于社会主义，这是错误的。如果都适用就不是社会主义了。《资本论》的应用价值不能滥用。《资本论》告诉我们未来共产主义社会具有什么样的特征，但是它不是未来共产主义社会直接的政治经济学。按照恩格斯讲的狭义政治经济学和广义政治经济学来讲，我们关于社会主义生产方式的政治经济学还有待于创造。

我前面这个题目着重讲的还是《资本论》应用的实用性和不实用性。这里附带讲一下1830年以后西方资产阶级经济学是庸俗经济学，这是按照历史唯物主义所得出的科学结论，是不可动摇的。我现在理解不了的就是我们的一些教育部门、高校教师、讲《资本论》的教师、讲政治经济学的教师为什么还讲西方经济学有很多很多的科学内容值得我们借鉴？搞科学研究，科学的第一位还是真理。

二 第二个马克思是离开了欧美本土着眼于东方发展道路的马克思

1870年前后，俄国关于土地所有制问题的讨论影响到马克思和恩格斯。俄国经济学家拿着马克思《资本论》"原始积累"这一章的内容直接用到俄国公社，认为英国的圈地运动给它出了"药方"，直接拿来就"抓药"，就是想办法有利于私有化。面对这种情况，马克思拒绝他的资本原始积累理论用在俄国公社上，所以他给俄国提出了一个跨越卡夫丁峡谷的理论道路。西欧资本主义走公有制解体私有化的道路，私有制高度发达再走向共产主义，马克思提出要跨越资本主义发展阶段，要继承资本主义的一切成就。马克思论述最关键的问题在哪里？最关键的问题马克思在1844年经济学手稿里就有一个重要的说明,他说一个民族为本民族所做的就是为全人类所做的,特别在科学技术社会制度这方面。所以马克思讲德国的黑格尔、费尔巴哈,有了这样的哲学家,中国再搞哲学就不用再出中国的黑格尔、中国的费尔巴哈。英国的工业革命产生了蒸汽机,中国再进行机器生产就没有必要再去发明蒸汽机,蒸汽机再从外燃机到内燃机,从低级到高级,不用走这种爬行的道路。马克思、恩格斯讲,一个民族为本民族所做的就是为全人类所做的。在这种情况下马克思认为俄国的公社是和英美的资本主义生产方式同时代的,所以英美资本主义生产方式为英美国家所创造的辉煌成就同时也就是俄国所能够借鉴到的辉煌成就,所以马克思一再鼓励俄国的经济学家,甚至马克思那时候支持俄国的民粹派探索出一条不同于欧美的道路,主张直接进入共产主义。

我认为中国在这里纪念马克思《资本论》第一卷出版150周年,中国马克思主义者要在这里吸取经验,所以中国还要不要抱着私有化、市场化,最后等生产力高度发展,再去搞社会主义?我觉得我们在这儿要很好地进行思考。这里最重要一个问题就是中国特色社会主义可能性的问题,现在我们的党政干部有很多人,在政治学习、民主生活会的表态中,中国特色社会主义道路自信、理论自信、制度自信、文化自信都有,但是到实际工作中、实际生活中让他去践行,这种自信他就没有了、就困难了。这里面问题在哪?还是一个问题,就是说资本主义这个卡夫丁峡谷到底能不能跨越?

这里面问题的关键就在于跨越卡夫丁峡谷的条件。很多年轻老师、很多博士生都研究过这个问题。条件是当时恩格斯论述的,即等着欧美资本主义生产方式灭亡了、社会主义革命胜利了,欧美革命再给俄国提供物质支持,俄国才能跨越,不然不能跨越。这个问题就涉及恩格斯和马克思差距的问题。马克思的观点是"跨越"不需要"欧美胜利"的条件,但是恩格斯的研究是加上这个条件。列宁领导十月革命胜利,列宁在理论发展过程中对于这个问题也是十分矛盾,革命之后他立刻主张从资产阶级民主革命过渡到社会主义革命,这个是跟民粹派一致的,但是列宁这个观点是对的,符合马克思的逻辑。恩格斯这个论证有一个缺点:

把俄国公社看作是孤立于资本主义体系以外，所以我们要澄清这个问题必须要纠正恩格斯在这个问题上的失误和错误，理论上要彻底，必须要修正错误。恩格斯这个错误导致现在苏联、东欧国家以及中国一些人对中国特色社会主义这个理念信念动摇，动摇的理论根据就在恩格斯对马克思理论的退步。这方面研究要做好了，能对我们建设中国特色社会主义提供理论支持。不仅是理论支持，还有对坚持社会主义基本原则的看法。否则现在我们坚持社会主义基本原则，坚持多了说我们左，不坚持又说私有化，人民群众没收获感，在这里面我们处在矛盾之中。我们要纠正错误观点，要坚持马克思、列宁、毛泽东关于跨越卡夫丁峡谷的理论和实践。

在中国《资本论》怎么用？往哪里用？英国用和德国用不一样，英国用和中国用也不一样。运用《资本论》的世界观方法论解决中国特色社会主义问题，第一要坚持马克思主义的世界观方法论，要用跨越卡夫丁峡谷的理论勇气和实践精神。在这里既然是跨越卡夫丁峡谷，就要跨越生产力发展水平低这个峡谷，要发展商品经济、市场经济、资本主义经济，我们就要坚持社会主义的基本原则。要清楚、抛弃西方资产阶级经济学的精神污染，也要抛弃它物质上的一些干扰。

研究中国特色社会主义政治经济学，马克思主义者面临的最大问题就是西方经济学的问题。西方经济学这个思想方法是形而上学的思想方法，用这种思想方法去塑造中国特色社会主义，中国特色社会主义必然灭亡。我们有社会主义的基本原则，不同于私有制、唯心主义、形而上学思想方法的东西。如果我们非要用私有制的观念，用利己的心理，用那种制度设计去设计中国特色社会主义，中国特色社会主义就危险了。所以，我们中国的马克思主义者要强调跨越资本主义卡夫丁峡谷，要坚持中国特色社会主义的基本原则。习近平总书记在十八大刚开过，在中央党校就讲中国特色社会主义是科学社会主义的基本原则和中国社会发展的历史逻辑两者的辩证统一。在经济领域里，我们坚持中国特色社会主义基本原则要理论联系实际，要勇于实践。现在的问题一个是公有制，国有企业怎么加强的问题。习近平总书记的多次讲话，比如近几年"两会"上的讲话，都讲国有企业要做大做强做优，这是一个值得我们思考、值得我们马克思主义者继续呼吁的方向。

关于农业集体化道路问题,笔者最近研究跨越卡夫丁峡谷涉及俄国公社。马克思对俄国公社的态度就跟我们现在对我们中国农村家庭联产承包责任制条件下的农户态度一样。现在我们瓦解这一制度的力量,不断向它各方面施加压力。土地颁证、确权、流转、三权分置,用小资产阶级私有制的观念解释农村的耕地问题,欺骗农民又能抵押贷款,又能富裕。在马克思给查苏利奇的信中,最后一条是俄国的农村公社能成为俄国经济的新生长点,要使它发挥这种作用首先必须要把向它袭来的瓦解它的因素消除掉,然后让它自己自由发展,俄国公社就能获得新生,就能是新的社会力量的支点。中国现在农村一家一户联产承包责任制,别用私有化的观念,我们让它走自由发展的道路、自由联合的道路、奔集体化的道路。这就能成为中国特色社会主义的有生力量,发挥其应有的作用,就能走向辉煌。所以,马克思主义中国化是大有作为的,马克思主义者要敢于直面现实。

(原文发表于《政治经济学评论》2017 年第 3 期)

马克思的政治经济学方法及其理论体系的逻辑起点

魏 旭[*]

摘 要：正确理解作为马克思经济学理论体系逻辑起点的商品性质，必须将这个体系的逻辑起点与逻辑终点（归宿）统合起来，才能从整体结构上科学把握。马克思经济学理论体系的构建是有机统合了经济学研究的"两条道路"，科学抽象法的应用是这一方法的根基。研究方式和叙述方式不是两个独立的、截然分开的阶段或方式，而是同一研究进程中交互运用的方法。在整个体系的构建过程中，并不是要求逻辑与历史严格一致，而是对历史发展进程进行事后的逻辑分析。按照这一方法论体系，马克思从具有最丰富规定的世界市场的商品出发，抽象出商品一般，以此为逻辑起点，运用抽象上升到具体的方法，最后又回到充满丰富规定的世界市场的作为资本的产品的商品这一逻辑终点，从而揭示了资本主义经济运行规律，得出资本主义必然灭亡和共产主义必然产生的结论。马克思的政治经济学方法及其理论体系建构逻辑，对构建中国特色社会主义政治经济学逻辑体系具有重要指导意义。

关键词：逻辑起点；逻辑归宿；研究方法；叙述方法；逻辑方式；历史方式

---

[*] 作者简介：魏旭（1971— ），吉林财经大学马克思主义经济学研究中心教授，主要从事马克思主义经济学与产业经济学研究。

一　问题的提出

科学理论体系的逻辑建构，重在确定这一体系的逻辑起点——一个理论体系叙述逻辑的开端。逻辑起点的确定是否科学合理，是一个理论科学性与否的原初要素。理解逻辑起点，不能孤立地就逻辑起点本身来理解，而必须在辩证法的原则下，将逻辑起点与整个理论体系建构所必需的中介环节和逻辑终点辩证地统合起来加以理解。这是因为，逻辑起点"只有在它表现为终点的时候，它才表现为起点"[1]，而逻辑起点向逻辑终点的演绎，需要经历一系列的中介环节，最终演绎到逻辑终点。作为理论体系逻辑起点的范畴，必然是其研究对象领域内所蕴含的最一般的抽象规定，包含这一对象领域内全部矛盾的萌芽，但其也是历史的逻辑反映；而作为逻辑终点或逻辑归宿的范畴，是由抽象上升到具体的结果，只不过这一最终的具体，将表现为具有更多规定和关系的思维的总体。正是由于逻辑起点在一个理论体系中的这种特殊性，学术界围绕马克思经济学理论体系（这里包括《政治经济学批判》和《资本论》的理论内容，下同）的逻辑起点问题展开了系统的研究和讨论[2]。然而，学术界在对马克思经济学理论体系逻辑起点的认识上却并未达成高度一致，尤其是在作为逻辑起点的商品的逻辑定位与性质划分的认识上还存在诸多分歧。学术界对马克思经济学理论体系逻辑起点的认识，主要有如下三种代表性的观点：

一是资本主义商品论。在《社会主义商品货币问题的争论和分析：总论》一书中，骆耕漠先生就指出马克思经济学体系构建的逻辑起点是

---

[1] 马克思在考察产业资本循环性质时，对起点与终点的辩证关系进行了说明，具体可参见《马克思恩格斯全集》第30卷，人民出版社1995年版，第152页。

[2] 我们知道，马克思在《〈政治经济学批判〉导言》（以下简称《导言》）中讨论政治经济学方法时，一个重要的出发点是要对其体系建构的分篇加以说明。然而，无论是五篇结构、六册计划，还是《资本论》的最终出版，都体现了马克思在其学说体系构建过程中写作计划的一些改变。因此，孤立地从《导言》或《资本论》所论及或展现的方法来理解马克思经济学体系构建和体系的逻辑起点问题，是无法科学把握马克思的本意的，我们必须将《资本论》和《导言》所涉及的方法结合起来加以理解，这本身就是辩证法的内在要求。

资本主义商品，只不过马克思在《资本论》的开篇暂时舍掉了资本关系，而直接讨论资本商品所包含的简单商品这一"始基"关系而已①。马卫刚认为，"在资本主义条件下，就商品的整体性来说，商品既包含其一般性质，也具有其资本的特殊性质……资本主义条件下商品的现实规定性就在于这两种属性的辩证统一，理解《资本论》始点商品的性质必须从认识资本主义条件下商品的辩证性质出发"。因此，在马卫刚先生看来，作为《资本论》逻辑起点的商品，既不是简单商品，也不是商品一般，而是资本主义一般商品②。李绪蔼则认为，要理解商品的性质，必须时刻把握资本主义这个主体，离开资本主义，是不能把握作为《资本论》起点的商品性质的③。罗雄飞教授也主张作为《资本论》的逻辑起点的商品是资本主义商品。在他看来，马克思在其《资本论》首篇所阐述的商品以及货币关系，是发达的资本主义商品生产的"一般规定"，是从属资本的"一般概念"，是资本主义现实生产的虚幻反映。除了批判资本主义现实之外，《资本论》的主要理论任务就是批判资产阶级经济学家（特别是巴师夏）和蒲鲁东主义等的抽象思维方式，这样的逻辑起点是理论批判的内在需要④。

二是将作为马克思经济学理论体系逻辑起点的商品归于商品一般的同时，又将其看作是历史上的简单商品。卫兴华教授认为，分析简单商品与价值关系所得出来的基本原理和一般规律，对包括资本主义商品生产在内的一切商品生产都是适用的。在卫兴华教授看来，研究简单商品生产和研究商品生产一般两者是等同的⑤。陈俊明教授持有与卫兴华教授相类似的观点，认为《资本论》的第一段研究，考察的是简单商品，这

---

① 骆耕漠：《社会主义商品货币问题的争论和分析：总论》，中国财政出版社 1980 年版，第 118 页。
② 马卫刚：《〈资本论〉始点商品新探》，《齐鲁学刊》1984 年第 3 期。
③ 李绪蔼：《〈资本论〉中的唯物主义方法》，《学术界》1996 年第 3 期。
④ 罗雄飞：《论〈资本论〉的逻辑起点》，《政治经济学评论》2014 年第 1 期。
⑤ 卫兴华：《〈资本论〉的研究对象、结构和学习意义》，《当代经济研究》2002 年第 11 期。

个商品既抽象掉了资本主义关系,又作为资本主义财富的细胞存在①。丁堡骏、王金秋认为,"从商品开始,就是要从商品这个最简单、最普遍的规定性,从商品包含着资本主义各种矛盾的萌芽开始,揭示资本主义生产关系产生、发展和灭亡的经济规律"。也即,作为《资本论》逻辑起点的商品既是抽象的,又是历史的简单商品②。

三是抽象的商品一般论。胡培兆教授就将作为《资本论》逻辑起点的商品看作是各社会形态共有的商品一般,而不是哪个时代或哪种生产方式下的商品③。李建平教授则认为,商品及其价值作为《资本论》的逻辑起点,是一个既适用于简单商品生产,又适用于资本主义商品生产的范畴,这是逻辑与历史相统一的要求④。

总的来说,学术界对这一问题的争论,为我们科学地理解马克思经济学理论体系的整体建构和作为体系开端的起点商品的性质提供了诸多有益的视角和思路。但已有的研究,无论是简单商品论、资本主义商品论,还是商品一般论,都没有全面准确地理解这一范畴的性质及其所体现的方法论原则:要么错误地将作为《资本论》逻辑起点的商品理解为某一性质商品,要么虽然正确地理解了作为《资本论》逻辑起点的商品性质,但孤立片面地理解逻辑起点,而没有将其与整个理论体系建构所必需的中介环节和逻辑终点统合起来。特别是,学术界在讨论这一论题时,并没有将马克思关于政治经济学方法的两条道路(研究方法和叙述方法)和两种方式(逻辑的方式和历史的方式)与逻辑起点的确定有机结合起来。因此,本文在科学理解和分析马克思政治经济学方法论述的基础上,讨论马克思经济学理论体系的逻辑起点问题,以期廓清学术界对这一问题的误解。

---

① 陈俊明:《〈资本论〉:主体与客体的统一》,《福建论坛(人文社会科学版)》2006 年第 10 期。
② 丁堡骏、王金秋:《〈资本论〉的逻辑起点及当代意义》,《经济纵横》2015 年第 1 期。
③ 胡培兆:《〈资本论〉研究起点的商品是什么商品》,《福建论坛》1983 年第 1 期。
④ 李建平:《掌握〈资本论〉方法,正确理解劳动价值论》,《当代经济研究》2002 年第 1 期。

二 思维行程的"两条道路"与"两种方式"的辩证关系

马克思经济学体系的逻辑起点,是其按照唯物辩证法的总原则,基于理论体系的逻辑起点与逻辑终点的辩证统一关系,在长期探索之后,才最终将其确定为"商品"的。学界关于马克思经济学理论体系逻辑起点的论争及其误解,最根本的原因还是没有科学地理解和把握马克思的政治经济学方法。

(一) 研究方法与叙述方法的辩证关系

马克思经济学体系整体思维逻辑的科学性,最根本地表现为科学抽象法在理论体系构建的研究进程和叙述进程中的运用上。正是在这个意义上,马克思特别强调,叙述方法与研究方法必须有所不同。当然这种不同只是形式上的不同,在本质上,两者都是科学抽象法的运用。也就是说,在形式上,作为研究或分析的出发点的只能是外部的现象,而且在马克思看来,这一作为分析对象的出发点的现象首先要从现象的完成形式着手,然后还需探究现象的不同历史阶段的变化形式。为说明这一点,马克思在阐述其在《资本论》中所运用的方法时,引用了伊·伊·考夫曼在《卡尔·马克思的政治经济学批判的观点》中对其辩证法批评的观点:"在马克思看来,只有一件事情是重要的,那就是发现他所研究的那些现象的规律。而且他认为重要的,不仅是在这些现象具有完成形式和处于一定时期内可见到的联系中的时候支配着它们的那种规律。在他看来,除此而外,最重要的是这些现象变化的规律,这些现象发展的规律,即它们由一种形式过渡到另一种形式,由一种联系秩序过渡到另一种联系秩序的规律。"[①] 作为现象的完成形式及其不同历史阶段的规律与规律的发展,都是在充分占有材料的基础上通过科学的抽象才能得出的。而要将这些规律以科学合理的方式叙述出来并反映这些规律的演化,

---

① 《马克思恩格斯全集》第44卷,人民出版社2001年版,第20页。

却不能从现象出发,而只能是运用科学抽象法——抽象上升为具体的方式,从现象抽象出的最一般的范畴开始。因而,研究方法和叙述方法在形式上就具有了各自不同的起点,即现实起点(研究或分析的起点)和逻辑起点(叙述的起点),两者统一于一个完整的思维行程。

然而,学术界对这两种方法的理解却存在误读——将两种方法或思维进程的两个不可分割的方面对立起来。正如程恩富教授所指出的,学术界在解释马克思这一观点时,由于未能将马克思关于政治经济学体系构建的两条道路的论述与《资本论》第二版跋所述及的研究方法和叙述方法的关系有机结合起来,从而认为,"研究方法是从具体上升到抽象,而叙述方法是从抽象上升到具体"[1]。程恩富教授所批判的上述观点,实际上割裂了同一研究进程中两种方法作为科学抽象法有机构成的两个侧面的统一关系,也即,研究方法和叙述方法不是两个独立的、截然分开的阶段和方式,而是完整的思维行程中交互运用的方法,两者在本质上都要运用科学的抽象法。因此,判断一个经济学体系的构建是否科学,不能以其是从"具体上升到抽象"还是从"抽象上升到具体"来叙述作为标准,关键还是看其是否揭示了一个社会经济矛盾的本质。为此,马克思在《导言》中具体讨论了经济学研究的"两条道路":第一条道路总是从生动的复杂范畴,即人口、民族、国家和若干国家开始,"但是他们最后总是从分析中找出一些有决定意义的抽象的一般的关系,如分工、货币、价值等等"[2]。马克思认为,第一条道路从现实的具体开始,似乎是正确的,但事实上这是错误的。因为,第一条道路只完成了思维的一半行程。在马克思看来,思维的完整行程应该是:如果从人口开始,那么应该"从表象中的具体达到越来越稀薄的抽象,直到我达到一些最简单的规定"[3]。然后,"行程又得从那里回过头来,直到我最后又回到人口,但是这回人口已经不是一个浑沌的关于整体的表象,而是一个具有

---

[1] 程恩富:《怎样认识〈资本论〉研究方法和叙述方法的关系》,《复旦大学学报》1984年第1期。
[2] 《马克思恩格斯全集》第30卷,人民出版社1995年版,第41—42页。
[3] 同上书,第41页。

许多规定和关系的丰富的总体了"①，这也即是马克思所说的第二条道路。马克思的论述表明，作为现象的具体在思维进程中表现为结果的东西，而不能表现为逻辑的起点。但必须要强调的是，马克思在这里绝不是要否定研究过程，恰恰是强调一个完整的抽象思维必须经过两个行程，即从完整的表象蒸发为抽象的规定，也就是"最简单的规定"，然后，再从最简单的抽象的规定上升到充满许多规定和关系的丰富的总体来建构理论的整个体系，这也恰恰契合了马克思在《资本论》序言中关于研究方法和叙述方法辩证关系的论述。第一条道路仅仅是奠定了一个科学体系的基础，而不是体系本身。一个科学的理论体系的构建，必须表现为一个范畴演绎的逻辑系列②。这里需要指出的是，从抽象上升到具体的过程，绝不能脱离现实的具体而独立存在，其也不是具体本身产生的过程。也就是说，人们在认识和把握事物内在的本质和联系也即规律时，"具体到抽象"和"抽象到具体"是辩证统一的，不能割裂而单独运用。对整个马克思经济学理论体系来说，其要揭示的是资本主义生产方式的运行规律，因此必然要首先从最丰富的现实总体出发进行抽象，以到达一个最简单的规定，然后从这个最简单的规定出发，来叙述这个学说体系，最后达到一个充满许多规定和关系的丰富的思维总体，只是这个逻辑体系须臾不能离开资本主义生产方式这个占主导或统治地位的现实主体。也就是说，这个逻辑起点，不是由各个范畴在历史上起决定作用的先后次序决定的，而是由"它们在现代资产阶级社会内部的结构"③ 决定的。因此，适合这一体系逻辑起点的只能是具有资本主义经济细胞形式的资本最一般的前提——抽象的商品一般。这一具体上升到抽象的结果，因为其不仅具备资本主义生产方式最简单的规定的属性，而且在整个思维过程中，又导致整个学说体系归于逻辑体系的归宿——作为世界市场的资本的产品④。当然，就整个体系来说，其逻辑的演绎还需借助一系列的

---

① 《马克思恩格斯全集》第 30 卷，人民出版社 1995 年版，第 41 页。
② 张国平、董瑞华：《马克思主义政治经济学方法论的几个问题》，《江西大学学报（社会科学版）》1983 年第 2 期。
③ 《马克思恩格斯全集》第 30 卷，人民出版社 1995 年版，第 49 页。
④ 对于这一点，笔者将在第三部分详细加以论证。

中介范畴，才能实现。

（二）逻辑方式与历史方式的辩证关系

马克思政治经济学方法的另一重要方面是逻辑方式和历史方式的辩证关系[①]，对这对范畴及其辩证关系的理解，是影响正确理解作为马克思经济学体系逻辑起点的商品性质的重要因素。然而，学术界对逻辑方式和历史方式本身，以及这两种方式在学说体系构建中的辩证关系的理解却长期存在争议和误解。总体来看，主要有三种代表性观点：一是以罗森塔尔为代表的学者，主张马克思在其经济学说体系的构建中，逻辑无条件的是资本主义历史发展的反映，国内学术界大多持有这一观点[②]；二是日本宇野派的观点，认为"虽然逻辑顺序和历史顺序相一致是政治经济学方法的原则，但马克思在《资本论》中并没有彻底运用这个方法"；三是以沈佩林等为代表的学者，认为马克思并未将"逻辑顺序和历史顺序相一致作为政治经济学方法的一条原则并在其学说体系构建中加以贯彻"[③]。学术界对这一问题的误解，很大程度上是由于对恩格斯在《卡尔·马克思政治经济学批判》中对经济学批判方法相关论述的不当理解。恩格斯在其为《政治经济学批判》所作的书评中曾经写道，"历史从哪里开始，思想进程也应从哪里开始，而思想进程的进一步发展不过是历史过程在抽象的、理论上前后一贯的形式上的反映；这种反映是经过修正的，然而是按照现实的历史过程本身的规律修正的，这时，每一个要素可以在它完全成熟而具有典范形式的发展点上加以考察"[④]。

部分主张简单商品论的学者经常引证恩格斯的这一论述，试图证明作为马克思经济学理论体系逻辑起点的商品是历史上存在的简单商品。

---

① 关于逻辑方式和历史方式，学术界有时也将其称作"逻辑顺序与历史顺序""逻辑方法与历史方法"，与之相对应，两者的辩证关系也被称作逻辑顺序与历史顺序相一致或逻辑方法与历史方法相统一。

② ［苏］罗森塔尔：《马克思"资本论"中的辩证法问题》，冯维静译，生活·读书·新知三联书店1957年版，第321页。

③ 沈佩林：《〈资本论〉中范畴的逻辑顺序和历史顺序问题》，《中国社会科学》1981年第2期。

④ 《马克思恩格斯全集》第13卷，人民出版社1962年版，第532页。

事实上，恩格斯在这里要说明的恰恰是笔者前文所阐述的研究方法和叙述方法的辩证关系：思想进程即整体思维过程的现实起点——现象具体，而这一现象具体需要经过一系列的抽象，达到最一般的、简单的规定后，才能作为整个思维过程下一阶段叙述的起点，也即逻辑起点。正是在这个意义上，恩格斯特别强调，"逻辑的研究方式是唯一适用的方式。但是，实际上这种方式无非是历史的研究方式，不过摆脱了历史的形式以及起扰乱作用的偶然性而已"①。当然，马克思在其整个学说体系中，始终是围绕资本主义生产方式这个占统治地位的主体来把握资本主义经济是如何从其细胞形式，逐渐发展到发达的以机器大工业为标志的特殊的资本主义生产方式的。这里，还需强调的一点是，尽管"逻辑的研究方式是唯一适用的方式"，并且逻辑方式和历史方式都必须在占主导或统治地位的资本主义生产方式这个主体的统摄内加以运用，但我们不能据此将马克思经济学体系的逻辑起点确定为资本主义商品，对于这一点，马克思在《导言》中以劳动范畴、货币范畴为例有过详细的说明。马克思在运用逻辑方式和历史方式构建其经济学体系时，贯彻的就是这一原则，而不是要求逻辑顺序与历史顺序的严格匹配。

三　马克思经济学理论体系建构中的现实起点与逻辑起点

正如笔者在第二部分所分析的，马克思在阐述他的理论体系构建的研究起点（由具体上升到抽象的现实起点）和叙述起点（抽象上升到具体的逻辑起点）时，批判了经济学在其产生时期所走过的道路，也就是马克思称之为"第一条道路"的方法：17 世纪的经济学家总是从生动的整体开始，最后得到一些抽象的一般关系，也即将"完整的表象蒸发为抽象的规定"，或者说 17 世纪的经济学家只走完研究行程的一半，从而不能形成一个系统化的科学体系。因为，"具体之所以具体，因为它是许多规定的综合，因而是多样性的统一。因此它在思维中表现为综合的过

---

① 《马克思恩格斯全集》第 13 卷，人民出版社 1962 年版，第 532 页。

程，表现为结果，而不是表现为起点，虽然它是实际的起点，因而也是直观和表象的起点"①。这就是说，正确的行程应该是从表象中的具体达到一些抽象的规定，然后从抽象的规定上升到越来越具体的范畴（思维的具体或总体）。这时，这个具体（总体）已经"不再是一个混沌的关于整体的表象，而是一个充满许多规定和关系的丰富的总体"②——思维的总体，也即逻辑演绎的终点（叙述的终点），其经历了一系列的逻辑演绎。因此，构成思维进程现实起点的只能是现实的具体。然而，并不是哪一种或哪一个现实的具体都能构成思维进程的现实起点的，它必须具有一些特殊的规定。对此，马克思以"劳动"这一范畴为例进行了深入的考察。马克思指出，劳动这一范畴，无论是作为抽象的范畴，还是作为现实表象的具体，都是古老的，但在经济学上从简单性上来把握这一范畴，却是现代的。也即是说，"表现出一种古老的而适用于一切社会形式的关系的最简单的抽象，只有作为最现代的社会的范畴，才在这种抽象中表现为实际的东西"③。因此，"最一般的抽象总只是产生在最丰富的具体发展的地方，在那里，一种东西为许多东西所共有，为一切所共有"④。既然最一般的抽象，总只是产生在现代具有最复杂形式的社会的具有最丰富具体发展的地方，所以理论分析的现实起点，或者说整个思维进程中从现实具体进行抽象的起点，就只能是历史上最发达的和最复杂的社会的现实具体。马克思指出，"只有对外贸易，只有市场为世界市场，才使货币发展为世界货币，抽象劳动发展为社会劳动。抽象财富、价值、货币，从而抽象劳动的发展程度怎样，要看具体劳动发展为包括世界市场的各种不同劳动方式的总体的程度怎样。资本主义生产建立在价值上，或者说，建立在包含在产品中的作为社会必要劳动的劳动的发展上。但是，这一点只有在对外贸易和世界市场的基础上［才有可能］"，并且"只有对外贸易才使作为价值的剩余产品的真正性质显示出来"⑤。

---

① 《马克思恩格斯全集》第30卷，人民出版社1995年版，第42页。
② 同上。
③ 同上书，第45—46页。
④ 同上书，第45页。
⑤ 《马克思恩格斯全集》第26卷（下），人民出版社1974年版，第278页。

马克思的这一论述表明，只有在世界市场上，作为价值属性的商品的特殊性才能真正被揭示出来。而且，也只有在世界市场上，资本主义生产方式的矛盾和其历史性才能得以充分展现。"资产阶级社会是历史上最发达的和最复杂的生产组织。因此，那些表现它的各种关系的范畴以及对于它的结构的理解，同时也能使我们透视一切已经覆灭的社会形式的结构和生产关系"①。因此，就马克思经济学体系来说，符合这一规定的，只能是资本逻辑占统治地位的世界市场的资本主义经济。只有在世界市场上，交换才能普遍化，私人劳动与社会劳动的矛盾才能以更普遍方式展现出来，资本主义生产方式与社会化大生产的矛盾才能充分展开。这就表明，只有在资本主义生产方式占主导的世界市场上，资本与资本、资本与劳动、国家与国家之间关系的本质才能充分显露出来，价值增殖的内在冲动与生产力发展的矛盾才能充分展开，也只有在世界市场上资本积累的界限与历史趋势以及资本主义必然灭亡的规律才能被充分地揭示出来。资本的逐利性驱使资本把一切要素和空间纳入资本的增殖体系中来，把相对剩余价值和绝对剩余价值生产结合起来，一方面不断发展和提高生产力的强度，另一方面使生产部门（产业或产品）无限多样化，从而使一切自然领域服从于资本的生产，使一切地点服从于交换，世界市场和资本的全球流动也就蕴含在资本的这一趋势当中。而且，从商品交换这一最原初的范畴来看，在现实中也首先表现为原始共同体之间的剩余交换，而不是产生于原始共同体内部。其后的现实历史的发展也证明，资本总是"按照自己的面貌为自己创造出一个世界"②——资本主导的世界市场，资本主义生产方式的主要矛盾也以资本的全球化方式普遍展开。因此，作为马克思经济学理论体系研究进程中进行抽象的现实起点的商品，只能是蕴含着最丰富的资本主义矛盾的世界商品。作为叙述起点（逻辑起点）的商品，只能是由其抽象出的商品一般。这个商品，即这个最一般的抽象，或者说这一最简单的范畴，由于其具有适用于一切时代、为许多东西所共有、为一切所共有的特性，自然也就成为学说

---

① 《马克思恩格斯全集》第30卷，人民出版社1995年版，第46页。
② 《马克思恩格斯全集》第26卷（下），人民出版社1974年版，第278页。

体系构建的逻辑起点。然而，需要明确的是，虽然这个最一般的商品由于抽象而适用于几个或一切时代，但是"就这个抽象的规定性本身来说，同样是历史条件的产物，而且只有对于这些条件并在这些条件之内才具有充分的适用性"[①]。

四 马克思经济学理论体系思维总体的归宿

从《资本论》的创作史可知，马克思曾对其写作计划做出过几次调整，即从"五篇结构""六册计划"直至四卷本的《资本论》体系[②]。因此，从马克思经济学整个体系的构建来看，马克思最终放弃了"五篇结构"和"六册计划"的设想[③]。然而，马克思"五篇结构"和"六册计划"中的"世界市场"，是否在其写作《资本论》的过程中被放弃？我们的答案是否定的，马克思不仅没有放弃"世界市场"，而且将"世界市场"置于其理论体系的顶端。对此，美国学者托尼·史密斯进行了深入的探讨。在他看来，马克思始终将自己的理论建构于世界市场的视阈内，始终将世界市场隐含于自己对资本主义经济规律的认识和阐述之中。而且，史密斯认为，"在《资本论》的任何一个重要理论的层次中都是隐含的。由此可知，将既定整体隐含的本质规定展现出来的必然性，为世界

[①] 《马克思恩格斯全集》第30卷，人民出版社1995年版，第46页。

[②] 事实上，早在写作"1861—1863年手稿"过程中，马克思就已经有了放弃《政治经济学批判》写作计划的设想了，对此，马克思在1862年致库格曼的信中写道"第二部分终于已经脱稿，只剩下誊清和付排前的最后润色了。这部分大约有三十印张。它是第一册的续篇，将以《资本论》为题单独出版，而《政治经济学批判》这个名称只作为副标题。其实，它只包括本来应该构成第一篇第三章的内容，即《资本一般》。这样，这里没有包括资本的竞争和信用。这一卷的内容就是英国人称为'政治经济学原理'的东西。这是精髓（同第一部分合起来），至于余下的问题（除了国家的各种不同形式对社会的各种不同的经济结构的关系以外），别人就容易在已经打好的基础上去探讨了……"需要注意的是，恩格斯后来将马克思这里说的"第二部分"称作《资本论》第一卷的第一稿。具体参见马克思恩格斯《〈资本论〉书信集》，人民出版社1975年版，第170页。

[③] 对于"六册计划"，马克思在1859年的《〈政治经济学批判〉序言》中就已经强调，"前两章构成本分册的内容。我面前的全部材料形式上都是专题论文，它们是在相隔很久的几个时期内写成的，目的不是为了付印，而是为了自己弄清问题，至于能否按照上述计划对它们进行系统整理，就要看环境如何了"。

市场这个范畴的产生提供了理论上的依据"①。在考察"资本的增值与贬值、游离和束缚"时，马克思特别强调，"我们在这一章中研究的各种现象要得到充分阐明，必须以信用制度和世界市场上的竞争为前提，因为一般说来，世界市场是资本主义生产方式的基础和生活条件。但资本主义生产的这些比较具体的形式，只有在理解了资本的一般性质以后，才能得到全面的说明"。虽然马克思在这里提到"不过这样的说明不在本书计划之内，而属于本书一个可能的续篇的内容"②，但这也足以证明，在马克思这里，只有在世界市场的视阈内，资本主义生产方式的根本矛盾才能充分地暴露出来，资本主义经济运行的规律才能被最充分地揭示出来。也只有在世界市场的视阈内，"由一种形式过渡到另一种形式，由一种联系秩序过渡到另一种联系秩序的规律"③才能被科学地予以揭示和阐释。

我们知道，资本主义条件下，生产力的发展和生产方式的变革，必然使以追求规模经济效益的资本主义经济的利润率趋于下降，这使企业进一步扩大规模以提高劳动生产率，这又进一步使利润率趋于下降。为弥补利润率下降的损失，资本必然选择向劳动生产率相对较低和要素禀赋相对丰裕的地区流动，进行资本的"空间修复"。因此，以机器大工业为标志的特殊的资本主义生产方式的这种内在规律，要求"资本一方面要力求摧毁交往即交换的一切地方限制，夺得整个地球作为它的市场，另一方面，它又力求用时间去消灭空间，就是说，把商品从一个地方转移到另一个地方所花费的时间缩减到最低限度。资本越发展，从而资本借以流通的市场，构成资本空间流通道路的市场越扩大，资本同时也就越是力求在空间上更加扩大市场，力求用时间去更多地消灭空间"④。而且，当资本的增殖本性决定了在其自身的发展遇到国内狭窄市场的限制时，资本必然会按照自身的发展逻辑突破这种限制而走向世界市场：一

---

① 托尼·史密斯：《马克思理论体系中世界市场的地位》，《政治经济学评论》2005年第2期。
② 《马克思恩格斯全集》第46卷，人民出版社2003年版，第125—126页。
③ 《马克思恩格斯全集》第44卷，人民出版社2001年版，第20页。
④ 《马克思恩格斯全集》第30卷，人民出版社1995年版，第538页。

方面消解过剩的产品,另一方面消解剩余——资本过剩。因此,"资产阶级拼命地奔走于全球各地,他们到处落户,到处开发,到处建立联系"①,为他们的过剩资本寻找出路,为大量的商品寻找市场,这使资本主义形成了世界体系。世界市场也就由资本主义生产方式的前提,转化为资本主义进一步发展的结果。然而,随着资本主义积累,随着资本主义生产方式占统治地位的世界市场体系的形成,作为世界市场的资本的产品的商品,其内含的资本主义经济矛盾也就越充分地展开。资本积累与个别资本增大的资本主义竞争的手段,最终使生产力的发展不再成为资本自行增殖的手段,而是成为消解资本增殖的方式。对此,马克思指出:"已经存在的物质的、已经造成的、以固定资本形式存在的生产力,以及科学的力量,以及人口等等,一句话,财富的一切条件,或者说,财富的再生产即社会个人的富裕发展的最重大的条件,或者说,资本本身在其历史发展中所造成的生产力的发展,在达到一定点以后,就会不是造成而是消除资本的自行增殖。超过一定点,生产力的发展就变成对资本的一种限制;因此,超过一定点,资本关系就变成对劳动生产力发展的一种限制。一旦达到这一点,资本即雇佣劳动同社会财富和生产力的发展就会发生象行会制度、农奴制、奴隶制同这种发展所发生的同样的关系,就必然会作为桎梏被打碎。"② 这也即是说,资本主义生产方式占主导的世界市场的发展过程,其本身就是资本主义矛盾和危机日益深化的过程。如果就空间角度来看,马克思所说的超过的这个一定的"点",就是我们所说的世界市场③。虽然世界市场的开辟与拓展,一定程度上会延缓资本主义积累矛盾的爆发,但这一矛盾总是在资本主义内部以规律性的周期重复发生。因为,在世界市场上,"整个国家的生产既不是用它的直接需要,也不是用扩大生产所必需的各种生产要素的分配来衡量。因此,再生产过程并不取决于同一国家内相互适应的等价物的生产,而是取决于这些等价物在别国市场上的生产,取决于世界市场吸收这些等价物的力

---

① 《马克思恩格斯全集》第 4 卷,人民出版社 1958 年版,第 469 页。
② 《马克思恩格斯全集》第 31 卷,人民出版社 1998 年版,第 149 页。
③ 黄瑾:《马克思经济学理论体系构建方法探析——兼论世界市场成为其理论体系逻辑归宿的原因》,《东南学术》2016 年第 1 期。

量和取决于世界市场的扩大。这样,就产生了越来越大的失调的可能性,从而也就是危机的可能性"①。与此同时,世界市场将各个国家、各个阶级都卷入一个统一的资本主导的世界体系中来,使整体资本主义内矛盾得以充分暴露出来。正如马克思所描述的,"把世界范围的剥削美其名曰普遍的友爱,这种观念只有资产阶级才想得出来。在任何个别国家内的自由竞争所引起的一切破坏现象,都会在世界市场上以更大的规模再现出来"②。因此,无论是从理论的抽象上升到具体,还是反映资本主义矛盾的积累、演化过程,马克思经济学体系的逻辑归宿必然是作为资本的产品的世界市场的商品,只不过这一商品并不是指现实的具体的商品,而是包含许多规定的作为思维总体的商品,它包含着丰富的充分发展了的资本主义矛盾——资本积累的历史趋势,预示着资本主义的必然灭亡和共产主义的建立。

五 简要的结论

总的来说,马克思在其经济学理论体系构建过程中,为我们展示了具有强烈的系统论特征的政治经济学方法体系,即在唯物辩证法的总原则下,在整体思维的进程中,将学说体系的逻辑起点与逻辑归宿置于一个逻辑演绎框架的有机体系之中,使研究进程与叙述进程有机统合起来,以资本主义生产方式这一特定研究对象为主体,对资本主义生产方式的发展的历史进程进行逻辑分析、本质抽象和规律性的概括,从而为我们揭示了资本发展运动的内在规律,揭示了资本主义生产如何在自身创造的生产力的基础上,这种生产力的内在要求成为消解资本自行增殖的内在规律——资本积累的历史趋势使资本由促进生产力发展的因素转化为阻碍生产力发展的因素。同时,生产力的发展越是表现为固定资本的比例增加,在其达到一定的界限后,劳动者日益成为自动化和智能化生产体系之外的看客,资本主义生产方式赖以存在的基础也就消失了,这必

---

① 《马克思恩格斯全集》第48卷,人民出版社1985年版,第147页。
② 《马克思恩格斯全集》第4卷,人民出版社1958年版,第457页。

然使资本主义生产方式被共产主义生产方式所代替，而这一切的最终全面爆发，必然是在资本自行增殖的最后空间维度——世界市场的限度达到极限之后。遵循这一逻辑，马克思构建了一个充满最丰富的现实规定的世界市场的商品——作为资本产品的商品为抽象的起点，然后以这个最一般的抽象的商品一般为逻辑起点，运用从抽象上升到具体的方法，对资本主义生产方式的发展与矛盾的积累与演化进行了逻辑的演绎，最终使整个学说体系回到它的逻辑归宿——作为思维总体的世界市场的商品。这一逻辑体系，充分而科学地揭示了资本主义经济的运行规律，从而为我们建构了一个科学的经济学理论体系。马克思经济学体系的研究方法和逻辑起点的确立，贯穿了唯物辩证法的否定之否定规律的运用，这为当下的我们构建系统化的中国特色社会主义政治经济学，提供有益的参考和指导。中国特色社会主义政治经济学理论体系或者说"系统化"的当代马克思主义政治经济学说的建构，必须从充满最丰富规定性的现实——当下的中国特色社会主义实践与问题出发进行分析，抽象出中国社会主义经济最一般的范畴作为体系构建的逻辑起点，揭示出中国特色社会主义经济运动的规律，尤其是"由一种形式过渡到另一种形式，由一种联系秩序过渡到另一种联系秩序的规律"，而这一点又是由中国特色社会主义在其不同阶段的矛盾及其矛盾的运动决定的。

（原文发表于《经济纵横》2018年第2期）

马克思价值转形问题再研究

——历史过程与逻辑过程统一的视角

魏 旭[*]

摘 要：价值转形不仅是一个价值向生产价格转化的逻辑过程，而且是一个包含社会生产发展演化的价值转形条件生成的历史过程。马克思对价值转形过程的分析，蕴含其对价值转形过程的历史分期。按照马克思对这一进程的历史分期，价值规律发挥作用的形式经历了由商品按照个别价值（商品所包含的劳动量）交换向按不完全市场价值交换、按市场价值交换和按生产价格交换的历史转化过程。这一历史转化进程所涉及的市场价值、资本及其构成以及生产方式演化等范畴，构成了价值转形逻辑过程不同的中介，借由这些具有历史规定的中介范畴，马克思完成了价值转形逻辑过程的分析。因此，科学地把握价值转形理论，必须回到社会经济系统及各要素的生成历史，回到马克思经济学体系构建中所遵循的历史方式与逻辑方式相统一的方法，才能真正地理解价值转形为什么是一个自洽的科学的论断，进而消除各种纷争。

关键词：价值转形；价值规律；历史过程；逻辑过程；资本主义生产方式

---

[*] 作者简介：魏旭（1971— ），吉林财经大学马克思主义经济学研究中心教授，主要从事马克思主义经济学与产业经济学研究。

一 问题的提出

自恩格斯在《资本论》第二卷序言的文末发起的"相等的平均利润率怎样能够并且必须不仅不违反价值规律,而且反而要以价值规律为基础来形成"[①] 的"有奖竞答"以来,围绕马克思的价值向生产价格转化理论的论争就一直延续不断。特别是德国柏林大学教授鲍特凯维茨提出了所谓的投入要素按生产价格计算的新解法,经斯威奇的介绍和过度的赞誉后,该论题就吸引了诸如温特尼茨、米克、塞顿、森岛通夫、伊藤诚、萨缪尔森、斯拉法、谢赫以及弗里曼等众多西方学者的关注,纷纷加入这场论战中来。这些学者或是站在支持马克思的立场试图完善价值转形理论,或是站在资产阶级的立场上试图批判或抹黑劳动价值论的科学性。但无论怎样,这种单纯地纠结于投入按生产价格计算如何使"两个总计相等"的数学解法,把人们对价值转形理论的研究引向了单向度的逻辑过程特别是数理逻辑的考察,进而形成了所谓的"价值转形问题"。

由于价值转形理论关乎马克思劳动价值论和剩余价值理论的科学地位及其理论意义,因此这场关于"价值转形问题"的论争也吸引了诸多国内马克思主义经济学者的关注。北京大学胡代光教授是国内较早关注和研究价值转形问题的学者,其后众多的国内学者也纷纷加入对这一问题的研究中,产生了诸多的研究成果。但遗憾的是,无论是出于完善和发展马克思的转形理论还是就转形问题向马克思提出挑战的目的,国内学者对价值转形问题的研究都没有脱离西方学者的逻辑思路,也主要关注价值转形逻辑过程的研究,甚或直接以西方学者的数学解法为标靶,展开对价值转形问题的分析[②]。然而,马克思的价值转形理论绝不仅仅是一个单向度的价值向生产价格转化的逻辑过程。仅就价值决定本身而言,

---

① 《马克思恩格斯全集》第45卷,人民出版社2003年版,第25页。
② 事实上,国内部分学者诸如朱钟棣、顾海良、丁堡骏、余斌、赵锦辉等已经注意到了价值转形历史过程对理解价值转形逻辑过程的重要性,但囿于其研究目的和研究主题的限制而没有对这一问题展开深入的研究。

就关涉技术进步、分工演化、生产方式变迁、资本积累等诸多因素，而这些因素本身就是在历史的进程中不断演化所生成的。因此，脱离价值转形的历史过程，是不可能科学阐释马克思价值转形的逻辑过程的。这种单纯运用数学方法来证明所谓的"两个相等"以表证价值转形理论科学性的做法，在早期"转形问题"的争论中就受到恩格斯的批判。恩格斯指出，无论桑巴特还是施米特，以及最拙劣的庸俗经济学家洛里亚，都没有充分注意到："这里所涉及的，不仅是纯粹的逻辑过程，而且是历史过程和对这个过程加以说明的思想反映，是对这个过程的内部联系的逻辑研究。"[①] 因此，科学地把握价值转形理论，必须回到社会经济系统及各要素的生成历史，回到马克思经济学体系构建中所遵循的历史方式与逻辑方式相统一的方法，才能真正地理解价值转形为什么是一个自洽的科学的论断，进而消除各种纷争。

二 国内外学者对价值转形历史过程的质疑与误解

在对《资本论》第三卷进行增补之前，恩格斯就已经预见到解决价值规律和利润率之间表面矛盾的转形理论，会"在马克思的原文发表之后会和发表之前一样引起争论"。在恩格斯回应洛里亚对马克思价值转形理论的诘难之前，庞巴维克就攻击劳动价值论是一种形而上学的共设，在《资本论》第三卷出版后，庞巴维克又声称《资本论》第三卷是对第一卷的否定，《资本论》第一卷和第三卷之间的矛盾"敲响了马克思主义的丧钟"。其后，阿吉尔·洛里亚、桑巴特以及施米特等人就对价值规律发生作用的历史过程发出诘难或错误的理解。洛里亚认为，"任何一个稍有点理智的经济学家都不会，而且将来也不会去研究这样一种价值，商品既不按照它来出售，也不能按照它来出售……价值不外是一个商品和另一个商品相交换的比例，所以单是商品的总价值这个观念，就已经是

---

① 《马克思恩格斯全集》第46卷，人民出版社2003年版，第1013页。

荒谬的"①。

在洛里亚等对马克思价值转形历史过程进行攻击之后，桑巴特和施米特试图对价值转形的历史过程提出正确的解读。按照恩格斯的说法，桑巴特把"价值规律理解为思想上、逻辑上的事实，而不是经验上的事实"。施米特则把价值规律看作是为说明实际交换过程而提出的科学假说，他还进一步地宣称，"资本主义生产形式内的价值规律是一种虚构，即使是理论上必要的虚构"②。在上述的诘难和误解产生之后，同情马克思主义经济学的资产阶级经济学者也提出了对马克思价值转形的历史过程的否定结论，这其中尤以森岛通夫为典型。森岛通夫认为，简单商品生产不可能是真实的历史形态。在他看来，"简单商品生产是指分工很成熟，此时独立的生产者不是为自己生产产品而是为市场生产产品"。因此，简单商品生产"从未在历史上以完全纯粹的形式或近似的形式实现过，这是由于前资本主义社会劳动者缺乏流动性造成的"。针对恩格斯《资本论》第三卷增补，森岛通夫等人认为，马克思和恩格斯的观点是矛盾的。他说："马克思的观点与恩格斯形成鲜明对照。根据恩格斯的观点，自己造工具、做衣服的农民了解手工业者的工作环境，而手工业者也知晓农民的状况；因此在小独立商品生产者的范围内，交换中的每一个参与者都十分清楚商品的劳动成本，因而以价值作为交换基础是普遍现象。无论如何，非常清楚，马克思看到只有在资本主义充分发展时期（即远超过恩格斯的独立小农时期），商品生产（价值规律存在的前提条件）才能得到充分发展。因此，价值概念的'古典形式'除在资本主义条件下以外，在任何前资本主义经济形式中都不可能出现。试图从历史角度定义一个前资本主义价值时期，对我们来说将陷入一个逻辑陷阱当中。"③ 由此，在森岛通夫看来，人类历史上根本不存在一个前资本主义社会的占主导地位的简单商品生产时期，因此也就不存在价值转形的历史过程。米克虽然试图把价值转形的历史过程和逻辑过程结合起来，但

---

① 《马克思恩格斯全集》第46卷，人民出版社2003年版，第1006页。
② 同上书，第1012—1013页。
③ M. Morishima, G. Catephores, "Is There an 'Historical Transformation Problem'?" *The Economic Journal*, Vol. 85, No. 338 (Jun., 1975), pp. 309–328.

由于研究前提的错设，使其无法真正理解这个历史过程。而且，他也不赞同恩格斯对价值规律发挥作用的历史过程的考察，认为在对价值转形的历史过程问题上，"我们不必完全跟恩格斯一致"①。对于这一点，我国学者张忠任也认为，价值转形的历史过程"属于同再生产相关的问题"，而价值转形的历史条件则是指是否"具备了部门之间竞争的条件……竞争对于价值转化为生产价格虽然是不可或缺的根本条件，但它只是一种推动力"。由此，在张忠任看来，"转形的历史过程并不是逻辑过程的必要前提，在具备了转形的历史条件的前提下，转形的逻辑过程是独立的，无需一个历史过程作为中介"②。此外，恩格斯关于价值转形历史过程的观点，还受到贝特海姆（Bettelheim）、阿尔都塞和巴里巴尔（Balibar）的质疑③。

由上述关于马克思价值转形历史过程的相关争论可以看出，研究马克思价值转形的历史过程或者说价值向生产价格的历史转形的核心任务，就在于证明历史上是否存在一个商品按价值交换的价值规律发挥作用的历史时期。如果存在这一价值规律发挥作用的历史时期，那么价值是如何在长期的历史过程中伴随生产方式的变迁而转化为生产价格的。这一点，既关涉考察价值转形的历史和逻辑起点问题，也关涉如何理解和认识资本主义生产方式的历史性问题——资本主义是如何发生、发展和灭亡的。

三 马克思价值转形过程分析的历史分期及价值规律作用形式的演化

马克思在分析价值向生产价格转化的中介——市场价值时，就对价

---

① Ronald L. Meek, "Is There an 'History Transformation Problem'? A Comment", *The Economic Journal*, 1976, 86 (342), pp. 342–347.

② 张忠任：《百年难题的破解——价值向生产价格转形问题的历史与研究》，人民出版社2004年版，第217页。

③ ［法］路易·阿尔都塞、艾蒂安·巴里巴尔：《读〈资本论〉》，李其庆、冯文光译，中央编译出版社2008年版，第277页。

值规律这一转化过程进行了总括性的描述。马克思指出,"撇开价格和价格变动受价值规律支配不说,把商品价值看作不仅在理论上,而且在历史上先于生产价格,是完全恰当的。这适用于生产资料归劳动者所有的那种状态;这种状态,无论在古代世界还是近代世界,都可以在自耕农和手工业者那里看到。这也符合我们以前所说的见解,即产品发展成为商品,是由不同共同体之间的交换,而不是由同一共同体各个成员之间的交换引起的。这一点,正像它适用于这种原始状态一样,也适用于后来以奴隶制和农奴制为基础的状态,同时也适用于手工业行会组织,那时固定在每个生产部门中的生产资料很不容易从一个部门转移到另一个部门,因而不同生产部门的互相关系在一定限度内就好像不同的国家或不同的共产主义共同体之间的相互关系一样"。只不过,"商品按照它们的价值或接近于它们的价值进行的交换,比那种按照它们的生产价格进行的交换,所要求的发展阶段要低得多。而按照它们的生产价格进行的交换,则需要资本主义的发展达到一定的高度"[1]。马克思的这段话表明,在不同的社会生产方式条件下,调节商品交换的价值规律的作用形式也会有所不同,商品按生产价格交换需要社会生产在其发展过程中,为这一形式创造适用的条件——商品生产无论是广度还是深度,都要达到一定的程度。按照马克思在其经济理论体系中所论及的不同的经济社会发展阶段,商品本身的性质也具有不同的规定,即由作为交换产品的商品到作为资本产品的商品的演进。对此,马克思指出,"产品成为商品,需要有一定的历史条件。要成为商品,产品就不应作为生产者自己直接的生存资料来生产。如果我们进一步研究,在什么样的状态下,全部产品或至少大部分产品采取商品的形式,我们就会发现,这种情况只有在一种十分特殊的生产方式即资本主义生产方式的基础上才会发生"[2]。

这里的分析表明,在马克思所阐述的价值向生产价格转化的背后,蕴含的是价值规律发挥作用以及由此产生的价值分配效应的历史过程。马克思对价值转形的分析,是建立在其对价值规律发挥作用的历史分期

---

[1] 《马克思恩格斯全集》第46卷,人民出版社2003年版,第197—198页。
[2] 《马克思恩格斯全集》第44卷,人民出版社2001年版,第197—198页。

基础之上的。只不过,马克思分析价值转形问题所使用的历史分期,不同于马克思分析其他主题所使用的历史分期①。在马克思的思想体系内,由于分析的主题和所要揭示的规律不同,马克思使用了不同的历史分期。比如,为揭示不同生产方式的特殊性质,马克思将经济的社会形态演进划分为"亚细亚的、古希腊罗马的、封建的和现代资产阶级的生产方式"②;而为揭示人的发展状态,马克思将社会历史形态划分为"人的依赖关系、以物的依赖性为基础的人的独立性和建立在个人全面发展和他们共同的社会生产能力成为他们的社会财富这一基础上的自由个性"③ 三种形态;在分析封建地租的起源时,马克思将封建社会划分为"劳动地租、产品地租和货币地租"④ 三个发展阶段。事实上,无论使用哪种分期,马克思划分不同历史时期的标准却是同一的——生产力和生产关系及其矛盾运动,即"我们判断这样一个变革时代也不能以它的意识为根据,相反,这个意识必须从物质生活的矛盾中,从社会生产力和生产关系之间的现存冲突中去解释"⑤。从生产力的标准来看,划分不同经济时代或一个经济时代的不同发展阶段,主要依赖于生产条件,也即"各种经济时代的区别,不在于生产什么,而在于怎样生产,用什么劳动资料生产"⑥。从生产关系或劳动者与生产资料的结合方式来看,"不论生产的社会形式如何,劳动者和生产资料始终是生产的因素。但是,二者在彼此分离的情况下只在可能性上是生产因素。凡要进行生产,就必须使它们结合起来。实行这种结合的特殊方式和方法,使社会结构区分为各个不同的经济时期"⑦,也即生产的社会方式(包括生产的组织方式)标

---

① 从这一点来看,米克将其对价值转形过程的分析建立在一定历史分期的基础之上,是符合马克思的本意的。只不过,米克的"前资本主义时期—资本主义早期—资本主义发达时期"的逻辑描述,并未能真实地反映马克思关于这一问题分析的历史分期,因而也就受到森岛通夫等人的质疑。具体参见 M. Morishima, G. Catephores, "Is There an 'History Transformation Problem'?" *The Economic Journal*, Vol. 85, No. 338 (Jun., 1975), pp. 309–328。

② 《马克思恩格斯全集》第13卷,人民出版社1962年版,第9页。
③ 《马克思恩格斯全集》第30卷,人民出版社1995年版,第107—108页。
④ 《马克思恩格斯全集》第46卷,人民出版社2003年版,第890—906页。
⑤ 《马克思恩格斯全集》第13卷,人民出版社1962年版,第9页。
⑥ 《马克思恩格斯全集》第44卷,人民出版社2001年版,第210页。
⑦ 《马克思恩格斯全集》第45卷,人民出版社2003年版,第44页。

准。这样,生产力标准和生产关系标准以及生产力和生产关系的矛盾运动就构成了马克思划分不同经济时代和同一时代不同经济发展阶段的标准。按照这一历史分期标准,马克思关于价值转形或价值规律发挥作用的过程可划分为如下不同的历史阶段:商品按照个别价值(商品所包含的劳动量)交换时期、按不完全市场价值交换时期、按市场价值交换时期和按生产价格交换时期。

按照前述的分析,在马克思看来,商品按个别价值交换时期,主要发生在物物交换的原始共同体之间的偶然的剩余交换,使用价值是交换的首要目的,商品的交换还不是完全的等价交换,两种相交换的使用价值所包含的劳动量还不能被准确地反映出来。因此,如果说以获取使用价值为目的的物物交换还不能准确地表现两个相交换的产品所包含的劳动量的话,那么随着货币的产生及其被纳入交换过程,价值由社会必要劳动时间决定以及商品要按照价值量进行等价交换就变成商品交换世界的一个普遍法则。而且,一旦货币成为交换的媒介,或者说商品交换摆脱使用价值约束的物物交换,价值规律就转化为市场价值规律。因为,作为一般等价物的货币一经产生,交换就开始表现为同一市场的生产者或售卖者的竞争。特别是商人资本的介入,情况就更是如此。对于这一点,布罗代尔在《资本主义的动力》一书中引证斯金纳的考证,对中国古代市场体系的特征进行了说明,"中国的农村世界不是在村的模子里,而是在乡的模子里铸造出来的。同样,你们很容易懂得,镇子围绕城市转,与城市距离适中,供应城市之需,并通过城市与远处的沟通,得到本地不出产的商品。这一切形成一个完整的系统,有个事实就清楚地说明了这一点,即各镇与中心城市的集市日期安排得互不重复。从一个集到另一个集,从一个镇到另一个镇,商贩和匠人赶赴不息"[①]。斯金纳对中国古代市场体系的考察,一方面证明了恩格斯《资本论》第三卷增补中提到的观点,即相交换的双方大体知道相交换的商品所花费的劳动

---

① [法]布罗代尔:《资本主义的动力》,杨起译,生活·读书·新知三联书店1997年版,第21页。

量①；另一方面证明了这样一个情形：在货币承担起交换的媒介后，随着交换范围的扩大，使被交换的产品一开始就以一定规模来实现。卖者在同一市场的竞争，就使具有不同劳动生产率的产品生产者之间展开竞争，也就使简单的价值决定和交换规律，部分地转化为市场价值规律，由商人和手工业者主导的以价值为目标的交换日益发展起来，并成为资本主义生产方式的前提，"产品进入商业、通过商人之手的规模，取决于生产方式，而在资本主义生产充分发展时，即在产品只是作为商品，而不是作为直接的生活资料来生产时，这个规模达到自己的最大限度。另一方面，在任何一种生产方式的基础上，商业都会促进那些为了增加生产者（这里是指产品所有者）的享受或贮藏货币而要进入交换的剩余产品的生产；因此，商业使生产越来越具有为交换价值而生产的性质"②。只是这一时期，从整个社会来看，交换价值还未成为占主导地位的动机，整个社会还主要是由自然经济统治。因此，整个社会的交换还不能充分体现同一领域生产者之间的竞争。也即是说，交换还处在不完全的按市场价值交换的历史时期。

随着地理大发现导致的世界市场的扩大等因素，使以协作生产为起点的资本主义生产方式出现。在这一进程中，商人资本的介入以及商人转化为包买商，使资本主义工场手工业兴起。但在这一时期，无论是哪种类型的工场手工业，其生产条件和生产方式与行会手工业相比，基本没有什么本质性变化，只是使交换进一步以市场价值为基础③。这是因为，生产仍然是以资本所有者的自身生产条件为基础，生产方式和生产效率也以劳动者的技能为根基，资本跨部门流动的条件还未形成。换句话说，生产力的发展还未达到揭开劳动者技能这一帷幕的程度，与之相适应，生产方式或劳动的组织方式除了资本同时雇用较多的工人之外，也没有什么特殊的变化。因此，这一时期，还主要是以市场价值为基础的交换，尽管劳动力已经以商品的形式存在。

---

① 恩格斯对这一历史进程的分析，笔者将在下文详细加以阐述。
② 《马克思恩格斯全集》第46卷，人民出版社2003年版，第363页。
③ 《马克思恩格斯全集》第44卷，人民出版社2001年版，第358页。

随着生产力的发展和市场需求的扩大,工场手工业已经无法满足市场的需要,机器大工业体系发展起来。也正是机器大工业体系的建立,使资本主义找到了适合自己的生产方式,商品按生产价格交换这一价值规律作用的转化形式得以确立——资本主义生产达到了马克思所说的一定高度——无论是生产力的发展还是生产关系的变化。按照前述的马克思关于历史分期的标准,资本主义高度发展这一阶段,也即特殊的资本主义生产方式,至少应包含三个带有本质性规定的因素,这些因素标志着资本主义生产进入了一个发达的阶段:一是从生产力的角度来看,只有在作为固定资本的物质表现形式的劳动资料转变为机器体系这一现代化生产方式时,资本才找到了与自己相适应的生产方式:"只有当劳动资料不仅在形式上被规定为固定资本,而且扬弃了自己的直接形式,从而,固定资本在生产过程内部作为机器来同劳动相对立的时候,而整个生产过程不是从属于工人的直接技巧,而是表现为科学在工艺上的应用的时候,只有到这个时候,资本才获得了充分的发展。"[①] 而且,由于大工业生产所需要的劳动方式已不再是具有"神秘技能"的劳动者,而是通过机器、化学过程等方法,这就使"工人的职能和劳动过程的社会结合不断地随着生产的技术基础发生变革。这样,它也同样不断地使社会内部的分工发生革命,不断地把大量资本和大批工人从一个生产部门投到另一个生产部门"[②],使资本和劳动力具有了相对充分的流动性。二是从生产关系的角度看,随着特殊的以机器大工业体系为标志的资本主义生产方式的建立,使资本主义的农业生产也从属于资本,进而使整个社会生产都是以雇佣劳动方式展开时,资本主义生产才充分表现出来:"资本主义生产是作为生产的普遍形式的商品生产,但是,它之所以如此,在它的发展中之所以越来越如此,只是因为在这里,劳动本身表现为商品,因为工人出卖劳动,即他的劳动力的职能,并且如我们所假定的,是按照由它的再生产费用决定的它的价值出卖的。劳动越变为雇佣劳动,生产者就越变为产业资本家;因而,资本主义生产(从而商品生产)只有

[①] 《马克思恩格斯全集》第31卷,人民出版社1998年版,第93—94页。
[②] 《马克思恩格斯全集》第44卷,人民出版社2001年版,第350页。

在直接的农业生产者也是雇佣工人的时候，才充分地表现出来。"[①] 三是资本主义信用的充分发展。在以机器大工业体系为标志的特殊的资本主义生产条件下，由于资本积累规律的作用使资本有机构成不断提高，使不变资本在全部预付资本中的比重日益增加，这导致资本周转速度下降，为弥补剩余价值实现周期延长而带来的年利润率下降的损失和抵补不变资本投入限额的增加，资本必然要借助信用以加速新生产过程开始的时间，用信用来拉平不同资本的周转差别，这是资本作为一种社会权利的必然要求。因此，只有在资本主义信用发展到一定程度之后，资本的跨部门流动才能随时发生，资本主义也才进入一个充分发展的阶段。这三个标志性因素的形成，使资本之间的充分竞争成为可能，这是由资本和劳动所具有的流动性决定的。竞争，首先是部门内部围绕市场价值的竞争。部门内部的竞争在造成部门内部不同资本之间的利润率差别的同时，使不同部门之间的资本有机构成形成差异，进而造成了部门之间利润率的差异。资本作为一种社会权利要求等量资本获取等量利润的观念，使资本由利润率低的部门转向利润率高的部门。资本在部门之间的这种竞争，就使全社会各部门形成一个平均的利润率。一旦全社会各个资本都只能获得一个平均的利润，资本跨部门之间的流动就会暂时停止，市场也就达到一个一般的暂时均衡，每个资本也就只获得一个超过成本价格的平均利润。这时，市场交换就由按照市场价值交换转化为按生产价格交换。这一转化的背后，包含这样一个机制：机器大工业这一生产方式使生产更多依赖于科学在工艺上的应用，劳动者个人技能这一帷幕被揭开了，资本主义生产的去技能化趋势，就使劳动力具有更大的同一性而具有了更大的流动性。与此同时，资本主义信用的存在，一定程度上解决了固定资本更新规律对资本流动性的限制。这样，一方面劳动生产率的提高使资本主义生产日益多样化，造成生产部门的多样化，使部门间的竞争更加激烈；另一方面，资本的流动性日益增强；两者共同作用的结果，使利润率平均化作为一种趋势性的规律日益发挥作用，价值规律也就转化为生产价格规律。因此，利润率平均化是价值转化为生产价格

[①] 《马克思恩格斯全集》第 45 卷，人民出版社 2001 年版，第 133 页。

的前提，其反映了资本主义生产方式下资本所有者对雇佣劳动者共同剥削的实质。由此可知，森岛通夫对马克思历史分期及其标准存在误解，其将按个别价值交换和按市场价值交换的简单商品交换绝对化了，没有看到这本身是一个随生产的发展而不断向现代交换过渡的过程。因此，森岛通夫等对价值规律发挥作用历史过程的否定，是不成立的。而且，这一价值转形的历史过程与价值转形的条件也是不可分割的，它们共同决定了价值转形逻辑过程分析的起点。

总之，价值规律在商品作为交换的产品和作为资本的产品上作用的形式是不同的。从实际的经济运行过程来看，价值对价格的决定经历了"个别价值—市场价值—生产价格"规律的演化进程。马克思价值转形逻辑过程，恰恰是价值转形条件生成的历史过程。离开这一历史过程，是不可能科学理解和分析价值转形的逻辑过程的。事实上，价值转形的逻辑过程，包含了个别价值向市场价值转化和市场价值向生产价格转化的"双重转化"过程。这一"双重转化"，蕴含了劳动由对资本的形式隶属向实际隶属的转换过程。作为特殊的资本主义生产方式——以机器大工业为物质条件的相对剩余价值生产，使最初"劳动对资本的这种形式上的隶属，又让位于劳动对资本的实际上的隶属"[①]。劳动对资本隶属的转化过程所需要的条件和这一转化本身，也就是价值转形逻辑过程所需条件的形成过程。

四 恩格斯《〈资本论〉第三卷增补》对价值转形历史过程的考证

针对资产阶级经济学家否认历史上曾经存在过商品按价值出售的一个历史时期及其在价值规律认识上的种种错误观点，恩格斯通过对大量历史资料的分析，补充论证了马克思的如下理论观点："把商品价值看作不仅在理论上，而且在历史上先于生产价格，是完全恰当的。"[②]

[①] 《马克思恩格斯全集》第44卷，人民出版社2001年版，第583页。
[②] 《马克思恩格斯全集》第46卷，人民出版社2003年版，第198页。

（一）简单商品交换时期的存在与价值规律的作用形式

按照马克思"产品发展成为商品，是由不同共同体之间的交换，而不是由同一共同体各个成员之间的交换引起的"这一理论逻辑，恩格斯的考证也首先从原始共产主义谈起。恩格斯指出，在原始公社内部，生产者自己拥有一定的生产资料，生产者消费自己的产品。最初的、极其少量的产品交换发生在原始公社之间，两个公社用自己的剩余产品进行交换。通过这种交换，产品转化为商品。产品在两个公社之间转化为商品，由于反作用，两个公社内部产品也就转化为商品。这个过程导致原始公社解体，分解为大小不等的家庭集团。家庭集团的生产也基本是自给自足的，他们只用较少量的剩余产品和外界交换。恩格斯描述了在德国直到19世纪初期，一个家庭向其他家庭交换的也只是少量的手工业生产物品。恩格斯写道："中世纪的农民相当准确地知道，要制造他换来的物品，需要多少劳动时间。……农民和卖东西给他的人本身都是劳动者，交换的物品也是他们各人自己的产品。他们在生产这些产品时耗费了什么呢？劳动，并且只是劳动。……在这里，不仅花在这些产品上的劳动时间对互相交换的产品量的数量规定来说是唯一合适的尺度；在这里，也根本不可能有别的尺度。"[①] 可见，历史上自从有商品交换的时期开始，劳动时间决定商品价值的价值规律就起作用。

从价值由劳动时间决定这一点出发，全部商品生产，以及价值规律的各个方面借以发挥作用的多种多样的关系发展起来了，这在《资本论》第一卷第一篇中马克思已经作了概括。恩格斯认为，劳动时间决定价值的原理，在金属货币产生并发挥作用以前都是很清楚地被商品生产者所认识。但是，"最重要和最关键的进步，是向金属货币的过渡。但是这种过渡也造成了如下的后果：价值由劳动时间决定这一事实，从此在商品交换的表面上再也看不出来了。……货币在人民大众的观念中开始代表绝对价值了"。通过这些论证，恩格斯证明了"只要经济规律起作用，马克思的价值规律对于整个简单商品生产时期是普遍适用的，也就是说，

---

① 《马克思恩格斯全集》第46卷，人民出版社2003年版，第1016页。

(一) 《资本论》与中国特色社会主义

直到简单商品生产由于资本主义生产形式的出现而发生变化之前是普遍适用的"① 这一论断。

(二) 利润率平均化和价值转化为生产价格的历史过程

恩格斯不仅证明了存在一个简单商品交换时期，而且还运用大量的经济史资料证明了，马克思价值转化为生产价格的逻辑论证背后的历史过程的存在。

首先，恩格斯考察了商业一般利润率的形成及其对价格形成机制的调节。恩格斯指出，中世纪的商人像他们所有同时代的人一样，本质上都是共同体的成员。这种共同体就是按照马尔克公社的原则建立的商业公会。在这里，商品的质量、出售和收购的价格等，都是商定的，从而利润率对所有成员都是均等的。不过，这种由商会共同行动导致的平均利润率，只是在本商会或在本"民族"的范围内才有效。至于不同的商会或"民族之间的利润率平均化，则是以相反的方式通过竞争来实现的"。因此，不论是由商会内部的共同行动造成的，还是由商会之间或单个商人之间的竞争导致的，平均利润率都只是出现在国际贸易和批发商业中。这样一来，可以看到这样一种现象："在国内单个生产者之间进行的零售贸易中，商品平均说来是按照价值出售的，但在国际贸易中，由于上面所说的理由，通常都不是如此。……生产价格适用于国际贸易和批发商业，但在城市零售贸易中，价格的形成则是由完全不同的利润率来调节的。"② 这样，恩格斯就证明了，在商业中已经形成了相等的利润率。

其次，以商业一般利润率作为出发点，恩格斯考察了商业利润率如何影响和调节产业一般利润率的形成。在分析了商业利润率平均化之后，恩格斯进一步考察了商人资本向产业的渗透。包买商的出现，使商人成为超过其利润以上的剩余价值的占有者。当包买商雇用小纺织业者为自己生产时，他就已经打破了只能是生产者出售自己产品这一传统限制。

---

① 《马克思恩格斯全集》第46卷，人民出版社2003年版，第1018页。
② 同上书，第1023—1024页。

换言之，包买商的出现，已经初步改变了商品交换的交换关系，即由原来的小商品生产者出售自己的产品，变为由资本所有者出售资本的产品。商人之所以承担包买商的业务，是因为这样做，他可以获得更大的利润。但是，这样一来，引起了他的竞争者们的效仿，这些竞争者们也会逐渐成为包买商，这时，个别包买商的额外利润就又变成了普通利润，利润率的均等化就再一次形成了。

商人转化为包买商，直接导致了工场手工业的出现，从而使产业开始从属于资本。由于采用工场手工业的生产方式从事商品生产的包买商比普通的包买商的生产有更高的劳动生产率，因此，所生产的商品也就更便宜，卖得也更便宜，且能获得更高的利润。这又引起他的竞争者们的效仿，使得工场手工业这种生产方式在一定范围和程度上得到推广。这样，已有的商业利润率就又实现了平均化。这种平均化过程，正如恩格斯所说，它"仍然是一张普罗克拉斯提斯的床，以它为标准，超额的产业剩余价值都会被毫不留情地砍掉"[①]。

伴随着生产力的发展，特别是机器的采用，生产规模迅速扩大。原来弱小的资本生产者由为单个商人或某些顾客生产，变成为多个商人生产。此时，资本生产者地位就发生了改变，从原来对商人的从属地位，变为主导地位。机器大工业通过它的不断革命的生产方式，使商品的生产费用越降越低，并且无情地排挤掉以往的一切生产方式。机器生产通过超低的价格，把自给自足的农民家庭的小生产和城市手工业生产排挤掉。结束了自然经济和简单商品生产。这样，工业资本不但使商业成为它的奴仆，而且还彻底战胜了一切形式的小生产。这就扫除了资本发展的绝大部分障碍，并使工业取得应有的支配地位。机器大工业的发展，使商品不只是当作生产者的商品来交换，而是当作资本的产品来交换。在资本主义的发展过程中，由于不同部门资本之间的竞争，机器大生产还使不同商业部门和工业部门的利润率平均化为一个一般的利润率，这样，对整个交换来说，价值转化为生产价格的过程就大致完成了。

恩格斯关于价值规律在长达五千年至七千年的历史时期内起支配作

---

① 《马克思恩格斯全集》第46卷，人民出版社2003年版，第1026页。

用的考证，有力地驳斥了庞巴维克式没有简单商品经济、没有商品按价值出售历史时期的荒谬说法。恩格斯运用经济史资料证明了资本主义机器工业，排挤了以往任何的落后的生产方式，完成了商品从按价值出售，向按生产价格出售的历史转化。恩格斯的分析有力地回击了资产阶级经济学要求用数学公式来概括历史转形的诘难。

五　简要的结论

马克思对价值转形的分析，正如其思想体系构建的方法论一样，是历史过程与逻辑过程的统一，逻辑过程只不过是对其所分析的历史过程的事后总结、概括与反映。也即是说，价值转形不仅是一个单向度的价值向生产价格转化的逻辑过程，而且是一个包含价值向生产价格转形条件生成的历史演化过程。对这一历史过程的分析，蕴含着马克思对价值转形历史过程的历史分期。仅就价值决定本身而言，就关涉技术进步、分工演化、生产方式变迁、资本积累等诸多生产力因素和生产关系因素，而这些因素及其矛盾运动本身就是在历史的进程中不断演化所生成的。依据这些因素的演化，马克思关于价值规律发挥作用的历史过程可划分为商品按照个别价值（商品所包含的劳动量）交换时期、按不完全市场价值交换时期、按市场价值交换时期和按生产价格交换时期。价值规律发挥作用形式的演化进程，反映了资本主义生产方式的产生、发展和必然灭亡的历史趋势。因此，价值转形的历史过程和历史条件是相伴而生不可分割的。脱离价值转形的历史过程，是不可能科学理解和阐释马克思价值转形的逻辑过程的，因为价值转形逻辑过程，总是依赖于社会生产特别是资本主义生产的发展和演化。

（原文发表于《经济社会体制比较》2018年第5期）

西方学者解构《资本论》的学术视角

胡岳岷　付文军[*]

摘　要：《资本论》是马克思主义的理论宝库。自《资本论》第一卷问世以来，理论界就展开了对它的研读。国外学者在解构《资本论》方面形成了独到的学术视角，其中费彻尔的"政治经济学批判"视角、哈维的"历史地理唯物主义"视角、卡弗的"文本和叙事分析"视角对《资本论》的解构各具特色，但又存在着明显的缺陷。对这些解构视角进行辩证分析，可为我们以正确的方式研读《资本论》这一经典文本提供有益的借鉴，进而努力创建具有中国特色的马克思主义政治经济学。

关键词：《资本论》；政治经济学批判；历史地理唯物主义；文本和叙事分析

《资本论》作为马克思理论的制高点，是马克思毕生研究政治经济学并实现政治经济学革命的理论宝库。不认真研读《资本论》，就难以真正了解马克思。自1867年《资本论》第一卷德文第一版问世的一个半世纪以来，由于研究者们所持的立场不一，所用的方法不同，因而对《资本论》的研究可谓各持己见，精彩纷呈，形成了各具特色的理论流派。本文将简要评述国外学者研究和解构《资本论》的三种各具特色并产生独

---

[*] 作者简介：胡岳岷（1961— ），吉林财经大学公共管理学院教授；付文军，中南财经政法大学马克思主义学院讲师。

特影响的学术视角，以供国内马克思主义理论研究者分析借鉴。

一 费彻尔的政治经济学批判

伊林·费彻尔（Iring Fetscher）通过对马克思早期著作与《资本论》之间关系的考察，梳理了马克思的政治经济学批判文本，并对其历史唯物主义与政治经济学批判之间的关系问题进行了回应。

（一）马克思研习经济学的目的始终是为了进行政治经济学批判

在费彻尔看来，马克思研究经济问题的初衷可能并不在于创建一个全新的、独到的经济学框架，其"由哲学而经济"的致思理路是为了解决困扰他已久的物质利益"难事"。这一目的可以在《资本论》中找到，其副标题"政治经济学批判"即道明了马克思的学术与思想旨趣"既意味着对资本主义生产方式进行批判，又意味着对它在资产阶级国民经济学说中的理论反映进行批判"[①]。资本主义生产方式是《资本论》的研究对象，国民经济学既是马克思政治经济学批判思想的两大来源之一（另一个来源是德国古典哲学），又是马克思政治经济学批判得以展开的要件。在费彻尔看来，马克思所关心的只是批判，《资本论》中一系列积极扬弃资本主义的社会经济范畴就是明证。

（二）马克思的政治经济学批判彰显出存在论批判的维度

马克思以商品为开端，展开了其政治经济学的存在论批判。商品作为《资本论》的一个先验起点，是资本主义社会历史的载体。因为，进入社会人眼帘的首先是庞大的商品堆积，商品是社会财富的元素形式。费彻尔指出："资本主义社会的组成部分是'商品'。每个产品、每个人的成果都'变成了商品'，这是资本主义经济的独特标志。尽管在当时的社会中，这个过程仍然没有结束，但马克思认为，我们能够以这样的看

[①] ［德］费彻尔：《马克思与马克思主义：从经济学批判到世界观》，赵玉兰译，北京师范大学出版社2009年版，第51页。

法作为出发点：社会发展不久就会达到这种完美的模式。"马克思在"商品章中分四步探讨了商品'商品二重性：它既是使用价值又是价值'；'劳动所具有的"二重性"'；'货币形式'；'商品形式的奥秘'"①。在此基础上，掩盖于商品形式之下的人的"存在之谜"得以初步显现并得到科学破解。总之，在费彻尔的视域内，马克思以商品为切入点，科学地破解了人的存在之境，指出私有社会中的人并非真正意义上的人，人（无论是自然存在还是社会存在）始终处于困境之中。而马克思努力深入社会经济结构中，试图探寻这一困境的脱困之法。

（三）马克思政治经济学批判的理论指向是绝对自由

费彻尔从三个方面分析了马克思追求"人的解放"和"绝对自由"的努力"通过消除社会阶级结构从对国家的政治依赖性中解放出来"；"从异化劳动中解放出来"；"从盲目的命运力量中解放出来"。"第一种解放应当废除人对人的统治，第二种解放使人对人的剥削不再可能，第三种解放使社会化的人类上升为自由。"不仅如此，费彻尔还明确指出，人类解放的前提"是通过无产者——它在革命中'抛掉了一切陈旧的肮脏东西'——自觉的、共同的行动而在历史中实现的"②。而这一过程之所以存在可能，有赖于无产阶级的形成和科学社会主义理论的创立。

费彻尔对《资本论》的解构具有一定的合理性，但也显现出不足。首先，费彻尔将政治经济学批判视为马克思研究经济学的目的，虽基本符合马克思本人的意旨，但不够全面。马克思深谙批判之道，其理论建构始终同他对资本主义社会的理解和批判进程相互关联。可以说，马克思的思想进路表现为两条并行不悖的道路——理论批判和实践批判。简而言之，政治经济学批判既是一种理论批判，亦即对国民经济学的基本理论进行全面而科学的批判；又是一种批判理论，亦即通过对资本主义社会现实的批判和国民经济学的批判活动建构自己的批判理论。但是，

---

① ［德］费彻尔：《马克思与马克思主义：从经济学批判到世界观》，赵玉兰译，北京师范大学出版社2009年版，第46—47页。
② 同上书，第226—227页。

（一）《资本论》与中国特色社会主义

马克思的研究并不仅仅局限于经济学领域，还涉及哲学、社会学、政治学和历史学等，因此《资本论》可谓马克思主义理论的百科全书。马克思的批判也并非单向度的批判，他对纯粹的哲学批判、纯粹的经济学批判、纯粹的政治学批判、纯粹的历史学批判和纯粹的社会学批判等均嗤之以鼻。综观马克思思想的发展进路和理论逻辑，其所进行的批判事业无不是将哲学、政治、经济、社会和历史等糅合在一起，这也就决定了马克思政治经济学批判是一种"哲学—政治—经济—社会—历史"批判。仅将马克思研究经济学的目的定为政治经济学批判，显然不够全面。其次，费彻尔揭示了政治经济学批判中蕴含着的存在论路向，显示出其人文情怀，但论说不够深入。在《资本论》中，马克思沿着"简单商品形式的形式（使用价值与交换价值）"→"简单商品形式的内容（具体劳动与抽象劳动）"→"简单商品形式本身（自然形式与价值形式）"的逻辑解答了商品的存在之谜。同时，他还沿着商品斗货币斗资本的分析理路解答了货币存在之谜、资本世界之谜。进而，马克思政治经济学批判中隐含着的对人的存在论的观照这一维度得以凸显。马克思的睿智之处在于，他不仅对社会现实问题进行了全面而深入的分析，还或明或暗地指出了问题的解锁之钥。费彻尔发现了前者，却未能揭示后者，从而与理论的关键之处擦肩而过，失之交臂。这个遗憾有可能是阶级性的局限所致。在马克思那里，通过对劳动的分析，确证了人的本质力量乃是自由自觉的活动，并确证了自然是人类生存的基础。更为重要的是，马克思通过对人类生存境遇的省思揭示了人与自然的双向度运动，倡导一种全新的存在方式——"生态"的存在。最后，费彻尔以绝对自由为政治经济学批判的指向，是对马克思自由理论的一种解读，但并不全面。自由是马克思孜孜以求的，人类自由而全面的发展是其设定的未来社会的理想生存状态。费彻尔分析的三条人类解放之路符合马克思所言的政治解放、宗教解放和劳动解放，但却缺少自然解放这一路径，而马克思的论述是以自然解放（从自然的束缚中解脱出来，摆脱在自然面前的乏力感）→宗教解放（扬弃盲目和异己的命运，掌握自己的命运）→政治解放（摆脱政治桎梏和束缚市民社会的枷锁）→社会解放（打破私有制的束缚，摆脱异己力量的控制）为逻辑轴线的。

二 哈维的历史地理唯物主义

作为"一种革命的生产方式",资本主义总是"不安地找寻着新的组织形式、新的技术、新的生活方式、新的生产和剥削方式,因而也找寻着新的时空客观定义"[①]。在空间及其逻辑充斥着的后现代社会中,马克思主义要想保持生命力,就要继续科学地解释现实社会中的种种现象并科学地预测未来。而要做到这一点,唯有实现理论的"空间转向"。戴维·哈维(David Harvey)依凭其丰厚的地理学知识背景,以重建"人民的地理学"和"《共产党宣言》地理学"为口号,完成了对历史唯物主义的升级和对马克思主义的重构,最终实现了对《资本论》的历史地理唯物主义解读。

(一)以空间为视域来探讨和批判晚期资本主义的社会问题

随着资本主义生产方式在全球的拓展,工业化、城市化、信息化不断推进,资本主义在整个世界的统治地位逐渐形成,空间自身亦成为资本统治的手段和载体。哈维试图借用马克思丰厚的理论资源,尝试用《资本论》中的一些核心概念分析城市问题,试图在社会学和地理学中寻找解决问题的突破口。"大量历史—地理证据表明,不同社会(以经济、社会、政治组织和生态环境的不同形式为特点)'生产了'全然不同的时空观念""它们提供了一种参照体系,借助于这个体系,我们定位自身与世界的联系"[②]。在哈维看来,社会活动的每一种形式都有其空间表现,因此必须将社会过程与空间形式结合起来进行分析。毕竟,"空间形式在社会发展过程中并非被视为无生命的对象,而是被视为包含着社会过程的存在。可以说,社会过程亦是空间的"[③]。哈维认为,依赖对空间形式的把握和理解,综合运用社会学和地理学的相关知识,将有助于解决我

---

① David Harey. Justice, *Nature and the Geography of Difference*, Blackwell Publishing Ltd., 1996, p. 240.

② Ibid., pp. 207 – 208.

③ David Harvey, *Social Justice and the City*, Edward Arnold Ltd., 1973, pp. 11, 37.

们所面临的各种复杂的社会问题。这一问题在哈维的博士论文《地理学的解释》《社会正义与城市》和《资本的界限》等文本中表达得非常清楚。

(二) 空间政治经济学的创建

哈维以资本积累与空间的关系为视角来研读并解构《资本论》，其理论成果以"资本的界限"命名。哈维以使用价值为发端对资本主义生产方式进行了空间批判，他认为《资本论》所关注的是使用价值与交换价值、使用价值与价值、交换价值与价值这"三重关系"，进而以使用价值为突破口来审视资本主义社会中人与自然的关系以及空间关系等。同时，哈维还从固定资本着手，展开了对资本主义"物理景观"的分析。从固定资本到生产环境，再到货币、金融体系、信用体系等与资本主义组织结构、制度形式相关的一系列问题，都得到了哈维的广泛关注。通过反思"使用价值的物质空间属性"如何演变成"社会空间"形式，哈维得出了资本积累和阶级斗争构成了资本主义空间的结论，并在空间的视域下，沿着使用价值—人造环境—固定资本循环这一路径，阐释了资本的自然界限。继而，生产、交换、分配和消费的每一过程都在这一空间内完成，其中包含着的不可克服的矛盾恰恰是资本（更准确地说是资本主义）的界限。正是因为这一空间内的矛盾，资本主义要继续发展，就势必要外移，以寻求全新的空间来延续其生命力。至此，我们完全可以将哈维的经济学视为空间政治经济学，其1982年出版的《资本的界限》一书无疑是《资本论》的"空间版"。

(三) 以"希望的空间"替代"资本的空间"

由于"资本主义不平衡发展的难以避免"[①]，资本主义空间经济发展的矛盾势必会变为地理上的集中与分散，并不可避免地伴随有阶级和派系争斗。不平衡的时空（地理）发展是资本主义新危机——空间危机——的产物，它既揭示了资本主义或明或暗的危机，又预示着未来社

---

① David Harvey, *The Limits to Capital*, Basil Blackwell, 1982, p. 416.

会发展的可能性。为此，哈维宣称"历史唯物主义必须升格为历史地理唯物主义"①，并力图通过不平衡发展理论来寻求解决方案。他通过对马克思理论的空间解读，运用"关系时空辩证法"，展开了对当代资本主义的批判性分析，并提出要以"希望的空间"来使人类获得政治解放。

  我们知道，哈维的学术旨趣始终在于用马克思的理论来支持资本主义城市化、地区非均衡发展和帝国主义研究，而这必然会影响到哈维阅读《资本论》的方式。与此同时，哈维自身的知识背景、社会和政治阅历也为他理解《资本论》提供了独到的解读方式，并使他在解读的过程中始终不脱离社会现实。正是在此意义上，我们认为哈维对《资本论》的解构是适应时代要求做出的理论创新，有极大的进步意义。然而，哈维的解读也存在着重大缺陷。一是哈维始终强调"按照马克思的本意去阅读"②，这实则是发出了"回到马克思"的呼吁，虽然"回到马克思"的言说语境和生活世界之中去研讨《资本论》，并在社会实践中反馈其理论的正确性，是研究马克思经典文本的正途，然而要真正"回到马克思"无疑困难重重。哈维的解读是以自身独到的学术视角展开的，难以真正做到按照马克思的本意去阅读。二是哈维以空间视角批判和探讨资本主义问题，并创建了空间政治经济学，这显然是借用马克思丰厚的理论资源实现理论创新，然而这一理论也存在着对马克思思想的误用。哈维从使用价值入手，通过对资本循环和外部环境的考察，言明资本生产有着自己的界限。马克思也论及资本的界限，不过，资本主义生产的真正界限（限制）不是其他，而是资本本身。三是哈维所提倡的获得政治解放的新策略——希望的空间——虽然在一定程度上"打开了禁锢已久的思想之门"，然而却依旧是一种乌托邦，目前只是哈维"乐观政治学"的一种理论表达而已，达成希望空间的具体之路仍有待于探寻。

---

① David Harvey, *The Limits to Capital*, Basil Blackwell, 1982, p. XIII.
② David Harvey, *A Companion to Marx's Capital*, Verso, 2010, p. VII.

三 卡弗的文本和叙事分析法

作为当代英美世界杰出的马克思学者,特雷尔·卡弗(Terrell Carver)的作品向我们展现了一个"后现代"的马克思形象——"政治家"和"商品社会批判理论家",这是卡弗运用后现代主义的"文本和叙事分析法"① 解构马克思经典文本、特别是《资本论》第一卷得出的结论。

(一)在后现代主义的语境中解读《资本论》文本

在卡弗看来,以后现代的方式进行文本解读有一个预设,即"把马克思主义当作拥有实践内涵的基本命题,并力图重新对其进行系统阐释"。在这一解构视角中,必须"承认文本——包括马克思的文本——作为重要的历史事件,是值得我们仔细研究、并将其与其他历史事件联系起来的,这些都是我们一直致力于弄清真相的对象"②。卡弗认为,阅读文本可借助一些"非经典性的"和"当代的"文献,以此重新打开经典文本。在一定程度上,后者的价值和意义会更加明显。卡弗在解析马克思文本的过程中创造性地提出了三种阅读方式的转换。一是内容转换。在已有的马克思文本中,传统的文本编排方式绝不是唯一可能的方式,"新文本的发现与公开发表,使得我们所熟悉的那种立足于理论教义和个人生平对马克思文本进行甄选与排序的方式崩塌了",在这种情况下,"如果以一种'后现代'的方式来解读马克思,那么,马克思对当代民主与集权主义活动的批判工作,就在马克思的全部思想内容中占据了核心,与之相伴随的,还有他对当代经济生活的范畴批判"。③ 二是方式转换。诠释学、解构主义、情境主义等都改变着文本的解读方式,从而势必会改变读者对于作者言说意境和时代处境的看法。因此"对马克思的阐释

---

① [美]卡弗:《政治性写作:后现代视野中的马克思形象》,张秀琴译,北京师范大学出版社2009年版,第2页。
② 同上书,第1页。
③ 同上书,第2页。

工作有必要与这种后现代思想时代保持同步"①。三是原因转换。马克思拥有革命家、科学家、哲学家、经济学家、社会学家和历史学家等多种"头衔",卡弗却更多地将马克思视为一个政治家。在他看来,马克思对自由主义左派和社会主义左派的介入,与自由市场经济与混合式经济之争相关。卡弗所寻求的是"可以围绕着每一个文本进行重建政治活动与政治受众的情境,并力图以此来聚焦当代的政治"②。

(二)从日常语言的使用出发解构《资本论》文本

卡弗同时指出,他使用的只是一种"较为温和的后现代主义方法""只是在与后现代主义有着某种共同点的修辞学或'解释学'的方式上来使用语言"③。卡弗认为,马克思"使用了比喻性的语言来提出政治性的观点",而这是一种"文本化"的方法,"马克思的批判把政治经济学视为文本的表层,借助于全面而彻底的语言分析"④。马克思在《资本论》中所关注的是"资本主义和商品生产社会中的日常语言使用问题"。从《资本论》第一卷出发,卡弗提出了一系列问题,"《资本论》是一部怎样的著作?它到底写的是什么?或者,对于类似问题是否有多样性的回答?如果有,它的合理性依据是什么?"⑤ 与实用主义和理性选择主义不同,卡弗直言:"我对《资本论》的看法截然不同,我认为马克思(正如我在《资本论》中读到的那样)非常关注资本主义和商品生产社会中的日常语言使用问题。在我看来《资本论》就是一部从日常语言出发的分析性著作,它通过对政治经济学'科学'的批判(该批判致力于对语言现象做出解释),最终上溯到对注定是'逻辑的'和'思辨的'概念关系王国的揭示与探索。"⑥ 可见,卡弗是从日常生活中最为常见的存

---

① [美]卡弗:《政治性写作:后现代视野中的马克思形象》,张秀琴译,北京师范大学出版社2009年版,第2页。
② 同上。
③ 同上。
④ 同上书,第23页。
⑤ 同上书,第25页。
⑥ 同上书,第28—29页。

在——个人和商品——开始探讨《资本论》（主要是第一卷）中的基本问题。他认为，马克思是从分析商品开始其论说的，但《资本论》并不是讨论商品本身的，而是讨论商品所导致的市场和资本主义经济中人的行为的，"《资本论》不是一部有关物质或物质概念的著作，而是一部论述个人问题的著作，在这里，个人首先是社会角色的扮演者或占有者"①。

卡弗在后现代主义的语境中从日常语言的使用出发解析《资本论》是一次"与时俱进"的尝试。这一理论解读取得了一系列成果，对我们研读《资本论》有着极大的启示。但是，这一解读也还存在着不足，主要表现为两个方面：第一，卡弗对于《资本论》的解读是一种"解读的解读的解读"，势必同马克思的原初语境有着较大的差异，其解读既有对马克思文本的直接解读，也掺杂着对解读的解读，因而我们必须慎重对待；第二，卡弗对马克思文本的政治性解读有着鲜明的目的性，其分析难以做到不偏不倚，他以政治视角为切入点，力图展示建构马克思的过程，旨在推销一种符合其想法的"营销策略"，这就使得其还原马克思本真面貌的程度大打折扣。

四 借鉴与启示

作为马克思的"未竟之作"，《资本论》能够引起学者们的广泛关注和深入研读，是因为这部著作依然可以解释和解决当代的问题。面对资本主义的危机，人们纷纷求教于马克思及其《资本论》，足见马克思思想的持久效力。他山之石，可以攻玉。以辩证的眼光审视国外学者对《资本论》的解构，可为我们研读这一经典文本提供一些有益的借鉴。

（一）要以正确的方式研读《资本论》

读者与作者之间的"对话"一般都是跨时空的。在一个半世纪的马克思思想解读史上，无论是"以恩解马""以苏解马"还是"以西解

---

① ［美］卡弗：《政治性写作：后现代视野中的马克思形象》，张秀琴译，北京师范大学出版社 2009 年版，第 226—227 页。

马",往往都因为各种主客观因素而影响到我们理解马克思思想的精确性。面对马克思的文本（尤其是《资本论》），国外学者或直接或间接地强调要"以马克思的方式来阅读"。这是我们抓准马克思思想的关键，同时也为我们研读《资本论》提供了一条基本思路：回到马克思的言说语境及其生活的时代。一是要回到马克思的言说语境，了解马克思到底说了什么，最简单、有效的方式是与之直接对话；而回到马克思的文本，认真研读马克思政治经济学批判的"文本群"，是我们能与之对话的唯一方式，由此才能真正理解马克思及其深邃的思想。二是回到马克思的历史时代。任何言之有物的思想都必然带有历史的印记，《资本论》即是"马克思思想所集中表现的时代"，其批判矛头直指资本主义生产方式及其关系。要充分了解《资本论》所要表达的意境，就需要对马克思撰写《资本论》时的历史境况有所了解。通过了解马克思生活的时代来透彻理解《资本论》。唯其如此，方能知晓政治经济学批判的理论价值和实践效力。否则，就难以真正理解"马克思为什么是对的"，更难以回应"当代人为什么还要研读马克思"的诘问。

（二）要以认真的态度研读《资本论》

对于任何学问，我们都要抱以认真的态度。今天，有相当数量的学者大量引用经典文本，却未曾透彻读完四卷本的《马克思恩格斯选集》，更不消说十卷本的《马克思恩格斯文集》，甚至《马克思恩格斯全集》了。从他们引证经典文本的错误中，我们发现，这些旁征博引要么是源于对"二手文献"的涉猎，要么是在电子检索的基础上将经典文本中可为己所用的文字节选出来。这种"走捷径"的现象说明这些人对马克思的思想缺乏认真的态度。任何真正的马克思主义理论研究者都必须以认真的态度对待马克思的经典文本，深入马克思的思想世界，否则就会缺乏必要的文本考察和理论省思，犯言之无物、妄下定论的错误，最终误入歧途。

（三）要以批判的眼光研读《资本论》

理论的生命力源于理论的批判力，没有批判力，就没有战斗力，也就没有生命力,马克思主义的生机活力正是源自其批判精神。若将实践视为马克思主义的"奠基石",则批判就是马克思主义的"真精神"。我们所面对的是一个"真正的批判时代""一切都必须经受批判"[①],经不起批判检验的科学都是伪科学。正是因为马克思深谙批判之道,才创建了如此完备而又具有鲜活生命力的理论。通观马克思思想的发展历程,它在"批判他人"观点的基础上得以本质的生成,在"回应批判"的基础上得以切实的发展,在"自我批判"的基础上得以真切的完善。可以说,批判之维贯穿于马克思主义发展过程的始终。马克思主义的批判根本异质于其他批判思想,它是立基于实践观、辩证法、历史观和总体性等基本观点之上的新方法。马克思主义理论的革命性和科学性的彰显集中体现为其彻底的批判性——不仅在于在批判"旧世界"中发现"新世界",更在于这一理论本身内含着批判的特性。同时,马克思主义的批判法则并非为我们理解世界提供现成的方法,而是为达至我们的目的而提供看待问题和解决问题的方法。马克思的世界观不可被当作"教义",只能被视为方法。在马克思的语境中,批判并非简单地谴责,而是在人类历史、现状和未来之间架构起一座具有超越性的桥梁,形成对一切社会存在物的新认知;批判也并非无根据的诘难,而是充分运用科学的方法和理性的头脑对一切社会存在物进行合理把握。我们要了解马克思,要研读《资本论》,就必须秉承马克思的"真精神"——批判,以批判的眼光对待马克思的思想与文本,从而实现对马克思思想的积极扬弃,进而实现对马克思思想与文本的科学把握和准确解构。

(四)要在文本的比较中研读《资本论》

据聂锦芳教授考证:"迄今为止,对《资本论》第一卷的研究,几乎所有的研究者依据的都是由恩格斯整理的德文第四版,但 1867 年出版的德文第一版只有 6 章,而 1872—1875 年间分册出版的法文版则扩展为 8 篇 33 章,1882 年的德文第二版又修正为 7 篇 25 章,1887 年的英文版则为 8 篇 33 章(与法文版完全一致),而 1890 年的德文第四版确定为 7 篇

---

① [德]康德:《纯粹理性批判》,邓晓芒译,人民出版社 2004 年版,第 3 页。

25 章。这些不同版本之间不仅在字词、段落上有非常多的改动,而且在结构上、内容上也有比较大的差别,用马克思评论第一卷法文版的话说,都具有'独立的科学价值'。过去的《资本论》研究没有注意到这些问题。"[1] 过去,我们的研究依据的是俄文翻译、编辑、出版的 50 卷本的《马克思恩格斯全集》。今天,世界各地对马克思恩格斯著作的整理出版为我们进行文本比较研究提供了可能,尤其是由国际马克思恩格斯基金会编辑出版的《马克思恩格斯全集》(历史考证版第二版,MEGA)有 114 卷 122 册,这就为我们的文本比较研究提供了极其丰富的资料基础。

总之,国内的理论工作者需要反思:为什么马克思主义经济学离主流经济学渐行渐远?我们的理论之所以落后,是因为缺乏创新,是因为我们的理论研究落后于中国改革开放的实践,是因为我们的理论成果不能发挥指导实践的作用。我们必须通过文本的比较研究,使马克思主义经济学研究冲破传统藩篱的束缚,挣脱僵化思想观念的禁锢,发扬马克思的批判精神,从比附走向创新。

(原文发表于《国外理论动态》2017 年第 2 期)

---

[1] 聂锦芳、彭宏伟:《马克思〈资本论〉研究读本》,中央编译出版社 2013 年版,第 3 页。

英国何以能够成为《资本论》研究对象的典型

周璐瑶　王曼莹[*]

摘　要：英国之所以能够成为《资本论》研究对象的典型，是因为在进入资本主义发展阶段以前，相对其他国家，英国的资本主义经济关系得到较为成熟的孕育。当英国确立资本主义生产方式时，其他国家还处在前资本主义生产方式以及与之伴随的社会关系和政治关系苟延残喘的阶段，这使英国能够向西欧大陆其他国家展示未来的发展景象。英国封建生产关系变革引发的封建制度环境变化为其资本主义生产方式的建立提供了前提，工业化的进程使资本主义生产方式成为主导并在其后的发展中得到稳固。英国资本主义生产方式在工业革命的推动下，生产的社会化与生产资料私人占有之间的矛盾的外在表现也最早在英国显现。由此，提供了资本主义生产方式形成、发展和社会矛盾全貌的英国，必然成为马克思《资本论》研究对象的典型。

关键词：马克思；《资本论》；英国；土地；劳动力

马克思在《资本论》第一版序言中指出："物理学家是在自然过程表现得最确实、最少受干扰的地方观察自然过程，或者，如有可

---

[*] 作者简介：周璐瑶（1980—　），吉林财经大学经济学院副教授，主要从事经济史研究；王曼莹（1962—　），东北师范大学商学院教授，主要从事市场营销研究。

能，是在保证过程以其纯粹形态进行的条件下从事实验的。我要在本书研究的，是资本主义生产方式以及和它相适应的生产关系和交换关系。到现在为止，这种生产方式的典型地点是英国。因此，我在理论阐述上主要用英国作为例证。"[1] 本文从经济史的视角，考察英国何以成为《资本论》研究对象的典型，即英国如何形成了资本主义生产方式的全部历史前提。

恩格斯指出，"历史从哪里开始，思想进程也应当从哪里开始，而思想进程的进一步发展不过是历史过程在抽象的、理论上前后一贯的形式上的反映；这种反映是经过修正的，然而是按照现实的历史过程本身的规律修正的，这时，每一个要素可以在它完全成熟而具有典范性的发展点上加以考察"[2]。《资本论》的逻辑与历史关系就呈现了这样的问题：《资本论》的主要研究对象虽然是资本主义社会，但在探讨资本主义经济规律的同时，也阐述了资本主义社会的形成过程。所以本文对英国经济史的探讨包含了其资本形成史和资本主义发展史。对这两大方面历史内容的探讨之所以是以英国的土地制度和劳动者生产条件的变迁为线索，其原因：一是英国的资本主义萌芽是由封建主义经济形态中的土地制度和劳动者生产方式的变革引起；二是这一封建生产关系变革引发制度环境发生变化，且在这种变化中英国实现了资本主义生产的历史前提；三是当英国确立资本主义生产方式且爆发了充分展现资本主义生产矛盾的生产危机时，欧洲其他国家在土地制度和劳动者生产条件方面还存在着大量的封建主义因素，所以，英国是唯一能够提供资本主义生产方式形成、发展和资本主义矛盾全面展开的国家，从而成为《资本论》研究对象的典型。

一　英国封建土地生产关系的变革与资本主义经济的萌芽

英国的封建主义经济形态在14—17世纪初，存在着一种"就其生产

---

[1]《马克思恩格斯文集》第5卷，人民出版社2009年版，第8页。
[2]《马克思恩格斯文集》第2卷，人民出版社2009年版，第603页。

方式而论，既非封建亦非资本主义"的体制①，这种体制变迁是由英国这一时期封建土地经营方式的变化及与之相伴的农耕者身份的变化引起的，且由此使英国产生了资本主义经济的萌芽。

（一）英国封建土地经营结构的变化与货币地租的实行

13世纪前，英国的经济结构基本上是单一的种植业，13世纪后养羊业在英国农村经济中迅速发展起来。所以，从13世纪开始，英国逐渐形成农牧混合和畜工贸结合发展的经济结构，这种经济结构给英国带来农业生产率和商品生产率的提高，货币流通在经济生活中日益发挥重要的作用，并最终导致货币地租对劳役地租和实物地租的替代不可避免。从14世纪开始，货币地租在英国的庄园经济中占绝对的优势。由于劳役地租是此前英国封建土地制度的基础，"土地的特点是土地分给尽可能多的臣属"②，即封建领主的权力不是由地租的多少决定，而是由依附于他的人数决定。所以，货币地租的实行必然使农耕者与封建领主的人身依附关系弱化，转化为货币关系。这种货币关系的确立，标志着把土地当作生产客观条件的劳动者对自身劳动的占有，劳动者可以根据自己的意愿，买卖、出租或自由耕种自己的土地——这是土地和劳动力条件被转化为资本的历史前提。

随着货币的优越性日渐明显，货币地租给英国的土地生产和封建制度注入了追逐利润的精神，"土地不再仅仅被看成财富和社会地位的象征，也被当作盈利的工具"③。尽管货币地租是对农耕者过去劳役地租的折换，但它决定了货币地租数额的不能随意改变——此前的劳役地租是固定的。于是在14世纪后的英国，随着物价上涨、货币贬值、农耕者实际地租减少、庄园领主实际收入水平下降，一个具有新的财富观念和新的土地经营方式的富裕农民阶层逐渐出现，他们的出现使英国出现了资本主义萌芽。

---

① M. H. Dobb, *Studies in the Development of Capitalism*, London: Routledge and Regan Paul, 1963, p. 19.
② 《马克思恩格斯文集》第5卷，人民出版社2009年版，第824页。
③ 王章辉：《英国经济史》，中国社会科学出版社2013年版，第10页。

(二) 劳动者自由身份的确立与自由劳动力之间的分化

当劳役地租被货币地租取代时,农奴"几乎都可以自由地支配自己的劳动力"①,虽然法律身份没有改变,但在实际的土地经营中他们可以自由支配自己土地的生产管理和产品交换,由此具备了"积累个人财富、扩大再生产的极大可能性"②。14世纪下半期黑死病过后,人口的大量减少使得英国庄园生产陷入劳动力极度缺乏的困境,唯一可行的补救办法是更有效地使用现有劳动力,所以庄园主不仅主动给已经只是维持"农奴躯壳"的劳动力自由人的身份,还要雇用部分劳动力进行生产。这种使用劳动力方式的改变,使英国土地生产中劳动者本身作为他人财产的关系解体,这种关系的解体是资本找到劳动者"作为丧失客体条件的、纯粹主体的劳动力""作为自身存在的价值",③作为资本所有者的非财产的必要前提和首要步骤。而"劳动者把土地当作生产的自然条件的那种关系"和"劳动者是工具所有者的那种关系"④的真正解体,是由自由农耕者发生阶层分化和晚期圈地运动对剥夺的土地确立了自由产权才发生的。

随着庄园使用劳动力方式的改变,封建领主越来越倾向于将大块的土地租佃给那些经营能力强或积累相对多财富的农民,以此促进庄园生产。在这种形势下,庄园土地使用权的买卖和出租被封建领主所允许,并迅速发展起来。一些因经营不善或是获得了非农业生计等缘故的农户将土地的使用权出租或转让,自身转为庄园的雇佣农业工人或跑向城市谋求生计,而承租或购买土地的农户则追求通过扩大土地经营面积获得利润。于是庄园中的农耕者分化为两极:一极是由于无力经营土地而脱离土地转为农业雇佣工人的劳动者;另一极是收买和集中小块土地变成大土地经营者的富裕农民,他们日益成为领主庄园土地的重要承租人。

农耕者的分化使英国产生出资本主义生产关系的两个构成要素。一

---

① 侯建新:《社会转型时期的西欧与中国》,济南出版社2001年版,第131页。
② 同上书,第380页。
③ 《马克思恩格斯文集》第8卷,人民出版社2009年版,第150页。
④ 同上书,第149页。

是脱离土地生产经营的自由农耕者转为他人经营土地上的雇工，实现了劳动者把土地当作生产的自然条件的那种关系的解体。由于土地财产既包含着作为生产资料的土地本身，还包含着土地本身所提供的生产资料，所以，自由劳动者脱离土地意味着对生产的主体条件和客体条件的双重丧失，他只能成为出卖活劳动的劳动者。二是吸收普通农耕者的小土地和大块承包庄园主土地的富裕农耕者，他们是以货币力量实现对土地的集中生产，他们的发展意味着旧的封建土地生产关系解体。尽管他们的土地生产并不属于纯粹的资本主义经济关系——支付的租金是封建的契约地租而非市场地租，但他们的生产已经具有资本主义萌芽性质——通过购买作为生产资料的土地和雇用劳动力进行生产，产品提供给市场，产品的利润在市场中转化为货币，再作为土地资本进行投入。更重要的是，他们的兴起最终促成了封建契约地租的瓦解，资本主义市场地租的兴起。

总之，自14、15世纪以来，英国封建土地生产关系变革引起的土地经营方式和劳动力使用方式以及农耕者的阶层分化，最终导致了马克思所说的："资本的原始形成只不过是这样发生的：作为货币财富而存在的价值，由于旧的生产方式解体的历史过程，一方面能买到劳动的客观条件，另一方面也能用货币从已经自由的工人那里换到活劳动本身。"[①]

二 英国封建土地生产关系的解体与资本主义生产方式的确立

马克思在论述"资本主义关系的原始形成"时指出，"资本的原始形成，完全不是像人们所想象的那样，似乎是资本积累了生活资料、劳动工具和原料"[②]，而是"积累了同土地相分离的、而且本身早已将人类劳动吸收在内的劳动的客观条件"[③]。在英国，通过圈地运动和强化雇佣劳

---

① 《马克思恩格斯文集》第8卷，人民出版社2009年版，第160页。
② 同上书，第159页。
③ 同上。

动制的立法，确立了资本主义土地制度，实现了工人客观劳动条件的转换，且在这一历史过程中，英国进行了殖民掠夺、奴隶贸易、商业战争、国债制度、关税制度等资本原始积累活动，最终奠定了资本主义生产方式的历史前提。

（一）对农耕者土地的剥夺及其社会经济后果

马克思指出："在原始积累的历史中，对正在形成的资本家阶级起过推动作用的一切变革，都是历史上划时代的事情；但是首要的因素是：大量的人突然地强制地同自己的生存资料分离，被当作不受法律保护的无产者抛向劳动市场。对农业生产者即农民的土地的剥夺，形成全部过程的基础。这种剥夺的历史在不同的国家有不同的色彩，按不同的顺序，在不同的历史时代通过不同的阶段。只有在英国，它才具有典型的形式，因此我们拿英国做例子。"① 在英国，"对农业生产者即农民的土地的剥夺"的完成，是通过圈地运动实现的。

英国的圈地运动是从15世纪末开始的。虽然从这一时期到18世纪的"议会圈地"前的土地圈占主要是对农村公用地的圈占，未涉及农民的私人用地，但由于英国的农村公用地比较特殊，公用地的圈占还是造成了很多劳动者成为无产阶级。与当时其他欧洲封建国家相比，英国农村的公用地在农业用地总面积中所占的比例是最大的，英国大部分农耕者家庭的收入来自两个部分：自己的自耕地和公用地的使用，且公用地的使用是普通农耕者家庭的重要经济来源。所以，公用地被圈占致使大部分家庭丧失对公用地的使用权，他们也由此走向贫困化，最后很多人不得不出让自己的土地——因为自耕地要缴纳地租。由于早期圈地运动时期，英国的工业规模还不是很大，吸收脱离土地的劳动力的能力还不强，且"这些突然被抛出惯常生活轨道的人，也不可能一下子就适应新状态的纪律"②，加上早期的圈地多为养羊，放羊需要的劳动力并不多，这造成很多在圈地中失去土地的人被迫到处流浪。

---

① 《马克思恩格斯文集》第 5 卷，人民出版社 2009 年版，第 823 页。
② 同上书，第 843 页。

早期圈地运动对普通农耕者利益的损害导致了社会动乱,原因是:农耕者是英国封建社会的基础,是国家的主要税源,也是主要兵源,他们总量的减少自然会影响中央政府的财政收入,也动摇了军队的力量,且一些人转为流民在社会上游荡影响了社会稳定,尤其是一些人沦为盗贼,直接威胁着有产者的安全。于是,英国政府多次出台了惩治土地被剥夺者流浪的血腥法案。"这样,被暴力剥夺了土地、被驱逐出来而变成流浪者的农村居民,由于这些古怪的恐怖的法律,通过鞭打、烙印、酷刑,被迫习惯于雇佣劳动制度所需要的纪律。"① 总之,在早期运动时期,圈地运动本身和政府的各种惩治土地被剥夺者的立法,使"英国工人阶级没有经过任何过渡就从自己的黄金时代陷入了黑铁时代"②,强化了劳动对资本的形式上的从属。

17世纪下半叶的资产阶级革命胜利后,资产阶级政府很快将促进资本原始积累的圈地运动合法化,由政府所推进的土地圈地不仅包括公用地,还包括几乎所有的荒地如沼泽、森林等——英国的土地特点是荒地、草地、森林较多。由于在早期圈地占领公用地的情况下,普通农耕者家庭不得不开辟荒地生产,或者将房屋建在荒地上以提高自己的自耕地或小租地的使用面积,因此对荒地的圈占等于进一步剥夺了他们的土地。他们经济状况的普遍恶化,使他们"必须为别人劳动才能维持生活,而且不得不到市场上购买自己所需要的一切"③。最终到18世纪中叶,被剥夺了旧封建制度给予他们的一切生存保障的自耕农在英国消失了,他们转化为只能通过出卖自己的劳动力为他人进行生产的雇佣劳动者。

18世纪下半叶以后进行的圈地运动主要是为了集中土地建立资本主义大农场,提高生产率,这使英国农场的数量大大减少,农场的规模大大增大。土地的集约化生产和经营,使得农村劳动人口的增长率相对于城市劳动人口的增长率不断下降,尤其是18世纪最后30年大工业的展开,创造了大量城市就业机会且工业工资优越于农业工资,于是这种将

---

① 《马克思恩格斯文集》第5卷,人民出版社2009年版,第846页。
② 同上书,第826页。
③ 同上书,第834页。

封建小地产转为现代大土地私有财产的"田园诗式"的原始积累方法①，最终为城市工业发展提供无产阶级作出了重要贡献。

（二）土地资本主义经营方式的确立及其对工业化的推动

英国圈地运动最初是缘于16世纪"价格革命"导致贵族地主的传统地租收入水平的快速下降。封建土地贵族为了补偿自己的收入，通过圈占土地，变更之前的土地划分，重新实行地租——改为市场地租，"租金随市场行情而发生变化"②。在英国，能承受起按照价格革命的价格租种土地的只有富裕的大户农民或商人，这样他们成为被圈占土地的租种者或购买者。土地出售或租用的价格从封建契约关系转为市场关系，意味着土地开始受货币统治，而这一结果的实现在英国是以劳动的客观条件与劳动者相分离的实现为前提的，即已经创造了大量的受货币统治的劳动力，于是当租地农场主缴纳的是市场地租或新土地所有者在市场领域获得土地时，他们进行的生产已经是资本主义生产了。他们为了扩大自己的经营利润接受了调整为市场价格的已经上涨多倍的地租，他们以货币在市场领域获得土地和劳动力。由于他们购买的是劳动力的使用权——劳动力如何发挥作用不归劳动者本身支配，这使得他们能够靠使用雇佣劳动力去创造大于支付劳动力价格的劳动价值，增殖自己的货币资本。对于租地农场主来说，他们获得的利润的一部分还会以地租的名义流入土地所有者——贵族地主手中。这样原是封建地主阶层发动的圈地运动最终走上了农业资本主义的道路。

在英国资产阶级革命后，英国的私人圈地运动被资产阶级政府合法化，特别是18世纪以后圈地运动以更大的规模、更快的速度在发展。也正是从这一时期起，英国代表资产阶级化贵族和商人资产阶级阶级利益的政府越发意识到，土地所有权过分集中将会成为社会动荡不安的重要因素，特别是拥有大片土地的地主往往也拥有爵位、封号、门第等无形财富，这会加剧其他资本所有者和下层民众的不满。由于这一时期的英

---

① 《马克思恩格斯文集》第5卷，人民出版社2009年版，第842页。
② 王章辉：《英国经济史》，中国社会科学出版社2013年版，第86页。

国已经从圈地运动、海外贸易、海外殖民、商业战争等活动中获得了比其他任何国家都要广阔的国内外市场,工场手工业的发展对英国日益重要。于是,资产阶级政府一方面继续出台加快圈地的立法,另一方面鼓励和支持土地所有者、经营者将投资重点转入工业和贸易,从而缓解社会矛盾,增强土地贵族对资本主义制度的认同。同时,这样的政策也壮大了英国的工业资本和企业主队伍,并促使英国的农业资本家认识到农业资本主义生产方式的稳固有赖于工业化的实现。

15世纪末到19世纪中叶的圈地运动瓦解了英国的封建土地制度,使资本主义生产方式在农业中确立,并"为工业资本游离出工人及其生活资料和劳动材料"①,扩大了国内工业品市场。总之,圈地运动与其他资本原始积累活动共同推动了两方面的扩张,即私人资本的扩张和靠资本吸附才能生存的劳动力的扩张,这最终促成了能更有效吸收并不断再生产出这方面资本的工业化的发生。

三　资本主义生产方式矛盾的激化与英国资本主义生产危机的爆发

英国在14世纪就产生了资本主义生产关系萌芽,且在此后400年左右的时间里不断发展壮大,但直到19世纪上半叶英国工业化生产方式确立,英国才真正将资本主义生产方式稳固下来,并在资本主义生产规律的充分作用下爆发了生产危机。

(一) 资本扩张的要求与工场手工业的最终归宿

一旦确立资本主义制度环境,私人资本追求自身不断扩大的属性就会得到充分展现,由其组织的生产不仅会要求再生产本身规模的扩大,还会要求再生产出规模扩大的资本主义关系即"更多的或更大的资本家"和"更多的雇佣工人"②。在英国资产阶级政府上台的17、18世纪,这种

---

① 《马克思恩格斯文集》第5卷,人民出版社2009年版,第857页。
② 同上书,第708页。

由私人资本组织生产的要求在工场手工业中得到了较充分满足。

英国在15世纪后由于农牧混合、畜牧业与手工业、商业相结合的经济结构的确立,以及租地农场和圈地运动所带来的脱离土地的大众越来越多,在手工业领域中出现了资本主义性质的手工工场。这些手工工场与乡村的租地农场的经营一样,是从市场获得生产原料、工具以及劳动力,且由于手工工场的生产存在分工协作,其生产的时间和步骤比土地更多地受企业主安排和控制,因此,手工工场的生产方式比租地农场的经营方式更容易剥削到工人必要劳动时间之外的剩余劳动。由于这种"较多工人在同一时间、同一空间(或者说同一劳动场所),为生产同种产品,在同一资本家的指挥下工作"的生产①,只有增加工人的人数才能带来剩余价值量的增加,且其生产是以工人的熟练、速度和准确为基础,所以,手工工场的发展既需要越来越专业化的分工——"经常重复同一种有限的动作,并把注意力集中在这种有限的动作上,就能够从经验中学会消耗最少的力量达到预期的效果"②。又需要雇佣工人的人数按倍数增加——由于分工造成。这种发展进一步导致的结果是:一方面,越来越多的雇佣劳动力转化为终身从事局部生产的工人。细化的分工降低了工人的价值,"工人按其自然的性质没有能力做一件独立的工作,他只能作为资本家工场的附属物展开生产劳动"③。这种建立在狭隘技术发展基础上的工场手工业不能掌握全部的社会生产,也不可能改造它,这和工场手工业需要不断扩大再生产的需要相矛盾。另一方面,分工引起的劳动生产力提高使劳动在一定时间内消耗的生产资料和生产资料的数量增大,于是"单个资本家手中的资本最低限额越来越增大"④。资本家资本积累的扩大必然要求他不断扩大再生产,而当分工发展到一定程度即手工业者的技能不准许再进行细致分化的时候,资本家无法再通过分工进而提高生产率来提高再生产的剩余价值,就需要靠延长工人的工作日或降低进行生产的生活条件来实现。而工作日的长度和维持生产的生活条

---

① 《马克思恩格斯文集》第5卷,人民出版社2009年版,第374页。
② 同上书,第394页。
③ 同上书,第417页。
④ 同上。

件是不能低于劳动者维持再生产的限度，尽管当时英国的流动人口和外来人口能够对资本家消耗的劳动力有所补偿，但这种补偿只是短暂的，不可长期持续。所以，当工场手工业发展到极致的时候，它必然要陷入无法追求剩余价值的困境，摆脱这一途径的办法是实现机器生产。

（二）机器大工业的确立及其引发的资本主义生产危机

资本不断扩大其自身的本质属性，要求其组织的物质生产能够自身创造出生产需要，以维持并扩张剩余价值的创造。这一要求最终只能以大机器的生产即发生工业革命才能实现。因为作为工业革命起点的机器，能够"用许多的或同样的工具一起作业，由一个单一的动力来推动，而不管这个动力具有什么形式"，以这种生产工具来进行的生产缩短了工人工作日中必要劳动时间，相应延长了"他无偿地给资本家的工作日部分"，所以机器是生产剩余价值的最好手段。

尽管机器生产不仅大幅地提高了劳动生产率，且这种提高并不是靠提高对工人的劳动消耗换来，但这并不是英国"机器的生产范围比工具的生产范围广阔无比"的原因[1]。正如马克思所指出的，既然靠提高对工人生命的消耗来实现资本积累的方法，能够增加资本家的利润，他们怎么会为此苦恼。在经历了17、18世纪工场手工业繁荣发展的英国，从18世纪下半叶开始，在工业生产的很多领域出现了机器发明，而各个领域出现的机器生产能不能在广度和深度方面进行前所未有的扩张，要看对组织生产的资本家来说，机器生产的价值能不能和它所代替的手工劳动的劳动力的价值之间存在差额。由于机器生产是让机器来进行专业化的生产，它降低了对工人的技术熟练或专业技术的要求，大大降低了从事工业生产的性别和年龄的限制，且18世纪下半叶英国发生了人口革命，人口的迅速增长对使用机器生产即"把工人家庭的全体成员都抛到劳动市场上，把男劳动力的价值分到他全家人身上"的推广十分适宜[2]。尽管雇佣劳动力人数的增多，可能会使资本家购买多个劳动力的花费高于之

---

[1] 《马克思恩格斯文集》第5卷，人民出版社2009年版，第445页。

[2] 同上。

前购买一个劳动力的花费，但它造成了多个工作日代替一个工作日，以多个人创造剩余劳动代替一个人创造剩余劳动，且其前提条件是劳动力的价值贬值了。这样在工作日固定的情况下，每个工人所提供的剩余劳动的相对量提高了。所以，资本家增加机器生产就意味着剥削程度增加了，生产带来的剩余价值增加了。随着技术革命的进步，英国最终确立了机器生产的资本主义发展方式。

对使用机器生产的资本家而言，机器的价值在于提高了他获取的剩余价值，即通过增加剩余劳动时间与必要劳动时间的比例实现，所以降低机器贬值的危险性的做法是，缩短机器再生产的必要劳动时间。在生产技术不变的情况下，缩短必要劳动时间只能靠延长工作日即增加剩余劳动时间的绝对量来实现。所以在机器生产的初期阶段，资本家"延长工作的特别动机也最强烈"[1]。于是在18世纪最后30年里，英国刚进入了机器大生产阶段，工作日"开始了一个像雪崩一样猛烈的、突破一切界限的冲击。道德和自然、年龄和性别、昼和夜的界限，统统地被摧毁了"[2]。

进入19世纪后，随着机器在同一生产部门内得到普遍应用，"机器产品的社会价值降低到了它的个别价值的水平"，而非工业革命早期阶段的"机器产品的社会价值提高到它的个别价值之上"，这使得英国的工业资本家的利润降低，当一定量资本所提供的利润不能再增加的时候，机器生产要想提高剩余价值率，就需"用机器日益替代操作工作"[3]，减少生产的工人人数。也就是马克思所说的，这个时候发生的是"剩余价值不是来源于资本家用机器代替的劳动力，而是相反地来源于资本家雇来使用机器的劳动力"[4]。资本家为了弥补被剥削的人数的减少，依然拼命地延长工作日，以增加相对剩余劳动甚至是绝对剩余劳动。

总之，在英国使用机器生产后，尽管社会商品价格被降低，但是它

---

[1]《马克思恩格斯文集》第5卷，人民出版社2009年版，第466页。
[2] 同上书，第320页。
[3] 曾永寿：《利润生产持续之谜——兼与孟捷、刘冠军教授商榷》，《管理学刊》2014年第5期。
[4]《马克思恩格斯文集》第5卷，人民出版社2009年版，第468页。

造成的劳动力的贬值，相对人口过剩以及工作日的绝对延长，引起了严重的社会后果。一是，"产业工人的实际工资没有得到根本的、普遍的和明显的提高"①，且随着保证生产的剩余价值越来越靠减少工人的人数实现时，社会的消费水平在日益萎缩。二是，工人的工作日情况日益地糟糕使社会的生命根源受到威胁：它造成了工人身体和精神的萎缩状态；影响了资本自身的扩张，使劳动力的再生产上要花更多的时间和费用，"正象一台机器磨损得越快，每天要再生产的那一部分机器价值也就越大"②；它使国家的生命力遭到根本摧残，"英国的周期复发的流行病和德法两国士兵身长的降低，都同样明白地说明了这个问题"③。以上两方面的同时发展，一方面，使英国从19世纪上半叶就出现了由生产的社会化与生产资料私人占有之间的基本矛盾所导致的扩大再生产和有限消费相对立的经济危机。另一方面，使资本为了维持自身的利益不得不规定一种正常工作日，最终"英国的工厂法是通过国家，而且是通过资本家和地主统治的国家所实行的对工作日的强制限制，来节制资本无限度地榨取劳动力的渴望"④。

四　法、德等西欧大陆国家的后发展镜像

马克思在《资本论》第一版序言和第二版序言中都强调了其理论阐述主要以英国为例证的原因是：西欧大陆其他国家的资本主义生产方式的发展条件还不够充分，他们不仅苦于资本主义生产的发展，而且苦于资本主义生产的不发达。所以，以英国为例进行研究能够向这些工业不发达的国家展示其未来的发展景象。而马克思所指的工业不发达或者不够发达的国家主要是法国和德国——两者是马克思创作《资本论》时已经开始工业化的国家。

---

① 王章辉：《英国经济史》，中国社会科学出版社2013年版，第310页。
② 《马克思恩格斯文集》第5卷，人民出版社2009年版，第307页。
③ 同上书，第277页。
④ 同上书，第276页。

(一) 法国的资本主义发展

法国的资本主义发展道路与英国相比的一个明显特点是，法国的土地制度对其资本主义的不发达有着重要作用。马克思所说的，"由于古老的、陈旧的生产方式以及伴随着它们的过时的社会关系和政治关系还在苟延残喘"①，这种"死人抓住活人"②的苦难在法国主要体现为它的土地制度。

法国直到18世纪末爆发资产阶级政治革命，为市场而生产的农场也只占法国三分之一的农村土地，并且这些土地直到1840年还有约27%处于休耕状态③；农民主要维持的是分散的、小块的土地经营，即便是富裕的农民也进行的是很分散的各种小块土地的经营，加上法国强大的中央王权和强大的等级制，使得农民和地主的苛捐杂税太多，难以有剩余产品的积累。这些都对18世纪末以前法国的资本主义发展构成重要阻碍，使土地难以提供资本扩展所需的脱离了生活资料和生产资料的劳动力。即便18世纪末的资产阶级大革命彻底废除了封建土地所有制，确立了土地的私有产权。但大革命后土地的所有制上仍呈现不利于其工业发展的态势，即资产阶级大土地所有制和广泛的小农土地所有制并存。这种土地所有制使法国的资本主义受到矛盾趋势的影响：一方面法国资本主义农业在发展壮大，也在一定程度上推动了工业的发展，但另一方面农民对自身小土地的依赖使法国难以发生农村劳动力向城市的大规模流动，且工业品市场狭小。相比英国的土地制度改革，法国的资本主义土地制度使工业从中获得的资本和市场都是有限的。

大革命后，随着工业资产阶级的上台以及面临的外部形势，法国必然要走上工业化的道路，但法国的土地制度以及从这种土地制度中反映出的社会习俗都制约了法国工业资本主义的发展。法国在第一次工业革命的后期出现了很多技术性的变革，但这些技术并没有在法国的工业生

---

① 《马克思恩格斯文集》第5卷，人民出版社2009年版，第9页。
② 同上书，第9页。
③ ［英］罗伯特·杜普莱西斯：《早期欧洲现代资本主义的形成过程》，朱智强等译，辽宁教育出版社2001年版，第219—222页。

产中得到规模化的应用,这是因为在法国的资本积累条件和国内市场水平下,机器生产的价值难以保证大于它所代替的手工劳动的劳动力价值。

(二) 德国的资本主义发展

德国的资本主义发展与英、法相比,一个重要的不同在于德国工业化的进展与旧生产方式的突破大体上是相伴而行的。所以在马克思看来,德国是"死人抓住活人"的灾难最深重的国家。

一般认为,德国是从19世纪30年代开始走上工业化道路的。在19世纪以前,封建土地制度一直是德国的经济发展基础。直到法国大革命后拿破仑军队占领德国全境,强迫其进行废除农奴制及其他封建义务的土地制度改革,由普鲁士率先开展了农业资本主义改革,封建地主即容克地主在土地上实行资本主义经营,农奴转为土地上的雇佣工人。这种由旧的生产关系代表者封建主通过自上而下的改革来进行资本主义改造的道路,被列宁称为"普鲁士道路"。尽管德国的农业资本主义改革具有明显的封建主义残余,但它创造出了德国社会的两大主体力量:由封建大地主转变而来的大资产阶级——他们具有极大资本力量,以及由农奴转变而来的自由雇佣劳动力——能接受较低工资。德国由此具备了发展资本主义生产的必要条件。

德国在不可挽回地走上资本主义发展道路后面临的主要困境是:国家不统一和缺乏资本的积累。对于这两方面的难题,德国是以快速地推动工业资本主义发展来解决:一是根据李斯特的建议建立了德意志关税同盟,实现了境内市场的统一和内部自由贸易,且经济的统一为国家的统一打下了基础。二是在私人资本积累力量弱小的情况下,由境内的各地方政府对工业企业的产品进行大规模采购,即依靠国家资本的力量推动工业的发展,其推动发展的对象主要是军需企业、铁路运输和工矿企业。三是国家鼓励保留一定封建残余的容克地主将在土地经营中获得的利润一部分转向投到采矿业和交通运输业。以上三种途径使德国重工业获得巨大发展,德国快速工业化的势头不可逆转。由于自身历史条件和外部环境的特殊,德国是在传统的生产方式和阶级没有退出历史舞台的情况下快速开展了工业化,要在私人资本没有经历原始积累的条件下实现经济快速赶超，德国只能是采取国家干预，依靠国家资本的力量而非私人资本家的力量来创造工业发展的前提。所以马克思说，德国缺乏"现代资产阶级社会建立的历史条件"。[①]

尽管法国、德国等西欧大陆国家的资本主义生产方式形成、发展的条件和路径等方面与英国有较大的不同，但他们最终都确立了资本主义生产方式并走上了工业化道路，而英国是走上工业化道路的国家中唯一的工业生产方式得到充分发展，并由此导致生产方式和生产关系矛盾激化，从而最先爆发资本主义经济危机的国家。所以英国的发展方式和发展矛盾成为这些国家的后来镜像。

(原文发表于《当代经济研究》2015年第12期)

---

① 《马克思恩格斯文集》第5卷，人民出版社2009年版，第15页。

《资本论》中是劳动本体论吗？
——兼与谭苑苑博士商榷

胡岳岷[*]

摘　要：本体论以及马克思的"本体论承诺"问题，是研究马克思思想绕不开的难题。研究发现，马克思在《1844 年经济学哲学手稿》中孕育了劳动本体论思想，在《关于费尔巴哈的提纲》和《德意志意识形态》中确定了劳动本体论思想。然而，在《资本论》的创作中，他开始了对劳动本体论的动摇。在《资本论》中，马克思绝不是在本体意义上探讨的劳动，而只是在一般意义上展开了对劳动及其问题的研究。《资本论》中的本体只能是资本，只有把握这一点，才能透彻理解《资本论》，才能真正探明资本主义的本质与逻辑。

关键词：《资本论》；劳动；资本；资本逻辑；本体论

"本体论"是一个深奥的哲学问题，也是从事马克思主义科学研究无法回避的问题。谭苑苑博士的《试析马克思〈资本论〉劳动本体论思想》(《当代经济研究》2016 年第 8 期)（以下简称《谭文》）一文，认为"马克思在《资本论》中确立了劳动本体论思想"，并从"劳动价值论""货币转化为资本""剩余价值生产过程""资本主义工资"和"资本的

---

[*] 作者简介：胡岳岷（1961—　），吉林财经大学公共管理学院教授，主要从事马克思主义经济学研究。

积累"等五个方面论证了《资本论》的劳动本体论思想①。本人认为，谭博士的观点有失偏颇，值得商榷。现就这一问题发表一点粗浅的看法，以就教谭博士和学术界同人。

一 何谓"本体论"？

"哲学作为一种形上之思离不开本体论，历史上一切哲学体系都是在特定的本体论基础上建立起来的。"② 探讨哲学问题的时候，本体论是一个难以回避的话题。

（一）本体论的释义

本体论，其英文表达为"ontology"，德文表达是"ontologie"，法文表达是"ontologie"，这些表达都源自拉丁文"ontologia"。仅就字面意思而言，它指的是关于"on"的"logos"。纵观学术界对于"ontologia"的翻译，主要有四种：（1）"有"或"万有"，杨一之先生在翻译黑格尔的《逻辑学》中采用此说；（2）"本体"或"实体"，大多数哲学教材和哲学史教材都采用此说；（3）"是"或"是者"，陈康先生在翻译柏拉图的《巴曼尼得斯篇》采用此说；（4）"存在"或"在"，熊伟先生和陈嘉映先生在翻译海德格尔著作时候采用此说。因此，有的学者在回应"究竟什么是本体论问题本身即哲学本体论究竟要探究和解决什么问题"时，将其理解为："本原之在说""实体之在说""逻辑之在说"和"客观之在说"③。

（二）马克思的"本体论承诺"

同任何哲学一样，马克思主义哲学也有自己的"本体论承诺"。尽管马克思本人没有专门论述"本体论"的文献。也正因为如此，学术界对

---

① 谭苑苑：《试析马克思〈资本论〉劳动本体论思想》，《当代经济研究》2016年第8期。
② 张奎良：《马克思的本体论思想及其当代意义》，《现代哲学》2002年第2期。
③ 王峰明：《"本体论"释义：人的生存根据问题》，《教学与研究》2001年第3期。

于马克思的本体论存在着较大的争议。通过对学术界研究状况的梳理，不难发现，这些争议，主要集中在对以下三个问题的探讨上：第一个问题是，马克思到底有没有本体论？对此，有两种截然相反的观念。以高清海、孙伯鍨两位老先生为代表的马克思主义哲学家，认为马克思没有本体论。高老先生认为，马克思哲学所确立的"实践的"观点与思维方式，此即马克思超越旧式唯物主义和一切唯心主义的关键所在，马克思哲学变革的实质不是关于"本体形态"的变革，而是一种"思维方式的革命"①。孙老先生对于将马克思哲学归结为物质、实践、社会本体论的做法，是持反对意见的。他认为马克思哲学所具有的革命性意义，并非在于他发现了一种全新的本体论，而是"发现了任何哲学的'本体论承诺'都有其无意识的社会存在前提"②。当然，学术界主流依然认为马克思哲学里面有关于"本体论的承诺"。由此便引申出第二个问题，即如果说马克思有本体论，那它究竟是何种本体论？大体归结起来，马克思的本体论有四种：（1）物质本体论。这是深受传统马克思主义哲学教科书感染的学者所持的观点，因为世界的真正统一性就在于其"物质性"。现实的世界是客观的，是物质的。物质就是我们生活世界的基本与本质，在这样的世界中，实践仅仅是一个"微不足道"的组成部分，根本不可能成为本体。马克思哲学所要讲的本体，应是将自然、社会和思维囊括在内的整个世界的本原与基础，而这样的"本体"就只能是物质，而不能是其他别的什么范畴。（2）实践本体论。杨耕教授认为"实践是人类世界得以存在的根据和基础，在人类世界的运动中具有导向作用"，并借此说明了实践本体论的意义——"不仅体现在世界的二重化以及人类世界的形成上，而且还体现在人类世界的不断发展中"③。吴晓明教授则直言："马克思的实践学说乃是新世界观的实质和根本"，并详细论证了"在马克思那里，实践学说的本体论意义事实上正是其全部哲学革命的基

---

① 高清海：《马克思对"本体论思维方式"的历史性变革》，《现代哲学》2002年第2期。
② 孙伯鍨、刘怀玉：《存在论转向与方法论革命——关于马克思主义哲学本体论研究中的几个问题》，《中国社会科学》2002年第5期。
③ 杨耕：《关于马克思实践本体论的再思考》，《学术月刊》2004年第1期。

础，是其超越和摆脱全部意识形态幻觉的根本"①。（3）社会存在本体论。深受西方马克思主义研究者卢卡奇的代表作——《关于社会存在的本体论》——的影响，学术界有部分学者判定，在当下研究哲学问题应该以社会存在为出发点，继而去解释一切自然的和社会的问题。在他们看来，社会存在本体论即马克思哲学的实质所在。（4）生活（生存）本体论。马克思哲学异质于西方哲学的地方便在于，这一理论是以"历史的逻辑"和"人的逻辑"分别扬弃了"科学的逻辑"和"物的逻辑"。将人视为马克思哲学研究的重心，继而马克思哲学是一种"生活本体论"，或者"生存本体论"②。贺来教授著文详细阐明了"生存本体论"的"理论根据""主要问题""基本内容"和"根本旨趣"③。邹诗鹏教授是全国研究生存论著述颇丰的学者，他在《生存论研究》④和《转化之路——生存论续探》⑤两本书中分别表达了其生存论思想。第三个问题是，马克思本体论的发展理路又是怎样的？俞吾金先生对马克思本体论的演化之路进行了详细的梳理，他认为马克思的本体论学说历经了五个发展阶段："自我意识本体论"阶段、"情欲本体论"阶段、"实践本体论"阶段、"生产劳动本体论"阶段和"社会存在本体论"阶段。⑥

需要特别指出的是，本文力图回应《资本论》中是否是劳动本体论的问题。为此本文假定马克思思想中有本体论，但上述本体论的争论并不是本文讨论的内容，故而悬置不言。

---

① 吴晓明：《马克思实践学说的本体论意义》，《南京社会科学》1996年第8期。
② 刘福森：《从本体论到生存论——马克思实现哲学变革的实质》，《吉林大学社会科学学报》2007年第5期。
③ 贺来：《实践与人的现实生命——对"生存本体论"的一点辩护》，《学术研究》2004年第11期。
④ 邹诗鹏：《生存论研究》，上海人民出版社2005年版。
⑤ 邹诗鹏：《转化之路——生存论续探》，中国社会科学出版社2013年版。
⑥ 俞吾金：《马克思哲学本体论思路历程》，《学术月刊》1991年第11期。

二 马克思在何种意义上使劳动上升到本体论的高度？

劳动在人类社会历史上的重要作用，通过"劳动创造了人本身"[①] 这一观点，就能清楚而直观地体现出来。可以说，劳动是人类存在和发展的基础。也正是在这一意义上，马克思曾将劳动上升到了本体论的高度。

（一）马克思劳动本体论的孕育与萌芽

《1844年经济学哲学手稿》虽然是一部尚未公开发表的"草稿"，但却是马克思思想宝库中最值得关注的经典文献之一。在这部未完成的"未刊稿"中，马克思通过对劳动（尤其是异化劳动）的分析，确认了人类的本质及其存在的基础。由此，马克思拉开了劳动本体论的序幕。一是人类本质力量得到了基本澄清。不同于黑格尔的"绝对精神"的活动，也不同于费尔巴哈的"类"活动，马克思直接将人的"类"特性归为自由自觉的活动。通过人类特有的对象化活动，人的本质才得以呈现，人的自身的存在才得以确认，劳动之中蕴含着的人性的张力才得以彰显。二是劳动之于人类社会的决定性作用得到了初步阐明。在马克思那里，人是劳动的产物，劳动不仅使人能够直立行走，还使人形成了复杂的社会联系。可以说，"全部人的活动迄今为止都是劳动"[②]。三是"关于人的科学本身是人自己实践活动的产物"[③]。人通过劳动创造适合我们生存的对象世界的同时也完成了对无机世界的改造。只有在这个时候，"人证明自己是有意识的类存在物，就是说是这样一种存在物，它把类看作自己的本质，或者说把自身看作类存在物"[④]。四是劳动才是全部历史运动的"创造者""亲历者"和"见证者"。换言之，一部人类发展史就是一部劳动史，"整个所谓世界历史不外是人通过人的劳动而诞

---

① 《马克思恩格斯文集》第9卷，人民出版社2009年版，第550页。
② 《马克思恩格斯全集》第3卷，人民出版社2009年版，第309页。
③ 同上书，第359页。
④ 同上书，第273页。

生的过程"①。

(二) 马克思劳动本体论的成熟与确定

《关于费尔巴哈的提纲》与《德意志意识形态》标志着马克思唯物史观的确立，这两部闪烁着新世界观天才光辉的文献，标志着劳动本体论的成熟。总体来说，马克思在这个时候对人类劳动实践活动的理论剖析主要集中在三个方面：(1) 将劳动实践活动与其他活动区别开来，并论述了劳动活动的决定性作用；(2) 将生产活动的内在矛盾充分地表达了出来；(3) 充分论证了生产活动的中介作用。具体来说，这两部著作标志着劳动本体论的成熟，主要体现在以下四个方面：一是确定了社会生活的本质——实践。物质生产是社会存在和发展的基础，没有物质生产便没有人类的历史。同时，劳动实践活动构成人类社会生活的基本内容。因此，一般马克思主义哲学教科书都会讲"实践是马克思主义哲学的首要和基本观点"。这无疑是对劳动本体论最为直接的论述。二是确定了人类社会历史活动的前提——从事劳动的有生命的个人。在马克思看来，研究像鲁滨逊那样的人是没有多大意义的，因为在进行研究的时候，它的对象必须是"一些现实的人，是他们的活动和他们物质生活条件"②。可见，马克思是从劳动出发，来完成对人的本质及其活动的理论研究的，这也是马克思高于黑格尔（"绝对精神"）、费尔巴哈（"类"）和施蒂纳（"唯一者"）的关键所在。三是确定了人类存在和发展的四项活动。从劳动生产的角度，马克思考察了历史关系的四个同时存在并在历史上持续发挥作用的"活动"。马克思将这些活动称为"原初历史"的活动，即生产物质生活本身的活动（生产满足人类的物质生活资料的历史活动）、物质生活的再生产活动（"新需要"的生产）、人自身的生产活动（种的繁衍）和社会关系的生产。四是确立了生产力和生产关系的辩证运动规律。在马克思看来，"生产本身又是以个人彼此之间的交往

---

① 《马克思恩格斯全集》第3卷，人民出版社2009年版，第310页。
② 《马克思恩格斯文集》第1卷，人民出版社2002年版，第519页。

为前提的"①，人们的生产生活又不会与交往形式之间处于永久的和平之中，二者之间可能并且一定会发生矛盾。不过，生产力起着决定性作用，生产关系（交往形式）可以反作用于生产力。总之，在马克思那里，"历史破天荒第一次被置于它的真正基础上：一个很明显的而以前完全被人忽略的事实，即人们首先必须吃、喝、住、穿，就是说首先必须劳动，然后才能争取统治，从事政治、宗教和哲学等等，——这一很明显的事实在历史上的应有之义此时终于获得了承认"②。

（三）马克思劳动本体论的延伸与裂变

《资本论》系列手稿，既是通向《资本论》的"路标"，也是记录马克思政治经济学批判思想的核心文本。马克思的这一系列"手稿"呈现给我们的他的思想轨迹是——在政治经济学的批判性研究中，劳动本体论没有向前延伸，而是发生了"裂变"。在一定意义上，劳动作为社会存在的本体，乃是一切社会存在和继续发展的重要纽带。但是，需要特别指出的是，此时的马克思对于劳动本体论已经有所动摇。其根据在于：一是"物质生产"是马克思政治经济学批判的"出发点"。要实现对人类社会历史的批判性考察，就难以绕过"物质生产"及其方式。而考察的语境放在资本主义社会中，这一"物质生产"其实就是"劳动一般"。在《1857—1858年手稿》中，马克思开门见山地提出："摆在我们面前的对象，首先是物质生产。"③ 更加确切地说，马克思借助唯物史观的分析方法，以物质生产妥善解决了政治经济学批判的出发点问题。二是在《资本论》中马克思较为清晰地再现了"劳动一般"这一范畴在资产阶级经济学中的历史抽象过程。在货币主义者眼中，财富完全是"自身之外的物"；重商主义者看到了财富背后的劳动因素，他们开始注意到了商业劳动和工业劳动的作用，这已然是很大的进步了；重农主义者则进一步将

---

① 《马克思恩格斯文集》第1卷，人民出版社2002年版，第520页。
② 《马克思恩格斯全集》第25卷，人民出版社2001年版，第136页。
③ 《马克思恩格斯全集》第30卷，人民出版社1995年版，第22页。

"劳动的一定形式——农业——看作创造财富的劳动，不再把对象本身看作裹在货币的外衣之中，而是看作产品一般，看作劳动的一般成果了"①。发展到亚当·斯密，他才将劳动抽象出来，作了综合考量。直到马克思那里，"劳动""劳动一般""劳动抽象"才成为了政治经济学的起点，才成了"实际上真实的东西"。② 三是马克思此时虽然强调了劳动的重要作用，但已经对这一问题的认知发生了动摇。仅从《资本论》系列手稿的篇章布局来看，《1857—1858年手稿》的"目录"主要是："巴师夏和凯里""导言""货币章"和"资本章"；《1859—1861年手稿》的"目录"主要是："序言""资本"和"资本章计划草稿"；③《1861—1863年手稿》的"目录"主要是："资本一般""资本和利润"④。可见，"资本"已然取代了"劳动"的位置。从马克思为写作《资本论》所准备的系列手稿的内容来看，也是如此。所以，马克思才把他的凝聚毕生心血的得意巨著命名为《资本论》，而不是《劳动论》。所以，《谭文》认为马克思在《资本论》中确立了劳动本体论的思想的观点，是站不住脚的。

三 《资本论》中到底是何种本体论？

虽然，我们时时刻刻体会着劳动对于我们生存和发展的重要性，但是，既然《资本论》以"资本"为标题，很显然，马克思已经将"资本"放在了他研究的中心位置。就《资本论》所研究的内容而言，第一卷研究的是资本的生产过程，第二卷研究的是资本的流通过程，第三卷研究的是资本主义生产的总过程。无论从著作的标题、副标题，还是各卷次的命名，我们都没有发现"劳动"的身影。可见，一部《资本论》就是一部以资本为本体的著作。

---

① 《马克思恩格斯全集》第30卷，人民出版社1995年版，第45页。
② 同上书，第46页。
③ 《马克思恩格斯全集》第31卷，人民出版社1998年版。
④ 《马克思恩格斯全集》第32卷，人民出版社1998年版。

(一)《资本论》中的"劳动"是非本体论意义上的劳动

前面已经提到，在《资本论》系列手稿中，马克思已不再坚持从本体论的视角去看待劳动了。到了《资本论》，马克思只将劳动视作具有特定形式的功能性活动，是从非本体论的角度来探讨这一问题的。我们之所以这样说，这是因为，一方面，马克思继续确证了资本主义社会中的劳动问题。一是确定了劳动范畴的概念。马克思在探讨"绝对剩余价值的生产"的时候，说得非常明白："劳动力的使用就是劳动本身"[1]，劳动"是人以自身的活动来中介、调整和控制人和自然之间的物质变换的过程"[2]。可见，劳动只是作为人类将"自在之物"转化为"为我之物"的手段，但其重大作用也是不可忽视的。然而，在资本主义社会中，只要私有制不消除，劳动就不可避免地要陷入异化的境地。可以说，劳动及其异化依然是《资本论》所要研究的一大理论主题，但却是将其嵌入剩余价值理论之中的转型升级了的一大理论主题。二是阐明了劳动价值论的相关原理。在对"什么创造了财富""什么是财富创造的核心要素"等问题的回应过程中，经济学家们可谓是仁者见仁，智者见智。配第洞察到劳动的重要作用，继而提出"劳动是财富之父，土地是财富之母"的论断。经由斯密和李嘉图，"劳动创造价值"得到了深化和拓展。但是，古典经济学家们始终不能科学地回应"何种性质的劳动创造了价值"这一问题。因此，古典经济学最终的答案都只能是从表面上来看似乎是解决了问题，实质上却走向了"歧途"。马克思在批判性地继承和反思古典经济学家理论的基础上，创立了科学的"劳动价值论"。马克思劳动价值论提出的基本思路如下：《资本论》以"商品"开篇，并确证了商品的二重性——使用价值和交换价值。就前者来说，"劳动并不是它所生产的使用价值即物质财富的惟一源泉"[3]，具体劳动与自然物质的有机结合才是其源泉所在。就价值而言，"商品价值体现的是人类劳动本身，是一般

---

[1] 《马克思恩格斯文集》第5卷，人民出版社2004年版，第207页。
[2] 同上书，第207—208页。
[3] 同上书，第56页。

人类劳动的耗费"①，它是抽象劳动的化身。因此，马克思总结道："一切劳动，一方面是人类劳动力在生理学意义上的耗费；就相同的或抽象的人类劳动这个属性来说，它形成商品价值。一切劳动，另一方面是人类劳动力在特殊的有一定目的的形式上的耗费；就具体的有用的劳动这个属性来说，它生产使用价值。"② 这也就是大家所公认的观点：劳动二重性学说是商品二因素学说的基础，是马克思政治经济学的"枢纽"。另一方面，劳动力与劳动的区分，劳动力成为商品，是马克思在非本体论意义上论及劳动及其相关问题的直接证明。一是劳动力成为商品是货币转化为资本的前提。在资本主义社会中，劳动力与劳动是有着严格区分的概念。劳动力成为商品是资本主义生产方式得以确立的重要条件。通过考察发现，要在市场上找到这样的劳动力，"就必须具备各种条件"：(1) "商品交换本身除了包含由它自己的性质所产生的从属关系以外，不包含任何其他从属关系"③；(2) "劳动力占有者没有可能出卖有自己的劳动对象化在其中的商品，而不得不把只存在于他的活的身体中的劳动力本身当作商品出卖"④。二是劳动者受剥削和受压迫的起点。既然是商品，劳动力也就必须具有使用价值和价值。就劳动力商品的价值而言，它与其他任何商品的价值都是一样的，即由生产该商品的社会必要劳动时间决定；就劳动力商品所代表的价值而言，它仅代表着生产它的一定量的社会平均劳动。因此，劳动力商品的价值应该包括三部分：维持劳动者本人生活所必须的生活资料的价值；维持劳动者家属生存所必须的生活资料的价值；对劳动者进行教育和培训所耗费的费用。就劳动力商品的使用价值而言，劳动力的使用过程即劳动过程，它是新价值创造和旧价值保存过程的统一，也是劳动过程和价值增殖过程的统一。资本家费尽心力来购买劳动力，并处心积虑将其置于资本主义生产过程中的目的，就在于看到了他们可以为其创造剩余价值。可以说，劳动力的使用价值是价值和剩余价值的源泉。此时，劳动不再是人自由自觉力量的彰

---

① 《马克思恩格斯文集》第 5 卷，人民出版社 2004 年版，第 57 页。
② 同上书，第 60 页。
③ 同上书，第 195 页。
④ 同上书，第 196 页。

显，而是为剩余价值而劳动的，劳动的性质发生了重大变化。总之，马克思在《资本论》中既没有否认劳动，也没有忽视劳动的异化；既没有将劳动视为社会存在的本体，也没有将劳动置于资本之上来讨论问题。所以，马克思才把他的科学发现——劳动二重性学说仅仅看作是"理解政治经济学的枢纽"①，而将以资本为本体的剩余价值学说看作是整个经济学说的基石。因为剩余价值学说就是系统揭示资本增殖、实现增殖、分配增殖的科学理论。一言以蔽之：《资本论》中关涉的劳动及其基本问题，是在"非本体"意义上讨论的问题。那么问题就来了，《资本论》在本体意义上讨论的是什么问题呢？这是接下来要回应的问题。

（二）资本是《资本论》中的"本体"

由于"资本"是架构资本主义生产方式的主体，所以，资本成为"以资本主义生产方式以及和它相适应的生产关系和交换关系"为研究对象的《资本论》中的"本体论"，就是理所当然的了。这是因为，一方面，资本实质上是一种充斥于资本主义社会方方面面的社会关系。在对"现代殖民理论"的考察中，马克思发现韦克菲尔德的重大功绩就在于发现了"资本不是物，而是一种以物为中介的人和人之间的社会关系"②。在对"三位一体的公式"的考察之后，马克思几乎重复了以上的论断："资本不是物，而是一定的、社会的、属于一定历史社会形态的生产关系"③。作为这样一种极为特殊的社会关系，凡资本主义所及之处，必有资本的身影。否则，资本主义社会也就不叫"资本主义社会"了。另一方面，受资本逻辑的布控，资本主义世界是一个为资本所宰制的世界。"资本作为投入社会再生产系统中追求自身增殖的剩余劳动价值，是一种追求自我扩张的'市场权力放大器'。它追求通过支配人的劳动而不断把客观世界'资本化'，成为它实现价值增殖（也即市场权力的放大）的工具，由此形成了巨大的客观物质力量及其遵循的矛盾发展规律。这是物

---

① 《马克思恩格斯文集》第5卷，人民出版社2004年版，第55页。
② 同上书，第877—878页。
③ 《马克思恩格斯文集》第7卷，人民出版社2004年版，第922页。

化了的'人的本质力量',这种物质力量及其遵循的规律强制地推动着社会经济运行。简言之,资本逻辑乃是作为物化的生产关系的资本的自身运动的矛盾规律。"① 换言之,以资本为主体,以商品为载体,以货币为中介,以劳动力成为商品为前提,以市场配置为方式,以雇佣劳动为基础,以占有剩余价值为目的,以剥削劳动为手段的生产过程的"逻辑",就是资本主义的主导逻辑。在这一逻辑的管控之下,资本主义社会发生了翻天覆地的变化——得益于"人格化"的力量,资本这一"物"完成了华丽转身,成为了社会的主体。正如卢卡奇所指出的那样:"商品结构的本质已被多次强调指出过,它的基础是,人与人之间的关系获得物的性质,并从而获得一种'幽灵般的对象性',这种对象性以其严格的、仿佛十全十美和合理的自律性掩盖着它的基本本质,即人与人之间关系的所有痕迹。"② 在《资本论》中,"人格化"即"是由社会生产过程加在个人身上的一定的社会性质"③。因此,资本家只不过是"资本的人格化"和"价值的人格化"而已。从资本主义生产过程来看,资本已然"表现为一个能动的、创造性的实体"④。由此,资本主义社会就有了两个主体——一个是人,一个是资本。从理论上说,资本作为一个"物",本不该处于"主体"的位置,并一定要受到人这一主体的支配的。然而,实际情况却恰恰是相反。在资本主义生产过程中,人这一主体并没有获得支配权力,却还丧失了"主动性"。资本作为主体反而成为社会的主宰。因此,我们看到的是:资本作为"主体",通过强制劳动(自由得一无所有的劳动者唯有在资本家的强制役使下才能苟活)支配着工人。这样一种劳动者—资本的二元对立结构,贯穿于资本主义社会的始终。只要资本主义不消亡,这一对立就会永久地存在下去。总之,受制于资本

---

① 鲁品越:《鲜活的资本论——从深层本质到表层现象》,上海世纪出版集团2015年版,第265页。
② [匈牙利]卢卡奇:《历史与阶级意识》,杜章智等译,商务印书馆2012年版,第149页。
③ 《马克思恩格斯文集》第7卷,人民出版社2004年版。
④ [意]奈格里:《〈大纲〉:超越马克思的马克思》,张梧、孟丹译,北京师范大学出版社2011年版,第220页。

及其逻辑，资本主义所发生的翻天覆地的变化，主要可归纳为：（1）在劳动本体论那里所确认的"主体"——劳动，到了资本主义生产过程中，到了资本逻辑之中，都统统地发生了质变和异化。曾经作为主体的劳动及劳动者，现在却变成了资本不断增殖的"工具"。在资本这一"绝对主体"面前，劳动这一曾经的"主体"黯然失色，变为了"客体"。（2）劳动本体论所确认的劳动过程也变为了以创造利润为导向的资本生产过程和增殖过程。劳动不再是目的，而变成了手段。劳动过程不是人的本质的显露，而是资本增殖的过程。综上所述，笔者认为，在《资本论》中所表露出的"本体论"并非《谭文》所言的"劳动本体论"，而是"资本本体论"。这也是《资本论》之为"资本论"，而不是"劳动论"的关键所在。

四 余论

在马克思经济学的研究过程中，经典文本是我们的"根"与"源"。做出"回到马克思"（张一兵语）的尝试都是值得鼓励的，但也需要认真地阅读和仔细地品味马克思经济学的意旨。尤其是在建构中国特色社会主义政治经济学的过程中，我们更要注意回归到《资本论》中去。只有回到马克思思想的集大成之作——《资本论》中去，才能真正领会马克思经济学的奥妙，才能更好地为我们当前的社会主义建设服务。在此，笔者想就多年从事马克思经济学教学、编辑和研究工作中的问题谈几点感想。

第一，要以"咬定青山不放松"的信念和态度去学习和研究《资本论》。我们在课堂上常讲，作为千年伟人的马克思，其思想有多么深邃，其理想有多么高远。然而，在讲这通"大道理"的时候，学生似乎并不乐意去听，认为是"王婆卖瓜"。当我们将马克思的著述展示出来的时候，学生在50卷《马克思恩格斯全集》（以下简称《全集》，此处指中文Ⅰ版。当然，中文Ⅱ版共有70卷）面前，不得不由衷地佩服马克思的功力之深。在浩瀚的书林之中，马克思经济学的研究者纵然不必读完《全集》，但《资本论》却是大家都绕不过去的经典文本。下决心读懂具有马克思主义理论百科全书之称的《资本论》，实属不易。以人民出版社2004年版的《资本论》为例，就其字数而言多达242多万字。可见，要顺利读完并科学地理解这一著作决非易事。更关键的是，《资本论》是马克思四十余年心血之大成，其创作历程跨度之大史无前例。从1843年开始直到逝世，马克思从未停止过对"政治经济学批判"问题的反复思考。可以说，要弄懂读透《资本论》，还必须辅之于在创作这一作品过程中的"手稿""草稿"和"书信"，因为它们都真实地记录了马克思创作《资本论》这一经典文本的思想和心路历程。因此，要读好《资本论》，除了要有扎实的知识储备外，还要做好打"持久战"的准备。

第二，要科学地理解《资本论》中透露出的马克思独特的思维方法。在《资本论》中，马克思向我们展示了他的独到的思维方法——"超越了黑格尔逻辑学的神秘性和抽象思辨性，超越了庸俗经济学和古典经济学的抽象唯物主义及其历史的、经验的实证研究"[1]。不仅在马克思生活的时代，"人们对《资本论》中应用的方法理解得很差"[2]，现在的情况依旧不容乐观，"很多人不理解《资本论》的方法论，却以自己的观点随意解释《资本论》中的经济范畴和经济规律，结果就出现了许多不应该有的理论混乱"[3]。由于《资本论》的创作是在唯物史观指导之下进行的，故应在历史唯物主义视角下消化《资本论》中的"方法"。具体来说，要加深对马克思"矛盾分析法""逻辑与历史的统一"和"从抽象到具体"等方法的理解。只有理解马克思所用的方法，才能更好地明白马克思所言、所想，也才能使自己有所悟。

第三，资本是《资本论》的核心范畴，对它的理解决定着我们对《资本论》的理解水平。对《资本论》的把握，我们应该明确的是，资本这一范畴是理解《资本论》的关键，也是把握资本主义社会的核心轴线。资本逻辑是资本主义社会的主导逻辑，是资本主义社会一切危机发生的

---

[1] 罗雄飞：《马克思经济学的方法论思想——以科学实证主义为核心》，经济日报出版社2017年版，第2页。

[2] 《马克思恩格斯文集》第5卷，人民出版社2009年版，第19页。

[3] 丁堡骏：《劳动价值论和当代现实——当代马克思主义政治经济学十五讲》，中国人民大学出版社2016年版，第166—167页。

根源所在。对于资本及其逻辑把握的深度与广度，决定着我们对于《资本论》的理解水平。任何人都不能否认，以资本为本体论的《资本论》是马克思主义经济学的标志性著作，而且是人类经济思想史上第一部以资本为研究主体的标志性著作。在《资本论》之前，没有一本系统研究资本的理论著作。正是以资本作为本体论，才从根本上奠定了《资本论》作为世界经济学说史上最伟大的理论创新的历史地位。否定马克思《资本论》的资本本体论，就是否定剩余价值理论的马克思主义经济学基石的科学价值，就是否定马克思主义经济学的世界历史地位。马克思《资本论》中藏满了秘密，而答案，往往就挂在我们通往彼岸的桥上，你走不到那里，就无法看到。因此，欲达到彼岸，就必须不畏劳苦，砥砺前行，不要把在半程中看到的假象当作真理。更不应该为了把假象说成真理而给自己找一个迷人的理由。历史是认真的，科学也是认真的，来不得半点马虎。

（原文发表于《当代经济研究》2017年第1期）

论剩余价值学说的理论潜能

胡岳岷　付文军*

摘　要：剩余价值理论是马克思经济学的核心理论。马克思在对资本主义生产方式及其关系的批判中确证了剩余价值是被资本家无偿占有的"增殖额"，实质是"无酬劳动时间的化身"。作为马克思毕生的"两大发现"，剩余价值理论和唯物史观是"互释"的关系，前者以后者为基础，后者的科学性是依靠前者而得以证明的。剩余价值学说是马克思分析他所处时代而得出的结论，它能否解释当代社会的诸多问题是我们无法回避的问题。通过对剩余价值当代效力的省思，不难发现，马克思的剩余价值学说不仅有足够的"理论潜能"来说明资本主义的当代发展，而且还能阐释当今社会主义的诸多问题。

关键词：《资本论》；剩余价值；唯物史观；理论潜能

自1867年马克思的《资本论》第一卷德文第一版出版以来，剩余价值学说就一直受到一些西方学者的非议乃至诋毁。诸如什么"非科学论""过时论"，不一而足。然而，事实果真如此吗？150年来，《资本论》因为璀璨的思想光芒而成为不朽的伟大经典的事实雄辩地证明了剩余价值学说的持久生命力。剩余价值学说是贯穿于《资本论》的一根"红线"，是马克思政治经济学的理论基石。在《资本论》中，马克思以资本主义

---

* 作者简介：胡岳岷（1961—　），吉林财经大学教授，主要从事马克思主义经济学研究；付文军，中南财经政法大学马克思主义学院讲师。

生产方式及其相互关系为对象,以"政治经济学批判"①为利刃,以剩余价值为核心对资本主义社会进行了一个全方位的考量。由此,我们有理由完全赞同海尔布隆纳的观点——"剩余价值理论是马克思社会分析的核心内容,我们必须花一些时间批判性地考察它"②。深入马克思政治经济学批判的文本世界,继而完成对剩余价值范畴的解读,再进一步地深掘剩余价值理论的"潜能"问题是本文所要努力的方向。

一 政治经济学批判语境中的剩余价值范畴

《资本论》是集马克思四十余年政治经济学研究之大成的巅峰之作,而剩余价值学说又是《资本论》的核心理论。在政治经济学批判的语境中,剩余价值学说的基本内涵、实质及其生产方式都得到了理性而翔实的分析。

其一,关于剩余价值的界定。纵观《资本论》全篇,马克思至少从两个方面对剩余价值作了界定。一是剩余价值是一特殊的"增殖额"。在对"货币转化为资本"这一过程的批判性分析中,马克思第一次提及了"剩余价值"。"G—W—G"这一流通过程包含有两个对立的阶段:第一阶段是"买"(G—W)——"货币转化为商品",第二阶段是"卖"(W—G)——"商品再转化为货币"。总体而言,这一过程的结果就是"货币和货币交换,G—G"③。若不知晓其中的门道,就难以理解资本家的此番举动。"先用100镑交换成棉花,然后又用这些棉花交换成100镑,就是说,货币兜了一个圈子又交换成货币,同样的东西又交换成同样的东西。这似乎是一种既无目的又很荒唐的活动。"④ 货币之间并无质

---

① 马克思的《资本论》以"政治经济学批判"为副标题,这就清楚地表明他是以政治经济学为其反思对象的哲学—政治—经济学的批判程式。资本主义社会的诸多社会经济范畴——商品、货币和机器等——都是其批判性考察的对象。(参见胡岳岷、付文军《异化劳动的出场逻辑与理论反思——从〈巴黎手稿〉到〈资本论〉》,《社会科学战线》2016年第11期)。
② [美]罗伯特·L.海尔布隆纳:《马克思主义支持与反对》,马林梅译,东方出版社2014年版,第76页。
③ 马克思:《资本论》第1卷,人民出版社2004年版,第172页。
④ 同上书,第175页。

的分殊，只有量的差别。马克思深知这点，并对上述流通活动进行了解释："G—W—G 过程之所以有内容，不是因为两极有质的区别（二者都是货币），而只是因为它们有量的不同。最后从流通中取出的货币，多于起初投入的货币。这个过程的完整形式是 G—W—G'。其中的 G' = G + △G，即等于原预付货币额加上一个增殖额。"① 这一"增殖额"（△G，超过原价值的余额），马克思名之为"剩余价值"（surplus values）②。需注意的是，这一增殖额的创造者是工人。但受资本逻辑的宰制，它绝不可能回到工人的口袋里，而为资本家完全占有。对于剩余价值的这一界定较为直观，但并未点明"增殖额"从何而来的问题。二是剩余价值是"剩余劳动的凝结"。在对"不变资本和可变资本"的分析中，马克思透过对劳动力价值的分析，确证了资本主义的剥削。"当劳动通过它的有目的的形式把生产资料的价值转移到产品上并保存下来的时候，它的运动的每时每刻都形成追加的价值，形成新价值。"③ 当资本家在市场上购买了可供自己差使的劳动力后，劳动力就须发挥作用，其结果"不仅再生产出劳动力自身的价值，而且生产出一个超额价值"④。马克思进一步指出，"这个剩余价值就是产品价值超过消耗掉的产品形成要素即生产资料和劳动力的价值而形成的余额"⑤。由此，理解剩余价值的突破口便已然找到。剩余价值作为价值的一种特殊形式，也必然具有价值应有的一切特性。价值是凝结在商品中的一般人类劳动，剩余价值也必然和人类劳动相勾连。马克思认为，工人的劳动可分为必要劳动和剩余劳动，相应地，其工作时间也可分为必要劳动时间和剩余劳动时间。无疑，剩余价值与剩余劳动（包括剩余劳动时间）有着直接的联系。剩余价值的"唯一源泉是活劳动"⑥，它是"对象化的剩余劳动"，是"剩余劳动时间的

---

① 马克思：《资本论》第 1 卷，人民出版社 2004 年版，第 176 页。
② 同上书，第 176 页。
③ 同上书，第 242 页。
④ 同上。
⑤ 同上。
⑥ 马克思：《资本论》第 3 卷，人民出版社 2004 年版，第 167 页。

凝结"。① 可见,在理解剩余价值的时候,须抽出不变资本,而将剩余价值与剩余劳动、剩余劳动时间关联起来,这对于剩余价值的全面把握是具有决定意义的。总之,剩余价值是由工人在剩余劳动时间内创造的,而被资本家无偿占有的增殖额。

其二,关于剩余价值的实质。在对剩余价值范畴透彻分析的基础上,马克思确证了剩余价值的实质是无酬劳动时间的化身。在《资本论》中,马克思向我们展示了剩余价值率既可用剩余价值与可变资本、剩余价值与劳动力价值、剩余劳动与必要劳动之比表示,又可用剩余劳动与工作日、剩余价值与产品价值、剩余产品与总产品之比计算,还可以用剩余价值与劳动力价值、剩余劳动与必要劳动、无酬劳动与有酬劳动之比换算。在这三个公式中,后两个是派生公式。在这些公式中,"无酬劳动/有酬劳动"会使人产生误解——"好像资本家是向劳动而不是劳动力支付报酬"②。然而,事实并非如此。资本家在市场上购得的并不是劳动,而是工人所拥有的自由劳动力,劳动能力才是商品,资本家所看重的只是劳动力的使用价值而已。由于占有了劳动力这一商品,资本家就获得了对活劳动的绝对支配权,并将工人的劳动分为两个时期:必要劳动时期,工人生产一个与其劳动力价值相等的价值,资本家得到一个与预付劳动力价格相等的"物";剩余劳动时期,即"劳动力的利用为资本家创造出无须他付出代价的价值。他无偿地获得了劳动力的这种利用"③。由此,我们就能更好地理解马克思曾说过的那句"劳动力的消费过程,同时就是商品和剩余价值的生产过程"④ 了。可见,从"无酬劳动/有酬劳动"这一公式不仅可以看出"报酬"是资本家给予劳动力的,还可以知晓这一公式不过是"剩余劳动/必要劳动"的"通俗的表达"⑤ 而已。不仅如此,剩余劳动在此意义上也可称为"无酬劳动",而"一切剩余价值,不论它后来在利润、利息、地租等等哪种形态上结晶起来,实质都

---

① 马克思:《资本论》第 1 卷,人民出版社 2004 年版,第 251 页。
② 同上书,第 610—611 页。
③ 同上书,第 611 页。
④ 同上书,第 204 页。
⑤ 同上书,第 611 页。

是无酬劳动时间的化身"①。

其三,关于剩余价值生产的方法。在《资本论》第 1 卷中,马克思几乎花了全书一半的篇幅在"第三篇""第四篇"和"第五篇"中详细地论述了两种剩余价值——绝对剩余价值和相对剩余价值——及其生产方式。在剩余价值的生产过程中,绝对剩余价值和相对剩余价值的生产代表着资本主义生产的不同阶段。就绝对剩余价值生产而言,它出现于资本主义发展之初。此时的生产力还不是特别发达,生产也以手工劳动为主,欲获得更多的剩余价值,除了依靠延长工作日以外,再无他法。简而言之,资本家欲得到更多,就要加大劳动量的投入。具体而言,就是尽可能地延长工作日,以便增加劳动时间,继而获得尽可能多的剩余劳动时间所创造的财富。因此,我们可将"通过延长工作日而生产的剩余价值"② 称为绝对剩余价值。继而,"把工作日延长,使之超出工人只生产自己劳动力价值的等价物的那个点,并由资本占有这部分剩余劳动"③ 的过程就是绝对剩余价值的生产过程。需注意的是,绝对剩余价值生产过程存在着一个难以克服的"二律背反"④ 现象:在工作日既定的大前提下,资本家"合法"交易得到劳动力这一商品,他就势必要"坚持他作为买者的权利,他尽量延长工作日,如果可能,就把一个工作日变成两个工作日"⑤。同时,劳动力这一商品的特殊性质既给它的购买者设置了一个"消费的界限"——不能逾越劳动力商品的自然界限(生理极限)和社会界限(道德底线),又一再地要求劳动者坚持其作为"买者"

---

① 马克思:《资本论》第 1 卷,人民出版社 2004 年版,第 611 页。
② 同上书,第 366 页。
③ 同上书,第 583 页。
④ 资本主义世界就是一个"二律背反"的世界,资本主义经济诸多的"二律背反"现象都在辩证规则的语境中被道说而出。面对"劳动致富和劳动者贫困""工作日的控制和延长""减少人数和增加产量""节约和浪费""价值的增殖和丧失""私有制与生产社会化""资本增殖和资本流通""资本的积极作用和消极作用""资本力图无限制地发展生产力与生产界限""提高剩余价值率和减少工人人数"和"利润率差异与等量资本获得等量利润"的"两歧",马克思展开了对资本主义"二律背反"现象学的政治经济学批判。参见付文军《论马克思批判资本主义经济"二律背反"现象的逻辑理路》,《中南民族大学学报(人文社会科学版)》2016 年第 5 期。
⑤ 马克思:《资本论》第 1 卷,人民出版社 2004 年版,第 271 页。

的权力——"把工作日限制在一定的正常量内"①。由此而引发了符合商品交换规律的"权力同权力相对抗",此即存在于资本主义经济现象中的一大"背反"。只要这一"二律背反"不消除,卖者权力就只能服务并服从于买者权力。就相对剩余价值而言,它是随着机器大工业的建立而兴起的。由于工作日的长度是有限的,一味地延长工作日而不顾其他,势必会引发工人阶级的反抗。在历史上,工人在为争取"八小时工作时间"而进行了艰苦卓绝的斗争。因此,资本家为了满足其无限的贪欲,只能在有限的工作日上"下功夫"——"通过缩短必要劳动时间、相应地改变工作日的两个组成部分的量的比例"②。这样,就在工作日不变的前提下,最大化地占有了工人无偿创造的剩余价值。与绝对剩余价值生产不同,相对剩余价值生产必然会使"劳动的技术过程和社会组织发生彻底的革命"③,因为要缩短必要劳动时间,就必须依靠技术的进步、工具的改良和管理的更新,等等。简言之,相对剩余价值的生产与劳动生产力的提高有着直接的联系。总之,无论是绝对剩余价值,还是相对剩余价值,都是源于工作日对必要劳动时间的超过,都是资本主义生产方式剥削本性的展露。

二 唯物史观与剩余价值的"互释"

围绕剩余价值这一核心范畴,马克思完成了对资本主义生产方式及其关系的全面而有效的批判。由此,恩格斯才将剩余价值学说视为马克思毕生的两大发现之一,并给予了很高的评价。"正像达尔文发现有机界的发展规律一样,马克思发现了人类历史的发展规律,即历来为繁芜丛杂的意识形态所掩盖着的一个简单事实:人们首先必须吃、喝、住、穿,然后才能从事政治、科学、艺术、宗教等;所以,直接的物质的生活资料的生产,从而一个民族或一个时代的一定的经济发展阶段,便构成基

---

① 马克思:《资本论》第1卷,人民出版社2004年版,第271页。
② 同上书,第366页。
③ 同上书,第583页。

础，人们的国家设施、法的观点、艺术以至宗教观念，就是从这个基础上发展起来的，因而，也必须由这个基础来解释，而不是像过去那样做得相反。不仅如此，马克思还发现了现代资本主义生产方式和它所产生的资产阶级的特殊的运动规律。由于剩余价值的发现，这里就豁然开朗了，而先前无论资产阶级经济学家或者社会主义批评家所做的一切研究都只是在黑暗中摸索。"[①] 在回味这一高度赞誉时，一个极为重要的问题——马克思"两大发现"之间的关系——也摆在了我们面前。无论我们是否意识到这一问题，它都会随着《资本论》的深入研究而横亘在我们面前。

通过对唯物史观和剩余价值的"历史"与"现实""本质"与"现象"的全面省思，不难发现，二者在《资本论》中得到了统一，是一种"互释"的关系：剩余价值理论的阐发是深受唯物史观指导的，唯物史观的理论与方法又在剩余价值理论中得以完善和深化。

剩余价值理论是立基于唯物史观之上的科学理论。任何一门科学的学问，必是立于科学世界观和方法论基础之上的。剩余价值理论就是如此，它是以唯物史观为基础的。其一，唯物史观是马克思进行政治经济学批判的根本指导思想。马克思曾抱怨"人们对《资本论》中应用的方法理解得很差"[②]。从这句话中，我们可以体会到马克思对《资本论》中的方法是极为看重的。可以说，马克思携其《资本论》之所以能在当代持续发挥效力，就在于"方法"。诚如埃尔斯特所言，"人们常常会听到这样一种观点，即在今天，马克思身上仍然有效的东西是他的方法，而非任何实质性的理论命题"[③]。在我们看来，理解马克思的"方法"就必须"吃透"唯物史观。唯物史观之所以能够指导马克思政治经济学的批判事业，原因有三：一是唯物史观解决了政治经济学研究的出发点问题。在黑格尔那里，精神是万物的实体与本原，其所思与所悟都是围绕精神而展开的；在斯密和李嘉图那里，他们将考察的出发点拉回到了人世间，

[①] 《马克思恩格斯文集》第 3 卷，人民出版社 2009 年版，第 601 页。
[②] 马克思：《资本论》第 1 卷，人民出版社 2004 年版，第 19 页。
[③] [美] 乔恩·埃尔斯特：《理解马克思》，何怀远等译，中国人民大学出版社 2008 年版，第 3 页。

(一) 《资本论》与中国特色社会主义

但他们是以鲁滨逊之类的"单个的孤立的猎人和渔夫"为立论的起点；到了马克思那里，以唯物史观为指导，从而发出了"在社会中进行生产的个人，——因而，这些个人的一定社会性质的生产，当然是出发点"①的呼声。总之，对于现实物质利益问题的疑惑与求解是马克思转入经济学研究的导火索。此后，马克思一直将对现实社会关系的批判作为其研究的始点和中心环节。在政治经济学批判的过程中，所谓现实的社会关系即是"活生生"的人在资本主义生产方式中所进行的一切社会活动过程中所形成的关系。二是唯物史观解决了政治经济学研究的基本指导思想问题。在19世纪40年代，唯物史观的基本原理——生活（社会存在）决定意识、生产力和生产关系的辩证运动、经济基础和上层建筑的辩证运动等——得以"面世"。这一科学的原理一直指导着马克思的学术创作，并娴熟地运用到了政治经济学批判之中。无论是从"生产—分配—交换—消费"这条线来理解资本主义生产方式，还是从"自然经济—小商品经济—商品经济—产品经济"这条线来理解社会经济发展的关系史，抑或是从"商品二因素—劳动二重性—商品经济基本矛盾—资本主义的矛盾"这条线来理解资本主义社会的本质与规律，从根本上说，都遵循着唯物史观的基本原理。偏离社会存在决定社会意识，摒弃经济基础与上层建筑、生产力与生产关系之间的辩证关系，就难以完成马克思给自己所设定的最终目的——"揭示现代社会的经济运动规律"②。三是在唯物史观指导之下，马克思得出了经济研究的"总的结果"。在《政治经济学批判》之第一分册的序言中，马克思将这一结果简要地表述为："人们在自己生活的社会生产中发生一定的、必然的、不以他们的意志为转移的关系，即同他们的物质生产力的一定发展阶段相适合的生产关系。这些生产关系的总和构成社会的经济结构，即由法律的和政治的上层建筑竖立其上并有一定的社会意识形式与之相适应的现实基础。物质生活的生产方式制约着整个社会生活、政治生活和精神生活的全过程……"③ 可

---

① 《马克思恩格斯全集》第30卷，人民出版社1995年版，第22页。
② 马克思：《资本论》第1卷，人民出版社2004年版，第10页。
③ 《马克思恩格斯全集》第31卷，人民出版社1998年版，第412页。

见，马克思始终是以唯物史观为基本指导思想而展开对资本主义的全方位的解剖。须指出的是，剩余价值学说作为马克思政治经济学批判的理论结晶，也必然是以唯物史观为基本指导思想的。此其一。

其二，立基于唯物史观，剩余价值理论的"出场"理路得以清晰地呈现。剩余价值是马克思利用唯物主义历史观对资本主义进行批判性分析而得出的必然结果。在以资本的生产、流通过程为对象，以劳动和资本的分离与对立为核心，以揭示资本主义本质与规律的《资本论》，因循商品的二重性存在，继而到劳动的二重性存在，再到剩余价值线索，马克思循序渐进地破解了剩余价值理论的出场问题。从我们最为常见的商品入手，马克思首先分析了商品中蕴含着的使用价值和价值之间的矛盾，继而详细地剖析商品这一"矛盾综合体"① 中蕴藏着更为深层的具体劳动和抽象劳动之间的矛盾。在有了这些"知识储备"后，马克思对"价值"和"财富"做了科学区分，并判定资本主义生产的目的就是"交换价值"。可以说，资本主义生产的目的并不在于"商品生产的增长"，而是"价值生产的增长"。在此基础上，马克思以生产力与生产关系的辩证关系为基本方向，开始展开了对资本主义生产内部关系的批判。就在深入批判的过程中，马克思洞悉到了资本总公式中存在着的一对矛盾："资本不能从流通中产生，又不能不从流通中产生。"② 而熟悉《资本论》文本的人应该知道，马克思围绕这一矛盾展开了对剩余价值来源问题的述说。一方面，资本不能从流通中产生，即是说剩余价值并不产生于流通之中。就"等价交换"而言，商品的价值须遵循等量交换的原则，决定商品价值量的只有生产这一商品的必要劳动时间。可见，"在平等的地方，没有利益可言"③。不仅如此，"商品交换就其纯粹形态来说是等价物的交换，因此，不是增大价值的手段"④。就"不等价交换"而言，商品无论是以低于或高于其价值进行买卖，都无法说明剩余价值的产生问题。由此可

---

① 付文军：《商品、商品经济与商品拜物教——兼评〈资本论〉的一条理论线索》，《暨南学报（哲学社会科学版）》2017 年第 6 期。
② 马克思：《资本论》第 1 卷，人民出版社 2004 年版，第 193 页。
③ 同上书，第 185 页。
④ 同上。

见,"无论怎样颠来倒去,结果都是一样。如果是等价物交换,不产生剩余价值;如果是非等价物交换,也不产生剩余价值"①。另一方面,资本不能不从流通中产生,即在于表明剩余价值不会在流通之外产生。由于流通是商品占有者全部关系的"总和",在流通之外,"商品占有者只同他自己的商品发生关系"②,商品占有者也不会同其他人接触,便不会发生价值增殖,亦不会"使货币或商品转化为资本"③。由此,剩余价值又只能于流通中产生出来。然而,这貌似也没有解决核心问题——剩余价值到底是如何产生的?通过对资本主义生产和流通过程的考察,马克思从理论上考察了劳动力的买卖过程,继而回应了上述难题。资本"存在的历史条件"很是苛刻,有了商品流通和货币流通还不足以促成资本的"出场"。"只有当生产资料和生活资料的占有者在市场上找到出卖自己劳动力的自由工人的时候,资本才产生"④。换言之,劳动力成为商品是了解资本产生的关键。然而,理解了资本的产生过程,破解剩余价值来源之谜也就变得简单了。西斯蒙第等人早就发现,自由得一无所有的劳动者所拥有的劳动能力若是不"卖"出去的话,就"等于零"⑤。当资本家在市场上购买到了"劳动力"这一商品之后,就将其置于资本主义生产方式之下完成消费。这一"消费过程",同时也就是"商品和剩余价值的生产过程"⑥。不仅如此,马克思通过对货币资本循环的第一环节(购买,G—W)的批判性分析之后指出,由货币(G)到商品(W)的转变中,这里的商品的"特殊使用性质"包含有"物的因素"(Pm,生产资料)和"人的因素"(A,劳动力)⑦。顺理成章地,货币资本 G 的流通也可分为"G—Pm"和"G—A"两个过程。在此过程中,剩余价值只是"v 这个转变为劳动力的资本部分发生价值变化的结果"。简而言之,唯当活劳

---

① 马克思:《资本论》第 1 卷,人民出版社 2004 年版,第 190 页。
② 同上书,第 192 页。
③ 同上书,第 193 页。
④ 同上书,第 198 页。
⑤ 同上书,第 202 页。
⑥ 同上书,第 204 页。
⑦ 马克思:《资本论》第 2 卷,人民出版社 2004 年版,第 32 页。

动受雇于资本家并从事资本主义生产时,剩余价值便开始"出场"了。

其三,以唯物史观为基础,以政治经济学批判为利刃,资本主义社会的种种"障眼法"被逐一刺破。由于对资本主义的本质认识不清,资本主义的"障眼法"一直迷惑着大众。从《资本论》的文本来看,这一迷惑人心的"障眼法"至少有两种:一是"拜物"的幻象。深受资本逻辑的宰制,资本主义社会中的"物"——商品、货币、资本、空间和剩余价值等——具有了莫名的吸引力,而使得社会中的人都围绕它们"跳华尔兹"。资本主义社会中的"物"就如沼泽一般,使人越陷越深,既不可自拔,又不知自拔。然而,马克思借助唯物史观清醒地指出,这些"物"遮蔽了人们之间的社会关系。换言之,在资本主义生产方式之下,物被人格化,而具有了人才有的"意识";人被物化,成为了"物"的傀儡,终生受"物"所役。由此,人与人之间的社会关系就被无情地遮蔽了。这也是"拜物教"的秘密所在——客体的"本真物象"和主体的"本真关系"皆被完完全全地遮蔽,乃至颠倒。正因此,人们就发起了对"物"的疯狂追逐,人的丰富性维度就此消逝,"见物不见人"的格局就此形成。二是工资的表象。劳动力的买卖是在"天赋人权的真正伊甸园"里进行的,这一市场由"自由""平等""所有权"和"边沁"占据"统治地位"[①]。因此,劳动力商品一出现在市场上,就会有资本家按照"公平"的标准购买劳动力的使用价值。从表面来看,工人出售自己的劳力而获得一定的工资作为报酬,资本家付给工人一定的工资而享有劳动力的使用权,完全合乎情理,也是童叟无欺的。然而,实质并非如此,资本家在这一过程中"无偿"得到了两样东西——"剩余劳动"和"活劳动的质"。前者可使资本增殖,后者可保存资本的价值。可见,工资不过是资本主义剥削的"伪装的形式"[②]而已。

剩余价值理论又丰富和完善了唯物史观。《资本论》是以唯物史观为基础的理论创造,它克服了自然主义生生割裂思维和存在、主体与客体之间的辩证联系的缺陷,又摒弃了唯心论者抬高思维活动的做法。可以

[①] 马克思:《资本论》第1卷,人民出版社2001年版,第204页。
[②] 马克思:《资本论》第2卷,人民出版社2004年版,第37页。

说，《资本论》之所以科学，不仅在于它所依托的方法是唯物且历史的，而且还在于它又丰富和完善了唯物史观。剩余价值理论作为《资本论》的核心理论，亦是对唯物史观的丰富与发展。具体来说，剩余价值对唯物史观的丰富和完善至少体现在以下两个方面：其一，剩余价值理论吹散了笼罩在无产阶级头顶的迷雾，唤醒了无产阶级的"阶级意识"。从 G 到 G'，占有其中的增殖额（△G）是资本家行事的终极目的。用马克思的话来说，就是"剩余价值以从无生有的全部魅力引诱着资本家"[①]，"剩余价值生产是资本主义生产的决定的目的"[②]，"资本主义生产——实质上就是剩余价值的生产"，"生产剩余价值或赚钱"[③] 是资本主义生产方式的绝对规律，资本主义的生产和生活，并不是如其表面所示的那般美好，"平等""自由"和"博爱"在现实的社会经济关系中都发生了质变而纷纷走向其反面。更进一步地说，资本主义生产是剥削和压迫的代名词。资本家付与工人的报酬仅够其维持最基本的生活，而工人所创造的价值要比所得报酬多得多。在这样的社会中，"价值"和"价格"（特别是劳动力的价值和价值）之间不是同一的。"剩余价值总是超过等价物的价值。等价物，按其规定来说，只是价值同它自身的等同。所以，剩余价值绝不会从等价物中产生；因而也不是起源于流通；它必须从资本的生产过程本身中产生。这种情况也可以表述如下：如果工人只需花费半个工作日就能生活一整天，那么，他要维持他作为工人的生存，就只需要劳动半天。后半个工作日是强制劳动、剩余劳动。在资本方面表现为剩余价值的东西，正好在工人方面表现为超过他作为工人的需要，即超过他维持生命力的直接需要的剩余劳动。"[④] 可见，在劳动力市场上的"平等交换"背后，"盗窃"发生了。可以说，剩余价值学说是经济学上最伟大的革命性发现，"这使得马克思第一次在政治经济学的历史上发现

---

① 马克思：《资本论》第 2 卷，人民出版社 2004 年版，第 251 页。
② 同上书，第 265 页。
③ 同上书，第 714 页。
④ 《马克思恩格斯全集》第 30 卷，人民出版社 1995 年版，第 285—286 页。

并科学地解释了资本主义剥削的机制"①。由此,关于资本主义的那些蛊惑人心的说辞都不攻自破了,萦绕在无产者头顶的"迷雾"被彻底拂去。不仅如此,沉睡已久的工人阶级也被唤醒,其反抗意识也被激发出来。在关于剩余价值的论述中,资本主义的"剧中人"生活境遇截然相反:"原来的货币占有者作为资本家,昂首前行;劳动力占有者作为他的工人,尾随于后。一个笑容满面,雄心勃勃;一个战战兢兢,畏缩不前,像在市场上出卖了自己的皮一样,只有一个前途——让人家来鞣。"② 有鉴于两大阶级的生活遭遇和生产贡献,无产阶级决不会永远地逆来顺受,而是会在社会中发出自己的声音。而这一切都有赖于剩余价值理论,它为阶级斗争提供了武器。可以说,阶级斗争是《资本论》的又一条主线。在马克思看来,"对阶级斗争的描述并不仅仅是对无休止的斗争的描述,只要人类存在,争斗就会存在。相反,它是为最终自身的消除奠定了必要条件的一种斗争。在资本主义生产方式中,阶级对立最终归结为两大阵营的对立——工人对雇主、无产者对资本家"③。这也再次印证了唯物史观公开面世时所分析的阶级斗争的理论。其二,剩余价值理论为人类历史的发展指明了方向。"唯物史观的珍贵之处,在于其不仅实现了对一切历史现状的精确分析和理论归纳,还实现了对历史未来的科学预断。"④作为立基于唯物史观的《资本论》,其致思理路是借助于"资本之思"而力图实现"改变世界"的抱负。剩余价值学说就是马克思在唯物史观的指导下,进行"资本之思"而得出的理论。由剩余价值所透露出的资本主义的"非正义"面相,使得这一制度必然要遭到扬弃,人类社会也必会向更高一级的社会迈进。须明确的是,挑明资本主义的"非正义性"并非马克思著述的目的,其旨归在于将人从"水深火热"中解救出来。

---

① [意]奈格里:《〈大纲〉:超越马克思的马克思》,张梧等译,北京师范大学出版社2011年版,第108页。
② 马克思:《资本论》第1卷,人民出版社2004年版,第205页。
③ [美]罗伯特·L.海尔布隆纳:《马克思主义支持与反对》,马林梅译,东方出版社2014年版,第49页。
④ 付文军:《从〈巴黎手稿〉到〈资本论〉:异化劳动理论的三维向度与"人类之谜"的三重解答》,《当代经济研究》2015年第2期。

(一) 《资本论》与中国特色社会主义

更进一步地说，马克思对剩余价值的批判性剖析是"为了共产主义的批判"，是"为了人的全面发展的批判"。通观马克思政治经济学批判史，"何谓共产主义""为何要实现共产主义"以及"如何实现共产主义"的问题都以非常核心的方式镶嵌在马克思的文本中。从《巴黎手稿》的"共产主义是通过人并且为了人而对人的本质的真正占有"①，到《德意志意识形态》中共产主义是"那种消灭现存状况的现实的运动"②再到《资本论》中的"自由王国"，这是马克思对理想社会的持续探索。通过对资本的文明面相的分析，马克思指出资本"榨取这种剩余劳动的方式和条件，同以前的奴隶制、农奴制等形式相比，都更有利于生产力的发展，有利于社会关系的发展，有利于更高级的新形态的各种要素的创造"③。在此基础上，马克思还通过对剩余价值的深入分析，言明了社会现实财富和社会再生产过程不断扩大的可能性问题，它"并不是取决于剩余劳动时间的长短，而是取决于剩余劳动的生产率和进行这种剩余劳动的生产条件的优劣程度"④。在完成对资本文明和剩余价值"必要之恶"⑤的说明之后，马克思为我们描绘了一个美好的理想国——"自由王国"。这一理想的"自由王国"只是在"必要性和外在目的规定要做的劳动终止的地方才开始"⑥，这里所言的"自由"也只能是"社会化的人，联合起来的生产者，将合理地调节他们和自然之间的物质交换，把它置于他们的共同控制之下，而不让它作为一种盲目的力量来统治自己；靠消耗最小的力量，在最无愧于和最适合于他们的人类本性的条件下进行这种物质变换"⑦。可见，这一理想的"自由国度"存在于"通过创造性

---

① 《马克思恩格斯全集》第3卷，人民出版社2002年版，第297页。
② 《马克思恩格斯文集》第1卷，人民出版社2009年版，第539页。
③ 马克思：《资本论》第3卷，人民出版社2004年版，第927—928页。
④ 同上书，第928页。
⑤ 在笔者看来，剩余价值作为资本家觊觎的对象，作为由工人创造而为资本家无偿占有的价值，是"恶"的。但也须辩证地看待这一范畴，毕竟它作为一个历史性存在，决非一个单纯的否定性存在。它对社会有着自己的"贡献"——促进阶级意识的觉醒、指明人类发展路向，等等。在此意义上而言，剩余价值虽固有其"恶"，但这一"恶"是"必要之恶"。
⑥ 马克思：《资本论》第3卷，人民出版社2004年版，第928页。
⑦ 同上书，第928—929页。

劳动而自我实现"①的"彼岸"。工作日的缩短而使得精神世界的丰富性维度的恢复、生产力的发展而使得物质财富的丰腴、社会资源在社会范围内得到最佳配置、人们不再受制于劳动而是享受劳动带来的"快感",这些都是人类未来社会的美好状态,也是人类为之奋斗的目标。总之,通过对剩余价值的分析而得出的共产主义是"一种革命信念,是革命者的指南,是武装斗争的授权书"②。

总之,剩余价值学说与唯物史观作为马克思留于后世的最为宝贵的财富,二者在《资本论》中得以统一。因此,不能割裂二者的联系,只有在二者的"互释"的基础上方能体会这两大理论之于人类社会的重要意义。可以说,"《资本论》的巨大功绩,就在于它既不是把一切历史变动的最终原因归结为人们变动的思想,也不是仅仅通过分析来揭示社会生活的物质基础;它既没有陷于唯心史观,也没有陷于拜物教观念;而是从劳动的二重性出发和商品的二因素出发,一步一步地通过各种中介,引出资本主义社会的全部生活内容,直到它的最抽象的思想形式,从而辉煌地证明了社会生活的唯物主义观点同综合观点的内在统一,证实了历史的唯物论才是研究社会历史的唯一科学方法,而与之对立的历史唯心论或自然主义的旧唯物论只能引导到社会生活的错误解释中去"③。

三 剩余价值学说的理论潜能

剩余价值学说的"理论潜能"问题是王南湜先生在《剩余价值、全球化与资本主义》一文(以下简称"王文")中提出的。"王文"开篇便指出了两种以马克思的理论来解读和说明全球化的具体做法:一是对于全球化的把握仅停留于马克思早期的"世界历史"的"一般性描述"上,而未借用剩余价值理论加以说明;二是即便是尝试借助于马克思政治经

---

① [美]乔恩·埃尔斯特:《理解马克思》,何怀远等译,中国人民大学出版社2008年版,第496页。
② [美]卡弗:《政治性写作:后现代视野中的马克思形象》,张秀琴译,北京师范大学出版社2009年版,第117页。
③ 庄福龄、孙伯鍨:《马克思主义哲学史》第2卷,北京出版社2005年版,第141页。

186　（一）《资本论》与中国特色社会主义

济学的理论来说明全球化的问题，但依旧"未能从剩余价值实现方式的理论原理上来看全球化对于资本主义的意义"①。由此，一个无法回避的问题摆在了我们面前："马克思的剩余价值学说是否还有足够的理论潜能去说明资本主义的当代发展。"② 更进一步地说，对于剩余价值能否解释当代资本主义的新变化、剩余价值能否积极回应当今社会主义诸问题是确证剩余价值"当代在场"的关键。

（一）剩余与人类历史的演进

在人类历史上，剩余是一个关键词汇。在"人的依赖关系"占统治地位的时期，"生产力只是在狭小的范围内和孤立的地点上发展着"③，稀缺是这一时代的普遍特征，几乎没有剩余可言。此时，"人都是互相依赖的：农奴和领主、陪臣和诸侯、俗人和牧师。物质生产的社会关系以及建立在这种生产的基础上的生活领域，都是以人身依附为特征的"④。简言之，人们之间的联系也只是在原始共同体内部展开，人们之间的活动都紧紧围绕着满足自身基本生存需求来进行。"成功的迁徙、人口增长、早期定居、工具和武器的掌握和运用、动物群与植物群、动物的驯化、园艺学以及接下来（决定性地）公元前8000—公元前7000年粮食农业的出现为'文明'奠定了基石"，⑤ 人们之间的封闭而狭隘的地方性联系被打破。可见，随着生产力的发展，人类逐渐"走出"自然界，并从中独立出来。由此，集体共有和集体剩余之间的矛盾逐渐显明，原始共产主义的堡垒被逐渐攻破。在"以物的依赖性为基础的人的独立性"⑥ 的阶段，普遍的物质交换、全面的关系、多方面的需求和全面的能力都逐渐成型。原始的自给自足的经济转变成了以契约关系为本质特征的商品经

---

① 王南湜：《剩余价值、全球化与资本主义——基于改进卢森堡"资本积累论"的视角》，《中国社会科学》2012年第12期。
② 同上。
③ 《马克思恩格斯全集》第30卷，人民出版社1995年版，第107页。
④ 马克思：《资本论》第1卷，人民出版社2004年版，第94—95页。
⑤ ［美］大卫·莱伯曼：《深度历史》，童珊译，中国社会科学出版社2014年版，第32页。
⑥ 同上书，第107页。

济。奴隶制的直接人身依附、封建制以土地和地租为轴心的间接人身压迫、资本主义以剩余价值为目标的阶级剥削等都无不是围绕着剩余而来的,剩余激发了人们的占有欲,继而导致了人们潜力的最大发挥(虽然是在资本逻辑驱使之下的发挥)。在对以上两大人类历史发展阶段的批判性反思之后,马克思预设了一个未来理想王国的蓝图——"建立在个人全面发展和他们共同的、社会的生产能力成为从属于他们的社会财富这一基础上的自由个性"[1]的阶段。人们不再受异己力量的役使,人们将会在自由、和谐的社会环境中充分感受到自身的力量和自身存在的意义。此种社会,是有着充分剩余的社会,物质丰腴、精气神饱满是其基本特征。在此意义上可以说,人类社会的演进序列就是一个逐渐克服稀缺而大力生产剩余的历程。

(二) 剩余价值理论能否解释当代资本主义的新变化

剩余价值理论是《资本论》的主题,是马克思基于19世纪后半叶社会历史状况的理论创造。然而,在现今时代,这一貌似"过时"的理论还有解释世界,甚至改变世界的"潜力"吗?

1. 以"政治经济学批判"洞悉并揭示"现代社会"经济运行规律

借助批判之剑完成对"现代社会的经济运动规律"[2]的揭示,既是《资本论》的目的所在,亦是其生命活力所在,更是《资本论》的"当代在场"的原因所在。马克思以英国为例证,研究了"资本主义生产方式以及和它相适应的生产关系和交换关系"[3],并最终为我们勾画出了一幅完整的资本生产、流通的总过程。正是得益于对"现代"经济运行规律的批判性考察,马克思深切体会到了国民经济学家们和社会主义批评家们对社会经济问题认识的偏颇。配第从地租上察觉到了剩余价值的问题、斯密则从地租和利润的问题上洞悉到了剩余价值的存在、欧文看到了工人生产与消费之间的差额并确证了利润问题,虽然理论家们都已嗅

---

[1] [美]大卫·莱伯曼:《深度历史》,童珊译,中国社会科学出版社2014年版,第107—108页。
[2] 马克思:《资本论》第1卷,人民出版社2004年版,第10页。
[3] 同上。

到了剩余价值，但囿于立场和方法问题，他们既未能借用科学的"抽象力"法则完成对剩余价值具体形式的抽绎，又不能和不愿实质性地深究剩余价值的本质和生产机制等问题。所以，在这些理论家那里，剩余价值的一般形式是难以面世的。在"纠偏"和"清源"的过程中，马克思以唯物史观为基础，完成了对刺痛资本家敏感神经的剩余价值学说的铺叙。以劳动和资本的分离为前提，资本家凭借手中占有的资源而攫取剩余价值，其间的剥削和压迫关系不言自明。也正因此，恩格斯在 1883 年才判定，"由于剩余价值的发现"，原先在"黑暗中"摸索现代生产方式及其存在、发展规律的尝试变得"豁然开朗"[①] 了。可以说，剩余价值理论是对马克思所处时代社会经济状况的考察而得出的理论结晶。

2. 剩余价值学说的理论潜能——解释当代资本主义的新变化

再回到剩余价值学说是否具有解释和改变世界的理论潜能问题，答案显然是肯定的。否则，在 2008 年金融危机之后《资本论》也不会再次畅销。进而言之，剩余价值理论继续解释当代资本主义既是可能的，也是现实的。

一方面，剩余价值理论解释当代资本主义之所以可能，可从对剩余价值本身和资本主义社会本质的理解中得以说明。一是因为剩余价值规律乃资本主义的基本经济规律（或者说是资本主义生产方式的绝对规律）。在《资本论》中，马克思向我们展示了一幅围绕剩余价值而生产、生活的图景。资本主义生产的旨归与本质、资本主义发展的全过程，甚至连资本主义的兴衰都由剩余价值所决定。可以说，剩余价值理论作为资本主义的基本经济规律，自然可以继续发挥其解释现实的"潜能"。二是因为资本主义在当代虽然发生了种种新的变化，但资本主义依旧还是资本主义，其基本性质并没有任何变化。当代资本主义依旧是以私有制为基础的一种社会经济制度，资本主义生产依旧立基于"三大经济事实"："（1）生产资料集中在少数人手中，因此不再表现为直接劳动者的财产，而是相反地转化为社会的生产能力，尽管首先表现为资本家的私有财产。这些资本家是资产阶级社会的受托人，但是他们会把从这种委

[①] 《马克思恩格斯选集》第 3 卷，人民出版社 2012 年版，第 1002 页。

托中得到的全部果实装进私囊。（2）劳动本身由于协作、分工以及劳动和自然科学的结合而组织成为社会的劳动。从这两方面，资本主义生产方式把私有财产和私人劳动扬弃了，虽然是在对立形式上把它们扬弃的。（3）世界市场的形成。"① 可见，虽然资本主义为了更好地适应社会历史的变迁、更好地应对国内和国际的挑战而采取了一系列手段——生产关系的调整、管理模式的更改和工人待遇的提升等——来适应各种"新情况"，但无论它怎么调整和变更，私有制这一"基础"未曾更改，甚至没有丝毫动摇，剩余价值的来源和实质均未发生任何改变，工人受剥削和压迫的境况在实质上没有变化。可以说，虽然时代的变化发展，当代资本主义与马克思时代的资本主义有着很大的不同，但万变不离其宗。总之，剩余价值理论能够解释马克思时代的问题，也便可以解决与马克思时代有着相同本质的当代资本主义社会的问题。

另一方面，剩余价值学说解释当代资本主义之所以现实，也可从两个层面得到确证。受各种因素的影响，资本主义在政治、经济和文化等方面均有"新"的变化。其中，资本主义逐渐从国家垄断走向了国际垄断、资本主义的危机在各个方面铺展开来是资本主义在当代最为显著的变化。就从国家垄断到国际垄断的变化而言，剩余价值学说依然可以解释国际市场中的基本问题。当资本在一国之内集中到一定程度，就会形成国内垄断。然而，为了占据更大的市场份额，为了获得更多且更廉价的原料和劳动力，资本主义就将眼光盯向了国际。由此而形成的资本在世界范围内的扩展和集中，最终在20世纪90年代形成了国际垄断。虽然存在着地域、风俗、心理等不可磨灭的差异，原本适用于国内垄断的剩余价值理论却依然能在国际垄断中继续发力。其原因在于：一是资本主义生产方式走向了全球，但其运行的实质未曾改变。在马克思的时代，各个资本家都在各自的"圈子"内谋着"营生"。随着"地球村"的建立，"各国的国民经济体通过在一体化的国际市场上的贸易和金融体系而相互联系"，"不同的国民经济体和不同的生产方式被'链接'进一个更大的社会形态或世界体系中。各个民族国家在一个由不同的国民经济构

---

① 马克思：《资本论》第3卷，人民出版社2004年版，第296页。

成的世界内部划界而治，将各种生产方式链接起来。每个国家都逐渐形成了自己的国家积累循环，并通过商品交换和资本流动，对外与其他国家的这种积累循环链接"①。可见，资本主义生产不再受空间所限而可以在全世界范围内大展拳脚。但须保持清醒的是，资本主义生产无论扩大到何种程度，其势力无论延伸到何处，其运行的实质依旧未曾发生任何变化。简言之，在国际垄断过程中，资本主义生产方式虽得到了前所未有的展示自己的"好机会"，但这一运作模式依旧是以私有为基础的雇佣劳动生产模式。只要劳动力还是商品，只要社会的基础——私人占有制度——未变，剩余价值也将理所当然地不会"缺场"于国际垄断市场。二是资本积累的场域发生了变化，但资本积累的方式和资本的本质未曾发生实质性的变化。自我增殖和自我扩张是资本的本性，因此，在"面向世界"的过程中，资本在新的积累范式下，其扩张本性也会更加明显地表现出来。资本集中的速度和方式都将是"跨时代"的，是以往社会难以想象的。在此基础上，资本必然会"越来越表现为社会权力"②，也会变本加厉地行使其"工业上的最高权力"③。然而，"奔走"在世界上的资本，其增大的途径除了资本积聚，就是资本集中。前者是以资本积累为基础的，通过在世界范围内的积累而实现了一切价值形式和生产要素形式的扩大。换言之，资本在世界范围内支配着更多的生产资料和劳动力。后者是诸多单个资本在世界范围内的汇集，体现着资本家之间弱肉强食的过程。同时，资本的本性也未有丝毫的变化。作为现代经济学的基本概念，资本依然如马克思当年所论断的那样——"资本不是物，而是一定的、社会的、属于一定历史社会形态的生产关系"④。资本在世界范围内依然是一股"社会力量"、一个"过程范畴"、一种"阶级属

---

① ［美］威廉·I. 罗宾逊：《全球资本主义论——跨国世界中的生产、阶级与国家》，高明秀译，社会科学文献出版社2009年版，第13页。
② 马克思：《资本论》第3卷，人民出版社2004年版，第293页。
③ 马克思：《资本论》第1卷，人民出版社2004年版，第386页。
④ 马克思：《资本论》第3卷，人民出版社2004年版，第922页。

性"和一种"价值形式"①。资本参与生产的目的仅在于"增殖自身",资本家从事投资和管理的目的仅在于无偿获取剩余价值。三是资本主义剥削的方式发生了变化,但这一剥削在资本主义生产方式中是难以消除的。迫于各方面的压力,工人的地位和处境稍有改观。广大工人不再是"一无所有"了,他们通过努力劳作而拥有了属于自己的房屋和储蓄等,更有甚者从资本家手中分得了部分股权;广大工人也不再被置于狭小而肮脏的工厂中,他们的工作环境得到大大改观,部分工人甚至有了自己的工作室;广大工人也不再完完全全受制于资本家,他们有了参与工厂管理的权力,部分工人甚至跃升为管理人员。然而,这些新变化并不预示着工人不再受剥削和压迫了。恰恰相反,工人福利的提升恰是其自身努力的结果,在资本主义生产中,他们创造的财富要远远大于之前工人所能创造的财富。他们为资本家提供着更多、更大的剩余价值,才享有了这些"福利"。很明显,只要资本主义的私有制未坍塌,资本主义的剥削就不会消止,资本牟利的本性就不会祛除。就资本主义的危机得到全面展开而言,剩余价值理论依然可以解释这些困境的"来龙"与"去脉"。危机一直是研究和观察资本主义的一个重要突破口。因为只有出现问题了,才会刺痛人们的神经,才会将分析问题和解决问题的事情提上日程。受制于资本主义社会的基本矛盾,资本主义的危机是不可消除的。每逢金融危机,资本主义国家所鼓吹的"制度永恒"和引以为傲的"制度优势"就会黯然失色,资本主义也会从它为自己搭建的神坛上跌落下来。马克思通过政治经济学批判所要告知我们的是:资本主义危机是这一社会形态难以克服的"痼疾",当代资本主义时时刻刻都陷于各种危机(显性的和隐性的)之中。直面现代资本主义的危机,它的爆发与以下四个方面相关:"(1)生产过度或需求不足,或者换个说法叫做积累过剩;(2)全球社会的两极分化;(3)国家合法性和政治权威面临的危机;(4)可持续发展危机。"②具体来说,资本主义所面临的危机主要体现在

---

① 付文军:《资本、资本逻辑与资本拜物教——兼论〈资本论〉研究的逻辑主线》,《当代经济研究》2016 年第 2 期。
② [美] 威廉·I. 罗宾逊:《全球资本主义论——跨国世界中的生产、阶级与国家》,高明秀译,社会科学文献出版社 2009 年版,第 191 页。

四个方面：一是经济危机。由于资本的趋利本性，资本主义的经济危机势难避免。面对资本主义的经济危机，历史上曾有五条"逃生路线"来避免它的发生（或者削减它的危害）："新技术带来的全新就业机会和全新就业部门""市场的地理扩张""金融大市场""政府就业和投资""文凭缩水和其他隐形的凯恩斯主义"。① 这些逃生路线虽然在一定程度上缓和了经济危机所带来的伤害，但想要根绝经济危机，则是件不可能完成的任务。如今，应对危机的五条路线都统统被堵住了，"只剩下死路一条"②。虽然依靠债务、军事扩张以及新自由主义等可以暂缓经济危机，但并不能"治本"，"……繁荣—衰退—萧条—复苏……"的经济危机"链条"不会中断。日本（1990 年）、英国（1992 年）、墨西哥（1994 年）、泰国（1997 年）、俄罗斯（1998 年）、巴西（1999 年）、阿根廷（2001 年）和美国（2008 年）等都饱尝了经济危机之苦。这些危机都是资本主义与生俱来的顽疾，是"不治之症"，在资本主义条件下无良药可医。二是社会危机。随着生产力的大发展，人们创造了丰厚的物质财富。受最大化占有剩余价值原则的影响，财富分配却出现了极度不公的状况，继而引发了普遍的社会危机。据估算，将人们创造的财富平均分配下来，"地球上每个家庭（父母带 3 个子女）的月收入应该为 2884 美元，单身人士的日平均收入应为 19 美元"③。但是尽管世界富有了，"今天每 5 个人当中仍有一人的日平均收入不足 1.25 美元。将近一半的世界人口享受不到应有的卫生设施，每 3 个人中有 1 人没有电力，每 5 人中有 1 人没有住房和饮用水"④。近年流行的《21 世纪资本论》直接指出，"21 世纪的今天依然重复着 19 世纪上演过的资本收益率超过产出与收入增长率的剧情，资本主义不自觉地产生了不可控且不可持续的社会不平等"⑤。由分

---

① [美] 伊曼纽尔·沃勒斯坦等：《资本主义还有未来吗？》，徐曦白译，社会科学文献出版社 2014 年版，第 36—70 页。

② 同上书，第 38 页。

③ 本书编写组：《资本主义怎么了——从国际金融危机看西方制度困境》，学习出版社 2013 年版，第 306 页。

④ 同上。

⑤ [法] 托马斯·皮凯蒂：《21 世纪资本论》，巴曙松等译，中信出版社 2014 年版，第 2 页。

配不均而导致的社会危机制约着资本主义社会的发展和进步，而这一危机的肇因便在于对剩余价值的无限攫取。三是政治危机。资本主义的经济危机和社会危机必然会演化为政治危机，政府的信任度降低、政府职能瘫痪、政治组织解体等都成为了常事。2016年3月中旬，巴西"铁娘子"——迪尔玛·罗塞夫遭到弹劾；2016年4月10日，乌克兰总理亚采纽克宣布辞职；2016年6月23日，英国举行脱欧公投，最终脱欧阵营取得胜利；特朗普上台终结了奥巴马的医疗改革……这些政治危机的爆发归根结底都是源自经济利益（准确地说是小集团私利）的争夺。四是生态危机。以最小的付出获取最大的利益是资本家秉承的办事原则。奥巴马让美国退出了《京都议定书》，特朗普又退出了《巴黎协定》，特朗普这个纯粹的"总资本家"的代表，令美国比奥巴马走得更远。因此，除了"效益"问题，其他任何问题都不在考虑范围之内。在马克思生活的时代，人与自然之间的"物质变换"的链条就已经中断。时至今日，虽然世人对于人与自然的关系有了重新的认识，但是唯利是图的资本家依然想尽办法从自然和劳动者身上获得更多、更大利润。如此，各种生态问题势必频繁发生。可以说，出于对剩余价值的贪恋，造成了"满目疮痍"的状况。"解铃还须系铃人"，削减（甚至是消除）这些危机还需从资本和剩余价值入手。

（三）剩余价值学说能否为社会主义建设所用？

就马克思创立剩余价值理论的言说语境而言，这一理论是对资本主义理论和实践的双重批判中而得出的科学理论。可以说，借用剩余价值理论来解释资本主义社会的一切现象是毋庸置疑的。然而，该理论能否为社会主义所用？这就需要进行进一步的分析了。

1. 对剩余价值的理论批判提供了未来社会的存在原则

"正是马克思，而且首要的是马克思，仍在为我们提供批判现存社会的最锐利的武器。"[①] 不仅如此，"每个想从事马克思所开创的研究的人都

[①] ［英］乔森纳·沃尔夫：《当今为什么还要研读马克思》，段忠桥译，高等教育出版社2006年版，第2页。

会发现，马克思永远在他的前面"①。这也是当代人为什么还要读《资本论》的原因所在。《资本论》的生命活力不仅在于其能够揭示马克思所处时代的社会经济问题，还在于它极富远见地洞察到了未来社会的景象，并为我们认识现象、分析问题和解决问题提供了科学的视角与方法。一方面，马克思借《资本论》发出了"剥夺剥夺者"的呼声。"资本的原始积累，即资本的历史起源。"② 资本主义的积累，既是资本的积累，也是贫困的积累、社会矛盾的积累和各种危机的积累。换言之，资本主义的积累极大地推进了资本主义制度的巩固与发展，却也蕴藏着巨大的危机与问题。由此，资本主义呈现一番矛盾丛生的景象："贫困、压迫、奴役、退化和剥削的程度不断加深，而日益壮大的、由资本主义生产过程本身的机制所训练、联合和组织起来的工人阶级的反抗也不断增长。"③正因此，"资本的垄断成了与这种垄断一起并在这种垄断之下繁盛起来的生产方式的桎梏。生产资料的集中和劳动社会化，达到了同它们的资本主义外壳不能相容的地步"④。无疑，此时就必然有"解缚"的要求——摧毁生产发展的重重束缚与阻碍。分析至此，马克思依稀看到了未来社会的文明曙光，并慷慨而激动地喊出了"资本主义私有制的丧钟就要响了。剥夺者就要被剥夺了"⑤。另一方面，《资本论》提供了探索社会主义经济发展规律的一般原则。马克思虽未对未来"理想王国"进行大篇幅的论证，却在《资本论》的字里行间透露出了未来社会经济发展的一般原则。归纳起来，这些原则主要包括：一是重新建立个人所有制。资本主义的私有制"是对个人的、以自己劳动为基础的私有制的第一个否定"，而按照黑格尔否定之否定的发展路线，势必要实现"否定之否定"。因此，未来的"理想王国"并非要求重建私有制，而是"在资本主义时代的成就的基础上"，"在协作和对土地及靠劳动本身生产的生产资料的

---

① [美]罗伯特·L.海尔布隆纳：《马克思主义支持与反对》，马林梅译，东方出版社2014年版，第1页。
② 马克思：《资本论》第1卷，人民出版社2004年版，第872页。
③ 同上书，第874页。
④ 同上。
⑤ 同上。

共同占有的基础上"①，来重建个人所有制。简言之，未来"理想王国"所要求的重建个人所有制，即"社会化的个人"② 在自由人联合体内建立生产资料公有制。二是极大地提升生产力。未来"理想王国"的达成，还有赖于物质资料的极大丰富和生产效率的极大提高，而这一切都源于生产力的极大提升。因此，联合起来的生产者将一切社会资源置于他们的共同控制之下，"靠消耗最小的力量，在最无愧于和最适合于他们的人类本性的条件下"进行各种"物质变换"③。然而，这也非未来"理想王国"的标志。以此为基础，奔向"彼岸"，继而达到"作为目的本身的人类能力的发挥"④ 的效果。三是产品分配方式的改变。受制于资本逻辑，产品的分配完全是不合理的。"工人生产的对象越多，他能够占有的对象也就越少，而且越受自己的产品及资本的统治。"⑤ 工人将自己的劳动力商品售卖给资本家，供资本家役使，最终所得仅够维持其基本生活所需。可见，在资本主义生产方式中，工人所劳与所得并不成正比。因此，在扬弃私有社会分配弊端的基础上，马克思坚持要超出资产阶级权利的狭隘眼界，并力求"各尽所能，按需分配"⑥。只有这样的分配，才能真正调动人们劳动的积极性，才能让人们体会到劳动乐趣。

2. 剩余价值学说的理论潜能——指导中国特色社会主义建设事业

剩余价值理论在我们社会主义建设进程中是否有效？答案也是肯定的。由于我国的特殊国情，在社会主义建设过程中选择了市场经济与社会主义的结合。它作为一个特殊发展阶段，也必然要遵循最基本的经济规律。

一方面，在社会主义经济建设过程中，要正视剩余价值学说的理论潜能。在马克思的文献中，我们可以读出剩余价值的社会历史意蕴，却无法得到该理论能否在社会主义和共产主义社会中依旧适用的明确答复。

---

① 马克思：《资本论》第 1 卷，人民出版社 2004 年版，第 874 页。
② 马克思：《资本论》第 3 卷，人民出版社 2004 年版，第 928 页。
③ 同上书，第 928—929 页。
④ 同上书，第 929 页。
⑤ 《马克思恩格斯全集》第 3 卷，人民出版社 2002 年版，第 268 页。
⑥ 同上书，第 365 页。

(一) 《资本论》与中国特色社会主义

即便如此,细心的读者还是会发现马克思在关于未来社会的言说中隐含着对这一问题的回应。在马克思看来,"历史不外是各个世代的依次交替。每一代都利用以前各代遗留下来的材料、资金和生产力;由于这个缘故,每一代一方面在完全改变了的环境下继续从事所继承的活动,另一方面又通过完全改变了的活动来变更旧的环境"[1]。在此前提之下,马克思在《哥达纲领批判》中准确地阐释了共产主义第一阶段的状况:"我们这里所说的是这样的共产主义社会,它不是在它自身基础上已经发展了的,恰好相反,是刚刚从资本主义社会中产生出来的,因此它在各方面,在经济、道德和精神方面都还带着它脱胎出来的那个旧社会的痕迹。"[2] 人们不可能"一下子"飞奔到共产主义社会,而是需要有一个过渡阶段。就我国而言,我们虽然已迈入社会主义的大门,但由于人口多、底子薄等主客观因素的影响,我们还将长期处于初级阶段,此即我们的基本国情,这便需要一个过渡。在此阶段,社会主义和市场经济有机结合起来,由此便产生了社会主义市场经济。从剩余价值理论的角度来看,它是商品经济的一个基本范畴与规律;从市场经济的角度而言,它依然是商品经济中的一个特殊发展阶段,必然要遵守最基本的商品经济规律。其中,就包括剩余价值规律。不过,需要特别指出的是,在社会主义市场经济中,剩余价值理论依然可以"在场",但其存在的语境、发挥效力的场所等都发生了根本性的变化。更进一步地说,我们既坚持以公有制为主体,还提倡多种所有制经济共同发展;我们既坚持按劳分配为主体,还倡导多种分配方式并存;我们既强调"看得见的手"的调控力,还提出要重视"看不见的手"在资源配置中的决定性作用。一言以蔽之,在社会主义市场经济中,我们始终坚持用"两条腿走路"。因此,在这一特殊的时期,剩余价值理论是有解释经济现象的功效的。但需要清楚的是:我们社会主义初级阶段所谈及的"剩余价值"是根本异质于资本主义社会的"剩余价值"的。这一根本性的差异主要体现在以下三点:一是剥削制度已然消失。在资本主义社会中,剥削不仅是社会的常态,还有强

---

[1] 《马克思恩格斯文集》第 1 卷,人民出版社 2009 年版,第 540 页。
[2] 《马克思恩格斯选集》第 3 卷,人民出版社 2012 年版,第 363 页。

有力的国家制度作为保障。在当前的社会主义国家内，剥削制度因失去了合法性根基而退出历史舞台。然而，剥削的现象却难以根除。尤其在全球化的大环境中，引进外资、发展私企，都不可避免地会存在剥削现象。二是目的的根本转变。剩余价值是资本牟利本性所决定的，是资本主义生产的目的所在，资本主义的一切活动都是围绕它而进行的。然而，社会主义初级阶段再谈剩余价值理论，是为了解决落后的生产力与人们日渐增长的物质文化需求之间的矛盾。进而言之，社会主义初级阶段中再言"剩余价值"的问题，是以解放生产力、发展生产力为目标，以使社会上的剥削和两极分化得到彻底消除，最终实现全体人民的共同富裕。在此基础上，实现中华民族的伟大复兴。也只有共同富裕的目标达成之后，社会上的剥削和压迫现象才能得到根除。三是劳动者的生存境遇截然不同。资本主义条件下的劳动者，饱尝剥削和压迫，在资本家面前唯唯诺诺、战战兢兢，已经是"异化了的"存在物，这样的人难称"健全的人"。社会主义初级阶段的劳动者，已然翻身做了主人，他们拥有更多的实质性权利，自由和平等已成为了人们不可剥夺的基本权利。人们在劳动中感受到了自己的力量，找到了"自我"。可以说，社会主义国家为人通过创造性劳动而"自我实现"创造了条件。

另一方面，在社会主义经济建设过程中，要善用剩余价值的理论潜能。在社会主义建设过程中，我们就教于马克思，就教于《资本论》，目的便在于从中汲取智慧以更好地为社会主义建设服务。由此，我们要善用马克思的剩余价值理论以有效指导社会建设。其一，资本主义攫取剩余价值的经验和教训启发着我们在社会主义建设过程中要坚持市场在资源配置中的决定性作用。在十八届三中全会上，党中央做出了"紧紧围绕使市场在资源配置中起决定性作用深化经济体制改革"[①]的决定。市场在资源配置中的作用从"基础性"到"决定性"的转变，是人类经济的"文明回归"。这一"回归"既体现着社会主义市场经济发展的内在要求，又对市场经济的基本经济规律给予了充分的尊重。在坚持市场在资源配置中起决定性作用的时候需要注意两点：一是明确这一"决定性作用"

[①] 《改革开放以来历届三中全会文件汇编》，人民出版社 2013 年版，第 177 页。

的充分条件。市场之于资源配置的重要性自不用赘言,然而将其上升到"决定性作用"的高度也不是自然就可以形成的。换言之,市场只有在具备一定条件时方能起到"决定性作用"。总体来说,完善、健康的市场体系是这一"决定性作用"得以落实的前提条件,"统一开放、竞争有序的市场体系,是使市场在资源配置中起决定性作用的基础"[①]。唯有健全而完备的市场和市场体系,市场壁垒才会得以消除,资源配置的公正性才能得到保证。具体而言,市场主体的平等和政府监管的有效是其"决定性作用"得以充分发挥的基础。就前者而言,我们应该对不同的市场主体采取一视同仁的态度,确保其遵循统一的市场准入制度和市场退出机制,以最大限度地保证市场主体在公平、公正和公开的环境之下完成竞争与合作;就后者而言,我们应该依照"世情""国情",甚至是"省情"来修订和完善市场监管体系,全面落实中央关于深化改革的一系列政策,完成市场监管的"法治化",确保市场监管"有理""有力""有据""有节"。二是知晓这一"决定性作用"对社会主义建设提出的必然要求。具体来说,这些要求主要体现在以下七个方面:在改革导向上,要具有坚定不移的市场取向;在管理体制上,要求政府职能实现转型;在企业制度上,要完善公司结构的法人治理;在市场主体上,要求公有私有的平等竞争;在运行机制上,要具备市场信号的灵敏应答;在运行条件上,要有产权制度的法律保障;在市场效能上,要实现各种要素的充分涌流。其二,资本主义追求剩余价值而造成的各种危机启发着我们要转变获取财富的观念。在资本牟利本性的驱使下,世界经济和全球环境都遭到了严重破坏,各种危机频发。我们应该树立正确的财富观——"君子爱财,取之有道,用之有度"。在社会主义建设的过程中,我们要以资本主义的"病痛史"为鉴,继而面向未来。具体来说,一是建设主体的角色和性质应该发生变化。资本主义条件下自私自利的"经济人"应该遭到唾弃,应在社会发展过程中培育全新的"自由劳动者"。"经济人"在剩余价值的引诱下,以获利为行事动机,而不顾其他,给社会、经济以及环境带来了严重的灾难。"自由劳动者"则能很好地规避掉上述

[①] 《改革开放以来历届三中全会文件汇编》,人民出版社2013年版,第183页。

问题。社会主义的劳动者是以主人翁的形象出现的，不仅要对自己的行为负责，还要对他人、对环境、对社会等负责；不仅要对本代人负责，还要对后代人负责。由此方能充分调动劳动者建设社会主义的积极性，方能真正让人在劳动中体会到劳动的魅力。二是发展观念应该发生改变。由于资本主义的基本矛盾不可调和，使得资本主义呈现了多重危机，人们正饱尝着危机的"恶果"——人与自然的新陈代谢紊乱不堪、人与人之间的异化关系持续存在、人与自己精神也貌合神离。简言之，出于对剩余价值的垂涎，资本主义社会出现了自然生态、社会生态和精神生态的严重"污染"，这些危机关乎着人们的"生死存亡"。由于社会主义初级阶段的国情，使得发展生产力、创造巨大的物质财富以满足人们日益增长的需要成为当务之急。因此，一定时间内，我们过分地注重了GDP，依靠高耗能、高投入、高浪费、高污染而换取了一些经济效益。正是在对粗放型经济弊病的反思中，以习近平总书记为核心的党中央提出了"创新、协调、绿色、开放、共享"的五大发展理念。由此，我们的发展观念就由粗放型发展观变为了绿色发展观。绿色发展观提出了保持经济—环境复合系统长期持续地满足人类需要和欲望的能力的要求。这样的发展，才是"合规律性"和"合目的性"的统一，才是"绿色生产"和"绿色生活"的统一，才是"金山银山"和"绿水青山"的统一，才是"重质"和"保量"的统一。

必须特别指出的是，剩余价值是一个社会历史范畴，它在社会主义不断完善的过程中定会消逝，但这一学说中蕴含着的分析方法与视角却依旧能为当代人提供有益借鉴，此即马克思的伟大之处，也是该学说之所以能继续发挥其理论潜能的原因所在。

四 结语

苏东解体之后，"历史的终结"（The end of history）、"历史的重生"（The rebirth of history）和"历史的复仇"（The revenge of history）等论调不胫而走。然而，这些事件并不预示着资本主义经济的"天然缺陷"已获得弥补，并不表示这一生产方式无须批判，更不表示这一经济制度是人类社会最圆满的永恒制度形式。这也是马克思在剩余价值批判过程中早就表明了的态度。从马克思的剩余价值学说中可以清晰看到：以"平等、自由、博爱"著称的资产阶级社会仍然是几千年剥削社会史的延伸，是剥削形式的文明化和隐蔽化，最终消灭剥削的任务任重而道远。

"马克思主义是门资本主义学；而为了加深对这两个词的理解，更确切地说，马克思主义是门资本主义固有矛盾学。这一方面意味着欢庆'马克思主义消亡'的同时又宣告资本主义和市场的决定性胜利是不合逻辑的。资本主义和市场的'决定性'胜利不管可能有多么巨大，但似乎还是预示马克思主义有着可靠的未来的。而另一方面，资本主义的'种种矛盾'不会自行解决，这已相对定形，自成规律，至少已根据事实作了理论说明。"[①] 在人类思想史上，还未有学者能够如马克思这般精准地切中社会的脉络。

因此，我们应该"回到政治经济学批判"，"真正领会马克思经济学的奥妙"[②]（尤其是剩余价值学说的理论精髓），为我们回顾历史、分析现状和预测未来提供有效指导。一方面，我们应该求教于马克思把握现实的方式。马克思的深邃之处，在于其把握世界的方式。马克思清晰地指明了人类把握世界的四种方式，即理论的方式、实践的方式、艺术的方式和宗教的方式。在马克思的视界中，思想是能够有效触及社会现实的。精神的力量和物质的力量可以在实践过程中实现联合，共同发力。因此，我们完全可以求教于马克思，借用其方法实现对社会问题的解答。另一方面，我们应该回到马克思对资本主义社会的"诊治"中去。在政治经济学批判的语境中，马克思实现了对资本主义社会的"解剖"，从其内在机理到外在表征、从"生命起源"到历史结局，都一一进行了彻底、科学、客观、有力和全面的批判性解析。马克思除了对资本主义危机的诱因、特点和危害进行了直言不讳的批判外，还对资本主义的未来进行了科学预测。因此，我们必须回到马克思的政治经济学批判中去找寻危

---

① ［美］埃伦·梅克辛斯·伍德、约翰·贝拉米·福斯特：《保卫历史——马克思主义与后现代主义》，郝名玮译，社会科学文献出版社2009年版，第204页。
② 胡岳岷：《〈资本论〉中是劳动本体论吗？——兼与谭苑苑博士商榷》，《当代经济研究》2017年第2期。

机的破解之道。社会主义的建设必须以马克思主义为指导，将马克思的世界观和方法论贯彻到实践当中，方能取得更大的成功。由是观之，马克思并非是与我们相去甚远的陌路之人，马克思的思想亦未为历史淘汰。恰恰相反，马克思携其思想始终与我们同在。剩余价值学说的思想光芒仍将熠熠生辉。

（原文发表于《社会科学战线》2017 年第 10 期）

彰显马克思主义经济学强大生命力

孙立冰[*]

摘　要：马克思主义政治经济学自诞生以来，就不断面临着理论和实践上的挑战，这种挑战在当代主要表现在三个方面：一是马克思主义政治经济学在社会主义国家的主流地位受到西方经济学的严重冲击；二是当代资本主义发展规律的新变化，亟待马克思主义政治经济学作出合理的解释和说明；三是中国特色社会主义的伟大实践，更需要马克思主义政治经济学进行不断创新和发展，以更好地反映和指导中国特色社会主义经济建设。构建中国特色社会主义政治经济学是马克思主义政治经济学面临挑战、接受考验的必然选择，也是彰显马克思主义政治经济学强大生命力的良好契机。

关键词：马克思主义政治经济学；西方经济学；中国特色社会主义政治经济学；挑战

按照辩证唯物主义和历史唯物主义的基本观点，任何科学的理论都是能经得起实践检验的理论。自马克思主义政治经济学诞生以来，人类社会发生了许多重要而深刻的变化。这些变化使马克思主义政治经济学不仅面临着理论上的挑战，更经历着实践上的考验；也正是在接受挑战

---

[*] 作者简介：孙立冰（1979—　），吉林财经大学马克思主义经济学研究中心副研究员，主要从事中外马克思主义经济学研究。

和回应挑战的过程中，马克思主义政治经济学不断发展，彰显出强大的生命力。

一　加强马克思主义政治经济学理论自信

中华人民共和国成立以来，马克思主义政治经济学作为我国建立社会主义制度和进行社会主义经济建设的指导思想，一直处于主流地位。但到了20世纪80年代，其主流地位受到冲击。一方面，国际共产主义运动陷入低潮，马克思主义政治经济学在苏东国家的实践遭遇失败，以新自由主义为主的西方经济学夺得了主流经济学地位。另一方面，伴随以建立社会主义市场经济体制为主要内容的中国改革开放全面展开，西方经济学打着"现代经济学"的旗号，以"西学东渐"之势逐渐占领了我国经济学教学和研究的阵地。在这样的国际和国内背景下，有人开始对马克思主义政治经济学的科学性产生质疑，对马克思主义经济学和西方经济学在中国理论经济学地位的认识出现偏差。这突出表现在高校教学、研究和人才培养上：在课程设置上，重"西学"而轻"马学"；在师资队伍建设上，重"海归"而轻本土人才；在理论研究上，重数理实证而轻理论研究。

出现以上情况的原因之一在于，人们对西方经济学缺乏科学清晰的认识，盲目崇拜，认为西方经济学具有与自然科学一样的"客观性"和"中立性"，从而是"摆脱了意识形态束缚"的真正意义上的科学，因此把西方经济学视为前沿，把西方经济学原版教材视为经典，把海归学者视为取得了真经的"玄奘"，甚至认为只有通过全面贯彻和学习西方经济学，才能实现中国学术研究与国际的接轨，只有通过西方经济学的中国化，才能完成中国经济学的构建。为了纠正这种错误而荒谬的认识，有必要从研究对象、研究方法、框架体系和理论内核等方面，对马克思主义政治经济学和西方经济学的科学性进行全面准确的辨析和比较研究，以加强马克思主义政治经济学的理论自信。

二 正确解读当代资本主义的发展变化

从社会历史的发展变化趋势来看,当今世界存在的最主要的两个社会形态,就是资本主义社会和社会主义社会。在《共产党宣言》中,马克思、恩格斯就曾提出"资产阶级的灭亡和无产阶级的胜利是同样不可避免的"。今天在论述资本主义时不能不回答,为什么资本主义还"垂而不死"。只有以《资本论》和列宁的帝国主义论为代表的马克思主义政治经济学,才能对回答这些问题给予原理和方法的指导。

二战后资本主义"黄金时期"的发展曾让人很困惑,经历了20世纪70年代的"滞胀"危机后,遭受严重打击的资本主义并没有寿终就寝,反而在经济全球化浪潮推动下,迈入新的发展阶段。资本主义没有因为经济危机而彻底衰败,资本主义国家的工人阶级,也没有因为贫困和资本家阶级压迫而卓有成效地联合起来,取得政治斗争的重要成果;大大小小的危机虽然时常爆发,但资本主义总能摆脱危机,并借助科技革命汲取发展的新能量。难道现实的发展证伪了马克思主义经典作家对资本主义发展趋势的判断吗?

按照唯物辩证法的逻辑:"问题和解决问题的手段同时产生。"[①] 20世纪80年代后,不仅第三次科技革命中所发现的新能源、新材料、新技术在生产和商业领域得到了进一步的推广和使用,而且电子信息技术更是引发了以信息产业和知识经济蓬勃发展为标志的新一轮科技革命。这极大地推动了资本主义生产力社会化程度的提高,使垄断资本主义进一步走向全球化和国际化成为可能。科技的进步和信息产业化的发展,引发了资本主义生产关系的重大变化,法人股份所有制流行、跨国公司全球产业链控制以及资本主义国际生产关系扩张,等等。这是在生产社会化压力下,资本占有关系在深度和广度上有限的自我调整和消极扬弃。这种变化反过来使资本主义更加无法驾驭在广袤空间迅速变革的国际生产力,局部和暂时的缓和不但不可能改变资本主义基本矛盾的性质,还

[①] 马克思:《资本论》第1卷,人民出版社2004年版,第107页。

不断孕育着更大危机的到来。20世纪70年代"滞胀"危机后，新自由主义接替凯恩斯主义成为资本主义国家的主流经济理论，主张"普适"的私有化和市场自由化。这不仅使拉美等地区或国家陷入了"中等收入陷阱"，而且触发了2008年全球金融危机，导致全球经济陷入长期停滞的结构性危机。

2008年全球金融危机的爆发给资本主义沉重打击，但它不会就此走向灭亡。马克思在《〈政治经济学批判〉序言》中曾说过："无论哪一个社会形态，在它们所能容纳的全部生产力发挥出来以前，是决不会灭亡的；而新的更高的生产关系，在它存在的物质条件在旧社会的胎胞里成熟以前，是决不会出现的。"① 列宁也曾指出，资本主义虽然腐朽，但整个来说，会比以前发展得更迅速无比。研究当代资本主义21世纪的结构性危机，既是检验马克思主义经济理论的最好试金石，也是丰富和发展马克思主义政治经济学最基本的历史素材。阐明当代资本主义发展规律的新变化，成为马克思主义政治经济学最重要的历史任务之一。

三 加快构建中国特色社会主义政治经济学理论体系

作为马克思主义政治经济学发展的新成果——中国特色社会主义政治经济学理论体系正在逐渐形成，并直接指导中国特色社会主义实践取得了伟大成就。社会主义市场经济建设史无前例，在没有任何成功经验可借鉴的条件下，如何在实践的曲折发展中探索和总结其客观的发展规律，这是中国实践、中国故事给马克思主义政治经济学发展带来的极大机遇和挑战。在社会主义市场经济实践中，我国在马克思主义世界观和方法论的指导下，在中国共产党的领导下，紧密联系中国具体实际，创造性地探索出了一条有中国特色的社会主义发展之路，总结出有中国特色的社会主义经济理论，包括社会主义初级阶段理论、社会主义商品经济理论、社会主义市场经济理论、初级阶段所有制和分配理论、社会主

---

① 《马克思恩格斯全集》第13卷，人民出版社1962年版，第9页。

义宏观调控理论和经济结构性失衡及供给侧结构性改革理论,等等。这些理论创新不仅丰富和发展了马克思主义经济理论,更为我国的社会主义建设提供了支撑。

与社会主义经济实践所取得的成就以及当前面临的复杂问题相比,中国马克思主义政治经济学的发展还相对滞后。尤其在当前,中国改革已进入深水区,继续用"摸着石头过河"的办法搞改革已经不再适合,需要在创新、协调、绿色、开放和共享新发展理念的指引下破浪前行。中国经济发展变化的实际急需科学的、适合于中国国情的经济理论予以阐释和指导。建设中国特色社会主义政治经济理论体系,就是要在坚持唯物史观和唯物辩证法的基础上,结合中国实际不断创新和发展马克思主义政治经济学。它必须在坚持以人民为中心和以马克思主义政治经济学为指导的基础上,借鉴和吸收一切古今中外文明的优秀成果,实现高校教学、学术研究和政策应用的有机结合。

(原文发表于《中国社会科学报》2017年5月24日第4版)

基于双重价值转形理论论证劳动生产率与单位商品价的反比关系[*]

徐东辉[**]

摘　要："劳动生产率与单位商品价值量的变动关系"是马克思主义劳动价值理论体系中的重要论题。近年来，有学者提出了成"正比说"，产生这种错误观点的根源在于混淆了使用价值与价值、具体劳动与抽象劳动之间的质的差别。要厘清"变动关系"问题，关键在于正确理解"社会必要劳动时间决定商品价值量"这一命题。劳动生产力和商品价值量之间的关系是本质关系，而劳动生产力和市场价值及生产价格之间的关系则是不同层次的现象形态的关系。运用双重价值转形理论可以更好地解释单位商品价值量与劳动生产力成反比关系，从而找到正确理解劳动生产率与单位商品价值量的逻辑关系的金钥匙，破解所谓的"马克思的悖论"，从而更好地坚持马克思的劳动价值论。

关键词：劳动生产率；商品价值量；劳动价值论；反比；正比；价值转形

针对马克思劳动价值论关于"劳动生产率与单位商品价值量的变动

---

[*] 基金项目：吉林省社会科学基金项目（2016B64）。
[**] 作者简介：徐东辉（1978—　），吉林财经大学经济学院副教授，主要从事马克思主义政治经济学研究。

关系"这一论题,理论界始终存在着不同的理解和认识。尤其是近年来,伴随着科学技术的不断创新与发展,劳动生产率不断提高,以 GDP 为代表的价值指标总量不断增加,有部分学者从以上现象形式出发,提出了所谓的"劳动价值论悖论",并将马克思的"劳动生产率与单位商品价值量成反比"的学说进行了重新"诠释",提出了"劳动生产率与单位商品价值量成正比"说。何干强教授在《教学与研究》2011 年第 7 期中发表了《也谈劳动生产率同价值创造的关系》[①](以下简称《何文》)一文,在文中何教授从分析价值性质入手,提出以下四点规定:第一,价值的内容是社会实体;第二,比较不同的生产者创造多少价值应以社会价值来度量;第三,比较不同生产者创造的价值指的是新价值;第四,区分社会价值与生产价格。基于以上规定,何教授提出,"生产商品的二重性劳动,应当理解为具体有用劳动和抽象劳动,具体劳动包括有用劳动和无用劳动",因此"社会标准的有用劳动是社会价值创造的前提",进而提出劳动生产率较高的生产条件下,促使先进的客观生产要素成为"社会必要劳动的'优良吸收器'","在同样时间大大减少了无用劳动,提高了劳动的有用程度"[②],从而也就增加了社会价值总量,也就是价值总量,得出了劳动生产率与商品价值量成正比的结论。《何文》对理解马克思"劳动生产率与单位商品价值量变动关系"原理提供了一个新的思路,其中也不乏有创建性的观点,但该文的一些观点和论证的依据仍然存在有待商榷之处。基于此,本文就劳动生产率与商品价值量的变动关系这一主题,请教于何干强教授。

一 科学认识价值决定必须正确理解 "社会必要劳动时间"的规定

要科学认识和理解"劳动生产率与单位商品价值量的变动关系",关

---

① 何干强:《也谈劳动生产率同价值创造的关系》,《教学与研究》2011 年第 7 期。
② 《马克思恩格斯文集》第 5 卷,人民出版社 2009 年版,第 52 页。

键在于要科学地认识和理解"商品价值量由社会必要劳动时间决定"这一重要命题。马克思在抽象的一般层面考察社会必要劳动时间如何决定商品价值量时,首先对形成价值实体的劳动的性质进行了限定,即其是以社会平均性质的劳动为标准的。换句话说,就是以简单劳动为尺度的,而复杂劳动转化为简单劳动的尺度,是早在交换之前、在历史的过程中已经完成了的。对此,马克思说,"形成价值实体的劳动是相同的人类劳动,是同一的人类劳动力的耗费。体现在商品世界全部价值中的社会的全部劳动力,在这里是当作一个同一的人类劳动力,虽然它是由无数单个劳动力构成的。每一个这种单个劳动力,同别一个劳动力一样,都是同一的人类劳动力,只要它具有社会平均劳动力的性质,起着这种社会平均劳动力的作用,从而在商品的生产上只使用平均必要劳动时间或社会必要劳动时间"[①]。正是在这一前提下,马克思才界定了社会必要劳动时间如何决定商品价值量这一命题,即"社会必要劳动时间是在现有的社会正常的生产条件下,在社会平均的劳动熟练程度和劳动强度下制造某种使用价值所需要的劳动时间"。因此,决定商品价值的劳动,是具有社会平均性质的抽象劳动。《何文》在考察这一问题时,在提出"研讨具有较高劳动生产率的生产者在同样时间内能否创造较多的价值,需要对生产者之间的劳动内涵进行相互比较"[②]的基础上,进一步提出"生产商品的二重性的劳动,应当理解为具体有用劳动和抽象劳动"[③]的观点,这是因为"具体劳动也可能生产部分废品或者不合格产品;同一部门劳动生产率低的劳动与劳动生产率较高的劳动作比较,前者因动作迟钝、生产方法不得要领等原因,事实上包含着无用、无效的劳动耗费"[④]。《何文》中提出的所谓不同劳动生产率条件下的"劳动内涵"以及对具体劳动的重新"诠释和分类",其本质是将个别生产者之间的异质性劳动混同为决定商品价值的社会平均性质的劳动。

事实上,在批判蒲鲁东的"劳动货币"时,马克思就已经给出了决

[①] 《马克思恩格斯文集》第5卷,人民出版社2009年版,第52页。
[②] 何干强:《也谈劳动生产率与价值创造的关系》,《教学与研究》2011年第7期。
[③] 同上书,第51页。
[④] 《马克思恩格斯全集》第46卷,人民出版社2002年版,第80页。

定商品价值的社会必要劳动的平均性质,"一切商品(包括劳动在内)的价值(实际交换价值),决定于它们的生产费用,换句话说,决定于制造它们所需要的劳动时间。价格就是这种用货币来表现的商品交换价值……由劳动时间决定的商品价值,只是商品的平均价值"。因此,决定商品价值量的社会必要劳动时间,其所关涉的劳动性质首先是平均性质的劳动。

这里,我们仅就抽象层面考察了商品价值量的决定问题。那么,随着资本主义生产方式的形成和发展,社会必要劳动时间决定的商品价值量在资本主义社会中又是如何确定的呢?实际上,通过对商品经济发展史的分析,不难得出这样的结论,在简单商品经济时期,由于商品生产主要以家庭手工业为主,生产规模较小。由于那时商品生产者在生产组织形式和技术水平差异并不大,所以商品生产者生产商品的个别劳动时间既为生产该商品的社会必要劳动时间,由这一劳动时间决定的个别价值,也同时就是商品的价值。当商品经济发展到了资本主义自由竞争阶段时,随着新的生产技术和管理方法的研发与应用,社会生产力水平得到了长足的发展,工场手工业逐步被机器大工业所替代,生产的社会化程度大幅度提高。此时,商品的生产和交换不再满足于"互通有无"和"各取所需",伴随着资本对商品生产的不断渗透,商品作为剩余价值的客观物质载体被越来越多地生产出来。这时候,商品生产的规划,即"生产什么、怎样生产、生产多少"都完全由资本家个人决定。相对于生产而言,此时的社会需求(包括商品的质量需求、品种、数量等),对他而言是个未知数。因此,在资本主义条件下,资本家只有通过一次次的交换来确定他所生产的商品是否能够满足社会的需要,从而解决私人劳动向社会劳动转化的矛盾,实现商品的价值,并从中取得剩余价值。而此时生产同种商品的不同商品生产者的组织形式和生产技术水平已经产生了较大差异,所以在不同生产条件下生产出来的同一种商品的个别价值量也就大不相同,因此,当部门内部展开激烈的竞争时,商品价值量也应由生产该商品的社会平均生产条件下的劳动时间决定。这也就意味着,此时的商品价值量是由无差别的人类劳动凝结而成,单个商品生产者的劳动已经转化为同一劳动,简单劳动与复杂劳动的换算已经完成,不存在区别，可以直接进行比较和交换。

二 对"正比说"理论及其逻辑的剖析与商榷

关于劳动生产率与单位商品价值量之间的关系，马克思在《资本论》中给出的最经典的论述如下："劳动生产力越高，生产一种物品所需要的劳动时间就越少，凝结在该物品中的劳动量就越小，该物品的价值就越小。相反地，劳动生产力越低，生产一种物品的必要劳动时间就越多，该物品的价值就越大。可见，商品的价值量与实现在商品中的劳动的量成正比地变动，与这一劳动的生产力成反比地变动。"① 这一反比原理是从量的角度，在劳动生产率变动条件下，揭示了单位商品价值量变化趋势及规律，是马克思劳动价值论的核心内容之一。

首先，要明确劳动生产率的真正内涵。"生产力当然始终是有用的、具体的劳动的生产力，它事实上只决定有目的的生产活动在一定时间内的效率。因此，有用劳动成为较富或较贫的产品源泉与有用劳动的生产力的提高或降低成正比。相反地，生产力的变化本身丝毫也不会影响表现为价值的劳动。既然生产力属于劳动的具体有用形式，它自然不再同抽去了具体有用形式的劳动有关。因此，不管生产力发生了什么变化，同一劳动在同样的时间内提供的价值量总是相同的。"② 正是因为在不同生产力条件下，两个相同劳动量提供的总价值量相同，所以才会有劳动生产率与单位商品价值量成反比。因此，要正确理解马克思劳动生产率与单位商品价值量的变动规律，关键点在于正确理解劳动二重性学说。

其次，要正确理解马克思在《资本论》中关于价值问题研究的方法论。事实上，马克思对劳动生产率和商品价值量之间关系的研究，始终秉持唯物史观和辩证法相结合的研究方法，因此，该研究是从简单商品经济条件下的商品生产着手的，这也就决定了，这里的劳动生产率指的是生产这一商品的劳动生产率，而不是指后来的"部门平均劳动生产率"

---

① 《马克思恩格斯文集》第5卷，人民出版社2009年版，第53—54页。
② 同上书，第59—60页。

和"社会劳动生产率"。产生如上错误判断的根本原因在于,人们对价值的转化形式(市场价值、生产价格)与价值的关系问题上存在误解。

劳动生产率与单位商品价值量之间的关系是本质关系,而在商品经济进一步发展的过程中,这一本质关系随之进一步转化为其各种现象形态。丁堡骏教授在《揭开劳动生产力与商品价值量之间关系之谜》[①]一文中,运用双重转形理论对马克思的反比学说进行了解析。丁教授认为,劳动生产率与单位商品价值量之间的关系是本质关系,即在简单商品经济条件下,每个个别商品生产者的生产效率并无太大差异,此时商品的个别价值就是商品的价值;而当商品经济形式发展到资本主义条件下的商品经济阶段,在同一部门内部产生了竞争关系,商品价值的表现形式也由个别价值形式转化为市场价值(即社会价值);当这种竞争关系进而扩展到不同部门之间时,等量资本要求获得等量利润,平均利润由此出现,使得商品的价值进一步转化为生产价格形式;因此,劳动生产率同价值的转化形式(市场价值或生产价格)之间的关系则只是现象形态的关系。文中丁堡骏教授以同部门中存在着优、中、劣生产条件递减的企业为例(见表1),说明劳动生产率存在差异的条件下,当商品价值转化为市场价值形式时,劳动生产率与商品价值量之间的本质关系也将以不同的现象形态呈现:

表1　　　　　　　　　商品市场价值的形成

生产条件	产量	市场价值	单位商品	个别价值	市场价值 (社会价值)	全部商品与 价值之差
优等	15	6	90	8	120	+30
中等	70	8	560	8	560	0
劣等	15	10	150	8	120	-30
总计	100		800		800	0

---

① 丁堡骏、张洪平:《揭开劳动生产力与商品价值量之间关系之谜》,《税务与经济》1994年第3期。

如表1所示,在同一部门内部竞争条件下,在劳动生产率递减的情况下,生产条件优、中、劣等的企业相应生产出的商品个别价值量成递增的趋势排列。可见,个别劳动生产率与商品个别价值量成反比。劳动生产率是有用的具体劳动的生产效率,它只是决定具体劳动在一定时间内生产使用价值的效率,因此,劳动生产率与商品的使用价值成正比。由于生产这一商品的个别劳动生产率条件下生产出的商品个别价值就是商品的价值,所以它与劳动者的勤奋与否、技术是否熟练及劳动复杂程度的高低并无关系,它是商品总量的总价值分摊到单位商品上的价值量,因此,劳动生产率与单位商品价值量反比关系在这里就表现为个别劳动生产率与单位商品个别价值量的反比关系;与此同时,表1中同一部门企业优、中、劣的劳动生产率差异却并没有带来商品价值的变化,如优等条件下6小时的劳动创造6小时的价值,或15倍的6小时劳动共创造90小时的价值,换算回来即1小时创造1小时的价值;中等和劣等生产条件下亦然,各类生产条件下每一小时的劳动仍创造一小时的价值。由此可见,无论劳动生产率如何变化,同一劳动在同一时间内创造的价值量总是相同的。

当竞争关系在同部门企业之间展开时,商品价值的表现形式转化为市场价值,此时,同一劳动在同一劳动时间内提供的市场价值也就是社会价值会随劳动生产率的变化而发生变化。如表1所示,优等生产条件下,6个小时的劳动转化为8个小时的市场价值,即1小时劳动转化为4/3的市场价值;中等生产条件下,8小时劳动转化为8小时的市场价值,即1小时劳动转化为1小时的市场价值;劣等条件下,10小时劳动转化为8小时的市场价值,即1小时劳动仅转化为4/5小时的市场价值;劳动生产率越高,能够提供的市场价值就越多,反之亦然。由此可见,市场价值作为价值的转化形式与劳动生产率是成正比的。

因此,从马克思《资本论》中对"劳动生产率与单位商品价值量的变动规律"理论基础出发,本文对何教授在推演"成正比"论之前所设定的前提,提出以下两方面的质疑。

1. 如何理解个别价值、价值与社会价值的关系。其一,简单商品经济条件下,个别价值、价值与社会价值的关系。何干强教授在《何文》

中提出"不同生产者创造多少价值应以社会价值来度量……不同的生产者创造的单个商品的价值量,不是按其作为个别生产者耗费的自然时间或个别劳动时间来度量的,即不是指他创造的个别价值;而是指他在同样时间按社会必要劳动时间来度量的社会价值"①,在这一观点上,本文持不同意见。在简单商品经济时期,还不存在大规模生产的基础条件,那时,每个个别生产者的生产条件和技术水平等差异不大,此时生产商品的个别劳动时间所决定的个别价值,就是该商品的价值。其二,资本主义经济条件下,个别价值、价值与社会价值的关系。伴随着商品经济不断发展,资本主义自由竞争阶段,商品的生产组织形式采取社会化大生产的形式,马克思在《资本论》写作过程中始终贯穿着唯物辩证的研究方法,由抽象到具体的叙述方法和逻辑与历史相统一的方法,因此,回避个别价值是价值这一事实,就是缺乏唯物史观、以停滞的眼光看待问题。从上面的案例中不难看出,个别价值,是商品总量的总价值分摊到单位商品上面去的价值量。个别价值是价值,而不是长期以来被人们误解的,那种和劳动者的劳动质量、强度等内涵量相联系的范畴。而何教授所引用的马克思在《资本论》中的原文"商品的现实价值不是它的个别价值,而是它的社会价值"②,本身所强调的是"现实价值",即抓得到手的价值;而至于"社会价值"是什么,马克思在这里尚未明确界定,因此,"不同生产者创造多少价值应以社会价值来度量"这一说法,似乎言之过早。

2. 如何正确划分社会价值与生产价格的所属范畴。何干强教授提出"社会价值属于商品生产一般关系范畴,而生产价格属于资本主义商品生产关系范畴"。在社会价值与生产价格所属范畴的划分上,本文认为应该遵循马克思的理论分析方法,即按照逻辑与历史相统一的原则,一般范畴应在货币转化为资本之前谈,马克思为什么在书写《资本论》第三卷时打破了这一惯例?在资本主义生产条件下,商品的个别价值、市场价值和生产价格是现象形态,而体现平均数规律的、抽象层面的价值范畴

---

① 何干强:《也谈劳动生产率同价值创造的关系》,《教学与研究》2011年第7期。
② 《马克思恩格斯文集》第5卷,人民出版社2009年版,第353页。

则是本质形态,伴随着整个资本主义生产方式的发展和演化,导致了价值规律发挥作用的形式也相应地发生了变化,其发挥作用的载体形式是个别价值—社会价值—生产价格的转化过程,而《何文》把社会价值和生产价格这种范畴上的划分,实际上是其歪曲了价值转型的逻辑与历史过程。

三 就"正比说"推演过程中的几个问题与何教授商榷

(一) 劳动生产率特别高的劳动是否创造更多的价值

何教授在说明劳动生产率的变化与单位商品社会价值量变动的关系时,又进一步指出"在同一部门……劳动生产率高于社会平均标准的生产者,都会在同样时间内创造较多的社会价值"[①],并提供引证马克思的话"不管生产力发生了什么变化,同一劳动在同样的时间内提供的价值量总是相同的",来说明劳动生产率特别高的劳动可以直接创造更多的社会价值,即价值。本文认为劳动生产率特别高的劳动和其他劳动一样,需遵循"同一劳动在同一时间内创造等量价值"的原则,即等量劳动创造等量价值。马克思指出"生产力特别高的劳动起了自乘的劳动的作用,或者说,在同样的时间内,它所创在的价值比同种社会平均劳动要多"。对于这一论断,理论界往往取之以佐证"正比说"。但是本文认为要真正理解这一论断,需从前半句入手,即"劳动生产率特别高的劳动起了自乘劳动的作用",其中作用一词就已经明确说明在价值创造过程中,劳动生产率特别高的劳动并没有直接创造出更多的价值,而是生产了更多的价值载体——使用价值,从而在价值转化为市场价值或生产价格时,在交换过程中实现了更多的社会价值;但由于社会必要劳动时间决定的劳动价值量仍不变,生产的商品数量增加了,等量价值分割在每件商品上表现为单位商品价值量降低,因此,劳动生产率与单位商品价值量成反比。本文认为劳动生产率高的劳动不能创造更多的价值,但在价值转化过程中能转化为较多的社会价值,因此,我们在这一问题上的分歧又再

---

① 何干强:《也谈劳动生产率同价值创造的关系》,《教学与研究》2011 年第 7 期。

次集中在本文的第一部分对何教授的"成正比"说假定的质疑上来了，即回到"价值"和社会价值是否完全一致？"社会价值、价值和个别价值之间究竟是怎样的一种关系？"等一系列问题上，在这里就不加赘述了。

（二）价值转移必须通过商品交换

何教授在谈到劳动生产率较高的商品生产者获得的、高于其个别价值的社会价值时指出，其"来源完全是该生产者自己的劳动，而不是同一部门的劳动生产率低的生产者转移给他的"，因为"价值转移只能经过商品交换，同一部门同一商品生产者之间不发生商品交换，是不可能发生价值转移的"。对此本文持不同意见，其一，价值的转移绝非必须通过商品交换。通过对资本总公式"G—W⋯P⋯W′—G′"的分析可知，货币转化为资本的过程中，"G—W"和"W′—G′"作为流通过程均不能发生价值增殖；真正的价值增殖来自生产过程，即当货币购买了劳动力之后，活劳动在商品生产过程当中不仅还原了自身价值，而且创造了大于其自身价值的价值——剩余价值，从而货币转化为资本，资本主义的生产方式得以确立。在这个生产过程当中就包含着价值转移。商品生产者按照生产目的，通过使用劳动资料将劳动力施加于劳动对象之上，消耗劳动资料和劳动对象的价值，同时活劳动创造新价值，生产出新产品，使其最终可以成为价值完美载体——具有使用价值的商品。在这个过程当中，劳动资料和劳动对象的使用价值被消耗掉，但是其价值被活劳动转移到了新产品当中去，成为商品价值的组成部分。其二，关于同一部门较高劳动生产率的商品生产者获得的较高社会价值的真正来源问题，本文认为它只能来自本部门的较低劳动生产率生产者的价值转移。商品经济是由许多劳动生产率不同的商品生产者组成的统一的有机整体。随着商品经济的不断深化发展，即使是生产同一种商品所耗费的个别劳动时间也是有差异的，导致商品个别价值量也是不同的。但在商品交换过程当中，给不同的个别价值生产者，规定了一个统一的社会价值，即只能按照社会必要劳动时间决定的社会价值进行交换，必然对一部分人有利，对一部分人不利。不同劳动生产率决定了同一部门生产的商品的个别价值，或高于或低于社会价值，使得不同商品生产者的商品交换实际上是不等价交换。但是无论从较长期的同种商品的交换过程，还是从整个社会不同种商品的交换过程来看，通过商品交换实现的价值总和与商品生产过程当中创造的价值总和是趋于一致的。这更加有力地说明，价值规律是商品经济的基本经济规律，其表现形式恰恰就是通过这一次次不等价的交换，最终实现了价值规律要求的等价交换原则。由此可见，在分析劳动生产力与商品价值量之间的关系时，还必须联系各个不同时期竞争条件的变化，如果没有将价值规律视作历史性的规律，缺乏历史观，那么，必然会对价值规律发挥作用的新形式产生曲解。

（三）同一部门先进生产要素具有增加吸收社会必要劳动程度的作用

这样的理论观点屡见不鲜，李嘉图学派的庸俗化者——穆勒和麦克库洛赫所犯的错误就是一个很好的例证。当李嘉图和他的追随者们无法正确理解现实中的"等量资本获得等量利润"这一矛盾时，他们将目光瞄准了生产过程当中的机器、畜力和自然力的"劳动"，也就是所谓的资本的"蓄积劳动"，并提出了先进的客观生产要素是"社会必要劳动的'优良吸收器'"的观点。何教授提出"同一部门先进生产要素具有增加吸收社会必要劳动程度的作用"[1] 的观点，究其本质与"蓄积劳动"创造价值的理论并无本质区别。从何教授提出"为什么先进客观生产要素能够增加生产者同样劳动时间内的有用劳动的程度，从而使劳动者的社会劳动耗费更有效更多地被凝结、被物化到商品中"这一问题，可见在何教授看来，假设高素质的劳动与较低劳动生产率的生产要素相结合就不能生产出较多的价值，高素质的劳动和具有较高劳动生产率的生产要素相结合才能创造较多的价值，"所以，在相同的主观条件下，有力的客观条件能使领导能力得到更有效的发挥，提高劳动的有用程度"[2]，认为先进生产要素比落后的生产要素更能发挥吸收活劳动的作用，生产商品形成价值的劳动不仅要看劳动本身，而且还要看客观生产要素，要看客观生产要素吸收活劳动的能力。而且，在何教授的第二个案例中也提到，

---

[1] 何干强：《也谈劳动生产率同价值创造的关系》，《教学与研究》2011年第7期。
[2] 同上。

先进客观生产要素可以使活劳动节约，但这种节约从全社会的角度来看，应按照马克思的科学抽象法抽象掉，因此也就不存在提高有用劳动程度的情况。"谁要是根据劳动价值论只承认劳动创造价值，而不承认客观生产要素创造社会价值的科学原理……那恰恰是背离了劳动二重性的基本观点，背离了劳动价值论"，这一观点割裂了劳动过程中主观要素和客观要素之间的关系。这里无疑是神话了先进生产要素，将其宣传为具有能动性的生产要素，并和活劳动一样可以在价值创造过程中发挥能动作用，是将"死"的生产要素复活论。因此，尽管何教授的观点是以反对生产要素论的面目出现，但其实是宣扬了一种变形的生产要素论。

除此之外，将经济学逻辑与数学逻辑相对立。"如果根据在生产中要依靠先进的客观生产要素，就得出必须承认先进的客观生产要素本身就能形成价值实体，并进而认为其所有者单凭客观生产要素的所有权就可以分割劳动者创造的新价值，这就走到资产阶级庸俗经济学家的所谓'要素价值论'和'萨伊的三位一体公式'（'按要素分配论'）那里去了。"[①] 从何教授的这段论述能够看出，认定先进的生产要素是优良的劳动吸收器，不是创造者，说明他不同意将价值创造的客观条件与价值创造混为一谈，这里面是典型的马克思主义经济学家的困惑。应该注意区别用客观生产要素创造价值来论证客观生产要素的所有者应分得自己所创造的价值部分，这是庸俗经济学者的观点；马克思主义者的观点是不承认客观生产要素创造价值，而承认客观生产要素的所有者凭借其对客观生产要素的所有权参与剩余价值分配。应科学地理解先进客观生产要素对社会价值创造的作用，避免退回到穆勒、库洛克等人的观点，强调所谓的"蓄积劳动"、把劳动时间和生产时间混为一谈，用诡辩和概念游戏来遮掩了价值的真正来源，何教授的观点就是陷入了此类矛盾之中。

综上所述，本文认为导致持"正比说"的学者错误地理解马克思的劳动价值论的思想根源及其理论弊端主要表现在以下三方面。

第一，"正比说"否定了马克思的商品二因素和劳动二重性学说，模糊了使用价值和价值、具体劳动和抽象劳动之间的区别，进而混淆了个

[①] 何干强：《也谈劳动生产率同价值创造的关系》，《教学与研究》2011 年第 7 期。

别价值、价值和社会价值之间的关系、"劳动生产率和商品价值量"之间的真实关系。

第二，现象支撑。讨论商品价值量规定性的前提，首先要明确价值质的规定性。生产价格、市场价值等范畴只是价值的转化形式和现象化形式，坚持"成正比"说的学者忽视了这一点，把现象和价值创造直接联系起来，跳过中间的价值转形环节，错误地将商品价值的不同表现形式与劳动生产率之间的现象形态关系理解为本质关系。

第三，目前坚持"成正比"说的学者并没有运用转形思想。持"正比说"观点的学者没有运用转形思想考量"劳动生产力成正比说与单位商品价值量"之间的关系，因而，并不能科学地说明较高劳动生产率的劳动在创造倍加价值的数量界限问题，从而，容易给否定马克思劳动价值论之说打开方便之门。

四 以转形理论为基础的"反比说"的科学性与理论优势

双重价值转形理论坚持商品二因素和劳动二重性学说，坚持劳动价值论，是对马克思价值理论的科学解读和继承。因此，以双重价值转形理论为基础的"反比说"具有科学性和理论优势，可以更好地阐释马克思劳动价值论和解读当前的经济现实，可以固本清源、激浊扬清，进一步证明马克思主义经济理论是一个开放的、与时俱进的理论体系。

第一，双重转形理论科学地解释了较高劳动生产率的劳动在创造倍加价值的数量界限。马克思谈到了生产力水平特别高的劳动起到了复杂劳动的作用。那么这个作用是如何发生的呢？要说明这个问题必须要强调的是，马克思的这一论述并不是围绕价值的创造展开的，他所陈述的是当价值（个别价值）转化为市场价值乃至进一步转化为生产价格之后，作为价值的实现形式，商品的市场价值和生产价格与劳动生产率之间的关系。如表1所示，当存在劳动生产率差异时，同部门内部劳动生产率越高的企业，商品的市场价值或生产价格越大，反之亦然。当竞争关系在部门之间充分展开之后，商品的价值进一步转化为生产价格，这一变动规律依然发挥作用。这充分说明价值（个别价值）在市场价值或生产价格范畴上的价值实现，是与劳动生产率成正比的，这也恰恰说明了"生产力特别高的劳动"是怎样"起了自乘劳动的作用"的。

第二，双重转形理论更好地坚持了劳动价值论。对马克思主义政治经济学特别是对劳动价值论来说，"劳动量守恒"是贯穿始终的重要规律。以坚持"劳动量守恒"规律为前提，以转形理论为基础的"成反比"说可以更好地解决来自理论界挑战和解释经济现实当中存在的问题。就表1所说明的价值转化为市场价值来讲，劳动生产率表现为优、中、劣的三家企业所生产的商品总量的个别价值之和为800小时，此时由商品价值总量转化而来的市场价值（社会价值）总和也等于800小时。当价值进一步转化为生产价格时，情形也是如此。这说明在价值转形过程当中，虽然会发生价值转移，但是会一直遵循"劳动量守恒"规律，即价值总量和市场价值（或生产价格）总量是不会发生变化的。

第三，双重转形理论可以更好分析国际商品交换关系。关于国际价值和国际商品交换，古典经济学的劳动价值论受到了挑战，一方面它坚持劳动创造价值，另一方面商品在国际市场上的交换比率并不能直接用价值规律要求的等价交换原则来加以说明，以至于陷入了理论上的困顿。马克思在批判性地吸收了古典经济学的精髓和继承了其科学性的基础上，创建了马克思主义劳动价值论，为解决上述难题提供了金钥匙。尽管马克思在《资本论》当中并没有专门地论述国际价值和国际商品交换，但经过马克思主义者的努力，从马克思的国别价值理论中发展出了国际价值理论。所谓国别价值就是在一国国内市场上形成和实现的价值，由必要劳动时间决定。国别价值的形成过程中，高劳动强度和低劳动强度会进行平均。国别价值通过部门内部的竞争会转化为市场价值，通过部门之间的竞争促使市场价值进一步转化为生产价格。《试论马克思劳动价值论在国际交换领域的运用和发展》[①]一文中提出了三个观点，一是国别价值平均化形成国际价值；二是在国际市场上，各国资本家为超额剩余价

[①] 丁重阳、丁堡骏：《试论马克思劳动价值论在国际交换领域的运用和发展》，《毛泽东邓小平理论研究》2013年第4期。

值而展开部门内部竞争时,商品的国际价值就转化为国际市场价值;三是当资本在国际市场上在不同生产部门之间展开为追求平等占用剩余价值或利润的竞争时,商品的国际市场价值就转化为国际生产价格。可见,马克思的国别价值形成及其双重转形的思想,完全适用于国际商品交换的价值理论分析。

五 结论

综上所述,何教授所提出的"正比说"从根本上来说是对马克思劳动二重性理论的理解存在误区,首先,将具体劳动进一步区分为有用的具体劳动和无用的具体劳动,这一解析前提违背了马克思的研究方法论——从抽象到具体的方法。马克思认为,"劳动生产还随同劳动的节约而增长。这种节约不仅包括生产资料的节约,而且还包括一切无用劳动的免除"[①],其本义是强调,与劳动生产率提高以前相比,有一些环节中的劳动、流程成为不必要的了,生产商使用价值的劳动就是具体劳动,是生产劳动的具体方面,涉及生产研究的起点问题。从《致库格曼的信》中可以看出,马克思研究商品研究价值是从具体和现实出发,并不是从概念出发,这是马克思政治经济学方法论——抽象法的要求。其次,抹杀个别价值就是价值这一事实,实际上是缺乏唯物史观,是对商品价值形成和实现过程的认识僵化。最后,将先进的生产要素理解为"社会必要劳动的'优良吸收器'",是将劳动价值论倒退回李嘉图学派的"蓄积劳动"和萨伊的"三位一体公式"等庸俗的劳动价值论,是对马克思劳动价值论研究的倒退。

(原文发表于《当代经济研究》2016年第12期)

---

① 《马克思恩格斯文集》第5卷,人民出版社2009年版,第605页。

论市场价值及其与平均价值、市场价格的辩证关系

魏 旭[*]

摘 要：市场价值作为商品平均价值的转化形式，无论分析的前提还是所处的逻辑层次，都具有不同于平均价值的内在规定，尽管在特定条件下两者具有量的同一性。对超额剩余价值的追求所引致的生产者之间的竞争，是个别价值平均化为市场价值的内在动力。由社会必要劳动时间决定的价值只是抽象的平均价值，不能直接决定市场价格，它需要以市场价值这个转化形式为中介。市场价值对平均价值的偏离，使价值规律得以贯彻，这在实际市场上，就表现为市场价格对市场价值的偏离。供求变动影响价格的基础是市场价值，是市场价值调节供求，而不是相反。市场价值规律只是单个商品价值的决定和实现在总量商品上的再现，社会实际需要的量同供给量之间的偏离导致的所谓社会劳动时间的浪费，也仅仅说明了市场价格与市场价值的偏离，而且这一点也早已包含在抽象的价值规定当中。

关键词：社会必要劳动时间；平均价值；市场价值；价值规律；市场价格

---

[*] 作者简介：魏旭（1971— ），吉林财经大学马克思主义经济学研究中心教授，主要从事马克思主义经济学与产业经济学研究。

作为马克思劳动价值论体系重要范畴的市场价值,是价值向生产价格转化的中介环节,在整个价值转形理论中处于不可或缺的地位。然而,长期以来,学术界对这一范畴的理解和认识并未达成一致。特别是对市场价值与平均价值、市场价格等范畴之间的内在逻辑关系的忽视和误解,导致了诸如价值决定的"两种含义的社会必要劳动时间之争""价值转形逻辑的起点之争""不明确的市场价值理论质疑"和"两种市场价值论",甚至将马克思的市场价值理论曲解为供求价值论和要素价值论等系列问题。由于市场价值及其量的决定问题是关涉如何正确理解马克思的价值——价格理论体系及其转化过程的科学性问题,甚或关涉如何坚持和发展劳动价值论的重大问题。因此,澄清对这一问题的模糊认识,就成为坚持和发展马克思劳动价值论的一个重要方面。基于此,本文结合马克思在《政治经济学批判》和《资本论》中对这一问题的论述,在价值转形视阈内,考察马克思关于市场价值的决定及其与平均价值、市场价格之间的辩证关系,以澄清学术界对这一问题的误解。

一 商品价值量的规定:社会必要劳动时间使价值规定为平均价值

学术界对马克思关于商品价值的质的规定的界定几乎是没有异议的,争论的焦点主要集中在商品价值的量的规定上。确切地说,是对决定商品价值量的社会必要劳动时间及其各种外在的表现形式的不同理解而引发了各种争论[①]。因此,要科学地阐明作为价值转化形式的市场价值及其

---

① 自魏埙和谷书堂两位先生于1950年代提出"两种含义的社会必要劳动时间"以来,国内外学术界围绕价值决定问题展开了旷日持久的争论,形成了所谓的"两个社会必要劳动时间"之谜。争论的焦点主要集中在两个方面:一是是否存在两种甚或多种含义的社会必要劳动时间;二是如果存在两种含义的社会必要劳动时间,那么哪一种含义的社会必要劳动时间决定商品的价值量。与之相对应,在商品价值量的决定上,形成了四种较为代表性的观点:一是认为只有第一种含义的社会必要劳动时间决定商品的价值量,不存在第二种含义的社会必要劳动时间;二是主张第一种含义的社会必要劳动时间决定商品的价值量,而第二种含义的社会必要劳动时间仅涉及商品价值量的实现,这一看法成为学术界的主流观点;三是主张两种含义的社会必要劳动时间共同决定论;四是认为只有第二种含义的社会必要劳动时间决定商品的价值量。

量的规定，我们首先要正确地理解商品价值的量的规定是什么。

我们知道，马克思在抽象的一般层面考察社会必要劳动时间如何决定商品的价值量时，首先对形成价值实体的劳动的性质进行了限定，即其是以社会平均性质的劳动为标准的。而且，社会必要劳动时间，是以简单劳动为尺度的，而复杂劳动转化为简单劳动的尺度，是早在交换之前、在历史的过程中已经完成了的。对此，马克思说，"形成价值实体的劳动是相同的人类劳动，是同一的人类劳动力的耗费。体现在商品世界全部价值中的社会的全部劳动力，在这里是当作一个同一的人类劳动力，虽然它是由无数单个劳动力构成的。每一个这种单个劳动力，同别一个劳动力一样，都是同一的人类劳动力，只要它具有社会平均劳动力的性质，起着这种社会平均劳动力的作用，从而在商品的生产上只使用平均必要劳动时间或社会必要劳动时间"。正是在这一前提下，马克思界定了社会必要劳动时间如何决定商品价值量这一命题，即"社会必要劳动时间是在现有的社会正常的生产条件下，在社会平均的劳动熟练程度和劳动强度下制造某种使用价值所需要的劳动时间。……可见，只是社会必要劳动量，或生产使用价值的社会必要劳动时间，决定该使用价值的价值量。在这里，单个商品是当作该种商品的平均样品"[①]。其实，这个平均样品在这里只是说明：一方面，这个商品能满足某种社会需要；另一方面，构成社会必要劳动时间界定要件的生产条件、劳动强度、劳动熟练程度等在这里都是平均性质的，由这个社会必要劳动时间所决定的价值，只是同一生产领域生产的所有商品的平均价值。对于这一点，早在批判蒲鲁东的"劳动货币"时，马克思就已经指出："一切商品（包括劳动在内）的价值（实际交换价值），决定于它们的生产费用，换句话说，决定于制造它们所需要的劳动时间。价格就是这种用货币来表现的商品交换价值……由劳动时间决定的商品价值，只是商品的平均价值。"[②] 这里需要说明的是，社会必要劳动时间决定商品价值量，在现实世界也是通过生产者之间的竞争

[①] 《马克思恩格斯全集》第44卷，人民出版社2001年版，第52页。
[②] 《马克思恩格斯全集》第30卷，人民出版社1995年版，第84—85页。

实现的。恩格斯在题为"马克思与洛贝尔图斯"的《〈哲学的贫困〉序言》中指出："商品价格对商品价值的不断背离是一个必要的条件，只有在这个条件下并由于这个条件，商品价值才能存在。只有通过竞争的波动从而通过商品价格的波动，商品生产的价值规律才能得到贯彻，社会必要劳动时间决定商品价值这一点才能成为现实。……因此，在一个进行交换的商品生产者的社会里，如果谁想把劳动时间决定价值这一点确立起来，而又禁止竞争用加压力于价格的办法，即一般说来是唯一可行的办法来确立这种对价值的决定，那就不过是证明，至少在这方面，他采取了空想主义者惯有的轻视经济规律的态度。"[①] 从恩格斯的这一界定来看，由社会必要劳动时间所决定的商品价值量，只是由竞争所确定的同一生产部门正常条件（中等生产条件）生产的所有商品的平均价值。尽管从方法论的角度看，马克思所界定的价值，或者说由社会必要劳动时间所决定的商品的价值量，还只是抽象层面的价值量的规定，因为马克思在这里至少抽象掉了同一生产部门内部不同生产者生产条件的差异并假设生产量与社会需要量是一致的。然而，正如马克思所说的，"只要平均数是作为一个时期的平均数计算出来的，例如，按二十五年的咖啡价格平均计算，一磅咖啡值一先令，那么平均数就表现为外在的抽象；但是，如果承认平均数同时又是商品价格在一定时期内所经历的波动的推动力和运动原则，那么平均数就是十分现实的"[②]。

由此可知，商品的价值量（由社会必要劳动时间决定的价值量）仅仅是同一生产领域内所生产的所有商品的平均价值，它是价格绕以波动的中心。这一点，对我们理解价值规律发挥作用的历史和逻辑过程是至关重要的。当然，作为抽象的价值，还不能直接决定价格，它需要一个外在的具体的转化形式为中介，这个中介就是市场价值。

---

① 《马克思恩格斯全集》第21卷，人民出版社1965年版，第215页。
② 《马克思恩格斯全集》第30卷，人民出版社1995年版，第85页。

二 市场价值的形成：竞争使商品个别价值平均化为市场价值

马克思的理论较早涉及市场价值这一范畴，是在其批判蒲鲁东的"劳动货币"理论中出现的。在其后的《剩余价值理论史》中，马克思在批判亚当·斯密和大卫·李嘉图的费用价格理论时，进一步细化了对市场价值的论述。但马克思系统阐述其关于市场价值及其在价值转形中的逻辑与历史定位思想，则主要体现在《资本论》第三卷第十章和其后的地租理论当中[①]。

按照价值规律的基本要求，无差别的一般人类劳动——抽象劳动，是形成商品价值的实体，而社会必要劳动时间决定商品的价值量，商品交换要以价值量为基础，实行等价交换。也即，同一领域的商品，必须按照同一的价格出售。相对于抽象层面的、由社会必要劳动时间决定的价值——平均价值而言，市场价值是商品进入市场时平均价值的转化形式，其质的规定仍然是抽象劳动。但在量的规定性上，市场价值作为价值的转化形式，具有其自身的规定性，它是商品进入市场时所具有的价值，即"商品的市场价值，就是它们进入市场时具有的价值"[②]。

在《资本论》第三卷第十章，马克思在考察商品按照市场价值出售的条件之前，首先界定了商品能够出售的两个前提，其一是商品要有使用价值，因而要满足社会需要；其二是商品中所包含的劳动量要代表社会必要劳动，因而，商品的个别价值同它的社会价值相一致，也就是"不同的个别价值，必须平均化为一个社会价值，即市场价值"[③]。在此基

[①] 学术界在考察马克思的市场价值理论时，往往仅仅就《资本论》第三卷第十章的阐述来讨论，这就导致对市场价值范畴理解的种种偏差。要科学地认识这一范畴，我们必须将《政治经济学批判》手稿和《资本论》结合起来同时考察，这一点马克思在《资本论》序言中已经说得很明确："在情况许可的范围内，前书只是略微提到的许多论点，这里都作了进一步的阐述；相反地，前书已经详细阐述的论点，这里只略微提到。"
[②] 《马克思恩格斯全集》第34卷，人民出版社2008年版，第227页。
[③] 《马克思恩格斯全集》第46卷，人民出版社2003年版，第201页。

础上，马克思将单个商品能够出售的两个条件运用到同一生产部门商品总量上，考察了同一生产部门内部种类相同、质量接近的商品按照价值出售的两种条件。在阐述第一个条件也即"不同的个别价值，必须平均化为一个社会价值"时，马克思具体分析了市场价值本身的各种规定[①]。但这里，我们首先要明确，市场价值是如何形成的，也即个别价值是如何平均化为市场价值的。

对于商品的个别价值是如何平均化为市场价值的，马克思早在考察资本主义生产方式的相对剩余价值生产时就已经给出了这一过程。在马克思看来，资本的唯一目的就是追求剩余价值，而这种追求剩余价值的内在规律会作为外部的强制规律对每个资本主义的生产者起作用。就单个资本的循环来说，就表现为资本作为价值的自我增殖运动，而单个资本的这种自我扩张的增殖运动，又是在众多的资本竞争中实现的。就一个产业或部门的个别资本来说，竞争的关键在于个别资本的劳动生产率与部门平均劳动生产率的偏离方向和程度。如果个别劳动生产率高于部门或产业平均的劳动生产率，其可获得超额剩余价值；如果相反，企业将亏损甚至倒闭。因此，每个生产者都想按照对自己有利的个别价值来出售商品，这就使各个生产者彼此之间为了争夺有利的生产条件和销售市场而展开激烈的竞争，其结果就使商品的价值最终确定在一个平均的、在该部门商品总量中占多数的商品的个别价值上——社会价值，也即市场价值。市场价值形成后，价值规律作用的形式也就相应地发生了转化，即商品按市场价值出售使价格以市场价值为中心波动。这就带来了两个结果：一是由于个别价值究竟转化为多少的市场价值，完全取决于个别企业或个别资本的劳动生产率的高低。资本家为获取更多的剩余价值，必然要不断地提高生产率，以使自己生产的商品的个别价值低于市场价值，从而在按照市场价值出售时获得一个超额的剩余价值。二是为使自身在竞争中得以生存，企业也要不断地提高生产率，以使自己商品的个

[①] 学术界关于市场价值决定的所谓"要素市场价值论"或"供求决定市场价值"等错误主张，都是错误地把马克思所讨论的商品按照市场价值出售的条件混同于市场价值的决定，从而将"社会需要""供求"引入对市场价值的分析。这一点，恰恰是本文要澄清的观点。

别价值低于至少是等于市场价值。两者的作用，使企业总是存在一个不断改善自身的生产条件以提高生产率的冲动。对超额剩余价值的追求和为维持生存，就使各个生产者不断改善自身的生产条件和生产的组织方式以提高自身的劳动生产率，从而形成了一个技术和生产组织方式的产业内扩散机制，这一扩散机制是通过部门内部不同生产者之间的竞争实现的。其结果，使整个部门的劳动生产率普遍提高。这样，不同生产者之间因生产条件不同而导致的一定量商品的个别价值与市场价值的差额也就消失，不同商品的个别价值也就平均化为一个同一的市场价值。由于此时同一生产部门内部不同生产者的生产条件因产业内竞争所形成的产业扩散机制使其同一化，使市场价值同时转化为平均价值，这就使产业内部不同资本之间形成了一个偶然的、暂时的均衡。然而，追逐价值增殖的冲动使产业内的不同资本总是存在一个创新的动力，总会有个别资本率先采用效率更高的生产条件和生产的组织方式而获取新的超额剩余价值，进而引发新一轮的产业扩散机制，使个别价值偏离市场价值、市场价值偏离平均价值成为一种常态。这正如马克思所说的："价值由劳动时间决定的规律，既会使采用新方法的资本家感觉到，他必须低于商品的社会价值来出售自己的商品，又会作为竞争的强制规律，迫使他的竞争者也采用新的生产方式。"[①] 于是，同一部门内部不同资本对超额剩余价值的追求，就成为个别价值平均化为市场价值的内在驱动。

三　市场价值的量的规定：商品的平均价值调节着市场价值

在个别价值平均化为市场价值的基础上，马克思详细考察了市场价值的决定问题。在这里，马克思运用了从抽象上升到具体的方法，将考察单个商品的价值决定时抽象掉的部门内部不同生产者异质性的生产条件纳入对市场价值的分析框架。当然，马克思在这里还是预设了两个分析的前提，即商品的总量不变，且生产量与社会需要量是一致的。这是

[①] 《马克思恩格斯全集》第44卷，人民出版社2001年版，第370—371页。

因为，"在供求关系借以发生作用的基础得到说明以前，供求关系绝对不能说明什么问题"①。在这一假设前提下，马克思考察了资本主义大量生产条件下，因不同生产条件所生产的同类、同质商品在商品总量（马克思假设这个总量是一定的）中所占比重不同而引致的市场价值的两种不同决定或调节方式，即"标准生产条件"和"非标准生产条件"下市场价值自身的内在规定。在标准生产条件下，马克思运用了总量规定的方式表述了市场价值的决定，即市场价值可看作是一个部门生产的商品的平均价值。也就是说，如果市场上的商品绝大多数是由中等生产条件（社会正常的生产条件）的生产者生产的，而且优等生产条件和劣等生产条件生产出来的商品相对于中等条件所耗费的劳动时间的偏离正好相抵，那么这时市场价值就等于一个部门所生产的商品的平均价值，而这个平均价值在量上也就等于中等条件下生产的商品的个别价值。在"非标准生产条件"下，马克思运用个量规定的方式表述了市场价值。假定市场上的商品总量仍保持不变，且劣等生产条件生产的商品占据了总量的很大份额，则市场价值就由劣等生产条件生产的商品的个别价值来调节。由于这时还存在中等和优等生产条件下生产的商品，它们耗费的劳动时间低于劣等生产条件下生产的商品所耗费的劳动时间，因此这时确定的市场价值会大于平均价值（平均或社会正常的生产条件生产的商品的价值），而小于劣等生产条件生产的商品的个别价值。与此相对应，如果在市场上的商品总量（总量仍然假设不变）中，优等生产条件生产的商品数量占据较大份额，则此时的市场价值就由优等生产条件生产的商品的个别价值来调节，这时所确定的市场价值低于商品的平均价值。这样，同一生产领域内的商品生产者，由于有的生产条件好于中等条件而使自己商品的个别价值低于市场价值，在按照市场价值确定的价格出售而获取更多的利益；而生产条件劣于中等条件的生产者，可能就会低于市场价值来出售商品，甚至要有一部分商品卖不出去。由此，马克思就在"供求一致"条件下，说明了市场价值的决定问题。但从现实来看，在实际的市场上，商品按照市场价值出售，或者说按照和市场价值相一致的

---

① 《马克思恩格斯全集》第46卷，人民出版社2003年版，第202页。

价格出售，是通过买者之间的竞争实现的。而且，在市场价值的形成中，始终有一个调节的中心，这个中心就是"标准生产条件"下生产的商品的平均价值，也就是抽象层面的由社会必要劳动时间所决定的价值，市场价值始终围绕着这个中心上下波动，这在实际的市场上，就表现为市场价格围绕市场价值波动。

由上述的分析我们可以看出，市场价值与价值（平均价值）既具有本质内涵的同一性，也具有逻辑层次、分析前提和量的差异性。一方面，就价值——价格体系的分析层次看，马克思分析价值和市场价值时，是将两者置于不同的逻辑层次使用的，两者存在差异性。就价值来说，只是抽象层面的同一生产部门或领域生产的商品的平均价值。虽然马克思在这里也使用了总量规定的分析方式，即"商品的价值（它是某个特殊生产领域的产品），决定于为生产这个生产领域的全部商品量即商品总额所需要的劳动"[①]，但马克思要强调的还是抽象的每一单位商品的价值量，也就是生产者花费在一单位商品上的劳动的平均量。而且，马克思在讨论商品价值的量的规定（社会价值）时，暂时抽象掉了同一生产领域内不同生产者所具有的不同生产条件，假定所有生产者具有同一的平均条件。在考察市场价值时，马克思将抽象的价值的决定上升到了具体层次。而且，马克思放松了生产条件相同这一假设，将生产者之间异质性的生产条件纳入其分析框架，考察了优等、中等和劣等生产条件生产的商品在总量商品中占有的不同比重的情况下，不同的个别价值是如何平均化为市场价值的。因此，尽管价值和市场价值具有共同的内涵——社会必要劳动时间，但由于分析的假设前提和所处的逻辑层次不同，决定了市场价值和价值是两个具有各自不同规定的范畴。而且，价值与市场价值在量上也具有不同的规定（尽管在特殊的情况下两者具有等同性），价值是市场价值绕以波动的中心，价值调节着市场价值。对此，马克思指出"商品的市场价值总是不同于商品的这个平均价值，总是高于或低于它"，而且，"市场价值平均化为实际价值，是由于它经常波动，决不是由于和

[①] 《马克思恩格斯全集》第 34 卷，人民出版社 2008 年版，第 226 页。

实际价值这个第三物相等,而是由于和它自身经常不相等"①。

正是在这个意义上,马克思在对市场价值的量加以规定时才将其界定为:"市场价值,一方面应看作是一个部门所生产的商品的平均价值,另一方面,又应看作是在这个部门的平均条件下生产的、构成该部门的产品很大数量的那种商品的个别价值。"② 这里,马克思实质上指出了市场价值和平均价值两者的辩证同一关系。也就是说,如果一个部门内部所生产的商品总量的绝大部分是在社会正常的生产条件下生产的,而且优等条件和劣等条件生产的商品的价值量对中等条件商品的价值量的偏离——低于和高于的部分相互抵消,那么这时的市场价值(加权平均)既是这个很大数量的商品由以构成的各个商品的个别价值,也是这个生产部门的所生产的全部商品的平均价值(简单平均)。这时,"商品总量的价值,也就同所有单个商品合在一起——既包括那些在中等条件下生产的商品,也包括那些在高于或低于中等条件下生产的商品——的价值的实际总和相等。在这种情况下,商品总量的市场价值或社会价值,即其中包含的必要劳动时间,就由中间的大量商品的价值来决定"③。在这个条件下,市场价值和价值是通用的,或者说是同一的。当然,这个同一并不是指范畴或逻辑层次的同一,而主要是指量的同一。在"非标准生产条件下",比如劣等生产条件生产的商品占部门商品总量的很大数量的情况下,市场价值是由劣等条件生产的商品的个别价值来调节的,这时确定的市场价值与价值是相偏离的④。由此可知,并不存在什么"两种不同的市场价值决定论"和"市场价值的量的决定是不确定的"之说,有的只是由抽象的价值量的规定到市场价值的具体规定(价值的转化形式)和单个商品价值量的规定在商品总量价值规定的再现。因此,"商品的个别价值应同它的社会价值相一致这一点,在下面这一点上得到了实现或进一步的规定:这个商品总量包含着为生产它所必需的社会劳动,

---

① 《马克思恩格斯全集》第 30 卷,人民出版社 1995 年版,第 85 页。
② 《马克思恩格斯全集》第 46 卷,人民出版社 2003 年版,第 199 页。
③ 同上书,第 203—204 页。
④ 这一点,恰恰是价值规律发挥作用的途径,具体过程我们将在下文予以阐述。

并且这个总量的价值＝它的市场价值"①。而且,这个市场价值的波动界限总是受到平均价值的约束,"在商品交换中,等价物的交换只存在于平均数中,并不是存在于每个个别场合"②。

四 市场价值规律：市场价格对市场价值的偏离使价值规律得以贯彻

在考察商品按价值出售的第二个条件时,马克思引入了"社会需要"这一范畴。这是因为：资本主义的生产从一开始就是大量生产,甚至在前资本主义时期的市场交换也是将产品集中在商人手里集中出售的,因此分析单个商品时抽象掉的"社会需要量"已经成为影响商品是否能按照价值出售的重要条件③。如果一个生产部门所生产的商品总量保持不变,不论这个部门不同生产条件下生产的商品的各个组成部分的比例如何变化,以及由此决定的哪种方法来调节市场价值,如果这个生产量就是社会的需要量,那么商品就会按照市场价值来出售。但如果产品的生产量发生变化而大于或小于社会需要量,或者社会需要量因市场价值变化而发生变动,商品就不能再按照市场价值来出售,而是按照与市场价值相偏离的市场价格来出售,而且这一过程的反馈机制使调节市场价值的生产条件也将发生变化。那么,受供求关系影响而导致的市场价格围绕市场价值波动的机制是如何形成的呢,或者说价值规律在市场价值条件下是如何得以贯彻的？

事实上,受供求关系变动影响所引致的价格围绕价值上下波动并不是一蹴而就的,也就是说,由社会必要劳动时间所决定的抽象的价值,也即平均价值,并不能直接决定市场的价格,它需要一个传导过程。这

---

① 《马克思恩格斯全集》第46卷,人民出版社2003年版,第202页。
② 《马克思恩格斯全集》第25卷,人民出版社2001年版,第19页。
③ 以胡钧先生为代表一些学者,试图通过区分"社会需要"和"需求"来说明由所谓的"第二种含义的社会必要劳动时间"决定商品价值量不会将价值决定沦为供求决定论和流通决定论,但事实上只要承认社会需要是决定市场价值的因素,就已经曲解了马克思引入这一范畴的本意。具体参见胡钧、张广兴《深入理解马克思的价值决定论》,《经济学动态》2004年第8期。这

个过程,在逻辑上首先表现为市场价值对价值(平均价值)的偏离,尽管在现实世界其首先表现为市场价格对市场价值的偏离。按照马克思的观点,如果一个部门实际的生产量大于或小于社会的需要量,商品就要按照偏离市场价值的市场价格来销售。这里我们假设:当前的市场价值是由中等条件的生产者生产的商品的个别价值确定的,但生产者所提供的产品量大大小于社会需要的商品量,那么市场价格就会按照高于市场价值的价格出售。这种情形,就使劣等生产条件的生产者也有利可图,或者说,这就会导致劣等条件生产的商品在商品总量中的比重在社会需要被满足以前上升,这就导致此时的市场价值决定的条件发生了变化,甚至可能出现市场价值由高于中等条件的市场价值而低于由劣等条件生产的商品的个别价值来调节的情形,此刻确定的市场价值就会高于平均价值。如果情形相反,市场价值就会低于平均价值。因此,在逻辑上,由社会分工所形成的不同部门按比例分配社会总劳动而形成的社会需要量的变动(当然要假设生产量不变),使市场价值会围绕价值上下波动。这样,由社会劳动时间决定的商品价值,即商品的平均价值(这个平均价值或者说这个由中等平均价格度量的价值量),虽然只是一个外在的抽象,但它是商业投机的基础,或者说,它是市场价值波动的中心。因为,"商业投机在计算各种可能性时,既要考虑到它当作价格波动中心的中等平均价格,也要考虑到价格围绕这个中心上下波动的幅度"[1]。这一波动使价值规律在逻辑上首先得以贯彻。进一步地,在实际的市场上,就表现为市场价格对市场价值的偏离。这一过程表现为,拥有不同生产条件的商品生产者,由于面对的市场价值或马克思说的一般价值是相同的,而不管这个一般价值对每一个别商品的个别价值的比例如何。这样,商品按市场价值出售,就必然使不同生产条件的生产者,为了获取超额利益或为维持生存展开激烈的竞争,从而使不同的个别价值平均化为一般价值。这种市场价值或一般价值用货币表现出来,就是市场价格。对此,马克思说,"正如价值用货币表现出来就是价格一样。实际的市场价格,有时高于这种市场价值,有时低于这种市场价值,只是偶然同市场价值

---

[1] 《马克思恩格斯全集》第30卷,人民出版社1995年版,第85页。

一致。但是在一定时期内，波动会互相抵销。因此可以说，实际市场价格的平均数，就是表现市场价值的市场价格。不管实际市场价格在当时按其大小来说，从数量来说是否同这种市场价值一致，市场价格总是同市场价值有一个共同的质的规定，即同一生产领域的所有在市场上的商品（自然假定它们的质是相同的）都具有同一价格，或者说，它们实际上代表这个领域的商品的一般价值"[1]。由此可知，价值对价格的决定并不是直接完成的，抽象的价值对价格的决定要借助于它的转化形式——市场价值来完成，这一传导机制使价值规律最终得以贯彻。价值规律发挥作用的这一机制，就将单个商品的价值决定与交换问题在全社会商品总量上再现出来，因此并不存在所谓的"两种或多种含义的社会必要劳动时间"及其价值决定问题。

这里，还需要指出的是，为了进一步说明商品按价值出售的条件时，马克思还引入了另外一个范畴——"需求"。其实，马克思引入这个范畴，不外乎是为了进一步说明价格变动的基础是价值而不是供求。因此，在假设供求一致从而阐明供求变动的基础——市场价值之后，马克思考察了供求不一致条件下价值规律作用的形式。对此，马克思分别从三种情况进行了阐述。

第一种情况，供给量的变化导致的价格与市场价值的偏离。如果需求的量不变，相对于需求来说，或者说相对于社会需要的量来说，如果商品供给的量过小，那么商品就会按照高于市场价值的价格来出售，即商品的市场价格偏离市场价值。至于偏离的幅度，则取决于这个供给量与市场实际的需求量之间的差额大小。也就是说，"如果需求和生产量之间的差额更大，市场价格也就会偏离市场价值更远，或更高于市场价值或更低于市场价值"[2]。这时，由市场价值所决定的市场价格的最终形成，是通过买者之间、卖者之间以及买者和卖者之间的竞争实现的。当生产者所提供的商品量不能满足社会实际的需要量时，总会有某个特定的买者比另一个买者出价更高，这样就使"这种商品对全体买者来说都昂贵

---

[1] 《马克思恩格斯全集》第34卷，人民出版社2008年版，第227页。
[2] 《马克思恩格斯全集》第46卷，人民出版社2003年版，第206页。

起来，提高到市场价值以上；另一方面，卖者却会共同努力，力图按照高昂的市场价格来出售"①。这样，就是商品的价格与价值发生偏离，这种偏离随着条件的变化发生反复，从而使价值规律的内在要求得到贯彻。

第二种情况，需求量的变化导致的价格与市场价值的偏离。假定再生产即供给保持不变，但需求由于各种各样的原因而增加或减少了。在这里，尽管供给的绝对量不变，但它的相对量，也就是同需要相比较或按需要来计量的量，还是发生了变化。结果是和第一种情形一样，不过方向相反。此时的市场价值和市场价格的变化机理，与第一种情况变动只是方向有所不同。

第三种情况，供求同时发生变化导致的价格与市场价值的偏离。如果供给和需求两方面都发生了变化，但方向相反，或者方向相同，但程度不同，总之，如果双方都发生了变化，而且改变了它们之间的以前的比例，那么，最后结果就必然总是归结为上述两种情况中的一种②。

从上述三种情况来看，商品按照它们的价值来交换或出售是理所当然的，是商品平衡的自然规律。应当从这个规律出发来说明偏离，而不是反过来，从偏离出发来说明规律本身。因此，决定价格波动的基础是价值（社会价值或市场价值）而不是供求，供求的波动所影响的仅仅是使价格同市场价值的偏离，而不是相反。而且，从再生产的规模比例来看，社会实际需要的量同产量之间的偏离导致的社会劳动时间的浪费，也仅仅是说明了市场价格与市场价值的偏离，而且这一点也早已包含在抽象的社会价值规定当中，而不是由什么所谓的第二种含义的社会必要劳动时间决定的③。

总之，理解市场价值的本质及其与平均价值、个别价值和市场价格之间的辩证关系，必须将其置于马克思的政治经济学方法的逻辑视阈内，

---

① 《马克思恩格斯全集》第46卷，人民出版社2003年版，第216页。

② 同上书，第207页。

③ 事实上，在马克思所界定的社会必要劳动时间的内涵以及恩格斯在《〈哲学的贫困〉的序言》中所阐述的价值决定问题中，都可以清晰地看到，在经典作家那里，根本没有什么所谓的社会必要劳动时间的第二种，甚至第三种、第四种含义，有的只是从抽象上升到具体的价值规律发挥作用的不同转化形式。

即抽象上升到具体的逻辑方法来加以理解。价值与市场价值是处于不同逻辑层次的范畴，两者具有各自不同于对方的内在规定。以价值为基础的平均数规律，是调节商品生产的基本规律。市场价值对平均价值的偏离，使价值规律得以贯彻，这以个别价值平均化为同一的市场价值为前提。在实际市场上，价值规律作用的表现形式，就转化为价格对市场价值的偏离与波动。供求变动影响价格的基础是市场价值，是市场价值在调节供求，而不是相反。因此，价值对价格的决定并不是直接完成的，抽象的价值对价格的决定要借助于它的转化形式——市场价值来完成，这一传导机制使价值规律最终得以贯彻。价值规律发挥作用的这一机制，就将单个商品的价值决定与交换问题在全社会商品总量上再现出来，也即，并不存在所谓的"两种或多种含义的社会必要劳动时间"及其价值决定问题。市场价值和平均价值之间的辩证关系同时表明，并不存在什么"两种不同的市场价值决定论"和"市场价值的量的决定是不确定的"之说，有的只是由抽象的价值量的规定到市场价值的具体规定（价值的转化形式）和单个商品价值量的规定在商品总量价值规定上的再现。

（原文发表于《社会科学辑刊》2017年第5期）

（二）

中国特色社会主义政治经济学理论构建

关于中国特色社会主义政治经济学的几个问题[*]

丁堡骏[**]

摘　要：发展马克思主义政治经济学，要阐述一些与已有马克思主义政治经济学理论命题不同的理论命题。这并不意味着马克思主义政治经济学原有理论的错误或者其真理性大打折扣，而是意味着面对新的条件阐述出来与新的条件相对应的新理论。中国特色社会主义是社会主义生产方式的初级阶段，而社会主义生产方式又是共产主义生产方式的第一阶段，因而中国特色社会主义政治经济学，属于共产主义生产方式的政治经济学。中国特色社会主义最大的特殊性就是在社会生产力水平低于欧美资本主义的条件下，跨越资本主义卡夫丁峡谷建设社会主义。从"前三十年"过渡到"后三十年"的社会主义建设，这两个历史时期都是在社会生产力水平低于欧美资本主义的条件下建设社会主义。它们二者之间只是中国特色社会主义建设的阶段性差别而不应该是根本性差别。因此，从两个阶段的建设实践都可以概括总结出中国特色社会主义政治经济学规律。中国特色社会主义政治经济学要具体而又深入地阐释中国特色社会

---

[*] 基金项目：国家社会科学基金重点项目"习近平总书记中国特色社会主义政治经济学思想研究"（17AJL004）。

[**] 作者简介：丁堡骏（1961—　），吉林财经大学马克思主义经济学研究中心教授，主要从事马克思主义经济学研究。

主义生产过程，探讨如何塑造社会主义新型生产关系。构建中国特色社会主义政治经济学必须要重视对20世纪社会主义思想材料的研究。中国特色社会主义最根本的理论指导是马克思主义的科学社会主义理论。中国特色社会主义的最终胜利，必然是马克思主义的科学社会主义对于资产阶级和小资产阶级的社会主义的胜利。

关键词：习近平新时代中国特色社会主义思想；中国特色社会主义政治经济学；社会主义新型生产关系

党的十八大以后，以习近平同志为核心的党中央高度重视马克思主义理论建设。中共中央政治局从第11次集体学习（2013年12月3日）以"历史唯物主义基本原理和方法论"为主题，到第20次集体学习（2015年1月23日）以"辩证唯物主义基本原理和方法论"为主题，再到第28次集体学习（2015年11月23日）以"马克思主义政治经济学基本原理和方法论"为主题，可以发现这种鲜明的马克思主义思想路线，也可以看作是党中央对目前广泛存在于我国思想理论界的不可遏制的哲学社会科学特别是经济学教学和科研工作"西化"倾向的一种拨乱反正。在举世瞩目的党的十九大上，习近平新时代中国特色社会主义思想作为我们党的指导思想写入党章，这必将对新时代中国特色社会主义建设事业产生深远的影响。构建中国特色社会主义政治经济学，用以指导新时代中国特色社会主义建设实践，是习近平同志的一贯思想。本文拟对中国特色社会主义政治经济学建设的几个理论问题谈些不成熟的看法，欢迎大家批评指正。

一 发展马克思主义政治经济学与创建中国特色社会主义政治经济学的关系

在习近平总书记关于政治经济学的系列讲话中，由于所论及的具体问题和条件的不同，先后使用了"政治经济学""马克思主义政治经济学""当代中国的马克思主义政治经济学"和"中国特色社会主义政治经济学"等概念，并提出了发展当代中国的马克思主义政治经济学命题。本来，发展当代中国的马克思主义政治经济学与创建中国特色社会主义政治经济学的意义是明确和统一的。发展当代中国的马克思主义政治经济学，一方面是指中国马克思主义者面对当今世界的国际资本主义经济关系，运用马克思主义世界观和方法论，进一步补充和完善马克思的《资本论》和列宁的《帝国主义论》为基础的政治经济学，也就是进一步补充和完善以资本主义生产方式为研究对象的马克思主义政治经济学。另一方面，发展当代中国的马克思主义政治经济学，重点还在于中国马克思主义者面对全新的中国特色社会主义生产方式这个特定的研究对象，在总结前人研究成就的基础上，根据中国实践提炼和阐发新的规律和理论。因此，发展当代中国的马克思主义政治经济学要从研究资本主义生产方式和社会主义生产方式两个方面来展开。

由于形而上学思想方法的长期影响，学术界仍然有人用僵化静止的观点去界定发展当代中国的马克思主义政治经济学命题。例如，他们把马克思的政治经济学界定为马克思著作中的政治经济学；把马克思主义政治经济学界定为马克思以及马克思以后世界范围内所有马克思主义者著作中的政治经济学。他们把中国的马克思主义政治经济学界定为中国马克思主义者的政治经济学。鉴于习近平同志"发展当代中国的马克思主义政治经济学"的号召，有人讨论当代中国的马克思主义政治经济学中的"当代"究竟以什么时间为标志来具体划定。有人坚持将1949年中华人民共和国成立作为当代马克思主义政治经济学形成的标志；有人则坚持以1978年党的十一届三中全会后召开作为当代马克思主义政治经济学形成的标志，他们把中国特色社会主义政治经济学界定为研究中国在邓小平同志领导下改革开放建设社会主义市场经济的政治经济学。当然，这种划定必将产生一系列的矛盾。

第一个问题是，马克思的《哥达纲领批判》中所阐述的关于社会主义的理论，是不是马克思的政治经济学？是不是社会主义政治经济学？是不是中国特色社会主义政治经济学？是不是中国特色社会主义政治经济学的思想来源？真的有人撰写中国特色社会主义政治经济学，在其所列的众多文献中居然没有马克思的《哥达纲领批判》！《哥达纲领批判》

是马克思对未来共产主义社会生产和分配关系的重要理论探索,不把它作为中国特色社会主义政治经济学的思想来源,无论如何也是说不过去的。毛泽东关于社会主义建设的经济思想是不是社会主义政治经济学?是不是中国特色社会主义政治经济学?因为毛泽东对社会主义改造和社会主义建设的理论阐述,其对象也是中国社会生产力相对落后的社会主义建设问题,所以毛泽东经济思想当然是属于中国特色社会主义政治经济学的范围。然而,有人却坚持拒绝将毛泽东关于社会主义建设的经济思想列入中国特色社会主义政治经济学,甚至拒绝将其列入中国特色社会主义政治经济学的思想来源。他们的理由是中国特色社会主义是十一届三中全会以后由邓小平开创的,因此,他们认为毛泽东思想"封口"了,邓小平所开创的中国特色社会主义理论包括中国特色社会主义政治经济学,还"开口"等待我们后来的马克思主义者进行丰富和发展。笔者认为,还是不要这样僵化教条的好。邓小平理论是毛泽东思想的继承和发展,怎么能把二者截然对立起来呢?我们不是一直都在讲邓小平理论与马克思列宁主义毛泽东思想是一脉相承的吗?

第二个问题是,中国特色社会主义政治经济学与欧美特色的资本主义生产方式的政治经济学在基本经济规律上是否要有区别?有的学者混淆资本主义生产方式和社会主义生产方式的界限。例如在《论中国特色社会主义政治经济学理论来源》一文中,"通过与西方经济学比较,论证剩余价值理论同样适用于中国特色社会主义市场经济"[①]。大家知道,恩格斯、列宁等马克思主义经典作家一直都将马克思关于资本主义生产方式的政治经济学概括为剩余价值理论或剩余价值学说。由于马克思剩余价值学说和唯物史观的论证,社会主义才从空想变成了科学。剩余价值学说是资本主义经济关系的真理性认识。这一真理性认识怎么会在中国特色社会主义生产方式中被再发现呢?按照认识是实践的反映的辩证唯物主义基本原理,莫非中国特色社会主义生产方式中有英美资本主义生产方式的本质关系?再如有人说:"马克思主义政治经济学的基本原理,

---

① 王立胜、郭冠清:《论中国特色社会主义政治经济学理论来源》,《经济学动态》2016年第5期。

主要如经济的社会形态发展理论、商品经济的一般规律和资本主义商品经济理论、劳动价值理论、剩余价值理论、资本积累和资本主义历史趋势理论、资本循环和资本周转理论、社会资本再生产理论、平均利润和生产价格理论、垄断资本主义理论、资本主义经济危机理论、未来社会发展和社会主义经济特征理论等方面，在中国特色社会主义的经济的新的实践中都得到了广泛的运用和多方面的丰富发展。"[1] 中国特色社会主义是社会主义，不是英美特色的资本主义。我们不知道"剩余价值论、资本积累和资本主义历史趋势理论"在中国特色社会主义的经济的新的实践中怎么能够都得到广泛的运用？说中国特色社会主义经济的新实践中有剩余价值资本化，也许人们还不那么敏感。但是，说中国特色社会主义经济的新实践中有"剥夺者被剥夺"，这是不是太荒唐了？

第三个问题是，什么是发展马克思主义政治经济学？有人认为，中国特色社会主义政治经济学研究首先要突破的基本理论问题就是研究对象问题，主要有三个方面：首先，他认为以生产关系作为研究对象的马克思主义政治经济学，虽然也会研究生产力，但一直处于被联系的地位。有鉴于此，他们提出应将"生产力作为政治经济学直接研究的一个重要方面"的观点。中国特色社会主义政治经济学的重大创新之一是在研究对象上突出研究生产力，并从发展生产力的角度研究生产关系。其次，他们认为马克思《资本论》研究典型资本主义经济关系，中国特色社会主义政治经济学对生产关系的研究就不仅需要对公有制经济展开研究，非公有制经济和混合所有制经济也应成为政治经济学研究的对象。由此他们提出"政治经济学研究多种生产关系和相应的经济制度"的观点。最后，他们认为马克思主义政治经济学主要以生产关系为研究对象，属于经济本质的分析。针对这一不足，他们提出"政治经济学研究经济运行和相应的经济体制"。在这里我们要问：发展马克思是不是像我们有些人所做的那样："马克思说东，我偏说西""马克思说南，我偏说北""马克思说'这个东西是白的'，我偏说'这个东西是黑的'"呢？这种

---

[1] 《当代马克思主义政治经济学十五讲》，中国人民大学出版社2016年版，第3页。

做法就是对马克思已有研究成果逐一地进行清洗和否定。由此,一批像庞巴维克那样疯狂地攻击马克思主义的"学者",也可以堂而皇之地被称为马克思主义哲学家、马克思主义经济学家。

上述问题涉及一个发展马克思主义的基本方法论问题。归根结底,还是如何在新的历史条件下坚持和发展马克思主义经济学的问题。坚持正确的发展观,就是要坚持唯物辩证法的辩证否定观。改革开放以来,特别是近年来受国外新自由主义思潮的影响,我国经济理论界一部分学者对发展马克思主义经济学问题,表现出越来越严重的形而上学的发展观或否定观。运用马克思主义正确的发展观,分析马克思主义经济学发展问题,首要的是坚持马克思主义的基本立场、基本观点、基本方法和基本理论"硬核"。在此基础上,马克思主义经济学者要寻求开辟研究的新领域、探索时代的新问题、发现经济运动的新规律。而形而上学的发展观却完全相反,在这种发展观看来,发展马克思主义经济学,就不能坚持马克思主义的基本立场、基本观点、基本方法和基本理论"硬核"。这种发展观的信仰者,在理论界就出现了或明或暗的批判和抵触马克思主义经济理论的思潮,认为马克思主义"过时"了。问题在于,发展马克思主义经济学,是不是一定要以形而上学的否定观来否定马克思主义经济学为前提?科学史上,爱因斯坦对待古典热力学的态度值得我们借鉴。爱因斯坦在总结自己一生学术生涯的《自述》一文中写道:"一种理论的前提的简单性越大,它所涉及的事物的种类越多,它的应用范围越广,它给人们的印象也就越深。因此,古典热力学对我造成了深刻的印象。我确信,这是在它的基本概念可应用的范围内绝不会被推翻的唯一具有普遍内容的物理理论(这一点请那些原则上是怀疑论者的人特别注意)。"[1] 大家知道,爱因斯坦的相对论是一种关于无限宇宙空间力学理论。因此,爱因斯坦发展前人的古典力学理论,不是在前人理论使用的条件范围内对前人理论的肆意践踏和否认。

我们希望后来的马克思主义经济学家要像爱因斯坦那样,按着科学的发展观对马克思主义经济学进行发展。发展马克思主义政治经济学,

---

[1] 《爱因斯坦文集》,商务印书馆2009年版,第17页。

要阐述一些与已有的马克思主义政治经济学理论命题不同的话语，但不是对马克思主义政治经济学原有理论的大打折扣，而是面对新的条件阐述出来与新的条件相对应的新理论。

二 中国特色社会主义政治经济学是区别于资本主义生产方式的政治经济学和一切资产阶级经济学的全新的经济学说

马克思在《资本论》第一版序言中写道："我要在本书研究的，是资本主义生产方式以及和它相适应的生产关系和交换关系。到现在为止，这种生产方式的典型地点是英国。因此，我在理论阐述上主要用英国作为例证。"① 对于马克思关于政治经济学研究对象的这一经典表述，学术界许多学者都试图对资本主义生产方式做出自己的解读。对于这种属于马克思主义经济学家内部的不同理论观点的争鸣，我们当然也可以表明我们的态度。但是，我们更要强调的是这些不同理论观点的一致性。这就是政治经济学是对一定历史阶段上生产方式的理论反映。既然《资本论》是对当时具有典型意义的英国资本主义生产方式以及和它相适应的生产关系和交换关系的反映，那么，《资本论》所揭示的经济规律对于属于资本主义生产方式的一切国家和一切社会都是适用的。

恩格斯在《反杜林论》中论述广义政治经济学和狭义政治经济学划分的理论。恩格斯写道："人们在生产和交换时所处的条件，各个国家各不相同，而在每一个国家里，各个世代又各不相同。因此，政治经济学不可能对一切国家和一切历史时代都是一样的。从弓和箭，从石刀和仅仅是例外地出现的野蛮人的交换往来，到上千马力的蒸汽机，到机械织机、铁路和英格兰银行，有一段很大的距离。火地岛的居民没有达到进行大规模生产和世界贸易的程度，也没有达到出现票据投机或交易所破产的程度。谁要想把火地岛的政治经济学和现代英国的政治经济学置于同一规律之下，那么，除了最陈腐的老生常谈以外，他显然不能揭示出

---

① 《马克思恩格斯全集》第44卷，人民出版社2009年版，第8页。

任何东西。"① 恩格斯强调：第一，不同社会生产方式有不同的狭义政治经济学。恩格斯同时也强调，既然人类社会已经超越了火地岛所代表的那个落后时代而进入了现代资本主义社会，那么，我们就不能再将火地岛所代表的落后时代的政治经济学拿来与现代英国的资本主义生产方式的政治经济学相混淆。按照恩格斯的这一论述，英国资本主义生产方式是人类社会生产的一种特殊形式，马克思的《资本论》研究揭示这种特殊社会生产方式的经济关系。因此，《资本论》只是一种狭义政治经济学。恩格斯提出了创建广义政治经济学的问题。但是恩格斯强调创造广义政治经济学，必须要以狭义政治经济学研究为基础。狭义政治经济学"首先研究生产和交换的每个个别发展阶段的特殊规律"②。也就是说，首先狭义政治经济学必须要对原始社会生产方式、奴隶社会的生产方式、封建社会生产方式、资本主义生产方式、社会主义生产方式等各个社会生产方式进行研究，揭示出这些生产方式的特殊规律。"只有在完成这种研究以后，它才能确立为数不多的、适合于生产一般和交换一般的、完全普遍的规律。"③ 可见，创建广义政治经济学要以完成狭义政治经济学研究为基础。

在恩格斯那里，无论是进行狭义政治经济学研究，还是创建广义政治经济学，都是从人类社会历史的时间段而言的，根本不涉及民族经济学问题。然而，有人却由此得出中国特色社会主义政治经济学是民族经济学的结论。必须认识到，强调中国特色社会主义政治经济学的民族色彩，容易忽略中国特色社会主义的世界历史性。事实上，在《反杜林论》中，在恩格斯强调政治经济学在不同国家和不同历史阶段具有差别的时候，恩格斯紧跟着说："同时，不言而喻，适用于一定的生产方式和交换形式的规律，对于具有这种生产方式和交换形式的一切历史时期也是适用的。"④

按照恩格斯的狭义政治经济学的观点，当人类社会超越了资本主义

---

① 《马克思恩格斯文集》第9卷，人民出版社2009年版，第153页。
② 同上书，第154页。
③ 同上。
④ 同上。

社会而进入了新的共产主义社会形态时,也一定会有以共产主义社会生产方式为研究对象的狭义政治经济学。现在,中国特色社会主义建设和改革开放事业已经到了关键时期。中国经济学界许多人没有中国特色社会主义的经济理论自信,盲目崇拜西方资产阶级经济学。一切理论命题、一切话语体系,以美国经济学、以诺贝尔经济学奖为标准。经济学这种严重的西化倾向,必将会导致中国特色社会主义建设偏离社会主义轨道。如果我们任凭这种思想泛滥下去,中国特色社会主义事业必将面临被颠覆的危险。这是必须引起我们全党全社会高度重视的错误倾向。

为了使中国特色社会主义沿着正确的航向前进,我们必须端正对中国特色社会主义政治经济学性质的认识。中国共产党人一直致力于把马克思主义的基本原理和中国的具体实践相结合,发展当代中国的马克思主义。那么,当代中国的马克思主义者发展当代中国的马克思主义政治经济学,与西方国家的学者发展马克思主义政治经济学,究竟是否具有某种独特的优势呢?习近平同志深刻地指出:"当代中国正经历着我国历史上最为广泛而深刻的社会变革,也正在进行着人类历史上最为宏大而独特的实践创新。这种前无古人的伟大实践,必将给理论创造、学术繁荣提供强大动力和广阔空间。"[①] 中国特色社会主义是人类社会实现从资本主义社会向共产主义社会过渡的最伟大的实践。这种最伟大实践为中国的马克思主义者提供了理论创新的实践基础。按照恩格斯狭义政治经济学的观点,马克思《资本论》是关于资本主义生产方式的政治经济学,而关于未来共产主义社会生产方式的政治经济学还有待创造。中国特色社会主义,是社会主义生产方式的初级阶段,而社会主义生产方式又是共产主义生产方式的第一阶段,因而中国特色社会主义政治经济学,属于共产主义生产方式的政治经济学。西方各国的马克思主义者也都致力于发展马克思主义政治经济学。但是,他们的研究并没有什么独特的优势。2002年中国《资本论》研究会第11次学术研讨会在中国人民大学召开。日本著名马克思主义经济学家伊藤诚以"中国社会主义市场经济的可行性"为题向大会作报告。他将中国特色社会主义的成功,看作是马

---

① 习近平:《在哲学社会科学工作座谈会上的讲话》,《光明日报》2016年5月19日。

克思主义在当代发展的希望之所在。在马克思主义发展史上，马克思以前所未有的理论勇气开创了研究资本主义生产方式以及和它相适应的生产关系和交换关系的政治经济学范式。现在看来，人类社会的发展验证了马克思的这一理论的真理性。作为马克思的继承人，我们中国的马克思主义经济学家认识当代资本主义生产方式完全可以直接运用马克思的这一理论。但是，中国马克思主义经济学家面临的时代任务，就是揭示中国特色社会主义的经济规律，这是一项全新的事业，需要我们中国马克思主义经济学家共同努力进行创造。

三 创建中国特色社会主义政治经济学必须重视对20世纪社会主义思想材料的研究

前面我们提到，有人坚持构建中国特色社会主义政治经济学的时间起点是1978年党的十一届三中全会的召开，人物起点是邓小平同志。为了坚持这一观点，他们还坚持说改革开放没有理论作为指导，或者用更为流行的说法就是，改革开放事业一直是实践在先，理论总结在后。认真分析起来，这种观点是站不住脚的。人类改造世界和其他动物改造世界相区别的最根本特点就在于其思想意识性。马克思强调："蜘蛛的活动与织工的活动相似，蜜蜂建筑蜂房的本领使人间的许多建筑师感到惭愧。但是，最蹩脚的建筑师从一开始就比最灵巧的蜜蜂高明的地方，是他在用蜂蜡建筑蜂房以前，已经在自己的头脑中把它建成了。劳动过程结束时得到的结果，在这个过程开始时就已经在劳动者的表象中存在着，即已经观念地存在着。"[①] 可见，说人类改造物质世界过程没有理论指导，就否定人类劳动和动物活动的根本区别。实际上，这些人否定改革开放有某种理论作为指导思想，第一，是要回避或否定当时的某种理论的指导作用；第二，是对实际上指导改革开放的理论的否定。不管当时我们进行改革开放的具体历史条件有多么特殊，我们的改革开放的设计者都是有某种理论的。这种理论在经受实践检验之后，正确地被我们党作为

[①]《马克思恩格斯全集》第44卷，人民出版社2009年版，第208页。

集体智慧的结晶，就以邓小平理论这个成果名称总结出来继承下去。对于指导我们改革的某些不正确的部分，我们进行了及时的反思，在反思过程中加以否定和纠正。另外，建设中国特色社会主义，马克思主义的根本世界观和根本方法论以及科学社会主义的基本原则，一直都是我们的指导思想。我们为什么要否定这一点呢？这是我们继续深化改革继续对外开放不能不坚守的基本原则。习近平同志指出："中国特色社会主义，是科学社会主义的理论逻辑和中国社会发展的历史逻辑的辩证统一。"① 这就是说，中国特色社会主义政治经济学，是以往社会主义经济理论的继承和发展。因此，构建中国特色社会主义，不能忽视马克思主义科学社会主义的理论滋养。有人片面强调中国特色社会主义政治经济学的中国特色，有人片面强调1978年以来的改革开放的实践经验总结，这都是很不全面的。恩格斯说："现代社会主义，……同任何新的学说一样，它必须首先从已有的思想材料出发，虽然它的根子深深扎在物质的经济的事实中。"② 恩格斯这里首先承认现代社会主义作为一种理论，就总根源来讲，它是深深扎根在物质的经济的事实中。但是，恩格斯仍然强调研究现代社会主义理论，还是不能简单地从物质的经济的事实出发，恩格斯强调要从已有的关于社会主义的各种思想材料出发。为什么呢？难道恩格斯真的不知道"理论来源于实践"这样的唯物主义认识论的道理吗？不是的！恰恰是在这里，恩格斯正确地坚持了辩证唯物主义和历史唯物主义的认识论。"理论来源于实践"是唯物主义认识论的原则，是就认识过程整体而言的。但是，人类认识世界总是要分为各个不同的历史阶段的。就某一特定的历史阶段而言，人类认识世界都必须要继承一些已经经过实践检验的前人的认识成果。在任何一个特定历史阶段，人类认识活动不仅没有必要，而且也没有可能事事都亲自实践。因此，人类认识世界和改造世界，必须要继承前人的认识成就。这就是恩格斯强调现代社会主义理论阐述必须要从已有的思想材料出发的意义所在。按

---

① 《毫不动摇坚持和发展中国特色社会主义 在实践中不断有所发现有所创造有所前进》，《人民日报》2013年1月6日。
② 《马克思恩格斯全集》第25卷，人民出版社2009年版，第371页。

照恩格斯的这一重要观点，我们研究和阐述中国特色社会主义政治经济学，马克思恩格斯之前的社会主义者的文献能够成为思想来源，马克思恩格斯关于未来社会的理论能够成为思想来源，苏联东欧社会主义国家的社会主义模式探索能够成为思想来源，毛泽东领导中华人民共和国前三十年经济建设理论和经验能够成为思想来源。事实上，中国特色社会主义最大的特殊性就是在社会生产力水平低于欧美资本主义的条件下跨越资本主义卡夫丁峡谷建设社会主义。跨越资本主义卡夫丁峡谷建设社会主义，必须要以更宽广的胸怀吸收人类文明的一切成就。然而，现实社会中很多人诋毁毛泽东，诋毁毛泽东同志所领导的前三十年社会主义建设成就和相应的政治经济学理论。事实上，从"前三十年"过渡到"后三十年"的社会主义建设，这两个历史时期都是在社会生产力水平低于欧美资本主义的条件下建设社会主义，二者之间只是中国特色社会主义建设的阶段性差别，而不应该是根本性差别。因此，从两个阶段的建设实践都可以概括总结出中国特色社会主义政治经济学规律。

四　中国特色社会主义政治经济学必须要聚焦研究社会主义社会生产过程

如前所述，马克思在《资本论》第 1 卷德文第 1 版序言中将《资本论》的研究对象规定为研究"资本主义生产方式以及和它相适应的生产关系和交换关系"[①]。从《资本论》第 1 卷出版一直到今天，马克思主义经济学家们都围绕着马克思的这一表述的含义进行争论。有人认为《资本论》的研究对象是生产关系；有人认为《资本论》的研究对象是生产方式。对于作为《资本论》的研究对象的资本主义生产方式的含义是什么，学术界又有各种不同的观点。有人认为作为《资本论》研究对象的资本主义生产方式，其含义是广义生产关系；有人认为作为《资本论》研究对象的资本主义生产方式，其含义是劳动方式；有人认为作为《资本论》研究的资本主义生产方式，其含义是介于生产力和生产关系之间

---

① 《马克思恩格斯全集》第 44 卷，人民出版社 2009 年版，第 8 页。

的中介范畴；有人认为《资本论》研究的资本主义生产方式，其含义是生产力和生产关系的统一。这些不同的意见，尽管都有一定的差异，但是他们之间又有某种共同的东西。这就是，作为《资本论》研究对象的资本主义生产方式，是资本主义生产的方式。资本主义生产的方式，首先是资本主义生产。首先，生产方式乃生产的方式，离开具体的生产过程，便没有任何真正意义上的生产方式；其次，作为资本主义生产过程，它在与其他社会形态的生产过程相比较时，才表现出特殊性。因而是一种特殊的资本主义生产方式。由此我们得出结论：以资本主义生产方式为研究对象的《资本论》，主要聚焦对资本主义生产过程的分析。事实上，《资本论》第1卷马克思为自己规定为研究"资本的生产过程"，《资本论》第2卷马克思为自己规定研究"资本的流通过程"，《资本论》第3卷马克思为自己规定研究"资本主义生产的总过程"。如果说作为以资本主义生产方式为研究对象的《资本论》要聚焦研究资本主义生产过程，那么，以中国特色社会主义生产方式为研究对象的中国特色社会主义政治经济学，其真正科学的阐述自然离不开对中国特色社会主义生产过程的研究。为什么说我们中国特色社会主义政治经济学学科尚处于不成熟阶段？我认为，最关键的问题就在于我们目前的各种中国特色社会主义政治经济学研究著作，还没有深入对直接生产过程进行分析的程度。就是说，我们目前的所谓的中国特色社会主义政治经济学规律，还仅仅停留在口号宣传的形式上。因为我们还不能将各种发展理念和发展目标具体融入中国特色社会主义生产过程的各种具体的经济运行之中，这就导致我们的全体社会成员不能体会到这些理念和这些目标的存在。例如，社会主义公有制，它作为社会主义生产关系的总体，理应在具体的社会经济运行的过程中表现为人与人之间平等地占有、平等地使用和平等地取得相应劳动收入的关系。可是，一经所谓的市场化运行，它就会异化为各种不平等的占有、使用和收益关系。由此，工人阶级从这种经济运行中体会到的不是社会主义的社会生产关系，而是资本主义雇佣劳动关系。因此，中国特色社会主义政治经济学和中国特色社会主义建设，最关键的还是要具体而又深入地阐释中国特色社会主义生产过程，在那里塑造社会主义新型生产关系。

五 如何正确对待中国特色社会主义政治经济学学科体系和话语体系不健全、不完善的问题

原来传统的政治经济学学科体系，将政治经济学分为资本主义和社会主义两个部分。近年来在政治经济学学科建设上，一些专家寻求打通政治经济学课程的资本主义部分和社会主义部分。很多高校以政治经济学社会主义部分没有成型的体系为由，取消了政治经济学社会主义部分的教学安排。可是在实际的教育教学过程中，对于任何一个稍有一些马克思主义经济学基础的人来说，都不愿意使用所谓的政治经济学"打通论"的教材。因为就现实的社会生产关系而言，资本主义社会里的资本主义社会生产关系和社会主义社会里的社会生产关系还是分别存在的，因此"打通论"是错误的。当然，取消政治经济学社会主义部分，也会造成政治经济学越来越远离社会生活，必然会造成不良后果。中国特色社会主义政治经济学是中国特色社会主义社会生产方式的政治经济学。中国特色社会主义有二重存在形式：其一，中国特色社会主义作为人类社会历史发展的一个特殊阶段，以一种物质生产方式的形式存在；其二，对这个特殊阶段生产方式反映的精神存在或理论存在，也就是以中国特色社会主义政治经济学的形式存在。从马克思主义的根本世界观和方法论的意义来说，建设中国特色社会主义是无论如何也不能没有中国特色社会主义政治经济学的。按照恩格斯狭义政治经济学和广义政治经济学的理论，《资本论》属于关于资本主义生产方式的狭义政治经济学。马克思在创作《资本论》时，也以他独特思想视角研究探讨了资本主义社会生产方式以前的社会状态，拓展了狭义政治经济学范围，为广义政治经济学建设做出了贡献。20 世纪苏联东欧国家的社会主义建设以及现在我们正在进行的中国特色社会主义建设，都属于共产主义社会生产方式。在 20 世纪共产主义生产方式的实践探索过程中，在苏联东欧社会主义国家建设实践失败的教训中，中国共产党探索走出了一条中国特色社会主义道路。由于中国特色社会主义还在探索实践中，中国共产党人必然面

临着实践探索和理论探索交替进行的过程。一方面，中国特色社会主义的实践探索需要中国特色社会主义理论指导，另一方面，中国特色社会主义理论发展同时需要中国特色社会主义实践探索为其提供经验素材。这是一个既存在发展机遇，又存在发展风险的过程。如果我们的理论研究和实践探索达到了良性互动，那么，我们就会实现理论研究和建设实践双丰收。但是，如果理论研究和实践探索没有达到良性互动，或者，如果出现理论认识上的失误，那么，我们的建设实践就要为此付出代价。用通俗易懂的话来讲，中国特色社会主义这座高楼大厦是一边进行设计，一边进行施工建设。因此，在这个过程中难免要有认识和实践上的曲折。但是，社会主义代表时代的前进方向，必将要赢得中国和世界人民的支持。这是我们中国共产党人必须要坚定的理想和信念。我们既要大胆前行，又要积极探索不断改进我们的工作。由于中国特色社会主义建设的实践性特点，决定中国特色社会主义政治经济学在一个相当长的历史时期内不能建立起自己的学科体系。那么，当前的特定社会历史条件下，我们究竟应该怎样应对中国特色社会主义政治经济学的学科体系的不健全问题呢？

学科体系和话语体系是根本世界观和方法论问题。中国特色社会主义是属于共产主义社会的发展阶段，原则上属于共产主义话语体系，必须要把它回归到共产主义思想体系。因此，第一，马克思恩格斯科学社会主义理论是我们的基本体系。第二，我们必须要抛弃深深影响着我们的现代西方资产阶级经济学的话语体系。中国特色社会主义政治经济学要有不同于现代西方资产阶级经济学的话语体系。对于现代西方经济学的话语体系，我们必须采取一分为二的态度：首先，作为一个经济学的学说体系是替资产阶级和资本主义制度辩护的经济学，是不科学的庸俗经济学。其次，在现代西方经济学是不科学的庸俗经济学这一特大前提下，我们也要实事求是地承认其中有某些个别的、科学的、有用成分可供我们分析中国特色社会主义经济问题时吸收借鉴。当然，分析、批判、吸收和借鉴西方资产阶级经济学是一个充满挑战性的科学研究工作，必须要将这项工作交给高端的经济学研究单位和高端的经济学研究人员去完成。这才是以科学的态度对待科学研究工作。然而，我们现在的做法正好相反，我们不仅没有深入研究和批判借鉴西方资产阶级经济学，反而主动地照抄照搬现代西方资产阶级经济学。这一点必须要引起我们的宣传、教育和思想文化领域的领导高度重视，纠正现在已经很严重的经济学研究和教育的全盘西化问题。目前我们高等学校里所推行的西方经济学教育体系，实际是以吸收借鉴西方经济学有益成分为名，普及和灌输西方资产阶级经济学"知识"。我们说它是以吸收借鉴西方经济学有益成分为名，是因为极少有哪所院校真的有哪位西方经济学教授能在课堂教学中辩证分析其所讲授的西方经济学内容。由此我们说，这是在用资产阶级的意识形态对共产主义建设和接班人进行洗脑！经过这种洗脑，在青年学生中逐渐形成了如下观念：中国社会主义政治经济学没有体系，现代西方资产阶级经济学有不可颠覆的宏观经济学、微观经济学的科学体系，现代西方资产阶级经济学是发展生产力的经济学，等等。这种糊涂观念已经成为中国高等学校经济学院和中国高级经济学研究机构的主流观点了。马克思主义经济学，特别是中国特色社会主义经济学没有学说体系！这都是什么世界观和方法论啊？马克思的科学社会主义的思想体系，不是中国特色社会主义经济学的学说体系吗？难道西方资产阶级庸俗经济学的思想体系是比马克思的科学社会主义思想体系更科学的学说体系吗？恩格斯在1888年10月15日给丹尼尔逊的信中有这样一段话："您很奇怪，为什么政治经济学在英国处于这么可怜的状况。其实，情况到处都一样。连古典政治经济学，甚至自由贸易的最庸俗的传播者，也受到目前占据大学政治经济学讲台的更庸俗的'上等'人物的鄙视。在这方面，很大程度上要归罪于我们的作者（指马克思——引者注），他使人们看到了古典政治经济学的各种危险的结论；于是他们现在认为，至少在这个领域内，最保险的是根本没有任何科学。而且他们能够蒙蔽普通的庸人到了这种程度，以致在伦敦这里，目前有四个人自称'社会主义者'，同时却要人们相信，似乎他们把我们的作者的学说和斯坦利·杰文斯的理论对比之后，已经完全驳倒了我们的作者！"[①] 恩格斯这里描述的是当时英国经济学界的情况。我们没有身临其境，不能直接感悟当时

---

① 《马克思恩格斯全集》第37卷，人民出版社2009年版，第104页。

英国经济学界被各种假马克思主义者、假社会主义者占领阵地的混乱状况。然而，我们将中国经济学界的情况与恩格斯所描述的 19 世纪末英国经济学界的情况做一简单对比，我们不能不感到惊讶。历史为什么总是要和我们开玩笑！现代资产阶级庸俗经济学的体系是科学的学科体系，马克思主义的科学社会主义没有学科体系？大学经济学院和国家高等经济学研究机构将马克思主义的科学社会主义学说体系视为异端学说？这是一个什么国度呀？1949 年毛泽东同志在中华人民共和国开国大典上就以东方巨人之躯庄严地向全世界宣告：中国人民从此站立起来了！然而，我们不知道中国的这一群经济学精英，为什么要跪在西方资产阶级面前呢？

关于中国特色社会主义政治经济学话语体系建设，笔者有以下的几点具体建议：（1）马克思主义研究和建设工程取得很大成就。我们要从总体上充分肯定我们已有的建设成绩。但是面对复杂的国际和国内环境我们还要进一步加强和改进工作。首先马工程教材要进一步系统化，要更有针对性地开展教材建设工作。例如，西方资产阶级经济学教材都分初级教程、中级教程和高级教程，我们的马工程教材仅有一本。针对这种情况，笔者建议我们要对资本主义社会生产方式和社会主义生产方式的政治经济学分别编写，要有针对性地分别编出初级、中级和高级政治经济学系列教材。（2）对于中国特色社会主义政治经济学教材建设，我们要更加注意对马克思主义经典作家对于社会主义经济关系的阐述，将他们的科学社会主义思想阐述清楚，然后再结合中国实际进行具体化，即牢牢把握马克思主义中国化这一时代主题。（3）我们要科学地对待和系统科学地推广运用马克思主义研究和建设工程教材。现在一部分马克思主义研究和建设工程的教材，从知识内容的写作到具体教育教学过程的使用推广，还有许多缺失的环节。例如，《西方经济学》教材，在编写环节上专家们就没有一致的看法，在使用推广环节更是缺失情况严重。现在全国高等学校的西方经济学教学中，就没有哪个学校把《西方经济学》教材中的"结束语"作为教学内容要求的。不仅没有要求，而且几乎没有哪一所学校能对这一重要内容进行讲授。现实情况是，全国高等学校对《西方经济学》教学中的分析批判的教学环节，第一没有态度，第二没有教师。因此，笔者呼吁有关教育行政主管部门和高等学校第一要拿出态度，第二要狠抓落实。要尽快对西方经济学教师进行马克思主义世界观和方法论的培训和教育。（4）要积极推进哲学社会科学规划和奖励。要积极支持和奖励那些坚持马克思主义的研究者，我们要有中国特色社会主义的理论自信，不要盲目追求获所谓的诺贝尔经济学奖。诺贝尔经济学奖早已沦落为西方垄断资产阶级国家的意识形态工具了，我们马克思主义经济学家为什么还要追求获诺贝尔经济学奖呢？（5）大学教育教学要坚决扭转全盘西化的问题。中国特色社会主义的最终胜利，必然是马克思主义的科学社会主义对于资产阶级和小资产阶级的社会主义的胜利。因此，我们必须要时刻注意克服资产阶级和小资产阶级社会主义思想的侵蚀和危害。只有这样，中国特色社会主义才能取得彻底的胜利。

[原文发表于《陕西师范大学学报（哲学社会科学版）》2018年第4期]

论中国特色社会主义及其基本经济原则

孙立冰　丁堡骏[*]

摘　要：中国特色社会主义必须坚持贯彻科学社会主义基本原则，中国特色社会主义是科学社会主义理论逻辑和中国社会发展历史逻辑的辩证统一。在中国的现阶段，毫不动摇地鼓励、引导和发展民营经济，鼓励一部分人和一部分地区先富起来，发挥市场在资源配置中的决定性作用等政策都不是毫无边界和毫无限制条件的。它们分别是与科学社会主义的基本经济原则，即生产资料社会主义公有制、按劳分配和有计划地发展经济紧密结合起来的。这种结合正是保证中国特色社会主义是科学社会主义的制度基础，也是我国经济建设和改革开放沿着社会主义道路前进、广大人民群众利益能得到真正实现的根本保障。

关键词：中国特色社会主义；科学社会主义；基本经济原则；中国社会发展历史逻辑

2013年1月5日，习近平总书记在新进中央委员会委员、候补委员学习贯彻党的十八大精神研讨班开班式上发表重要讲话，他强调："中国特色社会主义，是社会主义而不是其他什么主义，科学社会主义基本原

---

[*] 作者简介：孙立冰（1979—　），吉林财经大学马克思主义经济学研究中心副研究员，主要从事马克思主义经济学研究；丁堡骏（1961—　），吉林财经大学马克思主义经济学研究中心教授，主要从事马克思主义经济学研究。

则不能丢,丢了就不是社会主义。"① 这是习近平总书记站在时代发展的新高度,在总结国际共产主义运动正反两方面经验教训的基础上,对中国特色社会主义及其改革和发展目标所作出的新的理论定位和历史定位,它必将对马克思主义和中国特色社会主义的发展产生深远的影响。

一 中国特色社会主义是科学社会主义

随着中国改革开放进入"深水区",中国社会各种矛盾和问题不断显现,许多人自觉不自觉地提出了疑问:中国特色社会主义是不是科学社会主义?特别是在党的十四大把中国经济体制改革的目标模式确定为建立社会主义市场经济体制以后,思想理论界不断有人用所谓的民主社会主义和市场社会主义来解释中国特色社会主义市场经济,以至于在一定范围内,许多人将中国特色社会主义误认为是民主社会主义或市场社会主义。在这种背景下,习近平总书记重申中国特色社会主义是社会主义,而不是其他什么主义,其用意显然是强调中国特色社会主义的社会主义本质属性,建设中国特色社会主义必须将其与资产阶级的、小资产阶级的社会主义以及国际共产主义运动中出现的以机会主义和修正主义为特征的冒牌的社会主义划清界限。为此,我们不妨回顾一下我们曾经面对过的形形色色的社会主义。

根据马克思主义诞生时的相关文献,马克思恩格斯在《共产党宣言》中将当时形形色色的社会主义和共产主义概括为:(1)反动的社会主义,主要包括封建的社会主义、基督教的社会主义、小资产阶级的社会主义和德国的或"真正的"社会主义;(2)保守的或资产阶级的社会主义;(3)批判的空想的社会主义和共产主义。对于这些社会主义派别的科学成分、不科学因素以及阶级性,马克思恩格斯都有过深刻的分析和批判,本文不再赘述。下面我们将着重分析马克思主义诞生后,在世界范围内对国际共产主义运动产生过深刻影响的两种所谓的社会主义,即民主社

---

① 习近平:《毫不动摇坚持和发展中国特色社会主义 在实践中不断有所发现有所创造有所前进》,《人民日报》2013年1月6日。

会主义和市场社会主义。这两种社会主义不是科学社会主义，而中国特色社会主义是科学社会主义。

（一）不能将中国特色社会主义误读为民主社会主义

民主社会主义作为资本主义病床前的庸医，它非但没有医好资本主义的痼疾，反而瓦解了第二国际，断送了苏联东欧国家的社会主义事业。因此，民主社会主义是我们必须认真对待的一种非马克思主义思潮，它与科学社会主义是有本质区别的。科学社会主义主张无产阶级通过暴力革命推翻资产阶级统治，建立无产阶级专政的国家政权，在共产党的领导下，从根本上变革资本主义经济制度，实现全部生产资料转归社会所有，真正实现人的自由全面发展和社会的公平、正义。而民主社会主义则反对用暴力推翻资本主义制度，反对彻底变革资本主义私有制。他们认为，这是违背道德伦理的，力图用各种社会改良的办法改造资本主义社会，进而实现社会的自由、平等、公平、正义。可见，民主社会主义不过是表达了一种在资本主义制度范围内改善工人阶级生活状况的愿望而已。按照民主社会主义的方案，将无法实现资本主义制度向共产主义制度的变革，更不可能实现彻底解放无产阶级的革命目标。

民主社会主义最初表现为小资产阶级的社会主义，其代表人物主要有法国的对工人阶级怀着或多或少的但总是捉摸不定的同情的民主共和主义者，即1848年的赖德律－洛兰型的人物和1874年的带有蒲鲁东主义情绪的"激进社会主义者"，以及德国的自称为社会民主主义者的拉萨尔派。他们中间的许多人在恩格斯领导和指导的第二国际成立时，曾经深刻地意识到生产资料归社会公有的必要性，并接受了科学社会主义纲领，因此，马克思恩格斯在创立科学社会主义之初也曾将民主社会主义看作是自己的同路人。但在恩格斯逝世后，伯恩斯坦和考茨基背叛了科学社会主义，把科学社会主义斥为"空想主义"，否定飞跃、否定无产阶级暴力革命，提出"和平过渡"和所谓的资本主义"和平长入"社会主义的论调。第二国际社会民主党在思想理论上对马克思主义和科学社会主义的背叛，必然导致行动上的错误。第一次世界大战爆发后，第二国际的各个政党纷纷站在本国资产阶级的立场上，支持国会通过战争拨款，支持资产阶级政府"保卫祖国",让交战国的无产阶级互相厮杀。这样第二国际就彻底丧失了工人阶级政党的性质,在后来的国际共产主义运动中自然丧失了领导地位。

列宁继承和发展了科学社会主义,批判了第二国际的修正主义及其所奉行的民主社会主义,提出了帝国主义论和无产阶级革命的"一国胜利"说,并且首先在俄国取得了十月社会主义革命的胜利。十月革命胜利后,在列宁和斯大林的领导下,苏联社会主义建设在经济、政治、思想、文化等各个方面都取得了令世人瞩目的巨大成就。然而,在斯大林逝世后,苏联经历了赫鲁晓夫、勃列日涅夫和戈尔巴乔夫等领导人逐步接纳和尊崇民主社会主义路线的过程。从推崇商品经济、市场经济到公开推行唯市场化,从推崇个体经济、民营经济到公开推行唯私有化,直到在政治上推崇资产阶级民主化而放弃无产阶级专政,最终导致苏共垮台、国家分裂、经济衰退。因此,是民主社会主义断送了苏联的社会主义事业。

在中国的社会主义建设和改革开放过程中,也出现了一些民社派人士。在如何看待中国特色社会主义和改革开放所取得的巨大成绩和存在的问题时,他们大肆宣扬中国改革开放所取得的成绩是经济上私有化、政治上民主化的结果,存在的问题是中国私有化和民主化的程度还不够深。因此,民社派人士认为,中国特色社会主义建设和改革开放的根本出路在于走民主社会主义道路,即走改良资本主义的道路。他们极力主张对中国特色社会主义市场经济搞极端的市场化、私有化,妄图将中国特色社会主义和平演变为资本主义。他们否定苏联十月社会主义革命,否定中国共产党领导的以农村包围城市、武装夺取政权的暴力革命,否定无产阶级专政,否定中国共产党的领导,否定中华人民共和国前三十年的社会主义经济建设成就,否定中国特色社会主义是科学社会主义,企图用高福利的改良的资本主义取代中国特色社会主义。我们必须对这种错误倾向保持高度的警惕和清醒的认识。

(二) 不能将中国特色社会主义误读为市场社会主义

市场社会主义是 20 世纪东欧国家寻找建设社会主义道路时,误入西方资产阶级经济学话语体系而形成的一种所谓的社会主义模式。20世纪30年代，资本主义国家开始向社会主义国家发起理论上的进攻和政治上的和平演变。米塞斯和哈耶克等资产阶级经济学家以资产阶级微观经济学的一般均衡理论和福利经济学的资源配置学说攻击社会主义不能解决经济计算问题，因而社会主义经济是行不通的。而波兰的经济学家奥斯卡·兰格等人试图解决这个问题，不料却陷入了资产阶级经济学的话语体系，提出所谓的市场社会主义模式，在根本世界观和方法论上落入唯心主义和形而上学的怪圈。第一，兰格坚持认为，"生产资料公有制的事实本身并不决定分配消费品和分配人民各种职业的制度"[①]。生产资料社会主义公有制不决定劳动者的就业关系和个人消费品的分配方式，这是典型的资产阶级形而上学的观点。第二，兰格提出的市场社会主义的试错法模式，就是在社会主义公有制基础上，对西方资产阶级微观经济学的一般均衡理论和福利经济学的资源配置学说的翻版。东欧的波兰、原南斯拉夫、匈牙利等国家就是按照市场社会主义设计的市场模式进行改革，最终断送了社会主义事业。这是一场悲剧，是一些社会主义国家的经济学家把西方经济学中的一般均衡理论和福利经济学的资源配置学说神圣化为社会主义经济规律而产生的悲剧。米塞斯作为奥地利学派经济学家，从资产阶级经济学的世界观和方法论出发，污蔑社会主义不能进行经济核算，这是经济学领域里资产阶级经济学对马克思主义政治经济学进行的责难和挑战。这种挑战的本质就是用资产阶级经济学的庸俗的错误理论来污蔑新生的社会主义经济，兰格等人正是因为陷入了资产阶级经济学的话语体系和理论设计，用资产阶级方案设计社会主义模式，其结果必然导致这一理论及其政党在后来的改革中的失败。

20世纪80年代初期，英国工党在大选连续败北的情况下，开始对传统的市场社会主义理论中的社会主义本质特征、生产资料所有制、计划与市场等问题进行重新审视。他们认为，公有制与其他所有制形式一样，都是实现社会主义终极目标即自由、平等和民主的手段。因此，在英国

---

① [波兰]奥斯卡·兰格：《社会主义经济理论》，王宏昌译，中国社会科学出版社1981年版，第9—10页。

工党的市场社会主义理论中，公有制已不再是社会主义的根本制度特征和本质内容，取而代之的是以高效的私营经济为基础的混合经济。同样，市场被认为是实现社会主义的重要手段，甚至暗示只有通过市场才能实现社会主义，而计划只有在市场不能有效发挥作用时才能启动。市场社会主义的这些主张在1997年布莱尔上台后得以实施，即在英国工党的党章中彻底放弃了对生产、分配、交换领域实行公有制的主张。这就进一步验证了马克思的一个重要论断："一种理论体系的标记不同于其他商品的标记的地方，也在于它不仅欺骗买者，而且也往往欺骗卖者。"[①] 市场社会主义及其悲剧进一步启示马克思主义政治经济学家：社会主义经济制度是人类历史上的一次伟大飞跃，对这种社会经济制度进行设计必须要有全新的视野，必须和传统的资本主义私有制观念实行最彻底的决裂。

通过前面对不同时期的社会主义思潮及其实践的回顾，我们可以看到：在科学社会主义学说之外，是没有任何社会主义的学说能够称得上是科学的，在这些学说指导下的社会主义实践也是无法取得成功的。苏联东欧等社会主义国家，早期坚持按照科学社会主义的基本原则建设社会主义，尽管存在一定失误，但仍然取得了巨大的建设成就，后来由于以民主社会主义等非马克思主义、非科学社会主义思想指导改革，而葬送了社会主义。就当今人类社会历史进程而言，要么是走科学社会主义道路，要么是走资本主义道路，走所谓独立的"第三条道路"是行不通的。鉴于这样的理论背景和实践背景，才有了习近平总书记的郑重宣布：中国特色社会主义是社会主义而不是其他什么主义，科学社会主义基本原则不能丢，丢了就不是社会主义。这一重要论断明确阐释了中国特色社会主义是科学社会主义的基本原则与中国的具体实践相结合的产物，是当代的科学社会主义，而不是与马克思主义对立的形形色色的社会主义，更不是中国特色的资本主义。这充分坚定了中国共产党领导人民走中国特色社会主义道路的信心和勇气，同时对国际共产主义运动的推进也具有重要的现实意义和历史意义。

---

① 《马克思恩格斯文集》第6卷，人民出版社2009年版，第399页。

二 科学社会主义的基本经济原则

科学社会主义基本原则不能丢，丢了就不是社会主义。那么，究竟什么是科学社会主义的基本原则呢？恩格斯在《社会主义从空想到科学的发展》一书中说："现代社会主义，就其内容来说，首先是对现代社会中普遍存在的有财产者和无财产者之间、资本家和雇佣工人之间的阶级对立以及生产中普遍存在的无政府状态这两个方面进行考察的结果。"[①]同时他指出，解决有产者和无产者之间矛盾的出路在于"剥夺剥夺者"。在"剥夺剥夺者"之后，全社会劳动者共同占有生产资料即实行生产资料社会主义公有制，而对于个人消费品则实行劳动者个人所有制。后来，马克思在《哥达纲领批判》中又进一步论述了共产主义不同发展阶段的消费资料分配规律：在共产主义的第一阶段即低级阶段，实行按劳分配制度；在共产主义的高级阶段，实行按需分配制度。解决资本主义无政府状态问题，出路在于消灭商品经济或市场经济，实行全社会按计划分配社会劳动并进行生产的计划经济。在《社会主义从空想到科学的发展》中，恩格斯还对资本主义生产方式的矛盾进行了具体详细的分析："当人们按照今天的生产力终于被认识了的本性来对待这种生产力的时候，社会的生产无政府状态就让位于按照社会总体和每个成员的需要对生产进行的社会的有计划的调节。那时，资本主义的占有方式，即产品起初奴役生产者而后又奴役占有者的占有方式，就让位于那种以现代生产资料的本性为基础的产品占有方式：一方面由社会直接占有，作为维持和扩大生产的资料，另一方面由个人直接占有，作为生活资料和享受资料。"[②]

由此，科学社会主义的三个基本经济特征或原则包括：第一，社会生产的总产品的一部分即生产资料部分，作为社会维持和扩大再生产的资料，由社会直接占有。这也就是我们通常所说的生产资料社会主义公有制。第二，社会生产的总产品的另一部分即消费资料和享受资料，用

[①] 《马克思恩格斯文集》第 3 卷，人民出版社 2009 年版，第 523 页。
[②] 同上书，第 560—561 页。

(二) 中国特色社会主义政治经济学理论构建

于生产者的个人消费,由劳动者个人占有。这也就是实行生活资料和享受资料的"重建个人所有制"。第三,未来社会的社会生产是"按照社会总体和每个成员的需要对生产进行的社会的有计划的调节"的社会生产。可见,将社会主义公有制、按劳分配和有计划地发展经济作为社会主义的基本经济特征,才是符合马克思恩格斯的科学社会主义精神实质的。

在上述科学社会主义的三个基本经济原则中,生产资料的社会主义公有制是最基本的经济原则,它对其他原则具有决定作用。在《共产党宣言》中,马克思恩格斯曾明确表示:"共产党人可以把自己的理论概括为一句话:消灭私有制。"[①] 在《资本论》中,马克思通过剩余价值学说揭示了资本主义一切矛盾和一切不公正的深刻根源在于资本主义私有制。因此,要想从根本上解决资本主义矛盾,关键就在于消灭资本主义私有制,建立起与社会主义和共产主义社会生产力水平相适应的生产资料公有制。同时,生产资料的全社会共同占有,决定了社会主义国家在分配领域的个人消费品分配只能实行"各尽所能,按劳分配"的原则,由此才能彻底消除私有制条件下的两极分化,实现共同富裕。生产资料的全社会共同占有还决定了劳动者运用公共的生产资料生产出来的产品不再是私人产品,由此也就决定了未来的社会生产本质上不再是商品生产,在宏观经济运行上不再是无政府状态的盲目生产、盲目分配,而是"按照社会总体和每个成员的需要对生产进行的社会的有计划的调节"[②]。由此,三个基本经济原则统一于社会主义生产全过程,决定着社会主义全部生产关系的性质,共同支配着社会主义生产的健康运行。

上述三个基本经济原则是科学社会主义最根本的原则,但是对于建立和完善社会主义基础来说,仅仅强调经济原则肯定是不够的,政治原则、思想文化原则等上层建筑领域的原则对于一个建设过程中的社会主义来说也是不容忽视的。从坚持科学社会主义基本原则,推动科学社会主义事业即中国特色社会主义事业来讲,坚持政治原则、思想文化原则和经济原则同样重要。由于本文特定的研究目的,以下将侧重从中国特

[①] 《马克思恩格斯文集》第 2 卷,人民出版社 2009 年版,第 45 页。
[②] 《马克思恩格斯文集》第 3 卷,人民出版社 2009 年版,第 561 页。

色社会主义的基本经济原则展开论证。

三 坚持科学社会主义基本原则必须深刻认识中国特色社会主义的跨越性质

习近平总书记在治国理政的系列重要讲话中,一直都在强调坚持科学社会主义的基本原则。可是,在经济理论界并没有形成和总书记的讲话精神相一致的舆论氛围,在实际工作中也存在着思想和行动跟不上总书记要求的地方。之所以会出现这样的状况,关键就在于人们对中国特色社会主义的社会主义性质存在着认识上的偏差,在思想认识上还有一部分人不相信中国特色社会主义是社会主义,很多人把中国特色社会主义理解为中国特色资本主义,甚至还有一些人根本就不相信在中国现实的生产力发展水平上能够建设社会主义。由于这些深层次上的思想认识方面的错误存在,导致以习近平同志为核心的党中央坚持的科学社会主义基本原则,在理论宣传和实际工作中得不到很好的贯彻落实。对此,我们必须在全党范围内解决中国特色社会主义的社会主义道路问题。为此,我们需要重温马克思主义关于东方社会跨越资本主义制度卡夫丁峡谷的理论。

科学社会主义理论是在资本主义时代成就基础上创立的已是共识,但是社会主义究竟以什么样的方式奠定在资本主义时代成就基础上却存在着较大争议:是以某一个或某几个资本主义国家本身的资本主义发展成就为基础建立社会主义呢?还是以整个资本主义世界体系的资本主义发展成就为基础,在其薄弱环节的某一个或某几个国家率先进行革命,革命胜利后建设社会主义?现在的问题是,苏联、东欧以及中国的社会主义,不是直接脱胎于本国的发达资本主义生产方式,而是跨越资本主义生产方式直接进入社会主义。有人认为,经济社会落后的国家根本不能建设社会主义,即使某一国家一时建成了社会主义,由于先天不足,早晚也会"回归"资本主义。这是用马克思批评过的庸俗的"一般发展道路的历史哲学理论"否定20世纪的科学社会主义历史。

马克思在1877年11月《给〈祖国纪事〉杂志编辑部的信》中,集中阐述了自己反对俄国马克思主义者教条化地运用《资本论》"原始积累"理论，为俄国公社走私有化进而走资本主义道路作论证的观点，并为俄国农村公社指出了一条跨越资本主义卡夫丁峡谷的全新的发展道路。1881年，在《给维·伊·查苏利奇的信》以及《给维·伊·查苏利奇的复信草稿》中，马克思进一步完善了他的这一观点，可将其总结为以下几个方面。

首先，马克思澄清了《资本论》中的"原始积累"仅限于西欧，而且讲的是一种私有制代替另一种私有制，根本不同于俄国，俄国面临的是用私有制代替公有制。马克思强调不能把"关于西欧资本主义起源的历史概述彻底变成一般发展道路的历史哲学理论"[①]。

其次，马克思通过对大量原始材料的专门研究得出，农村公社就是俄国走向社会主义的新生力量，就是"俄国社会新生的支点"，但"要使它能发挥这种作用，首先必须排除从各方面向它袭来的破坏性影响，然后保证它具备自然发展的正常条件"[②]，"如果它（指俄国公社——引者注）在现在的形式下事先被置于正常条件之下，那它就能够成为现代社会所趋向的那种经济制度的直接出发点，不必自杀就可以获得新的生命"[③]。这就从事实上为俄国跨越资本主义而径直进入社会主义提供了客观依据。

最后，关于俄国何以能够实现跨越资本主义，马克思强调，俄国公社是和西欧资本主义同时代的东西，因此俄国就能够做到继承资本主义一切成就的同时又避免它的一切可怕的波折。早在《评弗里德里希·李斯特的著作〈政治经济学的国民体系〉》中，马克思曾深刻地指出："正像主张每个民族都必须经历法国的政治发展或德国的哲学发展一样，是荒谬的观点。凡是民族作为民族所做的事情，都是他们为人类社会而做的事情，他们的全部价值仅仅在于：每个民族都为其他民族完成了人类从中经历了自己发展的一个主要的使命（主要的方面）。因此，在英国的

[①] 《马克思恩格斯文集》第3卷，人民出版社2009年版，第466页。
[②] 同上书，第590页。
[③] 同上书，第587页。

工业，法国的政治和德国的哲学制定出来之后，它们就是为全世界制定的了，而它们的世界历史意义，也像这些民族的世界历史意义一样，便以此而告结束。"① 因此，在马克思看来，在世界资本主义体系之中，在英法工业革命之后，俄国生产机器可以直接继承英法工业革命的成就，而没有必要从头再孕育一次独立的工业革命。在哲学领域，在德国古典哲学诞生之后，俄国的哲学也可以直接继承德国古典哲学的成就，而没有必要再重新孕育产生一个俄国的黑格尔和俄国的费尔巴哈。马克思由此进一步得出结论：对于俄国这个东方社会，完全不必重走西欧的原始积累以及以后的发展资本主义道路，而可以径直走向社会主义。

众所周知，在马克思恩格斯之后，列宁继承和发展了马克思的跨越理论，他根据帝国主义和无产阶级革命时代的具体特点，得出结论：社会主义革命可以在帝国主义统治链条的薄弱环节的一个国家首先取得胜利。在列宁的领导下，俄国首先建立了社会主义国家。随后，东欧国家和中国等也先后取得了社会主义革命的胜利，建立了社会主义国家。这些历史事实证明了马克思、恩格斯、列宁、斯大林、毛泽东理论和道路的正确性。现在，历史虚无主义者却以20世纪80年代苏联和东欧国家社会制度的转型，否定这些国家跨越资本主义卡夫丁峡谷的建设成就，否定包括中国在内的落后国家不经过资本主义发展阶段直接进入社会主义的事实。为纠正这些错误的思想认识，坚定建设中国特色社会主义的信心，我们有必要加深对马克思跨越资本主义卡夫丁峡谷理论的认识。

根据马克思的跨越理论，所谓跨越资本主义卡夫丁峡谷，就是"俄国可以在发展它所特有的历史条件的同时取得资本主义制度的全部成果，而又可以不经受资本主义制度的苦难"②。因此，对于一个处于资本主义生产方式以前发展阶段的国家来说，可以选择不固守社会发展的一般道路，跨越资本主义发展阶段，直接进入社会主义。这是辩证唯物主义历史观在社会发展道路问题上的具体应用。苏联、东欧国家和中国等社会主义实践已经证明了马克思跨越理论的科学性，尤其是中国通过社会主

---

① 《马克思恩格斯全集》第42卷，人民出版社1979年版，第257页。
② 《马克思恩格斯文集》第3卷，人民出版社2009年版，第464页。

义革命和社会主义改造已经建立了完善的社会主义经济体系,并通过改革开放和社会主义建设创造了强大的社会主义生产力和生产关系,形成了符合科学社会主义基本经济原则的中国特色社会主义基本经济制度、分配制度和宏观调控制度,这是任何歪理邪说都无法否定的客观事实。因此,跨越资本主义发展阶段的落后国家发展社会主义不必再重走资本主义道路,它可以借助和使用同时代资本主义取得的先进技术和先进生产力,并且由于坚持了科学社会主义基本原则,它能够避免资本主义发展中的一切苦难,取得比同时代资本主义国家更快、更优、更有效的发展。

综上所述,只有科学认识马克思主义的跨越理论,才能坚定中国特色社会主义的社会主义道路;只有科学认识中国特色社会主义的跨越性质,才能更好地在中国贯彻和实施科学社会主义基本原则;只有坚持正确的跨越理论,才能真正理解和把握中国当前改革的方向和目标,创造性地开创中国更美好的未来。

四 中国特色社会主义必须坚持科学社会主义基本经济原则

前面我们已经阐述了科学社会主义的三个基本经济原则,这三个基本原则是中国特色社会主义坚持科学社会主义道路的基本保障,它们之间是相互联系、相互制约、相互促进的有机整体。在社会主义建设和改革开放过程中,要注意它们的整体性和不可分割性,要做到政策协调一致。其中任何一个原则动摇了,都会动摇社会主义经济的性质。

(一) 必须毫不动摇地坚持公有制为主体的社会主义经济制度,建立新型社会主义生产关系

在坚持社会主义初级阶段的基本经济制度中,必须要坚持辩证法,反对形而上学,着眼于建立新型社会主义生产关系。在科学社会主义的三个基本经济原则中,生产资料社会主义公有制是基础性的基本原则。马克思主义经典作家一贯重视生产资料所有制的决定作用。

中国共产党经过长期的理论和实践探索，形成了符合我国国情和发展阶段的社会主义初级阶段基本经济制度，即公有制为主体、多种所有制经济共同发展。这种基本经济制度的建立充分体现了科学社会主义理论逻辑和中国社会发展历史逻辑的辩证统一，具有深厚的历史渊源和广泛的现实基础，是党以马克思主义历史唯物主义和辩证唯物主义认识和运用科学社会主义基本原则的具体体现。但不能回避的是，近些年来，我国公有制经济成分发挥作用并不理想，以致在改革开放过程中出现了人民不满意的情况。究其原因在于，在发展公有制经济和国有企业过程中，没有充分注意坚持以人民为中心的发展理念；在社会主义经济建设和改革过程中，没有充分体现人民群众的主人翁地位。因此，我们认为，要使广大人民群众有更加清楚明确的主人翁责任感和劳动获得感，就必须使公有制经济及其国有企业重新回归生产资料社会主义公有制的本义。生产资料社会主义公有制作为一种新型的社会生产关系，首要的任务就在于在生产领域实现全体劳动者平等的社会生产关系。只有生产领域建立起全新的社会主义生产关系，分配、交换和消费领域的社会主义关系才能形成。因此，生产资料社会主义公有制的根本要义在于，实现劳动者和生产资料的直接结合的新型社会生产关系。

一些沉迷于市场化和私有化的人千方百计地歪曲生产资料社会主义公有制的意义，他们把生产资料社会主义公有制形而上学地抽象为一种公有产权关系，并进一步歪曲基本经济制度；他们把公有制的主体地位片面解释成公有资本是否在社会总资本中占有优势，例如公有资本占社会总资本的50.001%，还是49.999%，在他们看来，如果我们国家的经济属于前者，那么我们就是中国特色社会主义，如果属于后者，就是中国特色资本主义。这是一种形而上学的思想方法，这里关键的问题在于什么是社会主义公有制。在经济思想史上，小资产阶级社会主义者蒲鲁东曾经系统地研究了资本主义私有制，但由于他不懂得所有权是所有制的法律用语，不懂得所有制是一定社会生产关系的整体，在生产关系诸多范畴之外给所有权下定义，因而在所有制问题上陷入了经济学形而上学。针对蒲鲁东的错误，马克思曾经深刻地指出："在每个历史时代中所有权是以各种不同的方式、在完全不同的社会关系下面发展起来的。因此,给资产阶级的所有权下定义不外是把资产阶级生产的全部社会关系描述一番。要想把所有权作为一种独立的关系、一种特殊的范畴、一种抽象的和永恒的观念来下定义,这只能是形而上学或法学的幻想。"① 蒲鲁东正是由于绕过对资本主义生产和再生产各个环节中的生产关系的研究,抽象地给资本主义的所有权下定义,才陷入了形而上学和法学幻想。因此,我们在研究设计生产资料社会主义公有制的企业和运行形式时,必须高度重视对社会再生产的各个环节中如何落实社会主义公有制的新型社会生产关系的分析,而不能仅仅停留在将生产资料社会主义公有制理解为一种公有产权的教条思维;同样,坚持社会主义公有制主体地位也必须以贯彻落实社会主义生产和再生产各个环节的新型社会生产关系为主要抓手,而不能仅仅满足于国有资本还占有一定优势,而忽视国有资本在社会再生产各个具体环节中异化为资本和雇佣劳动关系的问题。这是在新的历史条件下坚持科学社会主义基本原则——生产资料社会主义公有制最为关键的问题。抓住这个关键,按照科学社会主义理论进行改革,我们的公有制经济和公有制生产关系就能够落实,人民群众就能在改革中发挥主人翁作用,在分享改革成果过程中就能得到实实在在的收获。这种健康的新型的社会生产关系才能推动中国特色社会主义事业沿着科学社会主义道路前进。

(二) 在分配领域坚持按劳分配为主体、多种分配方式并存的基本分配制度

在未来社会,生产资料实行社会公有制或所有制,消费资料则重建劳动者个人所有制。在社会主义初级阶段,实行的是以公有制为主体、国有经济为主导、多种经济成分共同发展的所有制结构,必然决定在分配领域实行以按劳分配为主体、多种分配方式并存的分配方式,这是达到全社会共同富裕目标的可靠的制度保证。问题在于,现在有些学者把社会主义公有制和按劳分配的科学社会主义基本原则放在一边,只是抽象地讲要实现共同富裕。历史上,形形色色的资产阶级改良主义者也是

---

① 《马克思恩格斯文集》第 1 卷,人民出版社 2009 年版,第 638 页。

这样做的，即试图在不改变资本主义私有制的前提下，通过税收、福利政策等二次分配方式实现共同富裕。但资本主义世界不断扩大的两极分化趋势、不断升级的经济危机、不断涌现的各种社会问题已经证明，没有生产资料公有制和按劳分配制度保证下的收入分配改良政策，最后只能以失败告终。

同样，我们在进行国有企业改革时，由于受中外私营企业不合理高薪的影响，部分国有企业实行经理高额年薪制，使"个人消费资料"范围内的年薪严重超出了其应有的界限，既不是劳动力价值的转化形式，也超越了按劳分配的消费资料界限，事实上已不再是劳动收入意义上的"薪"，而是转化为对剩余价值的占有。这是对生产资料社会主义公有制和按劳分配原则的背离，这种背离达到一定规模和数量，就可能威胁到社会主义大厦的根基。

需要强调的是，按劳分配不是孤立于社会主义公有制及其企业之外的一般关系，它是以社会主义公有制为前提的经济关系。它的贯彻落实离不开生产资料社会主义公有制及其企业，因此必须要在社会主义公有制企业的改革中进行制度设计。中国特色社会主义在主体经济成分中必须坚持按劳分配，并以此引导其他经济成分的分配关系。

（三）按照对社会生产进行"有计划的自觉的组织"的要求，更好地发挥政府的作用

马克思主义经典作家曾经论证过共产主义社会阶级和国家的消亡，那是以共产主义成熟阶段为背景所作的论证。现实的中国特色社会主义仍然处于向共产主义过渡的历史时期，在马克思看来，这个历史阶段的国家不但不能消亡，而且还要以无产阶级专政来保卫社会主义。因此，作为维护无产阶级政权的工具的社会主义国家功能不能削弱。同时，作为社会主义经济的组织协调机构，社会主义国家或政府也不能弱化。社会主义革命的任务是"剥夺剥夺者""把全部生产资料转归社会所有"。问题是究竟谁能以社会的名义代表全体工人阶级的利益管理经济？在当前历史阶段，能够担当此重任的只能是社会主义国家或人民政府。因此，党的十八届三中全会在提出"使市场在资源配置中起决定性作用"的同

时，特别强调要"更好地发挥政府的作用"。这是中国特色社会主义市场经济区别于资本主义市场经济的本质特征之一，也是我们坚持科学社会主义的有计划组织生产的基本原则的体现。

在当前情况下更好地发挥政府的作用主要表现在：第一，社会主义国家的中央政府要从全社会的整体利益出发，按照满足广大人民群众日益增长的物质文化生活的需要，从整体和战略高度制定国民经济发展中长期计划或规划；第二，按照国家的中长期发展规划，安排和管理国有企业的生产和流通活动；第三，制定相应的经济政策、产业政策以及法规等，引导整个国民经济沿着社会主义道路向前发展；第四，负责生产公共物品，满足全社会各个阶层人员的多方面的基本需要；第五，制定政策和法规并监督执行，以维护社会公平和正义。总之，"中国特色社会主义国家政府的职能，不仅要包括斯密提到的'守夜人'的功能，要包括西方国家干预主义提到的宏观调控的作用，而且还要包括作为中国特色社会主义性质的国家政府所特有的职能。这才是完整意义上的中国特色社会主义政府的作用"[①]。

总结 20 世纪社会主义的历史和中国改革开放的经验，我们发现，社会主义是否能建设成功就在于能否把科学社会主义基本原则和本国的社会主义实践有机结合起来。中国共产党正是把科学社会主义基本原则和中国实践成功地结合在一起，才取得了举世瞩目的建设成就。改革开放后，中国共产党的认识历程是：第一阶段，将公有制、按劳分配和计划经济这三个方面的经济特征改为主辅论。也就是，公有制为主体，其他多种经济成分为补充；按劳分配为主体，其他多种分配形式为补充；计划经济为主体，市场调节为补充。第二阶段，经过一段时间的演变，社会主义公有制这一特征又演变为：公有制为主体，多种经济成分共同发展；按劳分配为主体，多种分配方式并存；社会主义市场经济。第三阶段，在生产资料所有制方面，强调共同发展，但进一步强调公有制的主体地位、国有经济的主导地位不能动摇；在分配原则上，强调按劳分配

---

① 刘学梅、李明、丁堡骏：《对于社会主义国家资源配置理论的再认识——习近平系列重要讲话中政治经济学思想研究》，《毛泽东邓小平理论研究》2015 年第 1 期。

为主体，多种分配方式并存，同时进一步强调不搞两极分化；在提出使市场在资源配置中起决定性作用的同时，强调更好地发挥政府的作用。所有这些都印证了习近平总书记所强调的"科学社会主义基本原则不能丢，丢了就不是社会主义"，"中国特色社会主义，是科学社会主义理论逻辑和中国社会发展历史逻辑的辩证统一"[①]。换言之，中国特色社会主义既坚持了科学社会主义基本原则的原则性，又充分考虑了社会主义初级阶段社会历史条件的具体性。可见，在社会主义现阶段，毫不动摇地鼓励、引导和发展民营经济，鼓励一部分人和一部分地区先富起来，发挥市场在资源配置中的决定性作用等政策都不是毫无边界和毫无限制条件的，它们是相应地与生产资料社会主义公有制、按劳分配和有计划地发展经济等科学社会主义基本经济原则紧密结合起来的，这种结合是保证中国特色社会主义是科学社会主义的制度基础。

（原文发表于《马克思主义研究》2017年第5期）

[①] 习近平：《毫不动摇坚持和发展中国特色社会主义　在实践中不断有所发现有所创造有所前进》，《人民日报》2013年1月6日。

正确理解"重新建立个人所有制"的含义及其现实意义

——纪念《资本论》第一卷出版一百五十周年

高冠中[*]

摘 要："重新建立个人所有制"就是指重建消费资料个人所有制。消费资料个人所有制存在重建的问题，是因为在资本主义社会里，被雇用的劳动者不能完全占有自己的劳动，只有在公有制的前提下，劳动者才能完全占有自己的劳动，因此，需要重新建立个人所有制。"重新建立个人所有制"中的否定之否定，指的是劳动者占有自己劳动状况随着社会的进步存在着否定之否定进程。正确理解"重新建立个人所有制"含义，才能使我们更好地建设中国特色社会主义。

关键词：重新建立个人所有制；否定之否定；中国特色社会主义

马克思在《资本论》第一卷分析资本主义积累的历史趋势时，提出了在协作和共同占有生产资料的基础上，重新建立个人所有制。关于重新建立个人所有制的含义，20世纪80年代之前，国内学术界的看法基本

---

[*] 作者简介：高冠中（1964— ），吉林财经大学经济学院副教授，主要从事《资本论》与中国特色社会主义政治经济学研究。

上是一致的和明确的，即认为"重新建立个人所有制"是指重建消费资料个人所有制。但随着改革开放的深入，围绕此问题又展开了多次热烈的讨论。但是，争论的结果却是问题不但没有得到解决，反而对这一命题的阐释越来越多样化、复杂化，以至有人将这个问题称为经济学的"哥德巴赫猜想"。将在社会主义社会重新建立的"个人所有制"究竟是什么样的所有制？对这一问题的正确解读，可以更好地理解什么是社会主义，为更好地建设中国特色社会主义提供理论支持。

一 问题的提出

关于"重新建立个人所有制"的争论源于下面这段话："从资本主义生产方式产生的资本主义占有方式，从而资本主义的私有制，是对个人的、以自己劳动为基础的私有制的第一个否定。但资本主义生产由于自然过程的必然性，造成了对自身的否定。这是否定的否定。这种否定不是重新建立私有制，而是在资本主义时代的成就的基础上，也就是说，在协作和对土地及靠劳动本身生产的生产资料的共同占有的基础上，重新建立个人所有制。"[1] 为了准确地找出产生争论的症结，我们把这段话分为两部分：第一部分到"这是否定的否定"结束，第二部分到"重新建立个人所有制"结束。

关于这段话的第一部分内容，人们通常认为，马克思这里所说的否定之否定是指生产资料所有制上的否定之否定，关于这一点，无论对"重新建立个人所有制"持何种观点的人，大家都没有异议，也就是正确理解"重新建立个人所有制"的含义及其现实意义，尽管人们对"重新建立个人所有制"有不同的理解，但是对上面所引马克思这段话的第一部分认识是一致的、统一的。譬如，主张"重新建立个人所有制"是指消费资料个人所有制的王成稼先生认为："三种生产资料所有制形式否定的否定，否定资本主义私有制的是社会主义公有制，而不是'生产资料

---

[1] 《马克思恩格斯文集》第5卷，人民出版社2009年版，第874页。

的劳动者的个人所有制'。"① 主张"重新建立个人所有制"是指生产资料公有制的卫兴华教授认为:"马克思讲的是三种所有制的'否定的否定'。这三种所有制的'否定的否定',都是指三种生产资料所有制的先后否定。不能用社会主义消费品的个人所有制,来否定资本主义生产资料私有制,也无法否定,因为二者不是同一层次的问题。"② 主张"重新建立个人所有制"是指劳动力个人所有的学者也认为"从马克思对生产资料所有制的论述看,马克思运用否定的否定方法考察资本主义生产资料所有制的变更规律"③。争论出现在对第二部分的理解上,即对"重新建立个人所有制"的认识上,目前学术界的认识归纳起来有三种:一是指在社会主义社会实行消费资料的个人所有制;二是指生产资料的所有制(对生产资料所有又分为社会主义阶段生产资料公有制,社会主义阶段生产资料私有制,共产主义社会生产资料公有制,过渡阶段生产资料公有制);三是指对劳动力的所有。

一整段话的理解为什么出现对前一部分理解一致,对后一部分认识就不同呢?要正确理解"重新建立个人所有制",就要全面、完整、准确地理解这段话,前后两部分内容是密切相关的,构成一个整体,不可分割。尤其是要正确理解"否定之否定"规律的运用。同时,还需要认真研究马克思的这些论述及其产生的历史背景。

二 论争的产生

历史上,对"重新建立个人所有制"含义展开讨论主要出现两次:一次是19世纪70年代,一次是中国的改革开放之后。

在《资本论》第一卷出版之初,人们并未关注"重新建立个人所有

---

① 王成稼:《恩格斯解读"个人所有制"最符合马克思的原意》,《当代经济研究》2010年第12期。
② 卫兴华:《关于股份制与重新建立个人所有制问题研究》,《经济学动态》2008年第6期。
③ 周肇光:《对马克思的重新建立个人所有制的几点认识》,《安徽大学学报(哲学社会科学版)》1986年第2期。

制"含义这一问题。直到 1875 年，杜林才在其著作《国民经济学和社会主义批判史》1875 年柏林第 2 版中对"重新建立个人所有制"提出质疑。他声称在马克思《资本论》第一卷中发现了"既是个人的又是公共的所有制"这样一个怪物。对此，恩格斯说道："如果我们考虑到：第一，马克思书中的这个地方本身就十分清楚，而且同一书中还有其他绝不可能引起任何误解的地方加以补充；第二，不论在上面所引的登载于《补充材料》的对《资本论》的批判中，还是在《批判史》第一版所载的对该书的批判中，杜林先生都没有发现'既是个人的又是公共的所有制'这样一个怪物，而只是在这本书的第二版中，就是说在三读《资本论》的时候才发现的。"①

在杜林的著作中，自命为社会主义信徒的杜林，对马克思主义进行了特别猛烈的攻击。同时，其学说在当时德国思想界包括社民党内都产生了广泛影响，并在刚刚合并的德国社会主义工人党（1875 年 5 月在哥达代表大会上成立）部分党员中间传播。这迫使恩格斯中断了《自然辩证法》的写作，以便反击这个新出现的"社会主义"学说，捍卫作为无产阶级政党的唯一正确的世界观的马克思主义。杜林认为在马克思那里"从十六世纪以来通过上述方法实现的个人所有制的消灭，是第一个否定。随之而来的是第二个否定，它被称为否定的否定，因而被称为'个人所有制'的恢复，但这已经是以土地和劳动资料的公有为基础的高级形式了。既然这种新的'个人所有制'在马克思先生那里同时也称为'公有制'，马克思先生安于他那既是个人的又是公共的所有制的混沌世界，却叫他的信徒们自己去解这个深奥的辩证法之谜"②。针对杜林关于"重新建立个人所有制"歪曲、荒谬的解释，恩格斯给予有力的批驳，指出："但是很遗憾，处于这个'混沌世界'的不是马克思，而又是杜林先生自己。"③ 恩格斯在《反杜林论》中讲到这个问题时指出："靠剥夺剥夺者而建立起来的状态，被称为以土地和靠劳动本身生产的生产资料的

---

① 《马克思恩格斯文集》第 9 卷，人民出版社 2009 年版，第 139 页。
② 同上书，第 137 页。
③ 同上。

公有制为基础的个人所有制的恢复。对任何一个懂德语的人来说,这就是,公有制包括土地和其他生产资料,个人所有制包括产品即消费品。"①在这里,恩格斯明确地指出了"重新建立个人所有制"指的不是生产资料的个人所有,而是消费品个人所有。不是杜林所理解的那样:生产资料所有制既是公共的,又是个人的。

这一时期的争论,由于恩格斯的有力批判,同时由于人们只关注革命的目的是建立公有制,推翻资本主义私有制,而渐渐销声匿迹。19世纪90年代在俄国,以人民之友自居的尼·米海洛夫斯基在攻击恩格斯《反杜林论》中《辩证法。否定的否定》一章中的观点时,曾提出了和杜林一样的说法,遭到了列宁的批驳。

时间进入20世纪80年代,已经建立起来的社会主义国家,由于存在着这样那样的问题,人们开始重新思考社会主义是什么,应该如何建设等重大问题。这又引起了人们对"重新建立个人所有制"的重新思考。这样,这个长期以来不是问题的问题就又成了一个问题,之所以成为问题是因为"重新建立个人所有制"中的个人所有制使人迷惑。各种观点纷纷出现,甚至一些人试图根据"重新建立个人所有制"的字样,理解为马克思也要搞私有制②。难道说马克思关于"重新建立个人所有制"的论述,真如杜林所说,是一个"既是个人的又是公共的所有制的混沌世界,却叫他的信徒们自己去解这个深奥的辩证法之谜"吗?作为马克思的信徒,能否"解这个深奥的辩证法之谜"呢?

三 论争的解决

研究"重新建立个人所有制"的含义,绕不开革命导师恩格斯的经典解释:对任何一个懂德语的人来说,这就是,公有制包括土地和其他生产资料,个人所有制包括产品即消费品。但是,就前述所引马克思那

---

① 《马克思恩格斯文集》第9卷,人民出版社2009年版,第138页。谢韬、辛子陵:《试解马克思重新建立个人所有制的理论与中国改革》,《炎黄春秋》2007年第6期。
② 谢韬、辛子陵:《试解马克思重新建立个人所有制的理论与中国改革》,《炎黄春秋》2007年第6期。

段话而言，从一般逻辑出发，前一部分说的是生产资料所有制，那么后一部分理应也是有关生产资料所有制问题，既然如此，把"重新建立个人所有制"理解为生产资料所有制问题也是顺理成章的。

乍看起来，恩格斯的理解确与马克思那段话的逻辑不符，因此好像恩格斯的理解与马克思的原意有矛盾。对此，有学者提出："不应认为恩格斯对马克思理论观点的一切解读，都完全准确地符合原意。"[①] 但问题是恩格斯写作的《反杜林论》是得到马克思肯定的。恩格斯在1885年的《资本论》序言中告诉我们："我的这部著作在付印之前，我曾把全部原稿念给他听，而且经济学那一篇的第十章（《〈批判史〉论述》）就是由马克思写的。"[②] 这就是说，恩格斯的解释是完全符合马克思的原意的，是马克思同意的。这样，问题就变成了马克思自己前后矛盾了。马克思在整个这段话中两次否定到底否定的是什么，这是解决问题的关键。如果说是指生产资料所有制的否定，马克思这段话中的个人所有制一定指的是生产资料所有制。则马克思的这句话"也就是说，在协作和对土地及靠劳动本身生产的生产资料的共同占有的基础上，重新建立个人所有制"，就显得重复和多余的了。如果是指个人所有制的否定——即消费资料个人所有制，那么马克思在前一部分白纸黑字写得明明白白是生产资料所有制，则看起来马克思、恩格斯就存在着自我矛盾。学者们的争论也源于此。难道这里说的私有制不是指生产资料所有制吗？

要想正确解读马克思所说的否定是什么，首先就要正确理解和掌握马克思的辩证法。毛主席说"你要知道梨子的滋味，你就得变革梨子，亲口吃一吃"[③]。解决问题也是一样，要反复阅读、体会马克思的这段话中要否定的是什么，体会为什么要重新建立个人所有制，尤忌望文生义。

我们再重新审视马克思的那段话，在学者们认识一致的第一段，我们发现了问题：在"从资本主义生产方式产生的资本主义占有方式，从而资本主义的私有制，是对个人的、以自己劳动为基础的私有制的第一

---

① 卫兴华：《关于股份制与重新建立个人所有制问题研究》，《经济学动态》2008年第6期。
② 《马克思恩格斯文集》第9卷，人民出版社2009年版，第11页。
③ 《毛泽东选集》第1卷，人民出版社1969年版，第287页。

个否定。但资本主义生产由于自然过程的必然性，造成了对自身的否定，这是否定的否定"。否定之否定必然是同一对象的两次质变构成的。这里，如果否定的对象是生产资料所有制，就说不通了。因为，用否定之否定公式表示就是"私有制—私有制—公有制"，这种形式是不符合否定之否定规律的。可是国内的研究者们却没有人深究这一现象。正确理解"重新建立个人所有制"的含义及其现实意义，难道说马克思这样的辩证法大师会犯这种前后矛盾的低级错误吗？答案是否定的，要想解开谜团，就要深入了解什么是否定之否定规律。否定之否定的周期不能抽象地、笼统地加以考察，而必须结合事物某一方面的特定的质才能确定。肯定—否定—否定之否定（即正题—反题—合题）这一三段式，是事物发展变化中必然遵循的内在规律。马克思恩格斯在运用否定之否定规律时不是僵化地运用，而是灵活地运用。例如：恩格斯在考察土地所有制的发展运动规律时，把原始共产主义社会—阶级社会（包括奴隶社会、封建社会和资本主义社会）—共产主义社会作为一个否定之否定的系列，并强调指出，实现共产主义土地公有制的要求"因此就必然地产生出把私有制同样地加以否定并把它重新变为公有制的要求。但是，这一要求并不是要重新建立原始的公有制，而是要建立高级得多、发达得多的共同占有形式"[1]。当恩格斯从文化艺术发展的角度去考察社会的发展变化时，他又把奴隶社会（古希腊罗马）—封建社会（中世纪）—资本主义社会（始于文艺复兴）作为一个否定之否定的系列。他指出："随着君士坦丁堡的兴起和罗马的衰落，古代便完结了。中世纪的终结是和君士坦丁堡的衰落不可分离地联系着的。新时代是以返回到希腊人而开始的。——否定之否定。"[2] 而当恩格斯从平等的角度出发去分析社会的发展变化时，他又赞同卢梭的见解，把原始社会—奴隶社会、封建社会和资本主义社会—共产主义社会看作一个否定之否定的系列，并解释道，奴隶社会、封建社会中暴君对平民的压迫否定了原始人所拥有的旧的自发的平等，但暴君压迫的不平等"又重新转变为平等。但不是转变为没

---

[1] 《马克思恩格斯文集》第9卷，人民出版社2009年版，第145页。
[2] 《马克思恩格斯全集》第20卷，人民出版社1972年版，第531页。

有语言的原始人的旧的自发的平等,而是转变为更高级的社会契约的平等。压迫者被压迫。这是否定的否定"①。

在上面三个例子中,虽然都是描述的社会形态演进的否定之否定,但是却以社会形态演进为基础分别研究了关于土地所有制、文化艺术和平等等方面和内容。难道我们能根据恩格斯在论述人类平等进程时,通过把原始社会—奴隶社会、封建社会和资本主义社会—共产主义社会看作一个否定之否定的系列,因而说成是恩格斯讨论的不是平等问题而是社会形态问题吗?不能,当然不能。同时,恩格斯还接着说道:"因此,我们在卢梭那里不仅已经可以看到那种和马克思《资本论》中所遵循的完全相同的思想进程,而且还在他的详细叙述中可以看到和马克思所使用的完全相同的整整一系列辩证的说法:按本性说是对抗的、包含着矛盾的过程,一个极端向它的反面的转化,最后,作为整个过程的核心的否定的否定。"② 因此,马克思在论述"重新建立个人所有制"中所说的否定之否定,也不是指社会本身的否定之否定,即不是社会制度(生产资料所有制)而是指社会进程中某一方面的否定之否定。

围绕"重新建立个人所有制"的理解出现的诸多观点,主要是由于人们对否定之否定的不同理解所造成的,即认为否定只是指事物本身的质变。其实,由于事物的复杂性,否定不只指事物本身的质变,还可指事物的某一方面质变。否定之否定必然是同一对象的两次质变构成的。上面马克思的那段话,指的就不是事物本身(对生产资料的占有方式)的质变,而是指事物(在对生产资料的占有方式下)的某一方面的质变。

马克思有关"重新建立个人所有制"的否定之否定到底指的是事物的哪一方面的否定(质变)呢?马克思在接下来的《资本论》第一卷第七篇第二十五章的开头给了我们提示。马克思讲道:"政治经济学在原则上把两种极不相同的私有制混同起来了。其中一种是以生产者自己的劳动为基础,另一种是以剥削别人的劳动为基础。它忘记了,后者不仅与

---

① 周肇光:《对马克思的重新建立个人所有制的几点认识》,《安徽大学学报(哲学社会科学版)》1986年第2期。
② 《马克思恩格斯文集》第9卷,人民出版社2009年版,第147—148页。

前者直接对立，而且只是在前者的坟墓上成长起来的。"① 这里我们可以看出马克思所说的资本主义私有制与小生产私有制的对立、区别、不同之处不是私有制本身，而是资本主义私有制以剥削别人的劳动为基础，小生产私有制以生产者自己的劳动为基础。因而是指资本主义私有制下用剥削别人的劳动否定了小生产私有制下生产者占有自己的劳动，资本主义私有制下用剥削否定小生产私有制下的无剥削，一句话，两事物（两种生产方式）的对立、不同、区别是就有无剥削方面而言。以此为根据，我们下面分析本文所引的《资本论》第一卷第七篇第二十四章那段话。

既然资本主义私有制下用剥削手段占有别人的劳动，否定了小生产条件下的劳动者占有自己的劳动，那接下来就应该是在协作和对土地及靠劳动本身生产的生产资料的共同占有的基础上，用劳动者占有自己的劳动否定资本主义私有制下的剥削、占有别人的劳动。简言之，整个过程就是无剥削—有剥削—无剥削，这样就构成了一个否定之否定的过程。这种分析是符合否定之否定的要求的，因为按照否定之否定的规定，否定是指事物的质变，也可指事物某一方面的质变，在我们的分析对象中，事物是指生产方式或生产资料所有制，而质变则是指不同生产方式或生产资料所有制下的劳动者对自己劳动的占有方面发生的变化情况。但是问题分析到这里还是没有说明否定之否定是指消费资料占有，抑或个人所有制是指消费资料个人所有制。可能有的同志会提出，这与消费资料个人所有制无关。那就看在简单再生产条件下的情形：

在以生产者自己劳动为基础的小私有制条件下，生产者或劳动者完全占有自己的劳动，可以完全支配自己劳动成果。从价值上看，劳动者劳动创造的价值分为两部分，即剩余劳动和必要劳动。如果劳动者不想扩大再生产，则所创造的全部价值就可购买生活需要的消费品。而在以剥削别人劳动为基础的资本主义条件下，生产者或劳动者不能完全占有自己的劳动，只能部分支配自己的劳动成果——属于必要劳动所创造的劳动力价值这一部分，其余部分则完全归资本家所占有。因此，正因为

---

① 《马克思恩格斯文集》第5卷，人民出版社2009年版，第876页。

在前后两个私有制下，劳动者所能占有的不同，换句话说，前一个私有制不存在剥削，后一个私有制存在剥削。所以马克思才说资本主义的私有制，是对个人的、以自己劳动为基础的私有制的第一个否定。

新社会对资本主义私有制的否定是什么呢？按一般理解或仅就资本主义生产由于自然过程的必然性，造成了对自身的否定。这句话可以理解成生产资料所有制上的否定，也可以理解成生活资料的否定。这是一个全面的否定。但是如果把这句话与其前面的一句话和后面的一句话联系起来，我们就能准确理解这句话的真正含义了。首先，既然前一个否定是否定劳动者个人能占有的个人的全部劳动成果，根据否定之否定规律，则后一个否定应是又使劳动者能够占有其全部劳动成果了。但是，否定之否定规律所说的否定之否定不是对前面的简单重复，而是一个扬弃过程，因此，后一个否定只能是对第一个肯定形式上的回归。其次，后一个否定到底扬弃了第一个肯定中的什么呢？只能扬弃了生产资料私有制这个基础，即不能继承原来的小生产所有制。事实是不是这样呢？最后，"这种否定不是重新建立私有制，而是在资本主义时代的成就的基础上，也就是说，在协作和对土地及靠劳动本身生产的生产资料的共同占有的基础上，重新建立个人所有制"。这里所说的否定不是恢复小生产的所有制（私有制），这肯定了我们的推理，即不是重新建立小生产的所有制（私有制），这不正是我们上段所推理的结果吗！那么，到底如何扬弃的呢？正如马克思所说是在资本主义时代的成就的基础上，也就是说，在协作和对土地及靠劳动本身生产的生产资料的共同占有的基础上，重新建立个人所有制。也就是说，扬弃的是生产资料私有制，肯定的是劳动者完全占有自己的劳动成果。即在协作和对土地及靠劳动本身生产的生产资料的共同占有的基础上，重新建立个人所有制。

消费资料个人所有制不需要重建吗？在任何社会经济形态内，消费品最终总是由个人占有的，资本主义条件下当然也是如此，所以，自然也就谈不上"重建"的问题。这种理解也是不正确的。在任何社会经济形态内，消费品最终总是由个人占有的，资本主义条件下当然也是如此。这是事实。但是，在不同的社会里，人们占有消费品的相对数却是不同。如在小生产私有制条件下，劳动者能够完全地占有自己的劳动；在资本主义私有制条件下，劳动者所能够占有自己的劳动一定是不完全的；而在社会主义条件下，劳动者又能够完全地占有自己的劳动。因此消费资料个人所有制需要重建。这里所说的消费资料个人所有制指的是人们能够完全占有自己的劳动，即指不存在剥削的情况。

总而言之，要弄清"重新建立个人所有制"中个人所有制的含义，首先必须弄明白否定之否定规律以及马克思在这里否定的是什么，其次要明白个人所有制是否需要重建问题。也正是人们对这两个问题没有搞清，才有了对"重新建立个人所有制"中的个人所有制的不同解释。

四 现实意义

马克思在《资本论》第一卷中提出"重新建立个人所有制"，即是对关于共产主义社会所谓"共产共妻"的歪曲解读的批驳，也是对未来社会如何建立的一种科学构想。同时也是对他所设想的自由人联合体的理论肯定。马克思写道："在那里，鲁滨逊的劳动的一切规定又重演了，不过不是在个人身上，而是在社会范围内重演。鲁滨逊的一切产品只是他个人的产品，因而直接是他的使用物品。这个联合体的总产品是一个社会产品。这个产品的一部分重新用做生产资料。这一部分依旧是社会的。而另一部分则作为生活资料由联合体成员消费。""重新建立个人所有制"就是对这一说法的理论概括。

改革开放以来，对于"重新建立个人所有制"存在着各种不同的理解，有的把它理解成生产资料私有制，按照这种理解，将会把我们的改革开放带到资本主义道路的邪路上去，这是我们要坚决反对的；有的把它理解成脱离公有制基础的个人所有制，如认为我国的个体经济和农村实行的联产承包责任制就是重建个人所有制，这也是错误的，这不但违背马克思原意，而且也脱离了我国的实际，也不代表我国前进方向；有的把它理解成生产资料公有制，这种理解造成了马克思主义理论上的混乱，犯了杜林的错误；有的把它理解成是马克思设想的由资本主义社会向社会主义社会过渡阶段的所有制形式，这种理解与第一种理解相类似，是置我国已是社会主义社会于不顾，客观上起到了开倒车的作用。所以，弄清楚"重新建立个人所有制"的含义，才能澄清理论上的混乱，才能更好地坚持和建设中国特色社会主义。

中国已经进入中国特色社会主义建设的新时代，在这个伟大的时代里，我们仍然要正确理解"重新建立个人所有制"。马克思所说的重新建立个人所有制，是按照马恩的构想，社会主义在发达资本主义国家同时爆发革命而建立社会主义公有制的基础上建立的。而我国是在落后的条件下建立社会主义的，因此，不能照搬照抄经典作家的原话，一定要结合自己的实际，首先要记住我国仍处于并将长期处于社会主义初级阶段，在这个阶段，不能搞"一大二公"的社会主义，只能坚持以公有制为主体，多种所有制共同发展。因此在分配上，就不能僵化地提出全面"重新建立个人所有制"。但是随着社会的发展，要不断完善基本经济制度，不断壮大国有经济，在此基础上扩大"重新建立个人所有制"的范围，才能实现共同富裕。只有坚持马克思主义基本原理，并将之与中国的国情相结合，才能把我们的事业办好，才能实现中华民族的伟大复兴，才能夺取新时代中国特色社会主义的伟大胜利！

（原文发表于《当代经济研究》2017年第11期）

中国特色社会主义政治经济学发展和创新需要厘清的几个问题[*]

孙立冰 蒋岩桦[**]

摘 要：中国改革开放和社会主义市场经济建设，对当代中国马克思主义政治经济学的发展提出了迫切的时代要求；马克思主义政治经济学的不断丰富和发展，又为中国改革开放和社会主义市场经济建设提供了坚强的理论支持和指导。马克思主义政治经济学在中国逐渐被边缘化，是与这一时代主旋律不相适应的。建设中国特色社会主义，首先必须要纠正目前已经成为主流的将西方资产阶级经济学视为根本指导思想的错误性倾向，在此基础上坚持和发展当代中国马克思主义政治经济学，其重点是构建中国特色社会主义政治经济学。

关键词：马克思主义政治经济学；中国特色社会主义政治经济学；西方经济学；社会主义市场经济

改革开放以来，特别是党的十八大以来，在以习近平同志为核心的党中央的正确领导下，中国特色社会主义建设事业推进到了一个新阶段。

---

[*] 本文系吉林财经大学马克思主义经济学研究中心 2016 年度青年资助项目"习近平系列讲话的政治经济学研究"（2016MY004）的阶段性成果、国家社会科学基金一般项目"马克思货币理论新阐释与当代发展研究"（16BJL005）的阶段性成果。

[**] 作者简介：孙立冰（1979— ），吉林财经大学马克思主义经济学研究中心副研究员，主要从事中外马克思主义经济学研究；蒋岩桦（1982— ），中国社会科学院信息情报研究院编辑。

在这种背景下，我国马克思主义理论工作者从不同的角度，探索构建中国特色社会主义政治经济学，并取得了许多积极的研究成果。但是，也有一些重要的原则性问题没有统一认识，这种状况对于建设中国特色社会主义政治经济学和指导社会主义市场经济建设都有不利的影响。本文试图对其中几个重要问题进行探讨，以期能够对坚持和发展马克思主义政治经济学进而对中国特色社会主义政治经济学的构建做出应有的贡献。

一 中国经济学"西化"与中国特色社会主义建设事业南辕北辙

中国的改革开放是从变革传统的计划经济体制开始的。改革开放之前，在传统的计划经济体制下，中国经济学界是不承认现代西方资产阶级经济学有任何科学因素的。因此，在1978年之前，中国经济学教育和研究领域里基本上没有现代西方资产阶级经济学的位置。随着改革开放事业的不断推进，我国学者试图在原有马克思主义政治经济学框架下把西方经济学的有关内容引进来。20世纪80年代，在大学课堂上出现了"当代资产阶级经济学批判"，90年代后出现了范式危机和范式综合论的讨论。21世纪初，中国经济学教育"失控"，中国经济学教育和研究工作的主导面不再对西方资产阶级经济学有什么批判，而是对西方资产阶级经济学全盘接受和吸收，并试图对其有所发展。那么，究竟应该怎样正确对待西方资产阶级经济学，如何正确认识马克思主义政治经济学及其在当代中国的发展，以及如何正确处理这两个经济学范式之间的关系，不妨首先结合学术界的几种有代表性的错误观点来做些分析。

20世纪90年代，随着社会主义市场经济体制的确立和发展，我国越来越多的学者开始关注进入21世纪后中国经济学的发展方向问题。当时中国经济学界热议的话题是，中国经济学向何处去？在回答这一重大问题时，一部分经济学家偏离了坚持和发展马克思主义政治经济学这个正确方向。他们主张将西方经济学的"本土化"或"中国化"作为中国经济学"现代化"的构建目标，将中国经济学"西方化"作为"与国际接轨"的标志。他们认为，马克思主义政治经济学是政治而不是学术，建立社会主义市场经济要求中国经济学的改革方向,就是以现代西方经济学取代马克思主义政治经济学。对此,需要从三个方面予以厘清。

(一) 现代西方资产阶级经济学不是中国经济学现代化的方向

中国经济现代化的发展决定了中国经济学必然走向现代化。但何为现代化?怎样才算实现了中国经济学的现代化?有学者认为:"中国经济学的现代化是从引进、介绍和研究现代经济学开始的。最先引进的是新古典经济学的理论,接着是各非主流学派的学说。"[1] 因此,在他那里,现代经济学就是以新古典经济学为正统理论的西方经济学,中国经济学的现代化改革自然就指向西方经济学。并且他认为,理性行为假定是所谓的现代经济学的本质特征,是"一切经济分析的基础和前提""中国经济学的现代化必须、也只能由此出发",所有致力于中国经济学现代化的学者也都应该自觉地坚持这一基本立场,中国目前已经取得的成就也都是以此作为基本的理论前提,中国未来的发展更是不能离开这一根本基础[2]。

同时,该学者认为,"中国经济学走向现代化的过程,也是中国经济理论工作者队伍重组和整合的过程"。他把"接受国外资助"和"进行合作研究"作为中国经济学术团队形成和发展的关键因素,并认为中国当前之所以还没有"形成独立的学术团体和学术派别""传统经济学的正统地位尚未动摇""经济学者的知识更新"还未完成,也是因为中国"经济学研究工作的组织方式、经费来源基本未变"[3]。这种观点充分暴露了资产阶级经济学的利益指向性,谁出资即为谁代言、为谁服务。近些年来,美国等资本主义国家正是通过项目基金资助的方式,逐渐蚕食并俘获了少数社会主义国家的学者,使其丧失了共产主义信仰,而成为资本主义在社会主义国家推行市场化、私有化和自由化等新自由主义思想的代言人。

---

[1] 张曙光:《中国经济学 1994》,上海人民出版社 1995 年版,第 2—3 页。
[2] 同上书,第 4 页。
[3] 同上书,第 6—7 页。

现代化思潮起源于20世纪五六十年代，是美国企图以经济援助拉拢和影响战后新独立国家，将其纳入资本主义轨道的战略产物。现代化思潮受到美国政府和大财团的大力资助，直接服务于美国"第四点计划"[①]。现代化理论将美国、欧洲等资本主义国家和广大发展中国家简单地界定为现代化国家和传统国家，并把美国、欧洲等资本主义国家的发展模式奉为从传统过渡到现代的唯一道路，把人类现代化进程描绘为世界范围内不发达国家向美国、欧洲等西方国家看齐和过渡的过程。帕森斯（T. Parsons）曾经指出："现代化只有一种模式，那就是美国领导的西方社会体系……全世界的现代化，不仅应是'西方化'更应是'美国化'。"[②] 发展中国家现代化的过程就是以美国的发展模式为圭臬，不断西化的过程。事实证明，20世纪60年代后，一些亚非拉国家所谓的"现代化"进程，正是在这一理论的裹挟下进行的，这些国家非但没有走上现代化之路，反而成为新殖民主义下美国等资本主义国家的附庸。因此，现代化理论与其说是一个学术问题，不如说是一个政治问题，它是美国资本主义国家向发展中国家输出西方价值观和社会制度的工具和手段。对此，我们应有清醒的认识。

何为现代化？从社会形态的客观发展规律看，资本主义生产方式已经暴露出来的种种弊端和危机说明，资本主义工业文明所代表的现代化遇到了不可逾越的矛盾，正在走向衰败；而代表社会主义文明的现代化方向正在逐渐向人们显现它的基本轮廓，如新型工业化道路、城乡一体化发展、生态文明、共同富裕、以人民为中心的自主发展等，这是社会发展的现代化方向，也是中国特色社会主义应该走和正在走的现代化道路。

目前，我国理论界一些学者对中国的现代化道路没有分析，对经济学现代化问题更没有深入思考。有学者简单地把西方经济学等同于现代

---

① "第四点计划"又称"技术援助落后区域计划"。前三点计划是：支持联合国、战后欧洲经济复兴计划即"马歇尔计划"和援助自由世界抵御侵略。在"第四点计划"下，美国打着援助不发达地区的旗号，以抵制共产主义扩张为名，行蚕食老殖民帝国势力范围之实。

② 转引自庞晓光、刘金凤《现代化理论研究已经式微？——中西方现代化理论研究的进路及评价》，《理论探讨》2005年第3期。

经济学,等同于发达国家的经济学,认为西方经济学是唯一科学反映现代化市场经济和现代化生产方式的理论,是优越于传统政治经济学的理论。这无异于给西方经济学贴上了科学的标签,要知道当代西方经济学的主流就是新自由主义经济学,正是导致资本主义世界发生全球性经济危机和拉美国家陷入所谓的中等收入陷阱的罪魁祸首。仅以此方面看,西方经济学何谈优越、何谈现代、更何谈发达。正像有学者所指出的,把经济学的现代化简单归结为照抄、照搬西方经济学和使经济学数量化,是根本错误的,这些态度和做法已经成为"妨碍中国经济学现代化的新障碍"[①]。

因此,对于"中国经济学向何处去"和中国经济学如何实现现代化问题的正确回答,就绝不是如何与西方经济学的接轨、使西方经济学"本土化"的问题。历次资本主义经济危机早已证明,一方面,无论是新自由主义经济学还是凯恩斯主义经济学都存在严重的理论缺陷,在两者主张下建立的国家经济制度在历史发展中逐步显露出局限性;另一方面,西方经济学并不是经济学的现代化指向,它所代表的阶级的狭隘性限制了其对现代化生产发展规律和未来经济发展趋势作出正确的总结和预期。因此,西方经济学不可能成为中国特色社会主义建设的指导思想,也不可能解决中国社会主义理论经济学和中国经济的现实难题。毫无批判地随意照搬西方经济学,只会将中国经济带入资本主义经济危机周期爆发的怪圈中。中国经济学的唯一出路在于顺应时代的发展要求,在唯物辩证法和唯物史观的指导下,进行合乎马克思主义基本精神和中国国情的理论创新。

(二) 现代西方资产阶级经济学或"现代经济学"有国界

经济学有无国界,在西方经济学界也是一个很有争议的问题。英国古典政治经济学,特别是德国历史学派都是有鲜明的国家界限的。事实上,即使在中国鼓吹经济学无国界的观点,也应区别对待,即真正坚持

[①] 左大培:《中国经济学现代化的探索——评〈中国经济学1994〉》,《经济研究》1996年第4期。

的是西方资产阶级经济学无国界,可以适用于任何国家,而马克思主义政治经济学却有严格的国界性,绝不能被用于指导资本主义国家经济建设。例如,有学者在《解读经济学在中国的现状》一文中认为:"据本人在美国以及其他国家跟各国人的交往,我不觉得人的本性会因肤色、语言或国界而异,只要人的本性是无国界的,经济学就只有人类的经济学,像物理、化学、数学不分种族和国家一样。"①

另有学者也认为,"中国经济改革的方向是建立与国际经济接轨的现代市场经济体制。而现代经济学的核心内容正是研究现代市场经济的运行",因此,"现代经济学的理论分析方法和框架适用于研究中国的改革"②。可见,两位学者都将现代西方经济学看作是能够解决中国问题的"普世经济学"。这里不能不提醒,中国特色社会主义是社会主义,不是西方资本主义。西方经济学对西方资本主义经济都未能做出正确合理的解释和指导,又怎能指望它对中国特色社会主义经济建设有所建树。马克思曾经批判19世纪30年代的德国经济学家,"别国的现实在理论上的表现,……变成了教条集成",并"在一个实际上不熟悉的领域内充当先生"③。那些无视经济学国别之分、企图用西方经济学指导中国经济改革实践的学者们岂不就是马克思在这里所批判的"德国先生们"。

首先,作为一种历史存在的经济形态,无论是资本主义市场经济还是社会主义市场经济,二者确实存在一些共性的东西,即市场经济的一般性,比如价值机制和竞争机制等,但市场经济的一般性却不可独立存在,它总是而且必须是内置于一定的社会制度,也就是必须通过市场经济的特殊性表现出来。因此,市场经济特点的一般性概念是从历史上和现实中市场经济的特殊性中抽象出来的,它作为一种思维而存在,我们运用这种思维来认识和改造现实的市场经济的时候,必须紧扣市场经济的特殊性,必须把市场经济和具体的社会制度联系起来。从市场经济的一般性出发,认为资本主义市场经济理论是"普世性"的经济理论,可

---

① 转引自定智《华盛顿共识没失败,"中国经济学"不存在》,《银行家》2006年第2期。
② 钱颖一:《理解现代经济学》,《经济社会体制比较》2002年第2期。
③ 马克思:《资本论》第1卷,人民出版社2004年版,第15页。

以适用于中国社会主义市场经济实践,其实是颠倒了存在与思维、个性与共性的关系。中国特色社会主义市场经济理论只能是中国特色社会主义市场经济实践的反映;只有存在特殊性的市场经济,才能从中抽象出市场经济的一般性。发展社会主义市场经济,必须摒弃资本主义市场经济的糟粕,而不是根据一般性的市场经济特征来塑造出一个具体的市场经济。

其次,从经济思想史来看,无论是主流经济学还是非主流经济学,都是对资本主义市场经济个性的某种反映。事实上,经济理论的个性即为国别性,经济学本身是对现实经济发展的反映,中国经济学自然应是反映建设中国特色社会主义经济实践的理论,而西方经济学在其发展历程中也曾出现过奥地利学派、瑞典学派和德国新自由主义学派等以国别命名的理论范式。每个国家应用什么样的经济学理论,最终是由生产力水平和具体国情决定的。18世纪,英国较为发达的经济水平和对外贸易催生了亚当·斯密和李嘉图的古典经济学,而同时期生产力水平较为落后的德国便产生了以落后国家如何发展为主题的、以贸易保护主义为特征的李斯特经济学。同样,在当代西方主流经济学的理论中也能缕析出美国经济发展和运行的特点[①]。因此,经济学并非无国界,而是具有显著的国别特征。强调经济学无国界的观点是用经济学的一般性否定经济学的特殊性,否定经济理论作为意识形态取决于社会存在的辩证关系。要知道,即使是马克思主义政治经济学、苏联经济学与中国经济学也存在很多不同之处,反映社会主义计划经济的中国传统经济学和反映社会主义市场经济的中国特色社会主义经济理论也有很多差异,它们是在不同的历史条件下形成和发展的,并为不同历史条件下的社会实践所检验。因此,构建中国特色社会主义政治经济学应该充分考虑到经济理论的国别性、阶段性和历史性,反映我国社会主义初级阶段市场经济的独特性。

西方经济学和马克思主义政治经济学不仅是有无国界的问题,它们更是两种不同意识形态的经济理论,这是由国家的生产资料所有制性质决定的。虽然西方经济学总是标榜自己的无阶级性和无意识形态性,但

---

① 卢根鑫:《中国理论经济学发展的基本思路》,《财经研究》1999年第7期。

其所服务的经济制度的基础和社会生产的总过程，已经包括了最为尖锐的阶级矛盾。社会存在决定社会意识，"政治经济学所研究的材料的特殊性质""把代表私人利益的复仇女神召唤到战场上来反对自由的科学研究。"① 因此，阶级性是经济学的本质属性。构建中国特色社会主义政治经济学必须首先明确经济学的阶级属性问题。我国以公有制为主体的社会主义基本经济制度和以按劳分配为主导的分配制度，决定了我国的经济学只能是代表广大无产阶级利益的、以人民为中心的经济理论。

因此，中国特色社会主义政治经济学与西方经济学不仅是国别问题，更重要的是阶级性问题。对经济学是否有国界问题的探讨，是关于中国经济学发展方向问题的变相提法，是西化学者在中国兜售西方经济学的诡辩手段。按照西方经济学的逻辑范式，中国改革的唯一可行之路就是推行以私有化为基础的"休克疗法"，社会主义市场经济的改革之路是没有希望的。然而，中国改革开放30多年的经济增长和社会发展早已证明了这一观点极为荒谬。

（三）指导中国特色社会主义建设的中国经济学不是马克思主义政治经济学与现代西方资产阶级经济学的折中或综合

1994年，有学者在其著作《现代三大经济理论体系的比较与综合》中提出了重建中国经济学的另一路径选择，即建立"马克思主义新综合"范式。其主旨是通过对马克思主义政治经济学、新古典经济学和凯恩斯主义经济学进行比较和综合，从而"建立、丰富、改进和发展适合我国需要的、科学的、现代化的经济理论体系"②。他认为，新古典经济学是100多年来人类发展起来的现代经济学范式，我们应该充分利用这个范式的理论和方法来分析当前社会经济发展中遇到的现实问题。然而，包括新古典经济学在内的三大理论的研究角度不同，因此都具有一定的片面性或片面的科学性。例如，马克思主义政治经济学着重从生产关系方面

---

① 马克思：《资本论》第1卷，人民出版社2004年版，序言第10页。
② 樊纲：《现代三大经济理论体系的比较与综合》，格致出版社、上海人民出版社2016年版，前言第3页。

研究社会生产问题,而新古典经济学和凯恩斯主义经济学则着重从资源配置和生产技术的角度研究社会生产问题,不同的理论其研究的侧重点不同,这为三种理论进行优势互补和有机结合提供了可能。为了更"客观地"分析和比较三大经济理论,更好地保证三大经济理论的优势互补,该学者主张在比较分析中只重实证分析的内容,"而一般不涉及有关理论的'阶级性'或'党性'的问题;这就是说,将各种理论中包含的社会价值判断的内容置于本书的考察范围之外"①。对此,该学者解释说,"我们现在面临的主要任务,不是搞阶级斗争,因此,把理论的阶级性问题抽象掉,不仅对我们暂时无损,也许反倒能更有利于集中于我们的主要目的,有利于纠正以往那种只注意某些理论的阶级偏见而完全否定其科学价值并加以一概排斥的非科学做法"②。

然而关键的问题是,"理论的阶级性"客观存在于整个理论的范式中,体现在具体的理论假设和政策中,不能简单抽象掉。学者魏埙早在1997年就曾批评了这一观点,他认为,"内容有无'阶级性'是理论的属性问题,搞不搞阶级斗争是社会实践问题,它们有联系,但不是一回事,不能搅在一起"③。将社会价值判断置于理论考察范围之外,最终将通过政策的传播和引导作用,自上而下导致经济基础发生变革,经济基础的变革又会反过来影响理论的更替和社会意识形态及政权的颠覆。因此,阶级性是社会科学的本质属性,中国经济理论范式的构建必须予以重视。

"马克思主义新综合"范式的一个典型"综合",就是将马克思的劳动价值论和边际主义的边际效用价值论综合到一个体系,从而形成"交换价值理论"。正如《现代三大经济理论体系的比较与综合》的作者所认为的那样,"交换价值理论"是马克思的"重要的理论命题",然而后来的一些马克思主义经济学家都只注意到了马克思的劳动价值论,却忽视

---

① 樊纲:《现代三大经济理论体系的比较与综合》,格致出版社、上海人民出版社2016年版,前言第4—5页。
② 同上书,前言第5页。
③ 魏埙:《关于马克思主义经济学与当代西方主流经济学的比较研究——与樊纲同志商榷》,《南开学报》1997年第1期。

了马克思的边际效用价值论,这造成劳动价值论因为不能成功地引进需求,不能吸收100年来现代经济学的成就而陷入绝境。"交换价值本身也有一个形式和内容的问题:物品间交换的比例,是它的形式;而它的内容则正是价值与使用价值之间的关系。"① 由此可推论出,交换价值(价格)的量的规定,同时包含着价值量的关系和使用价值量的关系。于是该学者声称他解决了在劳动价值论中嵌入需求的难题,实现了新古典经济学与马克思主义政治经济学在价值领域的综合,并使马克思的劳动价值论走出了"百年绝境"。

果真有这样一个被广大马克思主义政治经济学者遗忘的"交换价值理论"吗? 通过翻阅《资本论》的第1卷第1章,我们会得出这样的结论:价值是交换价值的内容和本质,交换价值是价值的表现形式。可见,该学者混淆了价值形式发展的原因和价值形式所表现的内容,把价值形式发展的原因误解为价值形式所表现的内容。对此,有学者指出,如果提出"马克思主义新综合"范式的学者所理解的"交换价值理论"能够成立,那么,西方学者就不必再在"转形问题"上继续争论了,甚至这场争论或许就不会发生。因为按照其推论,交换价值(价格)的量的规定,同时包含着价值量的关系和使用价值量的关系,那么价格总额与价值总额相等就成为一个不言自明的事情,那么争论百年的"转形问题"自然也就是一件毫无意义的问题了②。"马克思主义新综合"范式的谬误不只这个所谓的价值综合,提出这一观点的学者还将西方经济学看作是一个自圆其说或逻辑上能"说得通的"科学范式,这就混淆了真理与谬误的界限,将本质上庸俗的西方经济学美化为科学的范式,这已经不是讲不讲阶级性的问题了,而是讲不讲科学性的问题。

因此,中国经济学的构建不能搞"大杂烩"式的理论综合,不能把已经被实践反复证明是庸俗的理论,与"基本范式最为科学、最能适应

---

① 樊纲:《现代三大经济理论体系的比较与综合》,格致出版社、上海人民出版社2016年版,前言第132页。
② 丁堡骏:《〈"苏联范式"批判〉之批判》,《当代经济研究》1996年第4期。

社会主义市场经济要求"①的马克思主义政治经济学相提并论,甚至妄想糅合为一个新的理论范式。这是典型的折衷主义综合范式,是根本错误的观点。必须明确的是,构建当代中国马克思主义政治经济学"不是要搞马克思主义新综合,而是要搞马克思主义新发展",不是把马克思主义政治经济学当作一个综合因素,而是以马克思主义政治经济学为主体和基础,在坚持和发展马克思主义政治经济学的同时,对包括西方经济学的一切文明成果兼收并蓄。因此,对待西方经济学,无论是新古典经济学还是凯恩斯主义经济学,都不是综合,而是批判性吸收;我们要建立的中国经济学新体系不是偏离了马克思主义政治经济学的,而是发展了的马克思主义政治经济学。

二 当代中国马克思主义政治经济学在发展和创新中存在的问题

中国特色社会主义,作为一种超越资本主义生产方式的、全新的社会生产方式,是一项前无古人的事业。因此,对这项事业进行理论反映和指导的经济学,自然应是马克思主义政治经济学与中国实践相结合的最新成果,即中国特色社会主义政治经济学。现代西方资产阶级经济学,从大的学科格局来看,至多也不过是对资本主义生产方式的反映,而且总体上说是非真理性的反映,尽管它的某些个别的分析方法和某些个别的结论也有一定的科学成分可供我们借鉴。但作为一个思想理论体系来讲,现代西方经济学仍属庸俗经济学范围。因此,建设中国特色社会主义,用西方经济学来指导必然会犯方向性的错误。

清醒认识当代中国马克思主义政治经济学在发展和创新中存在的问题与摒弃错误的发展思想同样重要。自中华人民共和国成立以来,马克思主义政治经济学在指导中国的社会主义建设和改革开放中发挥了重要作用,但与社会主义经济实践取得的举世瞩目的成就相比,马克思主义

---

① 习近平:《社会主义市场经济和马克思主义经济学的发展与完善》,《经济学动态》1998年第7期。

政治经济学的发展和创新还是存在滞后的问题，主要表现为三个方面。

(一) 经济学理论体系和概念不成熟

在理论建设上，中国特色社会主义政治经济学存在着主体性发挥不足，能动性、创造性发挥不够的问题。在一个很长的历史时期里，中国学者一直充当着理论搬运工的角色。改革开放以前，一部分中国经济学家照搬、照抄苏联政治经济学教科书范式；改革开放以后，特别是近年来，中国一部分经济学家又陷入了不加论证地照搬、照抄西方经济学的错误中，甚至还有一部分经济学家把不经过理论加工的政策文件直接搬进政治经济学教科书中。应该承认，我国已经有了60多年的社会主义建设经验，即使是社会主义市场经济的发展也有了30多年的时间。然而，我国理论经济学的建设和发展，基本上处于较为简单化的复制状态，这导致我国理论经济学建设始终存在着创新不到位、贯彻不彻底的问题。

(二) 作为应用经济学基础理论地位逐渐弱化

自20世纪90年代高校开始普及西方经济学教学以来，马克思主义政治经济学与在它基础上发展起来的应用经济学的内在联系，就呈现不断弱化的趋势。到今天，马克思主义政治经济学已经发展到了与财政学、金融学、国际贸易学等并列的一门学科，其应用范围被限制在非常狭小的范围内。在很多应用经济学的教科书中，马克思主义政治经济学作为基本理论的指导地位早已被西方经济学所取代，在政策制定中，马克思主义政治经济学，也被束之高阁。这其中有应用经济学"唯西方经济学是瞻"的错误倾向的原因，同时我们也要看到，这也反映出马克思主义政治经济学不能为应用经济学提供理论支持的发展滞后问题。

(三) 对经济建设实践指导存在滞后性

党的十一届三中全会后，我国逐步建立和完善了社会主义市场经济体制，经济建设取得了举世瞩目的成绩，这些对我国传统的马克思主义政治经济学体系形成了巨大冲击。传统经济学以计划经济为核心，是关于建设社会主义较高阶段的理论阐述，超越了我国生产力发展阶段。我国仍处于社会主义初级阶段,需要充分利用商品经济和市场机制来发展生产力。因此,我国目前经济理论建设的迫切需要是,构建立足于我国生产力发展现状基础上的、反映社会主义市场经济发展规律的中国特色社会主义政治经济学。改革开放以来,我国学者在这方面虽然已经做了很多努力,在理论内容和框架上也实现了一些质的突破,但相较于实践的蓬勃发展,理论建设仍然处于"实践先行,理论总结其后"的状态。中国特色社会主义政治经济学不能对经济发展的重大现实问题进行有效的解释和指导,是目前中国经济理论发展存在的最大问题。

当然,中国特色社会主义作为一种全新的社会形态,要有一个由刚刚产生、到逐步成长壮大、再到最后战胜资本主义成为典型的人类社会生产方式的过程。相应地,作为反映这一客观社会形态的中国特色社会主义政治经济学,也要经历一个从理论体系不成熟走向理论体系成熟的过程。因此,在某一特定的历史条件下,理论创新和实践创新总是呈现一种交错发展的状态。但就一个较长时期来看,理论创新跟不上实践创新的步伐,必然导致实践创新因没有正确理论的指引而迷失方向,甚至出现类似苏联解体、东欧剧变的颠覆性错误。中国特色社会主义建设,必须吸取这些惨痛教训,高度重视当代中国马克思主义政治经济学的发展和创新,尽快构建起中国特色社会主义政治经济学理论体系。

三　当代中国马克思主义政治经济学的发展和创新

2015年11月23日,习近平在中共中央政治局第28次集体学习时强调:"要立足我国国情和我国发展实践,揭示新特点新规律,提炼和总结我国经济发展实践的规律性成果,把实践经验上升为系统化的经济学说,不断开拓当代中国马克思主义政治经济学新境界。"[①] 发展当代中国马克思主义政治经济学,一般来说包括发展以《资本论》为基本范式的、以资本主义生产方式为研究对象的政治经济学和发展以社会主义生产方式

---

① 《立足我国国情和我国发展实践发展当代中国马克思主义政治经济学》,《人民日报》2015年11月25日。

为研究对象的政治经济学。就目前来讲，最为迫切的任务是发展和创新着眼于中国特色社会主义经济建设的中国特色社会主义政治经济学。因此，构建中国特色社会主义政治经济学就是开拓当代马克思主义政治经济学在中国的新发展。

（一）中国特色社会主义政治经济学的坐标定位

构建中国特色社会主义政治经济学，首先，必须端正对中国特色社会主义政治经济学性质的认识。中国特色社会主义政治经济学是马克思主义政治经济学的重要组成部分，在理论渊源上是对马克思主义政治经济学的继承和发展，在总的价值观和方法论上坚持了马克思主义唯物辩证法和历史唯物主义世界观，在理论内核上坚持了马克思主义基本原理。因此，中国特色社会主义政治经济学属于马克思主义理论体系，而非西方资产阶级经济学理论体系。其次，中国特色社会主义政治经济学是对社会主义生产方式的理论反映，是社会主义政治经济学创新和发展的阶段性成果，其面临的时代任务是揭示中国特色社会主义的经济发展规律，在坚持科学社会主义基本原则的基础上，为中国社会主义经济建设实践和改革开放提供理论支持和指导。这是一项全新的事业，需要中国马克思主义政治经济学者们共同努力创造，而不能由以往的任何经济学说进行代替或包办。最后，中国特色社会主义政治经济学是马克思主义政治经济学与中国实际相结合的产物，是马克思主义政治经济学中国化的最新成果，它总结于并直接服务于中国经济建设实践，因此必须处处体现中国的特性，按照中国的国情特点去应用。毛泽东在1938年10月党的扩大的六届六中全会上曾明确指出：离开中国特点来谈马克思主义，只是抽象的空洞的马克思主义①。

（二）构建中国特色社会主义政治经济学的理论基础和实践基础

中国特色社会主义实践和中国特色社会主义政治经济学理论，二者

---

① 转引自习近平《关于中国特色社会主义理论体系的几点学习体会和认识》，《求是》2008年第7期。

(二) 中国特色社会主义政治经济学理论构建

是物质存在和精神存在的关系①。2016 年 5 月 17 日,习近平在哲学社会科学工作座谈会上的讲话中提出:"坚持和发展中国特色社会主义,需要不断在实践和理论上进行探索、用发展着的理论指导发展着的实践。"②把理论探讨看作是中国特色社会主义的施工方案及其完善,把中国特色社会主义建设看作施工方案的落地生根,是实践过程。那么,我们中国特色社会主义建设是"一边施工建设,一边修改施工方案",这是中国特色社会主义政治经济学学说建设的特点。一方面,实践创新为理论创新提供了认识的实践基础,构建中国特色社会主义政治经济学就是把实践上升为系统化的经济学说、把改革开放总结形成理论的过程;另一方面,理论创新又有力地指导实践创新,苏联、中华人民共和国成立初期,经济建设取得的巨大成就,就是马克思主义理论创新和理论指导的实践结果,这是良性互动。当然也有恶性互动,如果我们误入歧途,比如陷入西方庸俗经济学泥潭,理论没有创新,实践也就得不到正确的理论指导。反过来实践出了问题,也会阻碍理论前进。因此,我们要追求理论创新和实践创新良性互动的状态:一方面,实践发展为理论创新提供实践基础;另一方面,理论探索又会有力地推动实践创新。只有在这种统一和互动中才能实现马克思主义政治经济学在中国的新发展。

(三) 构建中国特色社会主义政治经济学需要有理论自信和制度自信

中国特色社会主义是"人类历史上最为宏大而独特的实践创新"③,它是前无古人的伟大实践,不同于以前的任何社会形态。因此,在实践中我们必须要有当年苏联和中国跨越资本主义卡夫丁峡谷、建立社会主义国家的精神境界和勇气,勇于创新,大胆实践。尤其在探索社会主义市场经济体制问题上,更不能囿于西方资本主义市场经济模式,唯西方经济学是从。我们要开创属于中国的社会主义市场经济发展模式。而且,30 多年的改革实践已经在事实上证明,社会主义和市场经济不仅可以结

---

① 丁堡骏:《论中国特色社会主义的意识形态——兼论做好高校意识形态工作》,《当代经济研究》2016 年第 9 期。
② 习近平:《在哲学社会科学工作座谈会上的讲话》,《人民日报》2016 年 5 月 19 日。
③ 同上。

合，并且优越于资本主义市场经济体制。由此，在道路和制度选择上，我们要有充分的自信。理论来源于实践。习近平指出："坚持和发展中国特色社会主义，必须高度重视理论的作用，增强理论自信和战略定力，对经过反复实践和比较得出的正确理论，要坚定不移坚持。"[①] 因此，对中国特色社会主义政治经济学突破西方经济学自诩为现代经济学的话语体系，在全球范围内推出中国特色社会主义理论体系和话语体系，我们同样要有充分的自信。

（原文发表于《毛泽东邓小平理论研究》2017年第6期）

---

① 《习近平总书记系列重要讲话读本》，学习出版社、人民出版社2016年版，第33页。

也论"开拓当代中国马克思主义政治经济学新境界"

——与顾海良教授商榷

刘学梅

摘 要：丰富和发展马克思主义政治经济学，首先要做到"科学对待"马克思主义经济学基本原理，严格区分马克思主义经济学基本原理在不同社会经济形态下的内容；其次要做到把马克思主义普遍原理同社会经济发展实际紧密结合起来，为马克思主义经济思想宝库增添新内容。以中国当代经济事实为依据，构建中国特色社会主义政治经济学，决不能割裂改革开放前三十年与改革开放后四十年的联系。中国特色社会主义政治经济学是具有世界历史意义的社会主义社会生产方式的经济学，而不是仅仅局限于强调具有中国特色这一特殊性质的国别经济学。务必直面现实，实事求是地坚持马克思主义经济学的科学性和真理性，务必严肃地批判西方资产阶级经济学，在批判的基础上否定和抛弃它的庸俗学说体系，吸收和借鉴西方资产阶级经济学理论和方法中的某些合理成分。

关键词：马克思主义政治经济学；中国特色社会主义政治经济

---

* 基金项目：国家社科基金重点项目（17AJL00417）；吉林省哲学社会科学规划指南重点项目（2016A10）。

** 作者简介：刘学梅（1978— ），吉林财经大学经济学院副教授，主要从事马克思主义经济学与西方经济学比较研究。

学；西方经济学；新境界

党的十八大以来，习近平同志在他的系列重要讲话中鲜明地强调坚持和发展当代中国的马克思主义政治经济学，并用以指导中国特色社会主义经济建设。中国马克思主义经济学者围绕"坚持和发展马克思主义政治经济学、构建中国特色社会主义政治经济学"展开了热烈的讨论。顾海良老师作为当代中国著名的马克思主义经济学家，在《资本论》文本、中国特色社会主义政治经济学和马克思主义经济思想史研究等学术领域都有许多杰出的理论贡献。作为曾经就读于中国人民大学的一名学生，在攻读博士学位期间和毕业以后的工作中，笔者一直以顾海良老师主编的教材、出版的学术著作和论文为基本蓝本，学习和研究马克思主义经济学。最近，笔者先后拜读了顾海良老师在中国人民大学经济学院主办的"当代马克思主义政治经济学"高级研修班上的讲稿《开拓当代中国马克思主义政治经济学的新境界》[①]（以下简称《新境界》）、在《经济研究》2016年第1期发表的《开拓当代中国马克思主义政治经济学的新境界》、在《人民日报》2016年1月19日发表的《创新当代中国马克思主义政治经济学》以及在《当代经济研究》2017年第6期发表的《〈资本论〉第一卷"第二版跋"与马克思经济思想史的研究——纪念马克思〈资本论〉第一卷发表150周年》等系列文章。这些文章以坚持和发展马克思主义政治经济学为总基调，对如何在新的形势下坚持和发展马克思主义政治经济学进行了探讨。作为后学，笔者对顾海良老师的基本理论立场和基本观点都非常认同。然而，笔者在分享顾海良老师学术成就的同时，感到还有一些需要继续进行研究和商榷之处。我爱我的老师，我更爱老师所忠诚的神圣事业。因此，我愿意将我的问题提出来向我最尊敬的顾海良老师求教。

---

① 《当代马克思主义政治经济学十五讲》，中国人民大学出版社2016年版，第1—18页。

(二) 中国特色社会主义政治经济学理论构建

一 马克思主义经济学基本原理要不要区分不同的社会经济形态的内容？

顾海良教授在《新境界》[①]一文第一部分提出了"丰富发展马克思主义政治经济学基本原理"命题。他认为马克思主义政治经济学基本原理与当代中国具体实际结合中，发生着两个重要的变化：一是在如何"科学对待"问题上的变化，二是在如何"丰富发展"问题上的变化。

对于前者，中央马克思主义理论研究和建设工程设立的"马克思主义经典著作基本观点研究课题组"提出了"四个分清楚"的要求。具体说来，包括"分清哪些是必须长期坚持的马克思主义基本原理，哪些是需要结合新的实际加以丰富发展的理论判断，哪些是必须破除的对马克思主义的教条式的理解，哪些是必须澄清的附加在马克思主义名下的错误观点"[②]。从马克思主义诞生到现在，人类历史发生了巨大的变化，后来的马克思主义者以及同情和反对马克思主义的学者，都在不同的语境下阐述马克思主义。不可避免地会有人对马克思主义理论采取教条式的理解，或将自己的理解附加到马克思主义理论之中，或有意地、别有用心地篡改和歪曲马克思主义的现象。因此，"四个分清楚"归根到底还是要分清楚马克思主义和非马克思主义以及反马克思主义的界限。坚持和丰富发展马克思主义，首先必须要分清楚马克思主义和非马克思主义以及反马克思主义，从这个意义上说，我们同顾海良教授并没有原则上的分歧。问题在于，究竟什么是不需要长期坚持的马克思主义基本原理？什么是需要结合新的实际加以丰富发展的理论判断？什么是必须破除的对马克思主义的教条式的理解？什么是必须澄清的附加在马克思主义名下的错误观点？事实上，对于这些问题的认识，马克思主义理论家的认

[①] 为了简便起见，本文将以《新境界》为基本范本，引证顾海良教授的学术观点，特此说明。

[②] 《当代马克思主义政治经济学十五讲》，中国人民大学出版社2016年版，第2页。

识是很不一致的。例如，顾海良教授没有提到的中国马克思主义理论界流行的"苏马非马"观点。"苏马非马"观点的理由就是马克思主义在俄国运用的过程中被列宁和斯大林附加上了非马克思主义的东西。我们认为，马克思主义在俄国具体运用过程中，由于列宁和斯大林结合俄国的具体社会历史条件而创造性地运用而发展到了列宁主义阶段。因此，列宁主义就是当时马克思主义的苏联形态。可见，对于什么是马克思主义，我们与主张"苏马非马"的学者是有原则性分歧的。在"苏马非马"的学者那里，列宁、斯大林对马克思主义的俄国式的阐述，是列宁斯大林对马克思主义的错解和曲解。而在我们看来，列宁、斯大林结合俄国的社会历史条件对马克思主义的科学阐述，是马克思主义的俄国形式，是科学真理。可见，在马克思主义理论队伍之中，对所谓"附加在马克思主义名下的错误观点"有不同的认识。由于对"附加在马克思主义名下的错误观点"有不同认识，自然会造成人们对什么是马克思主义的基本原理有不同的界定。因此，也就决定了马克思主义在中国的运用有不同观点。

我们再来看一看，顾海良教授对马克思主义"丰富发展"问题所持有的观点。对于"丰富和发展"问题顾海良教授表达了两个层次的发展内容：一是马克思主义一般原理在中国运用即是发展；二是重新阐释和发挥马克思恩格斯的思想萌芽即是发展。首先看第一个层次的内容，即马克思主义经济学一般原理在中国的运用即是发展。顾海良教授写道："马克思主义政治经济学的基本原理，主要如经济的社会形态发展理论、商品经济一般规律和资本主义商品经济理论、劳动价值理论、剩余价值理论、资本积累和资本主义历史趋势理论、资本循环和资本周转理论、社会资本再生产理论、平均利润和生产价格理论、垄断资本主义理论、资本主义经济危机理论、未来社会发展和社会主义经济特征理论等方面，在中国社会主义经济的新的实践中都得到广泛的运用和多方面的丰富发展。"[①]

经济理论是经济实践的映像和反映。上述理论中垄断资本主义理论、

[①] 《当代马克思主义政治经济学十五讲》，中国人民大学出版社2016年版，第3页。

资本积累和资本主义历史趋势理论等是马克思主义狭义政治经济学——研究资本主义生产方式的政治经济学——的经济规律，我们社会主义革命已经胜利，现在正在进行社会主义建设，资本主义生产方式的这些经济规律怎么又会重新出现了呢？顾海良教授所罗列的理论并不能全部"在中国社会主义经济的新的实践中都得到广泛的运用和多方面的丰富发展"[1]。实际上，顾海良教授在前面提到的各种理论中，只有"经济的社会形态发展理论"和"未来社会发展和社会主义经济特征理论等方面"才能"在中国社会主义经济的新的实践中都得到广泛的运用和多方面的丰富发展"。因为，"经济的社会形态发展理论"是涉及人类社会发展进程的一般性理论，而"未来社会发展和社会主义经济特征理论等方面"是涉及共产主义（社会主义）生产方式下的理论，这些才是符合当前中国特色社会主义经济发展需要的理论。如果硬要将资本主义生产方式下的经济理论应用于中国社会主义建设中，只能将中国的发展方向引到中国特色的资本主义。发展中国特色社会主义，关键就在于要不断发展以社会主义生产方式为研究对象的中国特色社会主义政治经济学。可见顾海良教授混淆了以资本主义生产方式为研究对象的政治经济学和以社会主义生产方式为研究对象的政治经济学。由于这一缺陷，顾海良教授就试图从马克思对以资本主义生产方式为研究对象的政治经济学中去理解和发挥马克思恩格斯的思想火花。

其次，我们从第二个层次来看顾海良教授对"丰富和发展"问题的观点，即重新阐释和发挥马克思恩格斯的思想萌芽即是发展的观点。顾海良教授根据马克思和恩格斯的有关论述提出的马克思主义的发展点在于：第一，提出"生产力理论""社会形态理论""社会主义变化理论""资本主义社会发展理论""人与自然和谐协调发展理论"等。事实上，这些所谓的新理论都是马克思对于资本主义生产方式和共产主义生产方式理论体系的系统阐述的某一个片段。因此，它们只有在这个体系中才有意义，否则其意义必然会被曲解。事实上，所谓的生产力理论、社会形态理论、资本主义发展理论和人与自然和谐协调发展理论等，由于后

---

[1] 《当代马克思主义政治经济学十五讲》，中国人民大学出版社2016年版，第3页。

续的"马克思主义者"在其阐述过程中脱离了上述的马克思理论体系，造成了许多理论错误和思想混乱。限于篇幅，本文在此不再赘述。

我们以恩格斯关于"社会主义社会不是一成不变的东西"为例做一些分析。顾海良教授写道："在对马克思和恩格斯关于社会主义社会发展理论的新的探索中，发掘了恩格斯关于所谓社会主义社会不是一种一成不变的东西，而应当和任何其他社会制度一样，把它看成是经常变化和改革的社会理论的深刻内涵。"① 所谓"社会主义社会不是一成不变的东西"，出自恩格斯1890年《致奥托·伯尼克布勒斯劳》的信，原文是："我认为，所谓'社会主义社会'不是一种一成不变的东西，而应当和任何其他社会制度一样，把它看成是经常变化和改革的社会。它同现存制度的具有决定意义的差别当然在于，在实行全部生产资料公有制（先是单个国家实行）的基础上组织生产。"② 恩格斯这一论述的意思是，如同资本主义社会要有一个发生发展和逐步走向成熟的发展变化过程一样，社会主义社会也必须要有一个从诞生、初步发展到不断成熟的发展变化过程。恩格斯对社会主义社会的"经常变化和改革的社会"做了限定。这个限定就是在全部生产资料实行社会主义公有制基础上组织社会生产。在这个限定范围内的变化和改革，才是社会主义社会的变化和改革。而且恩格斯说的"经常变化和改革"是指在不动摇社会主义的基础——全民所有制的前提下的最终走向到共产主义阶段的过程中的变化和改革，并非指最终走向私有化所进行的变化和改革。顾海良教授在文中引用的恩格斯的观点表述时，恰恰省略了恩格斯原文紧跟着的也是对社会主义社会的"经常变化和改革的社会"起到最重要限定作用的文字，即"它同现存制度的具有决定意义的差别当然在于，在实行全部生产资料公有制（先是单个国家实行）的基础上组织生产"③。没有限定条件的"经常变化和改革"也可以是资本主义私有制条件下的任何变化和变革。尤其在当前西方的全面私有化、全面去政府化、全面自由化的新自由

---

① 《马克思恩格斯文集》第10卷，人民出版社2009年版，第588页。
② 同上。
③ 同上。

主义思潮在中国泛滥的情况下，这种"经常变化和变革"如果是私有化的变化和变革，其结局就难以避免地走向资本主义。笔者认为顾海良教授在此处应该将"变化和改革"严格限定为社会主义社会的变化和改革。

紧接上述引文，顾海良教授在《新境界》一文中提出了马克思与恩格斯的上述观点丰富了他们晚年关于"跨越卡夫丁峡谷"的思想。顾海良教授引用了马克思对于经济落后的国家如何实现跨越的观点表述，即"正因为它和资本主义生产是同时存在的东西，所以它能够不经受资本主义生产的可怕的波折而占有它的一些积极的成果"[①]。并且据此得出了自己的观点，即"像商品经济、股份资本、金融资本、虚拟资本等这样一些'积极的成果'，为中国特色社会主义经济理论和实践所'占有'"[②]。在这里，顾海良教授没有明确表述"商品经济、股份资本、金融资本、虚拟资本"是否是马克思恩格斯提到的积极的成果，这样就容易造成对上述概念和理论的误解。"商品经济、股份资本、金融资本、虚拟资本"虽然在社会化分工与生产中具有某些积极因素，但是由于其本身产生于资本主义私有制条件下，因此无法避免资本主义私有制所附带的消极因素。对于这些范畴，中国在当前为了发展社会生产在一定范围内和一定程度上可以加以利用和占有，但必须加以限制和监管。社会主义社会最终必须要消除这些范畴。实践证明，资本主义世界中经常出现的经济结构失衡、金融危机甚至经济危机就与上述"积极成果"分不开。中国在发展商品经济过程中，广泛发展的股份制经济、金融资本和虚拟资本这些"积极成果"也给本国经济发展带来许多严重矛盾和问题。顾海良教授没有多加甄别，直接将"商品经济、股份资本、金融资本、虚拟资本等"视为"积极的成果"，容易误导一些没有深刻理解和把握马克思主义经济学理论的学者和经济改革的实践者，使其不能正确认识上述"积极成果"所具有的巨大消极因素，最终必将导致中国改革中出现私有化泛滥，误导中国马克思主义政治经济学理论研究和实践。恩

---

① 《马克思恩格斯文集》第3卷，人民出版社2009年版，第571页。
② 《当代马克思主义政治经济学十五讲》，中国人民大学出版社2016年版，第4页。

格斯所讲的社会主义是变革的社会，是实行社会主义性质的社会变革，若不是限定在社会主义范围内，而单纯谈继承资本主义优秀成果，非但不能发展社会主义，反而可能倒退到资本主义社会，造成无法弥补的灾难性后果。

在以上两段理论密切相关的文字中，顾海良教授对于"经常变化和改革的社会"的理解省略了"实行全部生产资料公有制"的关键的限定语，将资本主义生产方式下的"商品经济、股份资本、金融资本、虚拟资本"笼统地归为"积极的成果"，并拿到建设中国特色社会主义生产方式下使用的根本原因在于他在这里没有区分马克思主义政治经济学的资本主义部分和社会主义部分，或者说他没有区分不同社会生产方式的狭义政治经济学，或者更进一步地说是混淆资本主义生产方式下的政治经济学基本原理与中国特色社会主义生产方式下的政治经济学基本原理。因此，也就谈不上"丰富发展马克思主义"。

马克思主义政治经济学是科学的理论体系，包括辩证唯物主义、历史唯物主义世界观和方法论，以及具体的基本理论命题。毫无疑问，我们应该坚持和不断丰富发展马克思主义政治经济学基本原理。首先，马克思主义的辩证唯物主义、历史唯物主义世界观及方法论，是我们在任何情况下，无论分析资本主义生产方式条件下的经济问题还是分析社会主义（共产主义）生产方式条件下的经济问题都必须长期坚持的；其次，马克思主义关于资本主义生产方式的政治经济学的具体的理论，我们是否需要以及在什么情况下需要长期坚持？这是一个非常重要的需要具体问题具体分析的问题。马克思在《资本论》中写道："我要在本书研究的，是资本主义生产方式以及和它相适应的生产关系和交换关系。"[①] 虽然马克思恩格斯在其他著作中对未来共产主义社会做出了一些构想和预见，但是，马克思主义经济学最核心的理论内容和目的是揭示资本主义生产方式的经济规律。因此，从整体上来讲，马克思主义经济学是关于资本主义生产方式的狭义政治经济学。当前中国作为社会主义国家处于资本主义国家占绝大多数，经济日益全球化、一体化的世界

[①] 马克思：《资本论》第1卷，人民出版社1975年版，第8页。

格局当中，各国之间的经济、政治文化等方方面面存在着广泛联系和交往。在社会主义和资本主义两种社会制度并存的世界政治经济大格局下，中国必须要坚持和丰富发展马克思主义关于资本主义生产方式的狭义政治经济学，据此对当代资本主义发展中遇到的新情况、新特点、新变化进行马克思主义的解释，在发展中国特色社会主义经济的进程中处理好与资本主义国家经济交往中所遇到的现实矛盾和冲突，以实现自身的更好发展。

中国经历了社会主义革命之后进入了社会主义建设的初级阶段，社会主义生产方式下的政治经济学要研究的是社会主义的基本经济问题，其最核心的内容和目的是揭示社会主义生产方式的经济运行规律。经典的马克思主义关于资本主义生产方式的政治经济学与当前中国特色社会主义政治经济学的研究对象和具体条件不同，因此马克思恩格斯研究资本主义生产方式的经济规律和我们当前中国特色社会主义的经济规律是不同的。以资本主义生产方式为研究对象的政治经济学理论，不适用于分析社会主义经济问题；同样，以社会主义生产方式为研究对象的政治经济学理论，也不适用于分析资本主义经济问题。因此，我们在分析具体经济问题时务必要区分不同社会经济形态的政治经济学，务必要区分不同生产方式下的狭义政治经济学。我们在建设中国特色社会主义经济和构建中国特色社会主义理论体系的过程中，在坚持和丰富、发展马克思主义政治经济学这一问题上，既要坚持马克思主义政治经济学的基本方法论和基本原理，又要根据不同的研究对象阐述不同的理论命题和规律。中国发展社会主义经济决不能教条式地将资本主义生产方式下的一些具体理论和范畴直接移植到社会主义生产方式中，否则就会歪曲中国特色社会主义为中国特色的资本主义。

二 中国特色社会主义政治经济学是国别经济学还是社会主义社会生产方式的经济学？

关于如何构建中国特色社会主义政治经济学，顾海良教授引证了马克思主义政治经济学从来就主张的理论观点，"从当前的国民经济的事实出发"①，并且据此提出，我国开拓当代中国马克思主义政治经济学的新境界必须坚持从我国当前最现实的国情——社会主义初级阶段出发，形成并不断完善和发展中国特色社会主义的政治经济学理论体系。我们完全赞同他理论来源于实践的观点和研究方法。但是，我们并不赞同顾海良教授在《新境界》一文中关于当代中国特色社会主义以及当代中国特色社会主义政治经济学的时间起点的界定，也不赞同他关于当代中国特色社会主义政治经济学研究对象的认识，即"中国特色社会主义经济学的对象，强调的是中国的特殊国情和处于社会主义初级阶段关系的特殊性质"②。

首先，关于当代中国特色社会主义以及当代中国特色社会主义政治经济学的时间起点问题。顾海良教授说道："实践是理论的源泉。30多年筚路蓝缕、艰辛探索，为中国马克思主义的'系统化的经济学说'奠定了重要基础，形成了具有中国特色社会主义政治经济学的一系列重要理论观点。"③ 接下来他阐述了十一届三中全会以来的党的几次大会所提出的理论观点和政策主张怎样逐渐形成了中国特色社会主义理论体系。顾文在此处以及其他地方都没有提及改革开放前30年的中国特色社会主义经济实践和理论建设。

习近平同志指出："我们党领导人民进行社会主义建设，有改革开放前和改革开放后两个历史时期，这是两个相互联系又有重大区别的时期，但本质上都是我们党领导人民进行社会主义建设的实践探索。中国特色社会主义是在改革开放历史新时期开创的，但也是在新中国已经建立起社会主义基本制度、并进行了20多年建设的基础上开创的。虽然这两个历史时期在进行社会主义建设的思想指导、方针政策、实际工作上有很大差别，但两者决不是彼此割裂的，更不是根本对立的。不能用改革开放后的历史时期否定改革开放前的历史时期，也不能用改革开放前的历

---

① 《马克思恩格斯文集》第9卷，人民出版社2009年版，第559、560页。
② 《当代马克思主义政治经济学十五讲》，中国人民大学出版社2016年版，第8页。
③ 同上书，第5页。

史时期否定改革开放后的历史时期。"① 由此可见,我们理解的当代中国特色社会主义的实践和理论体系应该从改革开放前 30 年为时点计起。改革开放前 30 年社会主义探索和实践应该同改革开放后 40 年的社会主义探索和实践共同构成当代中国特色社会主义。

顾海良教授只强调改革开放后 30 多年,这样就割裂了改革开放前 30 年与改革开放后 40 年中国特色社会主义经济实践和理论建设的继承与发展的天然联系。而且还会授人以否定改革开放前 30 年中国特色社会主义经济建设的实践成果与理论成果之话柄。我们应该站在马克思历史唯物主义的立场上认识和分析问题,任何人都不能否认改革开放前 30 年中国特色社会主义经济实践和理论建设方面的巨大贡献。

其次,关于当代中国特色社会主义政治经济学研究对象的认识问题。顾海良教授首先提到恩格斯在《反杜林论》中提出对象的非典型性或者说是特殊性的观点②。他引用了恩格斯在《反杜林论》中关于"火地岛的居民"的例子。顾海良教授的引文是:"火地岛的居民没有达到进行大规模生产和世界贸易的程度,也没有达到出现票据投机或交易所破产的程度。谁要想把火地岛的政治经济学和现代英国的政治经济学置于同一规律之下,那末,除了最陈腐的老生常谈以外,他显然不能揭示出任何东西。"③ 紧接着这段引文,顾海良教授提出了自己的观点:"经济学对象的特殊性,决定了经济学国别特色的必然性。"④ 顾海良教授最终得出的结论是:"中国特色社会主义经济学的对象,强调的是中国的特殊国情和处于社会主义初级阶段经济关系的特殊性质。"⑤ 笔者并不赞同顾海良教授对中国特色社会主义政治经济学及其研究对象的观点。笔者认为,顾海良教授过分强调了中国特色社会主义政治经济学研究对象形式上的特殊性——国别特色,而恰恰忽略了其研究对象本质上的一般性——社会

---

① 《习近平谈"中国特色社会主义":道路就是党的生命》,人民网,http://politics.people.com.cn/n/2013/0105/c1024-2009340.html。
② 《当代马克思主义政治经济学十五讲》,中国人民大学出版社 2016 年版,第 6 页。
③ 同上书,第 8 页。
④ 同上。
⑤ 同上。

主义生产关系的性质。

顾海良教授对"火地岛的居民"的引文并不完整，其引证得出的结论值得商榷。恩格斯在《反杜林论》中关于"火地岛的居民"的完整论述是："火地岛的居民没有达到进行大规模生产和世界贸易的程度，也没有达到出现票据投机或交易所破产的程度。谁要想把火地岛的政治经济学和现代英国的政治经济学置于同一规律之下，那末，除了最陈腐的老生常谈以外，他显然不能揭示出任何东西。因此，政治经济学本质上是一门历史的科学。它所涉及的是历史性的即经常变化的材料；它首先研究生产和交换的每个个别发展阶段的特殊规律，而且只有在完成这种研究以后，它才能确立为数不多的、适用于生产一般和交换一般的、完全普遍的规律。同时，不言而喻，适用于一定的生产方式和交换形式的规律，对于具有这种生产方式和交换形式的一切历史时期也是适用的。"[1]

恩格斯举"火地岛"的例子，是将原始社会的火地岛居民和现代资本主义社会居民相比，阐明二者处于完全不同的时代和完全不同的生产关系之中这一观点。正是由于"火地岛的政治经济学"和"现代英国的政治经济学"研究的是处于不同社会发展阶段或不同社会性质的生产方式，因此，具有性质上完全不同的发展规律，不能将二者置于同一规律之下。恩格斯最终要得出的结论是：对于处于同一社会发展阶段或同一社会性质的国家，即便存在国别差异，也都以共同生产关系及其发展规律作为其共同的研究对象，都遵循共同的经济发展规律。恩格斯并非强调政治经济学"对象的非典型性或者说是特殊性的观点"。顾海良教授没有完整地引用恩格斯在《反杜林论》中关于"火地岛居民"的例子，用不同社会经济发展阶段或者不同社会性质的国家发展规律的不同，片面理解马克思恩格斯对政治经济学研究对象的理论观点，错误理解中国特色社会主义政治经济学研究对象及发展规律，强调中国特色社会主义政治经济学是以社会主义初级阶段的中国为研究对象的国别经济学。笔者认为，中国特色社会主义政治经

---

[1] 《马克思恩格斯文集》第9卷，人民出版社2009年版，第153页。

济学虽然具有由中国国情决定的自身国别特色，但更为重要的属性是，它是社会主义的政治经济学。中国特色社会主义政治经济学的研究对象——社会主义初级阶段的生产方式以及和它相适应的生产关系和交换关系，从本质上讲是属于社会主义生产方式的，未来的前途和走向是共产主义生产方式。

曾经的苏联和东欧国家的早期社会主义建设和实践对中国特色社会主义政治经济理论体系的建设和开拓具有一定的借鉴意义。而在当今世界，中国是社会主义建设和实践的典型国家，也是社会主义政治经济学建设和实践的典型国家。中国特色社会主义政治经济学符合时代发展前进方向，是时代的经济学，因此，中国特色社会主义建设和实践以及中国特色社会主义政治经济学建设和实践对世界上其他国家的社会主义建设和实践具有借鉴意义，因而具有世界历史意义。中国特色社会主义政治经济学如同马克思当年以英国作为典型资本主义国家来研究资本主义经济运行的规律一样，具有特殊意义，更具有普遍意义。因此，以中国社会主义初级阶段的经济实践和理论构建为背景和素材的中国特色社会主义政治经济学不能仅仅理解为国别经济学，更应该理解为关于社会主义社会生产方式的经济学。

三　中国马克思主义经济学者究竟应该如何正确对待西方资产阶级经济学？

在"当代中国马克思主义政治经济学如何对待国外经济学说"标题下，顾海良教授首先断言："对于与马克思主义经济学'异样'、'异质'的经济学理论和思潮，中国政治经济学在发展中逐渐形成交流、交融和交锋等多种对待方式，既注重吸收和借鉴各种经济学理论的菁华之处，又善于摒弃和批判其糟粕之处。改革开放以来中国政治经济学发展的实践证明，对于外国的各种经济学说，不应当妄自菲薄，将其视为'信条'而顶礼膜拜，也不应当妄自尊大，将其说得一无是处，拒绝加以研究和借鉴。这是马克思主义政治经济学形成和发展的基本方法和主要原则。"① 这一段文字包括几个重要方面的内容：第一，顾海良教授将西方经济学和马克思主义经济学看成是两种异质、异样的经济学说；第二，顾海良教授认为，中国政治经济学在发展中逐步形成了"交流、交融和交锋等多种对待方式，既注重吸收和借鉴各种经济学理论的菁华之处，又善于摒弃和批判其糟粕之处"；第三，顾海良教授给出了改革开放以来已经形成的对待西方经济学的基本方法和基本原则："对于外国的各种经济学说，不应当妄自菲薄，将其视为'信条'而顶礼膜拜，也不应当妄自尊大，将其说得一无是处，拒绝加以研究和借鉴。"对于顾海良教授所阐述的以上三个方面的理论观点，我们做出如下的具体分析：

第一，西方资产阶级经济学与马克思主义经济学的关系，是不是用"异样""异质"就能表达清楚的？"异样"的经济学说，仅仅是说西方经济学与马克思主义经济学在形式上的不同。这种认识显然是表面化的。"异质"虽然说出了马克思主义经济学和西方经济学具有本质的区别，但是对西方经济学的庸俗性质和反动的阶级性质没有揭示出来。正如陈岱孙先生所说的："当代西方经济学在方法论上还继承其前人特别是李嘉图学派解体以后西方庸俗经济学的固有手法，即以描述经济现象及其表面联系为能事，不能、不愿意也不敢触及经济问题的本质。但现象和现象之间的联系往往与人们的常识相吻合，因而容易为人们所认同。但正因为是常识，是事物的表象，而不是事物内部规律性的反映，所以往往与真理大相径庭而流于谬误。从常识的角度接触西方经济学，就难免将西方经济学的谬误当作真理加以接受。"② 虽然，西方经济学从形式上来看具有不断翻新的内容和研究方法，即形成所谓的发展与创新。但是，不能据此就认为其本质上是具有鲜活生命力和更加趋于完善的科学，它只是具有漂亮外衣的伪科学。马克思主义经济学虽然是一百多年前的理论，但是其理论无论从形式和内涵上都远高于西方资产阶级经济学，是科学的经济学。如果仅仅把西方经济学看作与马克思主义经济学是"异样"

---

① 《当代马克思主义政治经济学十五讲》，中国人民大学出版社2016年版，第12页。
② 陈岱孙：《对当前西方经济学研究工作的几点意见》，《高校理论战线》1995年第12期。

和"异质"的学说，就弱化甚至完全掩盖了西方资产阶级经济学与马克思主义经济学根本对立的关系，这样就抬高了西方经济学的学术地位，贬低了马克思主义经济学科学的学术地位。

第二，顾海良教授认定"中国政治经济学在发展中逐渐形成交流、交融和交锋等多种对待方式，既重于吸收和借鉴各种经济学理论的菁华之处，又善于摒弃和批判其糟粕之处"①。中国政治经济学在发展中真的没有形成顾海良教授所谓的"既重于吸收和借鉴各种经济学理论的菁华之处，又善于摒弃和批判其糟粕之处"的理想境界！我们看到的真实的情况是西方资产阶级经济学大面积地入侵我们中国的意识形态领域，而马克思主义经济学却被排挤出主流经济学之外。我们当前的马克思主义经济学发展现状，远没有达到"既能批判西方经济学的糟粕之处，又能吸收其理论精华"的理想境界。不仅如此，我们的马克思主义经济学队伍残缺不全、青黄不接，已经被边缘化并且有进一步被从经济学教学体系中排挤出去的趋势。

第三，顾海良教授提到了我国改革开放以来已经形成的对待外国经济学说的基本方法和基本原则，即"对外国的经济学说，不应当妄自菲薄，将其视为'教条'；也不应当妄自尊大，将其说得一无是处，拒绝加以研究和借鉴"②。这的确是马克思主义政治经济学形成和发展中对待外国经济学说所要坚持的基本方法和基本原则。但是，在现实世界中，当前的马克思主义经济学者是不是真正坚持了这一基本方法和基本原则？真正坚持这一基本原则又究竟应该怎样正确评价西方经济学？

现在我们探讨顾海良教授是如何兼顾"对待外国经济学说的基本方法和基本原则"两个方面的。顾海良教授强调马克思对于西方经济学家，哪怕是庸俗经济学家，只要有一点可取之处都严肃地指出并虚心地加以借鉴。在这一点上，我们也完全认同顾教授的观点。但是顾海良教授肯定西方经济学的东西，要比马克思肯定西方资产阶级经济学的东西多得

---

① 《当代马克思主义政治经济学十五讲》，中国人民大学出版社2016年版，第13页。
② 同上。

多。例如，顾海良教授说，"1857年，马克思在《巴师夏和凯里》手稿中认为，李嘉图和西斯蒙第之后的政治经济学的发展，除了作为'例外'的巴师夏和凯里'堕落的最新经济学'外，从理论上和方法上还可以分出四种倾向：'一是以约翰·穆勒的《政治经济学原理及其对社会哲学的某些应用》为代表的'折中主义的、混合主义的纲要'；二是以图克的《价格史》为代表的'对个别领域的较为深入的分析'如在流通领域研究中的某些'新发现'；三是以论述自由贸易和保护关税政策的著作为代表，'为了更加广泛的公众和为了实际解决当前的问题而重复过去经济学上的争论'；四是'有倾向性地把古典学派发挥到极端'的著述，尽管这是一些'模仿者的著作，老调重弹'，'缺乏鲜明而有力的阐述'，但'形式较完善，占有的材料较广泛，叙述醒目，通俗易懂，内容概括，注重细节的研究'。"[①] 根据顾海良教授这段论述，似乎我们应该得出的结论是：当代马克思主义经济学家忽视了对西方经济学上述四个方面的理论成果的继承。这里问题的关键在于，马克思是不是真的肯定了资产阶级经济学的上述四个方面的内容？

顾海良教授的全部结论都来自他所引证马克思的《巴师夏和凯里》的手稿。我们不妨回到马克思的《巴师夏和凯里》手稿的原文来一探究竟。1857年，马克思在《巴师夏和凯里》手稿写道："现代政治经济学的历史是以李嘉图和西斯蒙第（两个正好相对立的人，一个讲英语，一个讲法语）结束的，正象它在十七世纪末是以配第和布阿吉尔贝尔开始的。后来的政治经济学著作或者是折衷主义的、混合主义的纲要，例如象约·斯·穆勒的著作，或者是对个别领域的较为深入的分析，例如象图克的《价格史》以及最近英国一般的论述流通的著作，——流通是真正有些新发现的唯一领域，因为论殖民、土地所有制（各种不同形式的土地所有制）、人口等等的著作与过去的著作不同的地方，其实只是材料更丰富而已，——或者是为了更加广泛的公众和为了实际解决当前的问题而重复过去经济学上的争论，如论述自由贸易和保护关税政策的著作，最后，或者是有倾向性地把古典学派发挥到极端，如查默斯发挥马尔萨

---

① 《当代马克思主义政治经济学十五讲》，中国人民大学出版社2016年版，第13页。

斯,居利希发挥西斯蒙第,在一定意义上,麦克库洛赫和西尼耳(就他们的早期著作来看)发挥李嘉图。这完全是模仿者的著作,老调重弹,形式较完善,占有的材料较广泛,叙述醒目,通俗易懂,内容概括,注重细节的研究,缺乏鲜明而有力的阐述,一方面是陈旧东西的罗列,另一方面是个别细节的扩充。"①

对比马克思著作的原文和顾海良教授的引证,我们发现。马克思否定的东西在顾海良教授巧妙地引证以后变成肯定的东西了。在马克思的著作中,马克思的这段文字首先强调"现代政治经济学的历史是以李嘉图和西斯蒙第(两个正好相对立的人,一个讲英语,一个讲法语)结束的"②。

在这个前提下,马克思说庸俗经济学四个方面的工作表现。最后,马克思将庸俗经济学的四个方面的表现进行否定:"这完全是模仿者的著作,老调重弹,形式较完善,占有的材料较广泛,叙述醒目,通俗易懂,内容概括,注重细节的研究,缺乏鲜明而有力的阐述。"③ 因此,无论从马克思的这段文字的开头看,还是从这段文字的结论看,还是从这段文字的整体来看,马克思罗列的庸俗经济学的四个方面的"工作"都不是什么真正的科学研究工作。

但是,马克思的这段文字在顾海良教授的引证下却全然变了性质。顾教授在《新境界》中引述的马克思上述一段文字,并非直接引用的原文,而是将马克思的整段文字分裂开来。在顾海良教授的引证中,首先,马克思原文表述中作为前提条件存在的对于李嘉图和西斯蒙第以后的资产阶级经济学的定性表述(庸俗经济学)不见了。其次,李嘉图和西斯蒙第以后资产阶级经济学所做的四个方面工作,直接以正面的肯定的形式出现了。最后,在马克思著作中作为总结性的结论性的句子,变成了条件句。马克思原著中"这完全是模仿者的著作,形式较完善,……缺乏鲜明而有力的阐述"是对庸俗经济学四个方面

---

① 《马克思恩格斯全集》第30卷,人民出版社1995年版,第3页。
② 同上。
③ 同上。

工作的否定。然而，顾海良教授却把马克思的结论用一个连接词"尽管"完全颠倒了马克思的原意。我们可以看到，在顾海良教授的引证中，马克思对李嘉图和西斯蒙第之后的资产阶级经济学（也就是庸俗经济学）否定的东西变成肯定的了，这恰恰是与马克思上述文字所表达的本义相反。顾海良教授为什么对李嘉图和西斯蒙第之后的政治经济学，即对庸俗经济学的"发展"抱有这么大的肯定态度，关键在于他忽视了马克思对庸俗经济学的基本判断和根本态度，而对现代庸俗经济学抱有幻想。

《巴师夏和凯里》是马克思主义形成过程中没有经过马克思完善的手稿。《马克思恩格斯全集》中文第二版编辑说："《巴师夏和凯里》马克思这篇论庸俗经济学家巴师夏和凯里的未完成的草稿，……，据此可以想见，马克思曾想对概述进行广泛的评论，但是后来发现，这本书不值得做更详细的分析，因此放弃了最初的意图。……它在马克思和恩格斯生前没有发表过。"[①] 因此，该手稿中提到的吸收借鉴西方资产阶级庸俗经济学的意义和重要性并不大。

在1873年出版的《资本论》第一卷德文第二版跋中，马克思讲到1830决定性的事件发生了，英法资产阶级夺取了政权，从这时起就敲响了科学的资产阶级经济学的丧钟。马克思对资产阶级做了历史唯物主义的分析，资产阶级由早期作为反对封建主义、支持工业化大生产的先进的上升的阶级逐渐走向庸俗化。这种庸俗化主要表现为早期庸俗经济学反对古典经济学的劳动价值论。19世纪70年代起，这种庸俗化表现为反对马克思主义经济学，到20世纪二三十年代，表现为不仅反对马克思主义，更反对新生的社会主义制度。当前，更演变为拼命维护资产阶级统治，同时使用各种手段攻击社会主义国家的经济、文化、政治等各方面，企图利用西方资产阶级的意识形态一统天下，以推翻社会主义国家的政权，使其沦为资本主义国家附庸的工具。在1873年出版的《资本论》第一卷德文第二版跋里，马克思对西方资产阶级经济学说庸俗性的判断以及对西方资产阶级经济学的批判态度无论在当前还是在未来都是广泛适

---

① 《马克思恩格斯全集》第30卷，人民出版社1995年版，第627页。

用的。马克思对"当代马克思主义政治经济学如何对待国外经济学说"更加重视的方法和原则体现在1873年出版的《资本论》第一卷德文第二版跋里,而非《巴师夏和凯里》手稿中。

顾海良教授在《当代经济研究》2017年第6期发表了《〈资本论〉第一卷"第二版跋"与马克思经济思想史的研究——纪念马克思〈资本论〉第一卷发表150周年》一文,引用了马克思在《资本论》第一卷德文第二版跋中关于庸俗经济学的论述,而且反驳了哈奇森、金等人对马克思关于古典经济学向庸俗经济学转化所持有的质疑及否定态度。他提出"应该清楚的是,马克思在1830年作为政治经济学史'最终决定一切的危机'观点中坚持的社会观和历史观及其阶级观,是马克思经济思想观区别于其他经济思想史观的核心立场和根本方法所在"①。这些论证表明顾海良教授已经意识到了《巴师夏和凯里》这一著作的局限性,认同马克思在《资本论》第一卷德文第二版跋中关于古典政治经济学从科学走向庸俗的时间界限的划分。这可以看作是顾海良教授在《新境界》一文中对于"当代马克思主义政治经济学如何对待国外经济学说"这一问题中有关外国经济学说历史划分的一个补充和纠正。这一点在顾海良教授于《马克思主义理论学科研究》2018年第3期刊发的《马克思对经济思想流派及其历史发展的探索》一文中,也进一步得到确证。但是,顾海良教授仅仅表达了他本人接受和认同马克思关于古典政治经济学从科学走向庸俗的时间界限的划分,而没有提出对现代西方资产阶级经济学的庸俗性应进行严肃的批判。

现在我们再回到顾海良教授《新境界》一文,在论述"当代马克思主义政治经济学如何对待国外经济学说"这一问题时,顾海良教授还提到:"当代国外各种经济学说和经济思潮,在研究和探索资本主义经济运行问题时,在对其中诸如市场对资源配置的作用、市场调节和市场机制的作用、市场失灵和宏观经济不稳定、对微观经济和宏观经济的政府调节,以及微观经济和宏观经济政策的实施等方面的研究,阐明和积累了

---

① 顾海良:《〈资本论〉第一卷"第二版跋"与马克思经济思想史的研究——纪念马克思〈资本论〉第一卷发表150周年》,《当代经济研究》2017年第6期。

一些新的知识和学术观点；在对经济全球化背景下国际贸易、国际投资和国际金融等方面的探索中，形成和提出了多方面的不乏有实际意义的知识和积极的理论成果。"① 顾海良教授认为西方资产阶级主流经济学对我国当前中国特色社会主义经济建设方方面面发挥了巨大的积极作用。他在"当代中国马克思主义政治经济学如何对待国外经济学说"这一标题下使用较大篇幅多次例证吸收借鉴外国经济学说这一方法和原则的重要性。只用了短短几行文字指出对西方经济学不能食洋不化，不能照搬照抄，不能任其滋蔓等。这样就抬高和放大了西方资产阶级庸俗经济学的"理论价值"，并且把吸收和借鉴西方资产阶级庸俗经济学的理论观点泛化。

1830 年以后，西方资产阶级经济学已经转变为庸俗经济学。在此之后，西方资产阶级经济学在形式上和研究方法上变换了一些花样，甚至出现了一些所谓的理论和方法上的创新，但是其理论实质更加庸俗和没落，其潜藏的危害也更加巨大。2008 年以来世界范围内发生的金融危机，也充分证明了当前主流经济学，即西方资产阶级经济学理论存在致命的缺陷。由此，实践使我们进一步反思西方资产阶级经济学到底有多少值得吸收和借鉴之处？也进一步清醒地认识到马克思主义经济学作为科学的经济理论体系具有旺盛生命力和巨大的现实力量。那么，丰富和发展马克思主义经济学中对待西方资产阶级经济学的态度也就不言自明了。我们应该坚持的基本方法和主要原则仍然是："对于外国的各种经济学说，不应当妄自菲薄，将其视为'信条'而顶礼膜拜，也不应当妄自尊大，将其说得一无是处，拒绝加以研究和借鉴。"②

那么，怎样才能真正贯彻好这一基本方法和主要原则？一是要求当代的马克思主义者必须真正认清外国经济学和马克思主义经济学两个理论体系的本质；二是要求当代的马克思主义者必须真正明确对两个理论体系应该持有的正确态度。

首先，西方经济学和马克思主义经济学在本质上是根本对立的两个

---

① 《当代马克思主义政治经济学十五讲》，中国人民大学出版社 2016 年版，第 13 页。
② 同上。

理论体系。马克思主义政治经济学在本质上是科学的、发展的、代表广大人民根本利益和诉求的经济理论体系和研究方法；西方经济学在本质上是庸俗的、没落的、代表资产阶级利益和诉求的经济理论体系和研究方法。其次，当代的马克思主义者必须真正明确对两个理论体系应该持有的正确态度。在开拓当代中国马克思主义政治经济学新境界的过程中，坚持发展马克思主义政治经济学和吸收借鉴外国经济学构成一对矛盾，坚持发展马克思主义政治经济学是矛盾的主要方面，而吸收借鉴外国经济学是矛盾的次要方面。虽然，在整个世界上西方资本主义国家占据绝大多数，西方资本主义国家坚持的西方经济学占据主流地位，而且在国内也出现了马克思主义政治经济学被边缘化、西方新自由主义思潮不断蔓延和泛滥的现象。但是这只是建成共产主义伟大事业过程中的一个暂时的、曲折的特殊阶段，进步的新事物必然战胜落后的旧事物。因此，我们对待马克思主义政治经济学与外国经济学说的态度也就显而易见：一方面，必须毫不动摇地坚持、丰富和发展马克思主义政治经济学，将其放在最重要最核心的位置。这就是"对外国的经济学说，不应当妄自菲薄，将其视为'教条'"。这是我们能否建成中国特色社会主义、实现中华民族伟大复兴的重要保障。另一方面，西方资本主义经济学拥有一套较完整和成熟的市场经济理论，它的某些反映市场经济共性的理论和某些有益于中国特色社会主义政治经济学的研究方法，我们可以在批判和剥离其庸俗成分之后加以借鉴和利用，这就是"也不应当妄自尊大，将其说得一无是处，拒绝加以研究和借鉴"。但是，这里必须强调的是，绝不能将吸收借鉴当成丰富发展马克思主义政治经济学、开拓马克思主义新境界的重要工作与核心工作。如果将吸收借鉴西方经济学放在首要位置，而将批判西方经济学放在次要位置，而泛泛地谈坚持、丰富和发展马克思主义政治经济学，则只能是舍本逐末，主次颠倒。

马克思主义政治经济学是具有强大生命力的社会历史科学，当前我们的马克思主义学者最重要的任务是要不断开拓当代中国马克思主义政治经济学新境界，即不断开拓中国特色社会主义政治经济学新境界。这就要求我们务必直面现实，实事求是地讲马克思主义经济学的科学性和真理性，务必严肃地批判西方资产阶级经济学的谬误性和庸俗性；务必始终坚持和强调马克思主义经济学对于西方庸俗资产阶级经济学的绝对优势。只有这样,才能更好地丰富和发展马克思主义政治经济学,开拓中国特色社会主义的新境界。

(原文发表于《当代经济研究》2019年第1期)

新发展理念下应更加注重社会建设*

刘建华 张 川**

摘 要：习近平同志指出："中国目前的中心任务依然是经济建设，并在经济发展的基础上推动社会全面进步。"中华人民共和国成立以来，在经济建设与社会建设关系的认识和处理过程中有成就、有教训。在全面深化改革的今天，就业、收入分配和社会保障等，不单纯是经济问题也是社会问题；教育、医疗卫生和社会管理等，不单纯是社会问题，也与经济问题相关。我们必须以经济建设为中心，在新发展理念下，既促进就业、分配公平和完善社会保障体系；又必须更加注重优先发展教育、深化医疗卫生事业改革和加强创新社会管理。

关键词：经济建设；社会建设；就业；收入分配；社会保障；教育；医疗；社会管理

一 问题的提出

经济建设与社会建设是中国特色社会主义事业的重要组成部分，正确认识和处理二者关系是开拓中国当代马克思主义政治经济学的新境界

---

* 基金项目：吉林省普通高校人文社会科学重点研究基地开放项目［吉教科文合字（2008）第10号］

** 作者简介：刘建华（1957— ），吉林财经大学经济学院教授，主要从事政治经济学研究；张川（1990— ），吉林财经大学经济学院研究生。

的一个重要方面，也是中国特色社会主义政治经济学要深入研究的问题。随着我国经济社会的不断发展，中国特色社会主义事业的总体布局由经济建设、政治建设、文化建设三位一体，发展为经济建设、政治建设、文化建设、社会建设四位一体，继而又发展为经济建设、政治建设、文化建设、社会建设、生态文明建设五位一体。这标志着我党建设社会主义国家的思路日益明晰，体现了我党对社会发展规律、社会主义现代化事业建设规律认识的不断深化。十八大以来，以习近平同志为核心的党中央全面落实中国特色社会主义"五位一体"的总体布局，为"两个一百年"奋斗目标和中国梦的实现，明确了努力的领域和方向。"中国目前的中心任务依然是经济建设，并在经济发展的基础上推动社会全面进步。"①

全面落实中国特色社会主义"五位一体"的总体布局，有利于促进生产力和生产关系、经济基础和上层建筑关系的相互协调。本文拟从政治经济学的角度，在对经济建设与社会建设的总体关系做一把握后，明确经济建设绝不是单纯的生产、分配、交换和消费问题，"经济建设取得一定成绩后，就应该适时地重点加强社会建设，使经济社会协调发展"②。这是世界上先进工业国在现代化进程中的经验。在现代社会，单纯的经济建设会引发许多属于社会建设的问题，应该以经济建设为中心，在新发展理念引领下，推进社会建设。

关于经济建设与社会建设的关系，从国内学者的研究看，大多是从经济与社会协调发展的角度研究，或将其与和谐社会建设等方面问题融在一起研究。在这些研究中涉及经济建设与社会建设关系的包括基本内涵、内容维度、实现路径等方面问题。有的学者基于生产力与生产关系、经济基础与上层建筑之间的关系，阐述了经济建设和社会建设的关系和怎样协调进行经济建设和社会建设问题。有的学者从社会学角度分析了社会建设落后于经济建设的原因，在此基础上提出了社会建设的核心任务是社会结构的调整。归纳起来，大致可以有如下观点：

---

① 习近平：《在布鲁日欧洲学院的演讲》，《人民日报》2014年4月2日。
② 陆学艺：《社会建设论》，社会科学文献出版社2012年版，第5页。

第一，我国经济建设和社会建设协调发展的基本内涵。魏伟、黄亚玲认为，经济建设为社会提供日益增长的物质产品，这是社会建设的前提和物质基础，也是社会发展的根本保证。另一方面，社会发展是经济建设的目的，也为经济发展提供精神动力、智力支持和必要条件。经济建设和社会建设协调发展实质是在经济发展的基础上实现社会全面进步，提高全体人民的福利①。

第二，我国经济建设和社会建设协调发展研究内容的深化与拓展。魏伟、黄亚玲认为，20世纪80年代关注科技、经济与社会"三位一体"的协调发展。20世纪90年代经济、科技、社会、生态相互协调发展的多维研究视阈。21世纪关注经济社会协调发展主体之间利益关系的协调。其一，经济社会的协调发展必须兼顾效率和公平。在经济建设方面体现为追求效率，在社会建设方面体现为追求公平，实现经济建设和社会建设的协调发展客观上需要处理好效率和公平的关系。其二，经济社会协调发展必须紧紧围绕人的全面发展，推动社会经济增长。满足人民日益增长的物质和文化生活需要，优化人民群众生活方式，不断提高人民群众的生活质量，实现社会的全面进步②。

第三，我国经济建设和社会建设协调发展的实现路径。一是转变发展理念，重视经济社会协调发展。二是深化体制改革，促进经济社会协调发展。三是加强宏观调控，提高政府的社会服务职能。四是建立指标体系，评估经济社会协调发展。协调发展需要定性和定量的认定。

第四，我国经济建设和社会建设不协调的原因探索。陆学艺提出"现在经济建设得比原来设想的还要好，但是社会问题、社会矛盾反而多了，复杂了，这是为什么？"他试图"解释清楚中国进入新时期以来'经济报喜、社会报忧'的原因，提出我们应该如何解决这些问题的建议，

---

① 魏伟、黄亚玲：《当代中国经济社会协调发展研究综述》，《南京社会科学》2007年第11期。

② 郑志宏：《公平与经济社会协调发展》，《兰州学刊》2004年第3期；范冬萍：《论科学、经济、社会协调发展的系统内涵》，《自然辩证法研究》1997年第3期。

去做好那些应该做还没做的工作"①。他认为,社会建设就是要建设社会现代化。他就"什么是社会建设、社会建设的主要内涵和主要任务是什么、怎样进行社会建设等问题"做了阐述②。其总的观点是"从社会学的角度分析,抓住了社会结构的调整,就抓住了社会建设的核心"③。

从国外相关研究看,比较政治经济学是20世纪70年代以后兴起的一种研究方法和研究范式。它从国际比较的视野来探究政治因素和经济因素之间的相互作用,指出现实中的政治、社会、文化、经济诸方面问题是相互关联的,其核心在于探讨国家如何管理其财政、经济活动,以实现经济增长和发展。巴里·克拉克(Barry Clark)认为,经济、政治、社会是一个巨大网络体系的三个方面,要综合地加以研究。他写道:"作为大危机和两次世界大战的一个结果,增长、分配和稳定之类的问题由经济问题变成了政治问题。"④

比较政治经济学的研究视角值得肯定。但经济建设和社会建设的问题,不是靠一个学科的分析就能认识和解决的。并且比较政治经济学是在考察了西方政治经济思想史后,探讨了欧洲国家工业化历史进程、通货膨胀和失业、贫困与不平等、教育等问题,并不能直接用来分析和解决中国的问题。

发展经济学是当代西方经济学的一个分支。它主要研究贫困落后的农业国家或发展中国家如何实现工业化、摆脱贫困、走向富裕的过程。发展经济学的主流是新古典学派,依据的基本思想是传统庸俗经济学和以马歇尔为代表的新古典学派的思想,但有一些发展经济学家,如以缪达尔为代表的结构主义者,在一定程度上摆脱了新古典学派观点的束缚,比较注意发展中国家的社会经济特点,从结构上、制度上进行分析,当然他们所使用的基本概念和基本方法,同传统的以及当代的庸俗经济学

---

① 陆学艺:《在深化改革中加强社会建设》,《哈尔滨工业大学学报(社会科学版)》2012年第7期。
② 陆学艺:《社会建设论》,社会科学文献出版社2012年版,第3页。
③ 同上书,第5页。
④ [美]巴里·克拉克:《政治经济学——比较的观点》,王询译,经济科学出版社2001年版,第22—23页。

并无根本的差异。

尽管发展经济学存有庸俗观点，但它所分析研究的发展中国家经济社会发展的经验和教训，对发展中国家是有参考价值的。首先，发展经济学能以动态的观点从互相联系的因果关系中去研究经济发展问题，对发展中国家局部的、具体的问题作了相当细致的研究，有些问题正是我们目前所说的经济社会问题，如人口、贫困、教育等问题。其次，现代发展经济学对于经济发展的内涵的拓展也是我们乐于接受的。即经济发展既包括经济增长，还包括伴随经济增长过程而出现的技术进步、结构优化、制度变迁、福利改善及人与自然之间关系的进一步和谐等方面的内容。

国外学者的研究只为我们研究中国经济建设和社会建设的现实关系提供了一个理论上的框架和某些分析工具；世界主要国家在工业化过程中有着经济建设与社会建设关系的经验教训，也值得我们借鉴和汲取。但中国的事情还得中国人来办，中国的问题还得靠中国人自己来解决。我们要从社会主义初级阶段的实际出发，而不能从这样那样的外国模式出发。

上述研究成果，对于我们认识和处理经济建设与社会建设的关系具有重要的学术价值和实践意义。但学术界在经济建设和社会建设的具体内容及其相互关系的分析上，在对经济社会协调发展内在机理的研究上还略显不足，我们尝试在这些方面作一探讨。

二　社会建设是彰显新发展理念的关键

我们知道，物质资料生产是人类社会存在和发展的基础，是人类的最基本的实践活动。由此我们可以说，经济建设是人类在进行物质资料生产过程中所从事的生产、分配、交换和消费等一系列经济活动。人类自产生以来一直从事着经济活动，经济活动发展到近现代社会，在一定的物质技术基础上进行，并就由为生存而进行的经济活动，发展为为生存和发展而进行的经济活动，这就是经济建设。

社会建设是指社会主体根据社会需要，有目的、有计划、有组织地进行的改善民生和推进社会进步的社会行为与过程。社会建设的内涵主要包括实体建设和制度建设。前者诸如社区建设、社会组织建设、社会事业建设、社会环境建设等；后者诸如社会结构的调整与构建、社会流动机制建设、社会利益关系协调机制建设、社会保障体制建设、社会安全体制建设、社会管理体制建设等。社会实体建设提供公共产品和公共服务，社会制度建设则使社会更加有序与和谐[①]。

经济建设是实现经济现代化的过程，社会建设是实现社会现代化的过程，二者相辅相成。但经济建设是中心。要实现中国梦，我们就必须坚持以经济建设为中心，夯实坚实的物质基础。否则，这些美好愿望就成为空想。

我国对经济建设与社会建设关系的认识和处理过程，可分为从中华人民共和国成立到社会主义改造基本完成、社会主义经济制度确立到20世纪60年代中后期、"文化大革命"时期和改革开放新时期四个阶段。从时间顺序上看，60多年来从片面追求经济建设、忽视人民生活到正确处理速度、比例、效益三者的关系；从追求经济效益到讲究社会效益；从单纯经济发展到经济社会全面协调可持续发展；经济发展速度由多快好省到又快又好，又到又好又快；社会建设由滞后，到越来越受到重视；社会主义建设的总体布局已发展至"五位一体"。从制度安排上看，我国总体上以经济建设为中心，并且进行着社会建设（以前不称之为社会建设，而是称为社会发展），经济建设和社会建设取得了空前成就。但必须看到，社会建设相对滞后于经济建设，由此累积了一些突出的社会问题。历史经验表明，社会问题如果处理得不好，就是社会建设出了问题，将影响经济建设和经济社会的协调发展，广大人民群众也分享不到经济发展带来的成果，社会主义本质和优越性将得不到充分体现。

如前所述，单纯的经济建设会引发许多属于社会建设的问题，客观结果会使社会建设滞后于经济建设。那么，社会建设为什么滞后于经济建设？本文认为，除了历史原因和国际环境影响外，主要是发展理念或发展观问题。正如周文彰教授指出的，"在我国发展60多年的历程上，

---

① 陆学艺：《社会建设论》，社会科学文献出版社2012年版，第14页。

先后有很多种发展观或者叫发展理念,一直在影响我们的发展",我们从"浪漫发展观"到"重点发展观",再到科学发展观,在此基础上形成新的发展理念(创新、协调、绿色、开放、共享)。这一新的发展理念是关系到我国发展全局的一场重要变革,具有很重要的现实意义和深远的历史影响①。

因此,无论是从理论上看,还是从实践上看,妥善处理经济建设和社会建设的关系,关键在于要在新发展理念下更加注重社会建设。在这一前提下,我们方可进一步从政治经济学的视角分析经济建设和社会建设的关系。

三 经济建设与社会建设关系的政治经济学解析

中华人民共和国 60 多年的社会主义实践经验,特别是经过 30 多年改革开放的实践与理论的发展和创新,已形成了适用于整个社会主义初级阶段的中国特色社会主义经济理论体系。这一体系,可以大致概括为社会主义经济的本质论、运行论和发展论。沿着这一思路,结合我国社会主义建设和改革的理论与实践上的成就,我们可以对社会主义经济增长和经济发展理论做一回顾和总结,在此基础上进行如下理论思考:哪些经济问题已不单纯是经济问题而变成社会问题、其转变机理是什么;哪些社会问题与经济问题相关、如何在发展经济的同时注重和解决社会问题,我国过去和现在是如何认识和处理经济建设与社会建设关系的等,以期对社会主义经济增长和经济发展理论有所创新。

搞清上述问题所要涉及的相关社会主义经济理论有:中国特色社会主义事业的总体布局、社会主义基本经济规律、社会主义初级阶段的分配理论和社会主义市场经济理论、社会主义初级阶段的就业理论、社会主义经济增长和经济发展理论。结合上述理论,对改善民生为重点的六大任务进行解析,我们会找到纳入社会问题的三个经济问题和与经济问

---

① 周文彰:《深刻把握新发展理念》,人民网,http://theory.people.com.cn/n1/2016/0707/c40531-28534725.html,2016 年 7 月 7 日。

题相联系的三个社会问题：纳入社会问题的经济问题是，就业、收入分配和社会保障；与经济问题相关的社会问题是，教育、医疗卫生和社会管理。在这六大任务中，教育是民生之基，就业是民生之本，收入分配是民生之源，社会保障是民生之依，医疗卫生是民生之急，社会管理是民生之盾[1]。它们彼此联系、缺一不可。但是，从政治经济学的角度分析，起决定作用的乃是就业、收入分配和社会保障。这三者初始是作为经济问题而存在的，或者说，初始是经济问题，后来成为纳入社会问题的经济问题。与此同时，有些本来属于社会问题的教育、医疗卫生和社会管理等，却也成为了经济问题。

首先，就业、收入分配和社会保障问题变成社会问题的机理。在政治经济学的理论体系中，增加就业是我国宏观经济调控的一个重要目标；收入分配是社会再生产的一个重要环节；社会保障是通过国民收入再分配所形成的一种分配关系。那么，这三个经济范畴或问题是如何成为"纳入社会问题的经济问题"或成为社会问题的呢？这种机制是什么？

问题的关键在于，经济发展是社会发展的基础，经济发展程度决定社会发展的程度，没有经济发展的物质条件作先导，就没有社会发展。生产力决定生产关系，经济基础决定上层建筑，这一历史唯物主义的基本原理在我国 30 多年的经济体制改革中得到佐证：社会生产力得到巨大发展，社会物质财富激增，社会积累日益增加，带动了经济和社会的全面发展。但与此同时，经济发展具有不平衡性，决定了社会发展的不平衡，从而就业、收入分配和社会保障等问题就成为社会领域关注的问题。

一是经济发展带来社会转型，在带来就业机会的同时也造成失业。在二元经济结构转型时期，工业化、城市化和农业现代化将加快发展，从而人口转移与失业、新增劳动力一道增加了就业和城市化建设的压力。加之我国人口多、劳动力基数大、劳动力市场供大于求的总量矛盾也随之不断扩大，主要表现在：从 20 世纪 90 年代后期，城镇失业率攀升的速度加快、国企下岗职工数量增大、新增劳动力增幅明显、农村剩余劳动

---

[1] 吕家麟：《对以改善民生为重点的社会建设六大任务的解读》，《广西社会科学》2008 年第 10 期。

力压力增大等,从而增加就业愈加成为我国一项重大而艰巨的任务。

二是随着市场经济的发展和经济结构的变化,居民收入差距不断扩大。农村和城镇低收入者比重上升,居民收入在国民收入分配格局中呈下降趋势;分配秩序不规范,隐性收入、非法收入问题比较突出,导致人们收入差距过于悬殊和分配严重不合理;在自然资源开发、房地产开发、资本市场、国有企业改制等领域,通过内幕交易、操纵市场、商业贿赂等违法活动谋取非法利益问题比较严重等,由此引发了社会利益群体分化,影响着全体人民共享改革发展成果。因此,收入分配领域出现的问题就演化为社会问题。

三是随着经济的发展,需要建立与经济发展水平相适应的多层次、广覆盖的社会保障体系。随着人们的消费水平不断提高、消费方式的日益多样、消费结构的不断优化,人们除了对物质需求要求提高外,对文化教育、医疗卫生、自然环境、社会保障等需求也日益增长,使提供公共产品的政府部门面临着巨大挑战。

目前,我国虽然在促进就业、收入分配调节和完善社会保障等方面取得了很大成就,但是就业难、收入分配差距过大、社会保障不完善等问题依旧突出。近年来某些地方爆发的群体事件表明,若这些事关群众切身利益的问题解决不好,就会转变为尖锐的社会矛盾和社会问题。

教育作为一种社会现象,可以泛指一切增进人们的知识、技能,改变人们思想、意识的活动。在现代社会,教育主要是通过学校有组织有计划进行的,是由教育者按照一定的目的,系统地对受教育者施以影响,发展他们的体力和智力,使受教育者获得一定的知识、技能,养成一定的思想和品德。作为医学医务范畴的医疗卫生,是指一国内所有保障和提高人民的健康、治疗疾病和受伤的人员、组织、系统和过程。作为社会管理学范畴的社会管理,主要是政府和社会组织为促进社会系统协调运转,对社会系统的组成部分、社会生活的不同领域以及社会发展的各个环节进行组织、协调、监督和控制的过程。[①] 可见,教育、医疗卫生和

[①] 童志锋、郁建兴:《从政府本位到社会本位:社会管理体制变革的新分析框架》,《中共浙江省委党校学报》2011 年第 1 期。

社会管理，原本是由国家或政府承担的公共活动，属于社会问题。它们是如何变成经济问题的呢？

恩格斯在《反杜林论》中指出："劳动产品超出维持劳动的费用而形成的剩余，以及社会生产基金和后备基金从这种剩余中的形成和积累，过去和现在都是一切社会的、政治的和智力的继续发展的基础。"[1] 马克思在《哥达纲领批判》中提到社会总产品中要作出一些扣除，其中用于国家行政管理和国防费用等的"同生产没有直接联系的一般管理费用""用来满足共同需要的部分，如学校、保健设施等""为丧失劳动能力的人等等设立的基金，总之，就是现在属于所谓官办济贫事业的部分"[2]，显然要通过国民收入再分配来解决，俨然成了经济问题。

第一，教育属于上层建筑，由经济基础决定。自19世纪起，掌握政权的资产阶级国家政府动用公款，大批设立国民学校及其他公立学校、设立政府奖学金及科学研究基金、出版教科书和课外读物、规定教师工资等，教育投资在国家财政支出中占有一定比重。在我国社会主义制度建立后，社会主义的教育方针决定了教育投资在国家财政支出中随着国民收入的增长而不断增长，优先发展教育是党和国家提出的并长期坚持的一项重大方针。

第二，国家政治对一个国家的医疗卫生最大的影响方式是规定其财政系统。经济合作发展组织的国家的医疗卫生的财政系统可以分三类：国家经济，即通过税务建立的医疗卫生（如英国、意大利）；社会保险，即通过法定医疗保险建立（如德国、法国）；私人保险，即个人或公司保险（如美国）。一般一个国家内有多种经济方式混合。最近几年来，许多国家医疗卫生方面的公共支出的比率逐渐增高。医疗卫生的价格上升在世界各地都成为一个经济重点问题。

第三，社会管理的客体是由社会活动、社会生活、社会关系构成的复杂的社会系统，它包含人、财、物、事等，其中人是最基本的。社会管理的主体即对社会系统实施管理的社会管理者以及由他们所组成的社

---

[1] 《马克思恩格斯选集》第3卷，人民出版社1995年版，第538页。
[2] 同上书，第303页。

会管理系统。社会管理与经济建设的关系在于,社会管理尽管不直接创造社会财富,但却对社会财富的创造具有重要作用,是社会化大生产不可或缺的保障条件;从事社会管理的部门、机构和人员所需要的物质资料、资金和各种耗费,以及管理人员的工资等,都必须通过国民收入的再分配才能解决。

目前,我国虽然在教育、医疗卫生和社会管理方面取得了很大成就,但是教育不公平问题、医疗卫生福利水平低问题、社会管理滞后问题同时并存,而且依旧突出。国家必须加大资金投入,在经济上予以支持,将这些方面的建设纳入经济社会发展规划中。正如习近平同志强调指出的:"我们要坚持以经济建设为中心,坚持以新发展理念引领经济发展新常态,……不断壮大我国经济实力和综合国力。"[①]

四 结论

本文围绕经济建设与社会建设的关系问题,以马克思主义唯物辩证法为指导,运用逻辑与历史相统一的方法、分析与综合的方法,以及比较政治经济学的方法,梳理了国内外研究现状,讨论了经济建设和社会建设的内涵;按着我国60多年发展的实际进程研究了经济建设和社会建设问题,对经济建设和社会建设进行了政治经济学的分析,进而对以改善民生为重点的就业、分配、社会保障、教育、医疗和社会管理等六大问题进行解析,将前三者作为纳入社会问题的经济问题,将后三者作为与经济问题相联系的社会问题。总的结论是,必须以经济建设为中心,在新发展理念下更加注重社会建设。具体结论如下:

第一,经济建设与社会建设的关系是辩证统一关系。经济建设是实现经济现代化的过程,社会建设是实现社会现代化的过程,二者相辅相成,但经济建设是中心、是基础。必须在经济建设的基础上,促进就业、收入分配公平和完善社会保障体系;必须在经济建设的基础上,优先发

[①] 习近平:《在庆祝中国共产党成立九十五周年大会上的讲话》,人民出版社2016年版,第15—16页。

展教育、深化医疗卫生事业改革和加强创新社会管理。同时，应该从国家、社会和经济的互动出发，研究和探讨国家的经济建设、经济发展和社会建设、社会发展等关系到国计民生的诸问题。既要考虑社会、文化及其他各种因素对经济的影响，也要关注经济对社会其他诸方面的影响。

第二，政治经济学社会主义经济理论需要补充，凸显中国特色。一是经济建设与社会建设的关系符合社会主义基本经济规律的基本内容和要求，并为社会主义基本经济规律赋予了时代感；二是社会主义经济增长和经济发展这一命题的题中之义应包括经济建设与社会建设，即包括纳入社会问题的经济问题、与经济问题相联系的社会问题。

第三，认识和处理好经济建设与社会建设的关系具有重要意义。经济建设与社会建设的关系是中国特色社会主义事业的总体布局和全面深化改革的基础。由"三位一体"到"四位一体"，再到"五位一体"，直至锐意推进经济、政治、文化、社会、生态文明和党的建设等"六大制度"改革，充分显示了我国改革开放以来所取得的成就举世瞩目。

最后需要说明的是，2013年11月《中共中央关于全面深化改革若干重大问题的决定》中继续提及了经济、政治、文化、社会、生态文明和党的建设等"六大制度"的改革。本文囿于篇幅所限，尚未涉及政治、文化、生态文明和党的建设等问题，而这也就成了笔者今后要继续研究的问题。

（原文发表于《当代经济研究》2017年第9期）

公有制经济为主体多种所有制经济共同发展的客观性研究

——以马克思的生产关系要适合生产力性质规律为视角

周晓梅[*]

摘　要：中国在马克思、列宁关于生产关系一定要适合生产力发展规律的理论与实践的基础上，在所有制结构问题上进行了创新和发展，提出了公有制为主体多种所有制经济共同发展的基本经济制度，这是生产关系一定要适合生产力性质规律所决定的，也是中国特色社会主义新时代主要矛盾的客观要求，是马克思主义中国化的重要内容。我们必须毫不动摇巩固和发展公有制经济，发挥国有经济主导作用，不断增强国有经济活力、控制力、影响力。必须毫不动摇鼓励、支持、引导非公有制经济发展，正确处理好国家利益与自身企业之间的利益关系，激发非公有制经济活力和创造力。在生产发展和社会财富增长的基础上不断满足人民日益增长的美好生活需要。

关键词：公有制经济；非公有制经济；生产关系；生产力；新时代社会主要矛盾

---

[*] 作者简介：周晓梅（1954—　），吉林财经大学经济学院教授，主要从事马克思主义经济学与社会主义经济理论研究。

坚持公有制为主体、多种所有制经济共同发展，是我国社会主义初级阶段的基本经济制度的重要内容。这是由生产关系一定要适合生产力性质规律所决定的，也是中国特色社会主义新时代主要矛盾的客观要求。这是我党经过几十年理论和实践的科学总结，是中国特色社会主义制度的重要支柱。因此，正确认识公有制经济为主体多种所有制经济共同发展的客观性，在此基础上坚持"两个毫不动摇"的方针，对于坚持社会主义道路，坚持深化改革，促进社会生产力的发展，不断完善社会主义的生产关系，有着十分重要的意义。

一　公有制经济为主体多种所有制经济共同发展是生产关系一定要适合生产力发展规律决定的

（一）马克思、列宁关于生产关系一定要适合生产力发展规律的理论与实践

马克思认为："各个人借以进行生产的社会关系，即社会生产关系，是随着物质生产资料、生产力的变化和发展而变化和改变的。"[①] 生产力决定生产关系，有什么样的生产力，就会要求有什么样的生产关系与之相适应。人们在物质生产中采用什么样的生产关系，不是取决于人们的主观意志，而是由生产力的性质决定的。但是生产关系也不是消极被动的，生产关系会反作用于生产力。当生产关系适应生产力发展要求时，就会促进生产力的发展，当生产关系不适合生产力发展要求时，就会阻碍生产力的发展。生产关系不能长期处于与生产力不相适应的状态，它迟早会被与生产力相适应的生产关系所代替，生产力终究会突破旧的生产关系的束缚，为自身的发展开辟道路。生产关系一定要适合生产力的发展是人类发展的客观规律。马克思正是根据这一规律得出了资本主义社会必将被社会主义社会所代替的科学结论。随着资本主义生产力的发展及资本有机构成的提高、资本积聚和集中，将发生"一个资本家打倒多数资本家……或少数资本家对多数资本家的剥夺"。与此同时，生产日

[①]《马克思恩格斯选集》第1卷，人民出版社1972年版，第363页。

益社会化,"规模不断扩大的劳动过程的协作形式日益发展,科学日益被自觉地应用于技术方面,土地日益被有计划的利用,劳动资料日益转化为只能共同使用的劳动资料,一切生产资料因作为结合的社会劳动的生产资料使用而日益节省"①。社会化的大生产客观要求由社会占有和支配基本的生产资料,由社会按照社会需要来调节整个国民经济的运行,按比例的协调发展。但是在资本主义条件下,生产资料归资本家私人占有,资本家对剩余价值的无限追求,不可能实现按照社会的需要调节国民经济运行和按比例协调发展,因此产生了生产社会化与资本主义私人占有的矛盾。"资本的垄断成了与这种垄断一起并在这种垄断之下繁盛起来的生产方式的桎梏。生产资料的集中和劳动的社会化,达到了同它们的资本主义外壳不相容的地步。这个外壳就要砸毁了。资本主义私有制的丧钟就要敲响了,剥夺者就要被剥夺了。"② 随着资本主义的发展,生产社会化与资本主义私人占有的矛盾不断尖锐化,这个矛盾的解决只能用社会主义生产关系代替资本主义生产关系,用生产资料公有制代替资本主义私有制。同时,马克思和恩格斯还曾预见,社会主义革命首先将在发达的资本主义国家同时取得胜利,但也不排除每个国家由于历史环境和国情的特殊性,因此在具体发展道路上具有特殊性。马克思和恩格斯认为,像俄国这样经济发展落后的国家在一定的条件下是可能跨越资本主义的卡夫丁峡谷,直接向社会主义发展。

马克思和恩格斯相继去世以后,世界的政治经济形势发生了重大变化,资本主义由自由竞争进入垄断,资本主义国家政治、经济发展的不平衡加剧,资本主义世界的矛盾空前尖锐,帝国主义国家之间的战争削弱了自身的力量。列宁根据变化了的政治经济形势和帝国主义阶段各国政治经济发展不平衡的规律,得出了社会主义革命可以在帝国主义链条的薄弱环节取得胜利的新结论。这个薄弱环节不一定是资本主义经济最发达的国家,而是各种矛盾比较尖锐、经济比较落后的国家。"资本主义的发展在各个国家是极不平衡的。而且在商品生产下也只能是这样。由

---

① 马克思:《资本论》第 1 卷,人民出版社 1975 年版,第 831 页。
② 同上书,第 831—832 页。

此得出一个必然的结论：社会主义不能在所有国家内同时取得胜利。它将首先在一个或者几个国家内获得胜利，而其余的国家在一段时间内将仍然是资产阶级的或资产阶级以前的国家。"[①] 列宁成功地领导了俄国十月社会主义革命，创立了第一个社会主义国家，使科学社会主义理论实现了从理论到现实的飞跃。在随后的几年时间里，苏联全面开展社会主义改造运动，实现了生产资料公有制，生产资料公有制成为社会主义生产关系的基础，建立了社会主义的经济制度。

（二）中国遵循生产关系一定要适合生产力发展规律在所有制结构问题上的创新和发展

中华人民共和国是建立在资本主义没有充分发展的半封建、半殖民地基础之上的。帝国主义、封建主义、官僚资本主义是旧中国最落后、最反动的生产关系，严重阻碍了社会生产力的发展，无产阶级和其他劳动人民长期受到三座大山的压迫剥削，社会矛盾极其尖锐。由于近代中国民族资产阶级的软弱性，中国革命的领导权历史地落在了中国无产阶级及其政党的身上。中国的工人阶级是中国最先进的阶级，是先进生产力的代表，要冲破旧的生产关系，建立新的社会主义生产关系，要消灭一切剥削制度。由于近代中国社会的半殖民地、半封建的特殊性质，中国革命必须分成两步走，第一步取得新民主主义革命胜利，第二步建立社会主义社会。1949年在中国共产党的领导下，我们取得了新民主主义革命的胜利。在新民主主义到社会主义有一个过渡时期，这一过渡时期主要矛盾是无产阶级和资产阶级之间的矛盾，社会主义道路和资本主义道路的矛盾。要解决这一矛盾，就要在生产力发展的基础上用社会主义的生产关系代替资本主义的生产关系。要把处于主体地位的非公有制经济改造成公有制为主体的经济结构。不可否认在当时的历史条件下，我国的生产力水平还是较低的，但是由于帝国主义的入侵和资本的输出，为中国生产力的发展注入了新的要素，在中华人民共和国成立前，我国已经具备了一定数量的大工业的基础和一定数量的先进生产力的代

---

① 《列宁专题文集·论社会主义》，人民出版社2009年版，第8页。

表——产业工人。这些为我们建立社会主义经济制度提供了重要的基础。另外,随着我国第一个五年计划的实施,国家开始了大规模的经济建设,私有制经济的私人占有性必然要和社会化的大生产产生矛盾和冲突。因此建立生产资料公有制,旧的生产关系必须由社会主义新的生产关系所代替,这是不以人们意志为转移的客观规律。因此,在1956年我国基本完成了生产资料所有制的改造,通过没收官僚资本、赎买民族资本,建立了全民所有制经济,掌握了国家的经济命脉,成为国民经济的领导力量。改造了个体私有制经济,建立了社会主义群众集体所有制经济。公有制经济的建立和地位的确定,为我们国家的发展奠定了政治和经济的基础,发挥了巨大作用,是中华民族命运的重大转折,在较短时期内建立起独立的比较完整的工业体系和国民经济体系,我们国家以此为基础,才取得了举世瞩目的成就,从一个落后的半封建、半殖民地国家成为世界第二大经济体。这也是生产关系一定要适合生产力发展规律作用的结果。

随着社会实践的发展,我们也逐渐认识到,这种单一的公有制形式虽然在社会主义建设中发挥了重大作用,但是由于我们国家生产力水平总体不高,还呈现多层次的特点,我国社会主义制度建立了几十年的时间,生产力虽然获得了巨大的发展,但是我们的社会主义还处在初级阶段,初级阶段最显著的特征是生产力水平低、不平衡和多层次,整个国民经济正处在从不发达状态向现代化社会的动态变化过程之中。由于生产力水平低,社会不可能在短期内生产出废除私有制所需要的生产资料。而且在各个产业之间、地区之间、城市和农村之间以及它们的内部,生产力发展水平很不平衡。因此,要与初级阶段生产力的这种状况相适应,客观上必然要求形成多样化的生产关系,建立多种所有制经济长期并存共同发展的所有制结构。这是不以人们意志为转移的,是生产关系一定要适合生产力状况规律决定的。所以党的十五大提出了公有制为主体多种所有制经济共同发展的基本经济制度,十六大、十七大、十八大继续肯定了以公有制为主体多种所有制经济共同发展是我国的基本经济制度,同时还强调"毫不动摇巩固和发展公有制经济"与"毫不动摇鼓励、支持、引导非公有制经济发展"。这是我党遵循生产关系一定要适合生产力性质规律的客观要求,在所有制结构问题上的创新和发展,是马克思主义中国化和有中国特色社会主义经济理论的重要内容，只要社会生产力水平还不能使财富充分涌流，还不能创造出彻底消灭私有制的物质条件，以公有制为主体多种所有制经济共同发展的基本经济制度就必须坚持下去。

二 坚持公有制为主体多种所有制经济共同发展是中国特色社会主义新时代主要矛盾的客观要求

生产力决定生产关系，人们在物质生产中结成什么样的生产关系，并不是人们主观意识所决定的，而是生产力性质的客观要求。但生产关系一经确定下来，就会对生产力有巨大的反作用。在生产关系中，生产资料的所有制结构是社会生产关系的最重要的基础和内容，因此在现阶段坚持公有制为主体多种所有制经济共同发展，就能够促进我国的生产力的发展，在生产发展和社会财富增长的基础上不断满足人民日益增长的美好生活需要①，推动人的全面发展和社会的不断进步。

（一）中国特色社会主义新时代的主要矛盾

党的第八次全国代表大会通过了《中国共产党第八次全国代表大会关于政治报告的决议》（以下简称《决议》），提出了我国社会主义的基本矛盾和主要任务。《决议》指出，我们国内的主要矛盾，已经是人民对于建立先进的工业国的要求同落后的农业国的现实之间的矛盾，已经是人民对于经济文化迅速发展的需要同当前经济文化不能满足人民需要的状况之间的矛盾。这一矛盾的实质，是在我国社会主义制度已经建立的情况下，也就是先进的社会主义制度同落后的社会生产力之间的矛盾。党和全国人民的当前的主要任务，就是要集中力量来解决这个矛盾，把我国尽快地从落后的农业国变为先进的工业国②。但后来由于对社会主义

---

① 《中国共产党章程》，《人民日报》2017年10月29日。
② 中共中央文献研究室：《建国以来重要文献选编》第九册，中央文献出版社2011年版，第293页。

建设经验不足，导致对我国社会的主要矛盾做出了错误判断，我国的社会主义建设事业经历了曲折的发展过程。直到十一届三中全会以后，我们国家工作的重点开始转移到社会主义现代化建设上来。党的十一届六中全会重新肯定了党的八大关于社会主义主要矛盾的判断，指出了社会主义改造完成以后，我国所需要解决的矛盾，是人民群众日益增长的物质文化需要同相对落后的社会生产力之间的矛盾。它决定了我们必须把经济建设作为全党工作的中心。为解决这一矛盾，社会主义初级阶段的根本任务必然是解放和发展社会生产力。经过近四十年的改革开放的实践，我们砥砺前行，坚持走中国特色社会主义道路，取得了巨大成就，在解决十几亿人温饱基础上，总体上实现小康。近五年来，经济保持中高速增长，在世界主要国家中名列前茅，国内生产总值从五十四万亿元增长到八十万亿元，稳居世界第二；对世界经济增长贡献率超过百分之三十[1]，超过美国、欧元区和日本贡献率的总和，居世界第一位。2012年至2016年，人均国民总收入由5940美元提高到8000美元以上，接近中等偏上收入国家平均水平[2]。我国社会生产力水平总体上显著提高，社会生产能力在很多方面进入世界前列，中国特色社会主义进入新时代，意味着近代以来久经磨难的中华民族迎来了从站起来、富起来到强起来的伟大飞跃，因此我国的主要矛盾发生了变化，由人民群众日益增长的物质文化需要同相对落后的社会生产力之间的矛盾，已经转化为人民日益增长的美好生活需要和不平衡不充分的发展之间的矛盾[3]。虽然我国社会主要矛盾发生了变化，但是我国仍处于并将长期处于社会主义初级阶段的基本国情没有变。因此坚持改革开放以来所逐步形成的这种公有制为主体、多种所有制经济共同发展的所有制结构，能够解决中国特色社会主义新时代的主要矛盾。

---

[1] 习近平：《决胜全面建成小康社会　夺取新时代中国特色社会主义伟大胜利》，《人民日报》2017年10月28日。
[2] 国家统计局：《新理念引领新常态　新实践谱写新篇章》，《中国信息报》2017年6月19日。
[3] 习近平：《决胜全面建成小康社会　夺取新时代中国特色社会主义伟大胜利》，《人民日报》2017年10月28日。

(二) 公有制经济的不断发展才能解决中国特色社会主义新时代的主要矛盾

马克思主义认为,人类社会发展的历史是在矛盾中前进的,新旧矛盾的更替推动了社会的发展。目前中国特色的社会主义已经进入了一个新时代,在这个新时代,我国社会主要矛盾已经转化为人民日益增长的美好生活需要和不平衡不充分的发展之间的矛盾。人民美好生活需要日益广泛,这里不仅有对物质文化生活等方面提出更高层次和多样化的需求,而且在民主、法治、公平、正义、安全、环境等方面的要求日益增长[1]。因此要满足人民对美好生活的需求,就要以人民为中心、推动人的全面发展和社会全面进步。在改革开放近40年的时间里,我国的社会生产发展水平有了很大的提高,在全面建成小康社会的道路上取得了重大胜利。但是我们的发展还是不平衡不充分的,这制约了人民日益增长的美好生活的需要。因此要解决新矛盾,实现新发展,就要在发展中解决不平衡不充分的问题。要解决人民日益增长的美好生活需要和不平衡不充分的发展之间的矛盾,一个重要的途径就是要进一步发展公有制经济,特别是要做大做强国有经济。

第一,公有制经济是社会主义制度的重要经济基础,是社会主义生产关系的重要组成部分,它决定了我们国家社会主义性质和发展的方向。在国有经济中,由于生产资料归全体劳动者共同占有,劳动成果归全体成员共同占有和分享,只有坚持和发展公有制经济特别是国有经济,才能实现共同富裕,社会财富共享,而不是两极分化。才能增进人民福祉、促进人的全面发展,满足人民日益增长的美好生活的需要。

第二,社会主义国有企业在社会主义国家的国民经济中处在主导地位,发挥领导作用,掌握着国家的经济命脉,对国民经济的全局具有控制力。因此国家可以通过国有经济去全面协调均衡国民经济的可持续发展,克服发展中的不平衡,处理好发展方向、速度、结构等问题。正确

---

[1] 习近平:《决胜全面建成小康社会 夺取新时代中国特色社会主义伟大胜利》,《人民日报》2017年10月28日。

处理国家利益、集体利益和个人利益的关系，把长远利益和眼前利益结合起来。我们的公有制经济中的国有企业，是先进生产力的重要载体，已成为促进国家现代化的重要力量，在美国《财富》杂志发布的2017年世界500强企业中，中国有115家企业进入500强，其中80%以上是国有企业。国家通过国有经济的控制和主导作用，集中运用国家投资，兴建了一大批巨型和大型工程，集中力量发展重要的新兴科技项目，以及国民经济的薄弱环节和落后地区，特别是加强基础设施建设，改善生态环境，迅速改变经济中的不协调状况，优化产业结构和生产力布局①。

第三，国有经济是与先进生产力相联系，拥有现代化的技术装备。发展公有制经济，壮大国有企业，不仅要使国有企业为全社会提供尽可能多的优质产品，满足人民不断增长的物质需求，国有企业的利润也是国家财政的重要来源。根据财政部数据，2017年1—7月，全国国有及国有控股企业经济运行稳中向好，国有企业收入和利润持续较快增长，利润增幅高于收入6.6个百分点，钢铁、有色等2016年同期亏损行业持续盈利。2017年1—7月，国有企业营业总收入289421.2亿元，同比增长16.5%。国有企业利润总额16610.2亿元，同比增长23.1%。国有企业应缴税金23623.3亿元，同比增长10.2%。2017年7月末，国有企业资产总额1448952.3亿元，同比增长11.2%。② 国有企业的利润增加为国家的经济和社会全面发展提供了重要的经济来源，从而满足人民的经济、社会、文化、安全、健康、生态、和谐等多方面需要。

第四，社会主义国有制经济对国民经济中的其他经济成分起到引领作用。我国在现阶段实行的是公有制为主体多种所有制经济共同发展的基本经济制度。公有经济的发展壮大，能够支持和引导集体经济发展，巩固社会主义的生产关系。对非公有经济，国有经济要运用自身的优势支持非公有制经济发展的同时，要引领其沿着社会主义道路前进。国有

---

① 吴宣恭：《对社会主义市场经济特有优势与国有经济主导作用的再认识》，《毛泽东邓小平理论研究》2015年第1期。
② 中华人民共和国财政部资产管理司：《2017年1—7月全国国有及国有控股企业经济运行情况》，http://www.mof.gov.cn/mofhome/qiyesi/zhengwuxinxi/qiyeyunxingdongtai/201708/t20170823_2267895.html，2017年8月24日。

经济以其普照之光对其他所有制经济产生巨大影响,使国民经济发展保证社会主义方向,人民美好生活的需求才有可能实现。

因此要进一步发展公有制经济,做大做强国有经济。绝不能像一些受新自由主义思潮的影响的个别人所提出的那样,什么国有经济是"包袱",国有企业先天不足,效率低下,主张国退民进,国有经济要从"竞争性领域中完全退出",甚至趁国企改制之机瓜分国有资产,企图把国有经济私有化,并以此来否定公有制经济为主体的客观性。实际上,生产的社会化要求公有制经济代替私有制经济,这是彻底解决生产社会化与资本主义私人占有的资本主义基本矛盾的唯一选择,因此在社会大生产条件下,只有建立和发展公有制经济才能解放和发展生产力,才能够解决好发展不平衡不充分问题,在社会财富不断增加的基础上满足人民日益增长的美好生活需求。因此"必须毫不动摇巩固和发展公有制经济,坚持公有制主体地位,发挥国有经济主导作用,不断增强国有经济活力、控制力、影响力"[①]。

(三) 发展非公有制经济为解决社会主义新时代的主要矛盾作贡献

为了解决社会主义新时代的主要矛盾,在坚持公有制为主体的同时,"必须毫不动摇鼓励、支持、引导非公有制经济发展,激发非公有制经济活力和创造力"[②]。这是我国现阶段的生产力水平决定的,也是解决中国特色社会主义新时代的主要矛盾的客观要求。改革开放四十年的事实已经证明了,非公有经济的发展创造了大量的物质财富,满足人民不同层次的物质需要,从解决温饱问题到基本实现小康社会,作出了重大贡献,成为我国重要的经济增长点。截至 2015 年年底,全国实有私营企业 1908.23 万户,比 2014 年底增长 23.40%,占全国实有企业的 87.30%,比 2014 年同期高 2.3 个百分点;注册资本(金)90.55 万亿元,比 2014 年底增加 31.35 万亿元,增长 52.95%,占全国实有企业注册资本(金)

[①] 《中国共产党第十八届中央委员会第三次会议文件汇编》,人民出版社 2013 年版,第 23 页。

[②] 同上书,第 24 页。

的 53.80%，比 2014 年同期高出 5.88 个百分点。非公有制经济还为社会提供了大量的就业岗位，为我国经济发展和社会稳定作出了重要贡献。比如，截至 2015 年年底，私营企业从业人员 1.64 亿人，比 2014 年同期增加 0.20 亿人，增长 13.89%[①]。私营企业上缴的税收总额不断增加，截至 2015 年年底，私营企业税收收入 12944.57 亿元，比 2014 年增长 457.70 亿元，同比增长 3.7%，占全国税收收入的 10.36%[②]。私营企业税收收入的增长，有利于社会主义国家经济建设和各项事业的发展，有利于全面小康社会的实现，为实现人民对美好社会的需求提供了财力支持。

总之，以公有制为主体、多种所有制经济共同发展的所有制结构，既体现了我国社会主义制度的性质和本质特征，又是解决中国特色社会主义新时代主要矛盾的客观要求。

三 结论与政策建议

公有制为主体多种所有制经济共同发展，是生产关系一定要适合生产力性质规律所决定的，也是中国特色社会主义新时代的主要矛盾客观要求。因此，必须坚持"两个毫不动摇"。任何想把公有制经济否定掉或者想把非公有制经济否定掉的观点，都是不符合最广大人民根本利益的，都是不符合我国改革发展要求的，因此也都是错误的[③]。

（一）坚持基本经济制度，毫不动摇地发展和壮大公有制经济特别是国有经济

公有制经济是社会主义国家性质的重要保证，是保障人民共同利益和国家现代化的基础，也是解决中国特色的社会主义新时代主要矛盾的

[①] 王钦敏：《中国民营经济发展报告（2015—2016）》，中华工商联合出版社 2017 年版，第 175 页。

[②] 同上书，第 202 页。

[③] 习近平：《毫不动摇坚持我国基本经济制度 推动各种所有制经济健康发展》，《中国集体经济》2016 年第 8 期。

重要途径。在毫不动摇地发展公有制经济的过程中，特别是要发挥国有经济在国民经济发展中的重要作用，不仅要发挥国有经济在自然垄断领域和国家安全领域的控制力，还要在竞争领域发挥国有经济的重要作用，做大做强国有经济，而不是国退民进。

第一，要大力发展国有企业控股的混合所有制经济，放大国有资本的功能。《中共中央关于全面深化改革若干重大问题的决定》指出，国有资本、集体资本、非公有资本等交叉持股、相互融合的混合所有制经济，是基本经济制度的重要实现形式，有利于国有资本放大功能、保值增值、提高竞争力[1]。要通过混合所有制经济放大国有资本的功能，就要坚持在混合所有制企业中国有资本的控股地位，发挥国有资本的引领作用，保证混合所有制企业的发展方向，加强和巩固公有制的主体地位。非国有经济处于参股地位，在国有经济的带领下，有利于国家战略产业的发展，同时也有利于各种所有制资本优势互补，发挥各自的长处，能够激发各种所有制企业的活力和创造力，而不是通过混合所有制经济使国有资本私有化或"民营化"，使国有经济在国民经济中失去主导作用。只有体现了国有经济在多种所有制结构中的支配地位和主导作用，才能保证其他所有制经济成分沿着中国特色的社会主义道路前进。因此发展混合所有制经济，决不能削弱国有经济的主导作用。另外，国有经济在进行混合所有制改革的过程中根据公有制企业的具体状况进行改革，必须从企业自身的生产发展状况出发，根据不同的国有企业在我国经济的发展中的不同地位和行业状况，有序推进混合所有制经济的改革，不能搞一刀切。

第二，要切实做大、做强国有经济，就必须深化国有企业改革。要改善国有企业的治理结构，通过改革激发国有企业和国有经济的活力、竞争力、影响力和抗风险能力以及经济实力和创新能力。使国有企业的经济效益进一步提高，为满足人民对美好生活的需求提供物质基础和可靠保证。

第三，我国在农业生产资料改造过程中，形成了公有制经济的另一

---

[1] 《中国共产党第十八届中央委员会第三次会议文件汇编》，人民出版社2013年版，第24页。

种成分,农村集体所有制经济。农村集体土地所有制经济是农村社会主义生产关系的基础,是农民共同富裕和全面小康社会的可靠保证。坚持公有制为主体,农村集体土地绝不能走私有化的道路。在进行集体经营创新发展中,要坚持农村土地集体所有权,依法维护农民土地承包经营权,发展壮大集体经济。①

(二) 坚持基本经济制度,毫不动摇地鼓励、支持和引导非公有制经济的发展

在坚持公有制为主体的条件下还必须毫不动摇地鼓励、支持和引导非公有制经济的发展。要充分认识到公有制经济和非公有制经济虽然在生产资料所有制结构中的地位不同,有主次之分,但这绝不影响公有制经济与非公有制经济在社会主义市场经济中的平等竞争、共同进步,互相补充、互相协助、共同发展的新型经济关系。不能因为在现阶段生产资料结构中公有制经济处于主体地位,非公有制经济处于非主体地位,就限制排斥非公有制经济的发展,甚至消灭非公有制经济,而是要支持引导非公有制经济为社会主义经济建设作贡献。习近平总书记指出:"我们强调把公有制经济巩固好、发展好,同鼓励、支持、引导非公有制经济发展不是对立的,而是有机统一的。""公有制经济、非公有制经济应该相辅相成、相得益彰,而不是相互排斥、相互抵消。"②

第一,要充分认识非公有制经济的地位和作用,不唯成分论,要放开领域,放宽环境,放宽政策,让非公有制经济的作用充分发挥出来。进一步加强政府职能的转变,改善政府的服务,优化政务环境,健全制度,约束政府工作人员和执法人员的行为,要做好服务。积极引导非公有制企业参加混合所有制经济,促进不同所有制经济取长补短、资源共享和互利共赢。

第二,非公有制企业要加快产业结构调整和自主创新的步伐,自觉

---

① 《中国共产党第十八届中央委员会第三次会议文件汇编》,人民出版社 2013 年版,第 39 页。

② 习近平:《毫不动摇坚持我国基本经济制度 推动各种所有制经济健康发展》,《中国集体经济》2016 年第 8 期。

调结构、转方式、上水平。大力推进自主创新、重点发展现代农业、战略新兴产业、现代服务业。各级地方政府要坚定贯彻执行中央转变经济发展方式的战略部署,要落实制定适合本地区的非公有制企业调整产业结构和自主创新的政策措施。根据各地方的资源禀赋和区位特点,制定产业发展和自主创新的规划,大力培养战略性产业和龙头企业,带动相关配套企业形成产业集群,提升整体竞争力。

第三,在鼓励支持非公有制经济发展的同时,还要看到我国现阶段的非公有制经济具有的双重作用,一方面非公有制经济促进了现阶段生产力的发展,为社会创造了大量的物质财富。另一方面,由于非公有制经济的生产资料归私人所有,通过雇佣劳动占有工人创造的剩余价值,一切活动都以追逐最大利润为目的,生产和投资具有一定的盲目性和自发性,不会从社会整体利益出发自动履行国家的发展规划和产业政策,不利于社会经济结构的合理化。还有的非公有制企业只考虑自身利益,不考虑社会利益、企业的社会责任和自然环境的可持续发展,生产伪劣假冒和有毒有害产品,危害消费者的人身安全。在有的非公有制企业内部,劳资关系的矛盾和冲突尖锐化,这都影响了社会主义和谐社会的构建。因此对部分非公有制企业主的不当行为要有针对性地进行教育与引导,对违纪行为要进行惩治,对情节严重者要绳之以法。因此对非公有制企业还必须加强引导和规范,正确处理好国家利益与自身企业之间的利益关系,合法经营,使其为社会主义现代化建设事业服务,为解决中国特色社会主义新时代的主要矛盾作贡献。

(原文发表于《当代经济研究》2018年第6期)

（三）

中国特色社会主义建设现阶段面临的经济理论问题探讨

转型国家收入分配与经济增长关系的实证研究*

孙亚南 董吉哲 吴 亮**

摘 要:文章采用经验实证分析方法,对转型国家的收入分配与经济增长关系进行跨国面板数据研究,同时论证了中国二元经济转型中收入分配的变化。研究结果表明:转型国家收入分配与经济增长之间存在着倒"U"型曲线关系,基尼系数为40.21是收入分配差距对经济增长影响由正变负的拐点;中国农业就业比重与城乡差值基尼系数和全国基尼系数存在着二次函数关系,收入分配差距随着农业劳动力转移出现了由扩大到缩小的倒"U"型演变轨迹,而拐点正处于迈进刘易斯第一转折点的2005年左右。因此,在供给侧结构性改革的背景下,我国应积极推进收入分配体制改革以缩小收入差距,扩大中等收入群体,促进社会和谐稳定。

关键词:经济增长;收入分配;转型国家

---

* 基金项目:吉林省教育厅社会科学项目:科技创新驱动吉林省二元经济转型问题研究(项目编号:JJKH20170123SK);吉林财经大学马克思主义经济学研究中心项目:二元经济转型中产业结构演进及趋势研究(项目编号:2016MY001)的阶段性成果。

** 作者简介:孙亚南(1986—),吉林财经大学经济学院讲师,主要从事经济发展与转型研究;董吉哲(1985—),国网吉林省电力有限公司经济技术研究院工程师,主要从事数理经济与最优化建模研究;吴亮(1973—),兰州财经大学经济学院副教授,主要从事经济发展与转型研究。

一 引言

古往今来，收入分配一直都是经济学家关注的重要问题之一。在古典经济学形成之前，在斯图亚特、魁奈和杜尔格等经济学家的相关理论中就已体现出朴素的收入分配思想。以亚当·斯密和大卫·李嘉图为代表的古典学派和马克思主义经济学更是把收入分配理论作为研究的重点。20世纪50年代，卡尔多等人建立了与经济增长理论紧密联系的后凯恩斯主义的收入分配理论，特别是库兹涅茨（1955）[1] 提出了经济增长与收入分配差距之间的倒"U"型，激发了人们对收入分配与经济增长关系的研究兴趣。继而，检验这一假说的经验实证研究成果相继问世，学者们不断运用新的研究方法和新的数据来检验库氏倒"U"型假说。Adelman and Morris（1973）[2]、Paukert（1973）[3]、Ahluwalisa（1976）[4] 等采用多国截面数据资料的实证检验，大多支持库氏的倒"U"型假说。Fields（1984）[5] 等根据时间序列数据的实证检验结果，认为经济增长和不平等之间不存在倒"U"型关系；而 Lindert & Williamson（1985）[6] 研究了几个欧洲国家和美国较长历史时期的数据，结果是明显支持倒"U"型假说。

收入分配与经济增长关系研究始终是国内学者的研究重点。目前，我国学者通常采用计量模型，根据已有数据检验二者的关系，主要存在

---

[1] Kuznets S., "Economic Growth and Income Inequality", *The American Economic Review*, 1955, 45 (1), pp. 1–28.

[2] Adelman I., Morris C. T., *Economic Growth and Social Equity in Developing Countries*, Stanford University Press, 1973.

[3] Paukert F., "Income Distribution at Different Levels of Development: a Survey of Evidence", *Int'l Lab. Rev.*, 1973, 108, p. 97.

[4] Ahluwalisa M. S., "Inequality, Poverty and Development", *Journal of Development Economics*, 1976, 3 (4), pp. 307–342.

[5] Fields G. S., "Employment, Income Distribution and Economic Growth in Seven Small Open Economies", *The Economic Journal*, 1984, 94 (373), pp. 74–83.

[6] Lindert P. H., Williamson J. G., "Growth, Equality, and History", *Explorations in Economic History*, 1985, 22 (4), pp. 341–377.

三种观点：第一，收入差距扩大对经济增长有利，代表性学者有：汪同三、蔡跃洲（2006）[①] 等；第二，收入差距扩大对经济增长影响为负，如陆铭、陈钊、万广华（2005）[②]，杨俊、张宗益、李晓羽（2005）[③] 等；第三，收入差距与经济增长呈非线性关系，代表性学者有王立勇（2013）[④]、吕炜、储德银（2011）[⑤]、王少平和欧阳志刚（2008）[⑥] 等。

收入分配理论经过古典、新古典、后凯恩斯主义，特别是 20 世纪 80 年代以来新理论与新研究方法的引入，取得了诸多非常有价值的研究成果。但从已有研究看，学者所侧重与提供的经验证据和研究方法各异，所得出的结论分歧很大，新的数据和估计方法也许能对此提供更有力的解释。由于我国正经历着从二元经济结构向一元经济结构的转型，其收入差距与经济增长的关系可能具有独特特征。因此，本文以世界上的转型国家为视域范围，试图从这一独特的国家群体出发对收入分配与经济增长的关系进行研究。根据数据可得性和研究目的需要，本文进行实证研究选择的是代表性的转型国家，既包括激进转型的独联体和东欧国家，也包括渐进转型国家。具体来看，独联体国家以俄罗斯联邦、乌克兰、摩尔多瓦为代表，东欧国家以匈牙利、波兰、罗马尼亚为代表，渐进转型国家选择中国和越南为代表。数据选取的时间跨度范围为 1990—2014 年，这一时期涵盖了"苏联解体"以及"后共产主义"国家的制度变迁过程，因此具有特殊的重要意义。本文首先对转型国家收入分配与经济增长的典型事实进行描述性的统计分析，继而以代表性转型国家为研究对象进行收入分配与经济增长的关系的实证检验，而中国作为世界上最

---

① 汪同三、蔡跃洲：《改革开放以来收入分配对资本积累及投资结构的影响》，《中国社会科学》2006 年第 1 期。
② 陆铭、陈钊、万广华：《因患寡，而患不均——中国的收入差距、投资、教育和增长的相互影响》，《经济研究》2005 年第 12 期。
③ 杨俊、张宗益、李晓羽：《收入分配、人力资本与经济增长：来自中国的经验（1995—2003）》，《经济科学》2005 年第 5 期。
④ 王立勇、万东灿、杨雨婷等：《我国收入差距对经济增长动态影响的经验研究——"U 型"与"倒 U 型"特征的刻画》，《当代财经》2013 年第 3 期。
⑤ 吕炜、储德银：《城乡居民收入差距与经济增长研究》，《经济学动态》2011 年第 12 期。
⑥ 王少平、欧阳志刚：《中国城乡收入差距对实际经济增长的阈值效应》，《中国社会科学》2008 年第 2 期。

大的发展中国家,渐进转型中二元经济结构问题突出,最后研究中国二元经济转型中收入分配的演变。

二 转型国家收入分配与经济增长的总体分析

自20世纪80年代末以来,东欧和独联体国家进行了从中央集权的计划经济到市场经济的转型,经历了宏观经济的急剧变化与调整,政治领域、经济领域经历了大起大落;而渐进转型国家的越南经济发展速度平稳,中国则经历了长期的高速发展。在这不同寻常的二十几年期间,这些国家进行着如火如荼的社会与经济变革,其中收入分配制度改革是至关重要的环节。

由于中东欧国家和独联体国家采取的转型方式为"休克式"改革,在转型初期的很短时间内,根据对各国经济增长和收入分配情况进行分析,我们发现,大多数国家居民收入差距急剧扩大并且经济增长速度急剧下滑,呈负增长;而后伴随着各国经济的复苏,经济正向增长,基尼系数也基本呈扩大趋势。中国在这方面的表现有所不同:伴随着居民收入差距不断扩大的是经济快速持续增长,基尼系数所反映出的收入差距也大于其他大部分转型国家。总体而言,各转型国家随着收入差距的不断扩大,经济增长呈现先上升后下降的趋势,即经济增长与收入差距的关系大体呈倒"U"型曲线,只不过各国出现经济下滑的时点略有不同而已。但这一推论是否稳健,即库兹涅茨倒"U"型曲线关系是否真的存在,需要严格的实证检验。

三 转型国家收入分配与经济增长关系的经验实证

本文选择典型国家的时间跨度为1990—2014年,选择GDP增长率表示各国经济增长状况,以基尼系数表示收入分配差距。其中,世界各国的数据来源于世界银行WDI数据库和世界收入不平等数据库,中国的基尼系数数据根据国家统计局官网整理得到。通过整理,最终得到8个转型国家25年的面板数据即200个样本,本部分对以上国家的收入分配与经济增长关系进行面板数据的实证检验。

(一)变量的统计性描述

根据前面典型事实分析中的数据,变量的统计性描述如表1所示。

表1　　　　　　　　　　变量的统计性描述

指标	均值	标准差	最小值	最大值
经济增长率(Y)	3.3030	6.9983	-22.9340	14.2314
收入分配($GINI$)	34.5306	6.5159	22.9000	49.1000

(二)实证模型构建

为了对代表性转型国家的经济增长与收入分配关系进行倒"U"型的实证检验,将计量模型设定为:

$$Y_{it} = \beta_0 + \beta_1 GINI_{it} + \beta_2 GINI_{it}^2 + \varepsilon_{it} \qquad (1)$$

其中被解释变量 Y_{it} 表示 GDP 增长率,$GINI_{it}$ 代表基尼系数,$GINI_{it}^2$ 是 $GINI_{it}$ 的平方项。β_0、β_1、β_2 是回归系数,ε_{it} 为随机扰动项,满足经典假设条件。

(三)实证结果及分析

鉴于中国转型中收入分配与经济增长的特殊性,本文在实证分析中主要考虑两种情况:第一,将转型国家全部数据作为样本进行面板数据实证分析;第二,将中国以外的转型国家数据作为样本进行面板数据实证分析。

1. 转型国家面板数据模型分析

本文首先对8个转型国家的收入分配与经济增长关系进行实证检验,进行固定效应模型检验、随机效应模型检验及 Hausman 检验,以决定是采用固定效应模型还是用随机效应模型,检验结果如表2左半部分所示。对 Hausman 检验中P值为0.1388,在5%的显著水平上拒绝原假设,即引入随机效应模型是合理的。从随机效应模型看,模型总体上通过显著性检验,各变量在5%的显著性水平上显著不为零。GINI 的系数为 0.7882,是正数,而 $GINI^2$ 的系数为 -0.0098,是负数。这表明,转型国家收入差距与经济增长之间存在着倒"U"型曲线关系,即在收入差距水平较低的阶段,收入差距的扩大将促进经济增长,但当收入差距达到一定水平后,收入分配状况的恶化将对经济增长产生不利影响。

表2　　　　　收入分配对经济增长影响的参数估计结果

Variable	转型国家（包括中国）		转型国家（不包括中国）	
	固定效应模型	随机效应模型	固定效应模型	随机效应模型
C	-10.8308***	-12.3365***	-47.2238**	-53.0175***
	(-3.1810)	(-3.5688)	(-2.3526)	(-2.7704)
GINI	0.8467***	0.7882***	3.1156***	3.3406***
	(4.5171)	(4.2821)	(2.6469)	(2.9671)
$GINI^2$	-0.0126***	-0.0098***	-0.0484***	-0.0499***
	(-3.5115)	(-2.9663)	(-2.8225)	(-3.0411)
Observation	200	200	175	175
R-squared	0.3355	0.0989　0.1223	0.1810	0.0520
F-statistic	10.6592	10.8066	4.5865	4.7179
Hausman 检验	Prob〉chi2 = 0.1388		Prob〉chi2 = 0.3653	

注：***、**、*分别表示1%、5%、10%的显著性水平。

2. 不包括中国的转型国家面板数据模型分析

表2右半部分是剔除中国后的数据回归结果。之所以从样本中去掉中国,主要是因为中国在本文研究的转型国家中比较特殊:自改革开放以来,中国的经济增长率不仅在转型国家中是最高的,在全世界也是较高的;收入差距在近几年也显著大于其他国家,明显超过国际警戒线的标准;相对于独联体和东欧国家,中国走的是"摸着石头过河"的具有中国特色社会主义试错式的渐进改革之路。本部分将剔除中国后的分析结果和包含中国的分析结果加以对比,进而说明在充分考虑了样本潜在"异常值"后,收入分配对转型国家经济增长的影响。与前一部分相同,我们仍然进行固定效应模型检验、随机效应模型检验及 Hausman 检验,

以决定采用哪一种模型。在 Hausman 检验中 P 值为 0.3653，在 5% 的显著水平上拒绝原假设，即引入随机效应模型是合理的。从随机效应模型看，模型总体上通过显著性检验，各变量在 5% 的显著性水平上显著不为零。$GINI$ 的系数为 3.3406，是正数，而 $GINI^2$ 的系数为 -0.0499，是负数。这表明，不包括中国在内的转型国家的收入分配与经济增长之间仍然存在着倒"U"型曲线关系。

3. 基尼系数门限值确定

为了计算收入分配差距对经济增长影响由正变负的门限值，将（1）式两边对基尼系数求偏导，得到（2）式：

$$\frac{\partial Y_{it}}{\partial GINI_{it}} = \beta_1 + 2\beta_2 \times GINI_{it} \tag{2}$$

因此，我们根据一阶条件，得到收入分配对经济增长影响由正到负的转折点，即基尼系数的门限值。通过式（2），我们得到：在包含中国在内的样本回归结果中，当基尼系数达到 40.21 时，收入分配对经济增长的影响由正变负；在不包括中国样本的回归结果中，当基尼系数达到 33.47 时，收入分配对经济增长的影响由正变负。显然从基尼系数的门限值观察，前者要更大一些，超过了基尼系数国际警戒线 40 的标准，而前者的样本中包括中国，这表明中国对高收入差距的容忍程度相对其他转型国家要更高一些，这与中国的社会转型、发展实践是吻合的。

四 中国二元经济转型中收入分配演变的经验实证

中国作为世界上最大的发展中国家，二元经济结构是基本的国民经济特征。因此，基于二元经济转型的视角来考察和审视近 40 年来收入分配的变化是十分必要的，本部分运用经验实证的方法对此问题展开研究，以此判断中国收入分配演变的大致趋势。

（一）基尼系数与农业就业比重的二次曲线拟合

二元经济转型的核心问题是农业剩余劳动力的转移问题。随着农业劳动力向非农产业转移，二元经济转型中收入分配差距会经历一个由扩大到缩小的演变趋势。本部分以农业就业比重为解释变量,以城乡差值基尼系数代表收入差距作为被解释变量,对二者进行二次曲线拟合,数据统计性描述见图1,将模型设定为:

$$Z_t = \beta_0 + \beta_1 L_t + \beta_2 L_t^2 + \mu$$

其中,Z_t 表示城乡差值基尼系数,L_t 表示农业就业比重,μ 是随机误差项,得到估计模型:

$$Z_t = -0.0064 + 1.3693 L_t - 1.7250 L_t^2 (4.10)(-5.20)$$

$$\bar{R}^2 = 0.7724 \quad F = 58.70 \quad D.W. = 0.33$$

该模型中,$D.W.$ 值为0.33,表明该模型存在自相关。经过差分变换消除模型自相关,得到估计结果为:

$$Z_t = -0.0938 + 1.7770 L_t - 2.1797 L_t^2$$

$$(3.74)(-4.40)$$

$$\bar{R}^2 = 0.9621 \quad F = 204.29 \quad D.W. = 2.36$$

从模型的回归结果看,该模型的拟合优度较高,方程总体通过显著性检验,L_t 和 L_t^2 在5%的显著性水平下显著不为零,因此,城乡差值基尼系数与农业就业比重存在着二次曲线的关系,前者随着农业就业比重的下降先缓慢上升,而后又逐渐下降。令 $dZ_t/dL_t = 0$ 时,可知在 $L_t = 0.4076$ 时,Z_t 达到最大值0.2684。

用同样的方法对全国基尼系数与农业就业比重进行模型估计,结论表明二者仍然存在着二次曲线的关系,在农业就业比重为0.3979时,全国基尼系数达到最大值0.4313。

以上分析表明,农业就业比重与全国基尼系数、城乡差值基尼系数都存在二次曲线关系,全国基尼系数和城乡差值基尼系数均呈现倒"U"型演变的趋势,说明我国的收入分配差距随着农业劳动力转移出现由扩大到缩小的演变轨迹。

(二) 刘易斯转折点的判断与收入分配差距演变

由于二元经济转型不同阶段收入分配差距具有不同的变化轨迹,从而形成了收入分配的倒"U"型演变。因此,考察中国二元经济转型中收入分配差距演变，必须对中国二元经济转型阶段进行判断。参考高铁梅等（2011）①、孙亚南（2016）② 的研究，我国于 2005 年迎来粮食短缺点即刘易斯第一转折点，说明我国于 2005 年进入刘易斯转折阶段，若这个时点后我国农业劳动力继续向城市转移，将会影响农业总产出水平。而考察我国经济社会发展状况，在 2005 年之后，我国东南沿海也陆续出现农民工用工短缺状况。

再来考察我国收入差距的变动情况，从图 1 中可以看到，我国城乡差值基尼系数从 1984 年开始波动性上升，到 2003 年达到最高值 0.2824，此后开始下降，到 2014 年下降到 0.2347；全国总体基尼系数也从 1985 年开始波动性上升，到 2008 年达到最高值，此后开始下降。因此，基尼系数由扩大到缩小的转折点大致在刘易斯第一转折点前后。

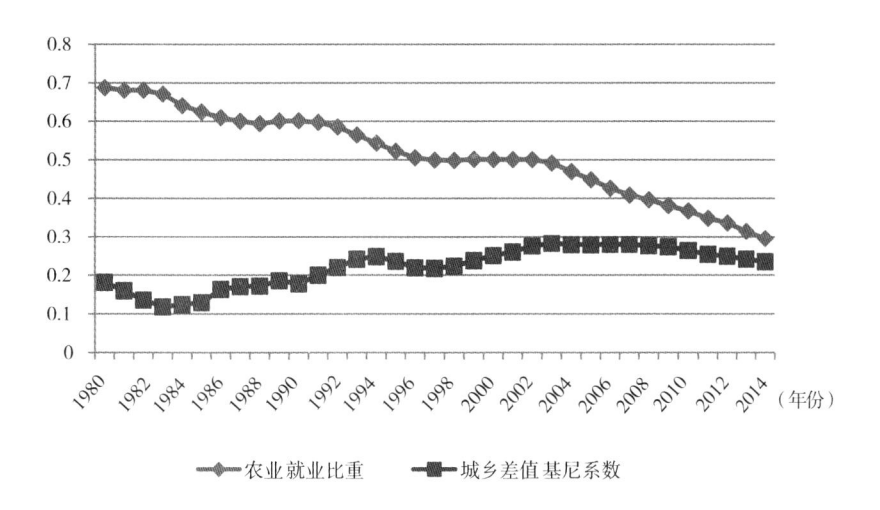

图1 城乡差值基尼系数与农业就业比重的变动情况

数据来源：农业就业比重和城乡差值基尼系数根据《2015 年中国统计年鉴》有关数据计算。城乡差值基尼系数是指城镇（农村）居民收入占全国总收入的比重和城镇（或农村）人口占全国总人口比重之差的绝对值。参见张桂文《中国二元经济结构转换的政治经济学分析》，经济科学出版社 2011 年版，第 166 页。

---

① 高铁梅、范晓非：《中国劳动力市场的结构转型与供求拐点》，《财经问题研究》2011 年第 1 期。

② 孙亚南：《二元经济转型国际比较研究》，中国社会科学出版社 2016 年版，第 222 页。

五 结论与启示

本文运用经验实证分析方法,对代表性转型国家收入分配与经济增长关系进行研究,论证了中国二元经济转型中收入分配的变化,得出以下结论:

第一,通过对代表性转型国家的收入分配与经济增长的关系进行实证分析表明,转型国家的收入分配与经济增长之间存在着倒"U"型曲线关系,因此应该承认和允许居民之间合理收入差距的存在。虽然收入差距过大对经济社会发展会产生非常不利的影响,但适当的收入差距对经济增长是有利的,只要以基尼系数表示的收入差距不超过40.21就可以。一旦超过这一拐点,居民收入差距的不断扩大将阻碍经济持续快速增长。改革开放以来,中国收入差距不断扩大,2016年中国的基尼系数仍然高达46.5,正在成为中国目前社会不稳定的主要因素。因此,中国政府应积极探索提供有利于缩小收入差距、促进经济发展方式转变的制度供给,以达到经济增长与收入分配改善"双赢"的局面。

第二,通过对中国农业就业比重和基尼系数进行二次曲线拟合的结果表明,我国农业就业比重与城乡差值基尼系数和全国基尼系数都存在着二次函数关系,从而证明了中国收入分配差距随农业劳动力转移出现了由扩大到缩小的倒"U"型演变轨迹。中国二元经济转型于2005年左右进入刘易斯第一转折点,与此相适应,城乡差值基尼系数和全国基尼系数也在2005年前后经历了一个由上升到下降的演变过程。

第三,由于中国双重转型和经济发展不平衡性的特殊国情,虽然我国二元经济转型已进入刘易斯转折阶段,总体上收入分配差距已开始缩小,但基尼系数仍在国际警戒线以上。在供给侧结构性改革的背景下,深入推进收入分配体制的调整和改革以缩小收入差距、扩大中等收入群体、促进社会和谐稳定是我国现阶段经济发展的主要任务。

(原文发表于《改革与战略》2017年第9期)

东北老工业基地振兴的政治经济学思考[*]

宋冬林[**]

摘 要：东北老工业基地振兴研究需要从供给侧结构性改革入手和转型经济角度进行全面深入的政治经济学分析，以生产方式的变革和矛盾运动的逻辑主线贯穿于体制、产业和微观主体的相互作用关系，厘清市场化与产业链延长的内在联系，进而得出东北老工业基地振兴的内在逻辑在于：立足生产方式变革，通过调整生产关系促进和适应生产力发展要求，为东北老工业基地振兴提供体制机制保障和新动能。

关键词：东北老工业基地振兴；政治经济学思考；转型经济；生产力；生产关系

自 2003 年国家实施振兴东北老工业基地以来，东北地区经济实现了近十年的快速增长。近年来，伴随着世界经济波动和中国经济增速放缓，东北三省经济出现了所谓断崖式下跌，东北地区经济发展问题再度成为社会关注的焦点。如何看待东北地区经济社会发展面临的矛盾和问题，如何看待东北老工业基地振兴问题？东北老工业基地振兴战略提出和实施 14 年后原有的老问题依旧现实地摆在我们面前，并需要给予明确的回

---

[*] 基金项目：吉林省"十三五"智库规划委托基金项目"吉林省单一结构型城市转轨问题研究"（2017JLSZKWT001）。

[**] 作者简介：宋冬林（1957— ），吉林财经大学教授，吉林大学博士生导师，主要从事社会主义市场经济理论研究。

答和解决。

一 引论

对于东北老工业基地的经济持续下行,既要直面新常态下经济下行带来的矛盾和问题,又要看到经济向好的趋势性变化[①],少些感性宣泄,多些理性思考。客观来说,2008年金融危机以来世界范围内产业结构始终处于调整期,大宗商品价格进入长期低迷周期,即所谓超周期,传统产业和资源型产业一直在低位徘徊,"锈带地区"转型步履艰难,这无疑会影响相关产品价格走势和传统产业为主导的地区经济增长,因此东北地区近年来出现的传统产业衰退和经济下滑基本符合近年来传统产业的运行轨迹和产业结构调整的规律性变化。当然,除去客观因素,东北地区产业结构单一、偏重,产业链条短,市场化程度低,体制机制僵化,微观基础缺乏活力等也是导致东北老工业基地经济低迷不振的重要原因[②]。因此,有必要从供给侧结构性改革入手对东北老工业基地振兴问题作一深入的政治经济学思考。

研究东北老工业基地供给侧结构性改革应从两个方面展开,一是普遍存在的问题,二是趋势性变化。

从普遍存在且亟待解决的问题看,东北三省在"去产能、去库存、去杠杆、降成本和补短板"方面存在明显的共性特征,即化解过剩产能和库存都需要花大气力调整传统的产业结构,优化产业布局;去杠杆和降成本需要降低制度交易性成本,打破要素流动障碍,提升企业竞争力;都需要补齐民营经济短板,解决市场活力问题;都需要补齐服务业短板,解决产业结构失衡问题;都需要补齐科技成果转化短板,解决增长动能转换和产业升级问题;都需要补齐工业转型升级短板,提升工业发展的质量和效益。更重要的是,还需要补齐市场机制在资源配置中起决定性

---

① 黄群慧、石颖:《东北三省工业经济下行的原因分析及对策建议》,《学习与探索》2016年第7期。

② 国家行政学院经济学教研部:《中国供给侧结构性改革》,人民出版社2016年版。

作用的短板,以促进资源优化配置、产业结构演进符合规律和经济均衡健康运行。

从趋势性变化看,尽管东北老工业基地推进"三去一降一补"任务十分艰巨,但是从 2016 年以来,一些经济向好的趋势性变化已经逐步显现出来,一是传统支柱产业的库存积压状况有所改善,产销止跌回稳;二是新兴战略性产业发展势头迅猛,高新技术与产业日益融合,增长态势强劲;三是第三产业特别是作为新经济代表的新兴服务业态发展势头良好,生产性服务业增长迅速,产业结构得到了改善;四是创新型中小微企业蓬勃发展,微观主体开始注入生机和活力,在一定程度上减轻了传统产业衰退带来的就业压力。上述这些趋势性变化尽管与东北地区整体经济的低位运行相比,不那么亮眼和出彩,新经济的比重有限,影响还不够大,但毕竟预示着东北老工业基地振兴的未来,对此,我们应该增强信心[①]。

毫无疑问,进一步推进和深化供给侧结构性改革不仅要研究和解决影响制约当前东北老工业基地振兴的供给侧结构性问题,还应当从深度和广度上研究解决老工业基地全面振兴和持续发展问题。

二 东北老工业基地振兴研究的两种视角

从东北老工业基地振兴的理论和实践看,研究主要存在两种视角:一是基于东北老工业基地的历史和现实状况,从狭义的产业层面或国企改革层面切入研究老工业基地振兴问题;二是基于东北老工业基地的历史、现实和未来,从广义的转型经济角度研究老工业基地转型发展问题。应当说,从上述两种视角研究东北老工业基地振兴问题都是具有理论和实践意义的,但是,如果把东北老工业基地振兴问题纳入特殊的区域经济发展问题如所谓锈带地区转型发展问题来研究,仅从产业层面或国企改革层面来研究振兴问题就不够了,而需要从广义的转型经济角度来研

---

① 吴敬琏、厉以宁、林毅夫等:《供给侧结构性改革引领"十三五"》,中信出版社 2016 年版。

究东北老工业基地发展问题。这是因为，首先，东北老工业基地问题本质上是区域经济发展问题，其发展同样遵循区域经济社会发展的一般规律，而作为老工业基地，其发展的特殊性在于特定区域经济社会发展的转型问题。其次，从转型发展的角度看，东北老工业基地振兴是一个涉及产业、体制、微观主体、社会发展和环境治理的多维的综合性问题，研究和解决多维的综合性问题必须也只能按照系统工程的方法来全面思考和解决问题，不能"头疼医头，脚疼医脚"。最后，要深入系统全面地研究转型问题，就必须从经济社会关系入手深入研究经济社会发展的规律、规律实现的方式和路径，必须深入研究东北老工业基地生产方式矛盾运动的历史进程。基于政治经济学角度看，生产方式的变革贯穿东北老工业基地振兴过程，东北老工业基地振兴应该是调整生产关系以适应生产力发展的过程，调整上层建筑以适应经济基础发展的过程，调整经济社会发展与环境保护关系的过程。

三 体制、产业和微观基础的三重约束

我们知道，中华人民共和国成立后的东北老工业基地是在国家工业化战略驱动和传统计划经济体制下兴起并发展起来的，其体制、产业和微观基础的形成体现了当时传统计划经济关系的要求，适应了当时条件下生产力发展的要求。但是，随着经济社会的发展，特别是改革开放后，植根于传统计划经济关系和生产方式基础上的东北老工业基地越来越不能适应市场经济条件下生产力和生产关系发展的需要，越来越不能适应资源型产业和传统产业生命周期变化对产业升级或转型的要求，越来越不能适应产业调整和经济转型对生产方式变革的要求。

具体来说，东北老工业基地形成和发展过程存在着产业、体制和微观主体的三重制约。

从产业发展史看，东北老工业基地的产业是在中华人民共和国成立前原有工业基础上和中华人民共和国成立后实施国家工业化战略形成的，其产业类型和分布带有工业化初期以及战时动员经济的特征，原字号、初字号产业居多，且结构单一，分工粗放封闭。受制于当时的历史条件

和经济社会发展水平，一些特定产业形成发展又往往与所在城市和地区社会经济活动高度契合，就业依存度、财政依存度和经济增长依存度高，进而造成所在城市或地区因该类产业而兴也因该类产业而衰，该类产业对所在城市或地区经济社会发展影响巨大、作用全面，形成了所谓单一产业结构对地区经济发展的约束作用。

从体制演进的进程看，长期以来东北老工业基地是在传统计划经济体制下发展起来的，传统的计划经济关系通过传统的计划经济体制和机制影响城市或地区发展，这些影响体现在社会再生产方式上重外延扩大再生产，轻内涵扩大再生产；重数量增长，轻质量提升；注重片面增长，忽视全面发展；在三大部类比例关系上注重重化工业投入，忽视农业和轻工业投入；在积累与消费的关系上重积累轻消费；在生产与生活的关系上主张"先生产、后生活"；在资源配置上强调政府的决定主导作用，计划配置资源分布，行政主导资源流向；在资源要素价格形成上实施压低原材料价格的"剪刀差"政策，低出高进；等等。传统的体制机制通过传统的生产方式影响社会经济活动，以此形成了传统体制机制对区域经济发展的约束作用。

从微观主体的形成看，长期以来东北老工业基地社会经济活动的微观主体是庞大的国有企业，2003年前，东北老工业基地国有经济占比均在80%左右，在传统体制机制束缚下，国有企业背负着沉重的社会负担和历史包袱，机制僵化，效率低下，竞争能力弱，而且占用大量资源，严重抑制要素资源在社会范围内的有效配置，挤压了民营经济的发展空间。在地央企虽然具有较强的竞争能力和技术研发优势，但未能与地方经济形成社会化分工联系和协同机制，未能形成多种所有制形式共同发展、大中小企业协作共进的环境，进而影响了地方经济发展。

进一步来看，上述三个方面因素又是相互联系和互为支撑的，在传统体制的作用和影响下，资源型产业发展采取粗放掠夺式发展模式，缺乏资源开发补偿和衰退产业援助机制，缺乏持续发展能力和政策支持。传统产业在条块分割和传统计划经济体制机制束缚下缺乏创新升级的内在动力和外部压力，长期形成的巨大历史欠账制约产业转型和发展接续替代产业，传统体制机制抑制产业转型和升级，缺乏增长的动力和持续发展的后劲。反过来，传统产业和资源型产业的历史欠账又成为影响体制机制改革的沉没成本，制约改革深入，造成传统产业与传统体制之间相互牵制，互为掣肘。作为微观主体，国有企业既受制于传统体制机制的束缚，同时又受累于传统产业的羁绊，企业办社会长期形成的社会历史包袱和体制机制束缚使得企业缺乏产品升级和发展接续替代产品的内在动力和条件，传统的生产方式无法适应生产力飞速发展的需要，无法满足市场多样化的需要，企业发展步履艰难，严重依赖传统产业，遇到困难就找政府要政策，形成了对政府和传统体制的依赖。

应该看到，虽然改革开放后特别是2003年振兴东北战略提出并实施后，产业、体制和微观主体对东北区域经济束缚作用有所改变并一度呈现高速增长，但是，经济运行和经济发展中的深层次矛盾和问题并没有从根本上得到解决，传统的生产方式仍然严重束缚生产力和生产关系的变革与发展，产业结构单一、体制机制僵化和微观主体缺乏活力的痼疾仍然存在。加之老工业基地的改造与转型任务十分复杂且艰巨，一些深层次的矛盾和问题需要进一步加大改革开放力度来解决，也需要时间来化解，不能一蹴而就，对此我们应有清醒的认识。

四 市场化分工与产业链延长的内在联系

东北老工业基地的兴起与发展不是单纯依靠区域要素资源自发积聚和区域市场化分工自发形成的，而是在传统计划经济区域布局和工业化战略强力推动下形成的，基于老工业基地建设的战略意图和明确的计划经济指向使相关产业的演进历程具有人为干预的特征。客观来说，政府在老工业基地建设以及相关产业发展之初和发展的一定阶段发挥了十分重要的积极作用[1]。一是政企合一的管理体制加快了资源集聚速度，提高了资源集中集聚的管理效率，降低了社会管理成本，在经济环境相对封闭和经济关系相对简单的情况下提高了运行效率，促进了产业在短时间

---

[1] 陈春明、张洪金、刘新华：《新常态下黑龙江省制造业转型升级路径及对策研究》，《学习与探索》2016年第7期。

内做大做强；二是国家的重点倾斜政策包括人力资源政策有力地支持和扩大了产业规模，将农民迅速组织起来加以工厂化训练，短时间内形成了巨大的就业规模，并在此基础上实施了有效的社会管理，迅速形成了适应当时生产力发展要求的生产方式、经济基础和上层建筑；三是封闭体系下产业内分工与工厂管理制度契合，产业分工和产业链条依分厂车间设置展开，提高了体系内的生产效率。上述因素一方面导致东北老工业基地的传统产业具有天然的速度优势，并在很短的时间内迅速提升了东北地区的工业化水平；另一方面，这种"强政府弱市场"的超常规发展模式也给产业可持续发展带来隐患，即产业发展违背了产业演进的一般规律，发展的基础脆弱且不稳定。伴随着城市规模的扩大和传统产业的衰退，特别是改革开放后，原有的维系传统产业发展直接的供需计划联系被打破，规模化、标准化的生产方式受到市场多样性需求的严重冲击，激烈的市场竞争引致企业经营困难，企业经营困难又引致产业衰退困局，传统的生产方式、经济基础和上层建筑抑制了生产力变革发展的要求，进而导致城市发展缺乏活力和物质基础支撑，各种社会经济矛盾凸显。

进一步来看，植根在传统体制机制基础上的分工是"旧式分工"，其特点：一是封闭性，二是内循环性，三是分割性。这种具有上述特性的旧式分工体系对外依附于传统体制的条条块块，对内则是基于工厂化分工，因此严格说来是生产性分工，不是基于市场的社会化分工。这就必然带来两个问题，第一，产业分工链条短，难以持续创造由分工深化、细化带来的社会财富及其辐射效应；第二，大企业的技术、管理优势的溢出效应难以通过社会化分工体系惠及中小企业。伴随我国改革开放，特别是加入WTO后，沿海地区加快了市场化进程，不仅产业分工与市场经济发展有机结合，而且实现了与世界经济的有机融合，其分工体系已逐步嵌入全球产业分工体系中，并在竞争的推动下由低端向中高端攀升。相比之下，东北老工业基地传统产业仍然囿于体制机制和旧式分工限制，没有及时抓住全球产业整合的有利契机，致使传统产业在经济下行的冲击下陷入困境。

五　需要正确处理的几对关系

从政治经济学角度看，东北老工业基地振兴的内在逻辑在于立足生产方式变革，通过调整生产关系适应生产力发展要求，通过科技创新和技术进步提升生产力水平，以改善区域经济持续发展的能力，构造资源优化配置和区域经济演进符合规律的内在机制，夯实经济持续稳定发展的基础。

具体来说，调整生产力与生产关系主要体现在体制机制改革和对内对外开放，这既涉及生产力也涉及生产关系，既涉及政府层面也涉及企业层面，既关乎当下，更影响长远，由于涉及方方面面的利益关系，自然成为当前供给侧结构性改革的重点和难点问题。

第一，调整生产力与生产关系要正确处理好政府与企业的关系。就东北老工业基地来说，"三去一降一补"多涉及国企和国有控股企业，问题复杂，影响面大，政府应更好、更积极地发挥作用，在人往何处走和钱从何处来的问题上应创新工作思路，精心设计，主动应对，狠抓落实。需要我们认真思考的问题是：为什么2003、2004年国企改革遇到的问题14年后再次遇到，甚至是同样的企业和相同的问题？就东北老工业基地来说，供给侧结构性改革的重要意义不仅在于化解产能过剩问题，还在于如何重塑和再造真正意义上的市场主体。国有企业能否成为真正意义上的市场主体，能否在东北新一轮振兴中更好地发挥作用，要从根本上解决体制机制的束缚，卸掉历史包袱，除了有序推进混改，形成多元投资主体，还要在机制层面上切实提高四个方面的效率：一是完善治理结构，提高治理效率；二是推进内部改革，减少管理层级，提高管理效率；三是产业结构整合中引入竞争机制，提高资源利用效率；四是构造多种经济成分共同发展的生态系统，以提高资源配置效率和辐射带动效应。

第二，调整生产力与生产关系要正确处理好政府与市场的关系。政府要进一步简政放权，破除官本位，加快商事制度改革进程，加强经济基础设施建设，降低制度性交易成本和市场准入门槛，促进资源流动，激发市场活力。

第三，调整生产力与生产关系要正确处理好央企与地方的关系。加快央企自身改革的同时应尽快形成央企与地方互惠互利的协同机制，以项目为引领盘活存量和用好增量，并以此有序推进央企与地方和民企混合所有制改革，培育利益共享的产业价值链，在地央企的分工和技术外溢效应多与地方分享。

第四，调整生产力与生产关系要正确处理好国企与民企的关系。国企与民企之间应当形成共生的生态关系，在打造全产业链和深化分工合作基础上共存共荣，共同发展。

第五，调整生产力与生产关系要正确处理好结构调整和增长的关系。结构调整，特别是"三去一降"短期内对增长确有影响，退一步为了进两步，但不能以此成为增长乏力的借口，就经济欠发达地区和老工业基地来说，保持适宜较高速的固定资产投资和增速以保证经济增长是必要的、不可或缺的。

第六，调整生产力与生产关系要正确处理好对内开放与对外开放的关系。通过深化改革，打破条块分割和行政壁垒，建立统一规范的要素市场，促进要素资源自由地流出流入，充分利用国内和国际两个大市场，充分利用国家级新区、各类开发区和自贸区等平台作用集聚要素资源，拓展社会化分工链条，逐步推动产业向中高端攀升。

第七，调整生产力与生产关系要正确处理好有机构成提高与就业的关系。伴随着结构调整和生产自动化、智能化水平的不断提高，机器排挤工人的问题会日渐突出，政府应予以充分重视，充分发挥政府和社会力量大力发展职业教育，拓展产业领域，培育新兴业态，有序吸纳就业，化解产业转轨和经济转型带来的就业压力。

第八，调整生产力与生产关系要正确处理好分配与再分配、效率与公平的关系。振兴东北老工业基地的过程是利益关系调整的过程，协调好利益关系的关键在于分配领域，初次分配讲效率，但绝不能忽视公平，再分配讲公平，也不能忽视效率，两者要有机结合，统一在社会主义分配关系在市场经济条件下的实现方式上。

第九，调整生产力与生产关系要正确处理好经济发展新动能与新体制新机制的关系。振兴东北老工业基地需要特别关注基于生产方式变革所产生的新经济形态，新经济形态不仅包括高新技术产业，还应包括新的生产组织方式、新的商业模式、新的业态等，这些新的经济形态构成了东北老工业基地振兴和转型的新动能，其发展壮大必将会对传统经济形态和传统产业结构产生深远影响。必须看到，培育经济发展新动能需要产业政策指引和支持，更需要与新的体制机制相匹配，与新的生产方式相适应，新瓶也要装新酒，基于生产方式变革要求的改革创新才应该是新一轮东北老工业基地振兴的题中应有之义。

（原文发表于《学习与探索》2017年第7期）

中国金融体制在经济增长中的作用
——生产性效率对资源配置效率的替代

黎贵才　卢　荻　刘爱文[*]

摘　要：经过30多年的市场化改革，中国金融体制仍极具复杂性。迄今为止，这个金融体制仍存在许多偏离市场原则的因素。由此信奉金融自由化信条的新古典主义经济学家倾向认为，中国金融体制必定存在严重的资源配置无效率问题。然而，即便这个判断有其合理的一面，但这个判断就金融体制对中国经济发展的意义而言也是不充分的。本文分析得出，中国金融体制能够创造出足够的生产性效率，其在生产性效率上的得益，足以弥补在资源配置效率上的损失，从而促进整体经济效率的提升。

关键词：金融体制；资源配置效率；生产性效率

一　引言

20世纪70年代末，中国开始对传统的单一银行体制的金融模式进行以市场化为导向的金融体制改革。进入90年代以后，伴随着中国经济融入世界市场步伐的加速，中国金融体制改革的步伐也在加快。追求"自

---

[*] 作者简介：黎贵才，吉林财经大学马克思主义经济学研究中心研究员，主要从事比较经济学与中国经济发展问题研究；卢荻，中国人民大学经济学院教授；刘爱文，江西财经大学经济学院讲师。

由化""商业化""国际化"是这一时期中国金融体制改革的主要特征。但时至今日,中国的金融体制仍然是一个混合模式。尽管市场化是中国金融体制改革的总体趋向,但在这个体制中依然存在着许多较强的非市场因素,如政府干预、国有银行在金融系统的主导地位、银行冲动行为,等等。

从新古典金融自由化的主流信条看,这种混合体制必然是无效率的。国际媒体和一些西方主流经济学家也曾多次评论,中国的金融体制正在迈向"灾难"[①]。然而,与这个可疑的金融体制并行不悖的是,在整个改革时期,中国经济一直保持令世界瞩目的高速增长。自 2012 年以来,中国经济增速虽有所放缓,但仍以 7% 左右的中高速保持世界领先水平。

可以说,中国经济的这种出色表现,正是在中国金融体制改革不断深化的过程中取得的。这显示,中国的金融体制对中国经济发展的确起到了积极作用,或者说至少没有阻碍中国的经济发展。由此引申的问题是,如何正确评价中国金融体制在经济发展中的作用?进一步地,一个值得理论界深思的问题是,就貌似可疑的中国发展经验而言,中国金融改革将来走向又将如何?

要回答这些问题,需厘清中国金融体制作用于实体经济的内在机制,这又反过来要求对中国的金融体制特征做一个相对较全面的和较概念化的阐释。本文将依循这个思路,从理论演绎和典型化经验事实两个方面,来探讨中国金融体制对中国经济发展所起的作用。本文首先对改革年代中国金融体制的演进过程做一个简单的概念化的描述,目的是通过对金融部门典型化事实的描述,概括中国金融体制的制度和结构特征及其在促进经济增长和维持宏观经济稳定中所起的作用。然后从多种理论视角对中国金融体制的运行效率进行分析和评价,并对分析的结果进行实证检验。在此基础上做出结论,说明政策含义,并从更宽泛理论视角阐释中国经验的意义。

[①] 请参见 International Monetary Fund, "People's Republic of China: Financial System Stability Assessment", http://www.imf.org/external/pubs/ft/scr/2011/cr11321.pdf;颜安生:《中国金融崩溃论再次泛起》, http://finance.qq.com/a/20111220/002720.htm, 2012 年 12 月 20 日;王兵:《"中国崩溃论"的崩溃》,《红旗文稿》2014 年第 16 期。

二 中国金融体制变革与金融深化的典型化事实

自20世纪70年代以来,中国金融体制所进行的市场化的改革过程,实则是金融的市场化、商业化和国际化不断推进的过程。改革之初,中国还不存在真正意义上的金融体制,但经过近20年的市场化改革,中国初步形成了以中国人民银行为中心、以专业银行为主体、多种金融机构并存的多层次多结构的市场化金融体系。自20世纪90年代中期以后,中国政府进一步加快了国有银行商业化和国际化的改革步伐,1994年中国政府先后建立各种政策性银行以接管"四大"专业银行的非商业性业务。在1998—2003年的亚洲金融危机期间,中国政府对"四大国有银行"进行了股份制改造,并允许它们在国内和海外上市,中国银行业部门开始走向国际化。2007年,外国银行被允许在中国境内开展各种业务,与此同时,中国证券市场也得到较快发展,中国金融的国际化程度得到进一步提高。

中国的金融体制经过这30余年的市场化改革,的确取得了许多实质性的进展。金融总量得到较快增长,经济货币化程度和证券化程度在不断加深。根据货币化比率标准(M2/GDP),中国的货币化率从1979年的0.36一直飙升到2012年的1.88,从世界范围看,也已是处于相当高的水平。从证券化程度指标[(S+B)/GDP]来看,该指标从20世纪90年代开始大幅上升,从1995年的0.11上升至1999年的0.49,进入21世纪后更是直线上升,2012年达0.94。金融结构人民币贷款余额占GDP比重(C/GDP)在一定程度上也反映了金融深化程度[1],该指标自改革以来基本保持上升趋势,从1979年的0.51上升至2012年的1.21。这说明中国的金融市场化改革成效显著(见图1)。

---

[1] 见 World Bank, *International Monetary Fund. China: Financial Sector Assessment*, Washington (DC): World bank, 2011;另见 Lo, D., Li, G., & Jiang, Y., "Financial Governance and Economic Development: Making Sense of the Chinese Experience", *PSL Quarterly Review*, 2011, 64 (258), pp. 267–286。

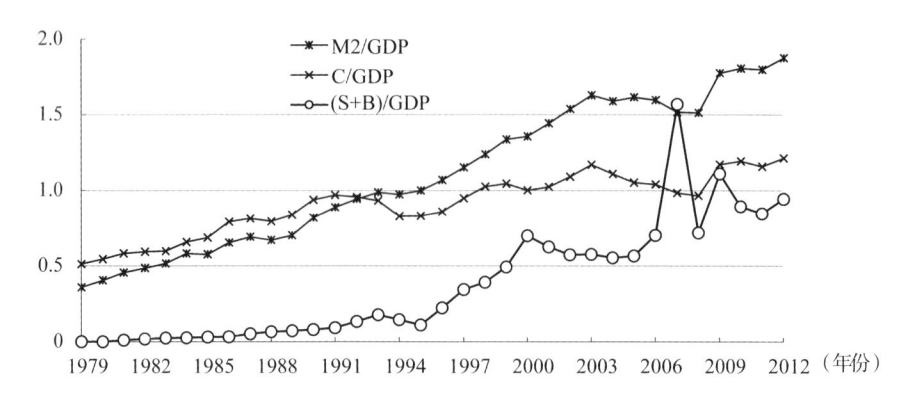

(三) 中国特色社会主义建设现阶段面临的经济理论问题探讨

图1　中国的金融化趋势：1979—2012年

注：M2为广义货币，C为金融机构人民币贷款余额，S+B为股票市值与各类债券年终余额的加总。

数据来源：《中国统计年鉴》各年数据。

然而，尽管中国的金融市场化改革取得一定成效，但中国的金融体系至今仍是一个存在较强的非市场因素的复杂系统。直观上，在过去的30余年中，中国金融体系虽显现出日趋明显的商业化和自由化，但中国金融体系的一个显著特征仍然是，国有银行（包括国有四大商业银行、国家政策银行、邮政储蓄银行和交通银行）在整个中国金融体系中占据主导地位。如表1所示，2010年中国国有银行的总资产和总贷款分别占全体银行总资产和总贷款的61%和55%。

表1　中国国有银行总资产和总贷款在银行业部门所占比率　（单位:%）

年份	2000	2005	2010
总资产	N	68	61
总贷款	77	62	55

注：国有银行＝国家控制的专业商业银行（中国工商银行、中国农业银行、中国银行和中国建设银行）＋交通银行＋国家政策银行（即国家发展银行、中国农业发展银行、进出口银行）＋邮政储蓄银行。

资料来源：《中国金融统计年鉴》各期，中国人民银行和中国银行业管理委员会网站。

从经济发展的资金来源看，从图1我们可以推断，中国经济发展的外源资金大部分来自银行信贷，而非资本市场。根据图1，在20世纪90年代证券市场的发展初期，中国经济发展所需的外部资金80%以上来源于银行信贷，即使到了2012年，这个比率依然接近60%。

概言之，自改革开放以来，中国金融体制总体上在不断地朝着市场化的方向迈进，金融化的程度也在不断提高。但改革至今，中国金融体制仍保持许多非市场特征，如国有银行对金融系统的控制，政府对银行行为的干预，等等。金融体制的这种复杂特性，必然引起了学术界对其效率的各种评价。从新古典主义的主流视角看，这个金融体制由于存在较强的非市场特性，必然导致资源配置的非效率性。但从其他理论视角看，这些因素可能更易于培育出生产性效率[1]。这就存在着两种效率的相互替代问题，而净效应如何，则是一个经验上的问题。因此，为更充分地评价这种体制，则还需对中国金融体制的效率特性作更深入的理论探讨和经验分析。

三 中国金融体制在经济发展的作用评价：超越新古典视角

从金融体制的效率特性来看，一个可以肯定的而又令人费解的事实是，中国的金融体制在保持着许多非市场特性的同时，也在不断推进金融的深化和促进经济发展。金融体制在中国经济发展中的这种重要性可以说体现在整个改革时期。

---

[1] 在最一般意义上，资源配置效率指的是，在某特定的时间点上，在现有的生产技术条件下，按照某种方式生产出（满足需求的）最大产出。以资源配置效率为基础的经济增长路径可看作是，在每一个时间点上，经济体以该时点的技术条件为约束，分配生产性资源以生产出最大产出。作为与资源配置效率相对应，生产性效率指的是，按照促进产出—投入比率增加的方式来进行配置生产性资源。以生产性效率为基础的增长路径，尽管在每一个时点上不一定能生产出最大化的产出，但是其产出—投入比率即生产率保持持续增长。拉佐尼克对这两种不同的效率概念提供了较深刻的说明，具体见 Lazonick, W.（1991），*Business Organization and the Myth of the Market Economy*，Cambridge：Cambridge University Press。这两种概念差别，主要涉及的是金融与工业、短期制度与长期制度关系的分歧，这也是本文试图集中展示的内容。

正如图 1 中所显示的,广义货币供给(M_2)、金融机构贷款余额(C)与股票市值和债券余额($S+B$)分别占 GDP 比的这三个关键指标的演变趋势清晰地反映了改革年代中国经济快速的金融深化的过程。从图 1 可以看出,金融机构贷款对快速的金融深化起到主导性作用,其中银行业的信贷更是起关键性作用。与其他相对发展较快的发展中国家相比,中国银行业的这种作用也是显著的。就"国内信贷占 GDP 的比重"这一常用指标而言,2012 年中国这一指标为 152.7%,远高于同期的印度(76.6%)、俄罗斯(41.1%)、巴西(110.5%),而且自 1990 年以来这种态势基本保持不变(见表 2)。

表 2　　　　　　　银行信贷与 GDP 之比的国际比较　　　　　(单位:%)

年份 国家	1990	1995	2000	2005	2010	2012
中国	89.4	87.7	119.7	134.3	145.1	152.7
印度	50.0	42.9	51.4	58.4	71.8	76.6
俄罗斯	N	25.5	24.9	22.1	37.4	41.1
巴西	87.6	56.1	71.9	74.5	96.3	110.5

数据来源:世界银行数据库。

从银行业的信贷结构看,国有银行的信贷仍是占主导地位。图 2 显示了银行业贷款的总体结构特征。从图 2 可以看到,在整个改革年代,尽管国有银行贷款占比存在下降趋势,但大部分年份该比重都维持在 70% 以上。从增长率的变动趋势看,不论是国有银行的贷款还是银行业的总体贷款水平,其增长率波动都较大,且两者的波动趋势基本是一致的,可以说国有银行是银行信贷的货币扩张的决定性因素。由此我们或许可以推论,以国有银行为主导的中国金融体制并没有影响中国经济的金融深化过程。

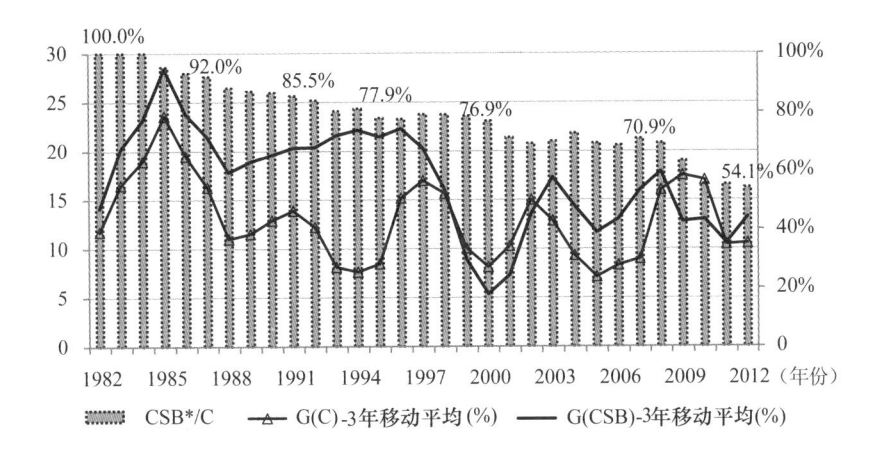

图 2　银行信贷的增长率与结构特征

注：①$G(C)$、$G(CSB)$分别为银行信贷增长率和国有银行信贷增长率，数据对应主坐标轴。自1997年开始，$CSB*$除包括"四大"国有银行外，还包括中国交通银行、政策性银行和中国邮政储蓄银行（2008年始）等国有控股银行数据；②$CSB*/C$为国有和国有控股银行信贷占银行信贷总额的比重，数据对应次坐标轴。

数据来源：根据《中国统计年鉴》《中国金融年鉴》和中国人民银行网站数据库各年数据整理所得。

图3刻画了银行信贷（C）、固定资本形成（K）和GDP三者间的关系。从图3可以看到，这三者的增长变动趋势基本保持一致，且信贷增长先于固定资本形成（即投资）的增长，而投资的增长又显著领先于GDP的增长。由此我们可以推论，中国的经济增长主要由投资来驱动，而投资的增长又主要由银行的信贷扩张来支持。然而，另一方面，在整个改革年代，投资和信贷都表现出剧烈的波动，从图3可以看出，中国经济经历了多个"收放式"的循环波动。倘若企业生产性投资的主要资金来源是银行信贷，那么我们有理由推断，中国银行系统的行为是极其不稳定的。

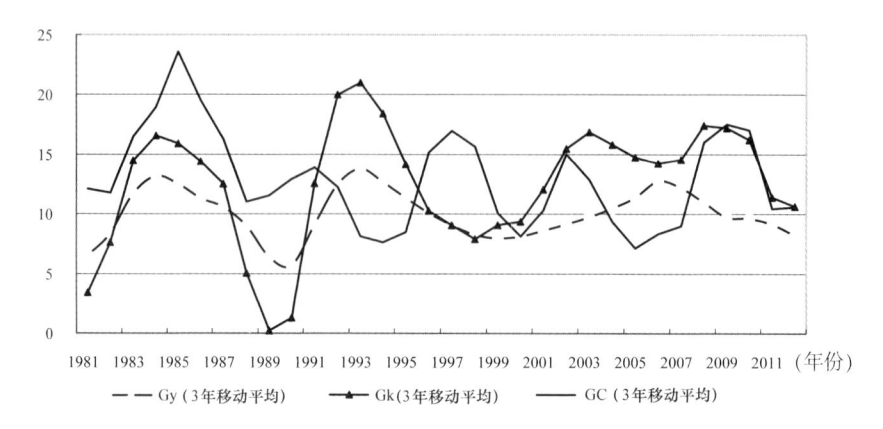

图 3 GDP 增长、银行信贷增长和固定资本形成总额年均增长（3 年移动平均）

注：Gy 为 GDP 增长率，Gk 为固定资产形成总额增长率，GC 为信贷增长率（3 个增长率皆以不变价格计算）。

以上的分析表明，中国的金融体制特性一方面有利促进经济增长，另一方面又是诱发经济波动的主要因素。这种影响的多重性决定了对其效率特性评价的复杂性，相关文献将其称为"中国金融发展悖论"（Allen, 2005）[1]。

新古典主义经济学认为，金融体制是否有效率关键在于金融体系的行为是否与市场原则相一致，因为只有符合市场原则才能实现资源最优配置。而非纯粹的市场化金融体制，由于软预算约束，存在内在固有的扩张特性，还容易导致经济的不稳定性，这种不稳定性也是非效率的表现（Kornai, 1990；Kornai, Maskin & Roland, 2003）[2]。

现有的关于金融方面的中国经验研究大多遵循主流信条，因而它们的分析也大多倾向得出负面评价。Aziz 和 Duenwald（2002）认为，中国

---

[1] Allen, F., J. Qian & M. Qian, "Law, Finance, and Economic Growth in China", *Journal of Financial Economics*, 2005, 77 (1), pp. 57 – 116.

[2] 参见 Kornai, J., *The Road to a Free Economy-Shifting from a Socialist System: the Example of Hungary*, New York: W. W. Norton and Company, 1990；另见 Kornai, J., Maskin, E. & Roland, G., "Understanding the Soft Budget Constraint", *Journal of Economic Literature*, 2003, 41 (4), pp. 1095 – 1136。

金融体制对经济发展的贡献是不显著的。[1] 而 Blanchard 和 Giavazzi (2005)[2]、Mckinnon 和 Schnabl (2009)[3]、Garciá-Herrero (2006)[4] 等则进一步认为，中国金融体系行为既然背离了市场化原则，从而不能有效配置金融资源，那必然就是无效率的，中国经济的频繁波动正是无效率的表现。Boyreau-Debray (2003) 则认为，如果金融体制完全按照市场化原则进行改革，那么它对经济发展的贡献将会表现更佳[5]。部分学者沿着此思路，认为在"金融资源误置"的情况下，中国经济依然能保持较快增长，主要归功于非正规金融[6]或私营企业的内部融资[7]的作用。因此，新古典主义者大都倾向认为，要提高中国金融体制效率，就必须对中国的金融体系进行全面的市场化改革。

西方激进经济学家则提出了与新古典主义经济学不一样的观点。演化论者认为对经济发展应更多地关注其动态过程，而不是不变的均衡状态[8]，换言之，必须重视经济发展的动态效率而不仅是静态的资源配置效率。后凯恩斯主义者则认为，金融不稳定是市场经济的常态，银行信贷却是经济波动的主要推手[9]。但他们并不认为波动即是无效率，他们提出

---

[1] Aziz, J., Duenwald, K., "Growth-Financial Intermediation Nexus in China", *IMF Working Paper* WP/02/194, Washington (DC): International Monetary Fund, 2002.

[2] Blanchard, O., Giavazzi, F., "Rebalancing Growth in China: A Three-Handed Approach", *CEPR Discussion Paper*, 2005, 5403, pp. 1 – 37.

[3] Mckinnon, R., Schnabl G., "China's Financial Conundrum and Global Imbalances", *BIS Working Papers* 277, 2000, pp. 1 – 28.

[4] Garciá – Herrero, A., Gavilá S. & Santabárbapa, D., "China's Banking Reform: an Assessment of its Evolution and Possible Impact", *CESifo Economic Studies*, 2006, 52 (2), pp. 304 – 363.

[5] Boyreau-Debray, G., "Financial Intermediation and Growth: Chinese Style", *Policy Research Working Paper*, No. 3027, Washington (DC): World Bank, 2003.

[6] 陈长石、刘晨晖：《中国式"金融发展悖论"与私营企业转型投资决策——基于银行资本误配置视角的分析》，《经济学动态》2015 年第 12 期。

[7] Guariglia, A. & Poncet, S., "Could Financial Distortions be No Impediment to Economic Growth after All?: Evidence from China", *Journal of Comparative Economics*, 2008, 36 (4), pp. 633 – 657.

[8] ［英］梅特卡夫：《演化经济学与创造性毁灭》，冯健译，中国人民大学出版社 2007 年版，第 15 页。

[9] Minsky, P., "The Financial Instability Hypothesis: An Interpretation of Keynes and Alternative to 'Standard' Theory", *Challenge*, 1977, 20 (1), pp. 20 – 27.

生产性效率概念，认为金融的重要作用主要在于促进了生产性效率①。新熊彼特主义者也认为，金融资本的意义，在于担当了"创新性毁灭"的执行者，推动着技术范式的变革②，而不在于静态效率。有部分学者从后凯恩斯主义视角来研究中国经验，发现中国金融体系确实能够自动创造信贷以影响经济，中国经济波动也可以视为是明斯基金融不稳定的一个较好佐证。但他们认为，中国的金融体制在总体上还是有益于中国的经济发展③。

概括而言，改革年代，中国的金融体制表现出相当程度的与市场原则的相背离，与此同时，中国经济也呈现较强的不稳定性。改革期间中国经济的几度扩张和收缩，的确有证据显示与政府和银行的行为有着密切关系。西方主流学者由此认为，中国的这种金融体制特性必然有损于资源配置效率，中国经济的起伏波动正是无效率的表现。然而，一个无可争辩的事实是，自改革以来中国经济一直保持举世瞩目的高速增长。因此，新古典主义者对中国金融体制所做出的无效率的推断是不充分的。以后凯恩斯主义为代表的西方激进经济学家则提出与新古典不同的观点，认为中国的金融体制有利于促进生产性效率，从而有利于经济发展。这两种解释或许都有其合理的一面，但我们有理由相信，中国的金融体制在生产性效率方面的得益，足以弥补在资源配置效率方面的损失，从而在总体上促进了经济发展。当然，这仅是经验判断，这个判断是否合理，还有待于做进一步的实证检验。

---

① Arestis, P., "Washington Consensus and Financial Liberalization", *Journal of Post Keynesian Economics*, 2004, 27 (2), pp. 251 – 271; 另见 Kregel, J. & Burlamaqui, L., "Banking and the Financing of Development: A Schumpeterian and Minskian Perspective", in G. Dimsky and S. Paula, eds., *Imagining Growth: Toward a Renewal of the Idea of Development*, London: Zed Books, 2005, pp. 23 – 65。

② [英] 卡萝塔·佩蕾丝：《技术革命与金融资本——泡沫与黄金时代的动力学》，田方萌译，中国人民大学出版社 2007 年版，第 83 页。

③ Herr, H., "Credit Expansion and Development-A Schumpeterian and Keynesian View of the Chinese Miracle", *Intervention: European Journal of Economics and Economic Policies*, 2010, 7 (1), pp. 71 – 90.

四 中国金融体制效率特性的实证分析

(一) 中国经济增长的生产性效率与资源配置效率的测算

1. 理论框架

资源配置效率可以用要素流动对生产率的贡献来反映,一般可采用常用的 Shift-share 方法来估算①。假设工业部门采用的生产要素为劳动(L)和资本(K),α、β 分别为劳动和资本的产出弹性。假定产出为 Y,全要素生产率为 A,根据索洛剩余概念,则有 t 时期 i 地区的全要素生产率的增长率为:

$$\dot{A}_i(t) = \dot{Y}_i(t) - \alpha_i(t)\dot{L}_i(t) - \beta_i(t)\dot{K}_i(t) \tag{1}$$

其中,各变量所带冒号"·"代表对该变量求增长率。假定中国工业总量生产函数与各地区工业的形式相同,则 t 时期的中国总体工业的全要素生产率增长率为:

$$\dot{A}(t) = \dot{Y}(t) - \alpha(t)\dot{L}(t) - \beta(t)\dot{K}(t) \tag{2}$$

由此有:$L(t) = \sum_i L_i(t)$,$K(t) = \sum_i K_i(t)$。令 $\lambda_i(t)$ 为各地区工业产出占总工业产出的比重,并对 (1) 式以 $\lambda_i(t)$ 为权重进行加权求和,则有:

$$\sum_i \lambda_i(t)\dot{A}_i(t) = \sum_i \lambda_i(t)\dot{Y}_i(t) - \sum_i \lambda_i(t)\alpha_i(t)\dot{L}_i(t)$$
$$- \sum_i \lambda_i(t)\beta_i(t)\dot{K}_i(t) \tag{3}$$

(2) 式与 (3) 式相减,整理得:

---

① Shift-share 方法最早由法布里肯特于 1942 年提出,并用于分析制造业就业情况,后来学者对此方法进行了不断完善。具体参见 Fabricant, S. (1942), "Employment in Manufacturing: 1989 – 1939", NBER Working Paper; Gazel, R. & Schwer, R. (1998), "Growth of International Exports among the States: Can a Modified Shift Share Analysis Explain it", *International Regional Science Review*, 21 (2), pp. 185 – 204; Mustafa, D. & Haynes, K. (1999), "Regional Efficiency in the Manufacturing Sector: Integrated Shift Share and Date Development Analysis", *Development Quarterly*, 13 (2), pp. 183 – 199。本文试图采用 Shift-share 方法将工业部门的全要素生产率分解为资源配置效率和生产性效率来讨论中国特定时期的金融体制对中国经济效率的影响。

$$\dot{A}(t) = \sum_i \lambda_i(t)\dot{A}_i(t) + \{\dot{Y}(t) - \sum_i \lambda_i(t)\dot{Y}_i(t)\}$$
$$+ \{\sum_i \lambda_i(t)\alpha_i\dot{L}_i(t) - \alpha\dot{L}(t)\} + \{\sum_i \lambda_i(t)\beta_i\dot{K}_i(t) - \beta\dot{K}(t)\} \quad (4)$$

(4)式右边第一项 $\sum_i \lambda_i(t)\dot{A}_i(t)$ 为各地区工业全要素生产率增长率的加权和，代表整体工业的内部增长效应，第二项（$\dot{Y}(t) - \sum_i \lambda_i(t)\dot{Y}_i(t)$）为工业结构变动效应，这两项之和体现了工业部门内在生产能力的提升，可以将其作为生产性效率（PE）的代理指标。

(4)式第三项（$\sum_i \lambda_i(t)\alpha_i\dot{L}_i(t) - \alpha\dot{L}(t)$）、第四项（$\sum_i \lambda_i(t)\beta_i\dot{K}_i(t) - \beta\dot{K}(t)$）分别代表劳动和资本在各地区工业部门之间流动对生产率增长的影响，这两项之和可以作为资源配置效率（AE）的代理指标。

2. 数据来源及其处理

为了分析金融发展与中国经济增长之间相对稳定的关系，这里主要选取中国经济发展相对平稳时期即1998—2012年各地区规模以上工业部门的数据作为考察对象。有关各地区规模以上工业企业增加值数据，1998—2008年来自《中国统计年鉴》各年数据，2008年以后为根据各地区统计年鉴或统计公报的增加值增长率推算所得，这些数据都已折算为1998年不变价格；有关各地区规模以上工业企业劳动力数据，2003—2012年来自中经网，1998—2003年为根据各地区规模以上企业工业增加值与劳动生产率指标推算所得。资本投入数据是根据永续盘存法，对各地区规模以上工业企业年末固定资产净值进行如下折算所得，其计算表达式如下：

$$k_i(t+1) = 0.97k_i(t) + \frac{K_i(t+1) - 0.97K_i(t)}{P(t+1)} \quad (5)$$

其中，$k_i(t)$ 代表 i 地区 t 时期的资本存量，$K_i(t)$ 代表 i 地区 t 时期年末固定资产净值，$P(t+1)$ 为工业品出厂价格指数，并令 $P(1998) = 100$。为讨论方便，这里令 $k_i(1998) = K_i(1998)$，即将1998年作为分析的基期。①

3. 生产性效率与资源配置效率测算结果

为计算中国总体工业的生产性效率和资源配置效率,须先确定各地区工业生产函数的劳动生产弹性和资本生产弹性。这两者的确定一般可以采用柯布—道格拉斯对数生产函数和超越前沿对数生产函数来进行估算,其形式分别为:

$$\ln y_i(t) = \alpha_i(t) + \beta_l(t)\ln l_i(t) + \beta_k(t)\ln k_i(t) + \varepsilon_i(t) \tag{6}$$

$$\ln y_i(t) = \alpha_i(t) + \beta_l(t)\ln l_i(t) + \beta_k(t)\ln k_i(t) + \frac{1}{2}\beta_{ll}(t)(\ln l_i(t))^2 + \frac{1}{2}\beta_{kk}(t)(\ln k_i(t))^2 + \beta_{lk}(\ln l_i(t)\ln k_i(t)) + \varepsilon_i(t) \tag{7}$$

其中误差项 $\varepsilon_i(t) = \eta_i + \rho(t) + v_i(t)$,$\eta_i$ 代表不可观测的工业效应的省市差异,ρ 代表不可观测的工业效应的时间差异,$v_i(t)$ 代表其他干扰项。

就柯布—道格拉斯生产函数而言,其劳动和资本的生产弹性分别为 β_l 和 β_k。而对于超越前沿生产函数,其劳动和资本的生产弹性则分别为:

$$\beta_l^i(t) = \beta_l(t) + \beta_{ll}(t)\ln l_i(t) + \beta_{lk}\ln k_i(t) \tag{8}$$

$$\beta_k^i(t) = \beta_k(t) + \beta_{kk}(t)\ln k_i(t) + \beta_{lk}\ln l_i(t) \tag{9}$$

分别对柯布—道格拉斯生产函数和超越前沿对数生产函数进行估算,回归结果见表 3。

从表 3 可以看到,不论是柯布—道格拉斯生产函数还是超越前沿生产函数,Hausman 检验的结果显示,这两者都应采用固定效应模型。从显著性水平看,超越前沿生产函数的估计值相对更可靠,因此,本文将选择(7)式作为生产函数的估计方程,并按照(8)式、(9)式来估算各省市工业每年的资本和劳动的产出弹性值。根据(4)式可推算出整体规模以上工业企业生产性效率和资源配置效率,估算结果见表 4。

---

① 从永续盘存法的内在含义看,资本品的相对效率按几何方式递减,余额折旧法通常采用 $d_t(1-\delta)^t$ ($t = 0, 1, 2, \cdots$),这里 d_t 为资本相对效率,δ 为重置率或者折旧率,许多学者采用我国法定残值率(3%~5%)作为重置率或折旧率,本文将该数值选为 3%。

表3　柯布—道格拉斯生产函数与超越前沿对数生产函数的比较

方程	模型	α	β_l	β_k	β_{lk}	β_{ll}	β_{kk}	R^2	hausman
(8)	FE	-2.090 (-8.84)***	-0.007 (-0.11)	1.192 (55.42)***	—	—	—	0.986	11.72 (0.008)
	RE	-2.279 (-21.10)***	0.065 (2.64)***	1.171 (59.05)***	—	—	—	0.988	
(9)	FE	-5.958 (-2.61)***	-0.476 (-2.32)**	2.500 (3.67)***	0.374 (3.37)***	-0.496 (-4.44)***	-0.400 (-2.63)**	0.973	26.00 (0.000)
	RE	-4.153 (-2.56)**	-0.933 (-2.05)**	2.317 (3.42)***	0.351 (3.15)***	-0.363 (-3.84)***	-0.366 (-2.44)**	0.987	

注：变量系数括号中的值为 t 统计量；Hausman 检验括号中数值为 Prob〉chi2 的值。

表4　整体规模以上工业企业生产性效率与资源配置效率

年份	内部增长效应（%）	结构变动效应（%）	劳动流动效应（%）	资本流动效应（%）	生产性效率（%）	资源配置效率（%）	全要素生产率增长率（%）
1999	8.02	-0.12	-0.40	0.45	7.90	0.05	7.96
2000	11.99	-0.37	-0.57	0.78	11.62	0.21	11.83
2001	7.60	-0.10	-0.55	-0.17	7.50	-0.72	6.79
2002	15.07	-0.20	-0.83	0.45	14.87	-0.38	14.49
2003	20.12	-0.15	-1.25	1.03	19.97	-0.22	19.75
2004	21.65	-0.19	-0.78	0.42	21.46	-0.36	21.10
2005	15.25	-0.18	-1.21	1.08	15.07	-0.13	14.94
2006	17.59	-0.13	-0.54	0.53	17.46	-0.01	17.45
2007	17.31	-0.19	-0.31	0.14	17.12	-0.17	16.95
2008	12.18	-0.30	-0.44	0.28	11.88	-0.16	11.71
2009	16.69	-0.21	0.47	-0.49	16.48	-0.02	16.45
2010	13.06	-0.26	-0.08	0.52	12.80	0.44	13.24
2011	14.83	-0.25	0.32	-0.20	14.58	0.12	14.70
2012	15.33	-0.11	0.47	-0.54	15.22	-0.07	15.15

（二）中国金融发展与经济增长效率关系的实证检验

1. 中国金融发展与经济增长效率的关系：来自宏观指标的直观判断

按照 Shift - share 方法对全要素生产率的增长率进行分解可以看到，除个别年份外，资本流动效应对全要素生产率增长的贡献为正，劳动流动效应的贡献恰好相反，而两者总效应的贡献大部分年份为负（见表4）。中国经济增长的这种效率特征与中国的金融体制有着密切关联。

从金融发展的市场资源配置作用来看，如果以通用的戈德史密斯的金融相关率［即 $(M2 + C + S + B)/GDP$］作为金融发展水平的衡量指标，从图4可以看到，金融发展水平与体现资源配置效率的总效应（即劳动流动效应与资本流动效应之和）在1999—2003年间相关性相对较弱,后者在该期间表现出较大的波动性。而在2004—2012年间,金融发展水平与总效应的变动趋势基本是反向的,尤其是与作为总效应主要构成的能体现金融动员资源能力的资本流动效应之间的这种反向关系表现得尤为明显。这说明中国金融发展从总体上看没有体现出对资源配置效率的促进作用,这个结果也确实符合主流文献的判断。

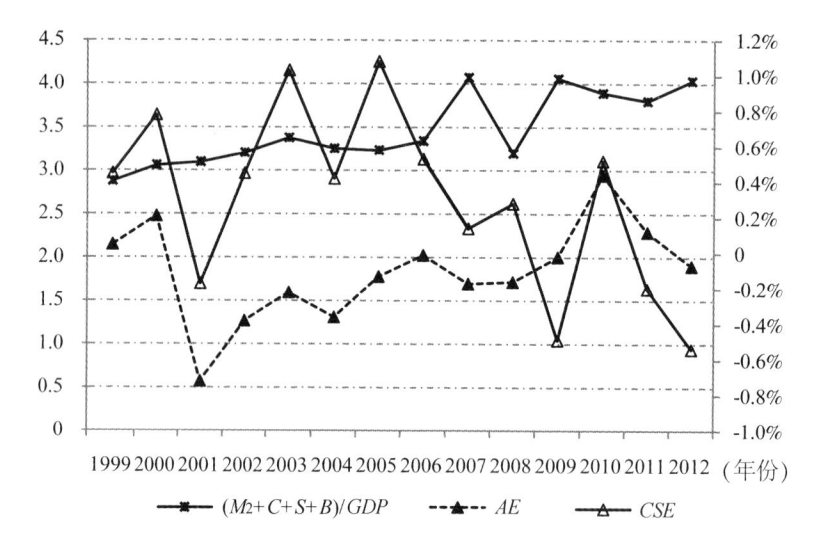

图4 金融发展与资源配置效率改进:1999—2012年

注:①$(M2+C+S+B)/GDP$为金融相关率,数据对应主坐标轴。②AE为资源配置效率,CSE为资本流动效应,数据对应次坐标轴。

数据来源:金融相关率指标根据《中国统计年鉴》《中国金融年鉴》和中国人民银行网站数据库各年数据整理所得,AE和CSE数据为表2中所推算数据。

然而,从金融发展与生产性效率的相关性来看,从图5可以看到,在1999—2012年间,除2001年和2005年等个别年份外,这两者之间基本保持相同的变动趋势。我们可以由此判断,中国的金融发展有利于生产性效率的提升。当然,这个判断是否合理还需做进一步的实证检验。

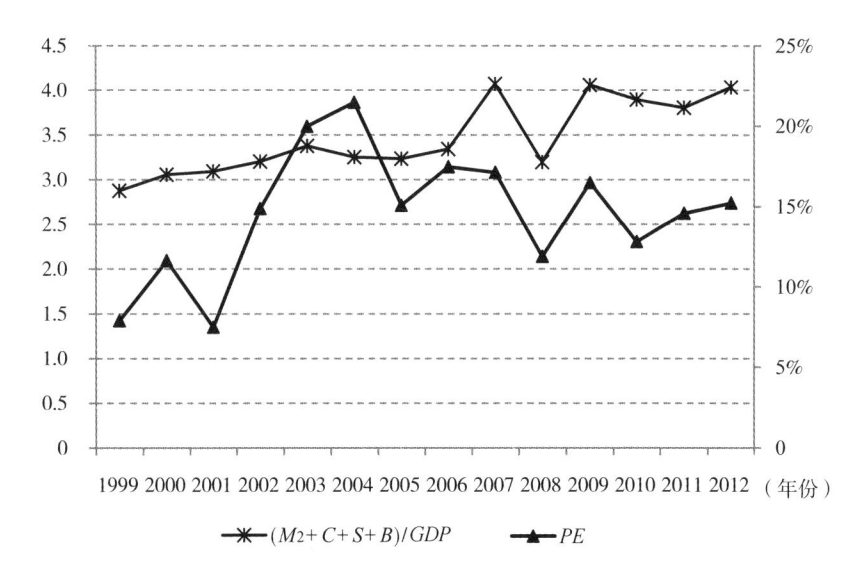

图 5　金融发展与生产性效率的提升：1999—2012 年

注：①（$M2+C+S+B$）/GDP 为金融相关率，数据对应主坐标轴；②PE 为生产性效率，数据对应次坐标轴。

数据来源：金融相关率数据根据《中国统计年鉴》《中国金融年鉴》和中国人民银行网站数据库各年数据整理得到，生产性效率（PE）数据为表 2 中所推算数据。

2. 中国的金融发展提升了生产性效率：实证检验

要检验金融发展是否对生产性效率具有促进作用，由（4）式可知，关键在于检验金融发展能否提高经济体的内部增长效应，而这只需检验地区的金融发展是否有利于全要素生产率的增长。根据已有的经验研究①，可构建如下动态面板模型：

$$\Delta \ln A_{i,t} = \sum_{k=1}^{d} \alpha_k \Delta \ln A_{i,t-k} + \beta f d_{i,t} + \gamma con_{i,t} + \varphi_i + \delta_t + \varepsilon_{i,t} \qquad (10)$$

其中，下标 i 代表地区，t 代表时间（年份），A 代表全要素生产率，则 $\Delta \ln A_{i,t}$ 近似地反映了第 t 年 i 地区全要素生产率的增长率。φ_i 为特定地区效应，δ_t 为特定年度效应，$\varepsilon_{i,t}$ 为异质冲击项。该模型中的主要解释变量和控制变量的具体含义和度量方法简要说明如下。

---

① 李青原、李江冰、江春：《金融发展与地区实体经济资本效率——来自省级工业行业数据的证据》，《经济学》（季刊）2013 年第 1 期。

(1) 主要解释变量即金融发展（$fd_{i,t}$）。谈儒勇（2000）[1]、Levine（2002）[2]、韩立岩等（2002）[3]和 Guariglia（2008）[4]等金融市场规模即资本深化指标来表示，也有学者用资本配置效率来表示。很显然，后者是以新古典理论为基础，将金融发展的效率等同于资本配置效率。为能够从更宽泛的理论视角讨论金融发展与经济效率之间的关系，选择前者作为金融发展的代理指标更符合本文的分析需要。

金融市场规模通常可用各地区全部银行信贷占地区 GDP 比重（cre）、各地区城乡居民储蓄占地区 GDP 的比重（sav）、和各地区股票流通市值占地区 GDP 的比重（$stoc$）等三种衡量指标来表示[5]。前两个指标反映的是金融体制效率特性，后一个指标反映的是金融市场化程度。具体而言，全部银行信贷占 GDP 比重（cre）指标，是衡量金融深化的重要指标[6]，采用该指标能更好地反映中国金融发展对经济增长效率影响的金融体制结构特征；城乡居民储蓄占地区 GDP 的比重（sav）可作为金融中介发展的代理指标[7]，该指标较少受中央银行政策的影响，能稳定地反映金融发展对经济增长的作用[8]；股票流通市值占 GDP 的比重

---

[1] 谈儒勇：《金融发展理论与中国金融发展》，中国经济出版社 2000 年版，第 102 页。

[2] Levine, R., "Bank-based or Market-based Financial Systems: Which is Better?" *Journal of Financial Intermediation*, 2002, 11, pp. 398 – 428.

[3] 韩立岩、蔡红艳：《我国资本配置效率及其与金融市场关系评价研究》，《管理世界》2002 年第 1 期。

[4] Guariglia, A. & Poncet, S., "Could Financial Distortions Be No Impediment to Economic Growth after all?: Evidence from China", *Journal of Comparative Economics*, 2008, 36（4）, pp. 633 – 657.

[5] 见 Christer, L., Li, J., "Financial Sector Development, FDI and Economic Growth in China", China Center for Economic Research Working Paper E2007005, 2007, pp. 1 – 36；另见 Guariglia, A. & Poncet, S., "Could Financial Distortions be No Impediment to Economic Growth after All?: Evidence from China", *Journal of Comparative Economics*, 2008, 36（4）, pp. 633 – 657。

[6] World Bank, "International Monetary Fund. China: Financial Sector Assessment", Washington (DC): World bank, 2011.

[7] Guariglia, A. & Poncet, S., "Could Financial Distortions Be No Impediment to Economic Growth after All?: Evidence from China", *Journal of Comparative Economics*, 2008, 36（4）, pp. 633 – 657.

[8] Chen, H., "Development of Financial Intermediation and Economic Growth: The Chinese Experience", *China Economic Review*, 2006, 17, pp. 347 – 362.

(stoc) 是金融市场化发展的指标，该指标能反映出中国金融市场化程度对经济增长效率的影响。

（2）控制变量。影响经济增长效率的因素是复杂的、多方面的，为更好地考察金融发展对经济增长效率的影响，根据增长理论相关文献，模型中增加如下控制变量：①地方财政支出（gov），该指标用各地区政府支出占地区 GDP 的比重来度量。增长理论文献大多肯定政府支出对经济增长有重要影响（Weil，2005）[1]，本文选取该指标作为控制变量，以反映政府在地区经济发展中的作用。②外商直接投资（fdi），该指标用各地区外商直接投资实际利用外资金额占地区 GDP 比重来度量。外商直接投资直接增加了地方的资本投入，其技术溢出也是地方经济技术进步的重要来源[2]，本文将其选为控制变量，以考察外商直接投资对地区增长效率的影响。③对外贸易（trade），该指标用各地区对外贸易总额占地区 GDP 的比重来度量。相关文献研究表明，对外贸易反映了一个经济体的开放程度，它可以通过技术扩散、创新刺激、专业化分工等途径提高经济增长效率[3]，以其作为控制变量，可以反映地区开放程度对地区发展的影响；④所有制结构（struc），该指标用各地区规模以上国有及国有控股工业企业增加值占地区所有规模以上工业企业增加值的比重度量。相关文献认为，所有制结构是影响经济增长的重要制度因素[4]，本文将其列为控制变量以反映地区的体制特征对地区经济增长效率的影响。⑤基础设施（infra），该指标以各地区每平方公里相对应的铁路、公路和水路里程来度量。相关文献研究表明，良好的基础设施能够提高生产率[5]，本文将其列为控制变量，以反映地方基础设施建设对经济增长效率的内在影响。

---

[1] Weil, D., *Economic Growth* (3rd ed.), New York: Pearson Education, Inc., 2012, p. 330.

[2] Billington, N., "The Location of Foreign Direct Investment: an Empirical Analysis", *Applied Economics*, 1999, 31 (1), pp. 75–76.

[3] Krugman, P., "Increasing Returns, Monopolistic Competition, and International Trade", *Journal of International Economics*, 1979, 9, pp. 469–479.

[4] 参见世界银行《1993 年世界发展报告》，中国财政经济出版社 1993 年版，第 47 页；另见乔长福《论经济增长与所有制结构的关系》，《中国软科学》2000 年第 3 期。

[5] 世界银行：《1994 年世界发展报告》，中国财政经济出版社 1994 年版，第 15—18 页。

这里所采用的数据，除上文所界定的工业增加值和计算所得出的各地区全要素生产率外，其他数据分别来自《中国统计年鉴》各年、各地区统计年鉴各年、《中国金融年鉴》各年，以及证券会所提供的相关数据。

由于回归模型中包含了滞后期的被解释变量，因其与误差项相关，如采用 OLS 估计将导致回归有偏和不一致，本文将采用工具变量法和两步差分广义矩方法（TWO-STEP DIF-GMM）来进行回归分析，以克服模型中存在的内生性问题。对该模型选择，回归结果见表3。这里将金融发展变量作为内生变量，并将差分后的 2—4 阶滞后因变量和 2、3 阶滞后内生变量作为估计方程中对应变量的工具变量以控制内生性问题。为判断工具变量是否有效和扰动项是否存在自相关，还需进行 *Sargan* 检验和 *Hansen* 检验，检验结果显示，本文的模型设计是合理的。

表5　金融发展对经济增长效率的影响：基于省际动态面板数据的两步 DIF—GMM 回归

解释变量＼被解释变量	ΔlnA 模型（1）	ΔlnA 模型（2）	ΔlnA 模型（3）
ΔlnA_{-1}	-0.114 (-4.85)*** -	-0.070 (-2.14)***	-0.496 (-22.11)***
ΔlnA_{-2}	-0.047 (-1.49)	-0.036 (-1.49)	-0.345 (-17.65)***
cre	0.192 (5.24)***		
sav		0.210 (2.61)***	
stoc			0.020 (7.25)***
gov	0.140 (1.89)*	0.388 (4.46)***	-0.566 (-0.17)
fdi	1.592 (2.12)**	1.694 (1.23)	1.632 (2.21)**

续表

解释变量 \ 被解释变量	ΔlnA		
	模型（1）	模型（2）	模型（3）
trade	0.199	0.144	0.101
	(4.30)***	(3.31)***	(3.71))***
struc	0.025	0.012	0.007
	(1.83)*	(2.23)**	(0.58)
infra	0.002	0.027	-0.019
	(0.16)	(1.56)	(-1.27)
_cons	-0.123	-0.150	0.426
	(-1.87)*	(-1.71)*	(12.08)***
obs	341	341	191
样本时间	1999—2012	1999—2012	2003—2010
Wald	126.91***	179.23***	2439.76***
AR（1）	-2.679***	-2.797***	-2.274**
AR（2）	-0.542	-0.354	-0.800
Sargan	29.562	29.590	29.561

注：*、**、***分别表示在10%、5%和1%水平上显著，括号中数值及 AR（1）和 AR（2）数值为 t 统计量。

资料来源：根据《中国统计年鉴》《中国金融年鉴》和中国人民银行网站数据库各年数据整理所得。

从表5的回归结果来看，金融发展指数不论是以 cre 作为代理指标，还是以 sav 或 stoc 作为代理指标，其回归系数都显著为正，这说明各地区金融发展确实能促进全要素生产率的增长，从而有利于整体经济生产性效率的提升。具体而言，银行信贷比重（cre）每增加一个百分点，能促进全要素生产率的增长率提高0.192个百分点，而居民储蓄存款比重（sav）和股票流通市值占地区 GDP 的比重（stoc）每提高一个百分点，能分别促进全要素生产率的增长率提高0.21个和0.02个百分点。可见，中国的金融体制能够有效地通过银行信贷将金融资产投向生产性领域，而且能够充分动员居民储蓄进入生产性领域，从而促进生产性效率的提高。而股票流通市值占地区 GDP 的比重（stoc）对全要素生产率的作用相对较弱,说明中国金融体系中对经济发展起主要作用的仍然是银行系统而非资本市场。

就控制变量而言,政府支出(gov)和所有制结构($struc$)这两个变量在表3前两个方程中的回归系数显著为正,第3个方程虽或正或负,但均不显著,说明总体上政府投入和国有经济对提高经济效率均有明显影响。表5中回归结果还显示,外商直接投资和对外贸易总额两变量(fdi和$trade$)的回归系数基本都显著为正,说明外商直接投资和外贸的竞争机制还是能有效促进技术创新,从而通过"干中学""技术外溢"等效应促进全要素生产率的提升。基础设施($infra$)的回归系数不显著,可能的解释是,基础设施对增长效率的影响或许存在时滞效应。此外,被解释变量滞后项回归系数为负,且滞后1期的系数在统计上十分显著,说明全要素生产率的增长存在明显的收敛趋势。

综上分析,根据运用Shift-share方法对全要素生产率的增长率分解的结果可以得出,中国工业部门全要素生产率的增长主要来自以内部增长效应为主体的生产性效率,而不是由劳动流动效应和资本流动效应所构成的资源配置效率。后者尽管大多数年份为负,但从绝对值看,相对前者而言几乎是可以忽略不计的[①]。从中国的金融体制特征与增长效率关系来看,中国的金融发展虽在一定程度上抑制了资源配置效率,但却提升了生产性效率,而且后者的提高足以弥补资源配置效率的下降,从而促进整体效率的提升。

五 结语

自20世纪70年代末以来,中国对经济体制进行了全面改革,但时至今日,中国的金融体制仍是一个混合模式,即既存在日趋激烈的市场竞争,又具有(或保留)国有垄断的特性。因此,要评价中国金融体制的

---

① 在这里考虑资源配置效率时,仅考察了资源跨地区之间的流动情况,如果从整个宏观经济的角度来考察,可能低估了资源配置效率,而相应高估了生产性效率。但从这两者的关系看,这个判断还是可以成立的。

效率特性,就必须将其放在"经济转型"的大背景下、从更宽泛的理论视角来进行讨论。

新古典主义经济学者认为中国这种非纯粹的市场化金融体制,由于软预算约束,存在内在固有的扩张冲动,这种背离市场化原则的行为容易引发经济波动,从而不利于资源有效配置,出现非效率。由此引申的逻辑是,为提高金融资源的配置效率,必须对包括银行部门在内的所有国有企业实行私有化。当然,也有论者将经济波动归责于政府管制失效,认为政府调控手段的调整必须与银行市场化改革步伐保持同步,否则必然引发经济波动。他们认为整个改革年代中国经济所经历的几个"收放式"的循环波动,是政府与金融机构相互博弈的结果[1]。持此论者虽没有明确提出私有化主张,但还是将经济波动的责任归因于政府干预不当和金融体制市场化改革的不彻底。

必须承认,中国经济改革期间的几度扩张和收缩确实与政府和银行的行为有着较大关联,但这并不意味着经济收缩的责任必须由政府负责,而过度扩张的责任必须由银行来承担。事实上,20世纪90年代后半段曾出现的一个较长时期的信贷收缩完全是国有银行商业化行为的正常反应[2];而2008—2010年间那次空前的信贷扩张很明显就是政府为应对全球经济衰退所引起的需求不足而采取的积极举措。这同时也说明,"收放式"的商业循环并不都是非效率的表现。新古典主义经济学者对中国金融体制做出非效率评价主要是认为软预算约束违背了市场化原则。但新古典主义经济学者却忽视了软预算约束理论的关键假定是金融体制通常是稳定的,而这个假定并不与现实相符。与此相比较的是,后凯恩斯经济学认为,金融不稳定是市场经济的常态,金融的重要作用主要在于促

---

[1] 见 Portes, R., "The Theory and Measurement of Macroeconomic Disequilibrium in Centrally Planned Economies", in C. Davis and W. Charemza, eds., *Models of Disequilibrium and Shortage in Centrally Planned Economies*, London: Chapman and Hall, 1989, pp. 34 – 57;另见 Yang, H., "Control or De-control?: Theoretical Arguments for Policy Making in Transition", *International Review of Applied Economics*, 1996, 10 (2), pp. 209 – 233。

[2] Lo, D. & Zhang, Y., "Making Sense of China's Economic Transformation", *Review of Radical Political Economics*, 2011, 43 (1), pp. 33 – 55.

进了生产性效率。

短期波动与长期发展之间①，以及两种效率之间或许存在某种替代关系，因此从理论视角看，以上的两种分析可能都有其合理的一面。但从现实而言，本文实证研究得出，中国金融体制虽没有有效地促进资源配置效率的提高，然而，金融体制为经济体所创造的生产性效率足以补偿在资源配置效率方面的损失，从而能够促进经济体整体效率的提升。这个判断能够有助于理解新古典主义者所认为的中国经济的"异常现象"，即在整个改革年代，中国非市场化的金融体制与金融不断深化和较快经济增长并行不悖的发展事实。至于应该如何协调政府干预与金融体系制度安排之间的关系，就维持短期稳定和促进经济长期发展而言，又应如何协调好资源配置效率和生产性效率之间的关系，以更好地发挥金融体制的正面效应，这是当前金融体制改革所必须审慎考虑的现实问题。

（原文发表于《经济学动态》2016 年第 3 期）

---

① 帕利认为，明斯基金融不稳定假说的基本精神似乎更多关注的是短期波动问题。事实上，该理论潜在层面更多关注金融和生产性投资之间的相互作用，因此它也同样关注长期经济发展，关注短期波动与长期发展之间的替代关系。参见 Palley, T. (2010), "The Limits of Minsky's Financial Instability Hypothesis as an Explanation of the Crisis", Monthly Review, 61 (11), Http：//monthlyreview. org/2010/04/01/。

唯物史观视阈下"供给侧结构性改革"的理论逻辑[*]

魏 旭[**]

摘 要：供给侧结构性改革作为中国共产党引领经济新常态的重要举措，是包含经济建设、政治建设、社会建设、文化建设和生态建设的系统工程。生产方式演化及由此引致的生产力和生产关系的矛盾运动是经济新常态形成的内生机制，也是供给侧结构性改革的内在逻辑。推进供给侧结构性改革必须从生产的四个环节的辩证关系及其矛盾运动入手，通过社会主义制度的自我完善和发展，重构和再造社会再生产体系，从而更好地解放、保护和引领生产力的发展，促进国民经济体系的结构协调。

关键词：供给侧结构性改革；唯物史观；社会再生产体系；生产力；生产关系

一 问题的提出

早在 2015 年度中央经济工作会议召开之前，党和国家领导人就已经

---

[*] 基金项目：吉林财经大学全国中国特色社会主义政治经济学研究中心项目。

[**] 作者简介：魏旭（1971— ），吉林财经大学马克思主义经济学研究中心教授，主要从事马克思主义经济学研究。

在多个场合提及"供给侧改革"①。习近平总书记在其后召开的中央财经领导小组第十二次会议的讲话中强调,"供给侧结构性改革的根本目的是提高社会生产力水平,落实好以人民为中心的发展思想"。自此,"供给侧结构性改革"就成为学界和业界讨论的热点问题。学术界围绕我国"供给侧结构性改革"的源起、理论与现实依据、面临的机遇和挑战等进行了深入解读,并给出了诸多的政策处方和路径选择。在纷繁复杂的讨论中,体现了不同学派的理论依据和政策主张,但同时也出现了对"供给侧结构性改革"的曲解和误读,甚至将我国实施的"供给侧结构性改革"的理论基础归于早已被马克思批判得体无完肤的萨伊及其新自由主义的继承者那里。对此,习近平总书记在2016年1月18日召开的在省部级主要领导干部学习贯彻党的十八届五中全会精神专题研讨班上的讲话中特别强调,"我们讲的供给侧结构性改革同西方经济学的供给学派不是一回事,不能把供给侧结构性改革看成是西方供给学派的翻版,更要防止有些人用他们的解释来宣扬'新自由主义',借机制造负面舆论"②。习近平同志的讲话为我们理解和贯彻供给侧结构性改革提供了方向和应遵循的基本原则,并成为学术界研究和阐释我国供给侧结构性改革的立足点和出发点。但从学术界已有的研究来看,虽然学者们基于不同视阈的研究对我们科学地理解和实施供给侧结构性改革大有裨益,但这些研究对供给侧结构性改革的内涵、实质和目的的认识仍然存在诸多偏差:有的学者用供给主义、结构主义和新制度主义等西方理论任意裁剪中国这一改革实践;有的学者将我们的全面深化改革理解为某项改革和政策的单项突进,忽略了问题的关键与实质;有的学者将我们的供给侧结构性改革泛化,成为无所不包的范畴。因此,廓清对供给侧结构性改革的

---

① 在2015年11月10日召开的中央财经领导小组第十一次会议的讲话中,习近平总书记就强调,"在适度扩大总需求的同时,着力加强供给侧结构性改革,着力提高供给体系质量和效率,增强经济持续增长动力,推动我国社会生产力水平实现整体跃升"。其后,在2015年11月17日召开的"十三五"《规划纲要》编制工作会议上,李克强总理要求在供给侧和需求侧两端发力,促进产业迈向中高端。

② 习近平:《在省部级主要领导干部学习贯彻党的十八届五中全会精神专题研讨班上的讲话》,http://politics.people.com.cn/n1/2016/0510/c1001-28336908.html,2016年5月10日。

认识误区,为供给侧结构性改革提供马克思主义的理论基础和可行的系统化的政策体系仍然是理论界的一项重要任务。

二 供给侧结构性改革的实践背景与现实逻辑

2015年中央经济工作会议,将"供给侧结构性改革"视作适应和引领经济发展新常态的重大创新,是适应国际金融危机发生后综合国力竞争新形势的主动选择。因此,要科学地理解和有效推进供给侧结构性改革,首先必须科学地理解经济发展新常态这一供给侧结构性改革战略的现实背景,分析新常态的成因与内在机理。

马克思主义经济学认为,社会经济形态的发展本身是一个自然的历史过程,这一历史过程表现为生产力和生产关系的矛盾运动以及由此而引致的生产方式的变迁。而一定的生产方式,总是生产的技术方式和社会方式的辩证统一,生产的技术方式决定生产的社会方式,生产的社会方式对生产的技术方式又具有反作用,一定的社会方式会促进或阻碍生产的技术进步。技术方式的变化,生产的社会方式也将发生相应的变化,这在现实世界就表现为资本积累方式和生产的组织方式的演化。与之相对应,由一定的生产方式下的生产力所决定的一定社会的生产关系也要进行调整以适应生产力的发展。对于这一点,马克思指出,"在这里,起作用的普遍规律在于:后一个〔生产〕形式的物质可能性——不论是工艺条件,还是与其相适应的企业经济结构——都是在前一个形式的范围内创造出来的。机器劳动这一革命因素是直接由于需求超过了用以前的生产手段来满足这种需求的可能性而引起的。而需求超过〔供给〕这件事本身,是由于还在手工业基础上就已作出的那些发明而产生的,并且是作为在工场手工业占统治地位的时期所建立的殖民体系和在一定程度上由这个体系所创造的世界市场的结果而产生的。随着一旦已经发生的、表现为工艺革命的生产力革命,还实现着生产关系的革命"[①]。马克思这段论述,指明了一个经济体的经济社会发展所必须遵循的规律,即生产

---

① 《马克思恩格斯文集》第8卷,人民出版社2009年版,第340页。

力的发展变化必然带来生产的技术方式和社会方式的演化，这就要求生产的结构——要素投入结构、生产的组织方式和管理结构等作出调整以适应生产方式的变化。也就是说，一旦生产的结构调整不能快速适应生产方式的变化，经济发展过程中的结构性矛盾就会显现。这种结构性矛盾的长期积累，就会导致供给和需求两侧的长期错配并在某一临界点爆发，这在当前实际的生产、生活中就表现为生产领域的产能过剩、流通领域的库存积压、金融领域的系统性风险加大，等等。就我国来说，当前我们所面对的经济发展的新常态，很大程度上就是由于生产的结构调整落后于生产的技术方式的变化、生产关系的调整落后于生产力的要求而形成的。而且，由于我国现阶段，既存在劳动者与生产资料直接结合的公有制经济，也存在间接结合的私有制经济，还存在混合结合的混合所有制经济，这是由我国社会主义初级阶段发展生产能力的要求决定的。由于间接结合和混合结合都存在非公有制及其成分，马克思考察资本主义生产方式得出的规律，在我国经济的一定范围内也会发挥作用，积累的矛盾困境也会显现，这构成经济新常态的一个重要侧面。

从现实的生产力发展来看，当下的全球正经历着第三次重大技术变革（我们经常所说的产业革命）的洗礼。特别是电子技术、信息技术和运输技术等的发展和应用，使全球的生产和消费模式都发生了深刻的变化：一方面，使生产的组织方式由福特制演化为弹性生产，即大资本把生产的非核心环节以代工等方式转包给不同国家或地区的企业来进行，将这些承接外包业务的资本纳入核心资本的价值增殖体系，形成了所谓的"全球生产网络体系"。导致这种全球生产网络或者说基于新生产方式的分工网络形成的，既有新技术发展的因素，也包括资本对自身循环进行整合的因素：一方面，为获取价值增殖和应对激烈的竞争，企业不断进行资本的积累和资本集中以提高劳动生产率。资本规模的扩张，既包括沿着资本已有生产链条的纵向延展，也包括同类生产的横向扩张，其结果，无论是通过新增投资的跨区流动，还是借助信用的跨区域并购，都可能使资本的有机构成提高。当资本的扩展使规模扩大带来的生产效率的提升不足以弥补企业因循环链条的延展而导致的循环和周转的效率损失时，资本就会停止规模扩张，转而把其他资本纳入自身的生产体系，以提高生产效率。另一方面，随着信息技术和交通运输技术的发展，使远距离生产不再成为销售的障碍。两者的叠加，就使企业生产的组织方式在新生产力条件下，由企业内部的协调转向企业间的协调，通过生产时间和流通时间的转换，以最大限度地提高劳动生产率，获取更多的价值增殖。这种生产过程的全球化，不仅瓦解了原先民族国家的积累循环，而且使之整合到新的全球积累循环中来①。在这一循环中，不仅包括跨国公司活动的扩张，同时也包括生产过程的重构、模块化、碎片化以及世界范围的分散化②，产业的协同与集成创新以及产业特有能力成为产业持续竞争优势的来源③。与此同时，生产的信息化和智能化，使消费者的消费倾向更加个性化和多样化。消费倾向的这种个性化和多样化，要求生产的组织方式作出新的调整以适应这一变化。这样，生产的技术方式和消费方式的变化，就要求我们必须对生产的结构作出适时的调整以适应这种变化。然而，从我国实体经济领域的现实生产来看，尽管我国在上述技术领域取得了长足的进步，但整个社会的生产仍然以第二次产业革命形成的生产的组织方式——福特制生产方式的大规模生产为主导，这种以追求规模经济效应为目标的福特制生产方式，就使生产的组织方式、积累体制与新兴的生产的技术方式出现错配，这在宏观结构上就表现为供给侧和需求侧的错位，使社会再生产体系的生产、交换、分配和消费四个环节之间形成结构性的矛盾，这是使我们的经济进入新常态的根本原因。

生产力的发展和生产方式的变革，必然使以追求规模经济效益的福特制生产方式下的实体经济的利润率趋于下降。为弥补利润率下降导致的损失，企业必然会扩大规模以提高生产率。而伴随企业规模的扩张，资本的有机构成也会提高，使资本周转速度下降，同一资本的使用频次减少，这又导致利润率的下降。为拉平资本周转的差异，资本不得不借

---

① [美]威廉·I.罗宾逊：《全球资本主义论：跨国世界中的生产、阶级和国家》，高明秀译，社会科学文献出版社2009年版，第14页。
② 同上书，第19页。
③ 张明之、梁洪基：《全球价值链重构中的产业控制力——基于世界财富分配权控制方式变迁的视角》，《世界经济与政治论坛》2015年第1期。

助于信用工具，使金融这一所有权资本在剩余价值分割中越来越处于有利的地位，从而使经济出现金融化转向。而一些中小资本由于在竞争中处于劣势，由于实体产业的利润率下降，也脱离生产领域而转向金融领域的各种投机活动。与此同时，为解决因劳动生产率提高所导致的剩余价值实现困境，消费信贷不断以各种创新的方式被引入到资本的价值增殖体系中来。于是，金融化应运而生，并以各种金融衍生工具的形式将整个经济体系纳入其掌控的范围，形成一个脱离生产的自循环的体系。经济的金融化超过一定限度，形成金融资本的自循环，就会使经济出现"脱实向虚"的现象，使实体经济与金融形成一个失衡的结构，这必然使实体经济资本之间的相互需求下降，从而导致产能过剩。与此同时，经济的金融化增强了资本的投机性和杠杆率，使金融领域的系统性风险因素不断累积。

由于我们的中国特色社会主义经济，是与资本主义世界处于同时代的经济，世界经济的变化必然会通过一系列的环节影响国内经济体系的运转。改革开放以来，我国全面参与全球市场，极大地促进了我国的经济增长，并使我们成为世界第一大贸易体和第二大经济体。然而，按照比较优势原则参与世界经济的发展，也使我们的发展方式被限定在一种粗放的模式当中：过于注重出口拉动导致出口产业部门过度发展而内需型产业发展不足，特别是"两头在外"的低端发展模式弱化了现有产业与高端制造业和服务业的有效联通，造成"链、网"的"双重锁定"效应[1]；过于强调"比较优势"的产业选择模式，使国内企业在嵌入全球生产体系和国际分工网络过程中陷入了高能耗、低收益的粗放型发展泥潭，无法积累向高技术、高品质产品升级的能力[2]；为了短期利益而让渡了诸多的优惠给外商投资企业，使其占据了高端产业和产业价值链的高端环节，一定程度上甚至打击了国内企业的研发能力，削弱了产业间的配套能力。随着2008年的全球性金融危机的爆发，世界市场环境的恶化就阻

---

[1] 郁培丽：《中国产业经济的新发展——"后危机时期中国产业发展论坛暨2010〈中国工业经济〉青年学者学术研讨会"观点综述》，《中国工业经济》2010年第8期。

[2] 詹懿：《中国现代产业体系发展中的五大误区》，《现代经济探讨》2013年第10期。

塞了我们依据外部市场发展自身的道路，使我国的产业特别是外向型产业的发展遭遇了前所未有的困境，经济发展也随之进入了新常态，产业发展面临"双重锁定"和"双端挤压"的困境。

上述分析了构成我国经济发展新常态的成因，也是我国实施供给侧结构性改革的现实背景。新常态的经济环境要求社会经济进行根本的转型，在新的技术基础上重构和再造再生产体系①。上述成因的系统性与复杂性，决定了我们实施的供给侧结构性改革是一个全面深化改革的系统工程，而不是某项改革或某一政策的单项突进，这就要求我们必须在生产力结构和生产关系结构以及各自内部要素的矛盾运动中来把握供给侧结构性改革。

三 供给侧结构性改革的本质内涵与理论逻辑

按照马克思主义的观点，任何社会的再生产，都是物质生活资料的再生产和生产关系再生产的统一，都表现为生产力的演化和生产关系的调整过程。因此，供给侧结构性改革的本质，就是以更好地实现中国特色社会主义生产目的为出发点，通过社会主义制度的自我完善和发展，在新的技术基础上重构和再造运行通畅的社会再生产体系，进一步解放和发展生产力。从这一点来说，我们的供给侧结构性改革，必须从社会再生产体系的连续运动中来把握。

1. 必须从社会再生产四个环节的辩证关系与矛盾运动出发理解供给侧结构性改革

按照马克思的观点，物质生活资料的生产和再生产过程，总是生产过程和流通过程的统一。同时，社会的生产和再生产，又是一个以生产为核心，以分配、交换和消费为中介的循环体系。

在社会再生产体系的四个环节中，"生产表现为起点，消费表现为终

---

① 张俊山：《用马克思关于再生产的理论指导"供给侧结构性改革"》，《当代经济研究》2017年第3期。

点,分配和交换,表现为中间环节"①。由于这四个环节的关系既具有同一性,又具有统一体内的差异性,因此我们在理解供给侧结构性改革时,不能仅仅将生产归于供给,将消费归于需求,进而将供给侧结构性改革仅仅理解为需求供求的结构平衡。如果这样来理解,就会割裂社会再生产这一有机整体。例如,马克思在讨论生产和消费这两个环节的关系时指出,生产和消费具有三种不同层面的同一性:首先是直接的同一性,即"生产是消费;消费是生产。消费的生产。生产的消费"。其次,生产和消费互为手段和媒介,即"生产为消费创造作为外在对象的材料;消费为生产创造作为内在对象、作为目的的需要。没有生产就没有消费;没有消费就没有生产"。最后,生产和消费都为对方提供对象。事实上,在马克思看来,这三个同一性,只有最后一点才能用"需求和供给、对象和需要、社会创造的需要和自然需要的关系来说明"②。就前两点同一性来说,生产和消费环节如果出现阻滞的话,同样会引起社会再生产体系的紊乱,进而导致所谓的结构上的失衡。相对于社会再生产的四个环节及其对立统一关系来说,任何环节出现问题,都可能导致整个经济有机体的运行出现问题。

从现象形态来看,我国现实经济运行所表现出来的产能过剩、需求不足、结构性扭曲以及大量风险问题,虽然是在消费领域表现出来的,但产生这一问题的根源却可能是生产和分配环节的扭曲造成的。这里,我们可以作为社会再生产体系终点环节的消费来加以说明:我们通常所说的消费不足,或者说有支付能力的需求不足,主要原因是分配关系的扭曲导致的。对此,马克思曾经指出,"'社会需要',也就是说,调节需求原则的东西,本质上是由不同阶级的互相关系和它们各自的经济地位决定的,因而也就是,第一是由全部剩余价值和工资的比率决定的,第二是由剩余价值所分成的不同部分(利润、利息、地租、赋税等等)的比率决定的"③。而从分配关系和分配方式只是表现为生产要素的背面来

---

① 《马克思恩格斯文集》第 8 卷,人民出版社 2009 年版,第 13 页。
② 同上书,第 16—17 页。
③ 《马克思恩格斯文集》第 7 卷,人民出版社 2009 年版,第 202 页。

看，生产的结构决定分配结构，分配的原则与方式首先取决于社会生产条件的分配。由于我国还处在生产力不很发达的社会主义初级阶段，需要利用非公有制经济来发展生产力，这就不可避免地存在劳动者与生产资料间接结合的生产的社会方式。尽管我们现在的公有制经济仍然居于主体地位，但多年来的发展已经使非公有制经济的比重大大上升。由于非公有制经济是以获取最大限度的利润为其直接的目标，这就不可避免地使资本和劳动在分配上不平衡，产生扭曲的劳资关系。这种不平衡的初次分配关系由于在社会整体分配中占据了相当的比重，需要我们在生产领域调整生产条件的分配。在支持、鼓励和引导非公有制经济的同时，毫不动摇地做大做强做优国有企业。在增加劳动在初次分配中比重的同时，辅以国家的再分配功能。

从资本流通过程总是生产过程和流通过程的统一来看，在资本流通中，生产表现为流通的终点和起点，反过来亦是如此。资本流通的时间总是由生产时间和作为流通本身的时间构成的，这决定了资本的年盈利能力。决定企业竞争能力的不仅是生产力条件所引致的对生产时间的节约，还包括作为流通本身的时间的节约，这决定了企业的年利润率和年利润量。这是因为，对企业来说，构成一个企业产品的东西，可能是另一个企业的原料或生产工具。也就是说，在单个资本中表现为前提的东西，不过是资本生产资本的前提，因而不同生产部门的资本都是互为前提的。对此，马克思曾以举例的方式予以说明："完全撇开资本 a 的生产过程不谈，资本 b 的生产过程的速度和连续性是决定资本 a 从货币形式再转化为产业资本形式的要素。因此，资本 b 的生产过程的持续时间是资本 a 的流通过程的速度的要素。一个资本的生产阶段的持续时间决定另一个资本的流通阶段的速度。这两个阶段的同时并存是使资本 a 的流通不致停滞的条件：资本的那些必须交换来的要素，是同时投入生产和流通的。"[①] 从马克思的论述来说，造成生产阻滞的可能不仅是在生产、消费过程，也可能产生在流通（交换）环节。这也就表明，我们决不能将我国的供给侧结构性改革仅仅理解为供给侧和需求侧的问题，更不能碎片

---

① 《马克思恩格斯全集》第 46 卷（下），人民出版社 1974 年版，第 10 页。

化地理解马克思经济学,将供给侧理解为生产,将需求侧理解为消费,而应从社会再生产体系的角度来把握供给侧结构性改革,使社会再生产不同部类的生产协调运行。

2. 必须立足于我国社会主义初级阶段这一最大国情来理解供给侧结构性改革

牢牢把握我国经济社会发展的阶段性特征,是我们党在各项事业上取得重大成功的前提。对于这一点,习近平总书记在《省部级主要领导干部"学习习近平总书记重要讲话精神,迎接党的十九大"专题研讨班开班式上的讲话》(以下简称7.26讲话)中强调:"全党要牢牢把握社会主义初级阶段这个最大国情,牢牢立足社会主义初级阶段这个最大实际,更准确地把握我国社会主义初级阶段不断变化的特点,坚持党的基本路线,在继续推动经济发展的同时,更好解决我国社会出现的各种问题,更好实现各项事业全面发展,更好发展中国特色社会主义事业,更好推动人的全面发展、社会全面进步。"[①] 社会主义初级阶段这一基本国情,是由我们的生产力条件决定的,这就决定了我们的供给侧结构性改革必须着力于最大限度地解放和发展生产力,这既是社会主义的本质要求,也是社会主义优越于资本主义的根本体现。因此,我们的供给侧结构性改革的重点是解放和发展生产力,以提高生产领域的劳动生产率。

马克思在考察资本主义生产方式的演化过程中,特别是在考察资本主义生产方式相对于以前的生产方式如何进一步解放和发展生产力时指出,资本主义生产方式只有在作为固定资本的物质表现形式的劳动资料转变为机器体系这一现代化生产方式时,资本才找到了与自己相适应的生产方式:"只有当劳动资料不仅在形式上被规定为固定资本,而且扬弃了自己的直接形式,从而,固定资本在生产过程内部作为机器来同劳动相对立的时候,而整个生产过程不是从属于工人的直接技巧,而是表现为科学在工艺上的应用的时候,只有到这个时候,资本才获得了充分的

[①]《习近平在省部级主要领导干部"学习习近平总书记重要讲话精神,迎接党的十九大"专题研讨班开班式上发表重要讲话》,http://www.gov.cn/xinwen/2017-07/27/content_5213859.htm,2017年7月27日。

发展。"① 我们知道，不断提高劳动生产率和最大限度地减少必要劳动是资本的一个必然趋势，而劳动资料转变为机器体系，是这一趋势的实现。劳动资料发展为机器体系，本身就是生产力发展和技术进步的结果。对此，马克思指出，"对象化劳动本身不仅直接以产品的形式或者以当作劳动资料来使用的产品的形式出现，而且以生产力本身的形式出现。劳动资料发展为机器体系，对资本来说并不是偶然的，而是使传统的继承下来的劳动资料适合于资本要求的历史性变革。因此，知识和技能的积累，社会智慧的一般生产力的积累，就同劳动相对立而被吸收在资本当中，从而表现为资本的属性，更明确些说，表现为固定资本的属性，只要固定资本是作为真正的生产资料而加入生产过程"②。"因此，机器体系表现为固定资本的最适当的形式，而固定资本——就资本对自身的关系来看——则表现为资本一般的最适当的形式。"③ 继承已有生产力的社会主义生产方式，不仅要使科学技术在工艺上得到广泛应用，表现为知识和技能的积累以及社会智慧的一般生产力的积累，而且要使之成为我们塑造长期发展新动力的根本途径。这样，构建各类创新体系也就成为我们供给侧结构性改革的应有之意。

在现实社会生产方式的运行中，生产力的发展集中体现为整个社会劳动生产率的提高上。按照马克思的观点，劳动生产率是由工人的平均熟练程度、科学的发展水平和它在工艺上应用的程度、生产过程的社会结合、生产资料的规模和效能以及自然条件等因素决定的。而且这些因素又是相互联系、不可分割的整体，既包含生产力的因素，也包含生产关系因素。也就是说，我们要最大限度地解放和发展生产力以提高全社会的劳动生产率，不仅要不断推动各类技术创新以变革生产条件，从而提高生产的质量和效益。而且，要不断地调整影响劳动生产率的社会条件，以进一步提高劳动生产率，即改革生产关系中不适应进一步解放和发展生产力的因素。正是在这个意义上，习近平总书记指出，"供给结

---

① 《马克思恩格斯全集》第31卷，人民出版社1998年版，第93—94页。
② 同上书，第92—93页。
③ 同上书，第93页。

构性改革本质是一场改革，要用改革的办法推进结构调整，为提高供给质量激发内生动力、营造外部环境"。只有如此，才能有效激励创新且不断提高劳动生产率。因为，在"当今时代，社会化大生产的突出特点，就是供给侧一旦实现了成功的颠覆性创新，市场就会以波澜壮阔的交易生成进行回应"。我们知道，劳动过程是人的主观能动性与物质生产过程的客观实在性的统一。从本质上来说，机器再先进，也要靠劳动者来操纵，技术的演化与创新总是与劳动者密不可分的。因此，劳动者自身的劳动态度、劳动热情、劳动的积极性和严谨性对生产效率的影响将起着至关重要的作用。就像马克思阐述的那样："蜘蛛的活动与织工的活动相似，蜜蜂建筑蜂房的本领使人间的许多建筑师感到惭愧。但是，最蹩脚的建筑师从一开始就比最灵巧的蜜蜂高明的地方，是他在用蜂蜡建筑蜂房以前，已经在自己的头脑中把它建成了。"[①] 可见，在马克思那里，劳动者绝不仅是生产要素，更是能动的生产主体。因此，不同的生产方式下劳动者与生产资料的不同结合方式所决定的生产的不同性质，直接影响劳动者的生产效率。在社会化大生产条件下，劳动者与生产资料的直接结合决定了劳动者是为自己劳动的，这可以直接激发劳动者的工作热情和各种创新的出现；而在借助资本家实现的劳动者与生产资料的间接结合下，资本对劳动的占有，使劳动者成为生产的要素而失去生产的真正的主体地位。由此可知，生产关系领域的调整也会很大程度地影响劳动生产率。我国学者黄群慧在分析中国产业在经济新常态下所面临的"双重锁定"和"双端挤压"困境的原因时，将其归于"工匠精神"的失落，并强调："合理的激励制度，能够引导培育产业工人精益求精的行为习惯，最终形成体现为工匠精神的行为准则和价值观念。这就要求围绕产业工人的技能提升培训、钻研精神奖励、创新导向激励、职业社会保障等建立完善相应的激励制度体系。"[②] 这是对劳动者主观能动性对经济增长质量提升和生产力进步作用的一个很好的阐释，也是对解放和发

[①] 《马克思恩格斯文集》第5卷，人民出版社2009年版，第208页。

[②] 黄群慧：《工匠精神的失落与重塑》，http：//news.gmw.cn/2016-06/29/content_ 20749539.htm，2016年6月29日。

展生产力的一个辩证法的解读。因此,我们的供给侧结构性改革,要从生产力和生产关系两个方面进行调整,以提高劳动生产率。既要创新生产的技术条件,又要利用社会主义生产关系引导生产力,使之始终为实现社会主义生产目的服务。惟其如此,才能在生产条件不断改善的条件下,使社会再生产体系有序运行。

3. 必须从协调推进"五位一体"总体布局的角度理解供给侧结构性改革

在《〈政治经济学批判〉序言》中,马克思对其唯物史观进行了经典的概括,"我所得到的、并且一经得到就用于指导我的研究工作的总的结果,可以简要地表述如下:人们在自己生活的社会生产中发生一定的、必然的、不以他们的意志为转移的关系,即同他们的物质生产力的一定发展阶段相适合的生产关系。这些生产关系的总和构成社会的经济结构,即有法律的和政治的上层建筑竖立其上并有一定的社会意识形式与之相适应的现实基础。物质生活的生产方式制约着整个社会生活、政治生活和精神生活的过程。不是人们的意识决定人们的存在,相反,是人们的社会存在决定人们的意识。社会的物质生产力发展到一定阶段,便同它们一直在其中运动的现存生产关系或财产关系(这只是生产关系的法律用语)发生矛盾。于是这些关系便由生产力的发展形式变成生产力的桎梏。那时社会革命的时代就到来了。随着经济基础的变更,全部庞大的上层建筑也或慢或快地发生变革"。[①] 这里,需要指出的是,物质生活的生产方式,在马克思这里不仅是物资资料的生产,还包括人与自然的关系以及人与人关系的生产和再生产。据此可知,一个社会的结构协调,不仅涉及经济运行本身,而且还包括社会系统及其与经济系统的结构协调。当一个社会的经济系统运行出现问题时,可能并不仅是社会再生产体系诸环节出现问题,还可能是社会系统的运行出现的问题导致的。也就是说,新常态的经济困境,可能不仅是生产力和生产关系之间的矛盾引起的,也可能是经济基础与上层建筑之间的矛盾导致的。正是基于这一点,我们党在十八大报告中提出:"建设中国特色社会主义,总依据是

---

① 《马克思恩格斯全集》第13卷,人民出版社1962年版,第8页。

社会主义初级阶段,总布局是五位一体,总任务是实现社会主义现代化和中华民族伟大复兴……必须更加自觉地把全面协调可持续作为深入贯彻落实科学发展观的基本要求,全面落实经济建设、政治建设、文化建设、社会建设、生态文明建设五位一体总体布局,促进现代化建设各方面相协调,促进生产关系与生产力、上层建筑与经济基础相协调,不断开拓生产发展、生活富裕、生态良好的文明发展道路。"[①]

事实上,我们推进供给侧结构性改革,不仅涉及经济建设和经济领域的结构调整,还要受到政治建设、社会建设、文化建设和生态文明建设的影响。经济领域的矛盾和冲突,常常不在于经济领域本身,而很可能是由政治建设、社会建设、文化建设滞后或不匹配引起的。特别随着中华人民共和国成立以来的建设和改革开放,虽然我们还处在社会主义的初级阶段,但社会生产力得到了飞速的发展,物质生活资料得到了极大地丰富,与之相伴随的是人民群众的物质文化生活需要也发生了新的变化,也即,中国特色社会主义进入了新的发展阶段,人们对美好生活的需要日益强烈,这又必然引起物质生活生产方式的变化。因此,我们的供给侧结构性改革,必须要在"四个全面"战略布局为核心和全面协调推进"五位一体"总体布局下来加以理解和推进。

四 结论与启示

上述的分析表明,供给侧结构性改革作为我们党适应和引领经济新常态的重要战略和举措,其本质就是以更好地实现中国特色社会主义生产目的为出发点,通过社会主义制度的自我完善和发展,在新的技术基础上重构和再造运行通畅的社会再生产体系,进一步解放和发展生产力。这决定了我们的供给侧结构性改革,是一个全面深化改革的系统工程,也即,我们的供给侧结构性改革是包括经济建设、政治建设、社会建设、

[①] 胡锦涛:《坚定不移沿着中国特色社会主义道路前进 为全面建成小康社会而奋斗——在中国共产党第十八次全国代表大会上的报告》,http://news.china.com.cn/politics/2012-11/20/content_27165856.htm。

文化建设和生态建设在内的庞大的系统工程,既涉及生产力与生产关系的结构调整,又关涉经济基础与上层建筑的结构匹配问题。因此,必须从系统的角度理解和推进我们的供给侧结构性改革,而不能将供给侧结构性改革仅仅理解为供给和需求的平衡问题,更不能将其理解为某一政策的单项突进。这就决定了我们必须要从"系统论""两点论"和"重点论"角度出发,全面认识和推进我们的供给侧结构性改革。正如习近平同志所指出的:"我们讲的供给侧结构性改革,既强调供给又关注需求,既突出发展社会生产力又注重完善生产关系,既发挥市场在资源配置中的决定性作用又更好发挥政府作用,既着眼当前又立足长远。"[1] 我们所实行的供给侧结构性改革的上述性质和要求,就决定了我们在实施和推进这一重大工程时,必须以协调推进"四个全面"战略布局为核心,以适应经济新常态为背景,以"五大新发展理念"为指导,以"五大政策支柱"为工具,以"五大攻坚战"为突破口,从而实现解放、发展、保护和引领生产力的供给侧结构性改革的目标,更好地实现社会主义生产目的。

(原文发表于《社会科学战线》2018 年第 4 期)

---

[1] 习近平:《在省部级主要领导干部学习贯彻党的十八届五中全会精神专题研讨班上的讲话》,http://politics.people.com.cn/n1/2016/0510/c1001-28336908.html,2016 年 5 月 10 日。

我国供给侧结构性改革的马克思主义政治经济学分析[*]

韩艳红[**]

摘　要：供给侧结构性改革是适应和引领经济发展新常态的重大创新，是推动我国"十三五"时期转变经济发展方式和调整经济结构的必要举措，对提升我国国际竞争优势具有重要的战略意义。供给侧结构性改革的理论依据应源于马克思主义政治经济学，唯此才能从中国实际情况出发正确理解并顺利推进供给侧结构性改革，同时也是对中国特色马克思主义政治经济学理论的发展和完善。

关键词：供给侧结构性改革；马克思主义；政治经济学

"十二五"时期以来，我国经济发展过程中出现的结构性矛盾日益突出，世界经济格局的深度调整导致我国外部需求出现常态性萎缩，同时，资源、能源、环境、社会保障等约束加大，高投入、高消耗、高污染的粗放型、数量型发展方式难以为继，经济进入低速增长时期。我国将这种形势概括为经济的新常态，并借此契机改变过去的粗放式经济增长模

---

[*] 本文系中国博士后科学基金资助项目"中国对'一带一路'沿线产业转移对策研究"（项目号：2016M591646）、吉林省科技发展计划资助项目"吉林省服务外包产业发展对策研究"（项目号：20150418028FG）、吉林省哲学社会科学基金项目"新常态下吉林省农村金融供给侧与需求侧结构性调整对策研究"（项目号：2016B42）的阶段性成果。

[**] 作者简介：韩艳红（1980—　），吉林财经大学经济学院副教授，上海财经大学马克思主义理论流动站博士后，主要从事马克思主义政治经济学研究。

式,锐意推进供给侧结构性改革,通过坚持"创新、协调、绿色、开放、共享"的发展理念,提高生产率,实现我国经济的可持续发展。2015年11月习近平总书记在中央财经领导小组第十一次会议上提出"供给侧改革",明确提出"在适度扩大总需求的同时,着力加强供给侧结构性改革,着力提高供给体系质量和效率,增强经济持续增长动力"。这是在国际经济新形势和我国经济发展呈现新特点和新规律的基础上,对我国未来经济发展和结构调整做出的重大战略部署。"十三五"乃至今后很长一段时期不断推进供给侧结构性改革将是我国经济发展的重要任务,明确其理论基础是顺利完成该项任务的重要保障。由于我国的国家性质和发展阶段等方面的特殊性,在新常态下经济发展中又呈现更加复杂的新特点和新规律,因此,供给侧结构性改革不能简单照搬照抄供给学派的政策主张,也不能以其为理论基础。我国所提出的供给侧结构性改革是我国经济在新常态下的一次探索性改革和思路调整,是基于当今我国经济发展的新常态对中国改革实践的综合性集成创新,所以应该从具有中国特色的社会主义实际出发,用马克思主义政治经济学的基本理论指导我国供给侧结构性改革,使供给结构更好地适应需求结构的变化,实现我国经济巨轮"行稳致远"!

一 供求失衡、供需错配是推动供给侧结构性改革的现实逻辑

我国经济增长过程中出现的供求失衡、供需错配是经济长期积累的结果。它表现为在生产领域出现大量的产能过剩、在流通领域的库存积压和在金融领域的债务风险不断增大。这种结构性问题一方面是我国企业转变经济发展方式滞后、没有完全适应市场需求的产物,另一方面也是国际金融危机冲击、世界经济复苏乏力的结果。而我国所要实施的供给侧结构性改革则是从供给端入手,用改革的办法推进供给侧结构性调整,扩大有效和中高端供给,减少无效和低端供给,不断增强供给结构对需求结构变化的适应性和灵活性。

马克思主义政治经济学充分阐述了供给侧运动规律,为我们提供了有别于西方经济理论的基本原理:一个是建立在唯物史观基础上的"生

产—分配—交换—消费"对立统一关系的原理,一个是社会总产品实现的原理。在《政治经济学批判导言》中,马克思认为,作为政治经济学研究对象的物质生产必然是一定社会发展阶段上的生产,一定社会关系中的生产。社会生产和再生产是一个整体,它是由生产、分配、交换和消费四个环节构成的,这四个环节相互联系、对立统一,形成了经济系统对立统一的辩证关系。其中,生产是社会生产总过程中的决定性因素,人们从事物质资料生产必须具备劳动者、劳动对象、劳动资料三个因素,在任何社会生产中,劳动者的劳动总是通过劳动资料作用于劳动对象,生产出能够满足人们某种需要的劳动产品。分配是社会产品分给社会或国家、社会集团和社会成员的活动,它包括作为生产活动条件的生产资料和劳动力的分配,以及作为生产活动结果的劳动产品的分配。交换是人们相互交换活动或交换劳动产品的过程,它包括人们在生产中发生的各种活动和能力的交换,以及一般的产品和商品的交换。消费是人们使用物质资料以满足生产和生活需要的过程,它包括生产性消费和个人生活性消费,是社会生产总过程的最后一个环节。生产、分配、交换和消费的相互关系表现为:第一,生产决定消费,消费对生产起着重要的反作用;第二,在产品分配上,生产决定分配,生产资料和劳动力的分配决定生产,分配反作用于生产,它促进或延缓生产的发展;第三,生产决定交换,生产决定着产品和商品的交换,决定交换的性质和发展程度,交换媒介生产和消费。马克思说:"一定的生产决定一定的消费、分配、交换和这些不同要素相互间的一定关系。当然,生产就其单方面形式来说也决定于其他要素。例如,当市场扩大,即交换范围扩大时,生产的规模也就增大,生产也就分得更细。随着分配的变动,例如,随着资本的积聚,随着城乡人口的不同的分配等等,生产也就发生变动。最后,消费的需要决定着生产。不同要素之间存在着相互作用。每一个有机整体都是这样。"[①]

马克思在《资本论》中没有直接给出总供给和总需求概念,但马克思在《资本论》有关社会总资本再生产的论述中,既分析了供给与需求

---

① 马克思:《资本论》第 2 卷,人民出版社 1975 年版,第 5—36 页。

的总量平衡，也分析了社会生产两个部门的比例关系，即两大部类的生产和消费的匹配关系，其实也是社会总供给和总需求的总量平衡和比例平衡的关系。把社会的生产活动划分为生产资料和生活资料两个生产部门，分别用下标1和2表示。每个部门产品的价值都由不变资本、可变资本和剩余价值三部分组成，分别用C、V和M表示，总产值用T表示。在扩大再生产中，剩余价值将被分为企业主的消费基金和追加投资两部分，在这里分别用E和ΔI表示，追加投资又分为追加的不变资本ΔC和可变资本ΔV两种，即有：

$$M_1 = E_1 + \Delta_1 = E_1 + V_1 + \Delta C_1$$
$$M_2 = E_2 + \Delta_2 = E_2 + \Delta V_2 + \Delta C_2$$

在新的国际分工即产品内分工的格局中，我国的社会再生产的方式已发生了新的变化，已有的初级产品供应商转变为国际产品价值链中各个环节的重要参与者。但国际产品价值链的"链主"是发达国家的大型跨国公司，我国企业作为受控制的"节点"，生产只能集中在附加值低、利润水平微乎其微的装配、加工和简单制造业。这种状况用马克思的再生产理论的图示可表示如下：

$$(C_1 + \Delta C_1) + (V_1 + \Delta V_1) + E_1 = T_1$$
$$(C_2 + \Delta C_2) + \frac{V_2}{C_2}(C_2 + \Delta C_2) + E_2 = T_2$$

在产品内分工下，我国企业成为发达国家跨国公司的制造商，主要的技术系统、关键零部件甚至销售渠道等附加值高、利润水平丰厚的环节都被发达国家所掌握，使得我国的生产资料生产部门（第一部类）的发展远远落后于生活资料生产部门（第二部类），特别是体现在第一部类知识和技术投入的$(V_1 + \Delta V_1)$较为落后。而对于第二部类，旺盛的全球市场需求推动了我国生活资料生产部门的低层次规模扩张，并且这种低水平扩张特别体现在大规模的固定资产投资与劳动者低工资、低人力资本投资并存。我国再生产的常态就表现为$(C_2 + \Delta C_2) > (V_1 + \Delta V_1) + E_1$，因此我国经济在过去的十几年增长速度很快，但技术水平和产业竞争力始终徘徊不前，在新的国际分工格局下这种现象称之为"产品内分工陷阱"①。在这种现象背后隐藏的是资本主义生产方式中的需求不足和投资过剩矛盾向我国转嫁的实质。

马克思关于"生产—分配—交换—消费"对立统一关系的原理和社会再生产理论要求社会生产和国民经济各部门要按照客观比例实现再生产。联系我国当前的结构性供求失衡大体可以分成两种情况。第一种是供给大于需求导致产能过剩。这种产能过剩既存在于生产资料中也存在于消费资料中。我国目前比较突出的行业如钢铁和煤炭等，产品大量积压，价格下跌，企业经营困难。而这种产能过剩出现的原因在于市场经济不发达，市场秩序混乱。市场经济运行的客观规律是通过供求规律、竞争规律、价值规律调节市场供求。在经济过热时，生产要素供给紧张，价格不断提高，使得煤炭、钢铁等企业不断增加产能以扩大供给；但在经济紧缩、需求减少时，则会转为供大于求的情况，形成产能过剩。我国是社会主义初级阶段，市场经济尚不发达，市场在配置资源时既有灵活性、效率性和有效性，但其调节功能的滞后性和自发性同样会产生短缺或过剩，这是市场本身的性质决定的。与此同时，我国存在着行业自律机制不健全，地方政府为单纯追求 GDP 的总量，地方保护主义盛行，对行业监管失效，也加剧了这些行业的产能过剩，所以，我国这些行业出现产能过剩原因极其复杂。我国目前所实行的"一带一路"经济带建设中，可以有效地将这些行业的产能过剩转移出去。因此，必须加强和改善政府的宏观调控，做出战略性、前瞻性的安排。我国的某些一般消费资料也存在着产能过剩，主要原因是我国目前仍有 5500 多万贫困人口，这些低收入群体和贫困人口虽有实际需求，但支付能力低，因此，这部分消费资料的产能过剩是有效需求不足，而不是供给侧的问题。所以我国所实行的供给侧结构性改革与扩大内需对经济的拉动作用不是对立的，仍需通过提高低收入群体的收入水平来扩大内需，这是解决一般消费品产能过剩问题的关键。

第二种情况是有效供给不足，不能适应和满足需求结构变化后的市

---

① 钱书法、周邵东：《新国际分工格局的结构性矛盾——马克思社会分工制度理论的解释》，《当代经济研究》2011 年第 11 期。

场需求。我国居民收入水平不断提高，高收入阶层对高档消费品的需求不断增加，在海外购买或代购奢侈品成为高端消费者的消费常态。据商务部的数据报道，2015年中国游客在境外消费约1.2万亿元，财富品质研究院根据品牌库中2万多个品牌的营业收入估算发现，2015年中国消费者全球奢侈品消费达1168亿美元，2015年全年中国人买走全球46%的奢侈品。同时，由于品质安全等原因，我国消费者还在国外购买了大量高质量的、性价比较高的一般消费品。所以，在我国目前需求侧中高阶层形成的同时，有效供给则相对不足。产业结构调整缓慢，创新能力不足，出现大量的低水平过剩产能，难以满足居民收入水平和消费结构升级的内在要求，消费者许多存在现实消费需求的产品和服务无法获得，导致我国相当大的一部分购买力流向国外。

二 发展和创新是推动供给侧结构性改革的关键举措

生产要素包括四个方面，第一是劳动，第二是土地和土地所代表的自然资源，第三是资本，第四是创新。从第一个生产要素劳动来看，马克思主义政治经济学认为，一旦生产是在世界范围内，国家和国家之间的竞争取决于劳动生产率的高低。在世界市场上，各国的社会必要劳动时间不能决定商品的国际价值，商品的国际价值由"世界劳动的平均单位"[①] 所决定，不仅如此，"一个国家的……生产越发达，那里的国民劳动强度和生产率，就越超越国际水平"[②]。所以，在世界市场上，劳动生产率与商品的国际价值量成正比，不同于一国范围内的劳动生产率与商品价值量成反比。我国过去在经济发展过程中凭借充裕且廉价的劳动力资源所形成的加工、代工战略，只能位于全球价值链的低端，以低廉的劳动力支撑着的比较优势去参与国际竞争是没有出路的。在我国经济发展的新常态下，我们已经意识到，劳动力低廉这样的相对优势正在离我

---

① 马克思：《资本论》第1卷，人民出版社1975年版，第614页。
② 同上。

们远去,人口红利正在迅速消失,2012年以来劳动年龄人口数量呈下降趋势,同时,新生代劳动力在人力资本没有大幅度提升的情况下对闲暇的偏好却增加了。第二种生产要素土地,我们过去土地和自然资源都是低价甚至是无价的,一旦与市场对接,低价变高价、无价变有价,所引起的资源配置和利益驱动,就形成了有声有色的发展局面。但是,我们的土地、自然资源等经历粗放开发之后现在已形成一系列的矛盾,我们现在要继续推进城镇化和工业化,征地、拆迁、补偿带来的成本已经非常高。从第三个要素资本来看,我们在资本严重不足时引进外资同时带来了先进的技术和管理,但是现在经过这么多年的发展,已经带动了我们本土的原始资本积累和民间资本的雄厚壮大,使得投资的边际效益在递减。在上述三大要素对经济发展的支撑力不断下滑的同时,在新常态下实施供给侧结构性改革,特别关键的是要更多地依靠创新,即全要素生产率的提高。

马克思的创新思想是马克思学说的重要组成部分,在社会必要劳动时间、复杂劳动、资本在市场竞争追求超额利润等论述中均对创新有所论述,运用马克思的创新理论指导我国的供给侧结构性改革必将产生更深远的指导意义。

首先,个别劳动时间和社会必要劳动时间理论是"万众创新"的不竭动力。马克思在《资本论》中论述了个别劳动时间和社会必要劳动时间,决定商品价值量的是社会必要劳动时间,也就是说"在现有社会正常生产条件、平均劳动熟练程度以及劳动强度下生产某种使用价值所需要的劳动时间"[①]。商品生产者要想追求利润,必须使自己商品的个别劳动时间低于社会必要劳动时间。在社会主义市场经济条件下,市场导向在某种程度上发挥利益导向的作用,市场主体对物资利益的追求,加上市场竞争机制的作用,会使商品生产者不断地降低自己生产商品的个别劳动时间,使其低于社会必要劳动时间,这样才会有超额利润。为使自己商品的个别劳动时间低于社会必要劳动时间,商品生产者大力开展创新,为满足市场需求不断推陈出新。当前,为进一步深化供给侧结构性

---

① 马克思:《资本论》第1卷,人民出版社1975年版,第52页。

改革，大力实施创新驱动战略，开展"双创"行动，就是由资源要素驱动转变为创新驱动，从供给侧入手发力，把创新贯穿于生产的各种环节，按照需求导向和产业化方向，着力提高全要素生产率，增强科技进步对经济增长的贡献度，用新供给来创造新需求。

其次，复杂劳动等于加倍的简单劳动理论推动创新供给满足市场需求的变化。马克思在考察商品价值量决定时，认为劳动要区分为简单劳动和复杂劳动，认为复杂劳动是加倍的简单劳动，复杂劳动创造了比简单劳动更多的价值，复杂劳动应该得到比简单劳动更多的报酬。马克思关于简单劳动和复杂劳动的原理对于深化供给侧结构性改革具有重要的现实意义。在社会主义社会中，劳动者由于各种主客观条件的限制，劳动者在体力和智力上仍存在差别，他们的劳动质量和成果有较大差别。复杂劳动者接受过专门的、较高层次的教育和训练，一般文化水平和工作技能较高，能创造出更多、更好、更复杂的产品，他们在分享劳动报酬时可以分享到更多成果。可以激励他们掌握更多技能，开展科学研究和技术创新，创造出满足市场需要的新产品和新技术。企业家在商品价值创造中发挥独特的作用，他们将生产要素聚合在一起，开展技术创新，研发高新技术产品满足市场需求，其管理才能是非常复杂的劳动。复杂劳动等于加倍的简单劳动有助于推动"大众创业"，鼓励大众参与社会财富创造，提供高效的产品满足广大消费者需求。

再次，马克思认为市场竞争推动科技的持续创新。在市场经济条件下，为了获取个体经济收益的最大化，同行业生产者之间往往为争夺市场份额展开激烈的竞争。而竞争的结果就是两极分化、优胜劣汰。在激烈的竞争中不断进行创新并使用最先进的生产技术的商品生产者才能不被淘汰并获取有利地位，商品生产者使用最先进的生产技术可以提高要素生产率，降低产品的生产成本，提高产品质量，生产出具有特色的新产品，在这一过程中不断推动着商品生产者和社会的科技创新。马克思在《雇佣劳动与资本》一文中形象且详尽地分析了这一过程，他指出在市场竞争中要想获得有利地位"只有在自己更便宜地出卖自己的商品的情况下……可是，要能够更便宜地出卖而又不破产，他就必须更便宜地进行生产，就是说，必须尽量提高劳动生产力。……更全面地应用和经常地改进机器。内部实行分工的工人大军越庞大，应用机器的规模越广大，生产费用相对地就越迅速缩减，劳动就更有效率。因此，他们竭力设法扩大分工和增加机器，并尽可能地使用机器"①，这里的由竞争导致的在生产过程中"增加机器"和"使用机器"在本质上是提高劳动生产率，追求更高额的利润，与此同时也促进了科技创新。

最后，马克思认为市场的激烈竞争必将促进产品和市场创新。随着消费者收入水平的不断提高，需求更加多样化，为了获取更多利益，商品生产者必然采用新技术、新工艺生产出品种花样更多且单位价值量更低的新产品，以满足不同消费者的需求，并且在市场饱和的情况下，为了获取更高的市场份额和更丰厚的经济利益就必须开拓更广阔的销售市场。马克思在分析商品和货币关系时，阐明了产品和市场创新的思想。马克思指出，"资本主义生产方式占统治地位的社会财富，表现为'庞大的商品堆积'，……商品首先是一个外界的对象，一个靠自己的属性来满足人的某种需要的物"②。社会需求刺激新产品的生产，但在激烈的竞争中要不断提高劳动生产率，降低生产成本，因此在生产中就要不断采用新技术、新方法和新工艺，"采用机器的直接结果是，增加了剩余价值，同时也增加了体现这些剩余价值的产品量，……社会产品中有较大的部分变成剩余产品，而剩余产品中又有较大的部分以精致和多样的形式再生产出来和消费掉"③。"马克思在1867年惊奇地了解到：在英国伯明翰就生产500种不同的锤子，而且每一种在工业或手工业生产中派上不同的用场。"④ 随着产品种类日益增多和花样不断翻新，在生产过程中便涌现大量的新机器和新工具，新机器和新工具的使用降低了原材料和中间产品的价格，生产出更多质量高但价格便宜的商品，不仅满足了社会生产和生活的需要，提高了国民的生活质量，而且这些生产新产品的商品生产者获得了丰厚的经济收益。

---

① 《马克思恩格斯选集》第1卷，人民出版社1995年版，第356页。
② 《马克思恩格斯全集》第23卷，人民出版社1972年版，第47页。
③ 同上书，第487页。
④ [美] 乔治·巴萨拉：《技术发展简史》，周光发译，复旦大学出版社2000年版，第2页。

结合我国当前经济发展的实际情况，在新常态下推进供给侧结构性改革必须不断创新，推进科技创新、制度创新、产品创新等。以科技创新为动力引领经济的新常态发展，以体制机制创新为动力推动国家治理体系的现代化。在全面创新中，科技创新处于核心位置，科学技术是第一生产力，是促进经济增长的第一驱动力，发挥科技创新在供给侧结构性改革中的引领作用，必须在各个层面深入实施以创新为驱动的发展战略，提升创新要素在资源配置中的效率，进而提升全要素生产率，采取各种有效措施激发创新主体的积极性。

第一，不断提升原始创新能力，持续加强整个社会的基础研究。我国全社会 R&D 经费中，基础研究经费投入占比明显低于主要创新型国家，且来源单一，主要依赖中央财政投入，基础研究的创新环境有待改善，科技基础设施和研究环境与国际先进水平存在明显差距。这些问题在不同程度上影响了我国基础研究的发展，导致我国原创性、颠覆性的创新成果严重不足，严重制约着我国原始性创新能力的提高，核心技术领域也长期难以取得重大突破。这就需要国家加大支持力度，持续加强基础研究，既要继续发挥中央财政的主体作用，也要带动地方财政重视基础研究，还要进一步优化创新环境，落实创新政策，引导企业加大基础研究投入力度，不断强化企业的创新主体地位和主导作用，形成一批在国际上有竞争力和影响力的创新型领军企业，依托科研院所、高校和企业建设一批国家技术创新研究中心，形成若干具有强大带动力和影响力的创新型城市和区域创新研究中心，为供给侧结构性改革积蓄原始创新的能力。

第二，强化企业的自主创新和研发能力，提高企业的国际竞争力和影响力。对传统产业来说，通过技术、产品、业态、营销、管理等方面的创新，用互联网改造我国传统的制造业，通过发展物联网技术和应用，发展并壮大分享经济，促进互联网和物联网同经济社会的融合发展，推进基于互联网和物联网的产业组织、商业模式、物流链和供应链的创新，对传统产业进行改造，提升全要素生产率，提高产品的技术含量和附加值，有效提升其供给品质，促进产业向中高端迈进，适应消费者更高质量的消费要求；对新兴产业来说，则要抓住机遇，把握好"互联网＋"

时代产业发展和经济运行的规律和特点，营造"万众创新"和"大众创业"的良好环境，不断挖掘和形成新的经济增长点，利用新技术来发展新产业，创造新供给，拓展新空间，培育经济增长的新动力。

第三，加大人力资本的投入力度，调整人才结构，实现"人口红利"到"人才红利"的转变。充裕的劳动力资源是我国过去经济增长的主要动力源泉，但随着人口结构的变化，我国开始逐渐步入老龄化社会，自2011年人口结构出现拐点之后，2012年开始15—64岁劳动年龄人口的总数和占比都出现了下降。同时，截至2014年年底，60岁以上老年人口已达2.12亿，占总人口的15.5%[1]。目前，我国已经实施了新的人口政策，这将成为未来增加劳动力供给的基础，减缓人口老龄化压力，补充"人口红利"。同时，我国也在不断推进户籍制度改革，改革将会促进劳动力的跨区域流动。除了实施新的人口政策、促进劳动力跨地区和跨部门流转外，提高劳动力素质和人均人力资本的投入水平，实现"人口红利"到"人才红利"的转变也是目前我国推动供给侧改革的重要内容，人力资本的积累是推动创新、实现经济可持续发展的重要源泉。我国在驱动创新和促进产业升级的背景下，加大对基础教育和高等教育等在内的整个教育体系的投入力度时，也要加大对职业技术教育的投入，使我们培育出来的人才能不断满足市场用工的需求。北京师范大学发布的《2015年中国劳动力市场发展报告》中指出："2015年我国中、高级技能人才和专业技术人才需求均有大幅度增长；技师、高级技师、高级工程师的缺口最大。从劳动力需求端来看，有58.2%的用人需求对技术等级或职称有明确要求，对技术等级有要求的占38.6%，对职称有要求的占19.6%。从劳动力供给端来看，有59%的求职者具有一定技术等级或职称，具有职业资格证书的占39.2%，具有职称的占19.8%。"[2] 所以，我国的劳动力市场也存在着严重的供需错配，应加大技工、高级技工的培养，一定要把农民工变成技工、高级技工，这样产品质量才能提高。

---

[1] 中国相应各年的统计年鉴。
[2] 赖德胜、李长安等：《2015中国劳动力市场发展报告：经济新常态背景下的创业与就业》，北京师范大学出版社2015年版。

三 正确把握政府和市场的关系是供给侧结构性改革的重要保障

对于当前我国进行的供给侧结构性改革，我们需要警惕一种错误倾向，这种错误倾向就是陷入新自由主义"市场决定论"理论泥潭，主张彻底的市场化、否定政府的作用，否则就是"国家资本主义"[①]。中国特色的社会主义市场经济，依然需要政府发挥作用，实现政府和市场两个作用的有机统一。使市场在一般资源配置中起决定性作用，不是否定或者弱化政府作用，而是要更好地发挥政府作用。政府和市场的关系不是简单的量上谁多谁少的问题，也不是质上谁大谁小的问题。但是当前，政府作用发挥过强的领域是行政审批、行政直接干预、对资源的直接控制。因此，要更好地发挥政府作用，不是弱化政府作用，是进行政府职能转变，大幅度减少政府对资源的直接配置，推动资源配置依据市场规则、市场价格、市场竞争实现效益最大化和效率最优化。所以，在供给侧结构性改革中要实现市场调节与政府调节的功能性结合，在层次均衡上微宏观互补，在利益调整上与整体互补，发挥市场对政府调节的反馈和制约作用。

结合我国当前所实施的供给侧结构性改革，首先要正确把握政府和市场的关系，严格把控资本作用的领域和深度。供给侧结构性改革的去产能、去库存、去杠杆、降成本、补短板五大任务，仅从字面上看，容易认为这是一种政府行为，是政府要加大对市场的干预。但政府的作为是在市场决定资源配置的基础上进行的，与市场配置资源的方向是一致的。政府必须进行宏观调控，如果单纯依靠市场自发调节供求关系，将导致大量工人失业，出现严重的社会问题。同时，政府必须加强对食品安全和假冒伪劣产品的监管和事前监督。如果消费者的食品安全不能得到保障，假冒伪劣产品泛滥，居民的生活质量会下降，国内的购买力将

[①] 程恩富、孙秋鹏：《论资源配置中的市场调节作用与国家调节作用——两种不同的"市场决定性作用论"》，《学术研究》2014 年第 4 期。

大规模地涌向国际市场，这会导致国内市场萎缩、企业破产倒闭、工人失业。在供给侧结构性改革中要严格把控资本作用的领域和深度。资本追逐利润的本性，会使得经济主体只着眼于短期利益和自身利益，而不考虑长期利益和公共利益。在特定领域的供给侧结构性改革中，要充分发挥政府的作用，严控私人资本作用的领域和深度，如国防、教育、科学技术、公共卫生，对我国长期经济发展和经济安全发挥关键性作用的石油、煤炭和矿产等地下资源和土地资源，以及关系国家安全和生态安全、涉及全国重大生产力布局、战略性资源开发和重大公共利益等项目。在供求结构性失衡的情况下，需要发挥政府弥补市场不足的作用，政府的作用是正面的，又是与市场调节作用相结合的。

其次，在供给侧结构性改革中要注重发挥国有企业的主导作用。当前，我国经济在某些领域中各种所有制性质的企业都存在产能过剩的问题，这是一个普遍性的问题，与企业的所有制性质无关。需要指出的是，当前中国经济出现的产能过剩主要来自终端供给的过剩，终端供给的产能过剩进而又导致处于产业链上游的产业也出现产能过剩。所以，生产钢铁、建材、能源等产品的国有企业，处于产业链的上游，其产能过剩是引致性的，它们也是终端供给产能过剩的受害者。去库存、去产能的改革应从终端供给着手，才能真正抓住供给侧结构性改革中的问题要害。因此，在供给侧结构性改革中，应充分发挥不同所有制企业的作用，在政府的宏观调控下相互配合、协调发展，形成合力，而不能将国有企业同非国有企业对立起来。此外，国有企业的制度优势，决定了其在供给侧结构性改革中可以发挥主导作用。一方面，国有企业不同于一般性质的企业，其发展从根本上说不以短期盈利为目标，可以与实现国家整体的发展目标相统一。国有企业这种制度上的优势使它能够在历次危机中都发挥关键作用，对于应对当前中国经济出现的产能过剩国有企业的作用更是必不可少，政府可以对经济实施宏观调控，通过对国有企业的限产、整合重组等方式实现去库存、去产能。另一方面，当前，促进中国经济实现产业升级、更加优质高效发展的一个重要因素就是不断创新，通过创新提高全要素生产率，我国的创新能力、科技发展水平与世界发达国家相比还有显著差距，在全球分工和国际价值链中始终处于中低端水平，产品的附加值和生产要素的收益水平都很低，企业在世界市场中竞争力不足。因此，应该充分发挥国有大型企业在科技进步中的引领作用，为整个经济发展营造一个良好的创新环境，带动并鼓励其他所有制企业创新创业。国有企业特别是国有大型企业是我国科技创新和产业升级的中坚力量，具有其他所有制企业所不具备的技术研发优势，供给侧结构性改革中"补短板"、上水平、提供中高端产品和服务、在国际竞争中取得优势等主要还要依靠国有企业。

最后，供给侧结构性改革中要注重引导生产力的发展方向。我国所实行的供给侧结构性改革其根本出发点和落脚点是增进人民福祉、提高最广大人民的根本利益、促进人的全面发展。改革的最高检验标准是是否有利于提高人民生活质量和水平，是否促进经济质量和效率水平的提高，供给侧结构性改革要与改善民生紧密结合起来。因此，在供给侧结构性改革中，大力解放和发展生产力的同时，要注重引导生产力的发展方向，生产力的发展要最大限度地满足人民日益增长的物质和文化生活需要，通过提高资源配置效率和全要素生产率，引导生产力向提高全体人民的福利水平方面发展。

（原文发表于《教学与研究》2016年第10期）

以新发展理念引领农业供给侧改革

刘元胜 周 灿 杜 都[*]

当前我国农业进入了发展的关键时期,以新发展理念引领农业供给侧结构性改革,积极培育农业农村发展新动能,加快提高农业综合效益和竞争力,是不断提升农业竞争力的有效途径。

推进供给侧结构性改革,是"十三五"时期的一个发展战略重点,要推动我国农业发展,找准我国农业在世界供给市场上的定位,也需要从供给侧全面发力。当前,我国农业发展到了提质增效转型升级的历史新阶段,农业发展的内外部环境发生了深刻变化,各种新老矛盾相互交织叠加,农业农村经济发展面临着不平衡、不协调和不可持续的挑战,需要我们迫切改变农业发展理念和转变农业发展方式,从供给侧精准发力,不断破解农业发展面临的矛盾和难题。

坚持创新发展,为农业现代化发展注入动力。创新是引领农业现代化发展的第一动力,决定了农业现代化发展的速度、效能和可持续性。深入推进农业供给侧结构性改革,需要坚持创新发展理念,做好创新引领土地制度改革、新型农业经营主体培育、农村土地增值收益分配制度优化和农村产权制度改革的大文章,加大力气下好创新功夫,形成促进创新发展的体制架构,以科技创新和制度创新加快促进我国农业现代化

---

[*] 作者简介:刘元胜,吉林财经大学经济学院副教授,主要从事农业经济理论与政策研究;周灿,吉林财经大学公共管理学院硕士研究生,主要从事土地资源管理研究;杜都,吉林大学马克思主义学院硕士研究生,主要从事农业经济理论研究。

发展动力转换，厚植创新引领农业现代化发展的优势、积蓄农业现代化发展新动能。

坚持协调发展，确保农业持续健康发展。协调是发展两点论和重点论的统一，是农业持续健康发展的内在要求。深入推进农业供给侧结构性改革，需要树立协调发展理念，既要处理好产品结构、经营结构和区域结构的内部不平衡，又要处理好农业现代化与新型工业化、城镇化和信息化不同步发展的外部不平衡；既要找准和补齐短板，又要巩固和厚植原有优势；全力深挖农业发展潜力和着力增强农业发展后劲，实现农业向高水平的跃升发展。

坚持绿色发展，让农业走上绿色发展道路。绿色是解决好人与自然共生问题的必要条件，能够处理好农业与自然和谐相处的关系。深入推进农业供给侧结构性改革，需要坚持绿色发展理念，打好农业面源污染治理攻坚战，加大农业资源环境突出问题的治理力度，坚决把以牺牲生态环境为代价的坏产能去掉，积极推行绿色生产方式，着力发展资源节约型、环境友好型农业，把增加绿色优质农产品供给放在更加突出的位置，通过绿色生态可持续更好引领和满足"质"的需求，让绿色贯穿于农业发展的生产端和消费端。

坚持开放发展，构建开放型农业发展体制。开放是农业繁荣发展的必由之路，能够提高农业统筹利用好国际国内两个市场两种资源的能力。深入推进农业供给侧结构性改革，需要坚持开放发展理念，加快推进农业对外合作的广度和深度，注重培育农业国际竞争新优势，坚持引进来与走出去并重、引技和引资引智并举，协调处理好内外需和进出口平衡，积极构建新型农业国际合作关系和开创全方位农业对外合作新局面，着力提高农业对外合作水平。

（原文发表于《吉林日报》2017年10月27日）

供给侧结构性改革背景下如何处理政府与市场关系

刘学梅[*]

2013年,中国经济在遭遇了连续十几个季度的增速放缓后,经济增速降到8%以内。2015年中国实际GDP增长率降到6.9%。中国经济进入了经济增速下滑阶段,有些人认为中国经济进入了所谓的新常态。一方面,中国当前还存在着结构性的需求过剩与需求不足,另一方面,还存在着总量上的供给过剩,结构性供给不足与结构性供给过剩并存的矛盾。鉴于中国在当前及未来相当长时期内经济领域的主要矛盾仍然在供给侧这一现实,2015年11月10日,习近平总书记在中央财经领导小组第十一次会议上强调:"在适度扩大总需求的同时,着力加强供给侧结构性改革,着力提高供给体系质量和效率,增强经济持续增长动力。"在当前中国推进供给侧结构性改革的背景下,如何处理政府与市场的关系事关改革的成败。因此,我国推进供给侧结构性改革,既要发挥市场在资源配置中的决定性作用,又要更好发挥政府作用。

对于市场和政府在资源配置中作用的关系问题,西方资产经济学在不同时期有不同的理论观点。以亚当·斯密为代表的古典经济学,以守夜人的作用来描述政府的功能,以经济人在"看不见的手"的指挥下实现经济利益最大化来描述市场机制的作用;经济政策上主张经济自由主

---

[*] 作者简介:刘学梅(1978—),吉林财经大学经济学院副教授,主要从事马克思主义经济学与西方经济学比较研究。

义，反对国家干预。1929—1933年大危机，凯恩斯（1936）提出了著名的有效需求原理以及政府干预经济生活的一系列政策，实现了资产阶级经济学由经济自由主义向国家干预主义的经济学范式转化。20世纪六七十年代，西方主要资本主义国家出现了"滞胀"局面。西方经济学界出现了经济自由主义的回潮，认为市场具有对经济波动的有效的自动调节和恢复功能，政府的干预只能加剧经济波动的波幅，不能消除经济波动。2008年美国金融危机导致经济学界又倾向于向国家干预主义回归。强调市场不完全性，赞成政府干预经济活动。

无论是自由主义经济学还是主张国家干预主义的凯恩斯主义经济学，都是以资本主义市场经济最有效率为前提，都是为维护资本主义制度的理论体系服务，二者的区别只在于在资源配置中市场发挥的作用多一点还是政府发挥的作用多一点。我国作为社会主义国家在推进供给侧结构性改革的过程中，在处理市场与政府的关系问题时，绝对不能将西方的资产阶级经济学的理论观点和政策主张拿来使用。必须避免两大误区：一是将我国供给侧结构性改革混同于西方的供给学派，推行完全市场化、完全私有化、完全去政府化的新自由主义做法。二是把凯恩斯主义经济学作为指导我国研究社会主义市场经济中政府与市场关系的理论基础，注重需求端的宏观经济调控，而忽略供给端的作用；注重数量上的调控，而忽略需求与供给的结构性调控。

马克思主义经济学认为，社会劳动或资源在社会生产各部门的按比例分配，是任何社会资源配置的一般规律。在资本主义市场经济条件下，这一规律主要是通过价值规律的作用形式实现的。而在比资本主义社会更高的生产阶段，这一规律将会具有全新的表现形式——通过社会计划而实现的。当前尚处于社会主义初级阶段的中国经济的现实选择只能是发展社会主义市场经济，"使市场在资源配置中起决定性作用和更好发挥政府作用，二者是有机统一的，不是相互否定的，不能把二者割裂开来、对立起来"。

供给侧结构性改革的去产能、去库存、去杠杆、降成本、补短板五大任务，既离不开市场在资源配置中的决定性作用，也更加离不开更好发挥政府作用。我们可以充分利用市场在资源配置中的灵活性、效率性、有效性，来调动微观经济主体的积极性。同时，我们绝对不能忽视市场调节功能的滞后性、自发性所带来的短缺与过剩交替出现，需求供给不均衡的现象。如果完全依靠市场自发调节供求关系，而没有政府的作用，一定会出现严重的产能过剩、企业破产、工人失业及严重社会问题。同时，以利润最大化为目标的一些厂商也会使制假售假泛滥，不能形成有效的供给，消费者就会以购买国外商品来替代对国内商品的需求，使供求结构性严重失衡。因此，在推动供给侧结构性改革的背景下，我们需要"更好发挥政府作用"。

更好地发挥政府的作用主要体现在如下三个方面：一是政府充当守夜人为市场在资源配置中发挥决定性作用提供重要保障。二是政府弥补市场失灵的短板，发挥微观调节作用和宏观调控作用。三是政府在特定领域发挥资源配置功能。四是中国政府作为社会主义国家政府所特有的职能，即制定国民经济发展规划、政府直接投资国有企业和通过国有企业引导整个国民经济沿着社会主义科学轨道向前发展的功能。

综上，在推进供给侧结构性改革的背景下，应该按照习近平同志所说的，"在市场作用和政府作用的问题上，要讲辩证法、两点论，'看不见的手''看得见的手'都要用好，努力形成市场作用和政府作用有机统一、相互补充、相互协调、相互促进的格局，推动经济社会持续健康发展"。使供给侧与需求侧同时发力，以确保社会总供给和总需求在结构上和总量上保持平衡。

（原文发表于《吉林日报》2017年8月25日）

混合所有制企业股权激励制度建设的价值取向

——以经理人股权激励为例

梁洪学 吴 施[*]

摘 要：20世纪90年代中期，我国才开始股权激励方面的探索实践，由于缺乏相关的政策法规的引导和规范，以及一些制度、环境等因素的影响，股权激励的探索与推广并不顺利。2005年证监会的股权分置的改革为我国上市公司消除了实施股权激励计划难以操作的关键障碍，尤其是股权分置改革后一系列有关股权激励方面的政策法规陆续出台，为推行股权激励提供了政策上的引导、制度上的保障和法律上的遵循，我国上市公司实施股权激励的数量逐年快速增加。当前，我国A股上市公司实施股权激励计划的已达到千家以上，股权激励机制已经步入稳定快速发展阶段。然而，在推行经理人股权激励的实践中始终存在着股权激励模式不规范、激励股票来源过于单一、行业发展不均等问题。为此，需要在今后推广的实践中加以完善，充分发挥经理人股权激励制度应有的正效应。

关键词：股权激励制度；企业经理人；股票期权制；期股制；激励模式

---

[*] 作者简介：梁洪学，吉林财经大学马克思主义研究中心研究员，主要从事马克思主义经济学研究；吴施，海通期货有限公司管理人员，主要从事证券理论与实践研究。

在不断完善和发展中国特色社会主义市场经济的新时代，为满足人民群众日益增长的美好生活需要，需要一大批具有经营管理才干、创新精神和爱岗敬业品质的职业经理人。尤其是国企混合所有制改革中，需要建立和推行一套适宜有效的股权激励制度对职业经理人进行长效激励。

一 现代混合所有制企业经理人股权激励制度的由来及其作用

（一）企业经理人股权激励制度的历史追溯

经理人股权激励是指现代企业通过契约奖励给经营管理层各成员（包括一些技术骨干）一定数额的股票期权，或者通过赠予、发放奖金购买等手段让其持有一定数量和比例的本公司股票，进而获得有别于工资和奖金收入的一种激励方式。股权激励有期权激励和期股激励之分，但不论是期权激励还是期股激励，都会把激励对象的个人利益与企业经营好坏紧紧联系在一起，即具有将代理人—经理人和委托人—股东的利益捆在一起之功效，让股东和经理人双方形成了一个共同利益经济体。这样，既激发了经理人在经营管理活动中更注重企业发展的质量，也能让其在不断地提升公司竞争力的行动中来不断地实现个人收益的最大化。因此，股权激励成为了现代混合所有制企业对经理人实施激励的主要方式。

股票期权激励在当今发达市场经济国家较为流行，这种激励形式最早可以追溯到20世纪50年代。当时，美国政府对个人收入征收的所得税不仅起点低，而且征缴税率也很高，那些在大公司就职的金领高管人员的工资和奖金收入的大部分都被政府的高税率征收掉了。1952年，菲泽尔公司为了避免公司高管人员的现金收入被高额的所得税吃掉，在雇员中最早推行了股票期权制度[①]。然而，这一新事物并没有引起当时人们更多的关注。特别是1961年肯尼迪总统上台后，为了扩大内需消费，开始实施大规模减税运动，个人收入所得税率降低了20%左右，这就导致了

---

① 张湛彬：《股票股权与国有企业激励制度》，辽海出版社2002年版，第85页。

股票期权激励这种形式在相当长时间里没能受到足够重视，更没有哪家公司去引入或实施这种股权激励形式。直到20世纪70年代后期，在一些资本市场相对成熟的国家，有的大公司在进行公司治理时意识到股权激励制度在破解"委托—代理"问题上的作用，开始引入或实施经理人的股票期权激励，并得到后来者的响应和推进。到了80年代中期，美国最大的200家公司中有60%以上都建立了以股权激励形式为主的长期激励性报酬制度[1]。20世纪90年代，经理人股票期权这一股权激励模式越来越受到更多的现代混合所有制企业的追捧，并使这一激励方式在其实践运作中得到不断的创新和完善。这一时期，是美国等发达市场经济国家股权激励发展最为迅速的时期。根据有关资料统计，1997年，占53%的美国上市公司实施了股票期权激励计划，到了1999年，几乎全部高科技企业、90%以上的上市公司都实行了股票期权激励计划。在整个90年代股票期权计划得到广泛推行和迅猛发展过程中，股权激励收入在经理人收入结构中的比重也不断提升[2]。例如，在美国高级管理人员的薪酬总额中，长期激励机制的收益占全部收入的比例在90年代大部分时间段中稳定在20%—30%，而到了90年代末，经理人的股权收入已与工资、奖金等收入基本持平。进入21世纪后，股票期权激励机制运行进入稳定发展时期，经理人的股权收益占其收入的比重也基本维持在55%的上下3—5个百分点之间。这种股权激励方式经过30多年的发展实践表明，其对经理人的激励不仅务实有效而且具有长效激励的功能，已被越来越多的现代混合所有制企业所推崇。

值得我们关注的是，早在19世纪二三十年代，我国山西票号就实行了对经理人进行"顶身股"式的股权激励制度。山西票号中的股份分为身股与银股，"出资者为银股，出力者为身股"[3]。也就是说，山西票号在成立之初，东家（股东）和掌柜（经理人）在签订合同时，就将经理人的"身价"（人力资本）顶为一份股份（相当于银股的二三十

---

[1] 宁向东：《公司治理理论》，中国发展出版社2006年版，第118页。
[2] 叶永刚等：《股票期权》，武汉大学出版社2006年版，第6页。
[3] 张正明、邓泉：《平遥票号商》，山西教育出版社1997年版，第54页。

分之一），经理人凭借"顶身股"这个"虚拟股权"享有与投资人"银股"一样的到期利润分红权利。"顶身股制"是我国最早也是世界最早的企业经理人和员工持股的股权激励案例。这一虚拟股权激励方式要比西方混合所有制企业的股权激励方式早一百二三十年。因此，我们在引入西方国家的股权激励模式的同时，更应从山西票号的股权激励制度中寻求可资借鉴之处，积极探索适合国情和现有制度环境的股权激励形式①。

（二）推行经理人股权激励制度的积极作用

第一，有利于企业吸引人才、留住人才。推行股权激励制度不仅能够给经理人带来可观的收入，而且也是经理人的人力资本的价值实现。在股权激励计划的实施过程中，经理人股票期权的行权有一定时间的等待期和分批行权购买股票规定，而因期股获得的股票有持有期限等约束条件，如果经理人跳槽或提前离开，公司就会收回赋予其相应的激励权益，经理人也因此会失去相应的股权激励的权益和收入，这就大大增加了其退出的成本。因此，股权激励制度具有吸引人才、留住优秀人才的作用。

第二，有利于矫正和克服经理人短期行为。在股权激励计划的实施进程中，由于经理人获得股票期权或期股激励并持有一定数量的股票后，就将经理人的未来收益与公司的股票价格和利润分红直接挂起钩，经理人只有通过实现股东的利润最大化才能实现自身收益的最大化。这样，就驱使经理人在经营管理的活动中积极寻求提高公司业绩和竞争力的机会，在其努力的工作中并不仅仅追求和实现公司的短期业绩，更关注企业竞争力和长期价值的提升。因此，股权激励制度有利于矫正和克服经理人短期行为，也促进了企业的可持续发展。

第三，有利于降低企业费用和代理成本。由于委托代理关系存在，导致了在股东和经营者之间的信息不对称。一方面，当大股东将经营控制权让渡给经理人后，由于信息上的不对称，股东无法真正知道经理人

---

① 梁洪学：《经理人激励制度的多维解读》，《江汉论坛》2006 年第 6 期。

在企业的经营活动中是为实现企业利润最大化和长远发展而去"作为"了，还是满足现有状况而"不作为"。另一方面，股东也无法真正监督经理人是将资金用于企业发展上了，还是用于能够给其本人带来福利甚至"灰色收入"的经济活动中去了。上述问题，要通过监管等手段来消除几乎是不可能的，即使实施监管，不仅要付出巨额监管费用，也不会有好的效果。而通过股权激励能够将经理人的未来收入与企业的长远发展各项指标紧密地联系在一起，如同给经理人戴上一双"金手铐"，让经理人通过节约成本、开拓进取、勇于创新地努力工作，与投资人共同分享企业发展带来的利润成果。尤其是股票期权激励的收入是通过市场上的股票价格与购进股票的期权行权价的差额实现的，是"经理赴宴，公司请客，市场买单"，是一种非现金激励方式。因此，股权激励制度有着降低企业费用和代理成本之功效。

第四，有利于鼓励经理人在敢于承担风险中进行一系列的创新活动。在没有股权激励条件下，加之每个人都有回避风险的偏好，经理人在企业的经营活动中往往会倾向于稳妥甚至保守，也没有动力去主动承担风险进行各种创新活动。而现代公司制企业实施股权激励计划能够让经理人通过持有股票或股票期权分享到企业因风险投资、创新活动等带来的丰厚收益。因此，股权激励能促使经理人在企业经营活动中奋发有为，在敢于承担风险中进行一系列的创新活动。

二 经理人股权激励制度在我国的演进及其存在的问题

（一）我国混合所有制企业经理人股权激励制度的历史演进

由于受到传统意识、经济发展状况以及资本市场发育不充分等因素的影响，我国引入股权激励制度比西方发达的市场经济国家要晚二三十年，且发展跌宕起伏、一波三折。20世纪的80年代末、90年代初，北京四通集团等个别企业在进行公司改制中就提出过对经理人进行股权激励方案，但受外部环境、缺乏法律依据等因素的限制，在遭到各种反对后均未能付诸行动和实践。1993年，深圳万科推出9年期限的股权激励计划并获有关部门批准，成为我国第一个实施股权激励的上市公司。尽管万科集团的股权激励在尝试实施三年后被叫停，但万科集团的尝试却开启了股权激励制度在我国的实践征程。之后，在少数经济较为发达城市中有些具有前瞻性视野的公司制企业开展了引入股权激励的探索与实践，一些上市公司相继跟进推出了相应的试点方案。由于没有相关政府部门的明确支持和政策上的引导以及法律上的规范和保障，股权激励制度引入初期的实践探索往往"各自为战"，实施的方案也都是个案，且推出的方案中"打擦边球"现象比较多，有的还带来了负面影响，实施效果也多有不尽如人意之处。针对上述情况，1998年，中国证监会叫停了大部分上市公司的股权激励方案（计划）并进行整顿，国内只剩下10多家上市公司对其高级管理人员实施股权激励计划，仅占当时上市公司总量的1%左右。在这一背景下，上海、北京、武汉等地的政府相关部门先后出台了"规范国有企业经营者的股票期权和期股激励的指导意见"的地方性政策法规。在随后几年里，杭州、济南等些大城市也相继跟进出台了有关经理人股权激励方面的政策法规。这样，就为继续开展股权激励的实践在一定程度上提供了政策法规上的支持和遵循。1999年至2005年，虽然遇到了2003年MBO（管理层收购）被暂缓叫停，但股权激励的探索实践一直没有停止过，尤其是在高科技企业中实施股权激励计划的相对比较多，影响力比较大，并受到了政府有关部门的高度关注和重视。例如，2002年8月21日，科技部和财政部联合下发了《关于国有高新技术企业开展股权激励试点工作的指导意见》，国务院办公厅在不到一个月的时间内（8月29日）就转发这个"指导意见"。从20世纪90年代中后期到2005年的股权分置改革前这一时间段，我国公司制企业，尤其是一些上市公司探索出十多种经理人股权激励模式，一些模式非常值得在实践中推广。然而，由于股权激励一直没有受到国家政策层面上的明确支持和引导，也没有国家法律层面上的保障和遵循，尤其是当时在深沪股市上市的国企除社会公众股可流通外，国有股、法人股和职工股[①]都不允许

---

① 实际上，当时的企业发行的职工股有很多并不是本公司职工购买的，而是由社会其他人员来购买的，但当时都称之为职工股，后来就一直延续这个说法了。

流通，在实践中推行股权激励制度都遇到了一些困难和障碍[①]。

　　始于2005年的股权分置改革改变了以往的流通股和非流通股股权分置的状况，解除了国有股和法人股不能上市流通的限制，为我国上市公司消除了实施股权激励计划难以操作的关键性障碍，成为我国全面推行股权激励制度的转折点和新起点。2005年年底，证监会发布了《上市公司股权激励管理办法（试行）》（以下简称"试行办法"），"试行办法"从国家法律规范的视角，首次对股票期权、期股及相应的股权激励制度等方面做了有针对性的规定。在2006年10月相续出台的第二次修订的《公司法》《证券法》根据"试行办法"也增添了与股权激励相关的一些内容和规定。这样，为在我国混合所有制企业中推行股权激励制度提供了政策取向和具有权威性的法律操作规范。此后，中国证监会根据上市公司在实施股权激励过程中所遇到的问题，于2008年3—9月又相继出台了三个《股权激励有关事项备忘录》（1—3号），在备忘录中提出了解决问题的方法。然而，受2007年年底美国次贷危机引发的2008年金融危机的影响，沪深股票市场的股价大幅下跌，很多上市公司股价跌破了实施股票期权的行权价位，这些公司不得不宣布终止股权激励计划，2008年公布股权激励方案的60家上市公司中只有14家实施（2家推迟实施）。受此波及以及全球金融危机不断扩散的影响，2009年公布推行股权激励计划的上市公司仅有30家，但最终实施了14家（2家推迟实施）。随着金融危机化解，中国GDP又步入了快速增长的轨道，越来越多的上市公司有了实施股权激励计划的意愿，股权激励制度推广的企业数量进入快速增加的黄金期。2010年披露实施了股权激励计划的上市公司达到52家[②]，2011年升至90家，呈现每年翻番增长的态势。从2012年开始，上市公司推行股权激励计划的家数增长趋于稳步增长状态。截至2015年年底，推出股权激励计划的上市公司总共有808

---

　　① 梁洪学：《中国公司制企业经理人激励制度研究》，经济科学出版社2006年版，第139、174页。

　　② 周雪平、周金美：《股权激励在我国的发展状况》，《中小企业管理与科技》2011年第11期。

家，涉及股权激励计划达 1110 个，其中有 229 家公司推出两个或两个以上的股权激励计划。根据形势发展的需要，中国证监会出台了《上市公司股权激励管理办法征求意见稿》，并向社会和有关专业人士公开征求意见，在进一步完善修订后，于 2016 年 7 月正式发布了《上市公司股权激励管理办法》，并于 2016 年 8 月开始施行。新的股权激励管理办法在过去的基础上进行了优化，强调以信息披露为中心，放松管制加强监管，赋予了公司更多的自治和灵活决策空间。自此，我国股权激励机制步入了有章可循、有法可依、正轨快速发展阶段。2016 年，实施股权激励计划的上市公司已达 176 家[①]，截至目前，我国 A 股上市公司实施股权激励计划的已达到千家次以上。

（二）实施经理人股权激励计划所面对的问题与障碍

目前，我国混合所有制企业股权激励机制已经步入较为稳定的正轨发展阶段，但仍然存在着股权激励模式不规范、激励股票来源过于单一、行业发展不均等问题。在新时期，推行经理人股权激励制度所面临的问题与障碍主要有以下几个方面：

第一，资本市场尚未成熟。股权激励制度在以美国为代表的一些西方发达国家能够得以成功推行并获得良好效果，很大原因在于其有一个较为完善和成熟的资本市场做保障，在这个较为有效的资本市场上，公司的业绩大多能够通过股票价格反映出来，股票价格会随公司业绩的提高而上升。这样，上市公司实施股权激励计划能够让经理人因公司经营业绩提升而收获股价上涨或股息分红带来的收益，进而激励经理人通过努力工作提升公司经营业绩。而目前我国资本市场尚处于从弱有效市场向有效市场过渡阶段，中小投资者在投资行为上的"羊群效应"表现显著，股票价格涨跌更多地受某项政策的出台、经济周期的变化、市场投机的取向等因素的影响，股票价格上涨往往依靠大资金推升，股价往往反映不出公司的真实业绩和竞争力。在这一情景下，股价的涨跌，既不能为投资人提供有效的市场信息，也无法对公司业绩及管理团队的管理

---

① 吴瞬：《实施股权激励上市公司增多》，《中国证券报》2017 年 8 月 4 日。

能力进行有效测评,被股票期权激励的经理人的努力可能得不到应有的回报,实施股权激励的效果也会大打折扣,甚至导致有的股权激励计划实施被迫终止。

第二,缺乏一个靠竞争机制选聘职业经理人的市场。股权激励的对象主要是企业的经营管理层成员和关键岗位上的技术骨干,开展股权激励计划首先要解决经理人的筛选和聘任机制问题。西方国家的公司治理实践表明,通过市场竞争机制选拔职业经理人的效果最佳。然而,目前我国混合所有制国有控股企业的经理人通过竞争机制即在职业经理人市场上选拔出来的所占比例很小,绝大多数经理人都是由政府主管部门任命的。他们享受一定级别的行政待遇,且带有浓重的政治色彩。如果某一经理人有政治诉求或组织的需要,往往会调到相应行政级别或更高级别的政府部门的领导岗位上任职。这样不仅不利于经理人发扬企业家的精神,勤奋务实地搞好企业的生产经营,而且也对管理层队伍的稳定带来一定程度的负面影响,进而导致股权激励的功能大大减弱。同时,没有成熟有效的职业经理人市场,对经理人价值的评判就缺乏有效的标准和方法,股权激励的效果也会大打折扣[①]。

第三,相关的法律法规有待进一步健全和完善。自 2006 年以来,国家在股权激励方面出台了一系列相关的法律法规,让股权激励计划的实施有了法律上的保障和遵循,但这些法律法规还存在一些不完善和有待进一步健全的地方,尤其是有些配套法规没有跟进,不利于股权激励制度的全面推广。例如,对股权激励的收入征收税率还比较偏高,尤其是对股票期权激励对象行权后卖出的股票价差收益,在征收印花税同时还征收 20% 所得税,这样既减少了激励对象的收益,也增加了企业实施激励计划的成本,影响了股权激励机制效能的有效发挥。我国《公司法司法解释(三)》第 17 条允许公司在股东出资瑕疵时给予除名的制度设计,仅从维护守信股东和公司利益的角度考虑,惩罚股东的过错行为,相关法律条款的设计完全从公司内部出发,并没有考虑到对公司外部债权人利益及相关利益人的保护。因

[①] 李跃平:《酬薪激励在我国公司治理中的运用》,《经济社会体制比较》2003 年第 3 期。

此，当司法权介入公司内部自治的股东会决议时，除了审查股东除名的形式要件外，还应审查股东除名是否会损害债权人利益，避免造成公司内部股东与债权人利益保护之间的冲突[①]。还有，对激励对象购入股票的价格只要求不低于购买前一段时间市价的一半，对于股价是否低于每股净资产的情况则未给予考虑。

第四，公司治理结构方面还存在着一些有待进一步解决的问题。目前，我国公司治理结构方面的一些问题和缺陷，既给股权激励计划的实施造成一定障碍，又影响了股权激励的效能。在公司治理方面主要有以下一些问题：一是产权结构上的"一股独大"等问题给股权激励计划实施带来的障碍。在产权结构方面，大多数国有性质上市公司国有股所占比重过高，且股权结构上缺乏制衡，往往会给股权激励计划的实施带来一系列难以操作的问题与障碍。例如，在股权激励计划的实施过程中，可能遇到是否逾越了国有股控股比重的政策界限，是否导致国有资产流失等问题和障碍。二是在现有的国企控股公司组织结构下可能发生股权激励计划实施上的障碍。国有资本控股的公司，企业经理人基本上是由政府部门委派任免，公司的一些重大经营决策时常受到政府主管部门干预或直接决策，公司业绩中经理人的贡献难以界定和衡量。这样，根据公司业绩来授予经理人股票期权或期股，似乎就显得不太公平合理，公司员工也会提出异议[②]。

第五，公司治理的外部监督约束机制不健全。在公司股权激励计划推出的过程中，经理人为了获得股权收益最大化，可能会做出有损公司声誉和误导证券市场其他投资人的行为。目前我国公司法人治理的外部监督约束机制不健全、不完善，对股权激励中出现的一些徇私舞弊的行为，既监管不到位，又缺乏有效的机制约束。

[①] 张磊：《资本认缴制下股东除名制度研究》，《经济问题》2018年第6期。
[②] 高闯：《经理人股票期权制度分析》，经济科学出版社2006年版，第105—108页。

三 加快我国混合所有制企业经理人股权激励制度建设的措施及其模式选择

（一）加快企业经理人股权激励制度建设的措施

第一，不断健全和修订与股权激励相关的法律法规。自2005年年底以来，我国政府有关部门陆续推出了一系列政策法规，使股权激励制度的实施步入了有章可循、有法可依的正轨快速发展阶段。然而，随着股权激励制度的不断推广和实践的深入，还会出现更多的新情况、新问题，需要不断健全完善已有的法律法规，配套相关的法律法规。为此，可以考虑以下几点。一是加强和完善股权激励制度方面的法律法规建设。在不断健全和完善《上市公司股权激励管理办法》的同时，还要在今后的《公司法》《证券法》第三次修订以及其他法律的修改中，根据《上市公司股权激励管理办法》的内容要求及股权激励制度的实践中遇到的新情况、新问题，补充和完善有关条款。例如，为防范国有资产的流失等情况发生，应规定激励对象购买股票的价格不得以低于每股净资产的价位买入。二是实行有利于股权激励收入的税收政策。作为一种制度安排，股权激励收益是有别于高工资的可期的激励收入，它能够诱导经理人为提高经营效率及企业的长远发展贡献智慧、努力拼搏。而股权激励收入征收税额大小、比例多少会对股权激励的效果和企业的激励成本有很大的影响。为此，应以此立足点来制定和完善税收政策和法规。例如，对持有限制性股票超过5年的经理人，其股息收入所得税税率应给予减半，持有股票达到10年以上者免征个人所得税。三是加大对股权激励的约束力和违规违法行为的处罚力度。目前，我国对高级管理人员在资本市场上进行违规违法股权操作行为往往是以行政处罚为主，在这种情况下，经理人为了获得股权激励收益最大化，可能会在证券市场上做出有损公众投资人利益和企业声誉与发展的事情，以致违法乱纪。对此，可以借鉴西方市场经济发达国家的经验，在股权激励方面配套相应的法律法规，实施民事赔偿制度，加大对违规违法行为的处罚力度。这样，通过施以法治的强制力和威慑力，防范和避免经理人在这方面的不道德行为乃至违法行为的发生。

第二，加快相关的市场体系建设。一方面，加快建立和健全完善职业经理人市场。西方发达国家的实践表明，现代混合所有制企业之所以能通过竞争机制选拔出合格的经理人，关键在于有个健全完善的经理人市场，这也是实施股权激励计划的重要前提条件。然而，长期以来，我国国有性质的混合所有制企业的经理人往往是由政府提名或主管部门任命产生的，这种做法显然与市场配置人力资源的精神背道而驰[①]。因此，我们要有一个市场化的经理人选拔机制，就要加快建立和健全完善职业经理人市场。尽管近几年来在少数国有控制企业开展了市场化选聘经理人的试点工作，但还需进一步扩容推进并出台一些相关政策法规来引导和规范，尽早在我国建立一个畅通有效的经理人市场。另一方面，要提升股票市场的资源配置效率。当前，我国的股票市场还是一个半有效的资本市场，股票价格与公司业绩和发展潜力的相关度并不明显，股价的上升往往靠大资金推动。而一个规范、有效的股票市场是经理人股权激励计划实施效果的重要保障。为此，有关部门和机构应针对当前股票市场存在的供给、交易等方面问题，着力进行市场的科学规范，根据融资规律审慎调节股票的供给，引导投资人进行价值投资，坚决打击违法违规的投机行为，把我国股票市场打造成为一个有效的资本市场。

第三，完善公司治理结构。多年来，国企"一股独大"式的股权高度集中控制模式一直受到诟病，要改变这一状况，应通过实现国有资本对公司股权的过度控制到适度控制的转变，克服并消除"一股独大"的弊病，并采取相应措施实现股权制衡。只有在公司治理的基础上实施相应股权激励计划，才能有效地发挥出国有资本竞争力，扩大国有经济的影响力。同时，在保持国有资本控制力前提下，防范因实施股权激励计划而损害公众投资人利益的事件发生。要完善混合所有制企业的权力制衡机制，强化监事会的监督职能作用。现代公司的决策权、经营控制权和监督权是通过股东会、董事会、监事会及经营管理层这种组织结构达

---

① 梁洪学：《中国公司制企业经理人激励制度研究》，经济科学出版社2006年版，第139、174页。

成或实现"三权"制衡的。然而,在现实中相当数量的国有控股公司却出现了严重的"内部人控制"现象。为此,应在发挥董事会、管理层及股东大会作用的同时,改变当前监事会"不作为"或"不能作为"的现状,在加强监事会组织建设的同时,还要通过让监察委等部门来强化监督职能。各监事方对公司推出的股权激励计划的内容有知情权和意见发表权,对于激励计划中存在明显损害投资人利益或公司利益和声誉的情形,可以通过股东大会或申请召开临时股东大会发表相关的意见。任何公司推出的股权激励计划必须要有审核监督意见,在经股东大会表决后,方才具有法律效力。只有这样,才能形成一个良好的公司治理格局。

第四,建立科学的业绩评价体系。现代企业对经理人经营管理能力和工作业绩等方面的考核是一种综合性的评价,在考核的方式和考核指标的设计上要讲求实效并具有科学性,在考核经理人当期业绩同时,还要考虑到经理人的经营活动是否存在短期化行为,并对公司的竞争力和未来的发展潜力做出评估和预测。因此,只有在建立科学有效的绩效考核体系后,才能对经理人实施相匹配的股权激励计划,进而发挥股权激励的效能作用。

第五,股权激励计划方案要精心设计、讲求科学。股权激励制度是现代混合所有制企业进行法人治理中的一项伟大"发明",通过对经理人股权激励计划的实施,将企业的委托人与代理人之间的问题与矛盾演化成了代理人与委托人利益一致的"战略伙伴关系"。通过股权激励方式,让享有经营控制权的经理人克服了短期化行为,立足企业的可持续发展,在公司的经营管理活动中努力工作,勇于担当和创新,进而在追求和实现公司或投资人利润最大化过程中实现自身收入的最大化。

根据经理人与股东融合理论,经理人持股比例与公司价值成凸函数关系。当经理人持有一定数额的公司股权后,将有效地克服经营上的短期化行为,减少在职消费、灰色收入等道德风险,在促进公司长足发展的同时增加公司的市场价值[1]。然而,一套股权激励计划的推出,是要经过事先多方位的科学考量和精心设计的。如:公司对经理人是实施期股

---

[1] 张宗新:《股票期权与上市公司经理人激励》,《财经理论与实践》2000 年第 3 期。

激励还是期权激励，授予激励对象多少份额的股权激励，股权激励计划的实施有效期的时限多少，等等。现代混合所有制企业已进入以法人持股为主体的新时代，公司总股本规模往往很大，一些公司总资产已达千亿元以上。基于此情况，在股权激励计划实施中，即使让激励对象购入公司股票的万分之一，也是难以承担的。针对这点，应允许经理人以股权抵押贷款等方式认购公司激励性股票，而不应在相关法规中设立禁止上市公司不得为激励对象依股权激励计划获得有关权益提供贷款等规定。

（二）适宜推广普及的三种股权激励模式

基于上述分析，我们应科学总结国内混合所有制企业对股权激励制度的探索经验，在实践中大力推广那些符合国情和环境的并取得良好效果的股权激励模式。在我国实践中探索出的十多种股权激励模式中，股票期权激励模式、虚拟股票激励模式和业绩股票激励模式这三种股权激励模式值得在现阶段推广和发展。

一是股票期权激励模式。股票期权激励模式就是现代混合所有制企业给予经理人在未来某特定时间内按某固定价格（一般取授予期权时点前股票价格某一时间段的平均价格）购买本公司普通股票的权利。这种权利既不能转让给他人，也不允许用于担保或偿还债务。股票期权实际上是通过赋予经理人一种选择权使其获得收益的方式，激励对象可以在合同规定的期限内购入股票后，既可以长期持有股息收入，也可以随时卖出获得价差收益；如果行权期市场上公司股价高于行权价，被授权人也可以放弃这个权利。股票期权收益是通过市场实现的，具有不确定性。因此，股票期权收益取决于经营管理层能否通过自身努力提升公司的绩效，如果公司税后利润、净资产等指标提升了，公司的股价一般就会在资本市场上上涨，股票期权收益就能实现，否则，就无收益可谈。

实践表明，上市公司最适合实行股票期权计划，尤其是高科技公司更为适用。随着我国资本市场的治理与发展，证券市场正从弱有效市场向有效市场挺进，股票价格越来越趋于反映公司的业绩。为此，应大力推广发展这一模式，鼓励条件成熟的上市公司推行股票期权制。

二是虚拟股票激励模式。虚拟股票模式是指现代混合所有制企业授予激励对象一定数量的"虚拟的"股票，被授予者据此享受与普通股票一样的股息分红权利，但虚拟股票没有所有权和表决权，不能转让和出售，在经理人离开企业时自动失效。虚拟股票的享有者要获得更多的分红收益，就要通过自身的努力去经营管理好企业，进行一系列的组织创新、产品创新，使企业在不断壮大发展中赢利。公司的业绩越好、发展越可持续，经理人的收益就越多并越长久。因此，虚拟股票具有内在的激励作用。

虚拟股票激励模式让经理人通过享有虚拟股票形式分享企业剩余索取权，这是分配制度上的一种创新。这种模式将激励对象的自身利益特别是长期收益与企业效益挂钩后，经理人只有从股东的角度出发，在增加企业财富的前提下才可同时获得相应的股息分红，从而与股东结成利益共同体。虚拟股票激励模式驱使经理人不断努力提高公司业绩，最终也达成了委托方与代理方双赢的局面。虚拟股票只是具有单纯的股息分红权能，不能转让他人和流通，这样，虚拟股票激励模式就避免了因资本市场不确定因素造成企业股票价格异常下跌对虚拟股票享有者收益的影响。那些现金流量比较充裕的混合所有制企业（无论是上市公司还是非上市公司）选择虚拟股票激励模式对企业经理人进行激励，都是比较适合的。

三是业绩股票激励模式。业绩股票激励模式是指现代混合所有制企业在某一时点确定未来某一时间段（一般为3—5年）的发展计划和业绩目标时承诺，如果最终实现了预定的发展计划和业绩目标，则公司就奖励以总经理为首的管理层成员一定数量的股份，或通过给付奖励金形式来购买本公司的股票。经理人在获得激励性股票后，要锁定一定年限以后方可逐年按一定比例出售，且还要长期持有相应数量的限制性股票。如规定激励对象持有股票一年方可出售，但第一年只可卖出持有股票的20%，第二年可卖出30%，等等，且要求经理人必须长期持有一定数额的股票。

可以把业绩股票视为一种延迟发放的奖金，但与一般奖金不同，它不是当年就发放完毕，还要看今后几年的业绩情况，这就克服了奖金刺激的激励不足，具有长期激励的效果。如果企业效益好，其股价在二级市场往往会持续上涨，使激励效果进一步放大①。业绩股票激励模式只对企业的发展规划完成情况和业绩指标进行考核，不像股权期权激励模式要求股价的上涨才能真正实施，但也存在激励成本较高的问题，有可能造成企业支付现金的压力。因此，那些业绩稳定型公司制企业比较适合以业绩股票激励模式对经理人进行激励。

（原文发表于《江汉论坛》2018 年第 10 期）

---

① 梁洪学：《七种股权激励模式的利弊评析》，《税务与经济》2003 年第 5 期。

坚持和完善农村土地集体所有制这个制度优势[*]

刘元胜　于千舒[**]

举什么旗、走什么路，是事关我国农业农村现代化发展的根本性问题。坚持农村土地集体所有制，是在中国特色社会主义进入新时代后推进"三农"工作必须树立的底线思维，是实施乡村振兴战略必须遵循的大逻辑。然而，有的人以土地私有权的世界主流为依据，认为土地私有化是我国农村土地改革的唯一出路。这样的见解异常武断，不符合我国农村土地集体所有这个最大实际，必须旗帜鲜明地予以反对。

一　农村土地集体所有制是我国的一大制度优势

作为我国农村最基础的制度，农村土地集体所有制以其超强的适应性和发展性，成为解放、发展和保护我国农业生产力的根本性制度优势，不仅克服了部分土地私有制国家在农业现代化进程中陷入的发展困境，而且助推了我国农业生产力水平的整体跃升，彰显了中国特色社会主义道路的制度自信。然而，有的人不从我国的基本国情和农业发展的实践

---

[*] 本文系国家社科基金一般项目"五大发展理念下我国农业供给侧结构性改革问题研究"（16BJY008）阶段性成果。

[**] 作者简介：刘元胜，吉林财经大学经济学院副教授，主要从事农业经济理论与政策研究；于千舒，宁波诺丁汉大学商学院学生，主要从事发展经济学研究。

出发，错误地认为农村土地私有制是实现我国农业现代化的唯一出路，试图瓦解这一制度优势。

（一）坚持农村土地集体所有制是我国法律所规定的基本制度

农村土地集体所有制作为我国农村的基本经济制度，是社会主义题中应有之义，是社会主义公有制在农村的主要实现形式。农村土地集体所有制，不仅是《中华人民共和国宪法》所规定的，而且是《村民委员会组织法》和《农村土地承包法》规定的法律制度层面的制度安排，更是公平价值导向的社会保障层面的制度设计。正是这种多重含义，决定了我国农村发展与改革的道路及方向，成为我国农村基本经营制度的魂和我国农村根本的制度，并能通过释放制度优势有效解决农业现代化过程中的农业问题和农民问题。为此，任何涉及土地制度的改革，都必须旗帜鲜明地维护农村土地集体所有制，在维护这个最根本的制度不变的前提下推进发展导向的变革，决不能在农村土地集体所有制上动念头和打主意。正如习近平总书记强调的，"不管怎么改，不能把农村土地集体所有制改垮了"。在我国深入推进农业供给侧结构性改革的过程中，要把农村土地集体所有制作为土地供给侧结构性改革的根本遵循，为培育农业农村发展新动能和提高农业供给体系质量与效率深挖制度潜能，释放制度红利。

（二）坚持农村土地集体所有制能够适应当前实践需要

实践表明，在不同的农业发展阶段，通过对农村土地所有制实现形式的适应性调整，我国农业生产力发展水平会得到极大提升、农民收入水平能够获得显著增加。家庭承包经营和集体统一经营相结合的双层经营体制就是最大的制度性成果。当前我国农业发展面临新挑战，主要表现为农业生产方式由人力、畜力向机械化转变，生化技术的广泛运用缩小了土地差异，劳动力流动带来了农业经营主体的变化等；上述变化让土地分散细碎化问题成为制约农业现代化发展的阶段性瓶颈，作为农村生产关系总和的农村土地所有制应当对农业生产力的这种变化作出回应。为此，土地所有制的调整必须充分考量农业生产方式、生产条件和生产主体的变化，广泛适应农业生产力发展水平。坚持农村土地集体所有制，一方面，能通过统分结合，以家庭经营的"分"和集体经济组织的"统"很好地解决土地细碎化经营；另一方面，在土地归集体所有的前提下，重构产权结构，积极探索新的实现形式，以农民参与和集体经济组织动员取得利益最大公约数。广东省清远市叶屋村和贵州省安顺市塘约村的做法表明，在我国农业发展的新阶段，农村土地集体所有制能够以其强大的制度弹性和制度优势，实现农业生产能力提升、农民权益保障和集体经济组织实力壮大的有机统一。

二 精准认识农村土地集体所有制的多维功能

作为以土地财产归属为核心的一系列相关制度安排的集合体，农村土地集体所有制在本质上是以土地财产为基础的人与人之间的利益关系，它着力解决农业经济发展过程中由土地引发的效率与公平问题，通过不断地适应性调整影响着农村生产力发展和人们的经济利益关系，并以显著的制度绩效对促进我国农业现代化发展、保障农民权益和稳定农村社会治理发挥了不可低估的作用。

（一）农村土地集体所有制的效率功能

稳步提高农业生产能力、确保国家粮食安全，是农村土地所有制的工具性目标。中华人民共和国成立以来，我国对农村土地所有制的调整实践充分证明，农村土地集体所有制能够以社会主义制度优越性，有效调动农民生产经营积极性和充分发挥集体经济组织的统筹功能，极大提高农业生产经营效率。具体的作用机制为，在保证土地归集体经济组织成员所有不变的前提下，针对农业生产经营过程中出现的新问题，创新性地构造产权结构，不断释放土地集体所有制的势能。一方面，引入家庭联产承包责任制，通过两权分离，保障集体经济组织的所有权和赋予农民承包经营权，在统分结合中兼顾了集体经济组织和农民的使用权、收益权和处置权。另一方面，面对农业生产方式、生产条件和生产主体的阶段性变化，在确保农村土地集体所有不变的前提下，构造三权分置的产权结构，将承包经营权分为承包权和经营权,并通过确权登记颁证充分保障每项权利的权能,以所有权证让集体经济组织用心、以承包权证让农民定心、以经营权证让农业经营者放心,最终以分与统的有机结合克服了农业在新发展阶段面临的土地细碎化、农业基础设施有效供给不足和农业经营主体不稳定等困境,带来了农业适度规模经营、农业基础设施显著改善和农业生产能力稳步提升,为国家实现粮食安全夯实了制度基础。

(二) 农村土地集体所有制的公平功能

我国是典型的城乡二元社会,对农民而言,土地不仅是生产资料,还是生活资料,更是身份特征鲜明的财产,从而土地以及由土地衍生的权利对农民起到了社会保障功能。农民凭借成员权获得土地并拥有相应的土地财产权益,为了确保农民依土地所享有的福利水平的公平性,就需要设计合理的土地所有制形式,以便保障土地财产权益的合理分配。"三级所有、队为基础"的农村土地所有制形式,在以生产队为单位的村集体经济组织拥有土地的前提下,为了确保生产队范围内村民的经济利益平等,按照公平原则对土地使用权进行了分配,土地位置、肥力均按人口平均分配,形成了使用权高度分散化的土地利用特征。在生化技术不发达、机械化程度不高、劳动力较稳定和人地分离程度不高的发展阶段,农村土地集体所有制有效处理了生产队范围内农民之间的土地利益关系,释放了公平功能。但是,当使用权高度分散化所带来的土地细碎化成为制约农业现代化发展问题时,农村土地集体所有制的公平功能就会有所弱化,这就需要依据农业生产环境的变化对该制度做出适应性调整,以保证和发挥其公平功能。

(三) 农村土地集体所有制的治理功能

农村治理体系和治理能力,是推进国家治理体系和治理能力现代化的重要组成部分。在农村治理体系中,国家和农民是紧密相连的利益主体,国家需要考量农民的利益诉求制定农业政策,农民会对农业政策带来的效应作出反应,从而国家和农民之间的关系就会适应性调整。但是,国家与农民的对接并不是非常顺畅,由此造成国家与农民之间的沟通成本就会非常高,并弱化农村治理效率。农村土地集体所有制,以村集体经济组织为桥梁,将国家与农民有效对接,以其统筹功能,权衡处理好二者的利益关系,既能提高农业政策制定效率,又能确保农民利益表达机制顺畅,从而增强国家与农民的利益匹配度,进而提高农村治理效率。在这个意义上,作为土地的所有者,村集体经济组织是农村治理链条上的重要主体,通过发挥其动员组织能力,实现了国家与农民沟通的低成本、利益的相容,紧密了国家、集体和农民之间的利益关联度,以"国家+集体+农民"的间接治理机制代替了"国家+农民"的直接治理机制,提高了农村治理能力,为推进国家治理体系和治理能力现代化夯实了微观基础。

三 有效落实农村土地集体所有制的保障措施

坚持好和落实好农村土地集体所有制,是一个系统工程,需要全方位、多层面发力,通过实施切实有效的保障措施,才能贯彻好这个最大的农村制度,引领好我国农业农村现代化发展方向,在道路上不走偏。

(一) 发挥基层党组织的战斗堡垒作用

习近平总书记曾经强调:"党管农村工作是我们的传统,这个传统不能丢。"这意味着,农村干部的能力、素质关系到党在农村执政地位的巩固。要落实好农村土地集体所有制,释放土地集体所有的势能,发挥村集体经济组织的统筹作用,必须加强农村基层党组织建设,让其成为促进农业兴旺、带领农民致富、维护农村稳定的坚强领导核心。叶屋村和塘约村等地的做法充分表明,一个强有力的基层党组织是做好"三农"工作的法宝,好的基层党组织能够带领农村上下凝心聚力,促进农村发生翻天覆地的变化。为此,需要创新党的基层组织设置和活动方式,加强基层党组织带头人队伍建设,扩大基层党组织覆盖面,为坚持好、完善好和落实好、贯彻好农村土地集体所有制把好方向和谋好大局。

（二）树立以农民为主体的农业发展思维

农民的获得感和满足感是衡量农村工作的根本准绳，务必把农民对美好生活的向往贯穿于党的"三农"工作全部活动之中。要落实好农村土地集体所有制，必须要凸显农民的主体地位，维护好家庭经营的基础地位，农民的地农民种是必须坚持的基本取向。以农民为主的农业发展思维，不仅要在农村集体经济组织发挥统筹作用的过程中，充分考量每个农民的权利和最大多数农民的整体利益，实现个体利益与整体利益的统一，避免农民与集体相对立；而且要正确看待资本在农业农村现代化过程中的作用，在农民和现代化农业龙头企业之间构建紧密的利益联结机制，实现农民作为小农户和现代农业发展的有机衔接。

（三）增强土地集体所有制的创新空间

落实好农村土地集体所有制，要处理好变与不变的辩证关系。坚持农村土地归集体经济组织所有，这个制度内核一定不能变。不变并不意味着不进行制度调整，应该根据新时代农业发展的阶段性特征，以深化改革为根本，增强农村土地集体所有制的适应弹性和创新空间，以不变应万变，通过稳定性、连续性和适应性释放农村土地集体所有制的势能。就目前而言，在土地归农村集体经济组织所有的前提下，积极探索其在新的农业生产条件下的存在范围和实现形式极为重要，需要以发展思维拓宽创新空间。土地三权分置就是极为紧迫的产权结构重构，要在土地集体所有不变的前提下，积极探索"三权分置"的多种实现形式，真正稳定承包权，放活经营权。

（四）构建科学合理的政府与市场关系

坚持农村土地集体所有制，核心问题是要处理好政府与市场的关系，既要发挥市场的决定性作用，又要更好发挥政府作用。首先，在土地经营日趋细碎化、农业基础设施建设不足的新农业发展阶段，要求有关部门应当充分发挥好统筹协调作用，制定实施系统化的制度，以集体的统筹功能更好体现政府作用。其次，要充分发挥农民作为经济主体的作用，让农民以及农业经营者对农业生产、土地权利处置具有话语权，以市场的力量增强他们的产权实施能力。这就需要厘清政府与市场的行为边界，政府做到不缺位、不越位和不错位，市场做到公平、有序和完善，释放看得见的手和看不见的手的合力效应。所以，在事关农村土地权利分割、流转的事项上，政府只管牵好线、搭好桥，剩下的就发挥农民和其他利益相关者的积极性和创造性。

习近平总书记强调，处理好农民与土地的关系是深化农村改革的主线。在我国农业发展进入新时代和实施乡村振兴战略的背景下，牢牢把握农村土地集体所有制，是精准推进农村土地供给侧结构性改革的制度必选项，是增强我国农业供给结构适应性和灵活性的基础性制度，是贯彻以人民为中心发展思想的根本制度遵循，关系到我国农业农村现代化的加快推进和农业供给侧结构性改革的成效，决不能改旗易帜。

（原文发表于《红旗文稿》2017年第23期）

农民权益：农村土地增值收益分配的根本问题

刘元胜　胡岳岷[*]

摘　要：农村土地增值收益分配是农村土地制度改革的关键环节，事关执政基础的稳固和国家的长治久安。构建合理的农村土地增值收益分配机制，应该坚持以人民为中心的根本立场，重视并保护农民权益，让农民分享更多的农村土地增值收益。然而，现行的农村土地增值收益分配不仅缺乏共享性，还缺乏可持续性，更缺乏精准性，导致农民的土地权益被损害。为此，需要在农民、集体和国家之间合理分配土地增值收益总量，切实保障农民的土地权益，提高农村集体经济组织的土地收益，积极推进农村土地管理制度根本性变革和构建农民跨期发展导向的土地增值收益分配机制。

关键词：农村土地；增值收益分配；农民权益

在现行土地管理体制下，土地市场供求结构严重失衡。本应成为农地市场化主体的农民，却没有得到主体应该分享的土地增值收益。那么，如何处理好农民、村集体和地方政府的关系，决定着城乡能否协调发展，决定着社会能否和谐稳定，甚至决定着党和国家的前途和命运。因此，农村土地增值收益分配是农村土地制度改革的关键环节，对提高农业生

---

[*] 作者简介：刘元胜（1980—　），吉林财经大学经济学院副教授，主要从事农业经济理论与政策研究；胡岳岷（1961—　），吉林财经大学公共管理学院教授。

产效率、增进农民福利水平、优化农村社会治理,影响深远,意义重大。

一 文献的简要回顾

黑格尔有一个著名的哲学命题:"凡是现实的都是合乎理性的,凡是合乎理性的都是现实的。"恩格斯则认为:"凡在人类历史领域中是现实的,随着时间的推移,都会成为不合理性的,就是说,注定是不合理性的,一开始就包含着不合理性;凡在人们头脑中是合乎理性的,都注定要成为现实的,不管它同现存的、表面的现实多么矛盾。"[1] 在农村土地增值收益问题上,学术界的讨论是仁者见仁,智者见智。代表性观点主要集中在以下几个方面。

第一,在农村土地增值收益的来源问题上,周诚(2006)认为,土地供求关系变化、用途转变以及投资增加等是导致土地收益增加的主要原因[2];马贤磊、曲福田(2006)认为,除了自然增值之外,价格扭曲是造成土地增值的市场因素[3];也有人把农村土地增值收益区分为自然增值、间接投资增值、用途转变增值与市场供求性增值[4]。

第二,在农村土地增值收益的归属主体问题上分歧比较明显,主要有"涨价归公"和"涨价归农"以及"兼顾公农"三种观点。主张"涨价归公"的学者认为,农地用途转变后身价数倍的增长,得益于国家及全社会的长期投资积累的结果,增值收益理应取之于社会、用之于社会[5];持"涨价归农"观点的学者则强调,农村土地增值收益在本质上是

---

[1] 恩格斯、路德维希:《费尔巴哈和德国古典哲学的终结》,人民出版社1997年版,第6—7页。

[2] 周诚:《关于我国农地转非自然增值分配理论的新思考》,《农业经济问题》2006年第12期。

[3] 马贤磊、曲福田:《经济转型期土地征收增值收益形成机理及其分配》,《中国土地科学》2006年第5期。

[4] 朱一中、曹裕:《农地非农化过程中的土地增值收益分配研究》,《经济地理》2012年第10期。

[5] 周诚:《现阶段我国农地征用中的是是非非》,《中国经济时报》2003年3月25日;刘永湘、杨继瑞、杨明洪:《农村土地所有权价格与征地制度改革》,《中国软科学》2004年第4期。

土地所有权的市场价格,是农民土地财产价值在市场经济条件下的体现,理所当然应该对农民进行全额补偿①;周诚(2006)认为,由于"涨价归公"和"涨价归农"都失之偏颇,不能很好地处理效率与公平的关系,应当从土地的社会性、土地开发性增值得益于整个社会经济的发展的角度出发,以承认差别、多方互利和和谐共富为原则,土地增值收益的分配应"兼顾公农"②。

第三,对现行的农村土地增值收益分配制度安排本身的讨论。钱凤魁(2015)、闻丽英(2016)认为,由于集体土地所有权的主体模糊不清、集体土地所有权的权能不完全以及公共利益与非公共利益相混淆、征地补偿标准过低等③,从而导致现行的农村土地增值收益分配制度极为不合理,既缺乏效率,也缺失公平④;其所引发的矛盾不仅危害了农村社会的稳定治理,而且不利于和谐社会的构建。这是因为,政府通过农村土地所有权市场和土地使用权出让市场的双重垄断,获得了过高比例的农村土地增值收益;而农民由于缺乏较强的产权实施能力,只获取了较低比例的农村土地增值收益⑤。为此,应当以公平与效率为准则,构建兼顾国家、集体、个人的农村土地增值收益分配机制,通过利益调整、法律重构、产权变革和政府执行等来优化农村土地增值收益分配机制,不断提高农村土地增值收益分配机制的效率性和公平性,兼顾每个利益相关者的利益,尤其是要大大提高农民在农村土地增值收益分配格局中的地位,维护好农民的土地利益,最终实现农村土地增值收益分配的利益

---

① 郑振源:《征用农地应秉持"涨价归农"原则》,《中国经济时报》2006年5月18日;朱启臻、窦敬丽:《新农村建设与失地农民补偿——农地发展权视角下的失地农民补偿问题》,《中国土地》2006年第4期。

② 周诚:《土地增值分配应当"私公共享"》,《中国改革》2006年第5期。

③ 钱凤魁:《基于发展权理论的土地增值收益分配研究》,《现代城市研究》2015年第6期;闻丽英:《集体土地增值收益分配失衡及法律制度重构》,《学术界》2016年第7期。

④ 杨宏力:《农村土地收益分配制度的经济学分析》,《山东社会科学》2015年第7期;李胜利、郑和:《农村集体土地增值收益分配的公平与效率》,《西北工业大学学报(社会科学版)》2015年第2期。

⑤ 刘刚:《农民土地产权残缺与不公平农地收益分配制度研究》,《经济纵横》2008年第11期;诸培新、唐鹏:《农地征收与供应中的土地增值收益分配机制创新》,《南京农业大学学报(社会科学版)》2013年第1期。

平衡①。

学术界对农村土地增值收益分配制度的研究表明,扭曲的农村土地增值收益分配制度,损害了农民权益,激化了利益相关者之间的矛盾。这既不利于城乡一体化发展,也不利于土地的集约利用,更不利于"三农"问题的解决。所以,需要坚持以人民为中心的根本立场,树立农民权益至上的核心价值理念,并制定全方位的制度支撑体系。但是,现有研究对农村土地增值收益分配的宏观意义缺少准确的认知,对农村土地增值收益分配与农民权益保护之间的内在逻辑缺乏深入系统的探讨。本文尝试厘清农村土地增值收益分配与农民权益保护的政治经济学逻辑,为构建合理的农村土地增值收益分配机制提供理论支持。

二 农村土地增值收益分配与农民权益保护的政治经济学逻辑

农村土地问题不仅是经济问题,更是政治问题、社会问题②。马克思认为,土地是人类生产、生活的最基本资源,即"土地(在经济学上也包括水)最初以食物,现成的生活资料供给人类,它未经人的协助,就作为人类劳动的一般对象而存在"③。土地产权关系作为生产关系的一种表现,除了表现人与自然的关系外,还表现人与社会的关系,是一个和社会生产方式相适应的历史范畴,即"土地所有权的正当性,和一定生产方式下的一切其他所有权形式的正当性一样,要由生产方式本身的历史的暂时的必然性来说明,因而也要由那些由此产生的生产关系和交换

---

① 张广辉、魏建:《土地产权、政府行为与土地增值收益分配》,《广东社会科学》2013年第1期;林瑞瑞、朱道林、刘晶等:《土地增值产生环节及收益分配关系研究》,《中国土地科学》2013年第2期;李元珍、杜园园:《新集体主义:土地增值收益分配的新机制》,《贵州社会科学》2013年第4期;陈拓:《土地征收增值收益分配中的"显"规则与"潜"规则研究》,《经济问题》2014年第7期;徐美银:《共享发展理念下农村土地增值收益分配制度改革研究》,《中州学刊》2016年第9期。

② 韩长赋:《正确认识和解决当今中国农民问题》,《求是》2014年第2期。

③ 《马克思恩格斯文集》第5卷,人民出版社2009年版,第208—209页。

关系的历史的暂时的必然性来说明"①。在这个意义上，依托土地形成的产权关系，首先是一种经济关系和一种彰显财产性的经济权利，体现着不同经济主体之间的人和人的关系，是作为财产主体的人对作为客体的财产（土地）所拥有的归属于自身而排他的关系或权利，谁拥有了这种排他性的归属权利，谁就可以在社会经济活动中通过一定的方式维护和实现财产权利。

依照马克思的分析，土地产权是由所有权衍生出来的权利束，具体包括所有权、占有权、使用权、收益权、处分权和转让权等权能，这些权能会在经济社会的发展过程中不断分离和重新组合；这其中，所有权是土地产权的基础和核心，具有唯一性和排他性，即"一些人垄断一定量的土地，把它当做排斥其他一切人的、只服从自己私人意志的领域"②是土地所有权的前提。作为一种经济资源，土地能给作为财产主体的人带来稳定的收入，由此土地财产在不同经济主体之间的流动，使土地产权作为一种商品，具有了交易和流通的属性，"'在这里，社会上一部分人向另一部分人要求一种贡赋，作为后者在地球上居住的权利的代价'，无论是'土地为了再生产或采掘的目的而被利用'，还是'空间是一切生产和一切人类活动的要素'，'土地所有权都要求得到它的贡赋'"③。土地产权商品化的特征，让土地产权配置市场化具有历史必然性，成为了土地市场配置的实质，且"作为地租，土地所有权丧失了不动产性质，变成一种交易品"④。

当土地作为一种可以带来收益的权利能进入市场流通且自由交易的时候，土地权利就被资本化了。这说明，土地资本化的本质是土地所有权的资本化，地租就是土地所有权借以实现的经济形式，即"地租是土地所有权在经济上的实现"⑤。进一步地，土地所有权在经济上的实现，必须以土地所有权与土地经营使用权相分离为前提，这是因为"单纯法

---

① 《马克思恩格斯文集》第7卷，人民出版社2009年版，第702页。
② 同上书，第695页。
③ 同上书，第875页。
④ 《马克思恩格斯选集》第1卷，人民出版社1972年版，第148页。
⑤ 《马克思恩格斯文集》第7卷，人民出版社2009年版，第715页。

律上的土地所有权，不会为土地所有者创造任何地租"①。土地产权关系在经济上的实现，源于产权在实际上体现着不同经济主体之间的人和人的关系，也就是马克思所指出的"实物是为人的存在，是人的实物存在，同时也就是人为他人的存在，是他对他人的人的关系，是人对人的社会关系"②。可见，抓住了土地产权关系，就抓住了土地问题的根本，也就抓住了农民问题的根本；土地产权关系是解决土地问题以及农民问题一把不可或缺的钥匙。

农民的情况如何，对于我国经济的发展和政权的巩固，关系极大③。一个政党和政府，越是高度重视农民问题，就越能得到农民发自内心的拥护，就越能为其执政构筑稳固的基础。要解决好农民问题，必须正确对待土地问题。这是因为，土地是农民安身立命之本，是国家生存死亡之基，而土地问题是农民问题中带有基础性的首要问题④，进而是个大问题，但不是一个大问题，而是一长串大问题。正如习近平总书记所强调的，土地问题事关重大，涉及面广，牵一发而动全局。这就要求在土地问题上必须谋定而后动，决不能在这个根本性问题上出现颠覆性错误，因为一旦出现就无法挽回、无法弥补。

要真正处理好土地问题，就必须坚持以人民为中心的根本立场，树立农民的主体地位，依靠农民的参与，践行为了农民的价值观，让农民共享土地增值收益。为此，需要把农民权益保护作为农村土地增值收益分配的出发点和落脚点，通过构建合理的农村土地增值收益分配机制，实现惠农利农强农，以藏富于民赢得农民的满意和支持，让中国共产党的执政基础更为稳固。将农民权益保护贯穿于农村土地增值收益分配的全过程，是新时期做好我国"三农"工作应遵循的大逻辑，必须不折不扣地坚持。越是将农民权益保护落实到位，就越能为我国"三农"工作的顺利推进赢得主动，就越能为我国经济实现持续增长拓宽空间，就越

---

① 《马克思恩格斯文集》第 7 卷，人民出版社 2009 年版，第 856 页。
② 《马克思恩格斯全集》第 2 卷，人民出版社 1965 年版，第 52 页。
③ 《毛泽东选集》第 5 卷，人民出版社 1977 年版，第 379 页。
④ 邹美因、胡岳岷：《农民问题：中国粮食安全的根本问题》，《西部论坛》2015 年第 3 期。

能为我国治理体系和治理能力现代化夯实稳固基础。这说明，在农村土地增值收益分配过程中保护农民权益，具有政治上的全局性、高度性和战略性。农民的全面自由发展乃至农民的现代化，是农业现代化的核心。让农民享有合适比例的农村土地增值收益，赋予农民平等参与农业现代化进程的权利，确保农民共同分享农业现代化成果，最终解放农民、发展农民，这是时代的要求，是大势所趋。同时，保护农民权益，提高农民在农村土地增值收益中的分配比例，能够为农民实现收入倍增提供资产来源，有助于缩小城乡之间的收入差距，实现城乡一体化发展，将"全面小康，一个都不能少"的发展理念真正落到实处。

三 农村土地增值收益分配中的问题

长期以来，在农村土地增值收益分配过程中，农民权益并没有得到应有的保护。在生产主义发展观的支配下，现行的农村土地收益分配非但没有保护好农民权益，反而在资本拜物教的逻辑下，在扭曲的农村土地增值收益分配格局中农民处于极其不利的地位，农民能力的提升"胎死"在物质财富增加的"腹中"，利益相关者的和谐关系被冲突淹没，导致农民的生存空间被挤压，发展机会被剥夺，能力提升被抑制。

（一）农村土地增值收益分配的制度安排

农村土地制度是分析农村土地增值收益分配的起点，不同的制度安排形成了不同的增值收益分配格局。就所有权而言，我国采取了农村土地集体所有的制度，承包经营权归于农民；随着经济社会的发展，在坚持农村土地集体所有的前提下，又将承包经营权细分为承包权和经营权，由"两权分离"转向"三权分置"，不断突出产权的经济属性和弱化产权的社会属性[1]。努力以产权结构的优化最大化产权的效率。就土地市场化交易而言，我国采取了二元化的制度设计，土地权属不同，进入市场交易的权利便不同。比如，就建设用地入市交易来看，城市国有建设用地

---

[1] 邓大才：《中国农村产权变迁与经验》，《中国社会科学》2017年第1期。

在符合国家土地利用规划的情况下，可以直接进入市场交易；而农村集体建设用地只有变更为国有后才能进入市场交易，否则就没有进入市场交易的合法性。就土地征用补偿制度而言，土地征用补偿包括土地补偿费、安置补助费及地上附着物补偿费和青苗补偿费，而这以农民集体终身失去所有权为代价，补偿水平较低且没有参照土地市场价格进行。

(二) 农村土地增值收益分配存在的问题

第一，缺乏共享性。产权是经济主体享有的对稀缺资源的排他性权利，清晰的产权表达有助于权利主体在产权博弈中拥有较强的产权实施能力，从而获得最大化的权利资本化收益。否则，模糊性的或者歧视性的产权表达，会在产权层面形成公共领域，并产生设租和寻租活动；特别是对产权不当限制的产权管制行为，会使产权失去其本来意义[1]。若政府具有明显的产权模糊化倾向，就会凭借法律歧视或行为能力约束，在稀释或分割有关权利主体的产权实施能力的同时，提高其他权利主体的产权掠夺能力[2]，从而造成权利资本化收益的分配缺乏共享性。土地权利资本化是土地收益得以持续增值的基本前提，农民是土地权利束的主体，理应凭借其拥有的权利，分享合理的土地增值收益[3]。然而，依照目前的农地产权制度安排，农村集体土地所有权主体虚置，土地权利排他性边界模糊；农地所有权的模糊性和征地制度的不合理性，助长了政府的权力的随意性和扩张性。正是这种残缺的产权制度安排，导致农民或者集体经济组织缺乏完整的产权实施能力，以至于明显弱于政府的权力实施能力[4]。这使得农民和农村集体经济组织无法充分分享到土地权利资本化收益，而政府却凭借缺乏约束的扩张性权力获取了部分本该归农民和农村集体经济组织享有的农村土地增值收益。国务院发展研究中心的一项

---

[1] 罗必良：《农地产权模糊化：一个概念性框架及其解释》，《学术研究》2011年第12期。
[2] 罗必良、何一鸣：《产权管制放松的理论范式与政府行为：广东例证》，《改革》2008年第7期。
[3] 刘元胜、史咏：《完善土地增值收益分配机制》，《学习时报》2015年11月30日。
[4] 王书明、刘元胜、郭沛：《不同用途农村集体土地征收中的收益分配研究》，《农业经济问题》2012年第10期。

调查表明，现行的土地征收制度对农民的补偿过低，农民的长远生计难以解决；虽然在调查样本中有近40%的家庭感受到生活有所改善，但是仍有近13%的家庭生活水平明显下降，且农民异常担心土地被征收后就业的可获得性及工作稳定性[①]。

第二，缺乏可持续性。对农民而言，土地既有保障功能，又有财产功能；土地不仅是简单的生产资料，而是能从多个维度影响农民收入来源、收入结构和收入持续增值能力的重要资产。然而，由于发展观念的异化，特别是对农地之于农民多重意义认知的偏差，一次性货币补偿几乎成为了农村土地增值收益分配的常态。但是，由于未能充分考虑农民长远发展能力的提升，这种缺乏能力支撑、产业保障、机会拓宽的农村土地增值收益分配方式，从表面上看，通过货币补偿，保障了农民的土地权利资本化收益，构建了政府与农民的和谐关系，实质上却忽视了农民能力的提升，是缺乏跨期公平与效率的短视做法。实践显示，由于缺乏就业机会、欠缺就业能力，农民并不能让骤增的货币财富保持持续增值，相反，失地农民会由"久贫乍富"很快陷入"暴富返贫"的窘境，这几乎成了农地非农化难以逾越的"货币补偿陷阱"。

第三，缺乏精准性。准确判断农民类型、正确认识土地类型、科学研判农民与土地的关系，是做好农村土地增值收益分配的前提；农民类型与土地类型的结构性配对是构建合理土地增值收益分配机制时必须考量的重要变量。首先，农村土地权属的不同，决定了农村土地收益的增值空间不同；农村土地位置的差异，决定了农村土地收益的增值幅度不同。其次，纯农户、以农业为主的兼业户、以农业为次的兼业户和外出务工经商已不再兼业的农户对土地的利益诉求不同，从而偏好的农村土地增值收益分配方式不同。这意味着，土地的权属类型和农户的身份特征是农村土地收益分配的两个关键维度，需要以此为基础构建发展导向的农村土地收益分配机制。然而，对土地类型的模糊认识、对土地收益增加原因的模糊判断、对农民身份特征的模糊认知，在现行的土地收益分配过程中极为流行。这使得现行的农村土地收益分配无法与土地的类

---

① 韩俊：《中国农村土地问题调查》，上海远东出版社2009年版，第24—26页。

型和农民的身份精准匹配。一方面，农村土地增值收益量没有得到精准测度，在分配环节，农民、农村集体经济组织对土地资本化收益的享有权益没有得到充分保障，农民和农村集体经济组织合法获得土地增值红利的权力被抑制、权利被剥夺。另一方面，农民与土地关系的差异没有在农村土地增值收益分配环节里得到精准考量，农民身份的差异在农村土地增值收益分配环节里被忽视，不同类型农民后续获得稳定收入流的机会和空间被漠视，这种单一化而非多元化的农村土地增值收益分配价值导向，直接导致农村土地增值收益在农民之间的分配不尽合理，并在一定程度上成为了扩大农村内部收入差距的催化剂。更为严重的后果就是，造成了农地违法非农化和农村集体建设用地粗放利用的盛行，并会长期危及我国的粮食安全。

四 完善农村土地增值收益分配的政策选择

处理好农村土地增值收益分配，不仅会减轻改革的阵痛，还会降低改革的成本，更会防范改革的风险，从而能够在方向上不出现偏差和不犯颠覆性错误，并夯实党在农村的执政之基。合理的农村土地增值收益分配政策应具有包容性、可持续性和协同性的特质，能够最大限度地释放制度红利，协调好利益相关者之间的关系。农村土地增值收益分配，应当既有利于拓展农民的能力空间，又有利于让农民拥有更多的选择和发展的机会，还有利于农民的解放和发展。让每个农民都能够在合理的农村土地增值收益分配机制里，充分地享受过程层面和机会层面的自由，通过和谐的关系和跨期的发展机会，不断地提升自身的发展能力。

第一，构建合理的农村土地增值收益分配比例格局。在传统的中国文化中，有很深的"不患寡而患不均，不患贫而患不安"的思想，因此公平思想在我国大部分农民心中根深蒂固。在当前中国快速城镇化的过程中，不同土地价格有所分化是一个普遍的现象，占有不同权属土地的农民能够从土地增值中得到的收益也不尽相同。从大多数的情况来看，农民对于土地增值收益分配不满意之处往往不是其绝对收益，而是其相对收益，也就是认为在土地增值分配中国家与农民之间分配的比例不合理。随着城镇化的快速推进，农民对于土地增值收益的预期也较过去有所提高。所以，要构建完善的农村土地增值收益分配机制要首先从土地的永久性和农民生存的代际性入手，建立合理的、可预期的土地增值收益分配比例确定机制，在农民、村集体和国家之间构建符合一定历史条件的土地增值收益分配格局，确保农民得到合理补偿、村集体得到持续发展和国家实现稳定治理。国家一定要在农村土地增值收益分配问题上算政治账不算经济账，要算大账不算小账，要算长远账不算眼前账。

第二，保障农民在农村土地增值收益分配中的权益。土地是农民能够反复从事生产活动和持续获得财富的载体，对农民而言，土地的增值只有进行时没有完成时；与土地增值的持久性相比，农民通过一次性补偿得到的利益显少。土地是农民生存的基础载体，农民失去土地过后就失去了生存的保障，所以建立合理的土地增值收益分配机制必须要有底线意识，首要的是保障农民的基本生活。因此，应当减少农民通过一次性补偿获得的收入，逐步通过与通胀水平、社会财富增长速度相挂钩的持续性的补偿机制予以替代。总之，应该切实地将保障农民权益作为出发点和归宿，把解放农民、提升农民、富裕农民和发展农民贯穿于农村土地增值收益分配的全过程。为此，必须尊重农民意愿、倾听农民心声、顺应农民诉求、激发农民积极性，切实凸显农民的主体地位和中心地位，充分保障农民在土地流转、收益分配环节里的知情权、处置权、参与权和监督权，以农民的满意程度、收益的获得程度、监督权的履行程度和发展空间的实现程度，作为评价农村土地增值收益分配是否合理的尺度。

第三，提高农村集体经济组织的农村土地收益总量。农村集体组织是农民权益保障的重要基石，农村集体经济组织的发展与壮大，是切实维护农民权益的保障不可或缺的因素。从长远来看，农民的发展与解放，不能仅仅依靠城镇化的推进，单纯依靠城市发展起来以后反哺农村，还需要大力加强农村集体经济组织的建立，推进农村产业发展。农村集体经济组织的实力越是强大，农民富裕的可能空间就越大，从而提高农村集体经济组织在农村土地增值收益分配中的合理比例，对于维护农民权益具有十足的必要性。为此，构建完善的农村土地增值收益分配机制，需要盘活农村集体经济组织的土地资源、完善土地收益增值机制和增加土地收益总量，积极壮大农村集体经济组织的收入，让农民通过种地及农村产业的结合充分发掘土地价值，而不是坐等城镇化的推进，依靠土地性质的转变获得一次性收入。同时，规范农村集体经济组织的土地收入的使用和分配，围绕农民扩大再生产、民生改善和组织运转提高土地收入的使用效率。

第四，要积极推进农村土地管理制度的根本性变革。构建合理的农村土地增值收益分配机制，农村土地管理制度是基础和关键。要以坚持产权清晰表达、提高农民产权实施能力为目标，以增强土地权利资本化收益为导向，在坚持农村土地集体所有的前提下，既要做好确权登记颁证工作，又要有序推进"三权分置"工作，还要积极推进农村集体经营性建设用地入市流转工作，更要做好宅基地退出和补偿工作，确保在制度层面充分保障农民对土地的占有权、使用权和收益权。同时，加快改革征地制度，清晰界定公益性用地范围，约束政府征地权力扩张，避免权力的错位、越位和缺位，构建可持续、跨期发展取向的征地补偿制度，确保农民权利在土地增值收益分配中发挥关键作用。

第五，构建农民跨期发展导向的土地收益分配机制。要站在土地对农民获取财富的反复性、增值性和长久性的立场上，切实把农民跨期发展作为做好农村土地增值收益分配工作的出发点和落脚点，既要充分保障农民合理的农村土地增值收益，又要确保农民拥有稳定的收入增长机会和空间。要避免农村土地收益分配的单一货币化，尤其是要在制度层面上保障农民凭借成员权从农村集体经济组织获取稳定的土地收入流。为此，要注重土地的生活资料和生产资料双属性，构建兼顾生产和生活的农村土地增值收益分配机制，确保农民具有跨期发展能力，避免收益分配方式扭曲致贫陷阱。

习近平总书记在小岗村主持召开农村改革座谈会上强调，深化农村改革需要以处理好农民与土地关系为主线。在新形势下，做好农村土地增值收益分配工作，必须充分重视土地问题的基础性、根本性和全局性，决不能在这个事关国民经济发展大局的根本问题上出现纰漏，以树立和落实好以人民为中心发展思想为根本遵循,以维护好和保障好农民长远可持续发展利益为核心目标,切实增强农民的获得感和满足感,最终实现农民的解放和发展。

(原文发表于《财经科学》2017年第7期)

改革开放四十年：中国城镇化与城市群的道路选择

宋冬林　姚常成[*]

摘　要：回顾改革开放四十年来中国城市的发展历程，在不同的历史时期，城乡的矛盾关系不断变化，这对于变革生产关系、解放和发展生产力都提出了诸多新的要求，集中表现为城镇化与城市群的道路选择问题。本文发现，改革开放初期，中国城镇化主要以重点发展小城镇、转移农村剩余劳动力为主线，同时随着对外开放程度的逐步深化，东部沿海地区优先发展的不平衡发展格局逐步凸显。进入新时代，中国社会主要矛盾发生了新变化，"以人为本"的新型城镇化道路逐渐登上历史舞台，它不仅强调转移人口的市民化，还注重以城市群为主体来优化城镇化空间布局和形态。基于此，城市群的发展道路也开始受到了越来越多的关注，从改革开放初期的经济区到逐步成型的城市群，再到政策引导下的功能多中心城市群建设，中国城市发展正走上一条极具中国特色的发展道路。

关键词：改革开放四十年；城镇化道路；城市群道路

---

[*] 作者简介：宋冬林，吉林财经大学教授，吉林大学博士生导师，主要从事社会主义市场经济理论研究；姚常成（通讯作者），吉林大学经济学院博士研究生，主要从事区域经济学与城市经济学研究。

一 引言

改革开放四十年来，中国社会经济发展取得了举世瞩目的成就，城乡面貌随之也发生了翻天覆地的变化。中国城镇化率由1978年的17.9%提高到了2017年的58.5%，年平均增速达1.04%。2017年城镇常住人口达8.13亿人，较1978年新增6.41亿人。城市数量迅速扩张，由1978年的193个增加到了2017年的657个。不仅城镇化水平不断提升，城市群作为中国新型城镇化的主体形态，其对区域经济增长的引领带动作用也越发凸显。据不完全统计，截至2016年年底，中国5大城市群（珠三角、长三角、京津冀、长江中游、成渝）总面积占全国的11%，却集中了全国55%的经济总量和40%的总人口，是中国经济发展最具活力的地区。总而言之，改革开放四十年来所取得的成就可集中体现在中国城市的飞跃式发展上。虽然在改革开放的不同历史时期，由于面临不同的城乡矛盾问题，中国在城镇化的道路选择上会有所差异，城市群发展道路也迥异于西方，但一路走来，随着改革开放的逐步深化，经济基础与上层建筑也处于不断调整变化之中，而城镇化与城市群道路的选择问题也体现出了变革生产关系、解放和发展生产力的要求，是一条中国特色社会主义城市发展之路。

二 改革开放四十年来中国特色城镇化道路

1978年12月十一届三中全会拉开了对内改革、对外开放政策的序幕。回顾改革开放四十年中国城市发展所取得的成就：2017年，中国有14个城市的GDP总量超过万亿元，其总和占全国GDP总量的28.6%。未来这些中心城市对中国经济的拉动作用还将愈加凸显。城市发展所取得的这些成就离不开改革开放政策的引领，同时也离不开每一次正确的道路抉择。

（一）过往以小城镇为核心的城镇化道路

对内改革主要从农村经济体制改革出发。家庭联产承包责任制作为农村经济体制改革的第一步，突破了"一大二公""大锅饭"的旧体制，将包产到户到组，包干到户到组等都同视为社会主义集体经济的生产责任制[1]。家庭联产承包责任制也充分体现了劳动力与生产资料相结合的发展要求，本质上是社会主义农村公有制的表现形式。它的实施解放和发展了农村生产力，农村地区劳动生产率水平稳步提升。

以家庭联产承包责任制为代表的一系列农村经济体制改革措施，使得中国亿万农民逐步突破了计划经济体制的束缚，实现了以"苏南模式"为代表的乡镇企业的异军突起。到1987年，乡镇企业中第二、第三产业产值合计增加到了4854亿元[2]，甚至超过了农业总产值。得益于乡镇企业的发展，农村剩余劳动力在城镇地区完成了非农就业，城镇化率得以快速提升，从1978年的17.9%提高到了1987年的25.3%，年均增长0.8个百分点。

为了进一步鼓励乡镇企业的发展，同时吸收农村地区剩余劳动力向小城镇转移。1979年9月，中共中央通过了《关于加快农业发展问题的决定》，提出要有计划地发展小城镇。此后，建制镇大量增加，由1978年的2173个增加到了2013年的20113个，24年中增加了17940个建制镇，增长了约9.26倍[3]。

改革开放初期，城乡发展面临着诸多困境：人均耕地面积少，农村劳动生产率低下，城市工业化发展水平落后，城乡二元结构问题突出等。这些矛盾问题通过选择合适的城镇化道路都可以得到有效化解。如果说城镇化道路上的家庭联产承包责任制为农民摆脱计划经济体制束缚扫清了制度障碍，激发了农民的生产积极性，提高了农村劳动生产率水平；

---

[1] 十八届三中全会通过了《中共中央关于进一步加强农业和农村工作的决定》，《决定》充分肯定了家庭联产承包责任制的积极作用。

[2] 数据来源于网络，https://baike.baidu.com/item/乡镇企业/676889?fr=aladdin，其他未说明数据均来自统计年鉴。

[3] 数据摘自《国家新型城镇化规划（2014—2010年）》。

而城镇化道路上鼓励发展乡镇企业则为解决农村剩余劳动力的转移问题提供了现行方案，为城市工业化进程提供了劳动力支持和技术支撑；建制镇数量的急剧增加则是前两者共同作用的结果，也标志着中国城镇化走上了以小城镇为核心的发展道路[①]。

（二）过往以沿海地区优先发展为特征的城镇化道路

对外开放主要从东部沿海地区率先试点。1979年7月15日，中共中央、国务院批转了广东和福建两省《关于对外经济活动实行特殊政策和灵活措施的两个报告》，标志着以广东省、福建省等为代表的东部沿海地区率先敞开大门参与国际分工与合作。特殊的优惠政策、灵活的制度措施再加上地区本身特有的区位优势，东部沿海地区很快便在经济发展中占据鳌头，与内陆地区的经济发展差距逐渐拉大。

为了鼓励东部地区率先发展，同时向东部地区转移农村剩余劳动力。国务院及相关部委自1984年起，逐步放开户籍制度，农村转移劳动力从过去的离土不离乡，到离土又离乡，发展到最后的跨区域流动（中西部地区人口向东部沿海地区大量涌入）。自此，地区发展的不平衡性逐渐向城镇化渗入。地区发展不平衡性除了表现在经济发展水平上，各地区的城镇化发展差距也日益凸显。北京市、上海市、广东省、江苏省等东部沿海省（市）成了人口流入的活跃区，城镇化率一度达到了2017年的86.5%、87.9%[②]、69.8%和68.8%。但就全国平均水平而言，截至2017年年底中国城镇化率仅为58.5%。这主要是由于中西部地区城镇化水平相对较低，如中部地区的河南、安徽，它们的城镇化率仅达到2017年的50.2%和53.5%；而西部地区的西藏自治区、云南省则更是低于50%。从表1中还可以看出，1978年，除了北京、天津、上海和东北地区城镇化水平较高以外，其他地区的城镇化差距相对较小，表现为均衡的发展格局。

[①] 王海英、梁波：《中国城镇化：历史道路、制度根源与国际经验》，《科学发展》2014年第4期。

[②] 上海市尚未公布2017年的数据，暂用2016年的数据。

表1　　1978年与2017年中国各省（市）城镇化率情况分布　　单位：%

地区	省（市）	1978年	2017年	地区	省（市）	1978年	2017年
东部地区	北京	54.9	86.5	西部地区	新疆	26.1	49.4
	天津	49.5	82.9		西藏	11.3	30.9
	河北	11.5①	55.0		云南	12.2	46.7
	山东	8.7	60.6		广西	10.6	49.2
	江苏	13.4	68.8		贵州	12.1	46.0
	上海	41.2	87.9		青海	18.6	53.1
	浙江	12.1	68.0		宁夏	17.2	57.9
	福建	14.3	64.8		内蒙古	21.8	62.0
	广东	16.3	69.8		四川	11.4	50.8
	海南	8.2	58.0		陕西	15.2	56.8
中部地区	山西	19.2	57.3		重庆	/	64.1
	河南	13.6	50.2		甘肃	14.4	46.4
	湖南	11.5	54.6	东北地区	黑龙江	35.9	59.4
	湖北	15.1	59.3		吉林	36.0	56.6
	江西	16.7	54.6		辽宁	31.7	67.5
	安徽	12.6	53.5	全国		17.9	58.5

资料来源：中国统计年鉴以及各省份统计公报。

（三）当下"以人为本"的新型城镇化道路

改革开放以来，虽然中国城镇化率水平不断提升，但过去只强调农村剩余劳动力转移的粗放式城镇化发展方式也带来了房价过快上涨、土地资源过度消耗、环境污染严重等一系列问题。走一条"以人为本、四化同步、优化布局、生态文明、文化传承"②的中国特色新型城镇化道路意义非凡。

新型城镇化的核心就是要"以人为本"。如果说在此之前，转移农村剩余劳动力是以小城镇为核心的城镇化发展道路的主要任务和发展目标，那么当下，如何实现转移人口的市民化身份转化则成了新型城镇化的主

---

① 下划线数字表示未找到1978年的数据，暂用1979年的数据。
② 2014年《国务院政府工作报告》提出推进以人为核心的新型城镇化道路。

攻方向。不同于传统城镇化的"造城运动"——建制镇数量急剧增加、土地城镇化快于人的城镇化等，新型城镇化之"新"，就是要将工作重心转移到进城人口权益的市民化上来。新型城镇化的建设不仅涵盖过去所强调的常住人口城镇化率，还将户籍人口的城镇化率也纳入考量，除此之外，基本公共服务水平（养老保险、医疗保险、保障性住房、农民工及子女教育等）、基础设施建设（社区综合服务、公共交通、供水、互联网等）、资源与环境保护（人均城市建设用地、可再生能源比重、绿地率等）等也成为衡量新型城镇化发展质量的核心指标。

（四）当下以城市群为主体形态的新型城镇化道路

党的十九大报告指出："我国社会主要矛盾已经转化为人民日益增长的美好生活需要和不平衡不充分的发展之间的矛盾。"实施区域协调发展战略就需要在追求效率的同时，更加注重发展的质量和发展的平衡性。基于此，新型城镇化的另一发展目标，即是要优化城镇化空间布局和形态，改变过去发展不平衡的城镇化格局，促进地区与地区之间、各类城市之间的协调发展。以城市群为主体形态的新型城镇化之路随即登上历史舞台。

改革开放四十年来，随着中国工业化、城市化进程的不断深化，地区与地区之间的竞争逐渐转变为以城市群落为代表的城市集团之间的竞争，以大城市为核心的城市群落开始作为全新地域单元登上历史舞台[1]。中国经济也在由行政区经济向城市群经济转变[2]。城市群建设不仅在经济发展中占据着重要一席，在区域协调发展战略中也被寄予厚望。2017年10月18日，习近平总书记在党的十九大报告中指出，实施区域协调发展战略是解决当下发展不平衡、不充分问题的必然选择，而以城市群为主体构建大中小城市和小城镇协调发展的城镇格局则是进一步落实区域协调发展战略、实现各区域之间及区域内部

---

[1] 姚士谋、陈振光、朱英明等：《中国城市群》，中国科学技术大学出版社2006年版。

[2] 张学良：《中国区域经济转变与城市群经济发展》，《学术月刊》2013年第7期。

协调发展的重要途径。

1. 中部地区城市群是"中部地区崛起"新的支撑带

2007年12月,经国务院审议通过,武汉都市圈和长株潭城市群被正式确定为全国资源节约型和环境友好型社会建设综合配套改革试验区。作为中国城市群建设的先行者,武汉都市圈和长株潭城市群的规划建设对于探索新型工业化与新型城镇化发展之路,进而实现区域之间与城乡之间的统筹发展意义重大。2015年4月《长江中游城市群发展规划》出台,文件中提到的长江中游城市群则不仅涵盖武汉城市圈、环长株潭城市群,还进一步延伸到了环鄱阳湖城市群。长江中游城市群的建设将加快促进中部地区崛起,使得长江流域成为中国经济新支撑带。

2. 西部地区城市群是支撑"西部大开发"的战略高地

2006年12月审议通过的《西部大开发"十一五"规划》,提出要重点建设广西壮族自治区北部湾与成渝等重点经济区,并将其建设成为带动和支撑西部大开发的战略高地。此后,2008年1月,根据《广西北部湾经济区发展规划》的要求,将致力于把北部湾经济区建设成为中国经济增长第四极。2011年5月30日,根据国务院批复,国家发改委印发《成渝经济区区域规划》,文件指出:"成渝经济区自然禀赋优良,产业基础较好,城镇分布密集,交通体系完整,人力资源丰富,是我国重要的人口、城镇、产业集聚区,是引领西部地区加快发展、提升内陆开放水平、增强国家综合实力的重要支撑,在我国经济社会发展中具有重要的战略地位。"广西北部湾经济区与成渝经济区等西部地区城市群建设在带动西部地区发展和促进全国区域协调发展中发挥着重要作用。

3. 东部地区城市群是"东部地区率先发展"的重要引擎

长三角城市群是中国经济最具活力、创新能力最强、开放程度最高、吸纳外来人口最多的区域之一。它的发展关系着国家现代化建设大局,它的进一步开放决定着中国参与国际竞争与合作的程度,在整个国民经济发展中具有举足轻重的战略地位。2016年6月经国务院同意,国家发改委印发了《长江三角洲城市群发展规划》。在规划中,长三角城市群战略定位于:"亚太地区重要的国际门户、全球重要的现代服务业和先进制造业中心、全国新一轮改革开放排头兵等。"这一战略使命将推动长三角城市群建设朝着有利于促进东部地区产业升级，辐射带动周边区域和中西部地区经济发展，增强国家整体竞争力的方向发展。

4. 东北地区城市群是深化改革"东北老工业基地"的先行区

哈长城市群是中国重要的老工业基地和最大的商品粮基地，也是东北地区城市群的重要组成区域和东北地区对外开放的重要门户。2016年2月23日，国务院印发了《关于哈长城市群发展规划的批复》，文件指出："哈长城市群的建设有利于探索粮食主产区新型城镇化道路、培育区域经济发展的重要增长极，对于推进'一带一路'建设和扩大国际产能合作、进一步提升东北地区对外开放水平等具有重要意义。"同时，哈长城市群也被定位为东北老工业基地振兴发展重要增长极，老工业基地体制机制创新先行区。可以看出哈长城市群从规划建设之初就被寄予厚望，担负着振兴东北老工业基地的重要历史使命。

鉴于城市群在区域协调发展中的重要作用，《国家新型城镇化规划（2014—2020）》提出以城市群为主体推进新型城镇化建设，以此来进一步优化城镇化空间布局和形态。不同于单个城市彼此分离、各自为政的做法，城市群通过实现区域内经济的一体化，使得资源能在城市间自由流动，从而实现资源的最优化配置。除此以外，在城市群内部，以大城市为中心，以中小城市为腹地的城市体系，也能有效地解决中心城市人口过度集中，腹地城市人口集聚不足所面临的困境问题，实现转移人口在城市群范围内的市民化。这也符合新型城镇化"以人为本"的核心理念。

三 改革开放四十年来中国特色城市群发展道路

（一）从经济区到城市群的发展道路

改革开放以后，中国逐渐由过去的计划经济转变为市场经济，在经济体制转轨时期，区域空间结构也发生了较大的变迁，为了实现让一部分人先富起来，然后先富带动后富，最终实现共同富裕的目标，国家实施了沿海开放政策，一批经济试验区在中国的版图上相继出现，走出了一条中国特色的城市发展道路。最早的上海经济区就是长三角城市群的发展雏形。1982年12月22日国务院发出《关于成立上海经济区和山西能源基地规划办公室的通知》，标志着改革开放以来中国最早的一次区域一体化实践在上海经济区展开。最初的上海经济区仅包括上海、苏州、常州、无锡、南通、杭州、湖州、宁波、嘉兴和绍兴10个城市，但随着经济区经济发展水平的提高，其辐射影响范围不断扩大，加之1992年长三角经协委（办）主任联席会的成立，历经数次扩容，截至2016年国务院批准实施《长江三角洲城市群发展规划》，长三角城市群数量已达26个。经过数年的发展建设，长三角城市群已经发展成为世界级的城市群，其辖区面积34.5万平方公里，2016年地区生产总值14.7万亿元，总人口1.5亿人，分别约占全国国土面积的3.6%、生产总值的19.7%和总人口的11.0%。

除了上海经济区，一大批经济区如雨后春笋般在中国其他地区相继涌现。为了对各个经济区的发展现状进行合理评估，顾朝林（1991）[1]对中国经济区进行了划分和研究，指出中国城市经济区是以大中型城市为核心，并由一群与之紧密相连的广大地区所组成，它们在生产上相互协作形成一个跨地区的社会分工体，它们在经济上紧密联系形成一个你中有我、我中有你的经济共同体。在要素构成上它们是由中心城市、城镇网络、联系通道、经济腹地和空间梯度组成。一方面，中心城市决定了经济区的发展层次；另一方面，经济腹地则决定了经济区的辐射范围。在运用Rd链方法对中国经济区进行划分以后，顾朝林（1991）归纳出了沈阳经济区、上海经济区、京津经济区、武汉经济区、西安经济区、重庆经济区、广州经济区、拉萨经济区、乌鲁木齐经济区九大城市经济区，以及两大经济发展地带（由沈阳、京津、武汉、上海、广州组成的东部经济发展地带和由重庆、西安、拉萨、乌鲁木齐组成的西部经济发展地带）[2]。周一星和张莉（2003）[3]虽然将城市经济区定义为以中心城市或城市密集区为依托，在城市中心与其腹地之间发展起来的具有紧密

---

[1] 顾朝林：《中国城市经济区划分的初步研究》，《地理学报》1991年第46卷第2期。

[2] 方创琳：《中国城市群研究取得的重要进展与未来发展方向》，《地理学报》2014年第8期。

[3] 周一星、张莉：《改革开放条件下的中国城市经济区》，《地理学报》2003年第2期。

经济联系的枢纽区，但他也认同顾朝林关于经济区构成要素的表述。此外他还根据经济区的四要素对中国经济区的发展现状进行了定量评价，并将中国经济区划分为 3 个一级城市经济区（以京津唐为核心的北方区、以长三角为核心的东中区、以珠三角为核心的南方区），以及 11 个二级城市经济区。这些经济区后来也都发展成为了中国重要的城市群区域[1][2]。

随着经济区规模的进一步扩大，城市群的发展雏形逐步显现。姚士谋（2006）[3] 在其出版的《中国城市群》中将城市群概括为在一定地区范围内，各类不同等级规模的城市依托交通网络组成的一个相互制约、相互依存的统一体。方创琳等（2005）[4] 则指出中国城市群结构体系由 28 个大小不同、规模不等、发育程度不一的城市群组成。

（二）政策引导下的功能多中心城市群发展道路

改革开放以来，经济特区、对外开放口岸、国家级新区与工业园区等建设试点，使得中国东南沿海部分城市在这一特定历史时期（"双轨制"时期），在国家政策的倾斜下迅速崛起，并一度成为各自城市群内重要的中心城市或次中心经济发展腹地。此外，东南沿海地区也因劳动密集型轻工业成了劳动力的聚集高地，尤其是在 2001 年中国全面放开户籍制度限制以后，城镇化发展趋势从过去的离土不离乡，到离土又离乡，最后转变为从内陆向东南沿海地区流动。东南沿海地区迅速发展成了中国城镇化水平最高的地区。这也就有利于东南沿海地区借鉴美国的发展经验，走去中心化的扩散路径，形成城市群功能多中心结构。

进入 21 世纪，中国行政区经济逐渐让位于城市群经济，各地区"城

---

[1] 方创琳：《中国城市群研究取得的重要进展与未来发展方向》，《地理学报》2014 年第 8 期。
[2] 周一星、张莉：《改革开放条件下的中国城市经济区》，《地理学报》2003 年第 2 期。
[3] 姚士谋、陈振光、朱英明等：《中国城市群》，中国科学技术大学出版社 2006 年版。
[4] 方创琳、宋吉涛、张蔷等：《中国城市群结构体系的组成与空间分异格局》，《地理学报》2005 年第 5 期。

市群发展规划"相继出台（见表2），在这一政策规划的引导下，中国功能多中心城市群结构逐渐凸显，城市群内协调发展的格局开始显现①。以"长三角城市群发展规划"为例，根据《长三角地区区域规划（2010—2015）》对现代服务业体系的部署要求，上海将重点布局发展金融、航运等服务业；杭州则重点发展文化创意、电子商务、旅游休闲等服务业；南京重点发展现代物流、文化旅游、科技等服务业。而根据《京津冀都市圈区域规划》的要求，北京将重点发展以交通运输及邮电通信业、房地产业和批发零售、金融保险业及餐饮业为主的产业，而天津则定位为大力发展汽车、电子信息、生物技术与现代医药、新能源及环保设备等先进制造业等，河北8市定位在原材料重化工基地、现代化农业基地和重要的旅游休闲度假区域。这样基于地区比较优势的产业布局调整以及城市之间的专业分工将有利于形成多头联动的城市群发展格局。但需要注意的是，北京和天津在以往的产业政策上求大求全，导致产业结构自成体系，产业结构趋同明显，相互之间的资源和市场竞争激烈，使得"京、津"各自为政，京津冀城市群的功能单中心城市群结构很难在短时间内得到根本改善。

表2　　　　　　政策引导下的功能多中心城市群建设

城市群	中心城市	次中心城市	城市群建设相应的发展规划
长江中游	武汉、长沙、南昌	株洲、湘潭、宜昌	2007年12月国务院正式批准武汉都市圈和长株潭城市群成为全国资源节约型和环境友好型社会建设综合配套改革试验区，这一举措拉开了长江中游城市群建设的序幕。2010年1月国务院又批复了《皖江城市带承接产业转移示范区规划》，开启了皖江城市带产业分工协作的序幕。同年，《鄱阳湖生态经济区规划》也获批通过。自此，长江中游城市群建设的雏形基本形成。

---

① 宋冬林、姚常成：《经济区发展规划的实施促进了城市群的包容性增长吗？——来自我国六大国家级城市群的经验证据》，《求是学刊》2018年第2期。

(三) 中国特色社会主义建设现阶段面临的经济理论问题探讨

续表

城市群	中心城市	次中心城市	城市群建设相应的发展规划
北部湾	南宁、海口	湛江、钦州、玉林	2008年1月，国家批准实施《广西北部湾经济区发展规划》，该规划的战略重点："完善产业布局，形成开放合作的产业优势。以市场为导向，发挥比较优势，大力发展高起点、高水平的沿海工业、高技术产业和现代服务业，承接产业转移，形成特色鲜明、竞争力强的产业结构。"
珠三角	广州、深圳	佛山、中山、东莞	2008年12月，国务院印发《珠江三角洲地区改革发展规划纲要（2008—2020）》，该规划提出："发挥中心城市的辐射带动作用；优化珠江口东岸地区功能布局；提升珠江口西岸地区发展水平；推进珠江三角洲区域经济一体化。"
哈长	哈尔滨、长春	齐齐哈尔、大庆	2009年国务院通过了《中国图们江区域合作开发规划纲要》，规划明确提出："要形成窗口、前沿、腹地有机联结、功能协调、有效互动的空间布局，促进长吉图一体化发展。"
长三角	上海	苏州、南京、杭州、无锡、宁波、合肥	2010年6月7日，国家发展改革委批复通过了《长三角地区区域规划（2010—2015）》，文件的出台实施有利于优化长三角地区的总体布局，推动地区形成多头联动的协调发展格局。
京津冀	北京、天津	石家庄	2010年8月《京津冀都市圈区域规划》作为国家"十一五"规划中的一个重要的区域规划，在消除由单中心城市群结构带来的"环京津贫困带"中被寄予厚望。
成渝	成都、重庆	绵阳	2011年5月，国务院批复《成渝经济区区域规划》，该规划力图将成渝城市群建设成为国家重要的现代产业基地，积极承接国内外产业转移。
中原	郑州	洛阳	2012年11月，国务院批复《中原经济区规划》，将郑州作为中原经济区的中心城市，巩固提升洛阳中原城市群副中心城市地位。

四 新时代城市群建设问题与研究展望

虽然中国城市群发展迅猛，但不可避免地也遇到了一些棘手问题，制约着城市群进一步发挥地区增长极的作用，阻碍了城市群促进东、中、西部地区之间及城市群内部协调发展的脚步。

第一，中国城市群单体城市格局明显，城市共同体构建尚未完成[①]。虽然早在1898年英国城市学家Ebenezer Howard就提出了城镇集群（towncluster）的概念[②]，但城市群概念被引入中国才短短30多年的时间。经过多年的建设发展，城市群的基本雏形已渐趋成型，但当下中国城市经济发展模式主要还是以单体城市为主，城际间分工协作尚不明显，产业趋同现象较为严重。突破单体城市发展格局，构建良好的分工体系和层级关系，解决大中小城市和小城镇的对立与冲突，就成了摆在城市群规划面前的重点和难点问题。

第二，中国城市群内部各城市间行政区划壁垒与市场分割现象仍然存在，不利于形成区域一体化格局。长期以来"以邻为壑"的市场分割现象在中国一直较为普遍[③]，地市间基于各自的短期利益，各自为政，难以真正走出"囚徒困境"。打破行政区划壁垒、破解市场分割难题势在必行。

第三，中国城市群单中心结构凸显，两极分化风险日益显现。以京津冀为代表的城市群，其单中心结构较为明显，"环京津贫困带"现象难以得到有效改善，不利于形成京津冀协同发展的新格局。

基于此，如何进一步构建良好的城市分工体系，解决大中小城市和小城镇的对立与冲突，实现省域经济、行政区经济向城市群经济的顺利

---

① 刘士林：《关于我国城市群规划建设的若干重要问题》，《江苏社会科学》2015年第5期。

② Gottmann J., "Megalopolis or the Urbanization of the Northeastern Seaboard", *Economic Geography*, 1957, 33 (3), pp. 189–200.

③ 范欣、宋冬林、赵新宇：《基础设施建设打破了国内市场分割吗？》，《经济研究》2017年第2期。

转变？如何促进区域经济一体化，从而打破城市群内各城市之间的行政垄断与市场分割？如何破除城市群单中心结构导致的两极分化问题，最终实现区域的协同发展？这些问题都有待进一步深入研究。

［原文发表于《辽宁大学学报（哲学社会科学版）》2018 年第 5 期］

二元经济转型的一般规律研究[*]

——基于跨期国际比较分析的视角

孙亚南　张桂文[**]

摘　要：根据传统农业社会向现代工业社会转型发展浪潮中代表性国家和地区的转型进程与发展现状，通过跨期国际比较分析，概括出二元经济转型的一般规律：第一，工农业与城乡协调发展规律。二元经济转型既要实现农业与工业两大产业的相互促进，也要在此过程中保证城市与农村的良性互动，总体应是工业化、农业现代化与城市化三者相互作用的良性循环过程。第二，技术创新驱动规律。应以技术创新为动力，在二元经济转型的不同阶段选择合适的技术创新路线，带动产业结构优化升级。第三，制度创新及其作用规律。转型国家应该根据不同转型阶段的生产力水平和经济社会发展面临的问题，选择适合的制度安排与政策，为转型提供制度保障。

关键词：二元经济转型；跨期国际比较；工农业与城乡协调发展；技术创新；制度创新

---

[*] 本文系国家社会科学基金重大项目"制度变迁视角下的中国二元经济转型研究"（项目号：11&ZD146）、吉林省教育厅2017年度社会科学研究项目"科技创新驱动吉林省二元经济转型问题研究"的阶段性成果。

[**] 作者简介：孙亚南（1986— ），吉林财经大学经济学院讲师，主要从事中国经济转型与发展研究；张桂文（1957— ），辽宁大学经济学院教授，博士生导师，主要从事经济转型与经济发展研究。

著名发展经济学家费景汉和拉尼斯把由二元经济向一元经济演变这一漫长的发展过程称为"转型增长"①,世界各国经济史上都经历过积累大规模农业剩余劳动力,从而形成二元经济结构的过程②。费景汉、拉尼斯在刘易斯模型的基础上,把边际劳动生产率为零的农业剩余劳动力全部转移到非农产业的这一点界定为粮食"短缺点"(也被学者们称为"刘易斯第一转折点");把边际劳动生产率大于零小于生存工资的农业剩余劳动力全部转移到非农产业的这一点称为"商业化点"(也被学者们称为"刘易斯第二转折点")。相应地,我们把经济体的二元经济转型过程大致分为三个阶段:二元经济转型初期(工业化起步到"刘易斯第一转折点"之前)、刘易斯转折阶段("刘易斯第一转折点"与"刘易斯第二转折点"之间)、二元经济转型后期("刘易斯第二转折点"到成为高收入国家之前)③。

纵观人类社会发展史,从传统农业社会向现代工业社会的转型发展出现过三次大的浪潮④。18世纪后期到19世纪中叶的第一次浪潮中,率先工业化的英国开始进入现代发展阶段;19世纪下半叶至20世纪初的第二次浪潮中,法国、德国、美国等欧美国家先后进入二元经济发展阶段,并在此期间完成了初步的现代化;始于20世纪下半叶的第三次浪潮中,众多发展中国家(地区)开始了工业化发展进程,但只有日本和"亚洲四小龙"先后完成了二元经济转型,进入高收入国家(地区)的行列,其他绝大多数发展中国家或停滞在二元经济转型发展初期,或陷入"中等收入陷阱"。最为典型的是巴西、墨西哥等拉美国家,这些国家早在20世纪30年代就开始了工业化进程,并于20世纪70年代中期进入中等收入阶段,却至今仍未完成二

---

① [美]费景汉、拉尼斯:《增长和发展:演进观点》,洪银兴等译,商务印书馆2004年版,第4页。

② 蔡昉:《二元经济作为一个发展阶段的形成过程》,《经济研究》2015年第7期。

③ 张桂文:《二元转型及其动态演进下的刘易斯转折点讨论》,《中国人口科学》2012年第4期。

④ 罗荣渠:《现代化新论——中国的现代化进程》,华东师范大学出版社2013年版,第107—116页。

元经济转型。

各国二元经济转型的历史与现实发展呈现多样性，但同时又有规律可循。本文将分别选取三次浪潮中的代表性国家和地区为研究对象，根据它们转型发展的经验事实，运用跨期国际比较分析的方法，提炼出二元经济转型的一般规律，以期为我国成功跨越"中等收入陷阱"提供借鉴。

一 二元经济转型中的工农业与城乡协调发展

一个经济体二元经济转型的过程也是工农业与城乡协调发展的过程。工业与农业作为二元经济的两大部门，互相促进，互相作用。如果说工农业协调发展是经济结构的时序调整或纵向调整的话，城乡协调发展则属于经济结构的空间调整或横向调整。

（一）二元经济转型中的工农业协调发展

工农业协调发展的过程即首先通过农业发展为工业扩张提供前提条件，然后利用工业扩张吸收农业剩余劳动力，带动传统农业改造，帮助农业实现由传统农业向现代农业的转变。二元经济转型中既要发挥工业的主导作用，也要重视农业的基础作用，忽略任何一方都会阻碍转型进程。

先行工业化国家在步入二元经济之前均发生了农业革命[①]，确定了土地制度，通过改进耕作方式、引进与种植新作物、改良并推广畜牧品种、使用新式农具和农业机械等方式，提高了劳动生产率，为工业革命奠定了基础。二元经济转型初期，农业为工业化发展在产品、要素、外汇、市场等方面作出了贡献；工业化则通过带动农业剩余劳动力转移，促进

---

① 英国农业革命起始于1690—1700年，工业革命起始于1760年左右；法国农业革命起始于1750—1760年，工业革命起始于1815年左右；德国农业革命起始于1790—1800年，工业革命起始于1834年。因此，先行工业化国家农业革命早于工业革命30—60年。参见［意］卡洛·M.奇波拉主编《欧洲经济史：工业革命》第三卷，吴良健、刘漠云译，商务印书馆1989年版，第379页。

了农业资源的优化配置。随着经济发展，各国根据自身情况对工业农业进行了调整。英国实行了区域分工，本国集中精力发展工业，将农业转移到海外殖民地和附属国，导致工农业发展逐渐失衡。进入刘易斯转折阶段后，英国农业日渐衰落，粮食自给率从1870年的79%降至1900年的39.6%，20世纪30年代甚至低于30%[①]，到第二次世界大战爆发时英国粮食供应空前紧张。战后英国加快发展农业生产以缓解国内粮食危机，通过鼓励发展农场、扩大土地规模以实现规模经营、重视农业科研与农业教育、大量增加农业投资等措施推动农业发展，20世纪60年代进入现代农业国家行列[②]。与英国不同，法国较为重视农业和农民问题，通过设立农业部、兴办农业院校、建立农业信贷银行和农业合作社等方式促进农业发展，农业专门化、商品化和机械化均取得重大突破，1896—1913年法国成为欧洲最大的农业生产国[③]。第二次世界大战之后，法国主要通过农业机械化、农业电气化和生物技术现代化等方式推动农业现代化发展[④]，最终实现了工农业的协调发展。

  日本和韩国处理工农业关系的方式较为相似，二元经济转型初期都重工轻农，到刘易斯转折阶段才开始重视农业，但小农经济一直占主导地位。尤其是日本农业，虽然很好地解决了农民低收入问题，但长期以来的单一生产结构与小规模生产方式，导致"食农不一致"问题非常突出，只能依靠粮食进口。20世纪80年代之后，日本成为世界上粮食严重依赖进口的国家之一。进入21世纪，粮食安全仍是日本关注的重要问题，先后出台多种措施提高粮食自给率，农业基础不牢制约着日本经济的平稳运行。我国台湾地区在转型初期就重视农业发展，坚持"以农业培养工业，以工业扶持农业"的方针，优先发展农业以支持进口替代工

[①] 戎殿新、司马军：《各国农业劳动力转移问题研究》，经济日报出版社1989年版，第1页。
[②] 中国科学院中国现代化研究中心：《世界现代化进程的关键点》，科学出版社2010年版，第278页。
[③] 马生祥：《法国现代化》下册，河北人民出版社2004年版，第786—787页。
[④] 中国科学院中国现代化研究中心：《世界现代化进程的关键点》，科学出版社2010年版，第278页。

业化。进入刘易斯转折阶段后，从过去注重农业生产与增加粮食自给转为促进农业、农村和农民生活的全面发展，先后颁布了《农业政策纲要》和《现阶段农村经济建设纲领》以促进农业发展，工业领域则实施"十大建设"项目。二元经济转型后期，我国台湾地区技术密集型产业占主导地位，同时不断推动农业科技化，到20世纪80年代末基本实现了农业现代化[①]。

进入二元经济转型初期之后，一些拉美国家工农业发展失调，严重制约着转型进程。从19世纪80年代初进入二元经济发展阶段到20世纪30年代之前，墨西哥一直秉持"重农轻工"的发展方针，主要依靠初级产品出口的发展模式，工业发展极其缓慢。1929—1933年资本主义世界经济危机之后到20世纪60年代中后期，墨西哥大力发展进口替代工业，农业上实施了以培育和推广良种和人工灌溉为主要内容的"绿色革命"，在20世纪60年代基本实现了玉米和小麦的自给，成为拉丁美洲第一个不需要大量进口粮食的国家，被誉为第三世界农业发展的典范。但随着进口替代工业化深入发展，市场狭小、国内对部分行业的保护过多等弊端逐渐显现，再加上60年代中后期的"重工轻农"发展政策，工农业协调发展的格局逐渐被打破，70年代初墨西哥逐渐由粮食出口国变为粮食进口国。20世纪90年代进入刘易斯转折阶段后，墨西哥开始推行自由化的发展模式，农业市场化程度不断提高，2008年后将本国农产品和服务市场全部开放，但因没有及时调整农业结构，导致许多中小农户破产，农民收入锐减，虽享有"玉米故乡"之誉但目前玉米产量仍然不能满足国内需求。由于该国工业主要依靠墨美边境的出口加工业带动产业发展，产业升级缓慢，导致21世纪以来工业农业均处于低迷状态，无法形成强有力的竞争力，更谈不上两大产业间的互动协调发展。

综上分析，二元经济转型不同阶段工业农业两大产业的作用、地位有所差异。二元经济转型初期，农业要发挥好对工业的促进作用，主要表现为产品贡献、要素贡献及外汇贡献等方面。随着工业发展和资本积

---

① 杨殿闯、李伟伟：《台湾工业化、城镇化加速时期农业政策调整的经验与特点》，《世界农业》2013年第12期。

累能力的提高,工业部门在大量吸收农业剩余劳动力的同时,提高了农业部门资源配置效率,同时对农业的依赖逐渐减弱。进入刘易斯转折阶段,农业劳动力出现短缺,工业部门在加强农业部门资本积累的同时,通过提供先进的机械设备和生产技术提高农业生产率以应对可能出现的粮食危机;进入工业化中后期发展阶段后,农业发展最为重要,考察世界各国发展历程,很多国家为了加快工业化进程,极易忽视农业的发展,若在重视工业的同时不忘平衡农业发展,转型将较为顺利,否则容易导致转型停滞,陷入"中等收入陷阱"。二元经济转型后期,工业化进入高级发展阶段,通过农业机械化、技术化等手段对传统农业进行改造,农业生产逐渐进入高质量、多品种、深加工的发展阶段,此时农业部门对工业发展的产品贡献再次凸显,将为工业提供更丰富的原料和产品。可见,工农业作为二元经济的两大部门,不能顾此失彼,保持二者协调发展才是二元经济成功转型的关键。

(二) 二元经济转型中的城乡协调发展

二元经济转型过程中,应坚持城乡并重,将城市与乡村作为一个有机整体,统筹推进,促进二者在发展理念、规划布局、要素配置、产业发展、公共服务等方面相互融合、共同发展,形成优势互补、相互依存的城乡一体化生产生活格局[1]。城乡发展的协调与否关系到二元经济转型的质量与速度。

自发性与无序性是先行工业化国家早期城市化发展的主要特点,导致二元经济转型初期,甚至在刘易斯转折阶段"城市病"集中暴发。以英国为例,主要表现为:环境污染问题严重,18世纪的伦敦发生毒雾25次,19世纪初到40年代超过14次[2];生存环境恶化,传染病流行,19世纪30—60年代英国发生了4次霍乱[3];犯罪现象猖獗,城市犯罪率是

---

[1] 谭平:《城乡一体化如何协调发展》,《光明日报》2016年1月7日。

[2] B. W. Clapp, *An Environmental History of Britain since the Industrial Revolution*, N. Y.: Longman, 1994, p. 43.

[3] Dyos H. J. & Wolff M., *The Victorian City* (2 vols.), London: Routledge and Kegan Paul, 1973, p. 636.

农村的 2—4 倍，学者将这一时期的英国称为"史册中最为黑暗的犯罪时代"和"匪徒的黄金时代"①。由于忽视农业的现代化发展，英国在二元经济转型初期整体上实现了工业化，但城乡关系极不协调，充满了对抗、冲突，致使转型进程缓慢。第二次世界大战后，英国意识到这一问题的严重性，通过制定《城乡规划法案》、实施"田园城市"建设、设立独立的城乡规划管理机构、提供城乡均等化的公共服务、保护和发展都市农业等多种措施促进城乡协调发展，并于 20 世纪 60 年代中后期成功实现二元经济转型。

相比于英国，德国在转型中总体上遵循了城乡协调发展的规律，虽然在转型初期也出现过城市住房拥挤、卫生条件差、传染病流行等城市病，但很快予以化解。德国采取的措施主要包括：其一，建立城市群而非孤立发展大城市。德国将原有的老城区转变为商业中心，四周有计划地扩建城市设施和住宅②，推动邻近小城镇发展③。其二，实行农村就地城镇化。将原来的农村变成城市的郊区或使其直属于某一城市，使农村逐渐向城市靠拢，同时缓解了就业压力，1900—1910 年德国失业率控制在 2.6% 以下，最低年份达到 1.2%④。其三，加强城市的带动和辐射作用。城市经济发展为农村提供了先进的科学技术和生产设备，加速了农业生产的机械化，尤其是推动了农业生产的专业化和商品化，19 世纪 90 年代德国已经出现专门面向城市的菜园、果园和蔬菜水果生产区。

我国台湾地区在二元经济转型中始终坚持城乡协调发展、城市规模与数量适度、城市化速度与质量同步提升、大中小城市同步发展的方针，避免了"城市病"。具言之：其一，分散化城市发展战略。20 世纪 70 年代提出设置"生活区"和"地方生活圈"，以地方中心和普通市镇为代表的中小城市成为各类服务的主要提供地。其二，分散化工业布局。农村工业和城镇工业几乎同时兴起，使台湾农村非农产业的发展水平要高于

---

① 杜恒波：《英国农村劳动力转移的启示》，《农村经济》2004 年第 3 期。
② 萧辉英：《德国的城市化、人口流动与经济发展》，《世界历史》1997 年第 5 期。
③ 王章辉、黄柯可：《欧美农村劳动力的转移与城市化》，社会科学文献出版社 1999 年版，第 223 页。
④ 邢来顺、周小粒：《德意志帝国时期社会现代化的历史考察》，《华中师范大学学报》2008 年第 4 期。

其他国家和地区，有利于就地吸纳农业剩余劳动力。20世纪70年代初期台湾工商企业有50%、制造业企业有55%设立在农村和小城镇①。其三，实行统一的社会保障制度，城乡保障水平基本无差异，避免人口为享受更好的社会保障向大城市聚集。

拉美国家多年来一直未处理好城乡发展之间的关系，导致虽然转型开始时间较早，但发展绩效不高，经济转型过程中过度城市化，忽视了乡村发展。拉美国家城市化发展迅速，50年间实现了"三级跳"。巴西城市化率由1965年的51%提高到2013年的85%，墨西哥城市化率由1960年的51%增长到2013年的79%②；城市首位度③极高，1960年以来墨西哥的城市首位度在20%以上④，巴西呈现"双城（里约热内卢和圣保罗）带动"的城市化格局，其他城市发展缓慢。过度城市化的直接后果是导致城市的承载力变差，再加上城市缺乏管理，城市病异常严峻。相对于世界其他地区，拉美城市病有其特殊性，表现为：非正规就业人员占比较大，21世纪以来巴西非正规就业比重在35%以上，墨西哥比重在40%以上，2012年高达46.4%⑤，接近就业人数的一半；贫民窟⑥问题突出，巴西1990—2001年贫民窟人口占城市人口的比重高达30%以上⑦；社会治安不良，毒品犯罪猖獗。拉美过度城市化的背后忽视了农村发展，导致了严重的农业二元化、农民贫困化、农村边缘化问题。首先，现代农业与传统农业并存，农村收入差距扩大。据统计，1970年巴西农村50%最低收入农户的农业收入占农业总收入的22.4%，1980年下降为14.9%，同期5%的农村最富有者的农业收入占农业总收入的比重由23.7%上升为44.2%，其中1%的最富有者1970年占农业总收入的

---

① 黄安余：《大陆与台湾农业劳动力转移比较研究》，《江海学刊》2005年第2期。
② 根据世界银行网站WDI数据库整理。
③ 城市首位度即最大城市人口占城市人口总量的比例。
④ 根据世界银行网站WDI数据库整理。
⑤ 根据拉美经委会ECLAC数据库整理。
⑥ 根据巴西地理统计局的定义，贫民窟是指50户以上、无建设规划、占用他人或公共土地、缺乏基础设施的生活区。参见韦洛索、佩雷拉、郑秉文《跨越中等收入陷阱：巴西的经验教训》，经济管理出版社2013年版。
⑦ UNSD：Millennium Indicators Database.

10.5%，1980年上升为29.3%[1]。其次，农民贫困化。主要表现为农村地区贫困率较高，这一方面源于农业的二元化，另一方面与土地分配与占有不平等密切相关。根据2006年巴西农业普查数据，拥有10公顷以下土地的小农户约占农户总数的50%，仅拥有全国2%的土地；拥有100公顷以上土地的大型农户占农户总数的10%，却拥有全国78%的土地[2]。2011年农村地区近50%的人口为贫困人口，其中一多半是赤贫人口[3]。此外，农村地区基础设施落后，经济、社会发展各项指标明显低于城市。总之，城市化过度发展不仅没有把拉美国家推向高收入经济体行列，城乡的非协调发展反而使得转型过程中矛盾丛生。可见二元经济转型中妥善处理好城乡关系的重要性。

一个国家的二元经济转型是一个非常复杂的过程，不能简单地理解成"农业剩余劳动力转移"或者单纯的工业化、城市化，其过程应是工业化、农业现代化与城市化相互作用的良性循环过程。农村的发展离不开城市的辐射和带动，城市的发展也离不开农村的促进和支持。通过工业化与农业现代化的相互促进，带动农业剩余劳动力的乡城迁移，缩小农业与工业的劳动生产率差距；通过城乡间工业的合理分工，实现工业化与城市化协调发展，缓解就业压力；通过城市与农村两大区域的良性互动，激发农民的有效需求，既要努力推进农民工市民化，也要促进城市资源、要素向农村流动，实现城乡统筹协调发展。因此，工业化、农业现代化、城市化三者之间动态良性循环是保障农业剩余劳动力顺利转移，从而实现二元经济转型的必要条件。

二 二元经济转型中技术创新驱动

技术创新在二元经济转型中发挥着至关重要的作用，不仅是促进农

---

[1] 戴羿：《南朝鲜、台湾与墨西哥、巴西经济发展模式比较》，《经济社会体制比较》1989年第4期。

[2] 吴白乙：《拉丁美洲和加勒比发展报告（2013—2014）》，社会科学文献出版社2014年版，第17页。

[3] 李若谷：《世界经济发展模式比较研究》，社会科学文献出版社2009年版，第285页。

业剩余劳动力转移的关键，还有助于突破资源环境约束，促进两大部门均衡发展。

（一）二元经济转型中技术创新的路线选择

先行工业化国家由于发展较早，可供学习和模仿的技术较少，只能通过自主创新实现技术进步。英国主要依靠能工巧匠的经验积累和技术改良推动技术进步，虽然法国、德国在一定程度上吸收了英国的部分技术，但自主创新仍占主导地位。二元经济转型初期和刘易斯转折阶段的技术创新，加速了德国的二元经济转型进程。1851—1900年约半个世纪内，德国在重大科技发明与革新方面取得202项成果，超过英法之和的180项，仅次于美国，居世界第二位[1]；这期间专利数量也迅速上升，由1850年的243项增加到1890年的4680项，1910年进入二元经济转型后期专利数量达12100项[2]。技术创新促进了产业结构的优化升级，也促进了农业的现代化发展，1880年德国工业发展速度超过英国[3]，1900—1909年第二产业比重达38%，首次超过第一产业的比重，同期第三产业的比重也达26%[4]。第二次世界大战之后德国更加重视技术创新，科研投入大幅提高，一直到70年代初，基本上保持每五年翻一番的速度[5]。德国的技术创新，一方面离不开政府的鼎力扶持，政府通过多种途径鼓励创新，如1874年成立专利保护联合会，专门进行保护专利的宣传活动，1879年通过"专利法"，1895年又通过"帝国专利法"等，通过法规明确科研自由，鼓励个人创造并努力改善科学和研究人员的工作条件[6]；另一方面得益于科技机构、教育及企业之间形成的密切联系，各种协会在其中发挥了关键性的作用。

日本、韩国等国家和中国台湾地区利用后发展优势，通过技术引进、

---

[1] 李若谷：《世界经济发展模式比较研究》，社会科学文献出版社2009年版，第285页。
[2] 邢来顺：《德意志帝国时期科技发展特点及其成因》，《史学集刊》2003年第1期。
[3] 罗莹：《德国现代化进程研究》，中国市场出版社2004年版，第185页。
[4] 仝建平：《〈德意志帝国时期城市化研究〉评介》，《史志学刊》2015年第3期。
[5] 罗莹：《德国现代化进程研究》，中国市场出版社2004年版，第186—187页。
[6] 同上书，第186页。

模仿创新走上自主创新道路，实现二元经济转型。以韩国为例，该国在二元经济发展不同阶段采取了不同的技术创新策略：二元经济转型初期，引进的技术主要是偏向劳动的中低档技术，出口商品以初级产品为主；进入刘易斯转折阶段，韩国加大科技投入，企业主要通过技术学习和模仿创新的途径吸收国外技术，1960—1984年韩国共引进3073项技术，其中得到消化吸收的技术占70%[①]，通过模仿创新，大大缩短了与先进国家的技术差距；二元经济转型后期，随着劳动力供给的减少，开始实施"科技立国"战略，自主创新能力显著增强。

韩国高度重视在技术模仿创新过程中形成本国的"适用技术"，将外生性后发优势转化为内生性能力，以实现跨越式发展。而拉美国家只注重技术引进，忽略了技术的消化与吸收，长期滞留于依赖外生性后发技术优势的发展模式，忽略了技术的内生化发展，失去了提高本国技术创新能力和创立自主产业的机会。技术创新不足导致技术落后和技术依赖，同时资本偏向型的技术引进策略导致农业剩余劳动力得不到较好的吸收，转型发展受到严重阻碍。以汽车产业为例，巴西与墨西哥主要通过吸引跨国公司在本地投资设厂的方式实行技术引进。虽然这种模式使两国汽车工业形成了规模较大的汽车制造基地，但由于缺少独立研发新车型和关键零部件的能力，需要不断从跨国公司引进新产品、新技术以跟进世界汽车技术发展的前沿趋势，由此导致两国的汽车工业严重依赖国外的技术，陷入了"引进—复制—再引进—再复制"的依附式恶性循环。相反，几乎同时起步的日本、韩国汽车工业走的则是一条基于引进—消化吸收—自主创新的技术追赶路径，仅仅在二三十年的时间内就成长为具有很强国际竞争力的产业。

因此，二元经济转型不同阶段，技术创新的形式、路线、强度是不同的（见图1）。在二元经济转型初期，工业部门弱小，农业劳动生产率低下，技术创新强度不大，主要通过引进与模仿发达国家的先进技术，选择劳动偏向型技术创新路线以吸收农业大量剩余劳动力。而进入刘易

[①] 胡志坚、冯楚健：《国外促进科技进步与创新的有关政策》，《科技进步与对策》2006年第1期。

斯转折阶段，一国的劳动力不再无限供给，用工成本上升，使得企业倾向于采用劳动节约型（资本偏向型）技术大力发展资本—劳动比较高的产业。这一时期技术创新的强度也要增大，资本偏向型技术创新路线为最佳选择。到二元经济转型后期，随着企业用工成本进一步上升，单纯的技术引进、模仿创新已满足不了发展需要，技术创新强度应进一步加强，倾向于自主创新为主要形式的技术进步，技术选择则表现为以知识偏向型技术为主，创新型国家逐渐培育起来。持续的技术升级才是一国经济长期动态增长的最重要驱动力[①]，二元经济转型不同阶段技术创新路线的选择对成功转型至关重要。

	二元经济转型初期	刘易斯转折阶段	二元经济转型后期
创新形式	引进、模仿技术	模仿创新	自主创新
创新路线	劳动偏向型	资本偏向型	知识偏向型
创新强度	不大	较大	更大

刘易斯第一转折点　　刘易斯第二转折点

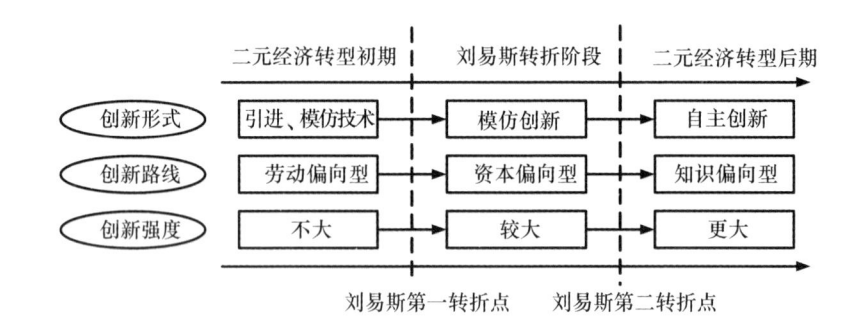

图 1　二元经济转型不同阶段技术创新的路线选择

（二）二元经济转型中的产业结构演变

二元经济转型初期，英国存在大量以手工劳动为主的"中间部门"[②]，劳动密集型产业占主导地位。直到 19 世纪 50 年代初迎来刘易斯第一转折点，纺织业在拉动就业方面依然发挥着重要作用，但此时"棉纺业不同

---

① 林毅夫：《经济发展与转型：思潮、战略与自生能力》，北京大学出版社 2008 年版，第 3 页。
② 英国工业化早期发展过程中，存在着大量"中间部门"，即现代工场手工业和家庭手工业，这两种形式均以手工劳动为主，可能采用部门蒸汽动力或小型机器，主要依靠廉价劳动力，承接场外加工订货而存在，当时农业劳动力转移不是直接转移到大工厂，而是首先转移到这类行业中，"中间部门"对于吸收剩余人口、缓解就业压力发挥着重要作用，因此属于典型的劳动密集型产业。参见高德步《工业化过程中的"中间部门"与"过渡性"就业》，《东南大学学报（哲学社会科学版）》2003 年第 6 期。

于以往，已完全成为一个工厂工业，称为资本密集程度相当高的工业，工资成本不断下降"[①]。二元经济转型后期，劳动力供给更加紧缺，需要有效的技术创新以实现资本对劳动的替代，但英国一直沉浸在"世界工厂"的荣耀中，产业结构向技术密集型产业转变的速度非常缓慢，这在很大程度上阻碍了英国的转型进程，直到第二次世界大战之后，英国的技术密集型产业才开始逐渐占据主导地位。

日本在1955年前后进入刘易斯转折阶段，工业发展开始向重化工业升级，着重发展以钢铁、化学、机械为主的重工业来代替以纤维、食品和香烟为主的轻工业，产业结构从劳动密集型产业向资本密集型产业转型升级，到20世纪七八十年代进入高加工度工业和高新技术产业为主导的发展阶段。从韩国发展历程看，20世纪五六十年代利用美国、日本产业结构从劳动密集型向资本、技术密集型产业升级的机会，大力发展出口导向的轻工业，吸纳农业剩余劳动力，加速了二元转型进程。20世纪60年代中后期进入刘易斯转折阶段，再次利用美国、日本等国将部分重化工业转移到发展中国家的机会，开始进入重化工业为主导的资本密集型产业发展阶段，1973年发表"重化工业宣言"，将钢铁、造船、机械、有色金属等行业作为战略产业。20世纪80年代初提出"技术立国"，逐渐发展半导体、计算机、电子设备等高新技术产业，实现了产业结构从劳动密集型产业、资本密集型产业再到技术知识密集型产业占主导的有序过渡。

不同国家在二元经济转型不同阶段通过选择不同的技术创新路线，带动产业结构不断升级。二元经济转型初期，一国的资源禀赋特征表现为劳动力相对丰富而资本相对稀缺，资本积累是该时期的核心问题，一国倾向于选择劳动偏向型技术，相应地，产业结构中劳动密集型产业占主导。随着农业剩余劳动力不断向城市非农产业转移，二元经济转型进入刘易斯转折阶段，一国经济也进入工业化中期或中后期阶段，人们的需求重点也从生活用品转向了非生活必需品，特别是耐用消费品，这一

[①] ［英］波斯坦、科尔曼、马赛厄斯：《剑桥欧洲经济史（第七卷上册）：工业资本：资本、劳动力和企业》，王春法等译，经济科学出版社2004年版，第161页。

时期企业倾向投资于资本—劳动比较高的产业，或采用劳动节约型的技术，产业发展的重点转向使用工业原料的资本品和耐用消费品的生产，这一阶段产业结构表现为以重化工业主导的资本密集型特点。二元经济转型后期，由于资源环境约束的增强，用工成本的进一步上升，企业倾向于通过自主创新提高市场竞争力。同时，人们消费需求的升级和多样性促进高加工度产业和高新技术产业的发展。因此这一阶段产业结构呈现为以高加工度工业、高新技术产业和现代服务业为表征的技术知识密集型特点。

三 二元经济转型中的制度创新及其作用

二元经济转型过程中，制度是技术的前提与条件，技术的发展又必然伴随着制度的变革。二元经济转型不同发展阶段技术水平不同，要求相应的制度安排与之相适应，因此，政府作为制度的供给者和公共政策的制定者，需要根据发展阶段变化而采取适宜的制度供给。二元经济转型初期，劳动力无限供给的特征使得该时期的制度安排和政策选择不受劳动力因素的约束，更多的是考虑如何促进资本积累的问题，很多经济体选择了城市工业扩张的道路；伴随着刘易斯转折阶段的到来，劳动力由无限供给变为短缺，一方面，通过供求关系导致要素价格变动，引发经济结构的调整；另一方面，劳动力市场长期供求关系的变化，会带来一系列利益格局的变化，这一时期更应考虑运用制度设计有效推进工农关系平衡、城乡良性互动等。因此，刘易斯转折阶段的到来，对经济社会适应自身发展的阶段性变化提出了新的制度需求。二元经济转型后期，工业进入高级发展阶段，农业现代化普及，劳动力供给更为紧缺，更高的生产技术水平和劳动力状况对制度安排又提出了新要求，如技术战略的选择、产业政策的调整、人才培养机制等。教育作为一国人力资本投资最主要的途径，影响着人力资本的结构和质量，对一国经济发展与转型至关重要，本文将以教育为例，分析随着二元转型不同阶段经济社会发展条件的变化，与之相关的教育制度和政策变革。

德国二元经济转型初期已实现全民初等教育[①]。进入刘易斯转折阶段后，为了满足工业化对技术人才的需求，德国教育投入进一步增加，并开始重视职业教育，1919年将职业技术教育的强制与普及从原来的区域性的规定扩大到全国，高等教育也偏向经济实际发展需要。同时针对"浮游群体"的"技术断层"[②] 开展专门培训，这都有利于二元转型中农业转移劳动力实现再就业。进入二元转型后期，德国的职业教育进入高级发展阶段，职业技术教育被纳入义务教育范围。有学者指出，德国是沿着教育革命—政治革命—工业革命逐渐发展起来的，英国则是沿着政治革命—工业革命—教育革命的道路发展的[③]。英国一直固守老套的教育模式，未能根据经济发展需要进行教育转型，制约了后期转型进程。二元经济转型初期，很多孩子不到十岁被迫进入工厂做童工，没有机会享受最起码的接受初等教育的权利。直到刘易斯转折阶段末期，英国才开始重视初等教育。到二元经济转型后期，正式确立强制性义务初等教育制度。此外，英国一直轻视技术教育在工业化发展中的作用，转型初期只是推行技工讲习所，没有形成系统的专业教育，进入刘易斯转折阶段后，直到1851年政府准许建立工业夜校，而且英国的职业教育一直固守原有的学徒制，没有形成科学的教育体系，导致技术人才缺乏，转型发展受阻。

韩国1945年即提出了"人才立国"战略，20世纪60年代中后期进入刘易斯转折阶段后，为应对劳动力短缺和经济发展需要，教育改革有序展开。1968年公布《国民教育宪章》，改革义务教育和学校体制、院校和专业设置，并建立多层次教育体系。20世纪70年代初，韩国制定"教育立国，科技兴邦"发展战略，推行"巩固初等义务教育、普及中等教

[①] ［英］波斯坦、科尔曼、马赛厄斯：《剑桥欧洲经济史（第七卷上册）：工业资本：资本、劳动力和企业》，王春法等译，经济科学出版社2004年版，第568页。

[②] "浮游群体"指经济转型中从农业向城市转移的劳动力。这一群体极易出现"技术断层"，主要是指工业化对劳动力知识技能水平的要求在逐步提高，而农村劳动力在向第二、第三产业的职业转换过程中原有的知识技能已不适用，但又尚未掌握新的劳动技能的一种技术断裂现象。

[③] 贺国庆：《近代欧洲对美国教育的影响》，河北大学出版社2000年版，第90页。

育、提高高等教育、加强职业技术教育"的方针,并颁布相应条例。伴随着产业结构由主要发展轻工业向重化工业升级,韩国政府及时将原来的中等技术学院升格为高等专科学校。二元经济转型后期,韩国(20世纪80年代和90年代)教育支出占总公共支出的平均比例为19%,与经济性支出的比例几乎相等[①]。"高中教育体制改革方案"的出台为高科技密集型产业提供了大量应用型和研究型的人才,同时大力普及高等教育。简言之,韩国根据二元经济转型不同阶段的变化及时调整本国教育结构,为经济转型提供所需人力资本,加速了二元经济的转型进程。

事实上,二元经济转型中的所有政策设计和制度安排都需要根据转型的阶段性特征适时调整,有时甚至需要制度的超前供给,只有这样才能避免陷入相应的发展阶段陷阱,顺利进入高收入国家的行列。目前很多后进的发展中国家,恰恰在这些历史关节点上很少或忽视制度供给的作用,难以实现对先行工业化国家的赶超。

虽然世界各国二元经济转型的发展实践具有较大的差异,但由不同国家和地区的经验性事实可知:只有促进农业与非农业、城市与乡村协调发展;以技术创新为动力,在二元经济转型的不同阶段选择合适的技术创新路线,遵循技术创新与产业结构演进的一般规律;并根据二元经济转型不同阶段的生产力水平和经济社会发展所面临的主要问题,选择合适的制度安排与政策,适时进行制度创新,才能顺利实现二元经济转型。

当前我国正处于刘易斯转折阶段,应做好以下几方面工作:第一,积极稳妥推进农业供给侧结构性改革,赋予农民更加充分的财产权利,广辟农民增收致富途径;协调推进城乡统筹发展,重视城乡产业的合理分工,推动城乡要素平等交换和公共资源均衡配置,有效推进农村人口市民化。第二,加强技术自主创新,重视技术密集型产业发展,进而推动产业结构的优化升级;同时注重推进农业机械化、科技化驱动现代农

---

① 全毅、金泓汛:《亚太地区的发展模式与路径选择——基于东亚与拉美发展道路的比较分析》,时事出版社2010年版,第306—307页。

业。第三,制度创新势在必行,应根据经济社会面临的主要问题,全面深化改革,切实贯彻创新、协调、绿色、开放、共享"五大发展理念",更好地发挥政府作用,完善制度供给。

(原文发表于《天津社会科学》2017年第2期)

马克思的产业多样化思想与当代中国的结构转型[*]

魏 旭 梁 月[**]

摘 要：经济的增长和发展作为一个不仅涉及同一产品集更多产品生产的过程，而且还是一个不断引进与更复杂能力相联系的新产品的产业多样化进程。早期发展经济学结构主义思路与新结构经济学由于其理论自身的缺陷，无法科学描述产业多样化的动力、次序与约束条件而失去实际意义。马克思则从资本主义生产方式及其演化视角，揭示了不同资本是如何在追求超额利润的内在动力和为应对资本主义竞争的外在压力的双重作用下，不断推动产业多样化进程的，并将一个经济体的产业多样化进程归于资本的生产力的提高。马克思揭示了资本主义的产业多样化是一个由生产性劳动部门内部分化，并逐渐向生产性劳动部门在流通领域的延续以及非生产性劳动领域扩展的过程。马克思所揭示的产业多样化的机制、次序与约束条件，对当下正处于结构转型和产业多样化进程中的中国，仍具有重要的启示和指导意义。

关键词：产业多样化；劳动生产率；资本流动；结构转型；

---

[*] 基金项目：吉林财经大学全国中国特色社会主义政治经济学研究中心项目。

[**] 作者简介：魏旭（1971— ），吉林财经大学马克思主义经济学研究中心教授，主要从事马克思主义经济学与产业经济学研究；梁月（1983— ），吉林财经大学经济学院硕士研究生，主要从事产业经济学研究。

空间修复

一 问题的提出

经济增长和发展不仅是持续改进同一产品集的生产过程，同时也是一个不断引进与更复杂能力相联系的新产品的产业多样化进程。也即是说，结构转型既是经济持续成长和发展的结果，同时又是经济体实现进一步发展的必要条件。这一结构转型，在现实经济运行中就表现为劳动生产率的提高和与之相对应的产业多样化进程。

自以阿瑟·刘易斯为代表的发展经济学者将结构主义的分析思路引入对增长和发展的分析以来，基于艾伦·费希尔"三次产业思想"的产业转型升级和产业多样化问题就一直是学术研究和政治议程所关注的重要领域，并在罗斯托、库兹涅兹、卡尔多、钱纳里和泰勒等人那里得到了进一步的拓展。结构主义将增长和发展看作是一个持续推进结构转型的过程，这在现实世界就表现为"三次产业"的结构转换。然而，发展经济学的结构主义思路虽然看到了结构转型对培育持续发展能力和动力的重要性，但这种以结构转型的现象形态描述为特征的思路，由于既未给出结构转型和产业多样化的过程是由什么驱动的，也未给出这一过程是如何发生的，这使其失去实践意义。更重要的是，结构主义思路没有给出一个经济体的产业结构转型是否存在一定的约束条件，换句话说，结构主义思路没有给出一个经济体产业结构转型的合理次序，这造成诸多发展中国家忽略了不同发展阶段的条件不同，照搬发达国家的产业发展模式，最终使自身的发展陷入停滞。

针对早期发展经济学在这一问题上的理论缺陷，以世界银行原副行长、首席经济学家林毅夫教授为代表的发展经济学者，提出了一个基于比较优势原则的结构转型与产业多样化思路，即主张发展中国家应选择那些人均收入相当于自身 2 倍左右、资源禀赋大致相同国家的产业结构作为追赶对象，把为私营企业发现并成功地得以发展的产业纳入潜在比较优势产业集合加以推进，以实现产业的结构转型与产业的多样化，从而形成了一个貌似具有可操作性的产业转型升级与产业多样化的"标杆理论"①。然而，这种基于潜在比较优势的赶超型结构转型与产业多样化的思路，因其无法精确评估一国的资源禀赋和无法解释具有相同或相似资源禀赋国家为什么具有生产不同类型产品的能力而失去普遍性。而且，过于强调比较优势产业的选择，可能恰恰是造成后发国家产业发展困境的一个因素②。

2008 年金融危机以来，世界各经济体由于经济复苏普遍乏力，因此，通过发展新的经济活动、推进产业的多样化以弥补原有产业发展乏力的意愿也就更为强烈。为此，欧美国家先后提出了"再工业化"战略，试图通过再次推进制造业的转型升级和多样化重振实体经济，解决因产业空心化所导致的增长乏力和失业增加的问题。在此背景下，我国也提出了经济发展新常态背景下的供给侧结构性改革战略，其核心是通过国民经济体系的结构调整和重塑，探索出一种既适合自身情况又适应外部环境的新型经济发展模式，重中之重无疑就是产业的转型升级和产业多样化。然而，由于受早期发展经济学结构主义思路和新自由主义经济学的影响，我国的产业发展与结构转型过早地出现了去工业化的苗头——脱离实体经济发展阶段片面强调发展所谓的第三产业，这导致不但结构转型的目标没有实现，又形成了经济结构的"脱实向虚"等问题。

基于此，本文拟在马克思的唯物史观的框架下，通过对资本主义生产方式及其内部矛盾的分析，揭示不同资本如何在利润追逐的内在动力和应对资本主义竞争的外在压力的双重作用下，不断推动劳动生产率的提升而引致的产业多样化的原因及内在机理。结合社会分工和企业内分工的交互作用与转化，分析产业多样化进程的推进机制与演化过程。在此基础上，考察产业多样化进程的合理次序与如何实现产业多样化进程中的协调发展，并运用理论研究的结论分析我国当代结构转型的思路与路径选择，以期对我国的结构调整实践有所裨益。

---

① 张其仔：《中国产业升级机会的甄别》，《中国工业经济》2013 年第 5 期。
② 我国学者詹懿就认为，导致我国产业在全球生产网络中高低端"双重锁定"和粗放发展的一个重要的原因就在于我们"过于强调比较优势"，其结果导致我们无法积累向高技术、高品质产品升级的能力。具体参见詹懿《中国现代产业体系发展中的五大误区》，《现代经济探讨》2013 年第 10 期。

二 产业多样化的动力与机制

在马克思看来，资本主义生产方式的绝对规律是获取价值增殖[1]，在现实的生产和市场交换中，这一规律又会通过资本之间的竞争在生产和市场交换中得到强制执行[2]。资本之间为逐利和维持生存所展开的竞争，在市场价值规律下，是以商品变得便宜来实现的[3]。商品的便宜程度，又是由各个企业所具有的不同的劳动生产率决定的。由此，不断"提高劳动生产力和最大限度地否定必要劳动，就成为资本的必然趋势"[4]，这是价值规律在资本主义生产方式下发挥作用的必然结果。无论是价值规律，还是其转化形式的市场价值规律、生产价格规律，其作用的结果都会表现为个别资本的最终盈利差异上。由于同一产业或部门内部，生产者面对的市场价格是同一的，其生产产品的个别价值与决定市场价格的市场价值的偏离方向决定了企业的竞争结果：如果两者相一致，则企业获得正常利润。如果个别价值高于市场价值，企业将获得较少的利润，甚至亏损。如果个别价值低于市场价值，则企业不仅会获得一个正常的利润，还会获得一个超额利润，尽管这一点只能在短期内存在。个别价值与市场价值的偏离方向与程度，决定了企业的生存能力，这是由个别企业与部门平均劳动生产率的关系决定的。当然，正如马克思所说的，如果加上必要的限定，我们这里所讨论的也完全适用于生产价格规律[5]。

既然劳动生产率决定了不同资本的盈利能力和市场竞争中的生存能力，那么影响不同资本劳动生产率的——按照马克思的界定——"工人的平均熟练程度、科学的发展水平和它在工艺上应用的程度、生产过程的社会结合、生产资料的规模和效能以及自然条件"[6]等因素，就必然成

---

[1] 《马克思恩格斯全集》第44卷，人民出版社2001年版，第714页。
[2] 同上书，第334页。
[3] 同上书，第722页。
[4] 《马克思恩格斯全集》第31卷，人民出版社1998年版，第92页。
[5] 《马克思恩格斯全集》第46卷，人民出版社2003年版，第221页。
[6] 《马克思恩格斯全集》第44卷，人民出版社2001年版，第53页。

为各个资本所关心的要素，从而使资本倾尽所能来强化上述五个方面在提升劳动生产率方面的作用。特别是，随着劳动资料转变为机器体系，知识和技能的积累、社会智慧的一般生产力的积累作为劳动力的对立面被吸收进资本当中，使生产力的进步和提高越来越表现为固定资本的属性①。由此，科学技术的进步也就成为以机器大工业为标志的特殊的资本主义生产方式提高生产率的常态化要素，也是整个社会生产力提高的主要标志②。科学技术作为资本的社会生产力通过渗透到生产工具、劳动对象、劳动者、社会生产的组织和管理内而发生作用。与机器大工业相适应，生产的组织形式也会发生变革，相应地，资本主义生产方式下的剩余价值生产方法也由绝对剩余价值生产为主导转化为以相对剩余价值生产为主导。当然，两种剩余价值生产方法的地位转换，并没有改变两者的相互依存关系。生产的技术方式的变化以及由这一技术方式变化所引起的生产的组织方式的变化，使一个经济体的劳动生产率不断提高。

劳动生产率的提高，一方面使同一时间内生产的使用价值增多，这要求不断扩大消费的量和消费的范围；另一方面使一定量的使用价值所需要的资本和劳动减少，如果企业生产规模不变，就会导致企业的资本出现过剩，这要求生产出新的需要，发现和创造出新的使用价值，于是资本所有者就会为这部分过剩的资本寻找新的出路，使单个资本的生产多样化。也就是说，"资本获得的剩余劳动不单纯是量上的剩余，同时劳动（从而剩余劳动）的质的差别的范围不断扩大，越来越多样化，本身越来越分化"③。对于这一点，马克思曾以数例的方式进行了说明："例如，由于生产力提高一倍，以前需要使用100资本的地方，现在只需要使用50资本，于是就有50资本和相应的必要劳动游离出来；因此必须为游离出来的资本和劳动创造出一个在质上不同的新的生产部门，这个生产部门会满足并引起新的需要。旧产业部门的价值由于为新产业部门创造了基金而保存下来，而在新产业部门中资本和劳动的比例又以新的形式

---

① 《马克思恩格斯全集》第31卷，人民出版社1998年版，第92页。
② 卫兴华、田伟超：《论〈资本论〉生产力理论的深刻内涵与时代价值》，《中国高校社会科学》2017年第4期。
③ 《马克思恩格斯全集》第30卷，人民出版社1995年版，第389页。

确立起来。"① 事实上，即使是单纯的劳动时间的延长，也会推动产业的多样化进程。例如，假定在某一生产部门中，100个人劳动的时间，与以前110个人在剩余劳动或总劳动时间较短的情况下劳动的时间一样多，那么就可以把10个人转入其他新的生产部门，过去雇用这10个人所需的那部分资本也是如此。因此，"仅仅劳动时间越出即延长到超过它自然的或传统的界限，就将导致在新的生产部门中使用社会劳动。这是因为劳动时间被游离出来了；剩余劳动不仅创造了自由的时间，而且还把被束缚在某个生产部门中的劳动能力和劳动游离出来（这是问题的实质），使之投入新的生产部门。但是，由于人类自然发展的规律，一旦满足了某一范围的需要，又会游离出、创造出新的需要"②。这一点，既反映了生产和消费的辩证关系，也反映了产业多样化进程的双重动力机制——生产的推力和需要的拉力。正是基于这一点，马克思强调："因此，资本在促使劳动时间超出为满足工人身体上的需要所决定的限度时，也使社会劳动即社会的总劳动划分得越来越多，生产越来越多样化，社会需要的范围和满足这些需要的资料的范围日益扩大，从而使人的生产能力得到发展，因而使人的才能在新的方面发挥作用。"③ 资本的逐利性就驱使资本把一切要素和空间纳入资本的增殖体系中来，把相对剩余价值生产和绝对剩余价值生产结合起来，一方面不断发展和提高生产力的强度，另一方面使生产部门（产业或产品）无限多样化，从而使一切自然领域服从于资本的生产，使一切地点服从于交换，世界市场和资本的全球流动也就蕴含在资本的这一趋势当中。因此，产业的多样化进程，从本质上来说，不仅是一种分工范围的扩大，而且"是一定的生产作为具有新使用价值的劳动从自身中分离出来；是发展各种劳动即各种生产的一个不断扩大和日益广泛的体系，与之相适应的是需要的一个不断扩大和日益丰富的体系④"。

我们知道，资本的价值增殖，不仅取决于资本的生产时间，还取决

---

① 《马克思恩格斯全集》第30卷，人民出版社1995年版，第389页。
② 《马克思恩格斯全集》第32卷，人民出版社1998年版，第223页。
③ 同上。
④ 《马克思恩格斯全集》第30卷，人民出版社1995年版，第389页。

于资本的流通时间（纯粹的流通时间）。如果资本对劳动的剥削程度不变，那么决定同量的不同资本一定时期内利润总量的是资本流通的速度，因为资本流通的速度决定了一个资本在一定时期内的使用频次。资本流通的时间是由资本在生产领域停留的时间和资本在流通领域持续的时间构成的，因此，决定资本流通速度的因素不仅仅取决于影响劳动生产率的五个方面，而且还取决于资本循环的时间。一方面，生产所必须的条件，尤其是生产资料，如果必须从其他资本购买的话，那么发达的商业条件和运输条件就成为资本生产的必需，因为"资本的那些必须交换来的要素，是同时投入生产和流通的"[①]，这是买的时间节约。从剩余价值实现的时间来看，也就是卖的时间决定了资本下一个生产周期开始的时间，也必然要求商业资本的普遍化存在和交通运输业的高度发展。特别是在以机器大工业体系为标志的特殊的资本主义生产条件下，由于资本积累规律的作用使资本有机构成不断提高，使不变资本在全部预付资本中的比重日益增加，这导致资本周转速度下降。为弥补剩余价值实现周期延长而带来的年利润率下降的损失，资本必然要借助于信用以加速新生产过程开始的时间，用信用来拉平不同资本的周转差别，这是资本作为一种社会权利的必然要求。这一要求，使信用业的存在成为社会生产的必要。于是，资本的逐利和竞争就使商业、交通运输业和金融业不断被纳入资本增殖体系中来，推动了资本主义的产业多样化进程。

三 产业多样化进程的演化与次序

作为增长和发展内在推动力和外在表现的产业多样化进程，并不是一个无序的、可无限跨越的过程，而是一个受到生产领域生产率水平和生产需要约束的过程，有其特定的演化过程与次序。当然，这里并不是要求产业的多样化进程必须与某种标准或机制严格匹配，而是说这一进程总要受到生产过程的约束。在资本主义生产方式下，这一进程既要受到资本增殖目的的约束，更要受到社会生产力发展水平的约束。超越生

[①] 《马克思恩格斯全集》第46卷（下），人民出版社1980年版，第10页。

产力发展水平和实体产业发展需要的产业多样化，不仅会由于失去实体经济的有效支撑而难以维系，而且会由于特定的制度安排使职能资本之间、职能资本与所有权资本之间的地位转化而使一个经济的结构失去协调性而陷入停滞。事实上，发达国家的产业结构，或者说较高的非物质生产比例，并不是经济规律的必然结果，而是发达国家凭借先发优势建立的有利于其自身的国际分工体系和贸易制度的结果。发达国家凭借这种不合理的国际分工，使收入由发展中国家转移到发达国家。通过这种国际收入转移机制，发达国家才实现了"在本国物质生产比较小的份额下，维持本国非物质生产较大的份额"[1]。因此，发达国家非物质生产部门或者说虚拟经济部门在国民经济中的更高比例并不是什么规律性的样板，因为一旦后发国家的产业竞争力提升使这一不合理的国际分工和贸易规则难以为继，就会使发达国家自身陷入生产的停滞和经济衰退。2008年全球性金融危机后欧美国家实施的再工业化战略，就是一个明证。这一战略调整就其形式来看，就是通过产业政策调整第三次产业超越第二次产业约束的失调症状，以使整个国民经济体系回归生产性劳动与非生产性劳动的适度比例。就其本质来看，就是为全部资本恢复和增加可供分割的剩余价值。

按照马克思的观点，资本主义的经济增长和发展，总是表现为社会分工和企业内部分工的发展和相互演化。一方面，社会生产力的发展使社会分工范围不断扩大，从而为资本的生产提供更大规模的市场需求，加速企业内部的分工。随着企业内部的分工发展，劳动生产率的提升，使同量使用价值生产所需的资本和劳动减少，这就为其他部门提供了剩余的资本和劳动力，使社会分工范围扩大。另一方面，企业内部的技术进步与分工的发展，还会使企业内部的劳动过程的不同环节分化和独立化，劳动工具也出现分化，进而使生产这些工具的行业独立化为一个专门的行业。"一旦工场手工业的生产扩展到某种商品的一个特殊的生产阶段，该商品的各个生产阶段就变成各种独立的行业。前面已经指出，在

---

[1] 李强：《用GDP评价新中国建国头30年建设成就的几个问题》，《当代中国史研究》2011年第1期。

制品是一个由局部产品纯粹机械地组合成的整体的地方,局部劳动又可以独立化为特殊的手工业。为了使工场手工业内部的分工更完善,同一个生产部门,根据其原料的不同,根据同一种原料可能具有的不同形式,而分成不同的有时是崭新的工场手工业。"① 因此,最初的产业或生产的多样化,总是首先表现为生产力"三要素"的多样化上:劳动资料、劳动对象和维持劳动力所必须的基本生活资料生产的不断多样化上——总是首先在生产性劳动领域内部展开。

随着生产力的发展和市场需求的扩大,工场手工业已经无法满足市场的需要,机器大工业体系发展起来。也正是机器大工业体系的建立,资本主义才找到了自己最适合的生产方式,"只有当劳动资料不仅在形式上被规定为固定资本,而且扬弃了自己的直接形式,……整个生产过程不是从属于工人的直接技巧,而是表现为科学在工艺上的应用的时候,只有到这个时候,资本才获得了充分的发展"②。由于大工业生产所需要的劳动方式已不再是具有"神秘技能"的劳动者,而是通过机器、化学过程等方法,这就使"工人的职能和劳动过程的社会结合不断地随着生产的技术基础发生变革。这样,它也同样不断地使社会内部的分工发生革命,不断地把大量资本和大批工人从一个生产部门投到另一个生产部门"③。大工业体系使资本主义劳动过程不断分化,一方面它要使自然科学发展到顶点,以发现新的有用物和创造新的生产方法,使科研劳动专门化,"发明成了一种特殊的职业"④;另一方面,大工业决定的劳动职能的转换,又使工艺学校、农业学校和职业学校成为资本增殖体系的必需而发展起来。

机器大工业的发展,不仅使同一产品的数量出现大规模的增长,也使资本的剩余价值增加。劳动生产率的普遍提高,还使同一剩余价值量表现为更多的使用价值。机器大工业的结果不仅增加了资本家阶级及其仆从消费的物质,还增加了这些阶层本身。大工业不仅使社会对奢侈品

---

① 《马克思恩格斯全集》第 44 卷,人民出版社 2001 年版,第 409 页。
② 《马克思恩格斯全集》第 31 卷,人民出版社 1998 年版,第 93—94 页。
③ 《马克思恩格斯全集》第 44 卷,人民出版社 2001 年版,第 560 页。
④ 《马克思恩格斯文集》第 8 卷,人民出版社 2009 年版,第 359 页。

的需求增加，而且还产生出满足这一奢侈需求的新的手段。与之相适应，一系列新的部门逐渐形成，从而推动了产业的多样化。对此，马克思指出，"社会产品中有较大的部分变成剩余产品，而剩余产品中又有较大的部分以精致和多样的形式再生产出来和消费掉。换句话说，奢侈品的生产在增长。大工业造成的新的世界市场关系也引起产品的精致和多样化。不仅有更多的外国消费品同本国的产品相交换，而且还有更多的外国原料、材料、半成品等作为生产资料进入本国工业。随着这种世界市场关系的发展，运输业对劳动的需求增加了，而且运输业又分成许多新的下属部门"①。需要指出的是，随着资本套在劳动者身上的锁链因过于沉重而威胁到资本主义生产方式存续而不得不放松一点的时候，劳动者的收入会有所改善，这使对奢侈性生活资料的一定需求被纳入劳动者的生活需要。

资本主义生产方式由工场手工业向机器大工业的转变使劳动生产率提高的结果，在导致资本对劳动力需求相对减少的同时却使生产资料和生活资料不断增加，这使一些必须达到一定规模的新产业和今天被称为"准公共物品"的劳动部门也卷入资本主义这个生产体系："那些生产在较远的将来才能收效的产品（如运河、船坞、隧道、桥梁等等）的工业部门中的劳动扩大了。一些全新的生产部门，从而一些新的劳动领域，或者直接在机器生产的基础上，或者在与机器生产相适应的一般工业变革的基础上形成起来。不过，它们在总生产中所占的比重，即使在最发达的国家，也不是很大的。它们所雇用的工人人数的增加，同它们对最粗笨的手工劳动的需求成正比。目前，这类工业主要有煤气厂、电报业、照像业、轮船业和铁路业。"② 而这些新部门的出现，又使为这些部门生产提供原材料的新的部门的产生，进一步使资本主义生产多样化，整个再生产体系的运转不断以扩大的规模和不断增加的种类进行。

正如前文所述，追求价值增殖内在动因和应对资本主义竞争的外在强制，使资本的劳动生产率不断提高，其结果，一方面使单位时间的使

---

① 《马克思恩格斯全集》第44卷，人民出版社2001年版，第512页。
② 同上书，第513页。

用价值量不断增多,产品转化为货币越来越成为资本进行再生产的约束条件,这要求有专门化的资本来承担这一职能,于是商业资本作为从属于产业的资本在资本主义生产方式下日益扩大;另一方面,伴随企业生产规模的扩大,资本有机构成不断提高,使不变资本在全部预付资本中的比例不断增大,资本需要借助于信用资本以拉平不同资本的周转差别,就使作为产业资本循环一种职能形式的货币资本分离出来,形成作为所有权资本的独立的金融部门。特别是世界市场的开拓,使信用部门的业务种类也不断增多,使信用交易被赋予更多的业务种类和功能。对此,马克思曾以英国为例加以说明:"英国人为了使其他国家成为自己的主顾,不得不贷款给它们。事实上英国的资本家用生产的英国资本进行了两次交换:(1)是作为英国资本家本身,(2)是作为杨基等等,或者是以投放他的货币的任何其他形式。"[①] 总之,资本主义生产的多样化,或者说产业的多样化,是一个由生产性劳动部门向生产性劳动部门在流通领域的延续以及非生产性劳动扩展的过程。这一过程总是受到生产领域的生产率水平、生产的需要(包括物的生产和人的生产)的制约,是一个伴随服务于资本价值增殖需要的社会生产力发展水平提升的过程。对非生产性劳动部门来说,其要么服务于剩余价值的生产,要么服务于剩余价值的实现。

四 产业多样化进程的空间转换与协调

国家或区域生产体系的新产品引入过程,表现为两种主要的模式:一是新资本的本地创生,二是外来资本的引入。由于决定资本盈利能力的主要因素是企业劳动生产率水平,而劳动生产率又取决于资本的规模,即劳动生产率是企业规模的函数[②]。这样,企业为获取更多的剩余价值和应对资本的竞争,必然会不断扩大资本的规模。一方面,资本不断实施

[①] 《马克思恩格斯全集》第46卷(上),人民出版社1980年版,第400—401页。
[②] 魏旭:《马克思价值转形视阈下的企业规模边界演化思想》,《税务与经济》2015年第2期。

剩余价值的再资本化，进行资本的自我积累；另一方面，借助信用工具扩大资本规模。资本规模的扩张，使企业的产出不断增大，需要开拓更广泛的市场。由于产品的运输费用直接构成企业直接生产的费用——运输是生产过程的继续，因此资本会将一部分生产转移到产品市场所在的地区进行生产，以提高利润率。资本的跨地域流动，就推进了市场所在地的产业多样化进程，这也是一些地区为了推进增长和发展而不断招商引资的一个原因。事实上，企业资本规模的扩大，还会带来另外一个结果：资本积累和更新会使资本的有机构成不断提高，不变资本特别是固定资本在预付资本中的比例（而这本身就是资本主义生产方式的现实表现）不断增大，这不仅使同量资本可推动的劳动力减少，而且会使同量资本的使用频次减少，从而使利润率特别是年利润率下降，削弱资本的增殖能力。为弥补这一损失，资本就会由劳动生产率较高、市场竞争较为激励的地区向生产条件优越（要素禀赋丰裕）、劳动生产率较低、市场规模较大且竞争不太激烈的地区转移。特别是当资本在影响劳动生产率的五个因素——工人的平均熟练程度、科学的发展水平和它在工艺上应用的程度、生产过程的社会结合、生产资料的规模和效能和自然条件方面无法继续挖掘其潜力时，资本的跨地域流动就会更加迫切，以弥补利润率下降，这在大卫·哈维看来，就是所谓的资本的"空间修复"，也就是我们通常所说的"产业转移"。资本的这种跨区域流动，既可表现为新增资本的跨区域、跨部门流动，也表现为一个企业全部资本的跨区域、跨部门流动。资本的空间修复，推动了资本移入地（产业承接地）的产业多样化进程，但这一多样化进程，往往会造成资本移入地的同类产业面临竞争困境，进而削弱本地产业的生存能力。因此，资本承接地要依据自身产业发展现状，有选择地进行资本承接，使之与本地的产业形成互补，而不是同构性竞争。

　　随着生产力的发展、新技术条件的应用，资本空间修复的方式也发生了相应的变化，由资本实际的跨区域流动，转变为虚拟流动。也即，大资本把生产的非核心环节以代工等方式转包给不同国家或地区的企业来进行，将这些承接外包业务的资本纳入核心资本的价值增殖体系，形成了所谓的"全球生产网络体系"。这种资本的虚拟流动，在事实上使资本的价值增殖体系扩展到了不同的地区或国家，实现了资本的另一种空间修复。导致这种全球生产网络或者说基于新生产方式的分工网络形成的，既有信息等新技术发展的因素，也包括资本对自身循环体系进行整合的因素：一方面，为获取价值增殖和应对激烈的竞争，企业不断进行资本的积累和资本集中以提高劳动生产率。资本规模的扩张，既包括沿着资本已有生产链条的纵向延展，也包括同类生产的横向扩张，其结果，无论是通过新增投资的跨区流动，还是借助信用的跨区域并购，都可能使资本的有机构成提高。当资本的扩展使规模扩大带来的生产效率的提升不足以弥补企业因循环链条的延展而导致的循环和周转的效率损失时，资本就会停止规模扩张，转而由资本的实际流动转为虚拟流动，把其他资本纳入自身的生产体系，以提高生产效率。另一方面，随着信息技术和交通运输技术的发展，使远距离生产不再成为销售的障碍。两者的叠加，就使企业生产的组织方式在新的生产力条件下，由企业内部的协调转向企业间的协调，通过生产时间和流通时间的转换，以最大限度地提高劳动生产率，获取更多的价值增殖。资本的这种虚拟的空间修复，由于把不同地区的资本纳入了资本的全球生产空间，核心资本为了更高的生产效率，必然要按照其自身资本的运行协调不同资本的生产，进行全球的资源整合，这在事实上改变了不同地区不同资本的生产方式和生产的业务方向，从而对被纳入这个体系的区域来说，实现了产业的多样化。因此，推进区域间的产业协调，也就成为推进产业结构合理化的一个重要方面。

五 结论与启示

基于前述的分析可知：不同于早期发展经济学结构主义思路和新自由主义以及比较优势理论，马克思的产业多样化思想是在唯物史观的框架下，通过对资本主义生产方式及其内部矛盾的分析，揭示不同资本如何在利润追逐的内在动力和应对资本主义竞争的外在压力的双重作用下，不断推动产业多样化进程的，并将一个经济体的产业多样化进程归于劳动生产率的提高。结合社会分工和企业内分工的交互作用与转化，马克思分析了产业多样化进程的动力机制与合理化的演进次序,揭示了资本主义的产业多样化是一个由生产性劳动部门向生产性劳动部门在流通领域的延续以及非生产性劳动扩展的过程。而且,这一过程总要受到生产领域的生产率水平、生产的需要(包括物的生产和人的生产)的制约,是一个伴随服务于资本价值增殖需要的社会生产力发展水平提升的过程。对非生产性劳动部门的多样化来说,如果其在整个增长过程中的发展超越生产力的发展阶段和实体经济领域的约束,不但不会促进有效增长,反而会成为增长停滞的因素。这样,马克思在研究和阐释资本主义生产方式产生、运行及其演进的过程中就形成了不同于庸俗经济学的系统化的产业多样化思想。因此,尽管已历经将近150年,但马克思研究资本主义生产方式演化的研究方法和科学论断,如果抽象掉资本主义这一特殊性,其关于产业多样化和结构转型的一般性规律的总结,对当下正面对经济发展新常态亟待实现结构转型的中国来说,仍具有重要的启示和现实指导意义。

首先,全社会劳动生产率的提升是产业多样化的根基。产业多样化是以全社会的劳动生产率提高为前提的,因此,要通过结构转型和产业的多样化推动整个经济向着更高质量和效益发展,就必须解放和发展生产力以提高劳动生产率。正如前文所述,马克思关于影响劳动生产率的"五个因素"是相互联系、不可分割的整体:既包含诸如推动工艺过程和生产工具变革、突破资源稀缺性和增强资本积累能力的科技因素,也包含诸如变革生产的组织方式(分工与协作)的因素和激励企业创新与劳动者主观能动性的社会因素。也就是说,我们要最大限度地解放和发展生产力以提高全社会的劳动生产率,不仅要不断推动各类技术创新以变革生产条件,从而提高生产的质量和效益。而且,要不断地调整影响劳动生产率的社会条件,以进一步提高劳动生产率。我们知道,一定的社会生产,总是生产力的三个简单要素的有效结合,都离不开这三个要素中最活跃最革命的要素——人的能力和主观能动性。一定意义上,再先进的科学,其他也只是知识形态的一般的或可能的生产力,只有在其应用于生产并被劳动者运用时,才能转化为现实的直接的生产力。因此,"劳动者自身的劳动态度、劳动热情、劳动的积极性和严谨性对生产效率的影响将起着至关重要的作用,这就要求我们必须大力发展公有制特别是国有制经济"①。这是因为,经过近70年的发展,我们的生产力水平和生产的社会化程度已经达到了一个更高的水平。生产力的进一步发展,必然要求有更大比重的公有制经济与之相适应,这是由生产力的社会性质所决定的一种客观的必然性。在生产力发展的今天,代表先进生产力的生产关系总和的只能是公有制②。而且,只有公有制,才能使生产力摆脱资本的性质,更能激发劳动者的能动性,这也是培育劳模精神和工匠精神的根本制度基础。

其次,产业多样化必须有效协调生产性劳动和非生产性劳动的比例。产业的多样化进程,是一个受劳动生产率水平和实体经济生产需要约束的过程,但由于受发展经济学结构主义的影响,我国诸多地方政府在引入新产业以实现产业结构转型的过程中,出现了片面强调发展所谓的"现代服务业"的倾向,使服务业的发展超越了社会劳动生产率的支撑。其中,一个重要的现象是过度强调经济的金融化,使整个经济出现"脱实向虚"的苗头,这不仅弱化了实体产业积累资金的获取能力,导致实体产业创新弱化和实体产业之间的相互需求下降,造成产能过剩;而且还使整个经济出现大量的投机现象、积累系统性的风险。因此,推进结构调整和产业多样化进程,必须要确定合理的实体产业与服务业之间——物质生产和非物质生产之间的比例,尤其要节制经济的金融化倾向,使金融系统始终致力于服务实体经济的发展。在实际的结构调整过程中,要特别警惕将发达国家产业结构的现有比例和模式作为样板而不加分析地予以照搬和模仿,因为其形成并得以维系的根基并不是结构合理性本身,而是建立在不合理的国际分工体系和贸易制度之处之上的,这决定其现有比例必然难以持久维系。

最后,处理好整体国民经济布局与地方产业多样化的关系。随着新产业革命的兴起,技术构成日益呈现碎片化趋势,全球分工和生产也愈

---

① 魏旭、高冠中:《西方主流经济学全要素生产力理论的实践检视与方法论反思——一个马克思主义政治经济学的分析框架》,《毛泽东邓小平理论研究》2017年第7期。
② 周新城:《关于公有制为主体问题的思考》,《当代经济研究》2017年第6期。

益片段化，形成了复杂的以分包和代工为特征的生产网络。这种分散化生产的分工模式，要求各个区域在进行结构调整过程中，处理好本区域主体产业在整个国民经济体系中应承担的职能和培育本地优势产业之间的关系。也就是说，中央政府在协调整体国民经济结构调整过程中，要以整体的经济协调为主导，构建科学的中央和地方的补偿机制以激励地方的产业结构服从于全社会的整体协调，避免因产业同构化带来的过度竞争和资源配置的非效率。相对于地方政府来说，无论是通过本地新企业的创生还是通过产业承接来实现生产或服务的多样化，一方面要合理配置资本以适应整体国民经济体系的要求，另一方面要注重培育本地产业的竞争优势。特别地，对后发地区通过资本承接推进产业多样化（我们通常所说的"补短板"既是如此）来说，决不能将产业承接看作是对发达国家或地区的经济结构的简单复制，而是需要更多地依据本地产业布局的客观要求进行优势整合。在产业承接时，必须注重马克思所说的产业关联性效应对产业竞争力的影响，规避比较优势陷阱。

（原文发表于《河北经贸大学学报》2018年第3期）

马克思的产业升级思想及其对当代中国结构转型的指导意义

魏 旭[*]

摘 要：不同于发展经济学结构主义和全球价值链理论的产业升级思路，马克思主义经济学将产业升级看作是不同资本在追求超额利润的内在动力和为应对资本主义竞争的外在压力下，不断引入新技术、新模式和新方法的产业发展能力的累积与培育的动态过程，其核心是劳动生产率的提升。这一过程既包括产业内部生产结构的变动、产业间生产结构的变动，也包括产业内和产业间生产的联动效应。资本的产业内竞争、资本的产业间竞争、资本的空间流动以及资本的分化是推动产业升级的过程机制和产业升级的实现方式。推动产业升级，必须遵循生产方式特别是技术方式演化规律、社会生产按比例协调发展规律和生产性劳动增长效应规律等的约束，才能真正使产业升级成为经济可持续高质量发展的有效路径。

关键词：产业升级；劳动生产率；资本竞争；生产方式演化；按比例发展

一 问题的提出

改革开放 40 年的时间里，我国在发展对外经济关系领域取得了令世

---

[*] 作者简介：魏旭（1971— ），吉林财经大学马克思主义经济学研究中心教授，主要从事马克思主义经济学与产业经济学研究。

人瞩目的成就。一方面，对外贸易总量实现了近乎年均两位数的增长。在加入世界贸易组织15周年之际，中国成为世界第一大贸易体。2017年我国货物贸易进出口总值达到了27.79万亿元人民币[①]；另一方面，参与全球生产网络分工的比重也明显上升，中国现已成为全球生产网络的重要环节，一举成就了制造业大国的地位，使我国成为世界第二大经济体。然而，2008年全球性金融危机的爆发所引致的世界市场环境的恶化，以及长期高速增长所积累下的结构性矛盾的显现，使我国的产业特别是外向型产业的发展遭遇了前所未有的困境，经济发展也随之进入了新常态。与此同时，随着新兴经济体特别是中国在全球生产网络中位势的提升和贸易竞争力的增强，由发达国家主导的全球化进程和国际贸易体系受到冲击，以美国为首的发达国家出现了"逆全球化"趋势和"贸易保护主义"思潮复归倾向，使我国经济发展的外部环境面临严峻挑战。造成上述困境的因素很多，既有现实的因素，也有政策的因素。但如果我们探求其背后的政策因素的话，这恐怕与西方主流产业升级理论在我国的应用是分不开的：过于强调全球价值链体系的嵌入导致我国对世界市场产生过度依赖的同时，使服务于国内市场的产业部门发展不足，尤其是以承接加工贸易为主体的低端发展模式弱化了技术溢出和技术学习效应；过于强调发挥比较优势原则的产业选择模式，使国内生产在参与全球生产过程中出现产业链和生产网络的双重锁定现象；以发达国家成熟工业化阶段产业结构模式为标杆，片面追求三次产业发展的结构转换导致国内产业过早出现去工业化倾向，使实体经济（主要是工业领域）领域内产业间的相互需求下降，导致产能过剩；过于强调产业转型升级政策的单项突进，忽视了产业转型升级是一个整体性、系统性和综合性的产业变革过程，导致不同产业转型升级政策之间的冲突，甚至使产业政策成为掣肘产业转型的因素。

在面对上述产业发展困境时，选择什么理论指导我国的产业发展实践，需要我们全面深刻地认识和理解产业转型升级的本质、动因和产业

[①] 中华人民共和国海关总署：《2017年中国货物贸易进出口总值27.79万亿元》，中国经济网，http://www.ce.cn/xwzx/gnsz/gdxw/201801/12/t20180112_27702525.shtml。

转型升级的过程机制，以构建科学可持续的产业政策体系，进而指导我国产业发展方向的选择和现代化产业体系的构建。基于此，本文在运用马克思经济学的立场、观点和方法批判性地理解和认识西方主流产业升级理论的基础上，系统地梳理和解读马克思的产业升级思想，以期对我国的产业升级实践有所裨益。

二 产业升级的本质与路径：一个批判性的审视

尽管产业升级一直是学术界和政府政治议程持续关注的议题，但已有研究对产业升级的本质和内涵的界定却始终是模糊的，或者说，学术界对何谓产业升级并没有取得一个一致的意见。从现有文献来看，学术界对产业升级的研究，主要是围绕以下两种范式展开的。

（一）发展经济学结构主义的产业升级思路

对产业结构变动及产业升级现象的分析，最早可追溯到威廉·配第那里。在维护与批判亚当·斯密为解释国民财富来源而提出的生产性劳动和非生产性劳动划分标准是否科学的论战中，威廉·配第给出了一国经济增长进程中产业结构转换的判断，认为"工业的收益比农业多，而商业的收益又比工业多"[①]。1935 年，艾伦·费希尔（Allan G. B. Fisher）对产业部门进行了划分，即所谓的"三次产业分类"法。在三次产业分类的基础上，克拉克利用多国数据对不同国家各个历史时期劳动的投入产出进行计算，得出了劳动在不同部门分布比例的演化趋势，即所谓的"配第—克拉克定理"。沿着这一思路，罗斯托、库兹涅兹、卡尔多、钱纳里和泰勒等人对这一理论不断予以拓展和完善，形成了以三次产业的比例关系变动为核心的基于增长视阈的产业结构转换的思路。自此，产业结构转换与升级被日益纳入西方经济学特别是发展经济学的理论分析框架，并用以指导各国特别是发展中国家的产业发展实践。这种结构主义的产业升级思路，将增长和发展看作是一个关涉从依赖农业活动向依

---

① 《马克思恩格斯全集》第 33 卷，人民出版社 2004 年版，第 167 页。

赖工业和服务业的结构转换的结果,主要关注产出和就业这两个静态指标在三次产业间的分布比例,并将其作为判断一个经济体产业结构是否合理和优化的标准。其后,阿西莫格鲁(Acemoglu D.)又将产业内部生产效率的改进引入对结构转型的分析,将产业升级归于产出与就业在产业间的动态变化以及产业内部生产效率的改进,最终形成了所谓的"标准结构"理论①。然而,这种以对产业结构转换的现象形态描述为特征的结构主义思路,就其本身来讲,由于既未给出产业结构转换的过程是由什么驱动的,也没有给出这一过程是怎样发生的,因而受到来自西方经济学特别是发展经济学内部的批评与挑战。事实上,以产值高低这一指标来衡量一个国家或地区产业结构是否合理的做法,并不能真实地反映出经济发展过程的效率高低或好坏:且不说不同产业产值和就业比例并不能真实地反映出一个国家或地区的真实的生产力水准,单就其将基于产值和就业的现象形态的产业结构比例当作经济发展的规律,其本身就已具有了形而上学的意蕴。

面对早期结构主义产业升级思路的缺陷,林毅夫教授在构建其新结构经济学的过程中,提出了一个基于比较优势及其演化的产业转换与升级的赶超思路:发展中国家应选择那些人均收入相当于自身 2 倍左右、资源禀赋大致相同国家的产业结构作为追赶对象,把由企业发现并成功得以发展的产业纳入潜在比较优势产业集合加以推进,以实现产业的结构转型与升级,从而形成了一个具有赶超性质的结构升级理论。然而,正如我国学者张其仔所指出的,"这种基于潜在比较优势的赶超型产业转型升级思路,因其无法精确评估一国的资源禀赋和无法解释具有相同或相似资源禀赋国家为什么具有生产不同类型产品的能力而失去普遍性"②。而且,过于强调比较优势产业的选择,可能恰恰是造成后发国家产业发

---

① Acemoglu, D., *Introduction to Modern Economic Growth*, New Jersey: Princeton University Press, 2009, pp. 693 – 771.

② 张其仔:《产业升级机会的甄别》,《中国工业经济》2013 年第 5 期。

展困境的一个因素①。

无论是早期结构主义思路,还是新结构经济学,其产业升级思路的本质仍然是"配第—克拉克定理"的翻版或拓展,其将产业升级定位于产业结构的升级——国民经济中三次产业的比例及其变动,并将发达国家现象形态的产业间结构比例看作是规律性的东西。事实上,结构主义的产业升级思路,不仅忽略了一个经济体生产方式性质或生产关系对产业升级的影响,而且也没有考虑到不同性质劳动(生产性或非生产性劳动)的不同增长效应及其比例变动对产业发展的影响。

(二) 全球价值链理论的产业升级思路

20世纪90年代以来,伴随经济全球化和全球生产网络的形成,基于全球产品内分工视阈的产业价值链升级理论逐渐兴起。在研究韩国工业化转型特别是电子产业发展中,迪特尔·恩斯特(Dieter Ernst)引入了价值链这一范畴,用以分析韩国的产业升级②。沿着这一范式,杰里菲(Gereffi G.)将产业升级的过程概括为从代工生产到原始设计生产再到自有品牌生产的演进历程③。汉弗莱和施密茨(Humphrey J. and Schmitz H.)对基于全球价值链的产业升级模式进行了划分,其总结了四种典型的产业升级的方式:一是工艺流程的升级;二是产品的升级;三是功能的升级;四是所谓的跨链条的升级④。两位学者将这四种产业升级模式看作是一个逐次递进的过程。这一产业升级的思路从微观或中观的视角提供了一个可选择的有益路径。但这一思路也有其致命的缺陷——并未揭示出

---

① 我国学者詹懿就认为,过于强调"比较优势"的产业选择模式,使中国企业在嵌入全球生产体系和国际分工网络过程中陷入了高能耗、低收益的粗放型发展泥潭,无法积累向高技术、高品质产品升级的能力。具体请参见詹懿《中国现代产业体系发展中的五大误区》,《现代经济探讨》2013年第10期。

② Ernst, D., "Global Production Network and Industrial Upgrading-Knowledge-Centered Approach", East-Wester Center Working Paper: Economic Series, 2001.

③ Gereffi, G., "International Trade and Industrial Upgrading in the Appareal Commodity Chains", Journal of International Economics, 1999 (48).

④ Humphrey, J. and Schmitz, H., "How does Insertion in Global Value Chains Affect Upgrading in Industrial Cluster", Regional Studies, 2002, 9 (36).

产业升级的方向和归宿在哪里。虽然这一理论认识到了产业内升级和产业间升级常常是相伴而行的,但其没有说明产业内的升级和产业间的升级对一个产业或企业来说到底哪种模式更容易实现,其约束条件或机会条件又是什么。而且,由于其过于关注产业价值链的攀升而忽略了产业内部和产业之间的产业扩散机制对产业升级的影响。

西方主流产业升级理论的研究,为我们理解和认识产业结构转换规律和产业升级提供了有益的观点和思路。然而,综观这些理论我们会发现:无论是产业升级的结构主义思路,还是基于全球价值链攀升的思路,要么因为静态的分析方法而失之偏颇,要么缺乏对产业结构转型实现过程的分析而难以操作,要么因强调单一因素的作用而失去普遍性。而且,已有的这些研究因为其概念范畴的含混性,本身也无法真正揭示出一个国家或区域产业转型升级的动力机制与内在机理,尤其是对因分工演化而导致的产业扩散机制和产业多样化在产业转型升级中作用的忽视,使现有的产业转型升级理论缺乏系统性和完整性。更为重要的是,由于西方主流产业升级理论最终完全放弃和背离了"斯密传统"——劳动价值论(特别是斯密关于不同产业部门劳动性质划分——生产性劳动和非生产性劳动思想),而将所有产业都看作是价值创造的部门,使其在选择产业发展方向和产业转型升级政策时陷入顾此失彼的境地。因此,要廓清主流产业升级理论存在的问题、构建一个科学的产业升级理论,需要重新回到马克思。

三 马克思经济学视阈内产业升级的动力与过程机制

在马克思看来,社会经济发展实质上就是一个以生产方式变革为核心的产业体系变革的过程,也即我们通常所说的产业升级过程。这一过程既表现为产业内部生产结构向着更高效率活动转移的过程,也表现为不同产业资本向着更高利润率部门流动而形成的产业间结构比例变动的过程。随着资本竞争导致的劳动生产率的提高,这一进程还表现为因资本和劳动分化所引致的产业多样化进程——不断引入新产品和新产业的过程。按照这一逻辑,马克思经济学视阈的产业升级至少包含以下相互联系的几个方面。

（一）资本的产业内竞争所推动的产业升级

按照马克思的观点，逐利作为资本主义生产方式的绝对规律，始终会以竞争的方式表现为对资本的外在强制。就同一产业部门的资本来说，要想获取更多的剩余价值，就必须使自身的劳动生产率不断提升，使之高于或至少等于部门平均的劳动生产率，这是由市场价值规律决定的。而劳动生产率又是由"工人的平均熟练程度、科学的发展水平和它在工艺上应用的程度、生产过程的社会结合、生产资料的规模与效能以及自然条件等因素决定的"[①]。因此，资本一方面会不断引入新工艺、新的生产方法或管理模式以提高劳动生产率；另一方面又会不断通过剩余价值的资本化和资本间的兼并重组等方式扩大企业生产规模，进而提高生产效率[②]。这样，同一资本内部的生产者出于获取超额剩余价值和维持自身生存的目的而展开的竞争就成为产业发展的常态机制。这一情形一方面会使效率较高的资本获取更多的收益，另一方面会使劳动生产率相对较低的资本也被迫从影响劳动生产率的各个方面入手提高自身的生产条件、销售条件和管理方式。于是，一旦一个资本引入了新的生产方式提高了劳动生产率，就会引起其他资本的模仿，从而形成产业技术或生产的组织方式的产业内扩散机制，这就不断推动产业部门内部的资本不断向效率更高和超额剩余价值更多的生产活动移动，使整个产业部门的生产结构得以升级。对此，马克思分析到："当新的生产方式被普遍采用，因而比较便宜地生产出来的商品的个别价值和它的社会价值之间的差额消失的时候，这个超额剩余价值也就消失。价值由劳动时间决定这同一规律，既会使采用新方法的资本家感觉到，他必须低于商品的社会价值来出售自己的商品，又会作为竞争的强制规律，迫使他的竞争者也会采用新的

[①] 《马克思恩格斯全集》第44卷，人民出版社2001年版，第53页。
[②] 事实上，不断积累起来的资本，会以新的技术和新的组织形式进行再投资，进而形成一个互动的循环过程。在这一过程中，资本会不断将生产移向效率更高和收益更大的生产活动。这一过程所形成的产业内扩散效应就会推动这个产业部门的生产活动不断得以升级。

生产方式。"① 事实上，正是资本的逐利和社会需要推动资本主义生产方式得以由协作、工场手工业发展到机器大工业这一特殊的生产方式。在这一演化进程中，生产的技术方式不断推动生产的组织方式和生产的社会方式不断发生变革以适应这一技术方式，反过来新的生产的组织方式和生产的社会方式又不断推动生产的技术方式演化与进步。因此，生产力和生产关系的矛盾运动是产业升级的总的推进动力。

（二）资本的产业间竞争推动的产业升级

产业内不同资本的竞争，在不断使生产的技术条件改善的同时，也会不断推动资本的积累和资本的集中。资本规模的扩大使不同产业部门的资本有机构成会经常性发生变动，使不同部门之间的资本构成比例出现高低不同的差异，这就导致了不同部门之间利润率的差别。但在特殊的资本主义生产方式下，资本作为一种社会权利，必然要求等量资本获取等量的利润。于是，资本就会由利润率低的部门流向利润率高的部门。资本的这种流动既包括新增资本流入高利润率的部门，也包括原有资本转移而进入利润率高的部门。资本流动的结果，不仅使全社会形成一个平均的利润率，而且使不同的技术和生产方法在产业间扩散。资本的产业间竞争，在两个方面推动了产业的升级：一方面，资本的产业间竞争使不同部门之间的关联效应日益增强，也使两类不同分工之间的转化不断推进，这就使一个产业的生产链条不断得以向前向和后向延展，以至不同生产被纳入同一产业的生产过程。正如马克思所说的，"一个生产部门，例如铁、煤、机器的生产或建筑业等等的劳动生产力的发展，——这种发展部分地又可以和精神生产领域内的进步，特别是和自然科学及其应用方面的进步联系在一起，——在这里表现为另一些产业部门（例如纺织工业或农业）的生产资料的价值减少，从而费用减少的条件。这是不言而喻的，因为商品作为产品从一个产业部门生产出来后，会作为生产资料再进入另一个产业部门。它的便宜程度，取决于把它生产出来的生产部门的劳动生产率，同时它的便宜程度不仅是它作为生产资料参加其生产的那种商品变得便宜的条件，

---

① 《马克思恩格斯全集》第44卷，人民出版社2001年版，第370页。

而且也是它构成要素的那种不变资本的价值减少的条件,因此又是利润率提高的条件"①。正是在这个意义上,马克思得出了"一个工业部门生产方式的变革,必定引起其他部门生产方式的变革。这首先是指那些因社会分工而孤立起来的以至各自生产独立的商品、但又作为总过程的阶段而紧密联系在一起的工业部门"②的判断。这样,产业升级就不仅表现为向更高生产率和更高利润活动的转移过程,还表现为新技术、新工艺和新模式向已有产业的扩散过程,从而改变原有或所谓的传统产业的生产方式,进而推动产业的升级,今天的电子信息技术或智能技术的发展使整个社会生产方式和生活方式都发生根本性的变革就是很好的例证。另一方面,资本不断地由利润率低的部门流向利润率高的部门,会使整个社会的生产活动不断移向更高效率和效益的部门,整个社会不同产业或部门劳动的配置比例也就相应地发生变化,进而推动了产业结构的升级③。由此可知,在马克思这里,一个经济体的产业升级过程并不是一个孤立的过程,而是一个系统的过程。因此,一个社会产业体系的完备性和配套性,就成为制约产业升级能力和产业竞争力的重要影响因素。

(三) 资本空间流动所推动的产业升级

正如前文所述,资本的盈利能力取决于自身劳动生产率的高低,其要想获取超额剩余价值或超额利润(当然,这里剔除垄断的情形),就必须使自身的劳动生产率高于部门或社会平均的劳动生产率。由于生产过程和流通过程是互为条件和相互作用的④,因此对有利生产条件和销售条

---

① 《马克思恩格斯全集》第 46 卷,人民出版社 2003 年版,第 96 页。
② 《马克思恩格斯全集》第 44 卷,人民出版社 2001 年版,第 440 页。
③ 分析至此,我们会发现,产业的结构升级和产业结构的升级并不是一回事,这是两个既相互联系又有差异的概念。在马克思这里,产业升级恰恰包含了这两方面的内容。
④ 对于这一点,马克思曾以举例的方式予以说明:"完全撇开资本 a 的生产过程不谈,资本 b 的生产过程的速度和连续性是决定资本 a 从货币形式再转化为产业资本形式的要素。因此,资本 b 的生产过程的持续时间表现为资本 a 的流通过程的速度的要素。一个资本的生产阶段的持续时间决定另一个资本的流通阶段的速度。这两个阶段的同时性是使资本 a 的流通不受阻碍的条件:资本的那些必须交换来的要素,是同时投入生产和流通的。"具体请参见《马克思恩格斯全集》第 30 卷,人民出版社 1995 年版,第 516 页。

件的获取，就成为资本配置与管理的直接目标。正如前文所述，决定资本生产率的因素既涉及生产力层面的科学发展水平和它在工艺上应用的程度、工人的平均熟练程度和自然条件，也涉及生产方式（当然也包括生产关系）层面的生产过程的社会结合、生产资料的规模与效能，即"生产力的这种发展，最终总是归结为发挥着作用的劳动的社会性质，归结为社会内部的分工，归结为脑力劳动特别是自然科学的发展。在这里，资本家利用的，是整个社会分工制度的优点"[①]。由于不同地区具有不同的要素禀赋条件、生产的技术条件和社会分工的程度，因此具有不同的劳动生产率。由于同一产业部门面对的是有市场价值决定的同一的市场价格，劳动生产率较高的地区的资本在与劳动生产率较低地区的资本进行竞争时，在落后地区的市场上不仅能获得正常的剩余价值，而且能获得一个超额的剩余价值，这就引起资本在产业内进行跨区域流动，进行生产的再配置，这在现实社会就表现为产业的空间转移。与此同时，由于狭义的流通过程与生产过程所耗费的时间共同构成资本总的流通时间，因此为靠近销售市场以节约流通时间，提高资本的年利润率，也会使资本的生产转向产品的销售市场附近，这一点被大卫·哈维称为"资本的空间修复"。对劳动生产率较低的地区（或者后发地区）来说，劳动生产率较高的资本生产的转入，一方面会使本地的生产率在整体上得以提升，另一方面资本间的竞争引致的学习或模仿相应也会使本地资本的生产效率得以提升，尽管存在引入资本的技术保护现象。这样，资本的空间移动会推进后发地区的产业升级。如果将这一过程推广到世界市场范围，这一点也是适用的，而且在现实世界甚至成为后发国家或地区推进本地产业升级的一种重要模式，尽管这一模式从长期来看并不是一种有效的模式。

（四）资本和劳动分化推动的产业升级

随着资本逐利和为应对竞争而导致的劳动生产率的提高，同一资本在市场规模不变时，使生产同一使用价值所需要的资本和劳动力的数量

[①] 《马克思恩格斯全集》第46卷，人民出版社2003年版，第96页。

必然减少，从而造成资本和劳动力的过剩。这样，由资本本性所决定的经济运行必然产生两种结果：一方面要求资本创造出新的需要，或者说必须引入产品创新或形成新的产品功能以扩大消费的范围，使企业生产的产品多样化或直接转到新产品的生产。对此，马克思在考察相对剩余价值生产时曾经进行了详细的分析，"例如，由于生产力提高一倍，以前需要使用 100 资本的地方，现在只需要使用 50 资本，于是就有 50 资本和相应的必要劳动游离出来；因此必须为游离出来的资本和劳动创造出一个在质上不同的新的生产部门，这个生产部门会满足并引起新的需要。旧产业部门的价值由于为新产业部门创造了基金而保存下来，而在新产业部门中资本和劳动的比例又以新的形式确立起来"①。而且，由于"现代工业通过机器、化学过程和其他方法，使工人的职能和劳动过程的社会结合不断地随着生产的技术基础发生变革。这样，它也同样不断地使社会内部的分工发生革命，不断地把大量资本和大批工人从一个生产部门投到另一个生产部门。因此，大工业的本性决定了劳动的变换、职能的更动和工人的全面流动性"②。因此，资本逐利和相互竞争的结果，必然将资本的生产不断引向新的具有质的差别的使用价值生产。另一方面，物质生产领域劳动生产率的提高，又会使资本的生产更加关注产品的质量和奢侈品的生产，使生产活动不断移向更高的利益环节，推动产品的不断升级换代。正如马克思所说的，随着劳动生产率的普遍提高，"社会产品中有较大的部分转化为剩余产品，而剩余产品中又有较大的部分以精致和多样的形式再生产出来和消费掉。换句话说，奢侈品的生产在增长。大工业造成的新的世界市场关系也引起产品的精致和多样化"③。与此同时，物质生产领域劳动生产率的提高，会使劳动在非物质生产领域的配置比例不断提高，使产业结构发生变化。对此，马克思指出，"大工业领域内生产力的极度提高，以及随之而来的所有其他生产部门对劳动力的剥削在内含和外延两方面的加强，使工人阶级中越来越大的部分有

---

① 《马克思恩格斯全集》第 30 卷，人民出版社 1995 年版，第 389 页。
② 《马克思恩格斯全集》第 44 卷，人民出版社 2001 年版，第 560 页。
③ 同上书，第 512 页。

可能被用于非生产劳动,特别是使旧式家庭奴隶在'仆役阶级'(如仆人、使女、侍从等等)的名称下越来越大规模地被再生产出来"①。其实,这里又可分为两种情况:一是大工业将现代科学和工艺纳入生产过程,必然要求将科学技术发展到顶点以不断提高劳动生产率,这就使精神领域劳动的科学研究成为专门的职业;二是使非生产劳动(或者说服务劳动)者的数量在国民经济体系中的比例增加。于是,技术进步等因素使劳动生产率提高的结果必然使资本和劳动出现分化,从而使社会生产或产业结构的比例发生变动——产业结构的升级②。

四 产业转型升级的规律性约束与产业升级的指向

一个经济体的产业发展和产业的转型升级总要受到生产的技术方式性质、社会需要以及社会生产关系性质等因素的影响而呈现不同的样态和进程,归根结底是由一个社会不同的生产目的决定的。在这些约束条件中,有的属于生产力自身发展规律的约束,有的是生产关系条件的约束。因此,一个社会产业升级的进程只有在符合这些规律性约束时,才可能真正成为社会经济发展的动力。

(一)产业升级的能力积累与技术演进规律的约束

产业的转型升级,取决于产业的技术进步及由此引发的生产方式的变革。因此,产业升级首要的直接推动力在于产业的技术进步。而产业技术进步及由此引起的各种促进机制又依赖于企业内部各种能力的积累。我国学者路风就指出,"产业升级的实质是工业知识和经验体系的扩张和更新,所以产业升级是一个演进的过程"③。也就是说,任何一个社会的产业转型或新产业、新业态、新模式的引入,总是在原有产业活动的基础上形成的——新的技术突破总是在已有技术的基础上产生的。特别是

---

① 《马克思恩格斯全集》第44卷,人民出版社2001年版,第513页。
② 由生产性劳动效率提升所引起的非生产劳动比例的增加所形成的三次产业结构的变动,有其特定的约束条件,这一点笔者将在下文中加以阐释。
③ 路风:《产业升级与中国发展政策的选择》,《经济导刊》2016年第9期。

资本主义生产方式由工场手工业转变为资本主义机器大工业,资本主义剩余价值生产的方法由绝对剩余价值生产转化为相对剩余价值生产之后,科学技术和工艺成为生产的主要方法,或者说资本主义生产方式的社会生产力表现为固定资本形态存在的机器体系。而以固定资本形态存在的生产资料代表着这个生产方式下生产力的发展水平。马克思指出,"对象化劳动本身不仅直接以产品的形式或者以当作劳动资料来使用的产品的形式出现,而且以生产力本身的形式出现。劳动资料发展为机器体系,对资本来说并不是偶然的,而是使传统的继承下来的劳动资料适合于资本要求的历史性变革。因此,知识和技能的积累,社会智慧的一般生产力的积累,就同劳动相对立而被吸收在资本当中,从而表现为资本的属性,更明确些说,表现为固定资本的属性,只要后者是作为真正的生产资料加入生产过程"[①]。也即,如果抛开因技术积累所引发的产业革命的话,惯常的产业技术进步和产业的升级,更多地表现为一个路径依赖的过程。产业升级往往表现为一种产业发展的内生过程,其总要受到已有的能力积累和产业的发展水平的制约。所以,在推动产业升级的过程中,绝不能简单地将其看作是新产业、新动力对已有产业的完全替代过程,否则将会割裂技术演进的中介过程。一定意义上,产业的升级往往并不要求企业发明一种全新的技术,如果能够发现市场上已有的能够用更低成本生产的产品的新方法,就能够实现产业的升级。因此,我们在推进供给侧结构性改革或产业升级过程中,绝不能持有对传统产业一概否定的念头。其实,马克思在阐述其唯物史观时,已经说明了这一原则:"在这里,起作用的普遍规律在于:后一个[生产]形式的物质可能性——不论是工艺条件,还是与其相适应的企业经济结构——都是在前一个形式的范围内创造出来的。机器劳动这一革命因素是直接由于需求超过了用以前的生产手段来满足这种需求的可能性而引起的。而需求超过[供给]这件事本身,是由于还在手工业基础上就已作出的那些发明而产生的,并且是作为在工场手工业占统治地位的时期所建立的殖民体系和在一定程度上由这个体系所创造的世界市场的结果而产生的。随着一旦已

[①] 《马克思恩格斯全集》第31卷,人民出版社1998年版,第92—93页。

经发生的、表现为工艺革命的生产力革命,还实现着生产关系的革命。"①所以,推进发展新动力的形成或者推进产业的转型升级,必须要注意与原有能力和产业发展现实相适应,而不是一窝蜂地采用所谓的全新的技术,这是由产业升级的内生规律决定的。而且,产业升级常常表现为新技术向已有的成熟产业的渗透而引致的产业变化过程。

(二) 按比例分配社会劳动规律的约束

由劳动生产率提高所引致的产业内部或产业之间社会劳动配置的量或比例的变化,总要受到社会需要结构的限制。也即是说,产业升级引起的结构性变动不是无界限的,而是要受到国民经济整体结构的限制。可持续的经济发展,总是在不平衡的结构中实现结构的平衡。这一平衡过程既可以是市场价值规律的自发作用实现的,也可以是通过社会有计划地加以协调实现。如果某一部门的生产超出社会需要的范围,其结果要么使商品以低于市场价值的市场价格出售,要么造成产品的积压而无法实现其价值,这是价值规律在一个产业部门内部发挥作用的表现形式。就一个经济体的全部产业部门来说,价值规律的贯彻同样要求这个经济体要在社会各产业部门按比例来分配社会劳动,这一点曾经被国内学术界称为"第二种含义社会必要劳动时间"的要求。对此,马克思指出:"事实上价值规律所影响的不是个别商品或物品,而总是各个特殊的因分工而互相独立的社会生产领域的总产品;因此,不仅在每个商品上只使用必要的劳动时间,而且在社会总劳动时间中,也只把必要的比例量使用在不同类的商品上。这是因为条件仍然是使用价值。但是,如果说个别商品的使用价值取决于该商品是否满足一种需要,那么,社会产品量的使用价值就取决于这个量是否符合社会对每种特殊产品的量上的一定需要,从而劳动是否根据这种量上一定的社会需要按比例地分配在不同的生产领域。(我们在论述资本在不同的生产领域的分配时,必须考虑到这一点。)……在这里,社会需要,即社会规模的使用价值,对于社会总

---

① 《马克思恩格斯文集》第 8 卷,人民出版社 2009 年版,第 340 页。

劳动时间分别用在各个特殊生产领域的份额来说，是有决定意义的。"[1]因此，劳动生产率变动所引起的产业向着更高效率和更高利润活动转移，或者社会劳动向非生产领域的更多配置——发展经济学结构主义所说的第三产业或服务业，必须以各产业部门之间的比例协调为前提。不仅如此，就是各个产业内部，其生产活动的配置也要遵循比例协调规律。如是，才能真正使产业升级成为可持续高质量发展的有效路径。

（三）生产性劳动与非生产性劳动的不同增长效应的约束

从现象形态来看，发展经济学结构主义将产业结构的变动趋势描述为第三产业的产值和就业在国民生产总值中比重的不断提升，并将这一现象看作是客观的经济规律。如果单就经济发展的现象形态来说，社会劳动生产率的提高达到一定程度以后，物质生产领域生产同量使用价值所需要的资本和劳动力会相对减少，这样，就使非生产性劳动者在社会就业中的比例增加。但这种产业结构的变动，总要受到物质生产领域劳动生产率的限制。按照马克思的观点，一定社会的劳动性质——劳动的生产性和非生产性，总是由这种劳动的社会形式、劳动内容和劳动的特殊的使用价值决定的。其中，生产的社会性质是居于主导或支配性的因素。也即是说，判断一种劳动或劳动部门是生产性的还是非生产性的，首先是由这个劳动所隶属的社会关系决定的。正是在这个意义上，马克思从资本的生产性出发，考察了资本主义生产体系下劳动的分类问题，其将直接与资本相交换的劳动称为生产性劳动，并将劳动的物质性作为资本主义生产体系下劳动生产性的补充定义[2]。或者说，决定一种劳动是否是生产的，首先是由这种劳动所体现的这种生产方式的社会性质，即生产的社会关系决定的。在确定了这一点之后，生产性劳动才决定于其是否物化在商品或物质财富之中。对此，马克思说道："生产劳动，除了它那个与劳动内容完全无关、不以劳动内容为转移的具有决定意义的特

---

[1] 《马克思恩格斯全集》第46卷，人民出版社2003年版，第716页。
[2] 《马克思恩格斯全集》第33卷，人民出版社2004年版，第157—163页。

征之外，又得到了与这个特征不同的第二个定义，补充的定义。"① 如果抛弃劳动的社会关系一般地讨论劳动的生产性与否，那就是马克思批判斯密所说的"按苏格兰方式"去理解，或者是把某一历史阶段的生产方式永恒化。而且，随着资本主义生产方式的发展，资本主义生产过程的协作性质日益普遍，资本主义生产也日益表现为总体工人共同劳动的产品，"随着劳动过程本身的协作性质的发展，生产劳动和它的承担者即生产工人的概念也就必然扩大。为了从事生产劳动，现在不一定要亲自动手；只要成为总体工人的一个器官，完成他所属的某一种职能就够了"②。于是，生产劳动者的范围扩大了——工厂的监工、工程师等均被纳入生产劳动者的范围。总之，如果我们要给资本主义生产方式下的生产劳动一个准确的定义的话，那就是"从单纯的一般劳动过程的观点出发，实现在产品中的劳动，更确切些说，实现在商品中的劳动，对我们表现为生产劳动。但从资本主义生产过程的观点出发，则要加上更切近的规定：生产劳动是直接增殖资本的劳动或直接生产剩余价值的劳动"③。从马克思对生产劳动的界定来看，一个社会不同性质劳动的配置比例，总是要以生产性劳动及其效率为前提，并受到生产性劳动效率的约束，这在现实世界就表现为发展必须以实体经济为中心。即使是发展非生产性部门——服务业或第三产业④，其前提也必须是在物质生产领域的生产力极大提高的基础上的发展。从本质上来说，第三产业或服务业的发展尽管存在内循环过程（例如金融业），但其产生与发展的根基始终是第一、第二产业的需求。如果人为地推动第三产业的超常发展，使之超越第一、第二产业的需要，则整个经济体系的效率不仅不会有所提升，可能还会下降。这是因为，如果第一、第二产业效率较低，那么人为推动第三产业的发展，也只能是以较低层次的服务业与之匹配，进而弱化整体经济效率。反过来，如果发展高层次的服务业，由于服务的对象层次较低，

---

① 《马克思恩格斯全集》第 26 卷（上），人民出版社 1972 年版，第 442 页。
② 《马克思恩格斯全集》第 44 卷，人民出版社 2001 年版，第 582 页。
③ 《马克思恩格斯全集》第 49 卷，人民出版社 1982 年版，第 99 页。
④ 这里，需要指出的是，按照马克思的界定，第三产业部门的劳动也存在生产性劳动，特别是生产过程在流通领域的延续部分。

那么这种服务业很难嵌入第一、第二产业而形成整体的效率和效益的提升。与此同时，过度发展第三产业，还可能导致经济的"脱实向虚"，增加整个社会的投机性。对于这一点，我国学者王国平曾以拉美国家的产业结构为例给予了充分的说明①。特别需要指出的是，即使是生产性劳动领域，也要科学区分并合理配置劳动在新生产、新业态和新模式上的比例。如果一个产业的发展过于注重对新模式和新业态的发展，忽略了新生产本身，就会使产业的发展呈现金融化趋势而导致整体效率的损失，并使产业发展缺乏可持续性，国内共享单车产业的发展就是一个很好的例证。因此，推进产业升级，必须始终将实体经济发展，特别是生产本身的发展放在核心位置。

五　结论与启示

上述分析表明，不同于西方主流产业升级理论，马克思的产业升级思想是在生产力与生产关系矛盾运动的框架下，以资本主义生产方式发展演化（包括生产的技术方式、组织方式与社会方式）为主线，通过对资本主义积累体制及其矛盾的分析，揭示出不同资本如何在追求超额利润的内在动力和为应对资本主义竞争的外在压力的双重作用下，不断推动产业转型升级的原因及内在机理。结合社会分工和企业内分工的交互作用与转化，马克思分析了产业多样化进程的推进机制与演化过程。由此可知，在马克思这里，产业升级是一个产业发展能力的累积与培育的动态过程。从本质上来看，产业升级是加速产业高质量发展的手段，是一个产业发展的短期利益与长期利益的协调以及产业发展能力的螺旋式上升过程。因此，对产业升级路径的理解不能简单地理解为一个产业由价值链的低端环节向高端环节的攀升，或者由劳动密集型产业向资本密集型、技术密集型产业的转变，或者由第一产业、第二产业向第三产业的转变过程，更不应该将其看作是单纯的新产业对旧产业（包括成熟产

---

① 王国平：《产业升级规律与中国特色的产业升级道路》，《上海行政学院学报》2013年第1期。

业）的替代过程，而应该将其看作是一个国家或地区在遵循产业升级规律的前提下，基于自身能力积累和要素禀赋条件，不断推动产业向着符合经济、社会、环境和谐统一的目标实现良性发展的过程，这一进程既包括产业内部的结构升级，也包括产业间的结构升级和新技术向原有产业的渗透和拓展过程，这一过程既包括生产力层面的因素，也包括生产关系层面的因素。因此，在产业升级政策的设计中，必须从生产力和生产关系两个层面入手，既要激励生产力层面的因素，也要激励生产关系层面的因素。特别是，我们在推进供给侧结构性改革的进程中，必须将产业升级置于核心环节。与此同时，在培育增长新动能的过程中，必须合理定位所谓的"增长三驾马车"的地位和作用：注重有指向的投资对产业升级的作用，不能以提升全要素生产率、培育新动能而削弱投资的产业技术进步作用，因为资本和技术从来就是不可分的。更不能盲目地以发达经济为样板，人为地、超越产业发展规律地过度发展所谓的消费型经济或服务型经济，而应始终将产业升级的重点放在向更高生产率的工业经济转型上，以保持工业体系的完备性。事实上，产业链的完整性、配套性和产业体系的厚度与丰度等因素，可能恰恰是中国产业在全球市场上竞争力的真正来源和保障。

（原文发表于《毛泽东邓小平理论研究》2018年第6期）

(四)

西方经济学批判与借鉴

现代西方资产阶级经济学方法论和理论体系批判

丁堡骏[*]

人类社会发展到 21 世纪,在思想领域主要有马克思主义经济理论和现代资产阶级经济学两大学说体系。要坚持马克思主义经济学的主流地位,必须全面批判现代西方资产阶级经济学。本章着重对西方资产阶级经济学的方法论和理论体系进行批判。马克思将西方资产阶级经济学发展和演变的历史划分为古典经济学和庸俗经济学两个历史时期,这是马克思主义经典作家运用唯物史观分析资本主义社会经济思想所得出的基本结论。尽管现代西方经济学家在研究对象和研究方法上一再地将其装饰成科学,然而,现代西方经济学无论是从研究对象还是研究方法上看,其庸俗本质并没有改变,只是更加隐蔽和更具有欺骗性。本文将对现代资产阶级方法论伪科学性和理论体系的庸俗本质展开系统批判。

一 现代资产阶级经济学性质、研究对象和方法的批判

(一)现代资产阶级经济学仍然是庸俗经济学

1. 资产阶级经济学已经于 19 世纪 30 年代转化为庸俗经济学

马克思将资产阶级经济学演变历史过程划分为两个基本阶段:古典

---

[*] 作者简介:丁堡骏(1961—),吉林财经大学马克思主义经济学研究中心教授,主要从事马克思主义经济学研究。

政治经济学和庸俗政治经济学。马克思在《资本论》第二版跋中明确写道:"1830年,最终决定一切的危机发生了。法国和英国的资产阶级夺得了政权。从那时起,阶级斗争在实践方面和理论方面采取了日益鲜明的和带有威胁性的形式。它敲响了科学的资产阶级经济学的丧钟。现在问题不再是这个或那个原理是否正确,而是它对资本有利还是有害,方便还是不方便,违背警章还是不违背警章。不偏不倚的研究让位于豢养的文丐的争斗,公正无私的科学探讨让位于辩护士的坏心恶意。"① 可见,马克思将1830年,或者更准确一些说是英法资产阶级夺取政权的时间,看作是古典政治经济学和庸俗经济学的分水岭。资产阶级经济学从16、17世纪产生,经过亚当·斯密和大卫·李嘉图等杰出经济学家的发展,到1830年达到了它的巅峰,这是古典政治经济学时期。1830年以后的资产阶级经济学,包括现代资产阶级经济学在内,都属于庸俗经济学范围。

2. 资产阶级经济学家不承认资产阶级经济学曾经历了从古典经济学向庸俗经济学的转化

从19世纪后期开始,资产阶级经济学家们沿用了马克思的褒义的古典经济学的称谓,而当然地拒绝了庸俗经济学的说法。他们不能接受资产阶级经济学已经转化为庸俗经济学的事实。他们将18世纪末期开始从古典经济学中分离出来并继续发展的庸俗经济学,看成是对以斯密和李嘉图学说为核心的古典经济学的发展。

凯恩斯的《就业、利息和货币通论》在否定前人理论时,扩大了古典经济学的范围。凯恩斯写道:"'古典经济学者'是马克思所首创的名词,用以泛指李嘉图和詹姆斯·穆勒以及他们的前辈们。这就是说,泛指集大成于李嘉图经济学的古典理论的那些创始人。我已经习惯于在'古典学派'中纳入李嘉图的追随者,即那些接受李嘉图经济学并加以完善化的人,包括J. S. 穆勒、马歇尔、埃奇沃思以及庇古教授。我这样做,也许犯了用语不当的错误。"② 可见,凯恩斯仍沿用了马克思"古典经济

---

① 《马克思恩格斯文集》第5卷,人民出版社2009年版,第17页。
② [英] 约翰·梅纳德·凯恩斯:《就业、利息和货币通论》,陆梦龙译,商务印书馆1999年版,第7注①。

学"这一名词，但他没有接受马克思关于古典经济学和庸俗经济学划分的依据，本能地抛弃了庸俗经济学概念。在凯恩斯那里，"古典经济学"范畴是相当宽泛的。他把古典经济学界定为"从李嘉图的前辈起到他的剑桥老师及同事，这一整串的英国资产阶级经济学家"[①]。

如果说在凯恩斯那里没有拿出新的依据，只是冒着犯"用语不当的错误"的风险，人为地硬性扩大了古典经济学的范围，那么，萨缪尔森则完全不同，他根据另外的标准重新解释了"古典经济学"的含义。萨缪尔森写道："用现代经济学语言来讲，我们将那种强调经济中自我矫正力量的学说称为古典理论；古典宏观经济思想植根于亚当·斯密（1776年）、J. B. 萨伊（1803年）和约翰·斯图亚特·穆勒（1848年）的著作。"[②] 可见，萨缪尔森所谓的"古典经济学"和"非古典经济学"（即新古典经济学及现代经济学）的区别在于，是否"强调经济中自我矫正力量"。他将所有的"强调经济中自我矫正力量"经济学都称为古典经济学。

在萨缪尔森以后，资产阶级经济学者在撰写经济思想史时，一般都将古典经济学界定为从亚当·斯密开始，经过李嘉图及其弟子们的发展，到1870年结束；而将1871年边际效用学派的兴起，看作是新古典经济学的开始，新古典经济学的核心是马歇尔均衡价格论和瓦尔拉斯一般均衡理论。1936年凯恩斯《通论》出版，标志着现代经济学的产生。

总之，现代西方经济学思想史学者，虽然他们之间对如何界定古典经济学的范围都存在着这样或那样的差别，但他们有一个共同的特征：就是出于本能否定了马克思关于古典经济学和庸俗经济学划分的依据，进而拒绝了马克思关于庸俗经济学的说法。

3. 国内学者关于西方经济思想史分期的认识

（1）以陈岱孙为代表的老一辈经济学家的研究

1987年陈岱孙进一步指出："西方经济学发展史表明，马克思这一论

---

① 陈岱孙：《英国古典政治经济学》，《陈岱孙文集》，北京大学出版社1989年版，第935页。

② [美] 保罗·萨缪尔森、威廉·诺德豪斯：《经济学》（第十六版），萧琛译，华夏出版社1999年版，第502页。

断是颠扑不破的真理。1830年以后,西方经济学的辩护色彩日甚一日地浓厚起来。到了十九世纪七十年代,由于自由竞争资本主义向垄断资本主义过渡,由于《资本论》的问世和马克思主义在工人运动中的迅速传播,西方经济学的辩护性有了新的发展。如果说在此以前,西方经济学的辩护性主要表现为早期庸俗经济学反对古典经济学的劳动价值论,那么,从此以后,西方经济学的辩护性便主要表现为反对马克思主义经济学。到了本世纪二、三十年代,由于新兴的社会主义生产方式的出现,西方经济学的辩护性又有了新的发展,即不仅反对理论上的马克思主义,更反对新生的社会主义制度。"① 这种思想,在鲁友章、李宗正主编的《经济学说史》教科书的篇章结构安排中得到了充分体现。书中关于资产阶级经济学说史的分期是这样划分的:"资产阶级古典政治经济学""小资产阶级政治经济学""十九世纪上半期的资产阶级庸俗政治经济学""十九世纪末二十世纪初的庸俗政治经济学和修正主义经济学说"②。可见,这个时期中国经济学界坚持了1830年以后的资产阶级经济学包括现代西方经济学是庸俗经济学的基本判断。

(2)晏智杰为庸俗经济学翻案

实事求是地讲,晏智杰教授早年也曾坚持过马克思主义的立场、观点和方法,写过一部分以马克思主义为指导的论文和著作。但是自2000年以来,晏智杰教授的理论研究工作明显地背离了马克思主义的立场、观点和方法。在经济思想史的历史分期问题上,晏智杰教授无法接受资产阶级经济学已经转化为庸俗经济学的事实。

首先,晏智杰用"西方主要资本主义国家一百多年来经济的巨大发展和成就"来推断西方经济学的进步性质。晏智杰教授说,如果马克思的划分是正确的,"就是说,现代西方经济学一直处于不断庸俗化、进一步解体和总危机之中,那么,该如何解释西方主要资本主义国家一百多年来经济的巨大发展和成就(尽管走着一条曲折的路)呢?除非断定这种发展同流行的这种或那种经济学说无关,但是这样一来,我们历来强

---

① 陈岱孙:《陈岱孙文集》,北京大学出版社1989年版,第840页。
② 鲁友章、李宗正主编:《经济学说史》,人民出版社1979年版,第3—5页。

调的西方资产阶级经济学为资本主义制度服务的功能到哪里去了呢?"[①]晏智杰教授在这里力图要证明:资本主义经济的所谓"巨大发展和成就",等同于资产阶级经济学说的巨大发展和成就。这里我们要提醒晏智杰教授注意:第一,资本主义经济的所谓巨大发展和成就,是资产阶级政府通过政治的、经济的、武装干预等办法对内加强对本国工人阶级的剥削,对外进行侵略扩张等各种手段综合作用所取得的,而不单纯是靠所谓的经济学的科学性而取得的。对于晏智杰教授所津津乐道的这种经济的"巨大发展和成就",以工人阶级为其阶级基础的马克思主义经济学显然是不屑一顾的。第二,近年来,发达资本主义国家的资产阶级所惯用的经济政策伎俩是,"一方面,对外输出经济自由主义,指责和制裁发展中国家经济保护主义;另一方面,对内实行国家保护主义"。晏智杰教授作为外国经济学说史研究的专家,似乎对此事一无所知。但是我们必须提醒晏智杰教授的是,政治经济学是有阶级性的,政治经济学运用也是为一定的阶级服务的。发达资本主义国家的资产阶级明明知道经济自由主义的经济政策不利于一个国家民族经济的发展,他们自己不实施这种经济政策,却要求发展中国家必须实施此政策,这就是他们的阶级利益所在,也是政治经济学的阶级性的生动体现。因此,不科学的政治经济学,和为资产阶级攫取经济的"巨大发展和成就"是并行不悖的。

其次,晏智杰教授关于庸俗经济学的下限时期的理论。在《资本论》第一卷中批判西尼尔"节欲论"时,马克思谈道"城市无产阶级在里昂敲起了警钟,而农村无产阶级在英国又燃起了熊熊烈火。海峡此岸在传播欧文主义,海峡彼岸在传播圣西门主义和傅立叶主义。庸俗经济学的丧钟已经敲响了"[②]。晏智杰教授把"庸俗经济学的丧钟已经敲响了"的时间,看作是资产阶级庸俗经济学的下限。由此晏智杰教授批评坚持1830年以后资产阶级经济学仍然是庸俗经济学的观点,"并不符合马克思的原意"。晏智杰教授兴奋地写道:"大家知道马克思说古典派丧钟敲响了,是指它要寿终正寝并被庸俗经济学所取代;同样他说庸俗经济学丧

---

① 晏智杰:《古典经济学》,北京大学出版社1998年版,第11页。
② 同上书,第12页。

钟已经敲响了，也是指庸俗经济学已经完结，要被无产阶级政治经济学所取代，他不止一次地指出过这一点。在马克思的心目中，决没有后人所说的庸俗经济学进一步解体、庸俗化和总危机。"① 在这里，"马克思说古典派丧钟敲响了，是指它要寿终正寝并被庸俗经济学所取代"，晏智杰的这个理解是正确的。不过我们在这里还要补充的是，"被庸俗经济学所取代"是就资产阶级经济学发展和演变而言的。但是，马克思绝没有说经济思想发展到这个时期的资产阶级经济学不能被无产阶级政治经济学所取代。马克思曾明确指出"德国社会特殊的历史发展，排除了'资产阶级'经济学在德国取得任何独创的成就的可能性，但是没有排除对它进行批判的可能性。就这种批判代表一个阶级而论，它能代表的只是这样一个阶级，这个阶级的历史使命是推翻资本主义生产方式和最后消灭阶级。这个阶级就是无产阶级"②。因此，资产阶级经济学丧钟敲响，在资产阶级经济学范围内是庸俗经济学泛滥，而在更宽阔的视野来看，则是马克思主义经济学或无产阶级经济学的产生。至于晏智杰认为马克思"说庸俗经济学丧钟已经敲响了，也是指庸俗经济学已经完结，要被无产阶级政治经济学所取代"③。我们认为，晏智杰对"庸俗经济学的丧钟已经敲响了"，显然是做了形而上学的理解。"丧钟已经敲响了"，绝不意味着资产阶级庸俗经济学不会以花样翻新的形式进行所谓的"理论创新"。"已敲响"只是意味着各种所谓的理论创新没有任何真正的科学价值。由此可见，"在马克思的心目中，决没有后人所说的庸俗经济学进一步解体、庸俗化和总危机"，是晏智杰教授将其个人偏见强加给了马克思！晏智杰教授指责坚持1830年以后的资产阶级经济学仍然是庸俗经济学的人们，说他们的说法不符合马克思原意。我们认为，这些同志的观点，不是真的不符合马克思的原意，而是不符合强加给马克思的晏智杰教授的错误观点！

晏智杰教授从总体上对古典经济学和庸俗经济学的划分进行否定以

---

① 晏智杰：《古典经济学》，北京大学出版社1998年版，第12页。
② 《资本论》第1卷，人民出版社1975年版，第18页。
③ 晏智杰：《古典经济学》，北京大学出版社1998年版，第12页。

后，又分别从科学性、方法论、社会作用等各个方面对传统的庸俗经济学范畴提出了质疑：

第一，"传统观念中的庸俗经济学果真同科学无缘吗？"[①] 在这一标题下，晏智杰针对马克思当年严厉批判过的资产阶级庸俗经济学家包括萨伊、马尔萨斯、西尼尔等人以及德国早期的历史学派的经济学家逐一地予以翻案。他认为，从一个较全面的观点来看，这些经济学家对经济学的贡献是主要的，个别理论错误是次要的，马克思对庸俗经济学的看法存在片面和不妥。问题在于，我们说一个经济学家是一个庸俗经济学家，或者说一种经济学说是一种庸俗经济学说，我们都是就总体评价而言的。庸俗经济学与科学无缘，这确实是马克思主义经济学的一个基本常识。马克思在《资本论》第一卷第二版跋中对德国经济学家和德国经济学的论述，已经把这个道理讲得明明白白。另外，像晏智杰这样，把萨伊的生产三要素论和经济学的三分法奉为科学；不问时间、地点和社会历史条件地将经济自由主义作为萨伊对经济学的贡献，所有这些，要使马克思主义经济学家欣然接受，的确需要马克思主义经济学家首先放弃马克思主义的立场、观点和方法。

第二，"传统观念中的庸俗经济学在研究方法论上一无是处吗？"[②] 在这里，晏智杰教授首先轻描淡写地承认庸俗经济学以现象掩盖和代替本质、以一般代替特殊等一些庸俗经济学的特点，然后就把矛头指向了传统观念。他认为："以往的看法总是过头：否认描述现象的科学价值，否认经验归纳的必要性，否认经济生活中存在'一般的'规律性。由此出发，必然低估甚至完全抹杀所谓'庸俗经济学'在方法论上的历史贡献，同时又必然不恰当地抬高抽象演绎法的意义，满足于高度抽象的据说是揭示了事物本质和规律性的理论，将本来异常丰富、生动的'一般'与'特殊'、'本质'与'现象'辩证统一的思想发展过程，简单化为生硬干瘪的教条集成。"[③] 这里，晏智杰教授是在以批判传统经济学为借口来

[①] 晏智杰：《古典经济学》，北京大学出版社1998年版，第13页。
[②] 同上。
[③] 同上书，第13—14页。

批判马克思。我们这里只需指出，晏智杰所批判的这些所谓的方法论上的缺陷，在马克思的《资本论》中都是不存在的！

第三，"就传统观念中的庸俗经济学的社会作用来说，问题更明显了"。晏智杰的意思是，马克思所批判的庸俗经济学代表和反映了社会生产力发展的客观要求，有利于社会生产力的发展，因此，不应该叫庸俗经济学。晏智杰在这里杜撰了一个所谓"生产力标准"。他说，"问题在于，他们的学说和主张在当时历史条件下是否代表和反映了社会生产力发展的客观要求，是否有利于发展生产力。一旦这样提出问题和认识问题，任何一位不存偏见的研究者就不难发现，以往的所谓古典和庸俗的划分就完全站不住了。因为这种划分所依据的标准不是在于他同生产力发展的关系，而是看他是否揭示了资本主义制度的剥削本质"①。晏智杰教授在这里把揭示资本主义制度的剥削本质，与代表和反映社会生产力发展要求、有利于发展生产力这两者对立起来了。在晏智杰看来，马克思在评价资产阶级经济学家和经济学说时，是以是否揭示了资本主义经济制度的剥削本质为标准的。而晏智杰教授所提出的新标准则是，评价资产阶级经济学家和经济学说时，可不必问其是否揭示资本主义经济制度的剥削本质，只看它是否代表和反映了社会生产力发展的要求，是否有利于发展生产力。在这里，晏智杰教授遇到了一个如何对待经济学的科学性和经济学的适用性的关系的问题。马克思在评价资产阶级经济学家和经济学说时，是以其是否揭示了资本主义经济制度的剥削本质为标准，这充分体现了经济学科学性的要求。一种经济学作为科学，它必须是对客观事物及其发展的规律性的正确认识和反映。否则这种经济学就不能称其为科学。资本主义经济制度的本质是资本对雇佣劳动的剥削，因此，对这种经济制度进行研究的经济学的科学性，就在于是否正确地揭示和反映了这种经济制度的本质。因此，经济思想史研究，涉及对一种经济学说进行评价时，提出以这种经济学说是否客观地反映了这种经济制度的本质作为标准，是很自然的。这和数学史研究中涉及数学家的数学思想评价时，只要以其是否正确地反映了自然界物质变换中的数量

---

① 晏智杰：《古典经济学》，北京大学出版社1998年版，第14页。

关系作为评价标准是一致的。在这里有一个不言自明的前提，那就是首先是科学性。一种学说只有具有了科学性，才能谈到它的适用性。如果一种学说的科学性被证伪了，那么也就不会有人再去以其具有适用性而加以弘扬。晏智杰教授将经济学的科学性和经济学的适用性对立起来，拿出所谓的经济学说评价的"生产力标准"是不能成立的。另外，按照唯物史观的生产力与生产关系、经济基础与上层建筑之间相互关系的原理，一方面，生产力决定生产关系，经济基础决定上层建筑；另一方面，生产关系反作用于生产力，上层建筑对经济基础有反作用。经济学说属于社会意识形态，它是经济基础和上层建筑等这些社会存在的反映。马克思强调："在考察这些变革时，必须时刻把下面两者区别开来：一种是生产的经济条件方面所发生的物质的、可以用自然科学的精确性指明的变革，一种是人们借以意识到这个冲突并力求把它克服的那些法律的、政治的、宗教的、艺术的或哲学的，简言之，意识形态的形式。我们判断一个人不能以他对自己的看法为根据，同样，我们判断这样一个变革时代也不能以它的意识为根据，相反，这个意识必须从物质生活的矛盾中，从社会生产力和生产关系之间的现存冲突中去解释。"① 就是说经济学作为社会意识形态，它对生产力的作用还要通过上层建筑、经济基础、生产关系等诸多环节才能体现出来。因此，不存在立竿见影的经济学对生产力发展的作用。

综上分析，我们可以得出结论：晏智杰教授以马克思预言"资本主义私有制的丧钟就要响了，剥夺者就要被剥夺了"这个非常现实的目标至今也没有实现为依据替庸俗经济学所做的辩护是不能成立的。

（3）高鸿业的疑惑和辩解

高鸿业教授是我国历史上一位以马克思主义为指导研究现代西方经济学的著名经济学家。他对我国的西方经济学教育和研究工作作出了卓越的贡献。众所周知，他翻译了萨缪尔森《经济学》（第10版），编写了以马克思主义为指导的具有鲜明特色的《西方经济学》统编教材，撰写了一系列以马克思主义为指导运用西方经济学理论分析中国国有企业改

---

① 《马克思恩格斯全集》13卷，人民出版社1962年版，第9页。

革的重要文章,在晚年重新翻译凯恩斯的《就业、利息和货币通论》,等等。高鸿业教授批判中国经济学界对待西方经济学的全盘否定和全盘肯定两种极端态度。高鸿业教授的这些贡献,是我们从事经济学研究和教育事业的同志都不应该忘记的。但是在对西方经济学性质的认识上,高鸿业教授却有他无法消除的带有时代印记的疑问和困惑。高鸿业教授的问题从西方资产阶级经济学发展的历史分期开始,对这个问题高鸿业教授提出了"重商主义、古典经济学、庸俗经济学和庸俗经济学以后这四个阶段"①的四阶段论。其中,庸俗经济学从1830年开始,这是继承了马克思的观点,但庸俗经济学与庸俗经济学以后两个阶段之间的界限,高鸿业教授并没有给出明确的说法。然而,我们从其后的论述中能看出其中端倪:"那时的庸俗经济学主要在于反对空想社会主义。当《资本论》第一卷于1867年出版以后,从19世纪70年代开始,西方经济学的任务之一便是反对马克思主义,成为马克思主义政治经济学的对立面。"②从这里我们可以看出高鸿业教授将1870年以后的资产阶级经济学看作是"庸俗经济学以后"。高鸿业教授如何认识庸俗经济学?又是如何认识所谓"庸俗经济学以后"呢?

　　高鸿业教授引证马克思对庸俗经济学的有关论证,将"马克思所指出的庸俗经济学"的特点概括为三个方面:第一,庸俗经济学停留于研究事物的表面现象。第二,庸俗经济学只不过把资本主义市场上的成规、行话、生意经和经营法则用经济学术话语系统地表述出来。第三,庸俗经济学的目的在于为资本主义制度辩护③。在此之后,高鸿业认为,"根据上述三点,马克思对庸俗经济学的特点的论述无疑是正确的"。高鸿业继续论证道:"既然萨缪尔森《经济学》是一本在一定程度上带有庸俗经济学性质的著作,既然庸俗经济学又属于非科学范围之内,那么,关于《经济学》的个别概念、论点和方法有值得借鉴之处的说法是否与马克思所指出的庸俗经济学的三个特点相冲突?"对于这个问题,高鸿业自己回

---

① 高鸿业、吴易风:《现代西方经济学》(上册),经济科学出版社1988年版,第3页。
② 同上。
③ 高鸿业:《评萨缪尔森〈经济学〉》,中国人民大学出版社1998年版,第122—123页。

答道:"我们认为,冲突并不存在。因为《经济学》的内容并不全是庸俗经济学。退一步说,即使他的全部内容都是庸俗的这也不能否定《经济学》中的个别概念、论点和方法的有用之处。"①

高鸿业所谓的全部内容都是庸俗的,是否包括《经济学》中的个别概念、论点和方法?如果包括,那么就可以认定:《经济学》中的个别概念、论点和方法都是庸俗的。庸俗的就是和科学背道而驰的,而和科学背道而驰的对科学研究来说就是无用的,这是最基本的科学研究是非标准。可见,"即使他的全部内容都是庸俗的这也不能否定《经济学》中的个别概念、论点和方法的有用之处"的说法的逻辑混乱是显而易见的。撇开这一点不说,我们再来看高鸿业提出问题的方法。高鸿业首先肯定"马克思指出的庸俗经济学的特点的论述无疑是正确的";然后又认为萨缪尔森的《经济学》具有庸俗经济学性质;最后,根据"内容并不完全是庸俗经济学",得出结论:萨缪尔森的《经济学》中的"个别概念、论点和方法的有用之处"。这里问题关键就在于高鸿业教授对萨缪尔森《经济学》是怎么"认为"。换言之,这里问题的关键在于,高鸿业教授作出"萨缪尔森《经济学》是一本在一定程度上带有庸俗经济学性质的著作"和"《经济学》的内容并不全是庸俗经济学"的判断的根据是什么。

高鸿业没有抓住马克思划分古典经济学和庸俗经济学的精神实质,还只停留在摘录语录、教条式地理解马克思关于庸俗经济学的论述。事实上,马克思划分古典经济学和庸俗经济学是生产力与生产关系、经济基础与上层建筑原理的具体应用。经济学属于社会意识形态。古典经济学反映了资本主义产生、发展和上升阶段的资产阶级意识形态,主要任务是反对封建地主阶级的意识形态,是当时社会经济客观现实的反映。而当英法资产阶级掌握政权以后,工人阶级与资产阶级的矛盾代替资产阶级与封建地主阶级的矛盾上升为主要矛盾,资产阶级经济学作为资产阶级的意识形态主要任务是反对代表工人阶级利益的空想社会主义和马克思主义,为资本主义制度辩护。按照马克思运用生产力与生产关系、经济基础与上层建筑基本原理对资产阶级经济学所做的划分,庸俗经济

---

① 高鸿业:《评萨缪尔森〈经济学〉》,中国人民大学出版社1998年版,第124页。

学是一种客观存在。1830年以后的资产阶级经济学在本质上都是庸俗经济学,只是其庸俗化的形式不同而已。高鸿业教授一方面认为马克思对庸俗经济学的描述是正确的,萨缪尔森的《经济学》中有马克思所描述的庸俗成分,从而部分是庸俗的;另一方面又认为萨缪尔森的《经济学》中除了庸俗部分以外还有部分是科学的。那么,萨缪尔森的《经济学》中到底有多大比例是庸俗的,又有多大比例是科学的?这完全依赖于高鸿业主观上的判断。而萨缪尔森的《经济学》作为资产阶级经济学就是庸俗经济学。如果为了证明萨缪尔森《经济学》中的"个别概念、论点和方法的有用之处",就不承认其庸俗性质,这本身就是一种庸俗化。萨缪尔森《经济学》从整体上是庸俗经济学并没有否认其"个别概念、论点和方法的有用之处"。

高鸿业教授将西方经济学看作是一架机器,也是不正确的。前面已经非常明确地指出过,高鸿业教授对西方经济学各个部分内容所做出的科学评价是不可磨灭的。高鸿业教授的理论贡献没有被众多的一线的西方经济学教师所接受,有各种各样的客观原因,但也有高鸿业教授理论的不彻底性的原因。高鸿业教授对西方经济学的总体评价还是有值得商榷的地方。在这里我们仅就其中的两个大的方面作些说明:

第一,关于庸俗经济学是否有用的问题。高鸿业教授长篇引用马克思关于庸俗经济学特点的论述,然后用各种办法再去证明庸俗经济学有用。例如,马克思在《资本论》第一卷第一章中曾指出,与古典政治经济学相反,庸俗经济学知识在表面现象上兜圈子。高鸿业教授在引证了马克思的这一论述之后,就用唯物辩证法现象和本质的关系原理论证庸俗经济学有用。他认为,科学的任务就在于透过现象把握事物的本质。要掌握事物的本质第一步就必须掌握大量的现象。而西方经济学大量地描述经济现象,因此西方经济学有用。在这里,值得注意的是,马克思批判庸俗经济学,不在于庸俗经济学研究经济现象,而在于它只是描述经济的表面现象,进一步说它被经济的表面现象所迷惑,或者用马克思的原话说就是在表面现象上"兜圈子"。按照毛泽东同志所说的"去粗取精,去伪存真"的研究过程,这些属于在表面现象上"兜圈子"的部分,恰恰是属于"粗""伪"之列,是在科学研究中必须被去除掉的东西。马克思关于庸俗经济学特点的论述，是就庸俗经济学总体性质而言的。庸俗经济学就其庸俗性整体而言，是没有用途的。但庸俗经济学也有总体特征和个别理论、个别结论和个别方法之分。就个别理论、个别结论和个别方法来看，庸俗经济学可能具有一定的科学性，可能在实践中有用。因此，西方经济学作为当代资产阶级庸俗经济学就其总体特征来看是没有用的，和西方经济学在某一个别理论、某一个别结论和某一个别方法来看有用，是并行不悖的。

第二，关于西方经济学的科学性和西方经济学的运用问题。高鸿业教授在《西方经济学》一书结束时，以一种模棱两可的语言写到，"在结束之际，作为本书作者，我们感到已经把西方经济学这件既有功用又能损害自己的工具交给了读者。对工具的正确使用固然对我国有利，而不适当的使用以及西方经济学在意识形态上对社会主义的侵蚀又能带来害处，甚至造成灾难。正反两方面的事例都已在世界上出现"。读者会很自然地想到：西方经济学正确使用是不是也能像马克思主义经济学正确使用那样产生同样的积极作用呢？或者还会联想到：西方经济学正确使用是不是也能比马克思主义经济学不正确使用所产生的积极作用更大？实际上，西方经济学作为整体来看属于资产阶级庸俗经济学，是不科学的。既然是不科学的，就不存在正确使用和不正确使用的区别问题。西方经济学绝不是像武器弹药一样不属于任何阶级的超阶级产品，不能说无产阶级用它，它就能为无产阶级服务，资产阶级用它，它就能为资产阶级服务，而且都能服务得很好。经济思想史告诉我们，马克思主义经济学不能不加改造地拿过来就为资产阶级服务，资产阶级经济学同样也不能不加改造地拿过来就为无产阶级服务。苏联解体、东欧剧变，国际共产主义运动出现低潮，其中一个重要原因就是这些国家的政党没能有效地抵御资产阶级经济学思想和西方敌对势力对这些国家在思想文化领域从理论上的分化和瓦解。因此，我们走中国特色社会主义道路，必须坚持在意识形态领域对资产阶级的批判和斗争。特别要注意在关系到培养什么人的大学课程里和大学讲台上，一定要有说服力地讲清楚，西方经济学作为资产阶级的意识形态是如何为资产阶级辩护的，在理论方法论上和理论观点上为什么是错误的，西方经济学对社会主义实践，特别是对改革开放事业可能带来哪些危害，等等。

4. 我们的看法

本来马克思将资产阶级经济学发展历史划分为古典政治经济学和庸俗政治经济学两个时期，其意义是十分清楚的。从马克思论述的字里行间我们能够体会到：古典经济学，是对以斯密、李嘉图为代表的资产阶级处于上升时期的经济学所给予的一种褒奖。而庸俗经济学，则是对资产阶级从一个代表推动历史前进的进步力量的阶级转而走向反动的阶级的经济思想的一种无情的批判和讽刺。马克思作出这一划分所依据的基本理论标准也是十分清楚的，那就是辩证唯物主义历史观。马克思将资产阶级经济学发展过程历史地划分为古典政治经济学和庸俗政治经济学时期，所依据的客观历史事实就是，资产阶级在人类历史上曾经是一个代表当时时代前进方向的阶级。但是，当资产阶级完成其推翻封建统治，取得了资本主义社会政权以后，随着资产阶级和无产阶级的阶级矛盾上升为社会的主要矛盾，资产阶级就由一个代表时代前进方向的先进的阶级转变为阻碍时代前进的落后的阶级。资产阶级古典政治经济学是属于资产阶级和无产阶级之间的阶级斗争处于潜伏时期的资产阶级经济学说。相反，资产阶级庸俗经济学就是在资产阶级和无产阶级阶级的矛盾上升为主要矛盾以后，代表资产阶级利益的经济学。晏智杰为现代资产阶级经济学的庸俗经济学本质鸣不平，但是，晏智杰并没有办法证明1830年以后的资产阶级不是走向没落的阶级。他也无法否认，现代资产阶级经济学，在意识形态问题上反马克思主义、反社会主义和共产主义的根本立场和根本方法。至于高鸿业教授的疑惑，我们感到还是一个方法论的问题。马克思的确在对庸俗经济学的分析批判中，说过"庸俗经济学却只是在表面的联系内兜圈子"，也曾经说过"庸俗经济学所做的事情，实际上不过是对于局限在资产阶级生产关系中的生产当事人的观念，教条式地加以解释、系统化和辩护"。但我们究竟应该怎样领会马克思这些表述的精神实质？是不是有了马克思的这些语录，我们就可以把1830年以后的现代资产阶级经济学理解为"研究经济现象的经济学"，或者说是"研究经济运行状态的经济学"？我们认为，这种语录式解释马克思的这些论述是不能真正理解马克思关于庸俗经济学范畴的本质要义的。说庸俗经济学停留于在表面现象上兜圈子也好，说庸俗经济学不过是把资本主义的生意经等用科学的语言加以描述也罢，归根到底，马克思的用意在于进一步说清楚它是替反动的资产阶级辩护这一阶级本质。

长期以来，我们经济学界很多同志却看不到现代资产阶级经济学的资产阶级意识形态的本质，将现代资产阶级经济学和马克思主义经济学看作是能够相安无事的，可以并列进行传播的思想体系。当前我们社会上所出现的社会主义和集体主义观念淡漠、社会道德沦丧等和我们建设中国特色社会主义不相协调的现象，都不能说与我们对现代资产阶级经济学的不恰当的宣传和教育没有关系。因此，我们必须认清现代资产阶级经济学所宣扬的价值观，是与我们建设中国特色社会主义、实现中华民族伟大复兴的核心价值观根本对立的。

从以上我们对马克思关于古典经济学和庸俗经济学的历史分期的考察可以得到如下的基本结论：古典经济学虽然有不科学的地方或有庸俗的成分，但总体来说它研究了资本主义社会"生产关系的内部联系"，因此，还是属于科学的经济学。相反，庸俗经济学虽然不能排除其在个别的理论甚至是较重要的理论有科学成分，但就其整体来讲是不科学的，因而也是不高雅的经济学。现代资产阶级经济学作为庸俗经济学，虽然我们不排除它在个别概念、个别观点和个别方法上对我们建设中国特色社会主义具有一定的借鉴意义，但就其作为一个理论体系来看，它是反马克思主义、反社会主义、反工人阶级利益诉求的资产阶级的理论体系，是我们必须分析批判和予以否定的。我们改革开放、建设中国特色社会主义是前无古人的事业，因此我们不能闭关锁国，我们的理论研究工作也不能闭门造车，我们必须以博大的胸怀分析借鉴人类文明成果，包括现代资产阶级经济学。但是，由于我们是在社会主义和资本主义两种制度并存和相互矛盾斗争的国际背景下建设社会主义，我们必须要在思想理论建设方面坚持马克思主义的指导地位，批判一切资产阶级的意识形态和价值观。

（二）现代资产阶级经济学研究对象的批判

现代资产阶级经济学所普遍接受的研究对象是英国经济学家罗宾斯

在《经济科学的性质和意义》一书中的界定，他认为："经济科学研究的是人类行为在配置稀缺手段时所表现的形式。……经济学是把人类行为当作目的与具有各种不同用途的稀缺手段之间的一种关系来研究的科学。"① 这一规定到今天一直是现代资产阶级经济学教科书中普遍认可的观点，如美国经济学家曼昆在其最新出版的教科书《经济学原理》中写道："经济学研究社会如何管理自己的稀缺资源。"② 然而，现代资产阶级经济学各流派关于研究对象也存在一些争论，焦点主要集中于：在资源配置问题以外，要不要研究其他问题。如布坎南认为："我建议将此人类关系制度引进经济学家的研究范围，广泛地包括集体制度和私人制度。"③ 并且，布坎南对罗宾斯的观点提出了批评，认为罗宾斯把经济学"变成一种比较简单的求最大值的应用计算技术……如果经济学没有比这更多的事情可做，我们最好就把经济学研究完全交给应用数学家"④。

自从资产阶级掌握政权以后，资产阶级经济学的任务明确为两个方面：一是为资本主义制度辩护；二是对资本主义市场经济运行做出理论解释并进行指导。在自身的不断发展和完善过程中，现代资产阶级经济学将上述的两个任务很好地结合在一起，并且在表面上淡化其阶级辩护性，从而更有欺骗性，使得很多人特别是青年学生容易将其看作是科学的经济学理论。资产阶级经济学的具体做法就是将抽象的资源配置问题作为经济学的研究对象，然后在理性的经济人假定基础上论证了资本主义市场经济在资源配置上最有效率，以此证明资本主义生产方式是自然的、永恒的。

实际上，问题的关键不在于是否研究资源配置，而是如何研究资源配置问题。资源稀缺及其有效配置问题在人类所经历的所有生产方式中

---

① ［英］莱昂内尔·罗宾斯：《经济科学的性质和意义》，朱泱译，商务印书馆2000年版，第19—20页。
② ［美］曼昆：《经济学原理》（微观经济学分册），梁小民、梁砾译，北京大学出版社2006年版，第3页。
③ ［美］詹姆斯·M. 布坎南：《经济学家应该做什么》，罗根基、雷家瑞译，西南财经大学出版社1988年版，第4页。
④ 同上书，第7—8页。

都存在，每一种生产方式下的资源配置都不能不受该生产方式以及与之相适应的生产关系和交换关系所决定，从而表现出不同的特点。例如，原始社会极低的生产力所决定的原始社会生产方式下的资源配置方式只能是共同劳动、共享劳动果实；奴隶社会生产方式下的资源配置只能是由拥有生产资料和奴隶自身的奴隶主来安排生产和分配；封建社会生产方式只能由掌握土地的封建主来主导资源配置；资本主义生产方式下拥有资本的资本家是资源配置的主导方面，而工人处于从属地位。现代资产阶级经济学排除了生产关系，单纯地研究抽象的理性经济人如何配置资源，目的在于否认资本主义生产方式下资源配置中的对抗性质，进而否认其历史阶段性。事实上，西方经济学不过是以一种抽象的、脱离一定社会生产方式的所谓的资源配置，取代特定的资本主义生产方式的资源配置，以便实现掩盖资本主义社会资源配置矛盾的目的。相反，马克思主义经济学则是在把每一种生产方式都看作是一个历史阶段的基础上、结合与该生产方式相适应的生产关系和交换关系来研究资源配置问题。例如，马克思对价值规律的资源配置功能的分析，就严格地区分了价值规律在简单商品经济和在资本主义商品经济初期和资本主义部门内部竞争及部门之间的竞争充分展开以后的不同阶段的具体形式，等等。

（三）现代资产阶级经济学研究方法的批判

关于现代资产阶级经济学的方法，首先要指出它的唯心主义认识论基础。无论是资产阶级古典政治经济学，还是早期、近代和现代庸俗经济学，都以孤立的个人作为经济学研究的出发点。古典政治经济学的重要代表人物亚当·斯密和大卫·李嘉图阐述经济问题时，总是以单个孤立的猎人和渔夫当作出发点；边际主义创始人则以一杯水的不同价值为根据。因此，边际主义也是以抽象的个人为出发点的；现代资产阶级经济学所谓的以利己为动机的"经济人"假设，实际上也是以孤立的个人为出发点。以孤立的个人为出发点，这充分证明了资产阶级经济学是以唯心主义历史观作为指导经济学研究的理论基础。相反，马克思主义现代政治经济学，则以"这些个人的一定社会性质的生产作为研究的出发点"。因为马克思认为，"我们越往前追溯历史，个人，也就是进行生产的个人，就显得越不独立，越从属于一个更大的整体"①。现实社会中的人，不是与世隔绝、离群索居状态的人，而是处在一定的社会关系中的个人。人们在自己生活的社会生产中必然要发生一定的、不以他们的意志为转移的关系，即同他们的物质生产力的一定发展阶段相适合的生产关系。由此，马克思强调："我决不用玫瑰色描绘资本家和地主的面貌。不过这里涉及到的人，只是经济范畴的人格化，是一定的阶级关系和利益的承担者。我的观点是：社会经济形态的发展是一种自然历史过程。不管个人在主观上怎样超脱各种关系，他在社会意义上总是这些关系的产物。"②

当然，现代西方经济学唯心主义方法论，也不是以一成不变的旧形式出现的。例如，近年来所流行起来的逻辑实证主义哲学的方法就是唯心主义的一个新派别。库恩的范式论也属于这个唯心主义派别。在逻辑实证主义哲学家看来，世界是不可知的。他们认为科学家的思想最初都是以科学假说的形式被提出来的。这种科学假说，在实践中从来不能够被实践所证实，而只能被实践所证伪。任何一种科学思想都要经过这样的不断被实践证伪的过程。一种学说在没有被实践证伪的时候，它就是正确的。一种学说只有在被实践证伪以后，它才被认为是错误的。萨缪尔森以经济学研究方法论的主观性，宣传这种不可知论观点。他以格式塔心理学中的鸭兔实验为例说明经济学研究的主观性③这种唯心主义的不可知论，最主要的错误就是，否认物质第一性，意识第二性，物质决定意识的唯物主义基本观点，为各种错误思想和错误思潮的泛滥提供理论支持。

其次，现代资产阶级经济学方法论上的另一个主要错误就是形而上学的思想方法。现代资产阶级经济学的形而上学思想方法有多种表现，在这里我们以现代西方资产阶级经济学误用和滥用数学为例来予以分析。

不可否认，用数学语言表达一些思想观点是十分规范和精确的。在

---

① 《马克思恩格斯全集》第12卷，人民出版社1962年版，第734页。
② 《马克思恩格斯全集》第5卷，人民出版社2009年版，第10页。
③ [美] 保罗·A. 萨缪尔森、威廉·D. 诺德豪斯：《经济学》（第12版）中译本，高鸿业译，中国发展出版社1992年版，第14—16页。

统一的数学语言表达规范中，进行交流和学术探讨是十分方便的。因此，我们完全没有必要盲目地反对一切运用数学工具建立起来的经济模型，并用经济模型表达各种经济变量之间的关系。马克思认为，一门科学只有成功地运用数学时，才算达到了完善的地步。因此，绝不能因为马克思为通俗化的目的而尽量使用简单的数学，就误认为马克思否定数学方法对经济分析的意义。

然而，对现代资产阶级经济学关于数学方法的运用我们却不能这样说。在由美国次贷危机引发的全球性金融危机和经济危机后，西方经济学家被指责：运用现代数学方法建立了诸多的用于预测的经济模型，却没有预见到这场如此严重的经济危机。这是为什么呢？我们认为，问题不在于西方经济学家运用数学方法，而在于他们不能正确地运用数学方法，或说他们是误用和滥用数学方法。

在现代资产阶级经济学中，数学方法的运用往往缺少科学的理论前提。例如，在作为资产阶级经济学基础的生产函数理论中，资产阶级经济学家没有对生产过程中的数量关系的前提进行科学的抽象和分析。他们从来都不详细地区分，某一经济变量和另一个经济变量在什么意义上存在着依存关系？他们从来不注意区分这种依存关系是在价值意义上存在，是在价格意义上存在，还是在使用价值意义上存在。他们也不注意研究一个生产过程所反映的价值关系和使用价值关系的不同。结果，就出现了用使用价值生产中的人与自然的关系掩盖价值和剩余价值生产的人与人之间的关系的情况。再如，在眼花缭乱的数学模型中，里昂惕夫的投入产出模型应该是认可程度较高的一个"技术手段"。然而，恰恰是在这个几乎是普遍被资产阶级经济学家和马克思主义经济学家接受的模型中，却存在着方法论上的形而上学错误。在里昂惕夫系数矩阵 (a_{ij}) 中，a_{ij} 表示的是 i 部门产品生产时，j 部门产品作为要素的投入量，但是，里昂惕夫却回避了 j 部门产品作为要素投入 i 部门产品生产时，是怎样经过市场进行的，在市场运行中会有什么矛盾？它实际上是将以货币为媒介的、对立统一的两个过程 W—G（售卖）和 G—W（购买），看成是直接同一的、W—W 的物物交换过程。可见，资本主义充满矛盾的、现实的生产方式在这里被偷换成没有任何矛盾的物物交换。资产阶级经济学运用这样的形而上学的思想方法,自然就看不到 W—W 的过程在资本主义商品经济中要分解为 W—G 和 G—W 两个独立的过程,看不到在 W—G 的过程中有"惊险的跳跃",当然也就更看不到卖 W—G 和买 G—W 的矛盾和脱节。因此,从这个意义上分析,里昂惕夫投入产出模型不过是披上现代外衣的鲁滨逊漂流记故事!

现代资产阶级经济学误用数学和滥用数学,并不说明数学方法不可用。问题在于现代资产阶级经济学脱离唯物辩证法的对立统一规律、质量互变规律、否定之否定规律和范畴的指导来进行经济问题分析。本书的后续部分将会通过具体的经济理论分析证明:在唯物辩证方法的指导下,马克思主义经济学的许多经济学理论和经济学命题是完全可以简洁地运用数学公式或数学模型予以表达的。

二 现代西方经济学庸俗理论体系批判

上一节从经济思想史分期的角度讨论了资产阶级经济学从古典经济学向庸俗经济学的演变过程,讨论了学术界对资产阶级经济思想史分期的认识。从分析中可以得出的基本判断是,不论是从萨伊、马尔萨斯到约翰·穆勒的古典资产阶级庸俗经济学,还是从凯恩斯到萨缪尔森再到现代西方经济学思想史学者的现代资产阶级庸俗经济学,它们的资产阶级辩护性、庸俗性和反动性始终是不变的。下面对当代西方经济学从微观和宏观视角,对它们的体系特征、非科学性及其批判性借鉴意义做系统分析。

(一) 现代西方资产阶级庸俗经济学微观理论批判

现代西方微观经济学以马歇尔的均衡分析为基本框架,以斯密的"经济人"或"合乎理性"为假设前提,以实现消费者效用最大化和生产者利润最大化的边际分析和市场的均衡分析作为理论体系的两大基本支柱,来分析经济过程。下面将对微观经济学的核心内容及其非科学性展开分析。

1. 微观经济学的核心内容

微观经济学以单个经济单位的经济行为作为考察对象,包括各个消费者、单个生产者和单个市场等。微观经济学对个体经济单位的考察，是在三个层次上逐步深入展开。第一层次是分析市场行为主体即消费者和生产者的个体经济行为；第二层次是分析单个市场的供求量和均衡价格的决定问题；第三层次是分析所有市场的均衡量和均衡价格的决定问题。其内容可用图1来表示。

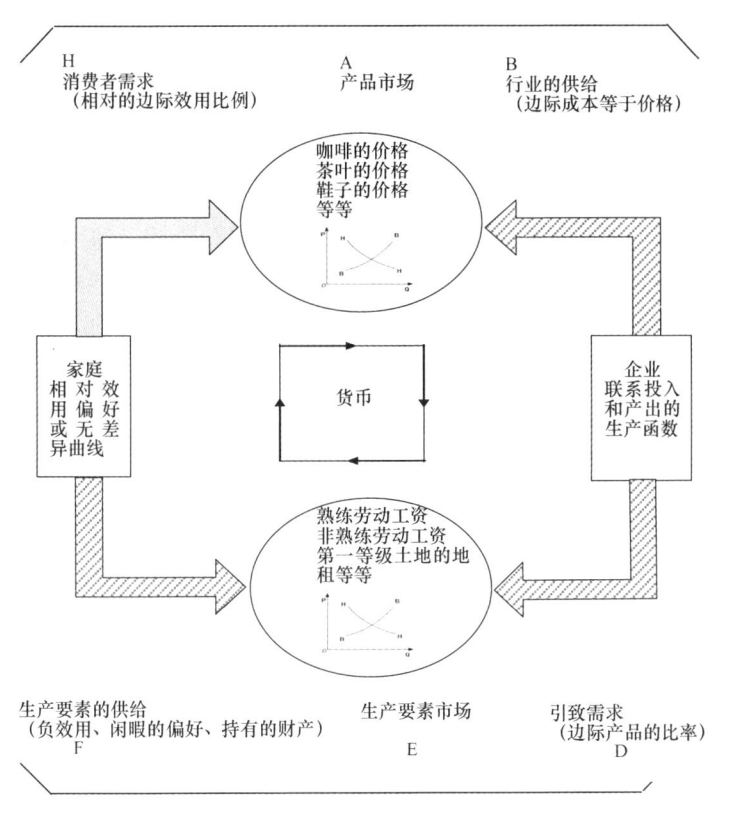

图1 现代微观经济学结构体系

图1把家庭和企业连接起来的生产要素市场是为了从个量的角度具体说明企业对每一种生产要素的引致需求和每一种生产要素对企业的供给。同样连接家庭和企业的产品市场是为了从个量角度说明消费者对每一种产品和劳务的需求以及企业对每一种产品和劳务的供给。

在要素市场中，每一种生产要素都有来自厂商的需求曲线（B）和来自家庭的供给曲线（H）。为了获取最大利润，企业作为生产要素使用者，从生产要素市场雇用和购买各种生产要素。家庭作为生产要素所有者，为了获得最优的报酬，向生产要素市场提供劳动、土地、资产等生产要素。要素市场的需求曲线和供给曲线的交点决定每一种生产要素的均衡价格和均衡数量。

在产品市场中，每一种产品或劳务都有来自家庭的需求曲线（B）和来自厂方的供给曲线（H）。家庭作为消费者，为了取得最大效用，向产品市场购买面包、咖啡、衬衣、戏票等产品和劳务。作为生产者的企业，为了取得最大利润，向产品市场供给各种产品和劳务。产品市场的需求曲线和供给曲线的交点决定每一种产品和劳务的均衡价格和均衡数量。

由此可见，西方经济学认为，在完全竞争的经济中，每一种产品或生产要素都有供给和需求，而每一种产品和要素的市场都能单独处于供求相等的均衡状况。一般均衡论进一步证明，均衡不但可以存在于单个市场，而且可以在所有的市场中同时存在。这种一般均衡体系被福利经济学证明是使资源配置最优的帕累托状态。

西方经济学承认由于垄断等因素的存在使资本主义经济偏离帕累托最优状态，但是它又宣称实行反垄断法等微观经济政策就能使这种经济的缺陷得到矫正，这样，最大的效用和选择自由、最优的资源配置和最公平的收入分配等仍然被认为是资本主义微观经济所能达到的目标。

从以上分析我们可以得出结论：微观经济学的核心内容是马歇尔均衡价格论。

2. 微观经济学作为一个理论体系，在整体上我们必须对它持否定态度

既然微观经济学的核心内容是马歇尔的均衡价格论，所以，对微观经济学的基本评价就取决于均衡价格论的理论真伪。马歇尔的均衡价格论是新旧庸俗价值论和价格论的综合，因此，它的错误也是这些庸俗理论的重复和发展。

首先，在需求分析方面，马歇尔用边际效用递减规律来说明需求的变动，并且把它具体化为以货币为表现的"需求价格"，这是企图逃避对决定需求变动的真正原因的分析。马克思主义认为"调节需求原则的东

西，本质上是由不同阶级的相互关系和它们各自的经济地位决定的"。例如，工人阶级的需求完全取决于工资水平。工人阶级需求的限制并不由于效用而由于购买力，所以需求的变动不决定于人们的主观效用而决定于社会条件、阶级关系。为了保卫资产阶级的利益，马歇尔及以后的资产阶级学者故意回避这些决定资本主义制度下需求运动的最重要的因素。而这些因素是与阶级结构、资本主义的基本矛盾及由此派生的资本主义生产的无限扩大趋势与广大劳动人民有支付能力需求相对狭小之间的矛盾等问题相联系的。

其次，在供给分析方面，马歇尔更是以主观心理现象来代替客观的社会生产过程的分析。把劳动说成"反效用"，把劳动变为不可衡量的心理范畴。这样，就无法区别必要劳动和剩余劳动，从而也就模糊了剩余价值的起源，掩盖了资本主义剥削的真相。马歇尔还通过把劳动的"反作用"和资本家的"等待"解释为同一范畴，竭力使人们相信资本主义生产过程是建立在工人和资本家共同作出牺牲、共同合作基础上。在这种手法下，资本主义社会阶级矛盾也就被掩盖起来了。

最后，马歇尔的均衡价格论归根到底还是庸俗的供求论，尽管他企图以调和效用论和成本论来充实他的供求论，但这并不能改变供求决定价值的根本谬误。马克思认为，"要理解供求之间的不平衡，以及由此引起的市场价格同市场价值的偏离，是再容易不过的了。真正的困难在于确定，供求一致究竟是指什么"。如果供求一致，那么，这两种相反力量的作用就会互相抵消。这样，我们便无法用供求去说明一个价格为什么恰好表现为这样一个货币额而不表现为另一个货币额。只有劳动价值论才能对此作出科学的解释。

总之，包括马歇尔在内的一切供求论者，都不了解供给和需求所反映的经济关系的本质。用供求一般偷换现实资本主义经济中的供求关系。实际上，资本主义经济中的供求不仅以单纯的买者和卖者为前提，而且"还以不同阶级和阶层的存在为前提，这些阶级和阶层在自己中间分配社会总收入，把它当作收入来消费，因此形成那种由收入形成的需求；另一方面，为了理解那种由生产者自身互相形成的供求，就要弄清资本主义生产过程的全貌"①。由此可见，不从劳动价值论出发，不研究资本主义生产过程、流通过程和总过程，不研究剩余价值的生产、流通和分配，供求关系的研究必然流于形式。

既然微观经济学的核心内容是马歇尔的均衡价格论，而均衡价格论又不过是传统庸俗经济学的继续和发展，所以我们必须从总体上对西方微观经济学持否定态度。

(二) 现代资产阶级庸俗经济学宏观理论批判

现代资产阶级经济学的宏观经济学部分或者其社会资本再生产理论及其所建立的模型，一定程度上反映了宏观经济中某些现象关系，对宏观经济运行具有一定的借鉴意义。但就其理论内核来说，囿于其固有的唯心主义和形而上学的世界观和方法论的局限，难以胜任解决经济中存在的各种矛盾和问题，就其整体来看是庸俗和错误的。

1. 资产阶级古典政治经济学的宏观经济思想的谬误及其继承

社会资本再生产理论最早可追溯到英国古典经济学家威廉·配第那里。他从整个社会出发考察总生产问题。在配第之后，爱尔兰经济学家理查德·坎蒂隆对社会总资本再生产问题作了初次尝试性分析。在《商业性质概论》②中，坎蒂隆分析了总产品在土地所有者、租地农场主和手工业者三大社会集团之间的流通，现代西方经济学家将其称作"三角交换"关系③，这构成了魁奈《经济表》的重要思想来源。

(1) 魁奈的宏观分析理论及其缺陷

魁奈的《经济表》是古典经济学家宏观经济分析的第一次天才尝试，马克思给予高度评价："这个尝试是在18世纪30至60年代政治经济学幼年时期做出的，这是一个极有天才的思想，毫无疑问是政治经济学至今

---

① 马克思：《资本论》第3卷，人民出版社1975年版，第217—218页。
② [爱尔兰] 理查德·坎蒂隆：《商业性质概论》，李桂芝、周莹译，商务印书馆1986年版。
③ Robert V. Eagly, *The Structure of Classical Economic Theory*, New York: Oxford University Press, 1974, p. 18.

所提出的一切思想中最有天才的思想。"① 魁奈《经济表》的创见主要表现在以下几个方面：

第一，魁奈对再生产过程进行抽象分析所假定的若干前提条件，撇开了一些具体而复杂的外在联系，使分析能反映社会再生产过程的内在联系和本质，这是他在分析方法上的独创。

第二，《经济表》的出发点是每年从土地上生产的总产品，正确分析了简单再生产的基础。

第三，魁奈把资本的整个生产过程看成是再生产过程，流通只是再生产过程的形式，货币流通只是资本流的要素，是为再生产过程服务的，受生产制约。

第四，魁奈将社会生产分为农业和工业，具有科学意义，研究社会再生产问题，实际是考察社会生产各部门包括农业和工业之间的相互关系。

魁奈在对社会总资本再生产和流通问题的分析中闪现出了许多有益的科学思想，是马克思社会资本再生产理论一个重要思想来源。马克思曾经把自己所创立的科学的社会资本再生产理论称作"经济表"，并明确表示是用"来代替魁奈的表的"，并且也同样把自己的理论用类似魁奈的《经济表》的形式表述出来②。然而，囿于其所处的时代和阶级的局限性，魁奈的《经济表》也不可避免地存在着诸多的缺陷。这种缺陷表现在：

第一，由于魁奈没有科学的价值理论，他只是把资本划分为"原预付"和"年预付"，而没有不变资本和可变资本的划分，因此他不仅不能科学地分析剩余价值的来源，而且也无法对社会总产品的价值构成（C+V+M）进行科学的分析，从而也就不能从价值补偿方面说明社会总产品的实现。

第二，由于魁奈只是把社会生产划分为农业生产和工业生产两大部门而没有划分为两大部类，即没有把社会生产划分为生产资料生产部类和消费资料生产部类，因而不能从实物补偿方面说明社会总产品的实现。

---

① 《马克思恩格斯全集》第33卷，人民出版社2004年版，第415页。
② 《马克思恩格斯文集》第10卷，人民出版社2009年版，第205—211页。

第三，由于魁奈把农业作为唯一的生产部门而轻视工业部门，由此就产生了很多矛盾和错误。

(2) 亚当·斯密的宏观经济分析

一是斯密教条阻塞了亚当·斯密宏观经济分析的道路。

亚当·斯密在宏观经济分析道路上比其前辈退步的地方主要表现在：第一，在某些方面亚当·斯密重犯了重农学派的错误。例如，为了证明租地农场主比任何其他资本家生产出了更大的价值，亚当·斯密把牲畜、自然的劳动与人类劳动相提并论，进而把地租归结为农业家使用自然力的产物。第二，亚当·斯密将魁奈的"原预付"和"年预付"加工为"固定资本"和"流动资本"。其进步之处在于"资本"这个名词，他使资本概念普遍化，摆脱了重农学派把资本局限于农业生产领域的情况。退步之处在于他把"固定"和"流动"理解为决定性的区别，进而混淆了固定资本、流动资本与生产资本、流通资本的界限。

阻碍亚当·斯密在宏观经济分析道路上前进的是斯密教条。亚当·斯密在《国民财富的性质和原因的研究》第一篇第六章中说："无论什么产品的全部价格，最后必由那三个部分或其中一个部分构成。""分开来说，每一件产品的价格或交换价值，都由那三个部分全数或其中之一构成；合起来说，构成一国全部劳动年产物的一切商品价格，必然由那三个部分构成，而且作为劳动工资、土地地租或资本利润，在国内不同居民间分配。"① 亚当·斯密关于社会商品价值由 v + m 构成的这一理论称为"斯密教条"。亚当·斯密以谷物价格为例进行说明。谷物价格分为三部分：一部分是付给地主的地租，另一部分是付给生产上雇用的劳动者的工资及耕畜的维持费，第三部分是付给农业家的利润。那么，为什么没有作为不变资本的耕畜和农具等消耗的补偿呢？亚当·斯密解释道："也许有人认为，农业家资本的补充，即耕畜或他种农具消耗的补充，应当作为第四个组成部分。但农业上一切用具的价格，本身就由上述那三个部分构成。就耕马说，就是饲马土地的地租，牧马劳动的工资，再加上

---

① [英] 亚当·斯密：《国民财富的性质和原因的研究》（上），郭大力、王亚南译，商务印书馆1972年版，第46—47页。

农业家垫付地租和工资的资本的利润。因此在谷物价格中，虽必须以一部分支付耕马的代价及其维持费，但其全部价格仍直接或最后由地租、劳动及利润这三部分组成。"① 我们看到，亚当·斯密在论证谷物价格由 v＋m 构成时，他没有直接以要论证的结论为前提，而是承认谷物价格不仅由 v＋m 构成，而且还由生产谷物时的生产资料的耗费来构成。但是，他在考察谷物的生产资料例如耕马的价格时，却武断地假定耕马的价格由 v＋m 构成。事实上，耕马价格为什么仅由 v＋m 构成，而不包括生产耕马所消耗的生产资料的价格与谷物的价格，为什么仅由 v＋m 构成，而不包括生产谷物所消耗的生产资料如耕马的价格，是同一个需要亚当·斯密证明的命题。难怪马克思说亚当·斯密是用从本丢推给彼拉多的方法重复同一个命题。

亚当·斯密在宏观经济分析中所犯的上述错误来源于他微观经济分析基础。在微观经济分析中，亚当·斯密由于没有劳动二重性学说，使他不能科学地说明旧价值的转移和新价值的创造是怎样在生产过程中完成的。他是用雇佣工人加入劳动对象中去的劳动量来决定商品价值的。这一微观经济分析中的错误反映在宏观经济分析上，他混淆了年产品价值和年价值产品。

斯密教条使亚当·斯密看不到再生产过程中的一个重要因素，严重地阻碍了他宏观经济分析的道路。亚当·斯密在宏观经济分析方面任何成就的获得都是以他自觉不自觉地抛弃他自己的教条为前提的。

二是亚当·斯密突破了自己的教条在宏观经济分析上进行了有益的探索。

斯密教条将社会年产品价值分解为三种收入，在简单再生产条件下，收入是要用于个人消费的，因此，全部年产品都要被消费掉。这是由斯密教条所推导出的一个必然结论。这一结论的荒谬性是显而易见的，亚当·斯密拒绝这一结论。为了回避矛盾，亚当·斯密又不得不通过划分总收入和纯收入，把"第四个组成部分"引了进来。他说："一个大国全

---

① ［英］亚当·斯密：《国民财富的性质和原因的研究》（上），郭大力、王亚南译，商务印书馆1972年版，第45页。

体居民的总收入,包含他们土地和劳动的全部年产物。在总收入中减去维持固定资本和流动资本的费用,其余留供居民自由使用的便是纯收入。换言之,所谓纯收入,乃是以不侵蚀资本为条件,留供居民享用的资财。这种资财,或留供目前的消费,或用来购置生活必需品、便利品、娱乐品等等。"① 因为纯收入是以不侵蚀资本为条件,留供居民享用的资财,所以,个人的产品从而社会年产品,都有一个价值部分既不分解为工资、也不分解为利润和地租,而只分解为资本。这里亚当·斯密已经不自觉地放弃了自己的教条。正因为亚当·斯密放弃了自己的教条,因而在宏观经济分析上才取得了新的进展。

在谈到固定资本再生产时,亚当·斯密说:"很明显,补充固定资本的费用,决不能算在社会纯收入之内。……这种修葺所必要的材料,以及把这种种材料制为成品所需要的劳动产品,也都不能算作社会上的纯收入。固然,这种劳动的价格,也许会成为社会纯收入的一部分,因为从事此种劳动的工人,可能要把工资的全部价值作为留供目前消费的资财。但就别种劳动说,那就不仅劳动的价格归入这种资财,而且劳动的产品,也归入这种资财。"② 在这里,亚当·斯密碰上了一种非常重要的区别,即生产生产资料的工人和直接生产消费资料的工人之间的区别。亚当·斯密已经认识到,在第一类工人的产品价值中,有一个组成部分和工资总额相等。第一类工人以货币工资形式取得这部分价值,形成他们的收入。但这部分价值的实物形态却是不能留供目前消费的资财即生产资料。当然,亚当·斯密还不了解,第一类工人的产品价值中以利润和地租范畴下存在的那部分价值的情形也类似。第一类工人的产品价值中,有一个组成部分构成资本家和土地所有者的地租,但它的实物形态却是不能供资本家和土地所有者目前消费的资财。亚当·斯密更没有认识到,在第一类工人的产品价值中,有一部分和这个生产领域执行职能的生产资料的价值相等。这部分价值不仅由于它借以存在的实物形态,

---

① [英]亚当·斯密:《国民财富的性质和原因的研究》(上),郭大力、王亚南译,商务印书馆1972年版,第262页。

② 同上。

而且也由于它的资本职能,绝对不可能成为任何形成"收入"的价值组成部分。

关于第二类工人,亚当·斯密只是说,在这种工人的劳动中,劳动的价格和产品,二者都直接归入留供目前消费的资财。不过第二类工人产品的一部分与劳动的价格相适应,是留供工人目前消费的资财,产品的另一部分是留供第二类资本家目前消费的资财。

在考察流动资本的补偿时,亚当·斯密说:"社会流动资本便与个人流动资本不同。个人的流动资本,决不能算作个人的纯收入;个人的纯收入全由他的利润构成。但社会流动资本,虽由社会内各个人的流动资本合成,但不能因此便说社会流动资本绝对不是社会纯收入的一部分。商店内存的货物,虽然不是商人自己留供目前消费的资财,但可以是别人留供目前消费的资财。由别种财源取得收入的他人,可经常以该收入补还商人的货物的价值,以及偿付商人的利润。商人的资本不会减损,享用者的资本亦不会减损。"[①]

亚当·斯密在这里当作流动资本的东西,实际上就是每年生产的、生产消费资料的资本家每年投入流通的商品资本。第二类工人的商品资本中补偿 C 的部分,尽管对单个资本家来看不能形成他的收入,但从社会总资本的角度来看这部分仍然是社会收入的一部分。从以上分析我们看到,亚当·斯密在抛弃他的教条,已经指出:社会全部年产品由以构成的商品资本中的一种商品资本(即生产资料)的某些价值部分,虽然形成从事这种生产的单个工人和资本家的收入,但并不形成社会收入的组成部分;而另一种商品资本(即消费资料)的价值部分,虽然对它的单个所有者形成资本价值,但只形成社会收入的一部分。马克思高度评价亚当·斯密的这一贡献,认为亚当·斯密已经接近了宏观经济问题的实质。而且马克思还作了一个假设,"如果亚当·斯密把他先前在考察他称之为固定资本的再生产时和现在在考察他称之为流动资本的再生产时涌现出的一些思想片断综合起来他就会得出如下的结论","如果亚当·

[①] [英] 亚当·斯密:《国民财富的性质和原因的研究》(上),郭大力、王亚南译,商务印书馆 1972 年版,第 264 页。

斯密的分析达到了这一步，那么，离全部问题的解决也就相差无几了"①。然而，亚当·斯密关于商品价值构成的正确观点不断地和他在广度上占优势的教条纠缠在一起，所以，亚当·斯密并没有对他的有关思想片断加以综合，他继续迷失在混乱之中。

2. 现代资产阶级宏观经济学承袭了"斯密教条"

马克思在考察了亚当·斯密以后的几位经济学家之后，不无感慨地得出结论说："斯密的混乱思想一直延续到今天，他的教条成了政治经济学的正统信条。"这是1870年前后的情况，那么，时隔100多年后，现代西方经济学的情形又是怎样呢？这理所当然地成为当代马克思主义经济学者关注的问题，它直接涉及我们在新的历史条件下如何正确评价现代西方宏观经济学的问题。

（1）以萨缪尔森为代表的现代西方宏观经济学承袭了斯密教条

萨缪尔森在《经济学》第六章开篇说道："在全部经济学中最重要的概念之一是国民生产总值（GNP），它表示一国产出的总价值。"接着萨缪尔森给出了不包括政府和投资因素在内的宏观经济运行图，如图2所示：

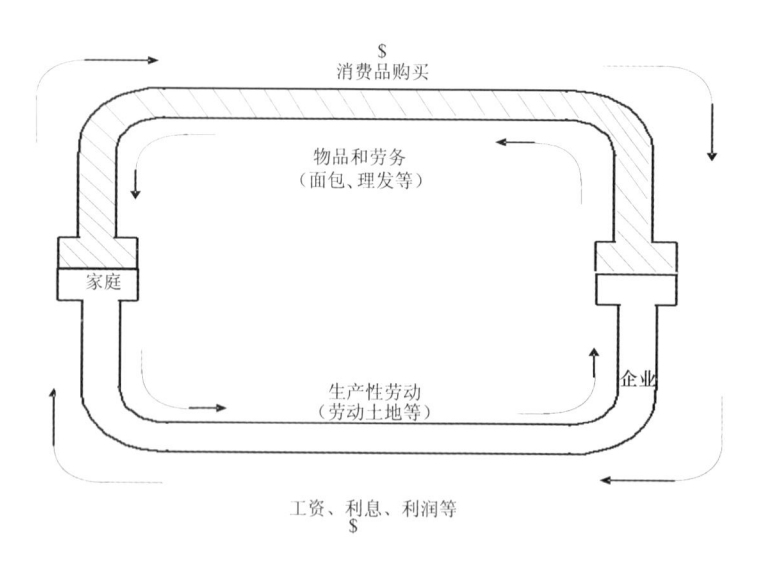

图2　现代宏观经济学的结构体系

---

① 《马克思恩格斯文集》第6卷，人民出版社2009年版，第409页。

结合图2，萨缪尔森提出国民产值的两种衡量方法：产品流动法和所得或成本法。所谓的产品流动法就是从环形上部来看，家庭要用收入购买每年企业所生产出来的最终物品和劳务。从这个观点看，"国民总产值被定义为该国生产的最终产品流量的货币价值"。所谓的所得或成本法就是从环形下部看产品成本的年流量。从这个第二种观点看，"国民生产总值也可以被定义为生产要素的所得（工资、利息、租金和利润）的总和，这些所得是生产社会最终物品的成本"。萨缪尔森认为，这两种方法是等同的。就是说，社会年产品的价值等于生产要素的所得（工资、利息、租金和利润）的总和。这不正是斯密教条吗？

现在我们来看萨缪尔森是如何论证他所继承的斯密教条的。萨缪尔森说，"以理发师为例很容易看清这种一致性。在这个例子中假定他没有开支。如果他以单价6售出10次理发，那么他创造的GNP是60。而他的所得（不是工资就是利润）也正好是60，因此，不管用环形上部（60理发）还是用环形下部（60工资和利润）来衡量，他这部分GNP的价值都是一样的"。前面我们在考察亚当·斯密的宏观经济分析理论时，我们看到，亚当·斯密在论证谷物价值只分解为 $v+m$ 时，首先假定谷物价值中存在"第四个组成部分"，然后在为谷物生产提供生产资料如耕马的生产部门假定耕马价值不包括"第四个组成部分"。萨缪尔森抛弃了亚当·斯密的这套从本丢推到彼拉多的方法。要证明理发只分解为 $v+m$，萨缪尔森不兜圈子，直接假定理发没有开支。萨缪尔森把未知当已知，我们不能不钦佩他的理论勇气。至于萨缪尔森所说的，把利润定义为余额成本，就能使环形下部的成本或所得与环形上部的物品价值正好相等。这一套简直是牛头不对马嘴。环形下部成本或所得与环形上部的物品价值是否相等，不在于利润项，而在于不变资本或斯密所说的"第四个组成部分"。

再看一下萨缪尔森为了避免国民总产值重复计算而采用的"加入价值方法"，我们就会更加清楚地看到：萨缪尔森和亚当·斯密一样，在微观经济分析中没有劳动二重性学说，不能科学地说明生产资料旧价值的转移和新价值的创造在生产过程中是如何进行的。这一微观经济中的理论缺陷反映到宏观经济分析中就是混淆年产品价值和年价值产品。

通过以上我们对萨缪尔森《经济学》中有关宏观经济学的内容的考察，我们看到：亚当·斯密的混乱思想在资产阶级经济学界一直延续到20世纪90年代，斯密教条仍然是以萨缪尔森为代表的现代主流经济学的正统信条。

(2) 现代西方宏观经济学突破斯密教条的企图及其失败

萨缪尔森在承袭斯密教条，将社会的收入和社会生产的总价值相等之后，企图利用总投资和净投资与国民总产值和国民净产值的概念区别，把"第四个组成部分"引进来。

萨缪尔森意识到，只谈需要消费面包、苹果、柑橘和理发的人们是很不够的，在现实生活中，国家还要用一部分产出来生产新的资本品，因此必须分析投资。关于投资，萨缪尔森强调投资是资本形成，"是由一国建筑、设备和存货存量的增加部分构成的。它是在一年内生产的新的房屋、工厂、卡车和存货"。那么，为什么要在投资前面加上一个"总"字呢？萨缪尔森解释说，"统计工作者使用这个字是要指出，他们还没有扣除资本的消耗，即没有扣除资本的折旧"。因此，"净投资等于总投资减去折旧"。对萨缪尔森的总投资和净投资的划分，我们评论如下：第一，萨缪尔森将生产资料中的劳动资料部分直接等同于资本，抹杀了资本范畴的历史性；第二，萨缪尔森既不懂不变资本和可变资本的区别，也不懂固定资本和流动资本的区别。因此，他把投资片面地理解为固定资本投资。即便是他的总投资概念也不包括投资构成要素中的流动资本部分。

考虑到人们把一部分社会生产可能用于投资的情形，萨缪尔森修改了原先的国民总产值的定义。"国民总产值是一切最终产品的总和。除消费品和劳务外，我们还必须计入总投资。"在谈到怎样通过国民总产值不计算国民净产值时，萨缪尔森说，"国民总产值（GNP）被定义为最终产品的总和：它包括消费品和加总投资（和我们将看到的政府购买）。国民净产值只包括消费、政府购买加净投资"。萨缪尔森强调，总投资能够相当精确地被估计出来，而不需要难于估计的折旧数字。因此，各国政府一般都主要依据国民总产值而不是国民净产值。

我们认为，即便是就国民总产值而言，萨缪尔森仍没有将"第四个组成部分"全部引进来。国民总产值与国民净产值的区别就在于前者包括折旧部分。因此,萨缪尔森通过国民总产值与国民净产值的区别而引进的至多不过是"第四个组成部分"(即不变资本价值)中的固定资本损耗部分,不变资本价值的另一个重要部分即流动不变资本部分,仍被排除在国民总产值之外。可见,以萨缪尔森为代表的现代主流派的宏观经济学突破斯密教条的企图已宣告破产。由此决定了现代西方宏观经济学的奠定在国民总产值理论基础之上的总需求和总供给分析是缺乏科学基础的。相应地,两部门经济中的 I=S(即投资等于储蓄)、三部门经济中的 I+G=S+T(即投资和政府支出的总和等于储蓄和税收的总和)以及四部门经济中的 I+G+x=S+T+M 或 (T-S)=(T-G)+(M-X)(即投资储蓄差额=政府收支差额+进出口差额),这些均衡条件也都是缺乏科学依据的。

不仅如此,更为不幸的是:以萨缪尔森为代表的现代主流派宏观经济学比亚当·斯密更退一步,彻底地抛弃了劳动价值论。如前所述,亚当·斯密从劳动创造价值出发,已经触及了生产生产资料的工人和生产消费资料的工人的划分,为宏观经济分析中的两大部类划分及总量平衡和结构平衡理论奠定了理论基础。相反,现代西方宏观经济学在这方面却毫无作为。事实上,现代西方宏观经济学用来说明结构平衡的存货调整理论不过是庸俗的市场自动调节理论。

综合以上分析,我们可以得出如下结论:现代西方经济学,就其理论体系而言,较亚当·斯密的宏观经济分析是一个很大的退步。现代西方宏观经济学仍然是庸俗经济学。因此,如果说现代西方宏观经济学的某些具体的概念和方法能够被我们借鉴和吸收,那么,这也必须是在批判和抛弃它的庸俗体系的前提下才能获得成功。

[原文发表于《现代政治经济学教程》(高等教育出版社2012年版)绪论部分]

资产阶级经济学研究对象学说的演进和评论*

——基于马克思主义经济学研究对象学说

王 辉**

摘 要：资本主义经历了产生、发展和衰落的不同历史时期，与之相适应的资产阶级经济学说经历了重商主义、古典经济学和庸俗经济学等发展阶段。资产阶级经济学从重商主义到古典经济学，都将资产阶级财富来源看作政治经济学的研究对象。不过，前者将资产阶级财富的来源归因于流通领域，后者则实现了将资产阶级财富原因的分析从流通领域转向了生产领域。从研究对象的确定来看，古典经济学从生产领域研究资产阶级财富的来源更接近于科学的研究对象。因此，古典经济学的研究成果也达到了资产阶级经济学的最高界限。庸俗经济学以资源稀缺和人类欲望无限为出发点研究资源配置，则远离了物质生产方式作为财富源泉这个科学研究对象，由此决定了庸俗经济学作为一个学说体系的非科学性。

关键词：资产阶级经济学；马克思主义经济学；研究对象

---

* 基金项目：国家软科学研究计划项目（2014GXS4D097）；吉林省教育科学"十二五"规划课题（GH14209）；吉林省科技厅软科学项目（20150418024FG）。

** 作者简介：王辉（1976— ），吉林财经大学经济学院副教授，主要从事西方经济学研究。

按照唯物史观，人类社会的发展是自然的历史过程。对于反映人类社会物质生产方式的政治经济学，恩格斯提出了广义政治经济学和狭义政治经济学概念。就狭义政治经济学而言，人类经济思想大体上包括资本主义以前、资本主义和未来共产主义（社会主义是共产主义的一个阶段）等历史阶段的政治经济学。本文着重探讨政治经济学研究对象学说演进的内在逻辑，以揭示资产阶级经济学发展的规律性及局限性。

一 资产阶级经济学研究对象学说的演进过程

根据历史唯物主义的基本原理，伴随资本主义生产方式经历产生、发展和衰落的不同历史时期，相应地对这种生产方式进行解释的资产阶级经济学说也具有不同的特征。资产阶级的经济学说的发展经历了重商主义、古典政治经济学和庸俗经济学等阶段，与此相适应，资产阶级经济学的研究对象学说也呈现不同的阶段性特征。

（一）重商主义的研究对象学说

法国重商主义者蒙克莱田在1615年出版的《献给国王和王太后的政治经济学》中，首次使用政治经济学这一术语，所以，重商主义是资产阶级最初的经济学。重商主义者用商人资本的观点来考察和研究社会经济现象，反对维护自然经济、敌视货币财富的观点，把从流通领域主要是对外贸易获得的金银财富作为自己的研究对象。英国重商主义的杰出代表人物托马斯·孟在1664年出版的《英国得自对外贸易的财富》中讲道："对外贸易是增加我们的财富和现金的通常手段，在这一点上我们必须时时遵守这一原则：在价值上，每年卖给外国人的货物，必须比我们消费他们的多。"[①] 重商主义者认为，对外贸易是货币财富的真正源泉，国家为了防止贫困和致富，必须发展对外贸易。在对外贸易中，必须遵守少买多卖、少支出多收入的原则。为了实现上述目标，国家必须干预

---

① ［英］托马斯·孟：《英国得自对外贸易的财富》，袁南宁译，商务印书馆1959年版，第4页。

经济，以保证货币尽量少地流向国外和尽量多地流入国内。

重商主义者给政治经济学确定的研究对象在一定程度上反映了资本原始积累时期的实际经济状况。在资本主义发展初期，对外贸易是西欧各国资本原始积累的重要手段之一，西欧各国通过对外贸易积累了大量货币财富，其商业资本得到迅速发展和壮大，有力地促进了资本主义生产方式的确立。同时作为商业资本代言人的重商主义者，把财富的源泉归结为流通领域也符合商业资本占统治地位的商人资本的利益要求。

但是，重商主义者仅仅把财富源泉归结为流通领域带有狭窄的实践性，不能发现资本主义社会经济关系的本质，正如马克思指出的："重商主义——必然从流通过程独立化为商业资本运动时呈现出的表面现象出发，因此只是抓住了假象。这部分地是因为商业资本是资本本身的最初的自由存在方式；部分地是因为它在封建生产的最初的变革时期，即现代生产的发生时期，产生过压倒一切的影响。"[①] 因此，随着资本主义生产逐渐居于统治地位，资本原始积累逐渐让位给资本主义积累，以流通领域为研究对象的重商主义必然被资产阶级古典政治经济学所代替。

（二）古典经济学的研究对象学说

法国重农学派在农业劳动范围内概括资本主义生产，是对资本主义生产方式的第一个系统的理解，马克思把重农学派称为近代资产阶级政治经济学的真正鼻祖。重农学派否认对外贸易是社会财富的源泉，认为土地是财富的唯一源泉，因此，他们把农业生产为主导的自然秩序作为自己的研究对象。重农学派的"自然秩序"思想是在法国启蒙思想家的影响下形成的。法国启蒙思想家认为，自然和社会都应遵循"自然秩序"运作，同时，他们还认为封建的经济制度和政治制度是与"自然秩序"对立的"人为秩序"。因此，封建制度这种人为秩序是违反自然秩序的，是不合理的。重农学派正是吸收了启蒙思想家的"自然秩序"观念，才提出了自己经济学研究对象的观点。魁奈在《中国的专制制度》中提出："经济学的目标在于通过研究保证人类社会能使支出再生产和持续的自然

[①] 《马克思恩格斯文集》第7卷，人民出版社2009年版，第371页。

规律。"①

很多经济学家误认为魁奈的自然秩序是超历史性的，这种秩序在任何人类社会都是居于支配地位的。但实际上魁奈的自然秩序并非纯粹的自然秩序，而是资本主义经济秩序。只有马克思才把他的资本主义性质揭示出来。马克思认为："重农学派的重大功绩在于，他们在资产阶级视野以内对资本进行了分析。"② "重农主义者已经把剩余价值的起源的研究，从流通的领域转移到直接的生产领域，并由此为资本主义的生产的分析打下了基础。"③

1870 年，法国经济学家瓦尔拉斯批评重农学派时指出："重农主义者将政治经济学归结为对社会自然秩序的研究，这种定义失之过宽，因为所谓社会自然秩序，与其说是政治经济学的研究对象，不如说是社会科学的研究对象。"④ 从经济学的视角看，瓦尔拉斯的批评有一定道理，但却不能苛求重农学派。重农学派的自然秩序有其思想渊源与时代背景，当时的学者没有严格划分各学科领域界限，他们常常从事跨学科研究，一个人既是哲学家，又是经济学家，也可能是社会学家。而重农学派对于经济学研究对象定义的宽泛性反映了这个时代学术研究的特点。重农学派的自然秩序思想的本质是为经济主体即新兴资产阶级谋求可以进行自由活动的空间和条件，体现了新兴资产阶级经济自由的要求，是一种历史的进步。

英国古典政治经济学以财富为研究对象。英国古典经济学派的主要创始人亚当·斯密在其《国民财富的性质和原因的研究》中，把财富的性质和原因作为政治经济学的研究对象。亚当·斯密是英国古典经济学的杰出代表，他首次将资产阶级经济学发展成一个完整的理论体系。对于财富的研究，他第一次将其来源从流通领域转移到生产领域。同时，

---

① [法] 魁奈：《魁奈经济著作选集》，吴斐丹、张草纫选译，商务印书馆 1980 年版，第 339 页。
② 马克思：《剩余价值学说史》第 1 卷，人民出版社 1975 年版，第 11 页。
③ 同上书，第 13 页。
④ [法] 莱昂·瓦尔拉斯：《纯粹经济学要义》，蔡受百译，商务印书馆 1989 年版，第 6 页。

亚当·斯密把增加国民财富看作是政治经济学研究的首要任务。他提出："被看作政治家或立法家的一门科学的政治经济学，提出两个不同的目标：第一，给人民提供充足的收入或生计，或者更确切地说，使人民能给自己提供这样的收入或生计；第二，给国家或社会提供充足的收入，使公务得以进行。总之，其目的在于富国裕民。"① 为了增加国民财富，一方面是通过劳动分工提高劳动生产率，另一方面是进行资本积累。古典经济学家认为，国民财富增加的条件是产业资本家要进行资本积累，从而提高产业资本家的利润率。所以，他们提出了生产性劳动和非生产性劳动等重要思想。

英国古典经济学另一最优秀的代表人物大卫·李嘉图继承了亚当·斯密研究财富的思想，但他更强调财富的分配关系。李嘉图在给马尔萨斯的信件中谈道："足下以为经济学是研究财富之性质与本源之学，鄙意以为：经济学只研究社会各阶级通力合作所生产的产物，以何种法则，分配于各阶级。关于数量，实在并无法则可言，但关于分配比例，倒可以找出一个相当正确的法则。我愈来愈觉得，追求前者是劳而无功的，后者才是经济科学之真正对象。"② 李嘉图在其代表作《政治经济学及赋税原理》一书中提出：确定有利于产业资本家资本积累的分配关系，以使其扩大积累，增加投资，从而实现迅速的经济增长。这表明，古典经济学在把增加国民财富作为研究对象时，仅强调作为经济主体的产业资本家的作用，并为产业资本家追求利润最大化的活动辩护，而且强调只有产业资本家的利益同生产力发展的要求相一致。财富作为政治经济学的研究对象，是在工场手工业条件下国家实力增强的有力表现。英国和法国是当时资本主义制度产生和发展较早的国家，资产阶级在许多方面都取得了长足的进步，英国的伦敦是当时的国际贸易中心，而且英国商人遍布世界各大洲，同时在科技革命的支撑下，各国资产阶级积累财富的欲望极大增强，财富成为国家的标志。

---

① ［英］亚当·斯密：《国民财富的性质和原因的研究》（下卷），郭大力、王亚南译，商务印书馆2004年版，第1页。
② ［英］凯恩斯、汉森：《就业、利息和货币通论导读版》，宇琦译，湖南文艺出版社2011年版，第3页。

法国古典经济学完成者西斯蒙第以人和财富的关系为研究对象。他批评英国古典经济学片面强调国民财富的增长，而忽视对人的幸福的研究。他提出，人创造财富的目的是为了满足自己的愿望和需要，而不是为财富而创造财富，因为"财富正是属于人而且为人所享受的"①。所以他提出："财富既然是人的一切物质享受的标志，我们就应该使它给所有的人带来幸福；我们必须使财富的增长跟人口的增加相互一致；在这些人口之间进行财富分配时必须按照这样一个比例，即如果没有特大的天灾人祸，他们不会为生活所苦。"②因此，政治经济学的研究对象应该是人的幸福及其增长。同时他认为："从政府的事业来看，人们的物质福利是政治经济学的对象。人的一切物质需要都要依靠人们通过财富得到满足。"③

古典经济学者都把财富作为政治经济学的研究对象，虽然由于其阶级的局限性，他们不能考察财富的真正来源，但他们仍然是资本主义实际情况的科学研究者。但随着资产阶级和无产阶级斗争的尖锐化，对资本主义生产的科学研究越来越与资产阶级利益不相容，资产阶级经济学家完全抛弃科学研究，转而为资产阶级辩护，庸俗经济学逐渐取代古典经济学而占统治地位。

（三）庸俗经济学的研究对象学说

19世纪上半期，法国著名的庸俗经济学家萨伊提出经济学研究对象的三分法，认为政治经济学是阐述财富的科学，是阐明财富是怎样生产、分配与消费的。在贯彻三分法的萨伊政治经济学中，也把对经济主体的利益和行为的分析置于其政治经济学研究的中心，强调政治经济学揭示财富的由来和方法、富人与穷人利益的一致性，以使一个国家获得良好经济制度的利益。英国庸俗经济学家詹姆斯·穆勒在萨伊三分法的基础上，又进一步把政治经济学的研究对象划分为生产、交换、分配和消费

---

① ［瑞士］西斯蒙第：《政治经济学新原理》，何钦译，商务印书馆1977年版，第21页。
② 同上书，第22页。
③ 同上书，第23页。

四个部分，即四分法。四分法的政治经济学仍然为作为资本主义市场经济主体的资本家阶级的利益进行辩护。四分法和三分法一样，也着眼于经济主体的利益和行为动机。阶级利益和谐论的鼓吹者、法国庸俗经济学家巴师夏认为，政治经济学的研究对象是人，但并不是人的所有活动，而是从研究人的欲望和满足这些欲望的手段着手，研究人的欲望和欲望的实现。同斯密的经济人理论一样，他认为，在存在交换的社会里，每个人都用自己的努力为别人服务，替别人谋利益；反过来，每个人又从别人的努力中获得服务和利益，人人都能从交换中分享到利益和好处，欲望最终得到满足与实现①。

19 世纪末 20 世纪，初新古典学派的创始人物马歇尔在《经济学原理》中提出："经济学是一门研究财富的学问，同时也是一门研究人的学问。"② 此后，一些西方学者也不断指出经济学研究对象问题。达文波特在《企业经济学》一书中提出："经济学是从价格的观点研究各种现象的科学。"③ 坎南在他的《初级政治经济学》中认为："政治经济学的目的是解释人类物质福利赖以存在的一般原因。"④ 庇古认为："经济学研究的是经济福利，经济福利被定义为能与货币这一衡量尺度直接或间接发生关系的那部分福利。"⑤ 在上述这些经济学著作中，在说明经济学研究对象时存在巨大分歧。大家都在讨论相同的事情，却对讨论的是什么意见不一。正是基于上述原因，20 世纪初，英国经济学家罗宾斯在《经济科学的性质和意义》一书中提出："经济学是一门科学，它把人类行为作为目的与可以有其他用途的稀缺资源之间的关系来研究、经济学是研究用具有各种用途的稀缺手段来满足人们目的的人类行为科学。"⑥

罗宾斯认为，经济学的主题不应是一个特定的活动，而应是人类行

---

① 王辉、马姗伊：《经济学的研究对象之争》，《经济师》2006 年第 10 期。
② [英] 马歇尔：《经济学原理》，朱志泰译，商务印书馆 2005 年版，第 23 页。
③ Davenport, *Economics of Enterprise*, Hardress Publisng, 2012, p. 25.
④ Cannan, *Elementary Political Economy*, Hardpress Publishing, 2012, p. 1.
⑤ Pigou, *Econmics of welfare*, 3rd edition, General Books, 2010, p. 1.
⑥ [英] 莱昂内尔·罗宾斯：《经济科学的性质和意义》，朱泱译，商务印书馆 2005 年版，第 20 页。

为的一个方面，这就是经济稀缺性的事实。他认为稀缺是经济事实的一个方面，应该受到重视，他也看到并承认相反的情况——失业的存在与持续，但与稀缺性的存在不冲突，因为稀缺性强调的是经济决策人受到限制，在大多数情况下这些限制都是有效的，理由是人们的欲望超过需要，得不到充分满足。罗宾斯还认为，经济研究应超脱价值判断，使之成为一门具有客观真理性质的实证科学。由此他把经济学分为两类，一类是研究财富或福利，要对福利作出主观价值判断，超出了经验科学范畴，不可能具有客观真理性质。另一类是研究目的与手段的均衡关系，是研究"是什么"的问题，因而具有客观真理性质，经济学应该是后者，要和前者区分开，也要和其他社会科学区分开。这一定义为后来的经济学家普遍接受。现代经济学家基本都遵循了罗宾斯所作的经济学定义，把经济学的研究对象确定为资源的稀缺性。新古典综合派的代表人物萨缪尔森在他的《经济学》教科书中也提出："经济学就是研究社会如何使用稀缺资源去生产产品，并且实现在不同人之间的分配。这个定义隐含了两个要点：稀缺和效率。实际上，也正因为这两个要点，经济学才成为一门重要的学科。"[1] 但这一定义也受到了不同经济学家的批评，他们认为，罗宾斯定义的经济学范围太窄，没有普遍意义。如雷诺兹认为：罗宾斯定义"标志着一个时代的结束，这个时代甚至在罗宾斯写作的年代就已濒于死亡"[2]，"经济学均已超越了罗宾斯的定义。虽然我们仍引其言论，但是我们已不再循其足迹。根据我们的实践修改定义，现在正是时候"[3]。1936年，凯恩斯在《就业、利息和货币通论》一书中提出经济学的研究对象是整个经济体系的就业和产量的变动。他认为：可用资源之数量，例如可就业人口的多少，天然财富的丰瘠、资本设备的大小，一向只用叙述方法加以说明。至于在可用数量之中，实际就业量到底有多少，由哪些力量决定，则很少有详明论述。凯恩斯的经济学研究对象与其他资产阶级经济学的研究对象具有重大差异，他承认资本主义制度

---

[1] ［英］萨缪尔森：《经济学》（英文版），机械工业出版社1998年版，第4页。
[2] ［美］劳埃德·雷诺兹：《经济学的三个世界》，朱泱等译，商务印书馆1990年版，第24页。
[3] 同上书，第279页。

下存在经济危机和市场不能自行解决的失业问题，提出了解释资本主义经济危机和大规模失业的有效需求理论。但他认为通过国家干预经济的政策能够解决经济危机和失业问题，使资本主义制度保持永恒性。同时，他的整个理论都是建立在消费倾向、资本边际效率和灵活偏好三大心理规律基础上，具有主观唯心主义色彩。总之，庸俗经济学虽然对政治经济学的研究对象有不同的表述，也存在争论，但基本都是以资源稀缺和人类欲望无限为出发点研究资源配置。

二 马克思主义经济学的研究对象学说

对资产阶级经济学的研究对象进行评论，需要确定一个参照系标准。因为马克思科学地确立了政治经济学的研究对象，所以，我们以马克思的政治经济学研究对象为依据，用历史唯物主义的观点对资产阶级经济学研究对象的演进进行评述。

马克思在1867年出版的《资本论》第1卷德文第1版序言中指出："我要在本书研究的，是资本主义生产方式以及和它相适应的生产关系和交换关系。"[①] 马克思在这里明确地把政治经济学的研究对象正式确定为资本主义生产方式以及与其相适应的生产关系和交换关系。目前我国经济学界还存在着关于政治经济学研究对象不同学术观点的争论。有人从苏联版政治经济学教科书出发，认定政治经济学研究对象是生产关系。有人从马克思《资本论》第1卷德文第1版序言中的提法出发，认定政治经济学研究对象是生产方式以及与其相适应的生产关系和交换关系。而后面这些人，又围绕着什么是生产方式展开争论。事实上，马克思这里讲的政治经济学研究资本主义生产方式以及与其相适应的生产关系和交换关系，是马克思的一贯思想。在《1857—1858年经济学手稿》导言中写道："摆在面前的对象，首先是物质生产。"[②] 物质生产和物质生产方式是一致的。因为马克思把人类社会发展看作是一个由低级阶段向高级

[①] 《马克思恩格斯文集》第5卷，人民出版社2009年版，第3页。
[②] 《马克思恩格斯文集》第8卷，人民出版社2009年版，第5页。

阶段发展的自然历史过程。人类社会大体经历了原始社会、奴隶社会、封建社会、资本主义社会和共产主义社会等发展阶段或发展时期。马克思认为，使一个历史时期区别于其他历史时期的决定性因素，是这个历史时期的物质生产。"各种经济时代的区别，不在于生产什么，而在于怎样生产，用什么劳动资料生产。"① 而一个历史时期的社会生产，作为与其他历史时期的社会生产相比较，就构成了这个历史时期的特殊生产方式。因此，说政治经济学研究对象是资本主义生产方式，和说政治经济学的研究对象是资本主义生产，是完全一致的等同命题。

明确政治经济学的研究对象是社会生产方式，是正确研究和发展政治经济学的前提。政治经济学的研究对象决定了政治经济学不是数学，不是心理学，不是线性规划学，不是单纯从技术上研究如何节约的理财学，政治经济学从本质上说是历史科学。在研究对象历史性和变动性上，马克思主义强调客观历史性。马克思按照历史唯物主义世界观和方法论界定政治经济学的研究对象。现实是将来的历史，现实也是过去历史发展的结果。针对经济学是数学家的天堂的论调，我们强调：亚当·斯密的《国民财富的性质和原因的研究》这部著作的意义，不在于其对计量资本主义有什么贡献，而在于它论证了一个全新的社会生产方式及其经济关系。因此，数学家出身的经济学家都到亚当·斯密那里认祖归宗。所以，我们今天也不能将我们的经济学发展，推到数学学科发展上去，而偏离人类社会一定历史阶段上的社会生产这一客观研究对象。

按照唯物主义认识论，经济理论是一定社会生产方式的反映。因此，对象是什么样，经济学就按什么方式发展。方法由对象本身的性质决定。政治经济学的性质，决定经济学的意义在于认识人们所处的那个社会经济形态及其发展规律，正确认识人类社会发展规律。马克思在《关于费尔巴哈的提纲》中提到："哲学家们只是用不同的方式解释世界，而问题在于改变世界。"②

政治经济学居社会科学之首。政治经济学规律是说明其他社会科学

---

① 《马克思恩格斯文集》第 5 卷，人民出版社 2009 年版，第 210 页。
② 《马克思恩格斯文集》第 1 卷，人民出版社 2009 年版，第 502 页。

规律的基础。文学、艺术、哲学和法律等领域里的规律，都受政治经济学规律支配。在《1844年经济学哲学手稿》中，马克思指出："宗教、家庭、国家、法、道德、科学、艺术等等，都不过是生产的一些特殊的方式，并且受生产的普遍规律的支配。"① 所谓"生产的普遍规律"，就是指以社会生产方式为研究对象的政治经济学所揭示出来的规律。所谓"生产的一些特殊的方式"，指的就是上面所提到的宗教、家庭、国家、法、道德、科学、艺术等学科的特殊规律。因此，马克思的整个这段话是说宗教、家庭、国家、法、道德、科学、艺术等一些科学所揭示的特殊规律要从属于政治经济学所揭示的生产的一般规律。正如恩格斯在马克思墓前的讲话："正像达尔文发现有机界的发展规律一样，马克思发现了人类历史的发展规律，即历来为繁芜丛杂的意识形态所掩盖着的一个简单事实：人们首先必须吃、喝、住、穿，然后才能从事政治、科学、艺术、宗教等等；所以，直接的物质的生活资料的生产，从而一个民族或一个时代的一定的经济发展阶段，便构成基础，人们的国家设施、法的观点、艺术以至宗教观念，就是从这个基础上发展起来的，因而，也必须由这个基础来解释，而不是像过去那样做得相反。"②

综上所述，马克思认为，政治经济学的概念范畴和体系，只不过是人对于现实的物质生产方式以及和它相适应的经济关系的主观反映，政治经济学是关于客观事物运动和发展的学说，资本主义生产方式是一个由低级的、简单的经济范畴向高级的、复杂的经济范畴不断运动和发展的结果。因此，正是认识到资本主义生产方式是运动和发展的，政治经济学的研究对象也是不断变化和发展的，马克思才确定了科学的政治经济学研究对象。

三 对资产阶级经济学研究对象学说演进的评论

根据马克思历史唯物主义的观点，应从资产阶级的阶级关系变化过

---

① 《马克思恩格斯文集》第1卷，人民出版社2009年版，第196页。
② 《马克思恩格斯文集》第2卷，人民出版社2009年版，第601页。

程来分析资产阶级经济学说的长短。资产阶级经济学从总体上来说一定是替资产阶级辩护的，但问题是资产阶级处在什么样的发展阶段。当资产阶级处于上升时期，代表当时时代的前进方向，资产阶级和无产阶级之间的阶级斗争处于潜伏时期时，资产阶级经济学说的科学性是占主导的。古典政治经济学属于这一阶段的资产阶级经济学说。但是当资产阶级走向没落，资产阶级和无产阶级的矛盾上升为社会主要矛盾，资产阶级由代表当时时代前进方向的先进阶级转变为反动阶级以后，资产阶级经济学就是不科学的庸俗经济学了。因此，马克思说："社会的物质生产力发展到一定阶段，便同它们一直在其中运动的现存生产关系或财产关系（这只是生产关系的法律用语）发生矛盾。于是这些关系便由生产力的发展形式变成生产力的桎梏。那时社会革命的时代就到来了。"① 同时，资产阶级经济学说也总是处在矛盾中，在处理与工人阶级矛盾方面站在资产阶级立场，替资本主义制度辩护；当面对资本主义危机和矛盾时，它又不得不涉及一些深层次的社会问题表现出一定的科学性。因此，资产阶级经济学家从各自的阶级利益出发，形成了不同的政治经济学研究对象。但他们的共性在于：对于政治经济学研究对象的确定只是从生产力入手，而不研究生产关系，以期规避各种社会矛盾性。

重商主义把政治经济学的研究对象确定为财富来源于流通领域的贱买贵卖，因此，他们的理论体系还不是科学的政治经济学，正如马克思所说："真正的现代经济科学，只是当理论研究从流通领域转向生产领域的时候才开始。"② 恩格斯认为："在批评政治经济学时就要研究它的基本范畴，揭露自由贸易制度所产生的矛盾，并从这个矛盾的两方面做出结论。"③ 在资本原始积累时期，重商主义把财富来自流通领域的贱买贵卖确定为研究对象存在历史的进步性，他们指出当时社会的主要任务是研究如何增加社会财富。重商主义者开始摆脱宗教伦理观念的束缚，对社会经济现象进行研究，并在研究中注意事物之间的因果联系。

---

① 《马克思恩格斯文集》第 2 卷，人民出版社 2009 年版，第 591 页。
② 《马克思恩格斯文集》第 7 卷，人民出版社 2009 年版，第 375 页。
③ 《马克思恩格斯文集》第 1 卷，人民出版社 2009 年版，第 60 页。

法国重农学派以农业中的自然秩序为研究对象,他们认识到人类社会发展中存在不以人们意志为转移的客观规律,经济过程也像自然过程一样有其内在的规律性,从而给政治经济学提出了认识客观经济规律的任务。同时由于法国农业的特殊性,他们把财富来源的研究领域从流通领域转向生产领域,更容易揭示财富的真正来源,使他们有可能揭示出资本主义生产方式发生的某些规律性,为独立的科学政治经济学的产生建立了基础。因此,重农学派是进步的经济学。但由于受到当时法国资本主义发展落后和国家面临的经济状况的影响,重农学派的研究对象还存在时代的局限性。正如马克思在评价重农学派时指出:"把生产的资本主义形式变成生产的一种永恒的自然形式。对于他们来说,生产的资产阶级形式必然以生产的自然形式出现。重农学派的巨大功绩是,他们把这些形式看出是社会的生理形式,即从生产本身的自然必然性产生的,不以意志、政策等等为转移的形式,这是物质规律;错误只在于,他们把社会特定历史阶段的物质规律看出同样支配一切社会形式的抽象规律。"①

英国古典政治经济学以财富为研究对象。但没有摆脱财富的特殊社会形态,没有故意避开资本主义社会的人与人之间的关系,并试图分析阶级对立的经济基础。因此,马克思说:"同这个科学功绩紧密联系的是:李嘉图揭示并说明了阶级之间的经济对立——正如内在联系所表明的那样——这样一来,在政治经济学中,历史斗争和历史发展过程的根源被抓住了,并且被揭示出来。"② 但他们把资本主义私有制看作是自然的和合理的,因而是永恒的。所以,恩格斯在《政治经济学批判大纲》中指出,以英国古典政治经济学为代表的资产阶级政治经济学应该称为"私经济学",它们虽然探讨了私有制的各种规律,但没有想到提出私有制的合理性问题。同时在确定研究对象时把物与物的关系和人与人的关系混同。列宁在肯定古典经济学进步性的同时指出"凡是资产阶级经济

---

① 《马克思恩格斯全集》第 26 卷,人民出版社 1974 年版,第 15 页。
② 同上书,第 183 页。

学看到物与物之间关系的地方，马克思都揭示了人与人之间的关系"[①]。法国古典经济学家西斯蒙第的经济学研究对象具有明显的主观主义，因为他不理解资产阶级社会生产关系的特征。但他把消费作为经济学研究的出发点也具有一定的积极意义。所以，古典经济学在确定研究对象时只看到生产的自然方面，看到人和物的关系，看不到或者说没有重视人与人的关系。

资产经济庸俗经济学家在探讨政治经济学研究对象时，抽去社会形态，抽象谈论财富问题，不是研究一定社会发展阶段上的生产、分配、交换和消费，而是讨论生产、分配、交换、消费一般。同时把主观因素或经济以外的其他因素引入经济学研究对象之内，完全逃避和拒绝对资本主义经济制度进行科学分析。所以，马克思把以萨伊和西尼尔等人为代表的政治经济学看作是资产阶级庸俗经济学，"庸俗经济学则只限于把资产阶级生产当事人关于他们自己的最美好世界的陈腐而自负的看法加以系统化，赋以学究气味，并且宣布为永恒的真理"[②]。因此，资产阶级庸俗经济学家在确定研究对象时从唯心主义出发，而不能从客观事物运动和发展的角度来认识问题，从而把生产方式看成是孤立和静止的，逐步抹杀人与人的关系以便于为资本主义制度辩护。随着资产阶级庸俗经济学的逐渐发展，他们把研究对象确定为抽象的资源配置问题。资源配置问题是人类社会的共同问题，只是在不同的生产方式下，资源配置的特点不同。原始社会的资源配置方式是共同劳动、共同享有；奴隶社会的资源配置方式是奴隶主安排生产和消费；封建社会的资源配置方式是土地所有者主导生产和分配；资本主义社会的资源配置方式是资本家居主导地位，工人居从属地位。但资产阶级庸俗经济学家排除了资本主义生产关系，割裂了生产力和生产关系的辩证统一关系，单纯抽象研究经济人如何进行资源的有效配置，把对资本主义生产方式的研究简化为家庭如何实现效用最大化或满足最大化，企业如何实现利润最大化问题。否认资本主义生产方式下资源配置的矛盾性，进而否认资本主义社会的

---

① 《列宁全集》第 13 卷，人民出版社 1987 年版，第 190 页。
② 《马克思恩格斯文集》第 5 卷，人民出版社 2009 年版，第 99 页。

历史阶段性，以此论证资本主义生产方式的永恒性。

  总之，资本主义经历了产生、发展和衰落的不同历史时期，与之相适应的资产阶级经济学说经历了重商主义、古典经济学和庸俗经济学等发展阶段。资产阶级经济学从重商主义到古典经济学，都将资产阶级财富来源看作政治经济学的研究对象。不过，前者将资产阶级财富的来源归因于流通领域，因此通过分析流通领域的交换关系探讨资产阶级财富来源；后者则实现了将资产阶级财富原因的分析从流通领域转向生产领域。从研究对象的确定来看，古典经济学从生产领域研究资产阶级财富来源更接近于科学的研究对象。因此，古典经济学研究成果也达到了资产阶级经济学的最高限度。庸俗经济学以资源稀缺和人类欲望无限为出发点研究资源配置，远离了物质生产方式作为财富源泉这个科学研究对象，由此决定了庸俗经济学作为一个学说体系的非科学性。

（原文发表于《当代经济研究》2015 年第 10 期）

如何正确反思西方经济学[*]

——对"林毅夫反思"的反思

高冠中[**]

摘　要：以构建新结构经济学为指向，林毅夫教授对西方早期发展经济学结构主义思潮和新自由主义经济学进行了反思和批判，并将这两种思潮在中国的失效或失败归于条件的不适用性，认为照搬西方主流经济理论是行不通的。林毅夫教授的反思相对于主张照搬西方理论指导中国发展实践的学者来说，具有较大的进步性，其历史唯物主义方法的主张也为林毅夫教授的理论增添了一些科学性。但对经济学阶级性的漠视和对逻辑实证主义的唯心主义方法的尊崇，使其对西方主流经济理论的反思并不彻底。对马克思经济运行理论的庸俗化理解和对李嘉图经济学庸俗成分的比较优势理论的秉持，使林毅夫教授的新结构经济学也带有较强的庸俗成分。林毅夫教授反思的结论，不能用来指导中国的实践。指导中国实践的只能是马克思主义经济学及其中国化的理论成果中国特色社会主义政治经济学。

关键词：林毅夫；西方主流经济理论反思；新结构经济学；比较优势

---

[*]　基金项目：国家社会科学基金重点项目"习近平总书记中国特色社会主义政治经济学思想研究"（17AJL004）的阶段成果；作者感谢丁堡骏教授等对本文的指导。

[**]　作者简介：高冠中（1964—　），吉林财经大学经济学院副教授，主要从事《资本论》与中国特色社会主义政治经济学研究。

林毅夫教授作为当代中国著名的经济学家，长期立足于中国经济改革和发展的实践，提出了一系列独到的学术见解和有价值的政策建议，为我国经济学科的发展作出了较大的贡献。近年来，林毅夫教授不断对西方经济学，特别是对新自由主义经济学等进行批判和反思，这为我们科学认识和正确对待西方主流经济理论提供了新的裨益。在《北京日报》2017年8月14日刊发的《固守"西天取经"得来的教条危害甚巨》（以下简称"反思"）一文中，林毅夫教授就如何对待西方经济学理论及其在中国的应用进行了探讨，有学者将其称为"林毅夫的反思"[1]。事实上，该文的观点或者说林毅夫教授的反思，与其卸任世界银行副行长、首席经济学家之后的学术观点是一脉相承的，比如其对经济研究方法论的反思、对西方主流发展理论的反思以及对以"华盛顿共识"为标志的新自由主义的反思等。林毅夫教授的反思，相对于那些主张全盘应用西方经济学理论指导中国发展实践的"西天取经"的学者来说，是极为少见的，更是难能可贵的。然而，林毅夫教授的反思是否真实地反映了西方经济学的本质？林毅夫教授反思后得到的结论能否用来指导中国的实践？这是我们必须要认真分析和科学对待的。本文结合林毅夫教授近年来的学术主张，分析其对西方经济学的反思，探讨如何正确对待西方经济学和构建中国的政治经济学。

一 林毅夫教授的反思：观点与方法

在卸任世界银行副行长之后，林毅夫教授对西方主流经济理论进行了反思，提出了一系列观点。特别是近年来，林毅夫教授更是以构建其"新结构经济学"为目标对西方主流经济理论及其在发展中国家的适用性进行了反思，这些反思散见于《新结构经济学——发展经济学的反思与重构》《照搬西方主流经济理论是行不通的》《中国经济学家非得学习西方吗》《政府有为是市场有效的前提》等系列著述之中。归结起来，林毅夫教授对西方主流经济理论的反思主要是围绕对早期发展经济学的结构

---

[1] 为行文方便，本文也将其称为"林毅夫的反思"。

主义理论和新自由主义理论的批判展开的。对这两种理论思潮的批判，反映了林毅夫教授所秉持的立场和方法论逻辑。

在《新结构经济学——重构发展经济学的框架》一文中，林毅夫教授对早期发展经济学结构主义进行了系统的回顾，并在实践层面讨论了早期发展经济学的结构主义思路在发展中国家实施的绩效。林毅夫教授认为，基于市场失灵的资本形成理论，无论是平衡增长还是非平衡增长路径，都没有使发展中国家实现赶超的目标。其后果是这些发展中国家的人均收入水平不仅未能赶上发达国家，反而停滞不前甚至倒退，与发达国家的差距越拉越大。在许多发展中国家，这些意图良好的政府干预措施基本都宣告失败。20世纪60—70年代普遍执行以进口替代以及产业保护为核心发展战略的拉丁美洲、非洲及南亚便是例证[①]。林毅夫教授将旧结构主义思潮的失败归结为结构主义思路违背了由要素禀赋结构决定的比较优势原则，因为在资本极度匮乏的经济中，强行推动资本密集的重工业优先发展，不仅会由于这些企业缺乏自生能力需要大量的财政补贴使国家的财政负担难以承受，而且还会造成其他效率的损失，甚至滋生腐败。

随着结构主义教条指导下的政府经济发展战略在许多国家纷纷失败，自由市场理论开始胜出并逐步影响了发展经济学，这个趋势因宏观经济学领域的新革命而进一步加强，以反对政府干预为中心思想的"华盛顿共识"成为引领发展中国家转型发展的主流思想。然而，以私有化、自由化和市场化为圭臬的新自由主义经济理论在发展中国家的推广蔓延，并没有给发展中国家带来经济繁荣，反而不断暴露弊端，消极影响日益凸显，给众多发展中国家经济社会的发展造成了严重危害[②]。对于新自由主义的失败，林毅夫教授认为，新自由主义主张以西方国家特别是美国的制度及其发展模式为圭臬，主张后进国家要想实现经济的起飞和现代化，在经济制度和政策安排上必须向以美国为首的发达国家看齐，实施全面的、彻底的甚至是过度的自由化、私有化和市场化改革。过度的自

---

① 林毅夫：《新结构经济学——重构发展经济学的框架》，《经济学季刊》2010年第1期。
② 林毅夫：《照搬西方主流经济理论是行不通的》，《求是》2016年第20期。

由化导致东欧和拉美国家民族经济凋敝，国内经济和金融大多被外国资本所控制；过度的私有化导致拉美国家储蓄率大幅下降，进而导致其经济深陷"中等收入陷阱"；过度的市场化导致多数拉美、中东和东欧国家基础设施得不到有效改善，成为制约经济发展的重要瓶颈①。

林毅夫教授对早期发展经济学结构主义思潮和新自由主义经济学的反思源于其对经济学研究方法的理解。林毅夫教授认为，"理论的适用性取决于条件的相适性。如果条件不一样，这个理论即使从内部来看很有说服力，但是与现实不相干，可能会起相反作用"。也就是说，在林毅夫教授看来，发展中国家要想实现经济起飞和实现持续增长，照搬西方主流理论是行不通的，作为发展中国家的知识分子应该根据发展中国家的情况，了解其背后的道理，提出新的理论②。对此，林毅夫教授主张回到亚当·斯密的方法：亚当·斯密的结论是研究他那个时代所观察到的现象，了解背后国家财富创造的原因是什么，然后提出一套逻辑解释。但是条件是在变的。亚当·斯密的方法是什么？是从问题的现象去探究它的本质是什么，它的背后原因是什么。实际上亚当·斯密之后的经济学大师大致都是遵循这个方法去研究其所处时代的经济学现象，给出逻辑解释的③。因此，在林毅夫教授看来，以中国的资料来检验西方现有的理论研究，实际上是"坐在金矿上挖煤"，所得结论也很难发挥帮助中国社会各界"认识世界、改造世界"的作用。那么，该如何认识复杂的经济现象？林毅夫教授主张应该以马克思历史唯物主义为指导。这是因为，现代主流经济学的理论总结于发达国家的现象，把发达国家的上层建筑作为不言自明的前提，没有看到发展中国家和发达国家的结构差异，而马克思的历史唯物主义则明确指出发达国家和发展中国家因为发展阶段不同而必然有结构差异。但在研究范式和应用什么范畴上，林毅夫教授认为，马克思主义经济学作为一个革命的理论，缺乏对一定结构下经济怎么运行的研究，因此，马克思经济学不能用来指导中国的经济运行。

---

① 林毅夫：《照搬西方主流经济理论是行不通的》，《求是》2016年第20期。
② 林毅夫：《固守"西天取经"得来的教条危害甚巨》，《北京日报》2017年8月14日。
③ 林毅夫：《中国经济学家非得学习西方吗》，http://finance.sina.com.cn/zl/china/20150921/091923302668.shtml。

强调在研究经济运行时，不仅要借鉴西方主流经济学的研究范式，还要参照其研究范畴，而马克思历史唯物主义和西方主流经济学的研究范式和范畴的结合点，就在于一个经济体在每个时点的要素禀赋和其结构。①

二　"林毅夫反思"的进步性：历史与条件

林毅夫教授坦承，1988 年是其思想转变的一个分水岭，这源自西方主流经济理论无法解释当时中国发展的实际境况，其将这一点归于中国与发达国家的前提与条件不同。林毅夫教授对西方主流经济理论在中国的适用性的反思，一定程度上是契合马克思主义唯物史观的。事实上，对经济规律的研究和学说体系的构建，并不存在某种超历史的先验逻辑，存在的只是对历史发展进程的事后的逻辑分析、本质抽象和规律性概括，因而，每一种学说体系都有其适用的条件和历史情境。由于各国经济学研究所依据的历史背景和现实状况不同，得出的结论及其适用性也就不同。对此，恩格斯曾经指出："谁要想把火地岛的政治经济学和现代英国的政治经济学置于同一规律之下，那么，除了最陈腐的老生常谈以外，他显然不能揭示出任何东西。因此，政治经济学本质上是一门历史的科学。它所涉及的是历史性的即经常变化的材料；它首先研究生产和交换的每一个发展阶段的特殊规律，而且只有在完成这种研究以后，它才能确立为数不多的、适合于一切生产和交换的、最普遍的规律。同时，不言而喻，适用于一定的生产方式和交换形式的规律，对于具有这种生产方式和交换形式的一切历史时期也是适用的。"② 从这一点来看，林毅夫教授对西方主流经济学的反思，与新自由主义化的"西天取经"派学者所主张的"普世价值"和西方经济学普遍适用论相比，具有较大的进步性。林毅夫教授强调必须立足于中国实际来进行经济学理论的研究与创新，并且认为"由于中国作为一个发展中国家、转型中国家，发生在中国的问题，它的现象、它的限制条件，和其他发展中国家、转型中国家

---

① 林毅夫：《中国经济学理论创新的三个来源》，《经济研究》2017 年第 5 期。
② 《马克思恩格斯全集》第 26 卷，人民出版社 2014 年版，第 154—155 页。

很接近。所以我们研究的理论对其他发展中国家、转型中国家会更有借鉴价值"①。林毅夫教授的这一逻辑,既体现了辩证法的思维——特殊与一般的关系(尽管一定程度上这是林毅夫教授无意识思维的结果),也指出了中国道路与中国经济学的世界意义。林毅夫教授的这种主张,一定程度上强调了对一定历史阶段的特殊性规律揭示的重要性,这是揭示一般规律的前提。对典型事实的分析,是马克思构建资本论的出发点。对此,马克思在《资本论》第一卷序言中谈道:"我要在本书研究的,是资本主义生产方式以及和它相适应的生产关系和交换关系。到现在为止,这种生产方式的典型地点是英国。因此,我在理论阐述上主要用英国作为例证。但是,如果德国读者看到英国工农业工人所处的境况而伪善地耸耸肩膀,或者以德国的情况远不是那样坏而乐观地自我安慰,那我就要大声地对他说:这正是说的阁下的事情!"② 这里,马克思通过英国这个典型,揭示了资本主义生产方式的经济运动规律,揭示了资本主义作为一个特殊的生产方式的历史性和暂时性。这一规律对后来者来说,典型对象的规律性东西就是后来者未来的景象③。从这一点来说,中国作为发展中国家的转型与振兴的规律性东西,也必然会成为类似的后来者的一个未来景象,这是中国特色社会主义的世界价值。

正是具有了马克思主义的唯物史观的立场和视野④,林毅夫教授对发展经济学结构主义思潮进行了较为深刻的批判。在经济学说史上,发展经济学的旧结构主义思路,将资本形成看作是阻碍发展中国家实现经济起飞和发展的唯一因素,因此过于强调政府在资本形成中的作用而忽略了制度、技术以及人口素质对发展的影响,也忽略了市场在发展生产力方面的作用。也就是说,在早期结构主义思潮中,其理论方法的形而上学性,使其忽略了发展是一个生产力和生产关系矛盾运动的结果。这种形而上学的方法,使其政策主张在实践上收效甚微。所以,有学者将这

---

① 林毅夫:《中国经济学理论创新的三个来源》,《经济研究》2017年第5期。
② 《马克思恩格斯全集》第44卷,人民出版社2001年版,第8页。
③ 同上。
④ 这里,需要指出的是,林毅夫教授的唯物史观立场还不彻底,还表现出在唯物史观与唯心史观之间的一种游移。这一点,我们将在下文予以讨论。

一思潮称为增长和发展理论"静态的插曲"。从林毅夫教授对新自由主义的反思来看，其能承认20世纪80年代和90年代发展中国家发展的停滞——"迷失的二十年"是新自由主义的过度自由化、过度私有化和过度市场化所导致的，这对接受了全面而系统的西方经济学教育的林毅夫教授来说，是难能可贵的，尽管这一反思还不彻底。林毅夫教授的反思，与他在方法论一定程度的历史唯物主义转向有关，并将马克思历史唯物主义看作中国经济学发展与创新的来源之一。这种转向为林毅夫教授的理论主张增添了科学成分。

与方法论的转向相对应，林毅夫教授在关于政府与市场的关系上，强调经济发展是一个产业、技术、基础设施和制度结构不断变迁的过程，在这个过程中既要有"有效市场"，又要有"有为政府"。在产业升级和经济发展过程中，政府要扮演软、硬基础设施提供者的角色，以解决"协调外部性"问题。事实上，那种认为"所谓的市场缺陷，很大程度上是市场批评者的臆想和由此导致的政府干预的结果"①的主张是不成立的。无论是发达国家还是发展中国家经济运行的实际，都宣示了市场机制调节的负效应。英国学者托尼·基利克在其《过分的倒退：经济理论与发展中国家的作用》一书中，对过分强调市场的作用而否定政府作用的主张进行了系统的梳理和批判。事实上，我国作为社会主义国家，利用市场发展生产力，并让市场在资源配置中起决定性作用的一个必然要求是更好地发挥政府的作用。而且，社会主义市场经济不能任由市场作为唯一的调节者，必须要发挥市场和计划两个调节者的作用。我们在利用资本的同时，必须通过政府调节节制资本，特别是在社会领域和公共产品领域，不能任由市场调节起决定性作用，而应更好地发挥政府的作用。林毅夫教授关于"有为政府"和"有效市场"并存的观点，相对于古典自由主义和新自由主义的无为政府的主张，更具有科学性、更符合经济社会发展的实际。

---

① 张维迎：《回到亚当·斯密，告别凯恩斯》，http://business.sohu.com/20151217/n431581669.shtml。

三 "林毅夫反思"的不足：立场、方法与观点

林毅夫教授对西方主流经济理论的反思，反映了我国一部分系统接受西方经济学训练的学者某种程度上的一种警醒——西方主流经济学的庸俗化性质并没有改变，这是一种可喜的转变。然而，以林毅夫教授为代表的"警醒派"学者，虽然意识到了不能全面照搬西方的理论来指导中国的实践，但他们对西方主流经济学的反思和批判也还存在着不彻底性，还存在诸多的不足和需要进一步改进之处。

（一）对西方主流经济理论反思的不彻底性

正如前文所阐述的，林毅夫教授着重对西方早期发展经济学的结构主义思潮和新自由主义思潮进行了反思和批判。但是，林毅夫教授对西方主流经济理论的批判并不彻底。

在对西方主流经济理论的反思中，林毅夫教授虽然认识到了西方主流经济理论不能解释发展中国家特别是中国的经济现象，更不能照搬西方经济理论来指导中国经济发展实践，但是，林毅夫仅仅将西方主流经济理论在中国的失效或失败归结于理论的适用条件，并强调"如果条件不同，这个理论即使从内部来看很有说服力，但是与现实不相干，可能会起相反作用"，这实际上掩盖了西方主流经济理论的阶级本质和庸俗化的性质。经济学作为一种社会科学，是有其阶级性的。西方经济学理论的前提是资本主义制度，代表的是资本所有者的利益。社会性质的本质区别，才是西方主流经济理论在解释和指导中国特色社会主义发展实践方面失败的根本原因，而绝不仅仅是林毅夫教授所说的发展阶段不同而导致的扭曲和成本递增问题。马克思在谈到经济学的阶级性时曾经指出："政治经济学所研究的材料的特殊性质，把人们心中最激烈、最卑鄙、最恶劣的感情，把代表私人利益的复仇女神召唤到战场上来反对自由的科学研究。"[①] 对于经济学的阶级性，不仅马克思主义经典作家有过这样经

[①] 《马克思恩格斯全集》第44卷，人民出版社2001年版，第10页。

典的论述，而且著名资产阶级学者凯恩斯也有过直言不讳的表述："如果当真要追求阶级利益，那我就得追求属于我自己的那个阶级的利益，在阶级斗争中会发现，我是站在有教养的资产阶级一边的。"[①] 基于自然主义思维、社会达尔文主义社会观以及边际主义分析方法的现代主流经济学，潜含了浓郁的资产阶级意识形态。凡勃伦也曾指出，边际效用经济学"自始至终是一种价值学说，就形式和方法而言，它又是一种评价理论。因此它的整个体系就属于分配理论领域，相对于分配现象而言，它与其他经济的关系都是次要的——分配这个词要按照其公认的金钱的分配，或者有关所有权的分配这种含义来理解"[②]。中国作为一个以人民为中心推进发展的社会主义国家，具有与发达国家不同的生产关系性质，林毅夫教授把西方主流经济理论在中国的失效仅仅归于发展阶段不同而导致的条件差别，掩盖了经济学的阶级本质，也掩盖了西方主流经济理论为资本主义辩护的本质。正是由于这种抹煞阶级性的认知，林毅夫教授在反思新自由主义经济学时，仅仅批判其主张的"过度私有化""过度自由化"和"过度市场化"，而不反对新自由主义的"私有化""自由化"和"市场化"。也就是说，林毅夫教授不反对私有化，他所反对的只是过度私有化，这与中国特色社会主义的要求是相悖的。在社会主义初级阶段，我们需要利用资本、利用非公有制经济发展生产力，但绝不是要搞私有化。中国经济发展面临的新常态的困境，一定程度上不是我们私营经济发展不足，而是公有制经济发展不够导致的。而且，在政府与市场关系的论述中，林毅夫教授也忽略了社会主义国家政府与资本主义国家政府的本质差别，而仅仅是一般化地讨论"有为政府"和"有效市场"，混淆了不同社会制度下政府作用的特殊性，忽略了政府对经济运行的管理职能是社会主义生产关系的一种内在要求。

林毅夫教授对西方主流经济理论反思的不彻底性还表现在其对西方经济学理论的科学性的认知上。在林毅夫教授看来，西方主流经济理论

---

① [英]凯恩斯：《劝说集》，蔡受百译，商务印书馆1962年版，第224—225页。
② [美]托尔斯坦·凡勃伦：《科学在现代文明中的地位》，张林、张天龙译，商务印书馆2008年版，第179页。

在发展中国家的失败，并不是西方主流经济理论自身的问题，而仅仅是条件的不同。这意味着在林毅夫教授的视阈中，西方主流经济理论是科学的。然而，经常性爆发的周期性危机，以及由此引致的结构性危机甚至系统性危机，已经用铁的事实证明西方主流经济理论的庸俗性和伪科学性。

（二）方法论的形而上学与唯心主义

在反思西方主流经济理论为什么不能解释中国现象和无法指导中国实践之后，林毅夫教授提出了他的关于如何创新和发展中国经济学的主张：一是必须以中国的经济现象为理论创新的来源；二是要以马克思历史唯物主义为指导，深入认识发展中国家和发达国家的结构差异；三是在研究中要采用现代经济学的范式和范畴，这样才能和世界上其他国家的经济学家交流沟通①。林毅夫教授的主张，有科学的成分，但也存在方法论上的形而上学和唯心主义成分。主要表现在以下两个方面。

首先，表现为唯物辩证法的缺失。林毅夫教授的主张，是建立在其对理论科学性和理论贡献的评价标准基础之上的。在林毅夫教授看来，"理论的重要性取决于所要解释的现象的重要性"②。那么如何评价现象的重要性？林毅夫教授认为，"发生在重要国家的现象就是重要现象"③。那么何为重要国家？显然，林毅夫教授的这一主张带有强烈的主观判断色彩。理论研究要以典型国家和典型事例为对象，这是对的，但仅仅将理论的贡献和科学性与否归于现象是否重要，这必然滑向唯心主义。事实上，理论虽然能指导实践，但理论永远不能代替实践本身。马克思就曾指出："批判的武器当然不能代替武器的批判，物质力量只能用物质力量来摧毁，但是理论一经掌握群众，也会变成物质力量。理论只要说服人，就能掌握群众；而理论只要彻底，就能说服人。所谓彻底，就是抓住事物的根本。"④ 理论的贡献和科学性在于是否揭示了事物发展变化的一般

---

① 林毅夫：《中国经济学理论的创新与发展》，《经济导刊》2017 年第 7 期。
② 同上。
③ 同上。
④ 《马克思恩格斯全集》第 3 卷，人民出版社 2001 年版，第 5 页。

规律,这里,林毅夫教授已经将事物的因果关系弄反了。

其次,表现为其对逻辑实证主义的崇拜。林毅夫教授认为,科学的理论建构应具备两个条件:一是要合乎严格的形式逻辑规范,而数学模型是最严格的形式逻辑;二是严格检验那些依照这个理论的逻辑推演产生的推论是否与所要解释的经验事实相一致。如果一致,就是不被证伪的,这个理论暂时就可以被接受;如果不一致,这个理论就必须受到修正或摒弃[1]。林毅夫教授所主张的这一研究方式,就是学术界所称的"逻辑实证主义"的方法,也就是所谓的"库恩范式"论及其应用与拓展。在库恩看来,科学家持有某种范式就等于戴上了一副有色眼镜,持有不同范式的科学家戴着不同颜色的眼镜看世界,因此他们看到的世界是不同的。库恩用格式塔心理学的鸭兔实验来证明他的这一论点,其最终结论是,具有不同心理的人观察同一对象就会得出不同的结论,因此,每个人心目中的世界是不一样的。那么,世界究竟是怎样的?库恩的答案是:世界是不可知的[2]。由此可以看出,林毅夫教授对经济学研究方法的主张,是库恩范式论的现代翻版。这种不可知论,既否认了客观规律的存在,又否认了物质决定意识,即实践是检验真理的标准,是唯心主义的。

(三) 新结构经济学的庸俗化成分

林毅夫教授对西方主流经济理论的反思,是以构建其新结构经济学为指向的。在对西方主流经济理论进行反思的基础上,林毅夫教授认为,虽然马克思历史唯物主义是中国经济学发展创新的一个重要来源,但马克思主义经济学对一定结构下的经济运行研究较少,而这又是现代西方主流经济学研究的重点。因此,需要将马克思的历史唯物主义和西方主流经济学的研究范式和范畴结合起来。但由于两者是不同的理论体系,该如何将两者结合起来?林毅夫教授认为,结合点就是一个经济体在每

---

[1] 林毅夫:《经济学研究方法与中国经济学科发展》,《经济研究》2001年第4期。
[2] 丁堡骏:《"苏联范式批判"之批判》,《当代经济研究》1996年第4期。

个时点的要素禀赋和其结构,即"新结构经济学"①。② 正如前文我们指出的,林毅夫教授的主张有合理成分和科学之处。但从其新结构经济学立论的初衷来看,却存在不小的庸俗化成分:一是庸俗化理解马克思主义经济学;二是对西方主流经济学比较优势立论这一李嘉图经济学庸俗成分的继承。

1. 马克思经济学没有研究经济运行吗?

林毅夫教授将其新结构经济学作为中国经济学创新和发展的理论之一。在他看来,马克思的历史唯物主义虽然是中国经济学创新和发展的来源之一,但马克思主义经济学较少研究经济运行,因此是不能用来指导中国发展实践的。这是对马克思经济学的误解或庸俗化理解。事实上,马克思在《资本论》中不仅研究了经济运行,而且还为其宏观经济运行理论奠定了坚实的微观理论基础,这是西方主流经济理论所不具备的。

马克思从商品这一资本主义财富的简单形式出发,在对价值形式的历史考察的基础上,分析了微观领域的企业是如何建构和演变的。借助劳动力商品这一中介范畴,考察了货币如何转化为资本的问题。在此基础上,马克思给出了行会手工业转化为资本主义工场手工业直至以机器大工业为基础的工厂组织的两个相互联系的初始条件:为实现一个规定的剩余价值额和支配协作劳动而必需的可变资本限额和不变资本限额——货币转化为资本的最低限额,从而界定了资本主义生产方式下企业是如何产生的,并给出了市场主体——企业的最小规模边界③。其后,马克思研究了资本主义生产方式下,资本主义微观经济的运行机制和资本的竞争。在马克思看来,生产剩余价值或赚钱是资本主义生产方式的绝对规律④,这一规律又会以竞争的方式转化为对资本家外在的强制规律

---

① 尽管同一主题甚或同一标题,林毅夫教授对其"新结构经济学"的界定存在差别,但我们可通过这些文献的描述,归纳出其新结构经济学的核心观点和主张:作为微观基础的企业自生能力、比较优势原则的处方和有效市场与有为政府的共存。
② 林毅夫:《中国经济学理论的创新与发展》,《经济导刊》2017 年第 7 期。
③ 魏旭:《马克思价值转形视阈下的企业规模边界演化思想》,《税务与经济》2016 年第 2 期。
④ 《马克思恩格斯全集》第 44 卷,人民出版社 2001 年版,第 714 页。

发挥作用①。现实的资本主义竞争,是通过使商品变得便宜来实现的②,而商品的便宜程度,是由各个企业所具有的不同劳动生产率决定的。因此,不断提高劳动生产率和最大限度地否定必要劳动,是资本的必然趋势③。这是因为,在资本主义生产方式下,调节部门内部资本主义生产的不再是抽象或简单商品生产的价值规律,而是转化为市场价值规律。每一个生产者面对的都是一个共同的由市场价值决定的市场价格,每个生产者生产的商品的个别价值与市场价值的比例关系,也就是个别企业的劳动生产率与部门内部平均的劳动生产率的比例关系,就成为决定企业生死成败的关键。如果企业的个别生产率高于部门平均的劳动生产率,企业不仅可以获取正常的剩余价值,而且还可以获得一个超额的剩余价值。反之,如果企业的个别劳动生产率低于部门的劳动生产率,企业就可能只实现一部分剩余价值,甚至亏损。正如马克思所说的,如果加上必要的限定,关于市场价值所说的一切,全都适用于生产价格④。这样,追求价值增殖和应对部门内部与部门之间的竞争,就推动了资本主义企业不断调整企业的生产方式以实现自身劳动生产率的提高,这使资本主义的生产方式由作为资本主义逻辑和历史起点的协作,转化为以企业内分工为基础的工场手工业、以大机器体系为标志的大规模生产,最终发展为当代的全球性分散生产的国际分工网络。相应地,剩余价值的生产方法也由绝对延长劳动者工作时间的绝对剩余价值生产转化为以缩短劳动者必要劳动时间而相对延长剩余劳动时间的相对剩余价值生产。正如马克思总结的,"不言而喻,资本的趋势在于把绝对剩余价值和相对剩余价值结合起来,把最大限度地延长工作日和同时雇用最大数量的工人结合起来,并且,与此同时,把必要劳动时间缩减到最低限度,从而把必要的工人人数限制到最低限度。摆在这里的矛盾表现为矛盾着的条件不时地互相交替的过程。这一点的必然后果是:尽最大可能增加劳动的——或者生产部门的——使用价值的多样化,所以,资本的生产一方

---

① 《马克思恩格斯全集》第44卷,人民出版社2001年版,第334页。
② 同上书,第722页。
③ 《马克思恩格斯全集》第31卷,人民出版社1998年版,第92页。
④ 《马克思恩格斯全集》第46卷,人民出版社2003年版,第241页。

面力图发展和提高生产力，一方面又追求劳动部门的无限多样化，也就是追求生产内容的全面性，使自然界的一切领域都服从于生产"①。这样，资本的逐利和应对竞争，不仅会促使资本在不同产业部门和区域间流动，使不同部门的供求发生变动而引起价格波动，进而引导资源的配置，而且，随着劳动生产率的提高，还使以生产的需求为约束条件的产业多样化进程不断加速。伴随生产方式的演化，劳动对资本的隶属也由形式隶属转化为实际隶属，这种资本和劳动的对抗性分配，决定了社会需要，即消费。马克思对微观领域生产方式及其演化的考察，使其建构了一个动态的微观经济运行的机制，揭示了资本雇佣劳动的本质。

以微观领域对生产的分析为基础，马克思还构建了一个宏观的经济运行理论。马克思从社会再生产的连续运动出发，考察了资本的流通过程：既考察了资本连续循环所要求的必备条件——资本不同职能形式在时间上的继起性和空间上的并存性，又考察了社会总资本的再生产过程，并得出了按比例协调发展这一科学的规律，揭示了资本主义生产由于私人占有生产条件而无法矫正经济危机的本质原因。马克思的社会再生产理论，以资本积累和平均利润率下降规律这两个生产力发展的表现形式为线索，构建了一个比哈罗德—多玛模型早了将近 100 年的动态增长理论。这里，需要指出的是，马克思对经济运行的研究，不仅是林毅夫教授等接受系统西方经济学训练的学者没看到的，甚至我们一些马克思主义学者也忽略了这一点。

2. 比较优势理论能用来指导中国的实践吗？

林毅夫教授在其发表于《经济评论》2017 年第 3 期的文章中指出，新结构经济学的发展处方遵循比较优势原则②。事实上，比较优势理论是李嘉图理论的一个庸俗成分，马克思就曾批判说，"他的国际贸易理论是错误的，他认为国际贸易只产生使用价值（他称为财富），不产生交换价值""因此，在李嘉图那里就出现了价值和财富之间的绝对对立"③。对

---

① 《马克思恩格斯全集》第 47 卷，人民出版社 1979 年版，第 555 页。
② 林毅夫：《新结构经济学的理论基础与发展方向》，《经济评论》2017 年第 3 期。
③ 《马克思恩格斯全集》第 46 卷（上），人民出版社 1979 年版，第 289 页。

于李嘉图比较优势理论及其现代的翻版，笔者和笔者所在的研究团队在诸如《论马克思劳动价值论在国际交换领域的运用与发展》《造不如买，买不如租的逻辑为什么要倒过来》和《马克思价值转形视阈下的产业转移思想》等文献中进行了系统批判，这里我们从西方经济学理论视阈对林毅夫教授的这一观点进行考察。

还在世界银行工作期间，林毅夫教授就提出了 GIFF 框架（增长机会甄别与因势利导框架），用以指导发展中国推进产业转型升级和产业多样化进程①。GIFF 框架主张，发展中国家应选择那些人均收入相当于自身 2 倍左右、资源禀赋大致相同国家的产业结构作为追赶对象，把为私营企业发现并成功地得以发展的产业纳入潜在比较优势产业集合中加以推进，以实现产业的结构转型与升级，从而形成了一个产业转型升级与产业多样化的"标杆理论"。然而，这种基于潜在比较优势的赶超型产业转型升级与产业多样化的思路，因既无法精确评估一国的资源禀赋结构，也无法解释具有相同或相似资源禀赋国家为什么具有生产不同类型产品的能力而失去普遍性。而且，过于强调比较优势产业的选择，可能恰恰是造成后发国家产业发展困境的一个因素②。不仅如此，林毅夫教授的主张还受到了斯蒂格利茨的批判。在《破除比较优势神话，创建学习型社会》一文中，斯蒂格利茨针对林毅夫教授所提出的顺应比较优势的产业政策才可能成功的观点指出："一个国家的动态比较优势是内生的，是它自己行为的结果，这看起来是一个循环。今天，核心问题是，一个国家究竟应该怎么做，才能建立起动态比较优势？要清楚地了解一个国家的静态比较优势是很困难的，而掌握它的动态比较优势则更难。我们注意到，标准的比较优势关注要素禀赋（资本劳动比）。可是，资本是流动的，资本禀赋甚至在去了解静态比较优势的过程中都起不到什么作用。因此，

---

① 林毅夫：《新结构经济学》，苏建译，北京大学出版社 2012 年版，第 73 页。
② 有学者认为，过于强调"比较优势"的产业选择模式，使中国企业在嵌入全球生产体系和国际分工网络过程中陷入了高能耗、低收益的粗放型发展泥潭，无法积累向高技术、高品质产品升级的能力。参见詹懿《中国现代产业体系发展中的五大误区》，《现代经济探讨》2013 年第 10 期。

比较优势很难预测。"① 既然比较优势是很难预测的，那么以此为核心的新结构经济学能用来指导发展中国家的实践吗？答案当然是否定的，尽管林毅夫教授的新结构经济学具有一定的科学成分。

四　结论与启示

林毅夫教授对西方主流经济理论的反思，部分地反映了西方主流经济理论的本质及其对中国的不适用性。但林毅夫教授的反思是不彻底的，其反思后的结论也不能用来指导中国的实践。中国特色社会主义事业是社会主义的，而不是其他什么主义的。中国特色社会主义作为马克思主义的科学社会主义事业，必须要以马克思主义和科学社会主义为理论指导，而不能以西方资产阶级庸俗经济学为指导。因此，西方主流经济学不能成为指导中国改革和发展的理论基础。林毅夫教授的新结构经济学也不能成为指导中国改革的理论基础。对于这一点，习近平总书记在纪念毛泽东同志诞辰120周年座谈会的讲话中就指出："坚持独立自主，就要坚持中国的事情必须由中国人民自己作主张、自己来处理。世界上没有放之四海而皆准的具体发展模式，也没有一成不变的发展道路。历史条件的多样性，决定了各国选择发展道路的多样性。人类历史上，没有一个民族、没有一个国家可以通过依赖外部力量、跟在他人后面亦步亦趋实现强大和振兴。那样做的结果，不是必然遭遇失败，就是必然成为他人的附庸。"② 如果我们用比较优势理论来指导我们的经济发展，其结果必然是跟在他人的后面亦步亦趋。因此，中国的发展，必须以马克思经济学及其中国化的理论体系为指导。

（原文发表于《政治经济学评论》2018 年第 2 期）

---

① ［美］约瑟夫·斯蒂格利茨：《破除比较优势神话，创建学习型社会》，http：//www.sohu.com/a/159521937_313170。

② 习近平：《在纪念毛泽东同志诞辰 120 周年座谈会上的讲话》，http：//news.xinhuanet.com/politics/2013-12/26/c_118723453_3.htm。

西方主流经济学全要素生产率理论的实践检视与方法论反思

——一个马克思主义政治经济学的分析框架

魏 旭[*]

摘 要：全要素生产率分析是建立在"斯密教条"和萨伊"三位一体公式"基础之上的。由于全要素生产率是产出增长率扣除各要素投入的增长率后的余值，所以对要素的有效分解和增长贡献的精确度量就成为全要素生产率分析的前提。要素价值论自身的混乱和遮蔽价值来源的本质，使全要素生产率理论在应用上遭遇诸如价值源泉的错设，使要素分解无法真实反映要素的增长贡献、资本和技术的不可分析性使要素贡献无法被有效分解以及"劳动要素化"分析使其无法真实反映增长的动力等现实悖论。资本、劳动、技术等要素的内在关联性和彼此间的共线性使建立其上的全要素生产率的度量更加充满了含混和不确定性。转变经济发展方式和培育增长的新动能的政策设计不能完全以全要素生产率为依据和目标，而应在生产力和生产关系辩证统一的框架下，既要激励生产力因素又要激励生产关系因素，以提高全社会的劳动生产力，进而塑造以人民为中心的发展机制。

---

[*] 作者简介：魏旭（1971— ），吉林财经大学马克思主义经济学研究中心教授，主要从事马克思主义经济学与产业经济学研究。

关键词：要素价值论；全要素生产率；劳动生产率；经济增长动力；经济增长质量

自美国学者阿布拉莫维茨提出"除要素投入增加推动经济增长之外还存在其他因素的贡献"的观点之后[1]，罗伯特·索洛构建了一个可操作的模型，度量了阿布拉莫维茨所说的"不可知"的因素，并将这一不可知的因素归于技术进步的贡献，即通常被我们称为"索洛残差"的部分[2]，美国学者肯德里克将这一残差称为"全要素生产率"[3]。自此，全要素生产率就被赋予了魔幻般的作用，被西方主流经济学看作是衡量一国或地区经济增长质量或经济能否维持可持续增长的关键指标，并将其作为国家或地区制定宏观经济政策的重要理论依据。特别是在克鲁格曼对"东亚奇迹"提出质疑之后[4]，对全要素生产率的研究持续成为学术界关注的热点问题，中国学者也纷纷加入其中，涌现了诸多关于中国经济增长质量和资源配置效率的观点及政策主张。在当下，很多学者将提升全要素生产率看作是中国引领经济新常态和实现供给侧结构性改革目标的关键，甚至有学者直接将其看作是我国供给侧结构性改革的目标。那么，这一具有魔幻般作用的概念到底是一个什么样的范畴？其本身是否是科学的，能否真实地反映一国或地区经济增长的质量和资源配置效率？以此为依据所制定的宏观政策能否有效引领我们的新常态？以提升全要素生产率为指向的政策设计，能否使我们顺利实现结构调整和提升经济效率的目标？由于这一理论事关我们未来发展路径的选择与政策制定的依据，因此我们有必要就这一理论进行深入的考察和分析。

---

[1] Moses, Abramovitz, "Resource and Output Trends in the United States Since 1870", *The American Economic Review*, 1956, 46 (2), pp. 5 – 23.

[2] Solow, R. M., "A Contribution to the Theory of Economic Growth", *Quarterly Journal of Economics*, 1956, 70 (1), pp. 65 – 94.

[3] J. W. Kendrick, "Productivity Trends in The United States", Princeton University Press, 1961, pp. 25 – 35.

[4] Krugman, P., "The Myth of Asia's Miracle", *Foreign Affairs*, 1994, 73 (6), pp. 62 – 78.

一 全要素生产率理论的思想渊源与演化

全要素生产率或总要素生产率（Total Factor Productivity，简称TFP），常常被指认为一个经济体增加的产出中不能用生产要素投入的增加所解释的部分，即产出增长率减去要素投入增长率的剩余部分[①]。主流经济学将其称作要素组合的配置效率，也就是说，全要素生产率度量的不是单一要素对增长的贡献，而是所有投入要素组合的贡献，即人们常说的"索洛残差"。索洛残差在莫塞斯·阿布拉莫维茨看来，就是度量人类"无知"的部分，只是这个"无知的部分"被索洛解释为"技术进步"，而后来者则一步步地将其归于不同的主客观要素，尽管这些要素的界定与分解本身未必是科学的。从对这一范畴的界定来看，全要素生产率作为一个残差或余值，其本身是在与作为要素的资本和劳动等的关系中确定的。在方法上，人们首先要界定和度量要素投入对增长的贡献，然后才能度量全要素生产率对增长的贡献，对要素贡献的度量是全要素生产率度量的前提。由此，我们不难看出，全要素生产率及其分解理论，在本质上是建立在要素价值论基础上的。从思想来源看，其是古典经济学"斯密教条"和庸俗经济学"三位一体公式"的现代翻版。要探究全要素生产率理论的科学性与否，我们首先要分析其赖以建立的理论基础和前提是否是科学的。

亚当·斯密在其所著的《国民财富的性质和原因的研究》中指出，"无论什么产品的全部价格，最后必由那三个部分或其中一个部分构成……分开来说，每一件商品的价格或交换价值，都由那三个部分的全数或其中之一构成；合起来说，构成一国全部劳动年产物的一切商品价格，必然由那三个部分构成，而且作为劳动工资、土地地租或资本利润，

[①] 所谓的生产要素的投入，最初常常系指资本和劳动。随着增长核算模型的不断拓展，技术进步、人力资本以及其他要素也不断被纳入要素的分解与核算体系当中。这里，尽管将资本和劳动等作为并列的要素本身就是一种混乱的界定，但为行文的方便，我们暂时借用西方经济学的话语对资本和劳动等范畴加以使用。

在国内不同居民间分配"[①]。亚当·斯密将社会商品总价值归于工资和剩余的总和的这一观点，被称作"斯密教条"。事实上，斯密的这一观点之所以被称为"斯密教条"，是因为其忽略了生产中固定资本及其价值向商品的转移。正是缺少了对固定资本的科学分析，阻碍了斯密对宏观经济的分析，尽管斯密曾经试图通过将收入划分为总收入和纯收入来弥补自己理论的缺陷，但由于其始终是与我们称为斯密教条的东西混杂在一起的，这使斯密最终没能建立起科学的宏观经济理论。也正是斯密教条将产出或收入归于这三个部分的观点，为现代增长理论及其要素贡献的分解和度量提供了思想来源与理论建构的基础。萨伊继承了斯密价值理论的庸俗部分，在斯密教条的基础上提出了他的生产和分配的三要素学说。萨伊将生产定义为"不是创造物质，而是创造效用"，认为资本、劳动和自然力都具有生产力，它们共同创造效用和财富。与生产上的三要素论相对应，自然衍生出分配上的三要素论，而其具体的逻辑就是"资本—利息（利润）""劳动—工资""土地—地租"，马克思将其讽喻为"三位一体公式"。

萨伊之后，西方主流经济学继承了他的这一思想，在微观经济学领域形成了要素价格理论，在宏观经济学领域形成了增长的要素贡献理论和后来的全要素生产率理论。需要说明的是，尽管萨伊之后的西方学者引入了新古典范式的供求均衡分析方法，从供给和需求两个方面分析了要素价格的决定而不同于萨伊的单纯的要素贡献视角来说明要素贡献或报酬，而且，自马歇尔开始，他们又将利润从利息范畴中独立出来，用所谓的企业家才能来说明利润的来源，但从本质上看，这些变化并没有改变萨伊的要素贡献论范式，有的只是萨伊"三位一体公式"的各类翻版。

随着边际主义分析占据主流，西方经济学不断引入数学方法进行要素的分解和度量，在技术上就表现为各种生产函数的构建和检验方法的演变。从生产函数的构建来看，全要素生产率的度量经历了由使用生产

[①] ［英］亚当·斯密：《国民财富的性质和原因的研究》，郭大力、王亚南译，商务印书馆1972年版，第46—47页。

函数到尽量回避生产函数。而在使用总量生产函数上，也存在不断改进测算方法和生产函数之间的关系的修正过程：由柯布－道格拉斯生产函数到随机前沿面生产函数的使用等。与上述相对应，在全要素生产率的度量上，最终形成了两种占主流的测算全要素生产率的方法：参数法和非参数法。参数法更依赖设定生产函数，而且在函数的解释变量的设定上也不断加入新的要素以解释那个"无知的部分"。相对于参数法，非参数法则尽量回避生产函数，先后出现了指数法[①]和数据包络分析法（DEA）两种度量方法。但从整体来看，西方学者对全要素生产率的度量，无论是参数法还是非参数法，其分析的前提都是建立在对要素投入贡献的度量基础之上的。在实际的经验分析和实证检验过程中，绝大多数分析也都是先假定投入要素的贡献既定，然后考察某一因素或几个因素的变动导致的经济增长率的变动情况，这种分析方法就是我们称为"单一因素"的分析范式，具有强烈的形而上学性。当然，按照萨伊的界定，这一范式是以主观的效用论为基础的，其本身又具有唯心主义的特征。这样，全要素生产率分析就在所谓的要素组合分析的外在形式下事实上排除了方法论上的辨证的系统方法。按照科学的逻辑，如果一个理论分析的基础和前提不是建立在科学基础之上的话，那么它的方法无论如何改进和貌似科学，也只能在错误的方向上渐行渐远。因此，在讨论全要素生产率及其度量是否科学有效之前，我们有必要事先考察其理论基础和分析的前提是否是科学的。

二 全要素生产率理论的本质与分析逻辑

由于对全要素生产率的分解和度量是以对要素的增长贡献的准确测度为前提的，而要素贡献理论又是以萨伊的要素价值学说为基础的，因此，要科学认识全要素生产率理论的科学性问题，我们首先要分析其理

[①] 最初使用的指数法是 Laspeyres 指数公式，但由于这一指数无法实现对连续时间数据和离散型的数据进行处理和分析，随后产生了目前三种比较流行的测算全要素生产率的指数方法：Divisia 指数法、Tornqvist 指数法和 Malmquist 指数法。

论基础和分析的前提是否是科学合理的。事实上,早在马克思那里,就已经对萨伊的"三位一体公式"进行了深刻的批判,并且指出了其观点和方法的混乱与错误。

马克思指出,"庸俗经济学丝毫没有想到,它作为出发点的这个三位一体:土地—地租,资本—利息,劳动—工资或劳动价格,是三个显然不可能组合在一起的部分",而且,"这个公式应该包括各种收入源泉之间的关系"①。但事实却是,萨伊将分处不同领域的范畴置于同一个公式当中,即在公式的左侧摆上自然形态的东西,而在公式的右侧摆上价值形态的东西,同时将分别处于生产领域和流通领域的范畴强行并列在一起。我们知道,按照马克思主义经济学的观点,资本作为一种特定的生产关系,其在再生产过程的不同环节上具有不同的存在形式。从它在流通过程中所表现出来的形式看,资本表现为货币资本和商品资本。就货币资本来看,它是一定的货币额,而土地和劳动必须要用这种货币资本来租用和购买。因此,把资本和土地、劳动并列起来,就等于把资本的总价值量和它的两个物质部分并列,这反映出的必然是一种混乱的关系。从生产过程中资本所表现出来的形式看,资本表现为生产资本即生产过程的物质要素,表现为劳动资料、劳动对象和劳动者的劳动。也就是说,在资本主义生产方式下,劳动资料、劳动对象和劳动者的劳动就都表现资本的属性,都是资本的存在形式,而不是自为存在的东西。土地这一自然要素,也只有在一定的社会关系下,才能成为其所有者凭借对其具有的所有权而成为交易的对象,萨伊却将这一自然要素与作为生产的因素的结果并列在一起——"一方面摆上一个使用价值,即土地,另一方面摆上一个价值,而且是一个特殊的价值部分"。对此,马克思指出,"借此形成一个对立,那是愚蠢的做法"②。这样,萨伊就将生产的社会形式完全从这一公式中抽象掉了——完全抽象掉了资本主义生产关系,"资本—利息,土地—地租,劳动—工资;在这个公式中,利润,这个体现

---

① 《马克思恩格斯全集》第 46 卷,人民出版社 2003 年版,第 925 页。
② 同上。

资本主义生产方式的独特特征的剩余价值形式，就幸运地被排除了"①。由此，资本主义财富的真正来源就被这一形式掩盖起来，经济增长的源泉也被混淆为要素组合的贡献。本来，工资是劳动力价值的转化形式，而利息（利润）和地租是雇佣工人创造的剩余价值的转化形式。因此，工资、利息（利润）和地租都来源于雇佣工人所创造的新价值。但是，"三位一体公式"却把这三种收入分别归于了劳动这一根本不存在的抽象、作为一种社会生产关系的资本和作为单纯的自然要素的土地。而且，从总量的经济增长来看，"总收益或总产品是再生产出来的全部产品。把固定资本曾被使用但是没有消费掉的部分撇开不说，总收益或总产品的价值，等于预付的、并在生产中消费掉的资本即不变资本和可变资本的价值，加上分解为利润和地租的剩余价值"②。作为社会总收入在不同资本之间分配的，也只是"总产品扣除了被补偿预付的、并在生产中消费掉的不变资本的价值部分和由这个价值部分计量的产品部分以后，所余下的价值部分和由这个价值部分计量的产品部分"③，而劳动者的工资，则是在流通领域通过预付支付的，并没有参与所谓的收入分配。萨伊的这一系列混乱的观点，甚至招致了另一位庸俗经济学的代表人物庞巴维克的批判，"萨伊是想让我们把资本的服务理解为真实资本里存在着的自然力量的活动，如负重兽类和机器的实际活动，煤的热力的发动等。但是如果他所指的是这一点，则整个问题便全都错了"④。

就是这样一个混乱的思想，却被萨伊之后的西方主流经济学继承并被奉为经典。克拉克、萨缪尔森等将萨伊的这一思想数理化，他们将生产函数建立在"三位一体公式"基础之上，成为西方主流增长理论的核心理念——将总产出或总产品归于所谓的全部要素的贡献，将在现有方法和技术不能分解和度量的部分归于全要素生产率的贡献。额外的一个事实是，这些主流经济学者往往对土地这个要素又存而不论，他们常常

---

① 《马克思恩格斯全集》第46卷，人民出版社2003年版，第921—922页。
② 同上书，第951—952页。
③ 同上书，第952页。
④ [奥地利]庞巴维克：《资本与利息》，何崑曾、高德超译，商务印书馆1959年版，第154页。

将要素增长贡献的方程构建为一个不包含土地要素的柯布－道格拉斯生产函数，这样的分析即使按照他们的理论和逻辑，也必然存在较大的要素贡献统计误差，这在事实上也构成了全要素生产率分析的那个"无知的部分"。与此同时，由于他们将生产函数构建在使用价值基础上，即效用的基础之上，因此根本不能科学地反映要素彼此之间的社会关系，也就必然无法说清楚这一社会关系对整体经济效率的影响，而这也被他们纳入了残差或余值当中。从实践来看，由于这个全要素生产率度量的是"不可知"因素的贡献，其将增长的源泉和动力归于一种混沌的因素集合，那么建立其上的经济政策也必然是模糊的。如果我们按照这一政策来指导经济实践，其结果必然是不确定的：要么与政策目标渐行渐远，要么因模糊不清而无法操作。

三　全要素生产率理论的实践检视

前文已经阐明，全要素生产率的度量需要以对要素投入贡献的科学而准确的度量为基础和前提，这就要求人们能够对不同要素进行科学而有效的分解。但事实上，萨伊的要素价值论本身就是非科学而混乱的，它完全掩盖了一个社会生产的真正主体和价值的来源。那么，建立其上的要素分解和全要素生产率的度量在实践上也必然存在混乱和误差。而且，在研究方法上，由于可供选择的数学工具自身的局限性，使研究者在全要素生产率的分解和度量上始终无法有效解决因作为解释变量的各要素之间的"共线性"所导致的统计误差问题。上述两个方面，导致全要素生产率理论在实践的应用上存在诸多的悖论。

（一）价值源泉的错设使要素分解无法真实反映要素的增长贡献

按照马克思的观点，在资本主义生产方式下，生产剩余价值或赚钱是这一生产方式的绝对规律[①]，这一规律又会以竞争的方式转化为对资本

[①] 《马克思恩格斯全集》第44卷，人民出版社2001年版，第714页。

家外在的强制规律发挥作用①。现实的资本主义竞争，是通过使商品变得便宜来实现的②，而商品的便宜程度，是由各个企业所具有的不同的劳动生产率决定的。因此，不断提高劳动生产率使商品变得便宜就成为资本获取价值增殖和维持自身生存的必然选择。追求价值增殖和应对部门内部与部门之间的竞争，推动资本主义企业不断调整企业的生产方式以实现自身劳动生产率的提高，这使资本主义的生产方式由作为资本主义逻辑和历史起点的协作，转化为以企业内分工为基础的工场手工业、以大机器体系为标志的大规模生产，最终发展为当代的以全球性分散生产的国际分工网络。相应地，剩余价值的生产方法也由绝对延长劳动者工作时间的绝对剩余价值生产转化为以缩短劳动者必要劳动时间而相对延长剩余劳动时间的相对剩余价值生产。相对剩余价值生产使劳动者由对资本的形式隶属转化为实际隶属，于是劳动的生产力也就转化为资本的生产力。因此，无论是就流通领域的货币与劳动力商品的交换，还是就劳动生产力在相对剩余价值生产中的作用结果来说，它都表现为资本的属性，隶属于资本。因此，劳动者并没有参与总收入的分配，有的只是不同资本之间共同占有和瓜分劳动者创造的剩余价值。这样，建立其上的增长贡献的要素分解和度量就不可能真实地反映这一事实，以此为基础的全要素生产率的度量，也就不可能是准确的。而且，就算是按照西方主流经济学的要素价值论，资本和劳动都是增长的要素，其增长贡献的度量也是与全要素生产率存在悖论的。我们知道，全要素生产率是产出增长率与要素投入增长率的加权平均值之差，权重为要素的收入份额。但如果资本和劳动在收入中分配比例的变化恰好资本占比的提高是劳动占比的下降，或者是相反，那么全要素生产率完全可能保持不变。例如，国际上一直有声音认为中国前些年的经济增长率被高估，但从我国进行的前两次经济普查的结果却发现，我们的增长率不是被高估而是被低估了：我们将 2004 年的经济增长率由 10.1% 上调为 16.8%；将 2008 年的经济增长率上调为 9.6%；而第三次经济普查，则将 2013 年的经济增长

---

① 《马克思恩格斯全集》第 44 卷，人民出版社 2001 年版，第 312 页。
② 同上书，第 722 页。

率上调了 3.4%①。按照我国学者的研究,这一期间我们的全要素生产率增长率不但没有增长,甚至是一直下降的,这显然与事实不相符。因此,全要素生产率并未真实地反映增长的源泉。

(二) 资本与技术的不可分性使要素贡献无法被有效分解

1957 年,新古典增长理论的代表人物罗伯特·索洛在其增长理论中,将经济增长分解为资本、劳动和被忽略的因素的增长,并将这一被忽略的要素归于技术进步。按照索洛的研究,1909—1949 年的美国经济增长有 87.5% 应归因于美国这一时期的技术进步。这里,索洛将资本(常常指新的投入或投资,因为全要素生产率主要是一种度量即期的方法)和技术进步分开了,将技术作为一个独立的要素纳入其增长的分解当中。索洛的这一增长的要素分解,甚至受到了西方学者如菲利普等的批评②,他们认为这一方法所使用的参数估计具有强烈的主观随意性。然而,西方学者的批判只是流于全要素生产率度量方法这一表面的错误,并未从本质上指出全要素生产率理论的错误根源。事实上,资本与技术从来就是不可分的:技术进步总是以资本特别是固定资本的积累和投入体现的。马克思指出,资本主义生产方式只有在作为固定资本的物质表现形式的劳动资料转变为机器体系这一现代化生产方式时,资本才找到了与自己相适应的生产方式:"只有当劳动资料不仅在形式上被规定为固定资本,而且扬弃了自己的直接形式,从而,固定资本在生产过程内部作为机器来同劳动相对立的时候,而整个生产过程不是从属于工人的直接技巧,而是表现为科学在工艺上的应用的时候,只有到这个时候,资本才获得了充分的发展。"③ 正如我们在前文指出的,不断提高劳动生产率和最大限度地缩短必要劳动是资本的一个必然趋势,而劳动资料转变为机器体系,是这一趋势的实现。劳动资料发展为机器体系,本身就是生产力发

---

① 邹春霞、张钦:《统计局发布第三次全国经济普查结果》,科学网,http://news.sciencenet.cn/htmlnews/2014/12/309497.shtm,2014 年 12 月 17 日。

② Felipe, J., "Total Factor Productivity Growth in East Asia: A Critical Survey", *Journal of Development Studies*, 1999, 35 (4): pp. 1-41.

③ 《马克思恩格斯全集》第 31 卷,人民出版社 1998 年版,第 93—94 页。

展和技术进步的结果。对此，马克思指出，"对象化劳动本身不仅直接以产品的形式或者以当作劳动资料来使用的产品的形式出现，而且以生产力本身的形式出现。劳动资料发展为机器体系，对资本来说并不是偶然的，而是使传统的继承下来的劳动资料适合于资本要求的历史性变革。因此，知识和技能的积累，社会智慧的一般生产力的积累，就同劳动相对立而被吸收在资本当中，从而表现为资本的属性，更明确些说，表现为固定资本的属性，只要固定资本是作为真正的生产资料而加入生产过程"①。"因此，机器体系表现为固定资本的最适当的形式，而固定资本——就资本对自身的关系来看——则表现为资本一般的最适当的形式。"② 可见，在现代资本主义生产条件下，技术进步总是与资本特别是固定资本联系在一起的，两者从来是不可分的。为获取更大的价值增殖和为应对资本主义的竞争，资本总是不断寻求提升自身的生产率，这就赋予了资本一种趋势：不断赋予生产以科学的性质。于是，"一方面资本是以生产力的一定的现有的历史发展为前提的，——在这些生产力中也包括科学，——另一方面，资本又推动和促进生产力向前发展"③。既然资本和技术进步是不可分的，那么将技术进步作为独立的要素纳入全要素生产率分解就必然难以得出科学的结论。我们知道，伴随企业的资本积累和生产规模的扩大，资本有机构成是不断提高的，也就是说，新的固定资本的投入可能完全是一种新的异质性技术的体现，这必然会引起企业内部组织方式的变革，从而带来产出效率的增长。而且，一个企业或产业的技术进步，可能完全是由于异质性生产资料或劳动对象（由其他部门或产业提供的中间品）的购入和使用实现的。这就产生了一个悖论：企业购入新机器本身是作为固定资本投资来实现的，但这种新的机器本身就代表了一种技术进步，那么由此带来的产出效率的提升是应该归于资本还是归于技术？在实际的全要素生产率分解和度量中，其是被计入资本投资的，因为这个技术进步是包含在这一资本品的投资当中的。

---

① 《马克思恩格斯全集》第31卷，人民出版社1998年版，第91—92页。
② 同上书，第93页。
③ 同上书，第94页。

如此度量的结果,必然使全要素生产率被低估。如果我们这样做,并以此来制定相关的经济政策,必然会有意无意地低估甚至忽略资本积累或投资在增长中的作用。而且,全要素生产率理论还忽视了固定资本的滞后效应。从全要素生产率的度量方法来看,其度量的主要是即期的投入和产出之间的变化,全要素生产率主要反映的是即期的经济效果。但对固定资本投入来说,其在生产过程中会长期发挥效应——这一效应在统计量上具有较强的滞后性,这种即期的计量就将固定资本在以后的生产中所发挥的作用忽略掉了,如此测度的全要素生产率,必然是以资本要素的贡献被低估为前提,自然也就夸大了全要素生产率的效果。我国学者郑玉歆就指出,"全要素生产率的度量不但包括了所有没有识别的带来增长的因素,而且还包括了概念上和度量上的全部误差及差异"①。

(三)"劳动要素化"分析无法真实反映增长的动力

按照马克思的观点,构成生产力要素的是劳动资料、劳动对象和劳动者的劳动。其中,最活跃最能动的劳动者的劳动,劳动者的主观能动性是生产力中最为重要的因素。然而,建立在"斯密教条"和"三位一体公式"基础上的西方主流生产理论,将劳动者与资本等并列纳入生产要素的集合,以生产函数形式构建了生产者决策模型,把一定社会关系下的物质生产仅仅看作是技术上的投入产出关系,认为生产理论的基本内容就是通过生产要素的不同组合形式,实现利润最大化②。在增长的核算中,主流经济学往往使用新增就业指标,以劳动者收入在总收入的占比度量劳动对增长的贡献。这样,劳动者就仅仅被视为同其他要素一样的、服务于厂商最大化目标的生产要素。劳动者的劳动也就被看作是每个个人的孤立行为。然而,人总是社会关系的总和,他的行为必然受到同他们物质生产力的一定发展阶段相适应的生产关系的制约。对于这一点,马克思在批判李嘉图的理论时曾经说道:"李嘉图在他的书(地租)

---

① 郑玉歆:《全要素生产率的再认识——用 TFP 分析经济增长质量存在的若干局限》,《数量经济技术经济研究》2007 年第 9 期。
② 魏旭、张春舒:《西方主流经济学生产理论批判》,《当代经济研究》2011 年第 6 期。

中说：各国只是生产的工场；人是消费和生产的机器；人的生命就是资本；经济规律盲目地支配着世界。在李嘉图看来，人是微不足道的，而产品则是一切。"① 事实上，作为生产主体的人总是在一定社会关系下从事物质生产的、作为历史起点的现实的个人。他作为有生命的个人存在，总是同特定的物质生活条件（包括特定的自然环境和人化自然环境）相关联，总是处于社会交往中并同社会历史生活结合在一起。遗憾的是，李嘉图这种逻辑上的缺陷不但没有在现代西方经济学家那里得到矫正，反而在后续的理论研究中不断得以强化。特别是萨伊以来，直接把劳动者同资本、土地一样看作是服务于厂商最大化目标的生产要素，完全忽略了劳动者作为历史的、现实的人的主观能动性。劳动过程是人的主观能动性与物质生产过程的客观实在性的统一。事实上，机器再先进，也是要靠劳动者去操纵的。因此，劳动者自身的劳动态度、劳动热情、劳动积极性对生产效率的影响将起着主要的作用。就像马克思阐述的那样："蜘蛛的活动与织工的活动相似，蜜蜂建筑蜂房的本领使人间的许多建筑师感到惭愧。但是，最蹩脚的建筑师从一开始就比最灵巧的蜜蜂高明的地方，是他在用蜂蜡建筑蜂房以前，已经在自己的头脑中把它建成了。"② 可见，在马克思这里，劳动者绝不仅是生产要素，更为重要的是他们构成能动的生产主体。因此，不同的生产方式下劳动者与生产资料的不同结合方式所决定的生产的不同性质，直接影响劳动者的生产效率。在社会化大生产条件下，劳动者与生产资料的直接结合决定了劳动者是为自己劳动的，这可以直接激发劳动者的工作热情和各种创新的出现；而在借助资本家实现的劳动者与生产资料的间接结合下，资本对劳动的占有，使劳动者成为生产的要素而失去生产的真正的主体地位。由此，在对全要素生产率进行度量之前，抽象掉劳动者所处的社会关系，对劳动要素的贡献进行度量是不可能真实地反映劳动的增长贡献的。虽然有些西方学者看到了这种理论上的局限性，并提出了以西奥多·舒尔茨、加里·贝克尔、罗默、卢卡斯等为代表的人力资本增长理论，将全要素生产率

---

① 《马克思恩格斯全集》第42卷，人民出版社1979年版，第72页。
② 《马克思恩格斯全集》第44卷，人民出版社2001年版，第208页。

归于人力资本的积累。然而人力资本理论虽然注意到了现代的生产更多地依赖于人自身的主观创造性和知识的学习、创新与整合,强调智力投资对现代经济增长的意义,但却完全抽象掉了生产关系。在其理论中,他们把人力资本作为一种投资所得,并且认为"人们已经获得了具有经济价值的大量的知识和多种技能,他们已经变成了资本家"[①]。在实际的计量分析中,学术界也往往用受教育者的教育年限和受教育者接受教育的层次来度量人力资本,但问题是,受教育者的层次尤其是受教育的年限,并不能真实地反映劳动者的素质或人力资本的高低。如果教育的接受者是在教育的供给结构与产业的需求结构已经错位的条件下接受教育,那么对某一产业来说,这样的人力资源并不意味会提升这一产业的实际效率。而且,所谓的人力资本或智力资本,如果离开了具体的人,其事实上也是不存在的。不同的社会制度与不同的激励机制下,劳动者主观能动性的发挥会有所不同,其对生产效率的影响也就不同。对中国产业在经济新常态下所面临的"双重锁定"和"双端挤压"困境,我国学者黄群慧将其归因于"工匠精神"的失落,并强调,"合理的激励制度,能够引导培育产业工人精益求精的行为习惯,最终形成体现为工匠精神的行为准则和价值观念。这就要求围绕产业工人的技能提升培训、钻研精神奖励、创新导向激励、职业社会保障等建立完善相应的激励制度体系",这是对劳动者主观能动性对经济增长质量提升和生产力进步作用的一个很好的阐释[②]。

四 结论与启示

全要素生产率作为产出增长率扣除各要素投入增长率后的余值,因其分析的理论基础和前提本身的含混性与模糊性,建立其上的分解和度量也必然是含混而模糊的。一定意义上,学术界对全要素生产分析的热

[①] [美] 西奥多·舒尔茨:《教育的经济价值》,曹延亭译,吉林人民出版社 1982 年版,第 198 页。

[②] 黄群慧:《工匠精神的失落与重塑》,光明网,http://news.gmw.cn/2016-06/29/content_20749539.htm,2016 年 6 月 29 日。

情,来自对技术进步的厚望。然而,一个社会的技术进步及由此所推动的经济效率的提升,总是在生产力和生产关系的矛盾运动中实现的。对此,马克思指出,"在这里,起作用的普遍规律在于:后一个〔生产〕形式的物质可能性——不论是工艺条件,还是与其相适应的企业经济结构——都是在前一个形式的范围内创造出来的。机器劳动这一革命因素是直接由于需求超过了用以前的生产手段来满足这种需求的可能性而引起的。……且是作为在工场手工业占统治地位的时期所建立的殖民体系和在一定程度上由这个体系所创造的世界市场的结果而产生的。随着一旦已经发生的、表现为工艺革命的生产力革命,还实现着生产关系的革命"①。全要素生产率理论的分析,由于抽象掉了一个社会生产关系特别是抽象掉了一个社会生产条件的分配和由此形成的收入分配关系,抽象地讨论增长的源泉、驱动力和资源的配置效率,必然会掩盖生产力演化过程中最根本的特征——资本与劳动之间关系的演化,也就不会考虑到不同的生产资料和劳动者结合方式的差异所导致的劳动者主观能动性的差异。各国的发展实践却表明,大多数的工艺创新恰恰是劳动者在生产过程中创造的,全要素生产率理论对劳动者主观能动性的忽略,必然使其无法建立科学而精确的效率度量。因此,我们制定转变经济发展方式和培育增长的新动能的政策时,不能将政策制定的依据立足于这个理论上模糊、计量上含混且残缺不全的全要素生产率的分解与度量的结果上。一个替代的方案是回到马克思,在生产力和生产关系相统一的框架下设计推动经济有效发展的方案,即将发展置于"创新、协调、开放、绿色、共享"的理念下,不断推动生产的劳动生产率的提升。在马克思看来,劳动生产率是由劳动者的平均熟练程度、科学的发展水平和它在工艺上应用的程度、生产过程的社会结合、生产资料的规模和效能以及自然条件等因素及其相互作用决定的,它们是一个有机的系统,是在生产力、生产关系矛盾运动中发挥作用的。在资本主义生产方式下,劳动生产率表现为资本的生产率,各要素都要服从资本增殖的需要。但在社会主义生产方式下,劳动的生产力表现为社会的生产力,特别是劳动者的主观

---

① 《马克思恩格斯全集》第 47 卷,人民出版社 1979 年版,第 472 页。

能动性和生产过程的社会主义结合方式,会极大地推动劳动生产率的提升。因此,我们培育增长的新动能,政策的设计必须既要激励生产力的因素,又要激励生产关系的因素,以提升劳动生产率为手段,塑造以人民为中心的发展机制。

(原文发表于《毛泽东邓小平理论研究》2017年第7期)

现代经济学的本质[*]
——与田国强教授商榷

许 敏[**]

摘 要：产生或创作于现时代的经济学并非都是科学意义上的现代经济学，科学的现代经济学是马克思主义经济学及其在当代的新发展。田国强教授所推崇的"现代经济学"，究其本质是资产阶级庸俗经济学，或资产阶级庸俗经济学的现代形式。"现代经济学"并不是普天下皆可用的经济学，其理论体系、研究方法和内容是对资本主义社会的概括与反映。"现代经济学"的阶级性和庸俗性，决定了它并不适用新时代中国特色社会主义的发展需要，并不能够成为指导中国特色社会主义走向胜利的政治经济学。新时代中国特色社会主义是马克思科学社会主义的伟大实践，中国特色社会主义的指导思想只能是马克思主义及其当代发展，是马克思主义的现代中国特色社会主义生产方式的政治经济学，而不是田国强教授所谓的现代经济学。

关键词：现代经济学；庸俗经济学；阶级性；马克思主义政治经济学

---

[*] 基金项目：国家社会科学基金重大项目（17AJL004）。本文系作者在吉林财经大学做国内访问学者期间，在合作导师丁堡骏教授指导下完成的。

[**] 作者简介：许敏（1987— ），山西大学马克思主义学院讲师，主要从事马克思主义经济学研究。

《学术月刊》于 2016 年第 7 和第 8 期分上、下两部分刊发了田国强教授的《现代经济学的本质》一文。文章指出，当前中国要深化市场导向的改革，确立市场在资源配置中的决定性作用和更好地发挥政府作用，实现国家治理体系和治理能力现代化，建立长治久安的包容性制度，就必须正确认识和理解现代经济学的本质及其视野之下的市场制度。田教授按照西方资产阶级经济学家的说法将现代西方资产阶级经济学称为现代经济学，并提出要将现代西方资产阶级经济学用于指导中国特色社会主义经济实践。现代西方资产阶级经济学究竟是不是科学的经济学？新时代中国特色社会主义经济建设能不能以这种所谓的现代经济学为指导？这是涉及新时代中国特色社会主义向何处去，中国改革开放能不能坚持正确的方向的原则性问题。本文试就《现代经济学的本质》一文与田教授商榷，欢迎学术界同人批评指正。

一　何谓现代经济学

唯有马克思主义经济学及其在当代的新发展，才可称为科学的现代经济学。一种经济学能否称为科学，须看其是否正确认识和反映了特定研究对象的客观性及其发展规律。马克思和恩格斯批判地继承了资产阶级古典经济学的科学成就，运用唯物史观对资本主义生产方式以及和它相适应的生产关系和交换关系进行深刻分析，创立了以剩余价值学说为核心内容的马克思主义政治经济学理论体系，实现了政治经济学史上伟大的科学革命。马克思和恩格斯所创立的现代政治经济学是顺应时代潮流而形成的科学经济学。19 世纪三四十年代，英国、法国资产阶级夺取政权，无产阶级与资产阶级的矛盾上升为主要矛盾，资产阶级由一个代表时代前进方向的先进阶级转变为阻碍时代前进的反动阶级，科学的资产阶级经济学丧钟敲响，资产阶级经济学沦为维护资产阶级利益的庸俗经济学。在与资产阶级的对抗过程中，阶级意识逐步觉醒，开始登上了世界历史舞台，整个世界的历史进入了无产阶级革命时代。为了顺应时代发展需要，马克思和恩格斯于 19 世纪 40 年代创立了符合工人阶级利益和要求的现代无产阶级政治经济学。

当今我们所处的社会历史时代，是马克思所阐述的人类社会历史从资本主义向共产主义社会过渡的历史时代。当今世界从总体上而言仍然是资本主义占主导和统治地位的时代。19世纪末20世纪初，随着科学技术和生产力的发展，自由竞争资本主义发展到垄断阶段，垄断组织不仅控制了本国国民经济的各个部门，而且通过资本输出把全世界纳入资本主义世界市场体系中，实现了对全世界的统治。资本主义在其所能容纳的社会生产力所允许的限度内达到了空前发展。资本主义全球化推动了社会生产力的迅速发展，资本主义生产关系发生了局部调整与变化。尽管如此，资本主义的本质并没有发生变化。经济全球化使得发达国家的资本剥削国际化，全世界人民也被卷入世界市场中，受到少数发达国家的国际资本的掠夺，这不仅加剧了资本主义国家内部的矛盾，也加剧了资本主义国家与发展中国家之间的矛盾。2008年由美国华尔街金融危机引爆的全球性的世界经济危机所造成的各种矛盾至今仍在继续蔓延，这就是明显的例证。资本主义当代社会现实中的种种新现象，是资本主义本质中的矛盾在当代社会现实中多方面的外在表现，而资本主义的未来与终结则是资本主义本质自身中矛盾的转化与解决[1]。马克思和恩格斯在对资本主义社会发展进行深刻剖析时科学论证了"资本主义生产由于自然过程的必然性，造成了对自身的否定"[2]，揭示了资本主义产生、发展和灭亡的基本规律，得出社会主义必然会代替资本主义的科学结论。从而，无论资本主义发展到什么新阶段，无论资本主义创造了多少先进技术，只要资本主义社会的基本矛盾依然存在，只要资本主义社会制度的根本性质没有发生变化，马克思主义经济学关于资本主义本质的理论就没有过时，我们今天研究资本主义经济历史、发展现状以及未来趋势，就仍然要以马克思主义经济学为唯一科学的理论依据。马克思主义经济学仍然是当今科学的现代的政治经济学。

帝国主义阶段是资本主义的最高和最后阶段，这一阶段，资本主义生产力得到巨大发展，资本主义生产关系发生重大变化，资本主义的固

---

[1] 丁堡骏：《现代政治经济学教程》，高等教育出版社2012年版，第255页。
[2] 马克思：《资本论》第1卷，人民出版社2004年版，第874页。

有矛盾也日益激化和复杂。针对资本主义社会在政治、经济、社会等各领域所发生的新变化，列宁运用马克思主义基本原理和基本方法深入分析了资本主义社会的新情况和新变化，科学地分析了帝国主义时代的资本主义经济关系及其实质，揭示了垄断资本主义的历史地位和历史趋势，形成了科学的帝国主义理论，创造性地发展了马克思对于资本主义经济关系的分析，为人们进一步研究当代资本主义经济关系奠定了基础。因此，以《资本论》《帝国主义是资本主义的最高阶段》为代表的马克思主义经济学及其当代发展，为我们正确揭示资本主义社会的发展规律，以及通过批判资本主义揭示科学社会主义的必然性提供了理论基础。20世纪初随着十月社会主义革命的胜利，特别是在第二次世界大战以后，一大批社会主义国家诞生，形成了以苏联为首的强大的社会主义阵营，打破了资本主义一统天下的世界格局。虽然20世纪末苏联解体、东欧剧变，社会主义事业遭到重创，但作为十月革命的继续，中国特色社会主义在中国共产党的坚强领导下却显示了勃勃生机，取得了举世瞩目的成就，这无疑表明了马克思主义是科学的现代理论。现时代虽仍处于资本主义体系下，社会主义只能在夹缝中生存，但社会主义最终必然战胜资本主义。马克思和恩格斯在《资本论》《共产党宣言》《哥达纲领批判》等著作中给出了社会主义建设的一系列主张，这一系列主张正是无产阶级革命实践家探索社会主义经济建设的理论依据——马克思和恩格斯给社会主义建设提供的建设蓝图和建设方案使社会主义从空想变为科学。中国特色社会主义构建的以人民为中心的发展思想，正是在马克思主义关于科学社会主义原则的指导下形成的，这正是保证全体人民向共同富裕迈进的科学的现代理论。资产阶级与无产阶级的关系仍然是当今世界最基本的阶级关系，在无产阶级仍肩负着推翻资本主义统治、实现自己和全人类解放的历史使命的现时代，马克思主义经济学仍然是我们研究社会主义发展规律的科学的现代政治经济学。

　　马克思的学说在今天仍然散发着闪耀光芒，就在于马克思主义是与时俱进的学说体系。马克思主义是科学的理论，创造性地揭示了人类社会的发展规律。马克思和恩格斯及其后继者能够根据时代发展变化，运用马克思主义基本原理揭示人类社会新变化的规律，并将之用于指导社会实践，推动时代向前发展。列宁在充分占有大量实际材料的基础上，运用马克思理论的分析方法对垄断资本主义时代作科学分析，创立了科学的帝国主义理论，证明了无产阶级革命道路和无产阶级的光明前途。习近平总书记在纪念马克思诞辰200周年大会上的讲话中指出："社会主义并没有定于一尊、一成不变的套路，只有把科学社会主义基本原则同本国具体实际、历史文化传统、时代要求紧密结合起来，在实践中不断探索总结，才能把蓝图变为美好现实。"① 马克思、恩格斯对未来社会经济关系的性质及其特征做了科学的论证，为我们进一步研究经济问题提供了出发点和研究方法。列宁、斯大林、毛泽东、邓小平、习近平等无产阶级革命家和理论家在领导社会主义革命和建设的实践中坚持运用马克思主义基本原理、观点和方法，提出了一系列重要的观点和见解。比如，列宁在十月革命胜利以后依据马克思和恩格斯关于向社会主义过渡的理论，以科学的世界观和方法论分析了俄国从资本主义向社会主义过渡这一历史现实，在实践中提出了俄国利用国家资本主义形式过渡到社会主义以及如何进行社会主义经济建设等相关理论。斯大林在对苏联30多年社会主义经济建设的实践经验总结的基础上，科学地阐述了社会主义政治经济学的一系列基本问题，建立了第一个社会主义政治经济学体系。毛泽东把马克思主义基本原理与中国具体国情相结合，走出了一条中国式的现代化道路。邓小平以科学社会主义基本原则为准绳，深刻揭示社会主义本质，把对社会主义的认识提高到新的科学水平，形成建设有中国特色的社会主义理论的科学体系。习近平始终坚持以马克思主义基本原理指导中国具体的社会经济发展，带领中国人民步入新时代，开启中华民族从富起来到强起来的伟大飞跃，实现中华民族的伟大复兴。

然而，有些学者却通过制造"苏马非马"论、"前马非马"论等种种谣言，意图制造思想上的混乱来彻底否定马克思主义及其当代发展。比如，"苏马非马"论认为苏联社会主义实践的指导思想并不是马克思主义，十月革命一声炮响给我们国家送来的只是经列宁斯大林"篡改"的马克思主义，并不是"原本的马克思主义"，意图通过批判"苏马"，来

---

① 习近平：《在纪念马克思诞辰200周年大会上的讲话》，《人民日报》2018年5月5日。

寻找"原本的马克思主义"。如果"苏马非马"论成立，中国共产党领导的革命怎么能够取得胜利？改革怎么能够取得成功呢？还有人在构建体现改革开放和社会主义现代化建设成就的中国特色社会主义政治经济学体系时，认为中国特色社会主义政治经济学体系的理论仅包括邓小平及其以后的中国共产党领导人对中国特色社会主义经济发展的一些重要论断。其实，以邓小平为首的中国特色社会主义理论体系恰恰是与马克思列宁主义、毛泽东思想一脉相承的。没有科学社会主义基本原则作指导，就没有中国特色社会主义，因此，科学社会主义基本原则是中国特色社会主义的"源"。没有毛泽东把马克思主义基本原理运用到半封建半殖民地的中国，实现马克思主义中国化的第一次飞跃，就没有改革开放以后邓小平、江泽民、胡锦涛、习近平等把马克思主义基本原理与中国具体国情相结合，创立中国特色社会主义理论体系。有人认为，中国特色社会主义理论体系的实践来源仅仅是改革开放以后的中国经济的重大发展。可如果没有改革开放前30年的中国社会主义建设的实践，特别是在人力资源与较完整工业体系方面的积累，改革开放以后中国的经济也不会取得如此巨大的成就。我们不能割裂历史，我们既不能厚古薄今，也不能厚今薄古。因此，马克思主义基本原理是无产阶级观察和认识世界的科学世界观和方法论，我们始终要坚持，马克思主义基本原理并不是僵化的、停滞的教条，而是行动的指南，是不断发展的学说体系。无产阶级革命理论家以马克思和恩格斯关于科学社会主义的基本原则为基础，对社会主义建设和发展规律进行探索，所形成的丰硕理论和实践成果大大丰富和发展了马克思主义关于社会主义建设和发展的思想，这些思想就是指导社会主义经济建设的科学的现代的政治经济学。

二 田国强所谓的"现代经济学"并不是科学的现代经济学，而是资产阶级庸俗经济学

田国强教授对在《现代经济学的本质》一文中所述的"现代经济学"推崇备至，认为其是符合现时代的科学现代经济学。其实，田教授在充当国外资产阶级经济学家的"学生、盲从者和模仿者，是外国大商行的

小贩"①，他所推崇的"现代经济学"实则是西方资产阶级庸俗经济学。

  田教授认为"现代经济学"主要是在20世纪40年代以后发展起来的，然而，我们不能因其产生或流行于现时代就贸然判定田教授的"现代经济学"是科学的现代政治经济学。具体我们还须看田教授的"现代经济学"的理论来源和内容。他指出，"现代经济学"是"起源于由托马斯·马尔萨斯和大卫·李嘉图将斯密的理论整合而成的古典经济学，它不仅包括如阿尔弗雷德·马歇尔创立的新古典边际分析经济学和阿罗－德布鲁一般均衡理论这样的基准理论，也包括许多更为现实的经济学理论"②。从田教授对"现代经济学"的定义来看，笔者认为，它仍没有超越马克思对1830年以后的西方资产阶级经济学的定性——资产阶级庸俗经济学。马克思说："1830年，最终决定一切的危机发生了。资产阶级在法国和英国夺得了政权。从那时起，阶级斗争在实践方面和理论方面采取了日益鲜明的和带有威胁性的形式。它敲响了科学的资产阶级经济学的丧钟。现在问题不再是这个或那个原理是否正确，而是它对资本有利还是有害，方便还是不方便，违背警章还是不违背警章。无私的研究让位于豢养的文丐的争斗，不偏不倚的科学探讨让位于辩护士的坏心恶意。"③ 不仅如此，马克思还具体分析了资产阶级古典政治经济学起止时间。马克思写道，"古典政治经济学在英国从威廉·配第开始，到李嘉图结束，在法国从布阿吉尔贝尔开始，到西斯蒙第结束"④。与此相对照，马克思把马尔萨斯、萨伊及其以后的资产阶级政治经济学称为庸俗政治经济学。从古典政治经济学到庸俗政治经济学的演变过程，就是马尔萨斯、萨伊等抛弃了古典政治经济学的科学成分，发展了其庸俗成分的过程。对此马克思曾明确地说，"我断然指出，我所说的古典政治经济学，是指从威廉·配第以来的一切这样的经济学，这种经济学与庸俗经济学相反，研究了资产阶级生产关系的内部联系。而庸俗经济学却只是在表面的联系内兜圈子，它为了对可以说是最粗浅的现象作出似是而非的解

---

① 马克思：《资本论》第1卷，人民出版社2004年版，第18页。
② 田国强：《现代经济学的本质》（上），《学术月刊》2016年第7期。
③ 马克思：《资本论》第1卷，人民出版社2004年版，第17页。
④ 《马克思恩格斯文集》第9卷，人民出版社2009年版，第239页。

释，为了适应资产阶级的日常需要，一再反复咀嚼科学的经济学早就提供的材料"①。

从马克思为资产阶级经济思想史所绘制的坐标系来看，田教授所指的古典经济学就是资产阶级庸俗经济学。同时，马克思在相关著作中，在对马尔萨斯理论分析的基础上，已将其界定为资产阶级庸俗经济学，那么，在继承了庸俗的"古典经济学"基础上的"现代经济学"，从学说体系上来讲已经是毫无科学性可言，最终也只能沦为为资产阶级统治辩护的庸俗经济学。田教授的"现代经济学"所服务的社会性、代表的阶级性决定了其应用是有地域和国界限制的，不是普适的经济学。田教授认为，"现代经济学的基本分析框架和研究方法，就像数学、物理学、化学、工程学等自然科学及其它们的分析框架和研究方法，是无地域和国家界限的，并不存在独立于他国的经济分析框架和研究方法，现代经济学的基本原理、研究方法和分析框架可以用来研究任何经济环境和经济制度安排下的各种经济问题，研究特定地区在特定时间内的经济行为和现象"②。田教授认为，"现代经济学"与其他人文社会科学不同，并不具备意识形态性，同样也不需要做价值判断。其实，"现代经济学"并非一门普适的学科。马克思在《资本论》第一卷序言中就已指出了经济学的阶级性问题："在政治经济学领域内，自由的科学研究遇到的敌人，不只是它在一切领域内遇到的敌人。政治经济学所研究的材料的特殊性质，把人们心中最激烈、最卑鄙、最恶劣的感情，把代表私人利益的复仇女神召唤到战场上来反对自由的科学研究。"③ 不仅马克思主义经典作家对经济学的阶级性问题有所论述，著名资产阶级经济学家凯恩斯对此问题也有直观表述："如果当真要追求阶级利益，那我就得追求属于我自己的那个阶级的利益……在阶级斗争中会发现，我是站在有教养的资产阶级一边。"④ 资产阶级经济学家为了创造出最符合资产阶级统治的意识形态，就给资产阶级庸俗经济学进行各种包装，披上了各种神秘的外衣，

---

① 马克思：《资本论》第 1 卷，人民出版社 2004 年版，第 99 页。
② 田国强：《现代经济学的本质》（下），《学术月刊》2016 年第 8 期。
③ 马克思：《资本论》第 1 卷，人民出版社 2004 年版，第 10 页。
④ ［英］凯恩斯：《劝说集》，蔡受百译，商务印书馆 1962 年版，第 224—225 页。

伪装成新兴的经济学说。马克思曾经指出："对这个社会阿谀奉承的人，尤其是对这个社会的上层阶级阿谀奉承的人，他们的首要任务就是，在理论上甚至为这些'非生产劳动者'中纯粹寄生的部分恢复地位，或者为其中不可缺少的部分的过分要求提供根据。"① 因此，田教授的"现代经济学"作为西方资产阶级庸俗经济学的重复和翻版，所折射的价值观念、反映的意识形态与中国特色社会主义所要求的价值观念与意识形态截然不同，并不能够引领新时代的中国特色社会主义走向更高阶段。

田国强教授所述的"现代经济学"研究范式仍属于资产阶级经济学教科书中所普遍使用的库恩范式，尊崇逻辑实证主义。田教授指出，"现代经济学由假设、约束条件、分析框架和模型以及若干结论（解释和/或预测）组成，其中一个核心假设是利己性假设，这些结论从假设、约束条件和分析框架及模型中严格导出因而是一种具有内在逻辑的分析方法"②。"现代经济学"的研究范式仅仅注重形式逻辑的严谨，从不追求内在逻辑的严谨性，对解决现实问题没有任何帮助。诚如田教授所言，现代经济学由假设、约束条件、分析框架和模型以及若干结论构成并没有什么错误。因为这是任何科学的共性。但是，问题的关键就在于，经济学的这些假设条件都是具体的、历史的，而不是抽象的、永恒的关系。恰恰就是在这样一些关键问题上我们与田教授有原则性的分歧。

现在我们再来看一看田教授的意见。田教授认为，"经济学是一门研究在资源稀缺和个体信息不对称的情况下如何决策的社会科学，通过内在逻辑分析方法及科学的观点来研究个体和社会选择问题，建立在对选择问题的系统探索上。具体说来，它是一门研究人类经济行为和经济现象及追求自身利益的个体（含个人、家庭、企事业、团体、政府、国家）如何对有限资源进行最佳权衡取舍的学科"③。田教授同时强调，"个体行为的自利（利己）性假设，是经济学研究中一个最基本、最关键、最核心的假设"④。田教授在这里所表达的就是，追求利益最大化的个体在面

---

① 《马克思恩格斯全集》第26卷，人民出版社1972年版，第168页。
② 田国强：《现代经济学的本质》（上），《学术月刊》2016年第7期。
③ 同上。
④ ［英］凯恩斯：《劝说集》，蔡受百译，商务印书馆1962年版，第224—225页。

对资源稀缺和信息不对称时，可以获得最大利益的社会选择。笔者认为，田教授的"现代经济学"看似有着严密的逻辑结构，实则非常经不起推敲。在经济学理论研究中，人的行为为什么是利己的，资源为什么会稀缺，这是我们应该要去研究的问题。现实中的人不是与世隔绝、离群索居状态的人，是处在一定社会关系中的个人。现实中的人的行为是基于其阶级关系和利益所做的选择。资本主义生产方式造就了"自私"的资产阶级和"无私"的无产阶级。所以，人的利己性作为经济学研究的前提性假设并不合适，而应该是分析经济过程之后所得出的结论。资源稀缺与否也是一个相对的概念，并不是绝对的状态。田教授把这些未经证明的前提条件当作理论研究的假设，完全是主观臆断，其目的是要让现实世界与这些假设相符，而不是假设与现实世界相符，这完全是犯了形而上学的错误。

那么，该如何进行科学研究呢？毛泽东同志在对《苏联政治经济学教科书》进行批注时，就曾经指出："研究问题，要从人们看得见、摸得到的现象出发，来研究隐藏在现象后面的本质，从而揭露客观事物的本质的矛盾。《资本论》对资本主义经济的分析，就是用这种方法，总是从现象出发，找出本质，然后又用本质解释现象，因此，能够提纲挈领。"[①] 田教授在这里给出的"现代经济学"研究范式，却是将对研究问题的本质起干扰作用的一些现象作为经济学论证的起点、前提，而这些现象都需要我们进行科学分析和论证以后才能具体得出。"现代经济学"研究范式的实质是让人们承认这种不平等的占有关系，承认私有制，在这个前提下来进行选择。而这种选择对于一无所有的无产者而言，除了选择沦为雇佣工人或者饿死，别无选择。这种选择并不符合追求美好生活的中国人，也不会是中国社会向更高阶段发展中所能容忍的。这种选择与马克思曾经批判过的把分配作为现代经济学本题的那些经济学家是如出一辙。"正因为如此，力求在一定的社会结构中来理解现代生产并且（主要）是研究生产的经济学家李嘉图，不是把生产而是把分配说成现代经济学的本题。从这里，又一次显出了那些把生产当作永恒理论而把历史

---

① 《毛泽东文集》第 8 卷，人民出版社 1999 年版，第 139 页。

限制在分配范围之内的经济学家是多么荒诞无稽。"①

在《现代经济学的本质》一文中，田教授还对追求利益最大化的个体在面对资源稀缺和信息不对称时实行收益最优从而社会最优的理想参照物进行了探讨。他认为，能够解决现实问题的经济理论，应该是以新古典经济学的基础理论作为参照系和基准点。新古典经济学理论假设经济信息完全、交易成本为零、消费偏好和生产集都是凸的等正则性条件，论证了只要个体逐利，自由竞争市场自然就导致资源的有效配置。从而现代经济学也是以自由竞争市场为参照系，构建市场经济制度的理论基础，让市场在资源配置中发挥决定作用。"现代经济学之所以一日千里，发展迅速，没有这些理想状态下的经济理论作为基准点和参照系是不可想象的。"② 田教授在这里明确了追求最优利益的个体所要做出的社会选择，就是要构建自由竞争的市场经济体制。诚然，自由竞争的市场经济体制在资本主义发展初期对于推动生产力的发展起过非常重要的作用。然而，资本主义社会经济结构从初级阶段向高级阶段迈进时，"历来受人称赞的竞争自由已经日暮途穷，必然要自行宣告明显的可耻破产"③。这是资本主义经济发展的客观规律。可是自由竞争的市场经济体制已然是过去式，随着资本主义生产力的发展，生产必然集中于少数愈来愈大的企业手中，生产的集中必然导致竞争的困难，从而产生垄断的趋势。如果在进入垄断资本主义时代的今天仍宣扬自由竞争的市场经济体制，只是开历史的倒车，逆时代而发展。因此，我们不能诉诸已经被历史所否定的、在现代社会经济结构中所不存在的自由竞争的市场经济体制来解决新时代所面临的经济问题，这样只会犯唯心主义错误。

田国强教授在给出了现代经济体制的参照系以后，在市场的客观规律研究基础上论证个体（如消费者、厂商）的行为将会最优。他认为："市场制度是一种信息分散决策、自愿合作、自愿交换产品和服务的经济组织形式，是人类历史上最伟大的发明之一，是迄今为止人类解决自己

---

① 《马克思恩格斯全集》第12卷，人民出版社1962年版，第747页。
② 田国强：《现代经济学的本质》（上），《学术月刊》2016年第7期。
③ 马克思：《资本论》第3卷，人民出版社2004年版，第496页。

的经济问题最成功的手段。市场制度的建立并没有经过人类自觉的、有目的的设计，而是一个自然的发展演化过程。"① 笔者认为，田教授实质是在用资本主义生意经和行话来掩盖资本主义深刻的经济关系，他把这种社会经济关系中虚伪的假象和表象当作社会经济的运行规律来看待，这也是符合庸俗西方经济学的蹩脚做法。"庸俗经济学无非是对实际的生产当事人的日常观念进行教学式的、或多或少教义式的翻译，把这些观念安排在某种有条理的秩序中。"② 田教授把西方庸俗经济学的日常观点上升到经济关系层面来进行探讨，这也是受其阶级立场的局限性所致。马克思在《资本论》第一卷的注释中就曾经指出："庸俗经济学则只限于把资产阶级生产当事人关于他们自己的最美好世界的陈腐而自负的看法加以系统化，赋以学究气味，并且宣布为永恒的真理。"③ 随着封建末期家庭手工业的解体，"使小农转化为雇佣工人，使他们的生活资料和劳动资料转化为资本的物质要素的那些事件，同时也为资本建立了自己的国内市场"④。市场制度的建立与发展是随着资本主义生产方式的确立而逐步发展和稳固的。这就表明，在市场制度这种资源配置方式中，资本主义生产方式起主导作用，生产资料归少数资本家掌握，而无产阶级除自身劳动力以外一无所有，这样两大对立且不平等的阶级如何能够实现自愿合作、自愿交换产品和服务呢？对于无产阶级而言，只能是一种被迫与无奈的选择，谈不上是自愿的合作和交换。在资本主义生产方式占统治地位的时代，市场经济这一资源配置形式就无法解决人类现在面临的经济问题，从而也不可能是最成功的手段，这样一种制度只能是任由大资本家掠夺广大人民群众并且广大人民群众还得感恩戴德的奴役制度。

田教授一文还对市场制度如何发挥作用进行了具体论证。他认为市场机制作用的发挥是通过价格机制来实现的。具体指出，价格在组织经济活动时履行了三种功能：第一，传递信息；第二，提供激励；第三，决定收入分配。笔者认为，首先，资本主义生产面对的市场是一个无序

---

① 田国强：《现代经济学的本质》（上），《学术月刊》2016年第7期。
② 马克思：《资本论》第3卷，人民出版社2004年版，第941页。
③ 马克思：《资本论》第1卷，人民出版社2004年版，第99页。
④ 同上书，第857页。

的市场，价格机制在面对追求剩余价值的资本家时丝毫不起任何作用，价格机制并不能够调节资本主义生产的供求状况。"资本主义的生产，是为销售而生产，是为市场生产商品。而管理生产的是单个的资本家，他们各干各的，谁也不能准确知道市场上究竟需要多少产品和需要哪些产品。他们盲目地进行生产，所关心的只是要超过对手。这样，产品的数量就可能不符合市场上的需要，这是很自然的。"① 其次，诚然，价格影响产品的供求，从而使得买者和卖者对产品的供给和需求状况进行调节。同时劳动供求状况的变动也会引起劳动力价格即劳动收入的波动，但是，资本主义的生产由联合的少数资本家掌控时，仅限于缓解劳资矛盾的劳动收入的波动并不会从根本上改变收入分配的不均状态。并且，随着现代生产技术的进步，社会大生产状况要求发展资本密集型产业，机器越排挤工人，工人沦为失业大军的人数也就越多，劳动力的供给远超需求，工人为了能有一份维持自己生存的工作，只能接受较低的收入报酬，并且为了使自己不被解雇，还得接受资本家无理的加班要求，为资本家创造更多的产品。这样一来，工人为资本家创造的财富越多，其所获得的劳动报酬就会越少，收入分配就会越来越不均衡。

田国强教授指出，统一开放竞争有序的市场经济的正常运行，离不开一个假设，就是这里存在一个有限而定位恰当的有效政府。他指出，"一个好的、包容的及有效的现代市场经济应该是对个人的私利的极力保护，而对政府及其公权力则尽可能地限制和制衡，从而它是一种契约经济，是法治经济，受到商品交换契约的约束，受到市场运行规律的约束，受到信誉的约束"②。田教授在此表明，好的市场经济应该是市场充分发挥作用，政府只起"守夜人"作用，市场经济是建立在法治的基础上。笔者认为，第一，如果好的市场经济是对个人的私利进行极力保护的话，那么，政府征税的行为就变得不合时宜，而如果政府不征税，政府部门就难以维持正常的运营，政府只能关门，从而连基本的"守夜人"职能也无法发挥；第二，如果有效的市场经济是保护个人的私利、限制政府

---

① 《列宁专题文集：论资本主义》，人民出版社2009年版，第46页。
② 田国强：《现代经济学的本质》（上），《学术月刊》2016年第7期。

的作用的话，那么在这样的经济运行方式中形成的契约关系只是保护少数人的私有财产和利益的经济运行方式，政府发挥"守夜人"作用，就是为了不干涉少数资产阶级在市场经济中为了个人私利的为所欲为行为；第三，市场经济是法治经济，只不过表明，市场经济是运用法律手段来保障少数人的利益不受侵犯。在阶级社会中，法律是阶级统治工具，这其实就是运用法律来保障少数人的剥削掠夺行为不受政府的干预，运用法律来为少数人谋取利益提供保障。可见，在资本主义制度下，任由市场经济这一资源配置方式发挥作用，而将政府的行为仅限于"守夜人"的作用，这样的市场经济资源配置方式仅仅有利于少数资产阶级，而对大多数无产阶级而言并不是一个公平的经济平台。并且，"大市场、小政府"这样一种资本主义发展模式已经被按照西方模式实施新自由主义道路的拉美等国的经济陷入空前的绝境而证伪。

通过以上分析，我们可以得出结论：就分析资本主义生产方式来看，与马克思的《资本论》和列宁的《帝国主义论》等相比，田教授所谓的现代经济学也不是什么科学的现代经济学，而是资产阶级庸俗经济学。只有马克思恩格斯开创的，经过列宁等马克思主义者发展的马克思主义政治经济学才是科学的现代经济学。

三 用"现代经济学"指导中国特色社会主义和改革开放事业必然带来灾难性后果

既然中国特色社会主义是社会主义，既然社会主义是人类历史上在资本主义社会生产方式以后的一种全新的社会生产方式，那么，中国特色社会主义就要有它自己独立的政治经济学。恩格斯强调："人们在生产和交换时所处的条件，各个国家各不相同，而在每一个国家里，各个世代又各不相同。因此，政治经济学不可能对一切国家和一切历史时代都是一样的。从弓和箭，从石刀和仅仅是例外地出现的野蛮人的交换往来，到上千马力的蒸汽机，到机械织机、铁路和英格兰银行，有一段很大的距离。火地岛的居民没有达到进行大规模生产和世界贸易的程度，也没有达到出现票据投机或交易所破产的程度。谁要想把火地岛的政治经济学和现代英国的政治经济学置于同一规律之下，那么，除了最陈腐的老生常谈以外，他显然不能揭示出任何东西。"① 现代社会主义政治经济学或中国特色社会主义政治经济学，既不同于马克思主义的关于资本主义生产方式的政治经济学，更不同于田国强教授所谓的现代经济学，而是以中国特色社会主义生产方式为研究对象的政治经济学。丁堡骏教授在《论〈资本论〉俄国化和中国化》一文中指出，"《资本论》中国化，就是要将其分析资本主义生产方式得出的科学社会主义理论中国化"②。这个理论体系是以《资本论》《哥达纲领批判》和《反杜林论》中的科学社会主义理论为主体，当然也包括后来的马克思主义者，例如列宁、斯大林、毛泽东、邓小平和习近平等对科学社会主义理论的最新发展。习近平新时代中国特色社会主义思想，是这个科学体系的最新成果。中国特色社会主义进入新时代取得决定性的胜利，必然是这个理论体系的胜利。田国强教授低估和看不起的正是这个理论体系。他张口闭口西方资产阶级经济学是现代经济学，就是要说马克思恩格斯列宁斯大林毛泽东邓小平习近平理论体系不"现代"。他张口闭口现代经济学研究是规范分析，潜台词就是马克思主义的这个理论体系的经济学分析是不"规范"的。

田教授多次撰文为中国特色社会主义建设和发展献谋献策，他也期冀中国能走上一条富国强民之路，也许这种愿望是善良的。然而，无情的是，经济学具有阶级性。误把现代资产阶级的庸俗经济学当成是科学的社会主义经济学并用于指导中国特色社会主义实践必然带来灾难性的后果。在经济思想史上，法国重农学派的经济学说就曾经蒙蔽了魁奈、米拉波等一批经济学家。马克思曾经深刻地指出："一种理论体系的标记不同于其他商品的标记的地方，也在于它不仅欺骗买者，而且也往往欺骗卖者。魁奈本人和他的最亲近的门生，都相信他们的封建招牌。直到现在，我们的学究们也还是如此。"③ 我们宁愿相信，也许田国强教授也

---

① 《马克思恩格斯文集》第9卷，人民出版社2009年版，第153页。
② 丁堡骏：《论〈资本论〉俄国化和中国化（下）——兼议中国特色社会主义新时代的本质》，《当代经济研究》2018年第6期。
③ 马克思：《资本论》第2卷，人民出版社2004年版，第399页。

是被现代西方资产阶级经济学的科学外衣所蒙蔽的。即便这样，我们也有责任帮助田教授澄清思想认识。田国强教授由于对于中国社会主义事业和对于科学社会主义以及中国特色社会主义社会主义政治经济学的无知和历史虚无主义，导致他对于中国社会主义，包括中国共产党领导人民建设社会主义的两个"三十年"的历史认识的错误。

田教授对于中国改革开放前三十年的经济成就和制度安排是持全盘否定态度的，他说："改革开放前所采用的计划经济体制，强调'一大二公'，否认个人利益。到'文化大革命'结束时，中国经济几乎处在崩溃的边缘。"① 他认为，改革开放三十年来实行得并不彻底，让改革大业面临了极其复杂的局面，所以要实行彻底的市场化改革才能较好地解决。"中国要改革、转型，就一定要有目标，有目标就一定要有改革取向的基准点和参照系。既然中国要进行市场化改革，将新古典，特别是一般均衡理论所论证的市场最优经济环境作为基准点，将竞争市场作为参照系，进行这样取向的改革就非常自然和必要了。根据这些基准点界定的经济环境，我们需要松绑放权的市场化改革，反对政府垄断资源和控制行业准入。同时，我们知道市场在许多情况下会失灵，一般均衡理论正好严格地界定了市场机制的适用范围，起到了界定市场有效边界的巨大作用。所以，研究经济问题，推进改革，特别是改革的大方向问题，都要从经济学的基准点说起，违反这些经济学常识，改革只有失败，这些基准点和参照系严格地给出了市场导致有效配置，从而成其为好的市场经济的前提条件而这些前提条件正好指明了改革方向。"②

笔者认为，田教授给出的中国经济改革的路径与新自由主义的"市场决定性作用论"观点如出一辙。新自由主义的"市场决定性作用论"主张市场是万能的，市场能够自发地实现资源的合理配置，市场的自发力量能够在供求不平衡时自动使得供求趋于平衡，任何政府的干预在市场的万能作用下都显得收效甚微、苍白无力。然而，这样的发展路径并不适用于中国特色社会主义市场经济实践。中国特色社会主义道路的成

---

① 田国强：《现代经济学的本质》（下），《学术月刊》2016 年第 8 期。
② 田国强：《现代经济学的本质》（上），《学术月刊》2016 年第 7 期。

功，中国特色社会主义能够在改革开放四十年后顺利进入新时代，正是在于构建中国特色社会主义市场经济体制时始终坚持公有制的主体地位，坚持国有企业的主导地位。正是政府这只"看得见的手"始终引领市场这只"看不见的手"来实现资源的有效配置，才使得中国特色社会主义市场经济实现持续健康的发展。市场在资源配置中虽然发挥决定性作用，但不是全部作用，同时要更好地发挥政府作用，达到一个"强政府"和"强市场"双强的局面。习近平总书记在《关于〈中共中央关于全面深化改革若干重大问题的决定〉的说明》中指出："我国实行的是社会主义市场经济体制，我们仍然要坚持发挥我国社会主义制度的优越性、发挥党和政府的积极作用。市场在资源配置中起决定性作用，并不是起全部作用。"[1] 这表明我们国家并不是按照新自由主义的"市场决定论"来发展，我们国家在建立和发展社会主义市场经济过程中，政府在社会主义市场经济中的作用不容小觑。我们的政府要代表全体人民的利益，旗帜鲜明地为坚持公有经济的主体地位和国有经济的主导作用而工作，而不能有丝毫的软弱。中国特色社会主义政府必须一方面要考虑市场经济的通行规则，另一方面更要考虑我们的人民政府如何代表全体人民的利益对公有制生产资料行使所有者和经营者的权利和义务[2]。田教授所倡导的是要中国实行新自由主义主导下的资本主义市场经济，然而，以"大市场、小政府"为模式的发展路径已给资本主义经济带来了非常严重的问题，资本主义经济危机的不断爆发就是证明。从而，在社会主义市场经济中强调人民政府的职能，这就显示出了我们中国特色社会主义市场经济的优越性所在，也就与西方资本主义国家的市场经济之路划清了界限。

在田教授的市场化改革的路径中，同时要求发挥企业家精神，要求将国有企业民营化，发展壮大民营经济。他指出，"无论是指令性计划经济体制、国有经济，还是混合所有制的经济，实现资源有效配置所需要

---

[1] 习近平：《关于〈中共中央关于全面深化改革若干重大问题的决定〉的说明》，《人民日报》2013年11月16日。

[2] 丁堡骏：《习近平同志为什么说，"国有企业加强是在凤凰涅槃中浴火重生"——习近平同志系列讲话政治经济学思想研究》，《当代经济研究》2015年第11期。

的信息一定比竞争市场机制需要的多，即需要花费更多的成本来实现资源的最优配置。这个结论对中国为什么要搞市场化的经济改革和国有经济民营化，提供了一个重要的理论基础"。并且指出，"市场经济保持长期活力的根本就在于创新和创造，这源于企业家精神，源于企业家不断地、富于创造性地破坏市场的均衡，也就是他所说的'创造性破坏'。要形成创新的土壤，鼓励和保护创新，基本要靠逐利的企业家和民营经济"①。他认为，"对于国企而言，由于先天缺乏承担风险的激励机制，不可能去冒这样的高风险。而对于民营经济，由于追求自身利益的强烈动机，最敢于冒风险，从而最具有创新意识和创新力"②。笔者认为，首先，如果国有企业真没有竞争力，那么也不会在市场经济浪潮中涌现无数发展壮大的国有企业，比如，中国建材集团、中国医药集团等。其中有些国有企业还跻身于世界500强。前段时间，在美国《时代周刊》上，美国的一位政治学家伊恩·布雷默（Ian Bremmer）认为，中国经济未来会超过美国，源于"中国有能力利用国有企业来提升其国外影响力"。其次，如果国有企业真没有创新意识和创新动力，不能承担高风险的话，那么，这应该是那些鼓吹国有企业民营化的国外资本家及为其服务的学者们所乐见的，而没必要在这里为国有企业民营化鼓与呼。并且，国有企业并非政府垄断起来的，垄断是自由市场竞争的结果。自由竞争的市场经济，随着生产力的发展，在竞争中大企业必然比小企业更具有抗风险能力，从而，生产也逐步向大企业集中，最终必然形成垄断。从而，垄断不是人为形成的，而是社会发展的客观规律。在这里，田教授还指出，市场经济的活力依靠企业家的创新和创造精神。然而，企业家的创新和创造都源于普通劳动者的劳动创造，没有普通劳动者将劳动力出卖给企业家，也就没有企业家的创新和创造。马克思在《资本论》中已经非常明确地指出，正是劳动者把劳动力作为商品让渡给资本家，才使得资本家不费一丝一毫的力气就能有那么多的创新和创造。"资本家支付劳动力价值或偏离这一价值的劳动力价格，在交换中取得对活劳动力本身

---

① 田国强：《现代经济学的本质》（上），《学术月刊》2016年第7期。
② 同上。

的支配权。他对这种劳动力的利用分为两个时期。在一个时期，工人只生产一个等于他的劳动力价值的价值，因而只生产一个等价物。这样，资本家与付出劳动力的价格，得到一个价格相等的产品。这就好像资本家是在市场购买现成的产品。而在剩余劳动期间，劳动力的利用为资本家创造出无须他付出代价的价值。他无偿地获得了劳动力的这种利用。"①

（原文发表于《当代经济研究》2018年第8期）

---

① 马克思：《资本论》第1卷，人民出版社2004年版，第611页。

西方内生货币供给理论
及其对我国货币政策的解释意义

郭殿生　吴丽杰[*]

摘　要：后凯恩斯主义货币内生理论认为，现代市场经济运行中的货币供给是由经济体系内的多种因素决定的，是由一国经济活动内生创生出来的。银行贷款创造存款，投资决定储蓄。近年我国存在货币过度供给情况，导致资本市场几近失控，通货膨胀蔓延，也增加了本币贬值的风险，影响对外发展战略的实施效果。货币过度供给源于商业银行过度发放贷款、金融机构外币占款增多、商业银行购买企业或政府债券、信托贷款等。人民币贷款连年增加既有供给的因素，也有需求的原因。货币过度供给给宏观经济调控带来较大压力。

关键词：内生货币供给理论；货币政策；通货膨胀；货币过度供给；凯恩斯主义；宏观经济调控

近年来，我国经济活动中的货币流通量急剧增加，这一方面反映出我国社会经济活动总量增大，交易活动繁荣；另一方面，大量的货币供给也造成物价不稳定，房地产等资本市场及人民币汇率的波动，对国民经济的健康稳定发展造成了较大威胁。什么原因导致我国货币过度供给，

---

[*] 作者简介：郭殿生，吉林财经大学马克思主义经济学研究中心主任，经济学院教授；吴丽杰，吉林财经大学经济学院硕士研究生。

货币供给与经济结构、经济运行究竟是什么关系，如何调整这些关系等，需要进行理论解释。本文联系我国近年货币供给和货币政策实践，对西方内生货币供给理论进行了简要梳理，分析这一理论对我国近年货币政策的解释意义，探究增进我国货币政策效果，从而探索我国经济健康运行的途径。

一　货币供给理论中的外生说和内生说

在现代西方主流经济学中，货币供给被假设为外生变量，即货币供给是由中央银行控制的，中央银行可根据经济发展和政策需要，运用市场利率、存款准备金以及公开市场业务等货币政策工具，适时调控货币供给的数量和方向，进而影响一个国家的总产出和物价水平。但按照后凯恩斯主义的货币内生理论来解释，现代市场经济运行中，中央银行并不能决定货币供给，从根本上讲，货币数量或货币流通量是由经济体系内多种因素共同决定的结果，是由一国经济活动创生出来的，或者说是内生的。我们可以从当代货币供给理论的演变来分析货币供给的内生性特征及其性质。

（一）古典货币数量论、现代货币数量论和新古典综合派的外生货币供给理论

古典货币数量论假定货币收入速度稳定，因而也假定货币需求稳定，与此同时，古典货币数量论也假定经济社会在长期内必然会处在充分就业状态，因而社会的实际产量也是不变的。这样，货币数量的变化只能影响价格（包括物价和工资）的同幅度同方向变化，即货币数量只影响经济活动中的名义变量，不影响其实际变量，这也是古典货币数量公式 $MV=PY$ 的基本含义。古典货币数量论认为货币是外生的，即由政府控制的，因而担心货币供应量与收入及价格水平的直接联系被政府利用，从而过多发行货币导致通货膨胀等不良后果。古典货币数量论者主张货币控制权应由独立的中央机构和专业人员掌握，机械地令货币供应量的增长速度与经济的长期增长速度相一致。

以弗里德曼为代表的现代货币数量论（即货币主义），继承了古典货币数量论的观点（货币需求函数稳定、货币在长期是中性的、私人经济可以自身稳定或长期充分就业），并且进一步提出货币供应量是最重要的政策变量，货币供应量的增长是决定名义 GDP 增长的主要的系统的因素，或者说两者之间存在着直接的传递机制。通货膨胀只是一种货币现象，用弗里德曼的话说，"通货膨胀是、而且只能是由于货币数量的增长快于产出的增长造成的。从这个意义上说，通货膨胀在任何时候任何地方都是一种货币现象"[①]。因而，要稳定物价必须稳定货币供应量增长率。

新古典综合派（也称新古典凯恩斯主义）在以上观点上与货币主义存在分歧，认为货币供应量的增长与名义 GDP 增长只存在间接传递机制，其中最重要的中间变量或政策变量是利率，即货币经济首先通过利率影响到投资，然后通过乘数效应对 GDP 增长产生影响。虽然货币主义与新古典综合派在货币的作用方面存在分歧，但他们都同意货币供给是由中央银行外生决定的。

（二）后凯恩斯主义的内生货币供给理论

传统理论认为银行的作用只是链接借款人和存款人，银行通过吸收存款来实现贷款，信贷箭头指向为存款→银行→贷款，这里的银行贷款在货币供给中不起决定作用。而后凯恩斯货币经济学则强调银行贷款对货币供给有原因性作用，货币供给是内生的，信贷箭头是逆向指向，具体来说，第一，银行贷款创造存款，即贷款→存款。银行的贷款业务除需要正常吸收储户存款外，主要通过扩大自身的资产和负债来扩张信用，创造贷款，然后产生存款。贷款的信用扩张，从根本上说是源于企业的信贷需求或融资需求动机。商业银行只需要寻找储备资产来保证这些存款达到准备金的要求，中央银行则作为最后贷款人有义务保证准备金的可用性以及存款的流动性[②]。第二，投资决定储蓄。企业为生产需要进行

---

① ［美］米尔顿·弗里德曼：《弗里德曼文萃》上册，胡雪峰、武玉宁译，首都经济贸易大学出版社 2001 年版。
② Polin, R., "Two Theories of Money Supply Endogeneity: Some Empirical Evidence", *Journal of Post Keynesian Economics*, 1991, 13 (3), pp. 366 – 395.

投资融资，但投资不需要储蓄或存款作为支撑。只要这个国家的经济资源没有被完全利用，完成经济活动所需要的资本投入就取决于借款者的信誉和已经存在的金融规则。在这里，投资与储蓄的因果关系被逆转，与货币数量论主张的由货币到收入的因果关系相反[①]。

二 内生货币供给理论的演变和性质

从经济思想史上看，"货币内生说"早已有之。早在1767年，英国古典经济学家詹姆斯·斯图亚特在《政治经济学原理》中就曾提出货币供应是与其经济体系的活动相适应的，而不是由政府决定。1776年，现代经济学的创始者亚当·斯密在《国富论》中也提出货币供给是由经济体内的经济活动创生而非政府创造的。到19世纪末，瑞典学派的创始人威克塞尔进一步提出了货币供给是由货币需求决定的内生变量。而系统地提出货币内生原理的当属马克思的货币理论。马克思经济学以劳动价值论为基础，在分析资本主义信用关系发展和性质时，提出现代商业银行货币供给制度是维系资本主义信用关系从而实现货币扩张的基础。马克思在将价值理论与货币理论相结合中展示出一个以现实资本主义经济或市场经济关系为分析基础的内生货币理论。可以说，内生货币供给理论是马克思货币理论的核心[②]。

凯恩斯根据早期经济学家对货币内生论的论述，在其1930年出版的《货币论》中比较明确地提出，货币供应是由企业和个人商业银行的贷款所决定的，是内生变量，并非由中央银行控制决定的外生变量。凯恩斯关于货币供给理论的这一论述，后来得到了诸如明斯基、戴维森、卡尔多、摩尔等后凯恩斯主义经济学家更为明确的阐释。他们认为银行贷款对货币供给有因果作用，当人类经济社会进入以商品经济为基础的信用货币阶段后，货币供给便主要是由商业银行贷款提供的。中央银行向经

---

① Shapiro, N., "The Revolutionary Character of Post Keynesian Economics", *Journal of Economic Issues*, 1977, 11 (3), pp. 541–560.

② 王璐：《马克思的内生货币理论解析》，《教学与研究》2007年第5期。

济体内投放基础货币的多少与商业银行、企业及家庭的经济活动相关联，是由经济主体的内生需求决定的。所以是银行贷款创造存款，即货币需求创造货币供给，而不是央行在主动地向经济体内注入货币，所以央行不能有效地控制基础货币供应量。由此可以推断出，决定货币供应量大小的基础货币也可以被视作内生的。由以上分析可以推导出这样的结论，如果一国中央银行不能调控好其经济体内部的贷款量，那也就无法调控好经济体内部的货币存量。

其实，从现实经济的发展和各国尤其是市场经济发达国家的实践来看，内生货币供给理论是符合现代经济金融的发展现状和趋势的，反映了客观经济发展规律的演变。近年来，我国经济金融界的许多研究结果也表明，中国的货币供给确实具有明显的内生性。同样，要理解近十多年特别是2008年世界经济衰退以来中国60多万亿广义货币的创生，需要借助货币内生论给予解释。

三 我国近年货币过度供给实际状况和不良后果

这里首先应区别货币超发和货币过度供给两个概念。货币超发是指中央银行超过实际经济发展需要而过多地发行货币，造成流动性过剩，物价和资产价格普遍上涨的后果。尽管这种流动性的增加也属于增加货币供给，但增加的货币主要来源于中央银行。而货币过度供给则是指市场上实际流通的货币超过经济发展需要，也造成流动性过剩，物价和资产价格普遍上涨的后果。但这种货币供给的增加不一定是由中央银行过多发行货币造成的。本文讨论的货币供给主要是从货币的过度供给的角度进行分析的。

（一）我国近年货币过度供给的实际状况

根据央行数据，截至2013年年末，中国M2余额达到人民币1106500亿元，位于世界之首，这个数量接近全球货币供应总量的1/4，是美国的1.5倍，比整个欧元区的货币供应总量还要高。数据表明，截至2014年6月末，M2余额已达到1209600亿元，同比增长14.7%，增速分别比上月末和上年末高 1.3 个和 1.1 个百分点[①]。不到一年的时间，货币供应量又增加了 100000 亿元。2008 年年底至今，广义货币供给净增加了 700000 多亿元。2008 年，中国货币存量落后于日本和美国；2010 年，中国货币供应总量与欧元区旗鼓相当，可见中国货币存量增长之快。我国近年货币供应量变化情况见表 1。

表 1　　　　　　　　我国近 5 年货币供应量基本情况

项目 时间	流通中货币 (M0)(万亿元 人民币)	M0 增长率 (%)	货币 (M1)(万亿元 人民币)	M1 增长率 (%)	货币和准货币 (M2)(万亿元 人民币)	M2 增长率 (%)
2008.12	3.42	—	16.62	—	47.51	—
2009.12	3.82	11.70	22.14	33.21	61.02	28.44
2010.12	4.46	16.75	26.66	20.42	72.58	18.94
2011.12	5.07	13.68	28.98	8.70	85.15	17.32
2012.12	5.46	7.69	30.86	6.49	97.41	14.40
2013.12	5.85	3.30	33.72	1.20	110.65	10.60

资料来源：中国人民银行发布的数据整理而成。

(二) 货币过度供给对经济运行的不良影响

货币过度供给，超过实际经济发展的需要，会对社会经济的健康稳定运行造成一系列不良影响，经济学家对此基本形成共识。这种情况在我国表现得尤其突出，具体体现在很多方面，限于篇幅，本文主要介绍以下几个领域。

第一，货币过度供给是资本市场几近失控的推手。从国内看，过度供给的货币首先流入以股市和楼市为代表的资本市场，引起资产价格上涨，直至诱发资产泡沫。近年来，我国房价持续走高，其原因除部分刚性需求、城市化发展的推动外，各地方政府出于本地经济发展需要大规模开发房地产，导致房地产业持续升温也是不容忽视的重要因素。当然，

[①] 郭娜、李政：《我国货币政策工具对房地产市场调控的有效性研究》，《财贸经济》2013 年第 9 期。

房地产价格上涨有其自身的惯性原因,但市场上大量资金的支持更是直接推手。有学者研究表明,金融危机后由于我国采取宽松的货币政策,扩大货币供给和放松信贷,使得金融信贷的波动中货币供应量冲击占房地产价格上涨的40%左右,进一步证明了货币供给对房地产等资本市场的直接传导作用[①]。

第二,货币过度供给为通货膨胀蔓延推波助澜。过度供给的货币除了推动高房价外,还引起能源、资源等初级产品价格的上涨,影响供给弹性较低的农产品价格,进而影响一般工业产品价格,最终引起一般物价水平的持续普遍上涨,出现通货膨胀。自2008年金融危机以来,美国在货币政策方面前后共实施了四轮量化宽松政策,致使美元全球供应量不断增加,美元指数大幅下跌,国际大宗商品价格应声而涨。这也是我国存在输入性通货膨胀的重要原因。

第三,货币过度供给增加了本币贬值的风险。首先,自2001年中国加入世界贸易组织以来,对外贸易活动不断增加,经济体制高度开放,因此国内货币的过度供给必然会导致国际市场上本国货币供应量的增加,使得以外币为计价单位的本币价格下降,汇率下跌,本币贬值。其次,国际金融危机以来,国际货币体系陷入混乱,而中国的经济实力和国际地位却在逐步提升,对世界经济的贡献也越来越大,逐渐成为世界经济的引擎之一和新兴经济体的典型代表,这些都为推行人民币国际化提供了有利条件,但人民币能否国际化,关键在于国际市场对人民币的接受程度。若汇率贬值,则势必会影响国际社会对人民币的信心。最后,由于中国矿产、能源等资源相对贫乏,从而对能源资源的外贸依存度较高。若汇率贬值,将使得海外投资及对能源、矿产资源类企业的投资和并购活动减少,原材料供应出现短缺,企业生产成本增加,阻碍经济增长。这说明,对于正处在经济转型期的中国来说,汇率贬值势必降低国际市场对于人民币的信心,影响本土企业的发展,阻碍人民币国际化的步伐。

[①] 李建国、安烨:《人民币国际化制约因素与策略措施——人民币国际化应重点研究的问题》,《税务与经济》2014年第3期。

四 我国货币过度供给的理论解释

前面提到,为应对世界金融危机,我国自 2008 年采取了非常宽松的货币政策,市场中流通的货币数量巨大,已远超美国和欧洲,成为世界货币供给第一大国。那么这些巨量货币是如何积累起来的呢?难道都是中央银行发行的吗?对于这个问题,我们还是要从理论和实践中寻找解释和答案。

根据西方内生货币理论,由中央银行发行的基础货币的数量,会影响商业银行、企业及家庭的经济活动,但货币数量终究是由这些经济主体的活动并由此产生的需求决定的。依此观点,可以判断我国近年来广义货币量的迅速膨胀,主要应是我国近年经济发展和经济结构的运行造成对货币的大量需求,导致货币供给大幅度增加。具体情况应包括以下几个方面。第一,商业银行发放贷款。根据中央银行提供的数据,我国 2000 年年末人民币贷款余额为 99400 亿元,2012 年年末达到 628100 亿元,增加了 528700 亿元,是 2000 年人民币贷款余额的 6 倍。从增长速度看,人民币贷款在 2001—2005 年间,年均增长接近 20000 亿元,在 2006—2008 年间,年均增长超过 30000 亿元,2009—2012 年间,年均增长略超过 80000 亿元。第二,商业银行的其他间接融资方式,主要为购买企业或政府债券、信托贷款等。第三,金融机构外币占款,主要指央行外汇占款,即国家外汇储备。2000 年年末金融机构外币占款余额为 14300 亿元,到 2012 年年末即达 258500 亿元,增加了 244200 亿元,是 2000 年年末外币占款余额的 18 倍。以上三个方面也即现代金融体制下政府向市场投放货币的主要渠道。

尽管有人认为商业银行的贷款规模决定于银行的存款数量,即央行规定商业银行贷款占存款的比例不得超过 75%,但由于存款创造原理的作用,这些贷款会转化为存款,形成贷款支持货币投放的乘数效应,这也是货币内生理论的题中应有之义。人民币贷款连年增加既有供给的因素,也有需求的原因。从供给因素看,2000 年后我国银行进行制度改革,为改善国有商业银行经营状况,缩减不良贷款的规模,推动银行股份制改造，各级政府对这些银行大量注资，使得银行盈利能力不断加强，盈利水平大幅度提高。由于国家注资，商业银行的资金规模不断增大，加之其自有业务的税后利润补充资本金，使其资本实力大大增强，扩大贷款的能力进一步提高。

从需求因素看，20世纪末我国开始启动住房、教育和医疗等领域的改革，改革的深化也不断加大了政府的资金投入力度，增加了贷款的需求规模。2001年中国加入WTO后，对外开放进一步扩大，公共事业和基础设施建设投资不断增加，相应地也增加了贷款需求的规模。2008年后，为应对国际金融危机的影响，我国提出了40000亿元规模的经济刺激方案，该方案主要将资金投放于与地方建设相联系的基础设施建设、农业补贴、廉租房、医疗和社会福利等方面，从而导致地方政府和部分国有企业的需求激增，推动贷款数量迅猛增长。

值得注意的是，近年我国出现的影子银行（包括各种理财公司、信托公司、高利贷及正规银行的表外业务等）、地方国债等间接融资方式，在货币过度供给中扮演了重要的角色。10年前，新增信用中由所谓影子银行提供的仅占10%，但现在此比例已上升到50%，控制着20多万亿元人民币的资产，相当于GDP的40%，这一比例是2008年的4倍。尽管影子银行的出现有其必然性（如中小企业和民营企业贷款难、银行利率与市场利率存在差价、银行利用理财产品获得市场利率等），但其存在却影响正常的金融秩序和货币政策执行效率，影响经济的健康稳定发展。

再看外汇占款情况。2000年年末，中国国家外汇储备（即央行以人民币购买并持有的外汇）余额为1655亿美元，2013年年末达到38200亿美元，相当于2000年末的23倍，我国目前已经远远超过日本成为世界最大外汇储备国[①]。由于外汇储备不断攀升，人民币投放不断扩大。外汇储备激增，首先源于21世纪初我国加入WTO，开放的市场不仅提供优惠的税费政策、廉价的资源（土地、资金等）和劳动力，而且还为投资者提供低成本的环境保护、高收益的投资回报及巨大的潜在市场，从而吸引

---

① 李建国、安烨：《人民币国际化制约因素与策略措施——人民币国际化应重点研究的问题》，《税务与经济》2014年第3期。

了大量国际资本和产能流入中国市场。另外，2001年，"9·11"恐怖袭击后，部分国际资本出于安全考虑陆续撤出美国和西方国家，纷纷转向包括中国在内的新兴经济体寻找获利机会，也是重要原因。外汇储备的快速扩张，一方面有利于拓展国际贸易，吸引外商投资，支持我国经济发展。同时外汇储备的扩张维护了国家和企业的对外信誉，加强了中国与主要货币发行国（特别是美国）的经济联系，提升了中国的经济实力和国际地位，进而为我国"走出去"战略的实施提供了重要保证。另一方面，过多的外汇储备也面临着外汇贬值的风险。我国外汇储备中绝大部分是美元储备，但金融危机后美国为摆脱国内经济困境，数次采取货币量化宽松政策，导致美元对外贬值，使得我国的美元储备出现巨额损失。再加上美国的债务危机，使得中国持有的美国债券风险不断加大。另外，外汇储备的扩张必然扩大基础货币投放，带来通货膨胀压力（尽管目前的通胀率不高，2013年9月同比为2.9%，环比更低），这是悬在我国宏观经济运行头上的一把达摩克利斯之剑，也是中央政府的隐忧之一。

（原文发表于《税务与经济》2015年第1期）